Frankfurter Geographische Hefte

Band 66

Das Kartenbild der Insel Mallorca vom Ende des 15. Jhs. bis um 1700

- ein Vergleich aus kartographischer Sicht -

Werner-Francisco Bär

Herausgegeben im Auftrag der
Frankfurter Geographischen Gesellschaft
von Jürgen Runge 2004

| Frankfurter Geographische Hefte | Bd. 66 | 527 S. | 152 Abb. | 6 Tab. | 9 Taf. | Frankfurt a. M. 2004 |

ISSN 0071-9234
ISBN 3-9808888-0-0

Herausgeber

Frankfurter Goegraphische Gesellschaft Frankfurt am Main; Selbstverlag

Schriftleitung

Prof. Dr. Heinrich Thiemeyer, Institut für Physische Geographie der Johann Wolfgang Goethe-Universität, Senckenberganlage 36, D-60325 Frankfurt am Main

Bibliographische Information Der Deutschen Bibliothek
Die Deutsche Bibliothek verzeichnet diese Publikation in der Deutschen Nationalbibliographie; detaillierte bibliographische Daten sind im Internet über http://dnb.ddb.de abrufbar.

ISSN 0071-9234
ISBN 3-9808888-0-0

Copyright © Frankfurter Geographische Gesellschaft

Anschrift des Verfassers

Dr. Werner-Francisco Bär, Henricusstr. 33, D-61440 Oberursel (Ts.)

Bestellungen

Geschäftsstelle der Frankfurter Geographischen Gesellschaft:
Geographische Institute der J. W. Goethe-Universität Frankfurt am Main
Postfach 11 19 32, D-60054 Frankfurt am Main,
Fax: 069/798-28382, e-mail : r.kalus@em.uni-frankfurt.de

Druck

ELEKTRA Reprographischer Betrieb GmbH, 65527 Niedernhausen

Inv.-Nr. A19 754

Vorwort

Die Anregung zu dieser Arbeit entstand zum einen durch die Kataloge „Typvs Orbis" und „700 Anys de Cartografia de les Illes Balears", die in den Jahren 1983 und 1986 anlässlich von Ausstellungen überwiegend historischer Karten in der Bibliothek der Fundación Bartomeu March bzw. im Palau Solleric in Palma de Mallorca herausgegeben wurden. Andererseits waren aber auch die erfolgten Arbeiten des Verfassers in der oben genannten Biblioteca March in Palma de Mallorca ausschlaggebend, zu deren kartographischen Schätzen neben wertvollen Portolanen des 15. - 17. Jhs. mehrere historische Atlanten und Einzelkarten gehören. Nicht zuletzt war es die Liebe zu Mallorca, dem Geburtsland des Verfassers, die für den nötigen Ansporn und Ausdauer zur Durchführung dieser Arbeit erheblich beitrug.

Das verwendete historische Kartenmaterial, dessen Zusammenstellung keinen Anspruch auf Vollständigkeit erhebt, stammt aus einer Vielzahl inländischer und ausländischer Bibliotheken, Museen, Archiven sowie weiterer Institutionen. Unter den zahlreichen angesprochenen Einrichtungen befinden sich 61 aus Deutschland und 113 aus dem Ausland, darunter verschiedene aus Spanien, aber auch mehrere aus Frankreich, Großbritannien, Italien, den Niederlanden, Österreich, der Schweiz, Schweden, der Türkei und den USA, denen an dieser Stelle für ihre Unterstützung und für die Zurverfügungstellung von historischem Kartenmaterial gedankt sei.

Für ihre vielfältige Hilfe gilt ein besonderer Dank vor allem den Herren R. Henning von der Württembergischen Landesbibliothek/Stuttgart, F. Herbert von der Royal Geographical Society/London, Oberst a. D. A. Paladini Cuadrado vom Servicio Geográfico del Ejército/Madrid sowie F. Roldán Sierra von der Biblioteca der Fundación Bartolomé March/Palma de Mallorca. Für weitere Unterstützung danke ich Frau E. Toulet vom Musée Condé Château/Chantilly, Herrn R. May von der Studienbibliothek in Dillingen, Frau F. Arduini von der Biblioteca Laurenziana in Florenz, den Herren J. Densie von der British Library und B. D. Thynne vom National Maritime Museum in London, Frau C. Liter Mayayo von der Biblioteca Nacional, Frau L. Martín Merás vom Museo Naval und Herrn J. Blas von der Calcografía Nacional in Madrid, Herrn T. Bauer von der Bayerischen Staatsbibliothek in München als auch Frau J. M. Palou und Herrn G. Rosselló Bordoy von der Societat Arqueològica Lul·liana bzw. Museu de Mallorca, beide in Palma de Mallorca, Frau M. Pelletier von der Bibliothèque National in Paris, Herrn B. Mayer von den Fürstlich zu Waldburg-Wolfegg'schen Kunstsammlungen in Wolfegg sowie Herrn Chr. Hogrefe von der Herzog August Bibliothek in Wolfenbüttel.

Mein aufrichtiger Dank sei auch Herrn Prof. Dr. St. Procházka und Frau Prof. Dr. G. Procházka-Eisl vom Institut für Orientalistik der Universität Wien ausgesprochen, die durch ihr freundliches kollegiales Entgegenkommen, die zahlreichen osmanischen Toponyme zu transkribieren, die Arbeit sehr unterstützt haben.

Für umfangreiche Tätigkeit bei der Bearbeitung der Vorlagen und Erstellung der zahlreichen Abbildungen möchte ich Frau Ursula Olbrich vom Institut für Physische Geographie der Universität Frankfurt meinen herzlichen Dank sagen. Sie war mir durch ihre stetige Einsatzbereitschaft eine große Hilfe. Auch Frau Elke Alban vom Institut für Kulturgeographie, Stadt- und Regionalforschung danke ich für so manch durchgeführte Digitalisierungsarbeit an den Kartenvorlagen und der sich daraus ergebenden Datenberechnung. In diesem Zusammenhang sei auch Herr W. Mehlitz vom Bundesamt für Kartographie und Geodäsie in Frankfurt am Main genannt, der mir bei der Bildtransformation mehrerer historischer Darstellungen und bei Scanarbeiten mittelformatiger Farbdias sehr behilflich war.

Dank gilt vor allem der Frankfurter Geographischen Gesellschaft für die freundliche Aufnahme dieser Arbeit in ihre Schriftenreihe „Frankfurter Geographische Hefte".

Dank sage ich auch meiner Familie für viel Geduld und Verständnis in den Jahren der Erstellung dieser Arbeit.

Frankfurt am Main, im Dezember 2003   Werner-Francisco Bär

Seite

Inhaltsverzeichnis

Vorwort 3

Kürzel-Verzeichnis 11

1 Einführung 15

2 Methodischer Aufbau 20

3 Cristoforo Buondelmonti / Henricus Martellus Germanus 33
   3.1 Autoren und Werke 33
   3.2 Äußerer Kartenaufbau 37
   3.3 Lage und Orientierung 42
   3.4 Kartenmaßstab 43
   3.5 Inselgestalt 45
   3.6 Gewässernetz 60
   3.7 Relief 60
   3.8 Bodenbewachsung/Bodennutzung 62
   3.9 Siedlungsbild 62
   3.10 Meeresfläche 66
   3.11 Schriftbild 66

4 Benedetto Bordone 70
   4.1 Autor und Werk 70
   4.2 Äußerer Kartenaufbau 76
   4.3 Lage und Orientierung 78
   4.4 Kartenmaßstab 79
   4.5 Inselgestalt 81
   4.6 Gewässernetz 88
   4.7 Relief 88
   4.8 Bodenbewachsung/Bodennutzung 88
   4.9 Siedlungsbild 88
   4.10 Meeresfläche 89
   4.11 Schriftbild 89

Seite

5 Pīrī Re'īs 91
    5.1   Autor und Werke 91
    5.1.1 Karte aus dem Ms. Or. Dresd. Eb. 389 und Vergleichsdarstellungen ... 98
    5.1.2 Karte aus dem Ms. Hamidiye 971 und Vergleichsdarstellungen 100
    5.1.3 Karte aus dem Ms. Ayasofya 2612 und Vergleichsdarstellungen 101
    5.1.4 Karte aus dem Ms. Diez A. Foliant 57 und Vergleichsdarstellungen.. 102
    5.2   Äußerer Kartenaufbau 104
    5.2.1 Karte aus dem Ms. Or. Dresd. Eb. 389 und Vergleichsdarstellungen.. 104
    5.2.2 Karte aus dem Ms. Hamidiye 971 und Vergleichsdarstellungen 108
    5.2.3 Karte aus dem Ms. Ayasofya 2612 und Vergleichsdarstellungen 111
    5.2.4 Karte aus dem Ms. Diez A. Foliant 57 und Vergleichsdarstellungen.. 115
    5.3   Lage und Orientierung 118
    5.3.1 Karte aus dem Ms. Or. Dresd. Eb. 389 und Vergleichsdarstellungen..
    5.3.2 Karte aus dem Ms. Hamidiye 971 und Vergleichsdarstellungen 123
    5.3.3 Karte aus dem Ms. Ayasofya 2612 und Vergleichsdarstellungen 125
    5.3.4 Karte aus dem Ms. Diez A. Foliant 57 und Vergleichsdarstellungen.. 126
    5.4   Kartenmaßstab 127
    5.4.1 Karte aus dem Ms. Or. Dresd. Eb. 389 und Vergleichsdarstellungen.. 127
    5.4.2 Karte aus dem Ms. Hamidiye 971 und Vergleichsdarstellungen 128
    5.4.3 Karte aus dem Ms. Ayasofya 2612 und Vergleichsdarstellungen 129
    5.4.4 Karte aus dem Ms. Diez A. Foliant 57 und Vergleichsdarstellungen.. 130
    5.5   Inselgestalt 131
    5.5.1 Karte aus dem Ms. Or. Dresd. Eb. 389 und Vergleichsdarstellungen.. 131
    5.5.2 Karte aus dem Ms. Hamidiye 971 und Vergleichsdarstellungen 142
    5.5.3 Karte aus dem Ms. Ayasofya 2612 und Vergleichsdarstellungen 147
    5.5.4 Karte aus dem Ms. Diez A. Foliant 57 und Vergleichsdarstellungen.. 155
    5.6   Gewässernetz 163
    5.7   Relief 164
    5.8   Bodenbewachsung/Bodennutzung 167
    5.9   Siedlungsbild 168
    5.10 Meeresfläche 185
    5.11 Schriftbild 188

6 Alonso de Santa Cruz 196
    6.1   Autor und Werk 196
    6.2   Äußerer Kartenaufbau 197

Seite

6.3	Lage und Orientierung	198
6.4	Kartenmaßstab	202
6.5	Inselgestalt	206
6.6	Gewässernetz	215
6.7	Relief	215
6.8	Bodenbewachsung/Bodennutzung	216
6.9	Siedlungsbild	216
6.10	Meeresfläche	217
6.11	Schriftbild	218

7 Johannes Honterus (Honter) 221

7.1	Autor und Werk	221
7.2	Äußerer Kartenaufbau	224
7.3	Lage und Orientierung	224
7.4	Kartenmaßstab	227
7.5	Inselgestalt	229
7.6	Gewässernetz	235
7.7	Relief	235
7.8	Bodenbewachsung/Bodennutzung	236
7.9	Siedlungsbild	236
7.10	Meeresfläche	239
7.11	Schriftbild	240

8 Karten aus Atlanten des Lafreri-Typs 242

8.1	Die Atlanten des Lafreri-Typs	242
8.1.1	Autoren	243
8.1.2	Werke	246
8.2	Äußerer Kartenaufbau	249
8.3	Lage und Orientierung	260
8.4	Kartenmaßstab	262
8.5	Inselgestalt	265
8.6	Gewässernetz	273
8.7	Relief	274
8.8	Bodenbewachsung/Bodennutzung (und Fauna)	280
8.9	Siedlungsbild	283
8.10	Meeresfläche	290
8.11	Schriftbild	292

Seite

9 Thomaso Porcacchi da Castiglione 297
   9.1   Autor und Werk 297
   9.2   Äußerer Kartenaufbau 299
   9.3   Lage und Orientierung 301
   9.4   Kartenmaßstab 302
   9.5   Inselgestalt 303
   9.6   Gewässernetz 311
   9.7   Relief 311
   9.8   Bodenbewachsung/Bodennutzung 313
   9.9   Siedlungsbild 313
   9.10 Meeresfläche 314
   9.11 Schriftbild 315

10 Francesco Ferretti 317
   10.1 Autor und Werk 317
   10.2 Äußerer Kartenaufbau 319
   10.3 Lage und Orientierung 320
   10.4 Kartenmaßstab 320
   10.5 Inselgestalt 321
   10.6 Gewässernetz 328
   10.7 Relief 329
   10.8 Bodenbewachsung/Bodennutzung 330
   10.9 Siedlungsbild 331
   10.10 Meeresfläche 332
   10.11 Schriftbild 332

11 Ioannes Metellus / Gerard de Jode 333
   11.1 Autoren und Werke 333
   11.2 Äußerer Kartenaufbau 337
   11.3 Lage und Orientierung 338
   11.4 Kartenmaßstab 340
   11.5 Inselgestalt 341
   11.6 Gewässernetz 347
   11.7 Relief 348
   11.8 Bodenbewachsung/Bodennutzung 348
   11.9 Siedlungsbild 348

Seite

11.10	Meeresfläche	349
11.11	Schriftbild	349

12 Petrus Bertius ... 353
12.1	Autor und Werke	353
12.2	Äußerer Kartenaufbau	362
12.3	Lage und Orientierung	364
12.4	Kartenmaßstab	367
12.5	Inselgestalt	369
12.6	Gewässernetz	378
12.7	Relief	379
12.8	Bodenbewachsung/Bodennutzung	381
12.9	Siedlungsbild	382
12.10	Meeresfläche	384
12.11	Schriftbild	385

13 Vicente Mut (I) ... 388
13.1	Autor und Werk	388
13.2	Äußerer Kartenaufbau	389
13.3	Lage und Orientierung	391
13.4	Kartenmaßstab	393
13.5	Inselgestalt	394
13.6	Gewässernetz	400
13.7	Relief	404
13.8	Bodenbewachsung/Bodennutzung	404
13.9	Siedlungsbild	406
13.10	Meeresfläche	409
13.11	Schriftbild	410

14 Vicente Mut (II) ... 411
14.1	Autor und Werk	411
14.2	Äußerer Kartenaufbau	413
14.3	Lage und Orientierung	416
14.4	Kartenmaßstab	418
14.5	Inselgestalt	420
14.6	Gewässernetz	426

Seite

14.7 Relief 430
14.8 Bodenbewachsung/Bodennutzung 431
14.9 Siedlungsbild 432
14.10 Meeresfläche 440
14.11 Schriftbild 441

15 Vincenzo Coronelli 447
15.1 Autor und Werk 447
15.2 Äußerer Kartenaufbau 448
15.3 Lage und Orientierung 450
15.4 Kartenmaßstab 451
15.5 Inselgestalt 452
15.6 Gewässernetz 459
15.7 Relief 459
15.8 Bodenbewachsung/Bodennutzung 461
15.9 Siedlungsbild 461
15.10 Meeresfläche 462
15.11 Schriftbild 463

16 Literaturverzeichnis 467

17 Verzeichnis der Karten und Atlanten 493

18 Verzeichnis benutzter bibliothekarischer Einrichtungen 495
18.1 Einrichtungen in Deutschland 495
18.2 Einrichtungen im Ausland 496

Genehmigungen 501

Tafeln 503

Kürzel-Verzeichnis

AK	Atatürk Kütüphanesi, Istanbul
BA	Bibliotheca Albertina, Leipzig
BAV	Biblioteca Apostolica Vaticana, Città del Vaticano/Vatikanstadt
BC	Biblioteca Casanatense, Roma/Rom
BC	Biblioteka Czartoryskich, Kraków/Krakau
BdA	Bibliothèque de l'Arsenal, Paris
BFBM	Biblioteca Fundación Bartolomé March, Palma de Mallorca
BG	Biblioteka Gdanska PAN, Gdansk/Danzig
BGU	Biblioteca di Geografia dell'Universitá, Firenze/Florenz
BIG	Biblioteka Instytutu Geografii PAN, Warzawa /Warschau
BJ	Biblioteka Jagiellónska, Kraków/Krakau
BL	British Library, London
BLA	Biblioteca Lluís Alemany, Palma de Mallorca
BM	Biblioteca Municipal, Palma de Mallorca
BMC	Bibliothèque Musée Condé, Château de Chantilly, Chantilly
BML	Biblioteca Medicea Laurenziana, Firenze/Florenz
BN	Biblioteca Nacional, „Standort"
BN	Bibljoteka Nazzjonali (National Library of Malta), La Valetta
BNC	Biblioteca Nazionale Centrale, Firenze/Florenz
BNCE	Biblioteca Nazionale Centrale Vittorio Emanuele II, Roma/Rom
BNF	Bibliothèque National de France, Paris
BNM	Biblioteca Nazionale Marciana, Venezia/Venedig
BOL	Bodleian Library, Oxford
BPL	Birmingham Public Library, Birmingham/AL
BPU	Bibliothèque publique et universitaire, Genève/Genf
BSB	Bayerische Staatsbibliothek, München
BU	Biblioteca Universitaria, Bologna
BU	Biblioteka Universytecka, „Standort"
BUG	Bibliotheek Universiteit te Gent, Gent
BUL	Brandeis University Library, Waltham/MA
BYU	Brigham Young University, Provo/UT
CBHK	Commerzbibliothek der Handelskammer, Hamburg
CN	Calcografía Nacional, Madrid
DAI	Dār al-Āthār al-Islāmīyah, Kuwait
DKB	Det Kongelige Bibliotek, København/Kopenhagen
DM	Deniz Müzesi, Istanbul

EBH	Ethnike Bibliotheke tes Hellados (National Library of Greece), Athenai/Athen
FLB	Forschungs- und Landesbibliothek, Gotha
FLP	Free Library of Philadelphia, Philadelphia/PA
FSL	Folger – Shakespeare Library, Washington D.C.
FWWK	Fürstlich zu Waldburg-Wolfegg Kunstsammlung, Wolfegg
GSLB	Gräflich Solms-Laubach'sche Bibliothek, Laubach
HAAB	Herzogin Anna Amalia Bibliothek, Weimar
HAB	Herzog August Bibliothek, Wolfenbüttel
HL	Huntington, Library, San Marino/CA
HLB	Hessische Landesbibliothek, Fulda
HLB	Hessische Landesbibliothek, Wiesbaden
HSA	Hispanic Society of America, New York
HYK	Helsingin Yliopiston Kirjasto (National Library of Helsinki), Helsinki
IAI	Ibero-Amerikanisches Institut, Preußischer Kulturbesitz, Berlin
ICC	Institut Cartogràfic de Catalunya, Barcelona
IGAIW	Institut für Geschichte der Arabisch-Islamischen Wissenschaften, Frankfurt am Main
IGN	Instituto Geográfico Nacional, Madrid
IOU	Institut für Orientalistik der Universität, Wien
JCBL	John Carter Brown Library, Providence/RI
JLB	Johannes a Lasco Bibliothek, Emden
KB	Koninklijke Bibliotheek, Den Haag
KBS	Kunglbiblioteket (The Royal Library, National Library of Sweden), Stockholm
KK	Köprülü Kütüphanesi, Istanbul
LB	Landesbibliothek, Coburg
LC	Library of Congress, Washington D.C.
LL	Lilly Library, Bloomington/IL
LLP	Lippische Landesbibliothek, Detmold
MCC	Museo Civico Correr, Venezia/Venedig
MGK	Millet Genel Kütüphanesi, Istanbul
MM	Museu de Mallorca, Palma de Mallorca
MMPH	Maritime Museum ‚Prins Hendrik', Rotterdam
NIMA	National Imagery & Mapping Agency (NIMA/PA), Bethesda
NK	Nuruosmaniye Kütüphanesi, Istanbul
NKC	Nasser D. Khalili Collection of Islamic Art, London
NL	Newberry Library, Chicago/IL

NLR	National Library of Russia, St. Petersburg
NLS	National Library of Scotland, Edinburgh
NMM	National Maritime Museum, London-Greenwich
NSM	Nederlands Scheepvaartmuseum, Amsterdam
NSUB	Niedersächsische Staats- und Universitätsbibliothek, Göttingen
NYPL	New York Public Library, New York
ÖBU	Öffentliche Bibliothek der Universität, Basel
ÖNB	Österreichische Nationalbibliothek, Wien
OSK	Országos Széchényi Könyvtár (National Széchényi Library), Budapest
PMM	Plantin-Moretus Museum, Antwerpen
RB	Real Biblioteca, Palacio Real, Madrid
RGS	Royal Geographical Society, London
RSB	Ratsschulbibliothek, Zwickau
SAL	Societat Arqueológica Lul·liana, Palma de Mallorca
SB	Staatsbibliothek, „Standort"
SGE	Servicio Geográfico del Ejército, Madrid
SK	Süleymaniye Kütüphanesi, Istanbul
SLUB	Sächsische Landesbibliothek – Staats- und Universitätsbibliothek, Dresden
SStB	Staats- und Stadtbibliothek, Augsburg
StaB	Staatliche Bibliothek, „Standort"
StB	Stadtbibliothek, „Standort"
StUB	Stadt- und Universitätsbibliothek, „Standort"
StudB	Studienbibliothek, Dillingen
TSMK	Topkapı Sarayı Müzesi Kütüphanesi, Istanbul
TULB	Thüringer Universitäts- und Landesbibliothek, Jena
UB	Universitätsbibliothek, „Standort"
ÜK	Üniversitesi Kütüphanesi, Istanbul
ULB	Universitäts- und Landesbibliothek, „Standort"
ULBSA	Universitäts- und Landesbibliothek Sachsen-Anhalt, Halle (Saale)
UStB	Universitäts- und Stadtbibliothek, Köln
WAG	Walters Art Gallery, Baltimore/MD
WCL	William L.Clements Library, Ann Arbor/MI
WLB	Württembergische Landesbibliothek, Stuttgart
YUL	Yale University Library – Beinicke Rare Book and Manuscript Library, New Haven/CON
ZB	Zentralbibliothek Zürich, Zürich

1 Einführung

Im ausgehenden Mittelalter und zu Beginn der Neuzeit ist Mallorca eine Hochburg der Kartographie, vorrangig auf dem Gebiet seekartographischer Darstellungen. Hauptgründe sind umfangreiche Handelsfahrten, die Erweiterung des aragonisch-katalanischen Machtbereiches sowie die Bekämpfung des Islams im Mittelmeerraum. Viele Portolane und Seeatlanten sind in dieser Zeit entstanden und erinnern daran. Kartographen, wie Dulcert, Cresques, Viladestes, Valseca, Rosell, Prunes, Olives, um nur einige zu nennen, sind seinerzeit auf Mallorca tätig und schaffen bekannte Werke.

Alle Darstellungen bewegen sich jedoch im Bereich verhältnismäßig kleiner Maßstäbe – in der Größenordnung von 1:5 Mio. und kleiner –, Karten, die in der Regel vorrangig den ganzen Mittelmeerbereich oder Teile davon umfassen, den nordafrikanischen Raum beinhalten und andere wiederum, die sich sogar bis ins nördliche Mitteleuropa und darüber hinaus erstrecken. Der Schwerpunkt all dieser Karten liegt entsprechend ihrem Zweck auf der Darstellung des Küstenbereichs – Küstenverlauf, Flussmündungen, Küstenorte bzw. -häfen – und der See, das Landesinnere bleibt weitgehend unberücksichtigt oder tritt stark in den Hintergrund, obgleich gerade die mallorquinischen Werkstätten sehr zur Entwicklung der Darstellung des süd- und mitteleuropäischen sowie nordafrikanischen Binnenlandes beitragen (REY PASTOR 1960: 21ff.).

Über die Insel Mallorca als solche kann man diesen Darstellungen, alleine schon aus Maßstabsgründen, nur wenige Informationen entnehmen. Die Veranschaulichung der Insel als Einzeldarstellung in einem größeren Maßstab, der auch die Wiedergabe mehrerer Details auf der Inselfläche zugelassen hätte, unterbleibt zunächst und kommt erst später auf. Erst gegen Ende des 15. Jhs., zur Zeit der Frührenaissance, werden vom Inselgebiet Landkarten i. e. S. erstellt.

In Mallorca selbst werden zunächst keine derartigen Darstellungen geschaffen. Die ersten Erzeugnisse dieser Art entstehen in Italien, dem damaligen Zentrum der Kartenherstellung Europas. Die Kartenmacher dieses Landes gehörten zu den führenden Produzenten des Kontinents.

Zu den ältesten Werken, die kartographische Darstellungen der Inselwelt des Mittelmeerraumes – wenn auch in einigen Fällen relativ kleinmaßstäbig – enthalten, sind die Isolarien zu rechnen. Jene Inselbücher, eine Form von Handbüchern für

Reisende und Seeleute, sind, um WAWRIK (1986: 337) zu folgen, als eine Mischform zwischen Portulan-Atlas (Karten) und historischer Geographie (Text) anzusehen. Einzeldarstellungen vorwiegend von Inseln des westlichen Mittelmeergebietes und damit der Insel Mallorca erscheinen erstmalig in den Handschriften von Cristoforo Buondelmonti/Henricus Martellus Germanus und des Pīrī Re'īs, bei Alonso de Santa Cruz in Verbindung mit den übrigen Balearen. In gedruckter Form liegen die Inselbücher des Bartolomeo dalli Sonetti und Benedetto Bordone vor, wobei nur beim letztgenannten die Insel Mallorca zur Darstellung gebracht ist. Etwa gleichzeitig, aber auch später, entstehen größermaßstäbige Karten der Insel, die, als Einzeldarstellung angefertigt, je nach Bedarf in umfangreiche Sammelwerke bekannter Kartenmacher integriert sind. Dazu gehören vor allem die Werke des Antonio Lafreri, Ferrando Bertelli und Claudio Ducheti. Nicht unbedeutend sind in diesem Zusammenhang die Mallorca-Karten aus der Mitte des 16. Jhs. in den Kosmographien des Johannes Honterus. Aber auch Giovanni Francesco Camocio und Thomaso Porcacchi da Castiglione im letzten Drittel des 16. Jhs. sind mit ihren Isolarien hier von großer Wichtigkeit und nicht außer Acht zu lassen.

Am Ende des 16. Jhs. und zu Beginn des 17. Jhs. erscheinen vorrangig in den Werkstätten holländischer Kartenmacher große und kleine Atlanten in gebundener Form. Namen, wie Ortelius, De Jode, Mercator, Blaeu, Jansonius spielen hier eine besondere Rolle. In deren Werken wird Mallorca relativ kleinmaßstäbig vorzugsweise im Rahmen von Karten der iberischen Halbinsel veranschaulicht, gelegentlich auch von gesonderten Darstellungen des Balearen-Archipels, in einigen dieser Fälle sogar zusammen mit Teilen des östlichen Festlandspaniens. Darstellungen der Insel Mallorca bzw. der Balearen im engeren Sinne enthalten ebenfalls die Atlantes minores des Petrus Bertius. Obwohl auch kleinmaßstäbig, können sie des verhältnismäßig reichen Inhalts wegen den Vergleich mit den Karten der anderen Autoren standhalten.

In der Folgezeit, gegen Mitte des 17. Jhs., beginnt auf Mallorca sich eine eigene Landkarten-Kartographie zu entwickeln, die vor allem mit den Namen der örtlichen Geschichtsschreiber Joan Binimelis und Vicente Mut verbunden ist und deren Karten zunächst in Chroniken über die Insel vorkommen. Während die Darstellungen des Joan Binimelis, des 1. Chronisten des Königreiches Mallorca, nur schwer oder gar nicht belegbar sind, lassen sich die Karten des jüngeren Vicente Mut genau datieren.

In der British Library in London werden 15 skizzenhaft angefertigte, äußerst detaillierte Entwürfe hauptsächlich von Küstenabschnitten bzw. Küstenansichten der Insel Mallorca und von der kompletten Nachbarinsel Cabrera aufbewahrt [Sign.: ms. ADD 24912], die dem genannten Joan Binimelis zugeschrieben werden und als Vorlage einer nicht auffindbaren Mallorca-Karte gedient haben oder gedient haben sollen (Societat Arqueològica Lul·liana/Museu de Mallorca 1994: 26-34). Auf diesen unsicheren Sachverhalt verweist auch E. PASCUAL im Boletín de la Sociedad Arqueológica Luliana (1899: 79ff.). Da all diese Einzeldarstellungen zusammen kein vollständiges Inselbild ergeben, werden sie in dieser Arbeit nicht weiter berücksichtigt.

Mit Joan Binimelis (1539-1616) wird auch ein großformatiges, die Insel Mallorca zeigendes Ölgemälde (1840 x 2410 mm) in Verbindung gebracht, das im MM Palma de Mallorca beherbergt wird und durchaus die Karte sein kann, von der oben die Rede ist. Träfe diese Annahme zu, müsste das Bild älter als die erste Darstellung des Vicente Mut von 1650 sein. Leider liegen über dieses äußerst düstere, zum Teil beschädigte Werk keine Untersuchungen vor – auch nicht am Leinen des Gemäldes –, die das genaue Alter belegen könnten. Die oben erwähnten, hierfür als Grundlage angenommenen Einzeldarstellungen ähneln sich in keiner Weise mit dem Kartenbild des Ölgemäldes, was eine Verwendung dieser Teilstücke für das vorliegende Gesamtbild nur schwer vorstellbar machen. Die Form der Insel Mallorca in diesem „Mallorcha" betitelten Ölgemälde kommt allerdings der erwähnten Karte des Mut bis auf Details recht nahe. Möglicherweise ist die 1765 erschienene Balearen-Karte von Francisco Xavier Garma y Durán zum Teil von dieser Darstellung abgeleitet; der Autor gibt zumindest Dr. Juan Binimelis in seiner Titelkartusche als Quelle an. In der Gestalt der Insel Mallorca ähnelt die Karte des Garma y Durán jedoch deutlich der späteren, von 1683 stammenden Darstellung des Vicente Mut. Unglücklicherweise sind die diesbezüglichen, in dem Artikel von FAJARNÉS (1899: 48f.) aufgeführten Dokumente aus dem Arxiu Municipal von Palma de Mallorca (Stadtarchiv) nicht mehr auffindbar. In der vorliegenden Arbeit fiele diese, vermutlich dem Joan Binimelis zuzuschreibende Darstellung wegen ihrer Gestaltung als Gemälde bzw. wegen ihrer vergleichsweise außerordentlichen Größe aus dem Rahmen und soll einer späteren Studie vorbehalten bleiben; in dieser Arbeit wird sie nur am Rande mit berücksichtigt (vgl. Abb. 13.4 u. Taf. I, Teil IV).

MASCARÓ PASSARIUS (2000) weist darüber hinaus im Abbildungsanhang der posthum erschienenen Veröffentlichung auf ein geringfügig kleineres Ölgemälde, das er in das Jahr 1696 stellt und heute im Rathaus der Stadt Palma de Mallorca aufbewahrt wird, hin. Das stumme Kartenbild, dessen Inhalt sich hauptsächlich auf die mehr oder minder schematisch ausgeführte Darstellung des Reliefs konzentriert und die Hauptstadt Palma als einzige Siedlung wiedergibt, zeigt als ein besonderes Charakteristikum – ähnlich dem oben erwähnten Ölgemälde – eine Fülle meist im Gefecht befindlicher Galeeren und anderer Kriegsschiffe der Zeit. MASCARÓ PASSARIUS schreibt dieses Werk, das aus besagten Gründen ebenfalls in dieser Arbeit nicht behandelt wird, dem Honorat Massot zu.

Die italienische Kartographie fällt in dieser Zeitphase stark zurück. Als eine der wenigen bedeutenden italienischen Arbeiten dieser Zeit lässt sich das als Teil des Atlante Veneto veröffentlichte Isolario des Vincenzo Maria Coronelli herausstellen.

Mit dem Beginn des 18. Jhs. erscheinen in mehr oder minder regelmäßigen Abständen Karten der Insel von einheimischen Autoren und von solchen aus dem Festlandspanien, vielfach aber auch von Kartenmachern anderer Staaten, vor allem aus Frankreich, den Niederlanden und Deutschland, die Mallorca entweder als relativ großmaßstäbige Einzeldarstellung, als Teil einer Balearen- oder sogar einer Spanien-Karte zur Darstellung bringen. Letztgenannte Kartenbilder sind in der Regel in den großen Handatlanten dieser Zeit anzutreffen. Namen, wie J. de Aguirre, A. Despuig y Dameto, B. Espinalt y García, T. López, V. Tofiño de S. Miguel, J. N. Bellin, N. de Fer, R. de Vaugondy, J. v. Keulen, J. B. Homann und P. Schenk gilt es hier hervorzuheben. Aus Italien sind in diesem Zusammenhang nur die Karten des A. Zatta zu erwähnen.

Ziel der hier vorliegenden Arbeit soll es nun sein, in einer vergleichenden Studie die bedeutendsten Markteine in der Herstellung vor allem „größermaßstäbiger" historischer Karten der Insel Mallorca in ihrer zeitlichen Aufeinanderfolge ab dem Ende des 15. bis um 1700 zu erfassen, sie vorzustellen, und diese Werke einer detailliert deskriptiven wie auch kritischen Betrachtung zu unterwerfen, in der neben der Entwicklung der Inselgestalt vorrangig die Art und Weise der kartographischen Darstellung der einzelnen Objektinhalte zur Sprache kommen sollen, nicht zuletzt gekoppelt mit Fragen der Lage und Orientierung der Insel sowie des Maßstabs und seiner Ermittlung. Anhand von Messungen wird auch auf die Genauigkeit der Karten eingegangen. Der Betrachter der Karten soll aber ebenso auf die vielen Einzelheiten und „versteckte" Kuriosa aufmerksam gemacht werden, die auf dem ersten Blick nicht wahrgenommen werden.

Aus den rund 200 Jahren kartographischer Produktion über die Insel Mallorca sind in dieser Arbeit Darstellungsbeispiele herausgegriffen, die möglichst charakteristisch die Entwicklung des Kartenbildes widerspiegeln. Sie reichen von den Manuskriptausgaben am Ende des 15. Jhs. über die ersten Drucke mit all den Schwankungen in Genauigkeit und Qualität bis hin zu den recht detaillierten Darstellungen am Ende des 17. Jhs.

Ausgewählt und besprochen werden die handschriftlichen Karten aus den Isolarien von Cristoforo Buondelmonti/Henricus Martellus, des Pīrī Re'īs und des Alonso de Santa Cruz sowie die ersten gedruckten Ausgaben des Benedetto Bordone. Ferner kommen die ebenfalls gedruckten Karten aus den Kosmographien des Johannes Honterus, die Darstellungsvarianten aus den Atlanten des Lafreri-Typs gemeinsam mit denen des Giovanni Francesco Camocio sowie die Werke des Thomaso Porcacchi da Castiglione und des Vincenzo Maria Coronelli zur Sprache. Auch die Karte des Francesco Ferretti findet ihre Berücksichtigung. Mit in die Betrachtung einbezogen werden das Isolarium des Metellus mit seiner relativ kleinmaßstäbigen Balearen-Karte sowie deren vermutliche Vorlage aus dem Werk des Gerard de Jode als einzige Ausnahme einer aus einem großen Atlas stammenden, jedoch isoliert veranschaulichten Archipel-Darstellung. Als Beispiele aus einem Atlas minor erfahren die Kartenbilder des Petrus Bertius und seiner Vorgänger bzw. Nachfolger eine besondere Beachtung. Danach folgen die Karten des mallorquinischen Autors Vicente Mut. Keine Aufnahme hingegen finden die Balearen-Karten aus den umfangreichen zeitgenössischen Hand- und Portolanatlanten, in denen – wie erwähnt – Mallorca nur als Teil eines größeren Ganzen zur Darstellung kommt.

2 Methodischer Aufbau

Wie in der Einführung erwähnt gehört die Präsentation und der Vergleich historischer Karten der Insel Mallorca sowie die kritische Beleuchtung der in ihnen angewandten kartographischen Darstellungsmethoden zu den Hauptanliegen dieser Arbeit.

Im Rahmen einer allgemeinen Einführung werden zu Beginn Stand und Werdegang der Kartographie der Insel Mallorca im Sinne einer Übersicht zur Sprache gebracht und die für den betrachteten Zeitraum in Frage kommenden Kartenmacher genannt. Das verwendete, in den Bibliotheken der verschiedenen Einrichtungen eingesehene oder von diesen erhaltene Kartenmaterial wird in seiner zeitlichen Abfolge bzw. nach Autoren aufgearbeitet und sowohl untereinander als auch mit den Verhältnissen in einer wirklichkeitstreuen Darstellung verglichen. Auf diese Weise wird die Entwicklung des Inselkartenbildes vom recht einfachen Anfangsstadium zum weitgehend korrekten Realitätsabbild aufgezeigt. Die verschiedenen Wiedergabearten und die in den Karten eingesetzten kartographischen Darstellungsmethoden werden dabei einer systematischen Betrachtung unterzogen, kritisch beleuchtet und beurteilt, wobei je nach Aufbau und Inhalt der einzelnen Karten unterschiedliche Schwerpunkte gesetzt werden.

Zum Studium der einzelnen Karten werden jeweils eingangs die biographischen Daten des entsprechenden **Kartenmachers bzw. Autors** – soweit sie vor allem zum Verständnis nötig sind bzw. sich ermitteln ließen – sowie allgemeine Angaben über das zu betrachtende **Werk** vorangestellt. Autor wird als neutraler Begriff gewählt, da nicht immer eindeutig zwischen Verleger, Graveur oder Zeichner zu unterscheiden ist. Die in Frage kommenden Autoren und ihre Werke werden in 13 Kapiteln behandelt. Verschiedene, wenig differierende Werke eines Autors werden in ein und demselben Kapitel besprochen. Das Gleiche gilt für ähnliche und durchaus vergleichbare Darstellungen, die von der Ursprungskarte eines Autors ausgehend im Laufe der Zeit vor allem durch die Hand von Kopisten eine Veränderung erfahren haben. Deutlich verschieden gestaltete Karten eines Autors werden in getrennten Kapiteln erörtert. Handelt es sich bei den Karten um gleiche oder sehr ähnliche Darstellungen verschiedener Autoren, die aus anderen Werkstätten stammen – in Konkurrenz oder Kooperation –, so werden diese Abbildungen unabhängig von der Zeit ihrer Erstellung zusammenhängend betrachtet.

Kartenexemplare, die als verhältnismäßig weit verbreitet festgestellt sind, werden

– ohne Anspruch auf Vollständigkeit – nach ihrem Standort im In- und/oder Ausland einschließlich ihrer Signatur in einer Übersichtstabelle zusammenhängend aufgelistet. Die Signaturen der Bibliotheken, in denen sich die einzelnen Karten bzw. Werke befinden, werden sowohl im laufenden Text als auch in den entsprechenden Tabellen zur deutlichen Kennzeichnung in eckige Klammern gesetzt.

Nach den Autoren und Werken schließt sich die Betrachtung des **äußeren Kartenaufbaus** eines jeweiligen Beispiels an. Danach wird der Grad der Korrektheit von **Lage und Orientierung** der Insel im Kartenbild untersucht. Von nicht geringerer Bedeutung werden im Anschluss die Fragen des **Kartenmaßstabs**, dessen zum Teil auftretende verschiedene Arten und Wiedergabeformen sowie in einigen, vor allem den älteren Fällen, die Schwierigkeiten und Wege seiner Ermittlung erörtert. Erst dann erfolgt die nähere Betrachtung der **Inselgestalt** – sprich des Küstenumrisses –, wozu neben dem Gesamtbild vorrangig die Küstenausrichtung und der Küstenverlauf mit all den Abweichungen und Besonderheiten in Länge und Form gegenüber dem Naturbild bzw. einem gegenwärtigen, maßstabsgetreuen Kartenbild gehören, wie es in Abb. 2.1 veranschaulicht wird. Sofern von den einzelnen Einrichtungen keine maßstabsgerechten Darstellungen vorgelegen haben, sind diese vor jeglicher Messung auf die Sollmaße gebracht.

Um möglichst vollständig und detailliert die historischen Karten zu analysieren bzw. auszuwerten, und somit eine Vergleichbarkeit untereinander und zum Realitätsbild zu gewährleisten, wird anschließend, stets einem festgelegten Schema folgend, systematisch die Aufarbeitung der jeweiligen kartographischen Veranschaulichungsart nach den einzelnen **Objektinhalten** vorgenommen.

Die Erfassung der einzelnen Objektinhalte beginnt mit dem **Gewässernetz** und dessen kartographischer Darstellung. Untersucht werden dabei die Verbreitung und die Art der Wiedergabe der Gewässer, bei linearen Gebilden auch deren Verlauf und Breite, bei flächenhaften eher deren Lage und Ausdehnung, beide stets im Vergleich zum Naturbild.

Es folgt die Betrachtung des **Reliefs**, ein Objektinhalt, dessen Veranschaulichung sich sehr charakterisierend auf das Kartenbild auswirkt. Es werden hier vor allem die angewandte Methode sowie die Anordnung, räumliche Verteilung und Lage der Einzelformen in Bezug zur Realität erörtert.

Weiterhin werden die **Bodenbewachsung** und, sofern vorhanden, die **Bodennut-**

zung in ihrer Darstellungsart sowie deren Verbreitung im Kartenbild angesprochen. Eine gelegentlich auftretende Wiedergabe von Fauna findet ebenfalls Erwähnung.

Zu den wichtigsten Objektinhalten, deren Darstellung ähnlich der Reliefwiedergabe den Gesamteindruck der Karte in der Regel erheblich beeinflusst, gehört ohne Zweifel das **Siedlungsbild** mit all seinen vorkommenden Varianten in Gestaltung, von der befestigten oder unbefestigten Stadt bis zum kleinsten Siedlungsplatz – beispielsweise eine Festung, eine Burg, ein Wachturm, eine Kapelle –, seiner räumlichen Verteilung und Position sowie seiner Unterbringung im Kartenbild.

Unberücksichtigt bleibe auch nicht ein Blick auf die Darstellung der die Insel umgebenden **Meeresfläche**, deren Wiedergabeart in mehreren Fällen erheblich den Gesamteindruck der Karte variiert. Dabei ist die Berücksichtigung der verwendeten Zeichen oder bildhafte Darstellungen zur Füllung des in Frage kommenden Raumes von nicht geringerer Bedeutung und wird mitbehandelt.

Zuletzt sei auch das **Schriftbild** in den einzelnen Karten betrachtet. Angesprochen werden Schriftart, Schreibweise, Größe und Lage sowie dessen Zuordnung zu den betreffenden Objekten. Eine Zusammenstellung der im Kartenbild vorhandenen Toponyme bildet in der Regel den jeweiligen Abschluss.

Wie erwähnt wird in Abb. 2.1 eine aktuelle Karte vorgestellt. Sie berücksichtigt in der Hauptsache die Insel Mallorca, die dem Blatt G-1 der Operational Navigation Chart (ONC, Ausgabe 12, 1989) in 1:1 Mio. in Lamberts winkeltreuer Kegelprojektion entnommen ist und für deren Verwendung der NIMA Bethesda/USA gedankt sei. Diese hier mit feiner Küstenkontur und grauer Flächenfüllung erstellte Abbildung weist zur besseren Orientierung neben den Inselbezeichnungen sowohl die Längen- und Breitenkreise in 30'-Abstand als auch die vier markanten Extrempunkte der Insel, die Punta Negra im W, Cap de Formentor im NE, Punta de Capdepera im E und Cap de ses Salines im S mit ihren geographischen Koordinaten auf.

In den einzelnen Kapiteln wird die jeweils behandelte Mallorca-Karte in Schwarz/Weiß veranschaulicht. Farbig vorliegende Originale werden zum besseren Verständnis und zur höheren Anschaulichkeit auch als Farbtafel im Anhang der Arbeit (Taf. II - IX) vorgestellt. Einige dieser Tafeln zeigen dabei die Insel Mallorca in einem größeren Umfeld, sei es zusammen mit der östlichen Nachbarinsel

Menorca oder im Rahmen des gesamten Balearen-Archipels. Bei verschieden gestalteten Karten eines Autors kommt bis auf Ausnahmen jede einzelne, verändert vorliegende Ausgabe zur Wiedergabe. Je nach Ausmaß erfolgt die Darstellung entweder in Originalgröße oder im Falle eines größeren, den Satzspiegel der Veröffentlichung überschreitenden Formats in verkleinertem Maßstab. Für diese notwendige Verkleinerung ist auf der Basis des ermittelten Kartenmaßstabs das nächst kleinere gerade Größenverhältnis ausgewählt und errechnet worden. Darstellungsdetails sowie wenig auffallende Darstellungsunterschiede sind in gesonderten Abbildungen zusammengestellt und sollen dem besseren Kartenvergleich dienen. In einigen Fällen sind sie der Anschauung wegen vergrößert zur Darstellung gebracht.

In einer weiteren Abbildung wird in jedem Kapitel die äußere Inselgestalt einer historischen Karte, d. h. ihr Küstenumriss, mit der entsprechenden einer aktuellen Darstellung quasi unterlegt, um auf diese Weise Übereinstimmungen oder Ähnlichkeiten, aber auch speziell markante Abweichungen der Form im Ganzen oder im Detail feststellen und herausarbeiten zu können. Voraussetzung dafür ist allerdings weitestgehende Maßstabsidentität sowie eine übereinstimmende Kartenorientierung gemäß der in beiden Darstellungen angegebenen Nordrichtung. Da die Projektion der historischen Darstellung aufgrund eines meist fehlenden Gradnetzes, einer häufig realitätsfremden Wiedergabe des Küstenumrisses und/oder einer verlagerten bzw. falschen Positionierung der Objekte sich nicht immer eindeutig feststellen lässt – obgleich man in mehreren Fällen von einer quadratischen oder rechteckigen Plattkarte ausgehen kann –, bleibt sie in der Regel bei der Überlagerung mit der aktuellen Karte unberücksichtigt. Des besseren Vergleiches wegen werden bei der Bildüberlagerung die jeweiligen geometrischen Inselmittelpunkte zur Deckung gebracht. Als aktuelle Darstellung für diese Gegenüberstellung wird der oben erwähnte, der winkeltreuen ONC 1:1 Mio. entnommene Ausschnitt herangezogen, der, übrigens, auch für alle weiteren Gestalts- und Größenvergleiche als Kartengrundlage zum Einsatz kommt. Um einen möglichst optimalen Vergleich beider Darstellungen untereinander zu erlauben, wird die historische Karte ausschließlich durch eine kräftige Küstenlinie veranschaulicht und demgegenüber die quasi darunterliegende aktuelle Karte wie in Abb. 2.1 mit einer feinen Küstenkontur und einem grauen Flächenton gefüllt zum Ausdruck gebracht. Die jeweilige geometrische Mitte ist markiert, bei der aktuellen Karte (ONC) durch einen Kringel mit N-Richtungsstrichen, im Falle der historischen Darstellung mit einem feinen Kreuz zuzüglich Pfeilspitze, die zum angegebenen Nord des Kartenbildes weist. Der in den Darstellungen numerisch und graphisch angegebene Maßstab bezieht sich vorrangig auf die aktuelle Karte. Für die meisten historischen Kartenbeispiele kann der jeweils eingetragene Maßstab aufgrund seiner Ermittlungsweise nur als ungefähre Richtgröße angesehen werden.

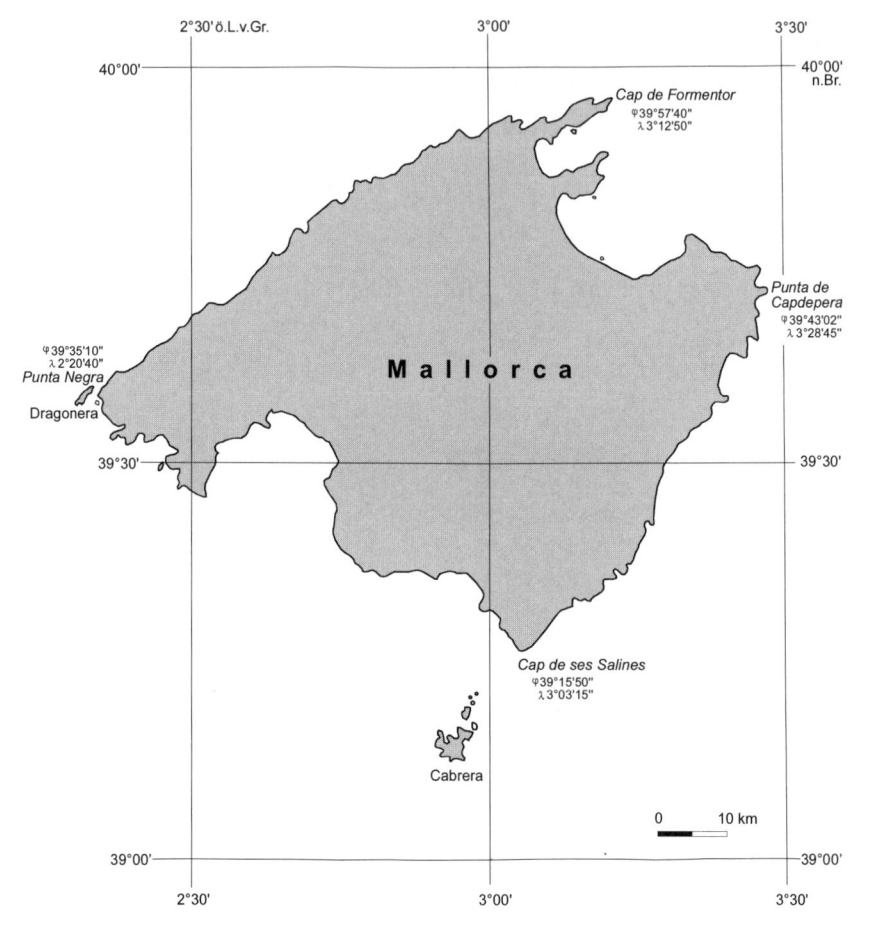

Abb. 2.1 Mallorca mit der Nachbarinsel Dragonera und dem Cabrera-Archipel im geographischen Netz der ONC in 1:1 Mio. Kennzeichnung der vier Extrempunkte mit ihren Koordinaten.

In einigen wenigen Fällen wird größen- bzw. maßstabsbedingt als Vergleichskarte der Ausschnitt des Balearen-Archipels vom Blatt 21 der ebenfalls in Lamberts winkeltreuer Kegelprojektion vorliegenden JNC (Jet Navigation Chart, Ausgabe

4, 1984) im Maßstab 1:2 Mio. herangezogen, für deren Veröffentlichungsgenehmigung ebenfalls der NIMA in Bethesda der Dank gilt.

Um die Entwicklung der äußeren Inselgestalt auf den historischen Karten im Laufe der Zeit unabhängig von ihrer Größe zu verfolgen, wird zusätzlich als Zusammenschau am Ende der Arbeit (Taf. I, Teil I - IV) jede Karte auf einen möglichst einheitlichen und aus Übersichtsgründen relativ kleinen Maßstab gebracht, der es erlaubt, einen direkten Vergleich unter den einzelnen Karten anzustellen. Für die Größe der Karten ist der Maßstab 1:3 Mio. gewählt. Das Inselinnere ist in diesem Fall unerheblich und bleibt unberücksichtigt. Auf diese Weise wird ausschließlich die Gestalt der Landmasse beachtet. Aus Gründen der deutlicheren Flächen- und Formerfassung erfolgt hierbei die Füllung des Inselareals einheitlich in Schwarz.

Zur Vereinfachung des Vergleichs vor allem von Küstenorientierung, Küstenerstreckung und letztlich auch von Küstenverlauf – bei den historischen Karten untereinander wie mit einer gegenwärtigen Darstellung – sowie zur Überprüfung des Genauigkeitsgrades der historischen Karte erscheint es angebracht, die Insel zusätzlich auch schematisiert zu betrachten und sie einer geometrischen Figur gleichzusetzen. Hierfür lässt sich die Naturgestalt von Mallorca in groben Zügen mit einem auf der Spitze stehenden Viereck vergleichen, dessen Seiten die äußeren geraden Verbindungsstrecken zwischen den vier oben genannten markanten Extrempunkten wiedergeben und sich als verschieden lang zeigen. Wie in Abb. 2.2 veranschaulicht, dient erneut der entlehnte Ausschnitt der winkeltreuen ONC in 1:1 Mio. als Grundlage für die Einbettung des genannten ungleichseitigen Vierecks, das, der Abb. 2.1 entsprechend, nur mittels feiner Küstenkontur und grauer Flächenfüllung zur Darstellung gebracht wird. Nebst Grundlagenbild mit eingebetteter Schemafigur und der Bezeichnung ihrer Eckpunkte werden hier die Azimute sowie die maßstabsgetreu umgerechneten Kilometerentfernungen der Viereckseiten aufgezeigt. Die Innenwinkel des Vierecks sind in dieser Darstellung ebenfalls aufgenommen.

Wie sich der eben genannten Abb. 2.2 entnehmen lässt, weisen die Seiten der schematischen Figur, die als Mittelwerte der betrachteten Küstenabschnitte anzunehmen sind, unterschiedliche Azimute auf. Die nordwestliche Seite des Vierecks ist am W-Punkt im Mittel um ca. 60°, die gegenüberliegende im SE, am Südkap gemessen, dagegen nur um ca. 35° nach E orientiert. Die im SW und NE gelegenen Strecken weisen eine westliche Abweichung von 60° am Süd- bzw. 40° am

Ostkap (= 300° E bzw. 320° E) auf. Während die nach NW und SE zeigenden Viereckseiten den entsprechenden reellen Küstenabschnitten im Mittel ungefähr parallel verlaufen, weichen die im SW und NE vorliegenden durch starke Einbuchtungen des realen Küstenbildes deutlich von diesen ab. Durch die unterschiedliche Orientierung der Seiten des Vierecks ergeben sich zwangsläufig zwischen ihnen auch verschieden große Innenwinkel, deren Erfassung aus Vergleichszwecken sich ebenfalls als angebracht erweist. Die Innenwinkel des der Natur nachgezeichneten Vierecks betragen im Westen 60°, im Norden 100°, im Osten 105° und im Süden 95°.

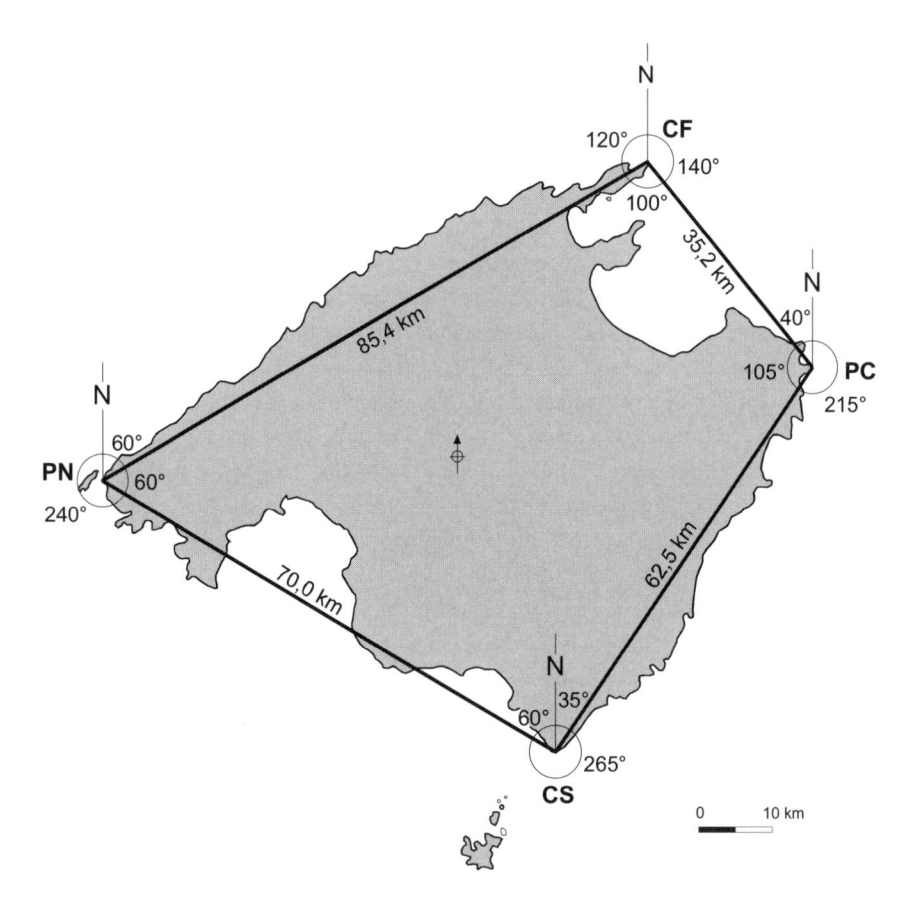

Abb. 2.2 Schematische Darstellung der Insel Mallorca auf der Grundlage der ONC in 1:1 Mio. mit Angabe der naturgetreuen direkten Kapdistanzen, der entsprechenden Streckenazimute und der Innenwinkel des Vierecks.

Wie vorne erwähnt, ist für gleiche Zwecke auch die in unmittelbarem Zusammenhang mit der verschiedenen Orientierung der Küstenabschnitte sowie der damit verbundenen Größe der Innenwinkel stehende unterschiedliche Länge der Seiten der schematischen Figur von Interesse (vgl. Abb. 2.2). Die längste Seite des unregelmäßigen Vielecks ist im NW zu finden und misst von einem Extrem zum anderen, von der Punta Negra bis Cap de Formentor, rd. 85,4 km. Ihr Gegenstück im SE vom Cap de ses Salines bis zur Punta de Capdepera ist mit rd. 62,5 km nur Dreiviertel so lang. Die stark eingebuchteten Küstenabschnitte im SW und NE weisen zwischen ihren Endpunkten im W und S, Punta Negra und Cap de ses Salines, eine Entfernung von rd. 70,0 km bzw. zwischen N und E, Cap de Formentor und Punta de Capdepera, von rd. 35,2 km auf, womit letzte Strecke deutlich unter den Werten der anderen Viereckseiten liegt.

In diesem Zusammenhang seien auch die Diagonalen des Vierecks betrachtet. Abb. 2.3 veranschaulicht bei gleicher Schemafigur die naturgetreuen Diagonalverbindungen einschließlich ihrer Winkelabweichungen gegenüber Nord sowie deren Streckenentfernungen in Kilometern. Die vom Cap de ses Salines im S bis zum Cap de Formentor im NE rd. 78,2 km messende Strecke differiert von der wahren N-Richtung um etwa 10° E, dagegen zeigt die andere, annähernd horizontal verlaufende Vierecksdiagonale von der Punta Negra im W bis zur Punta de Capdepera im E eine östliche Abweichung von ca. 81°. In letztgenannter Richtung weist die Insel eine Maximalbreite von rd. 98,2 km auf und ist damit ca. ein Viertel länger als die etwa N-S gerichtete Verbindungsgerade.

Gemäß dem oben Gesagten werden in jeder, vorab auf den Maßstab 1:1 Mio. gebrachten historischen Karte die Extrempunkte ebenso mittels Geraden zu einem Viereck verbunden und die sich daraus ergebende geometrische Figur der erläuterten, einer aktuellen Darstellung (vgl. Abb. 2.2 u. Abb. 2.3) entsprechenden gegenübergestellt und in einer weiteren Abbildung veranschaulicht. Die Schemata von historischer und aktueller Karte werden aus Vergleichsgründen wie bei der Gegenüberstellung der Inselumrisse genordet und zentriert überlagert. Das aktuelle Bild weist analog den Abb. 2.1 u. Abb. 2.2 nebst einer feinen Konturlinie auch einen grauen Flächenton auf, die Figur für das historische nur eine kräftige Umrandung. Aus dem Vergleich beider Schemabilder – hier speziell der Seiten- und Diagonalstrecken, deren Azimute sowie der Innenwinkel – lassen sich die Abweichungen untereinander und der sich ergebende Genauigkeitsgrad der historischen Darstellung deutlicher kenntlich machen. Analog der Überlagerung der Küstenumrisse bleibt auch bei den Schemadarstellungen die Projektion in den meisten Fällen unbeachtet. So gesehen können die im historischen Bild gemessenen Strecken und Winkel nur ungefähre Werte sein, auf deren Größenordnung es hauptsächlich ankommt. Ungeachtet der Tatsache, dass ein direkter Formenvergleich zwischen historischer und aktueller Karte nur bei gleicher Projektion stattfinden sollte, wird, da wie gesagt, sich diese im erstgenannten Bild meist nur ungenau bzw. nicht eindeutig ermitteln lässt, das oben erläuterte Verfahren angewandt, um auf diese Weise Ähnlichkeiten bzw. deutliche Abweichungen zwischen beiden Darstellungen herauszuarbeiten.

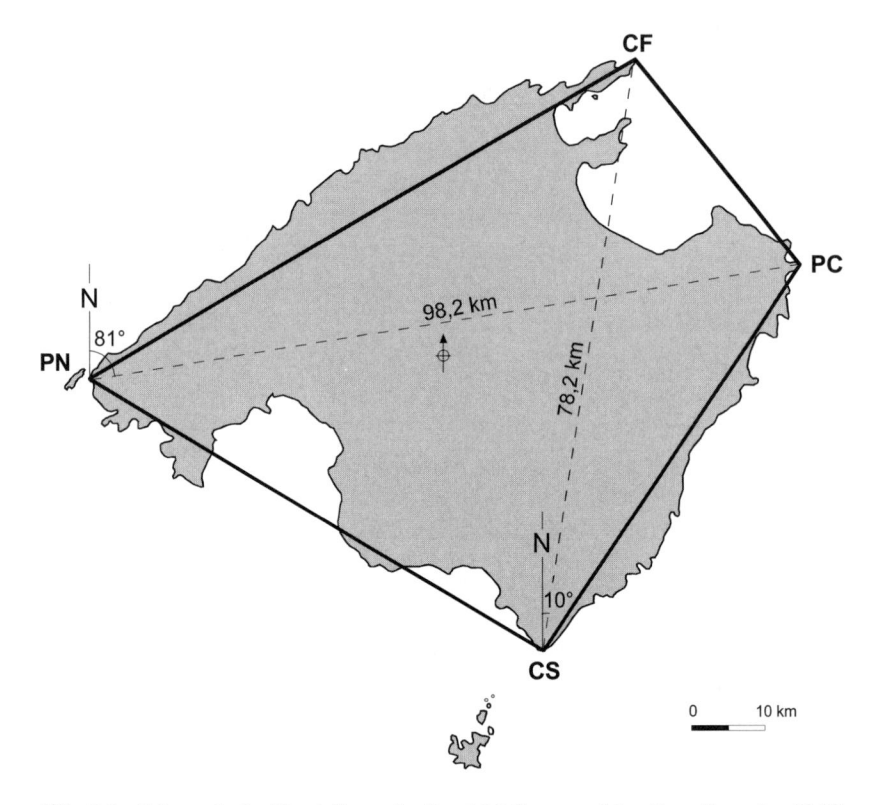

Abb. 2.3 Schematische Darstellung der Insel Mallorca auf der Grundlage der ONC in 1:1 Mio. mit Angabe der naturgetreuen Distanzen der Inseldiagonalen und ihrer Azimute.

Schließlich sei auch der Versuch unternommen, durch Rotation und/oder Verschiebung des historischen Bildes gegenüber der aktuellen Darstellung die Areale beider Karten soweit als möglich form- und lagemäßig anzupassen, um eine optimale Kongruenz des Küstenumrisses und ein Höchstmaß an Flächenüberdeckung zu erreichen. Dabei sollte auf eine weitgehende Übereinstimmung der Flächenschwerpunkte geachtet werden. Das Ergebnis wird in einer zusätzlichen Abbildung veranschaulicht, in der Rotationswinkel, Rotationsrichtung und eventuelle Mittelpunktsverschiebung angegeben sind. Auf diese Weise können nicht nur die Differenzen der Orientierung im Vergleich zur korrekten N-Richtung, sondern auch Ungenauigkeiten in der Wiedergabe von Form und Fläche sowohl als Gesamtbild als auch im Detail exakter festgestellt werden. Auch in diesem Falle werden die aktuelle Karte durch eine feinkonturierte, mit Flächenton gefüllte Darstellung und die historische durch eine relativ breite Küstenkontur zum Ausdruck gebracht.

Die von den Bibliotheken erhaltenen Kartenvorlagen sind gescannt und im Adobe Photoshop 5.5 auf das vorgegebene Sollmaß gebracht. In FreeHand 8.0 importiert erfolgt die Digitalisierung des Inselumrisses und anderer Kartenbildteile. Nach Bestimmung der Inselfläche und des Inselumfangs mittels ArcView GIS 3.2a von ESRI und Erfassung ausgewählter Streckenlängen ist der jeweilige Kartenmaßstab, wie später noch im einzelnen erläutert, ermittelt und festgelegt und – wieder in FreeHand – die in Frage kommende Karte um ein entsprechendes Verhältnis auf 1:1 Mio. je nach Fall entweder verkleinert oder vergrößert. In dem geeigneten Maßstab von 1:1 Mio. (1 mm = 1 km) lassen sich hier die in Millimeter abmess- bzw. ablesbaren Entfernungen ohne Umschweife in Kilometer feststellen. Dies gilt insbesondere auch für die eingesetzten Schemafiguren. Auch die benötigten Azimute oder weitere Außenwinkel sowie die betrachteten Innenwinkel lassen sich ohne Schwierigkeiten erfassen.

Die in der Arbeit zu Vergleichszwecken verwendeten aktuellen Daten entstammen verschiedenen Quellen. Für Maßstabsberechnungen und Bestimmung von Flächengrößen werden für Mallorca 3623 km² zugrunde gelegt, ein Wert, der vom IGN in Madrid mitgeteilt wurde (1977, schriftl. Mitt.) und auch dem aus dem Atlas Nacional de España (1994: 3b I) entnommenen Wert von 3624,08 km² inklusive küstennaher Inselfelsen sehr nahekommt. Selbst der von BARCELÓ PONS (1992: 454) angegebene Wert von 3640,16 km² ebenso einschließlich umgebender Eilande weicht nur unerheblich davon ab. Das durch Planimetrierung bzw. Digitalisierung aus der Karte „Palma de Mallorca" – Mapa General, Blatt 10-4 der Serie 5L der Cartografía Militar de España 1:250 000 in UTM-Projektion (Ausgabe 1991) ermittelte Inselareal entspricht weitestgehend oben genanntem Wert, so dass diese Karte für den kleinmaßstäbigen Flächen- und Formenvergleich herangezogen werden kann. Für Flächenbestimmungen hat sich das Blatt „Mallorca" des Mapa Militar Itinerario de España 1:200 000 (Ausgabe 1944) in flächentreuer Bonne-Projektion ebenso als geeignet erwiesen.

Der verwendete Wert für die Küstenlänge von 463 km stammt aus BARCELÓ PONS (1973: 109 f.), ist so gut wie identisch mit dem von QUIRÓS TOMÉ (SGE Madrid) 1997 schriftlich mitgeteilten von 249 Seemeilen (= 461,15 km) und stimmt bis auf wenige Kilometer am besten von all den übrigen veröffentlichten Daten mit dem bei Digitalisierungsarbeiten ermittelten überein, so dass auch dieser zu Vergleichszwecken eingesetzt werden kann. Die Digitalisierung des oben erwähnten Blattes „Mallorca" des Mapa Militar Itinerario de España ergibt sogar eine Wertübereinstimmung bis auf wenige Zehntel. Höhere Wertangaben für die Küstenlinie, wie 554,7 km (BARCELÓ PONS 1992: 455) oder 607 km (IGN/ Madrid 1977, schriftl. Mitt.), sind vermutlich durch Messung aus Karten größerer Maßstäbe entnommen, in denen der Küstenverlauf sich wesentlich differenzierter darstellt, und beziehen zum Teil die umgebenden Eilande und Inselfelsen einschließlich sogar des im Süden Mallorcas gelegenen Cabrera-Archipels mit ein.

Distanzen zwischen markanten Küstenpunkten, Länge von Landvorsprüngen, Tiefe von Buchten, Maximalweiten der Insel vor allem in den Haupthimmelsrichtungen sowie bestimmte Strecken zwischen ausgewählten Orten bzw. weiteren Punkten sind sowohl auf der gleichen, oben erwähnten Karte in 1:250 000 als auch auf der in transversaler Mercatorprojektion angelegten Karte „Baleares" des Mapa Oficial de España des Instituto Geográfico y Catastral in 1:200 000, Conjuntos Provinciales, der Ausgabe von 1964 gemessen. Die teils notwendigen Entfernungsangaben zwischen den einzelnen Baleareninseln sind dagegen den beiden in UTM-Projektion vorliegenden Blättern 5/6-4 „Islas Baleares" des Mapa Militar de España Serie 4C in 1:400 000 und 3-2 „Islas Baleares" des Mapa Militar de España Serie 8C in 1:800 000 (Ausgaben 1980 bzw. 1983, beide vom SGE Madrid) entnommen. Die meisten in den Karten gemessenen Strecken werden wegen papierverzugs- sowie maßstabs- und generalisierungsbedingter Ungenauigkeiten in der Regel nur auf- oder abgerundet berücksichtigt.

Die verwendeten geographischen Koordinaten der vorne genannten Extrempunkte der Insel (vgl. Abb. 2.1) wurden freundlicherweise vom IGN Madrid (1977) übermittelt. Demnach ist der nördlichste Punkt der Insel durch das im NE gelegene Cap de Formentor bei φ 39° 57' 40" n. Br. und λ 3° 12' 50" ö. L. v. Gr., der südlichste am Cap de ses Salines bei φ 39° 15' 50" n. Br. und λ 3° 03' 15" ö. L., der westlichste an der Punta Negra bei Sant Elm bei φ 39° 35' 10" n. Br. und λ 2° 20' 40" ö. L. sowie der östlichste an der Punta de Capdepera bei φ 39° 43' 02" n. Br. und λ 3° 28' 45" ö. L. gegeben.

Über die oben genannten Karten hinaus stammt manche zusätzliche Information entweder aus den größermaßstäbigen topographischen Karten Spaniens in 1:25 000, 1:50 000 und 1:100 000 oder ist den Werken „Atlas de les Illes Balears" vom Verlag Diáfora S. A., Barcelona 1979, „Atlas Gráfico de las Islas Baleares" vom Verlag Aguilar S. A., Madrid 1979, „Atlas Nacional de España", Madrid 1994ff. oder „Atles de les Illes Balears" vom Govern Balear, Palma 1995, entnommen.

Die verwendeten geschichtlichen Daten sind den umfangreichen Arbeiten von J. MASCARÓ PASARIUS (1962-1967 und 1970ff.) sowie den Werken von P. XAMENA FIOL (1978) und G. ALOMAR ESTEVE (1979) entlehnt. Weitere diesbezügliche Angaben stammen aus den Geschichtsbüchern des J. BINIMELIS (1593) und des V. MUT (1650).

Die in den historischen Karten vorkommenden Toponyme werden in der Arbeit kursiv geschrieben. Das aktuelle Namensgut ist in Mallorquinisch, der auf der Insel Mallorca gesprochenen Variante des Katalanischen wiedergegeben. Der besseren Vergleichbarkeit wegen werden die entsprechenden heutigen Bezeichnungen in der Übersichtskarte Abb. 2.4 vorgestellt, deren Inhalt nur die in historischen Karten am häufigsten genannten Toponyme veranschaulicht. Die Objektstandorte sind der Karte „Baleares – Mapa Provincial" in 1:200 000 des IGN Madrid (Ausgabe 1995) entnommen. Der dargestellte Küstenumriss dieser Karte entstammt der gleichen Vorlage und ist stark generalisiert wiedergegeben.

Darüber hinaus wird bis auf Ausnahmen am Ende eines Kapitels eine nach Objektgruppen gegliederte Aufstellung aller in der jeweiligen historischen Karte auftretenden Toponyme gegeben. Die in den Karten in Versalien vorkommenden Namen werden in gleicher Schreibart aufgeführt, nicht vorhandene Namen werden in der Liste mit einem horizontalen Strich gekennzeichnet. Prinzipiell werden allen historischen Toponymen ihre aktuellen Entsprechungen vorangestellt. Zur Schreibweise der einzelnen Toponyme sei auch auf die Arbeit von ROSSELLÓ VERGER (1995: 19ff.) verwiesen.

Schließlich sei darauf hingewiesen, dass alle befragten bzw. benutzten bibliothekarischen Einrichtungen, getrennt nach In- und Ausland, am Ende der Arbeit alphabetisch aufgelistet sind. Die Nennung dieser Einrichtungen im laufenden Text, in den Tabellen sowie in den Abbildungen bzw. Tafeln erfolgt mittels eines Kürzels zuzüglich der Standortangabe. Ein Verzeichnis der verwendeten Kürzel ist nach dem Inhaltsverzeichnis zu finden.

Abb. 2.4 Heutige Bezeichnungen für die in den historischen Karten vorkommenden Toponyme. (Quelle: „Baleares – Mapa Provincial" in 1:200 000; IGN Madrid 1995).

3 Cristoforo Buondelmonti / Henricus Martellus Germanus

3.1 Autoren und Werke

Zu den ältesten größermaßstäbigen Karten von Mallorca, die durchaus als Landkarten i. e. S. betrachtet werden können, sind zweifellos die Darstellungen aus den Handschriften des Henricus Martellus vom Ende des 15. Jhs. zu zählen.

Die vermutlich ursprünglichere dieser Handschriften ist als eine Bearbeitung und Erweiterung des Anfang des 15. Jhs. von Cristoforo Buondelmonti angefertigten Werkes anzusehen. Sie gehört zu den ersten Isolarien, jene Handbücher für Reisende und Seeleute, die, wie eingangs erwähnt, vorrangig die Inselwelt in einer aus Karten und Text bestehenden Zusammenstellung wiedergeben und von Cristoforo Buondelmonti mit seinem 1420 erschienenen „Liber insularum Archipelagi" begründet werden (WAWRIK 1986c: 337, 467). Während Boundelmonti hauptsächlich das östliche Mittelmeer bearbeitete, widmete sich die 20 Tafeln umfassende Ergänzung des Martellus besonders dem westlichen Teil dieses Raumes und dem Atlantik. Dieses um 1490 als Manuskript im Format 223 x 298 mm (ALMAGIÀ 1940: 295) erstellte Werk wird in der BML Florenz unter der Signatur Ms. Laur. Plut. 29.25 aufbewahrt und führt den Titel „Christophori Ensenii ad reverendissimum patrem Jordanum cardinalem descriptio Cicladum aliarumq. insularum foeliciter incipit". Von GENTILE (1992: 237) wird es in seinem Katalog als Isolario Buondelmonti-Martello bezeichnet, eine Bezeichnung, unter der es auch in dieser Arbeit geführt werden soll, obgleich – wie GENTILE (1992: 237f.) erwähnt – mehrere, teils genannte und teils nicht genannte Autoren an der Erstellung der Karten beteiligt sind, und es somit nicht sicher ist, welche der nicht firmierten Karten dem Martellus zugeschrieben werden können. Auch ALMAGIÀ (1940: 295f.) führt aus, dass Martellus das oben aufgeführte Werk des Buondelmonti in sein Isolario intergriert habe, und dass die Karten, die diesen Teil betreffen, im typischen Zeichenstil des Martellus vorlägen, wie sie in der Kurzausgabe des Buondelmonti zu finden sind. Alle im Ergänzungsteil folgenden Karten sind ebenfalls im Stile des Martellus gezeichnet und analog den Darstellungen des Buondelmonti illuminiert (ALMAGIÀ 1940: 296). Allgemein gesehen wirken sie weniger vollendet und scheinen zumindest zum Teil eher Entwürfen zu gleichen. ALMAGIÀ (1940: 290) bezeichnet den hier besprochenen Codex als den Entwurf des Insulariums. ALMAGIÀ (1940: 298) ist aufgrund verschiedener Randbemerkungen sowie einiger Ergänzungen und Korrekturen im Begleittext auch der Meinung, dass alle Karten von der Hand des Martellus stammen. Er hält den Codex Laurenziano für das Original- bzw. das Arbeitsmanuskript, das Martellus als

Vorlage für die Herstellung seines Isolario verwendet hat. Dieses auf Pergament ausgeführte, 76 Folios umfassende Insularium ähnelt aufgrund der enthaltenen Weltkarte und verschiedenen Regionalkarten durchaus bereits einem Atlas (WAWRIK 1986c: 337).

Originalmanuskripte des als „Insularium illustratum" bekannten Werkes, die ausschließlich auf Henricus Martellus zurückgehen, liegen nach entsprechenden Ermittlungen in der BMC Chantilly, in der UB Leiden und in der BL London vor (vgl. dazu auch ALMAGIÀ 1940: 291ff.; BAGROW 1961: 508; DESTOMBES 1964: 249; GENTILE 1992: 237; WAWRIK 1986d: 467). Es hat sich bei der Überprüfung jedoch herausgestellt, dass außer dem oben genannten Codex aus Florenz von den drei darüber hinaus aufgeführten Standorten lediglich das Werk des ersten eine Mallorca-Karte größeren Maßstabs enthält, während die anderen zwei die Insel zusammen mit den übrigen Balearen deutlich kleinmaßstäbiger im Rahmen von Spanien- oder Mittelmeerkarten zeigen (vgl. auch ALMAGIÀ 1940: 299). Daher wird in dieser Arbeit neben dem genannten Isolarium aus Florenz ausschließlich das Werk aus Chantilly näher betrachtet.

Das in der BMC Chantilly unter der Signatur Ms. 698 aufbewahrte Manuskript – nach ALMAGIÀ (1940: 294) das vollständigste unter den soeben genannten Isolarien – führt den Titel „Insularium Illustratum Henrici Martelli Germani. Omnium insularum nostri maris, quod Mediterraneum dicimus, ...", die gleiche Bezeichnung wie das Exemplar der BL London. Die Erstellung dieses prächtigen, im marokkanischen Stile gebundenen und im Format 285 x 378 mm angefertigten Werkes wird in die letzten Jahrzehnte des 15. Jhs. gestellt (TOULET/Chantilly 2000, schriftl. Mitt.). Laut D'URSO (2000: 45) ist das Werk von Niccolò Mangona, einem Kopisten aus Florenz, geschrieben, die Illuminierung erfolgt von 1480-1485 durch „Maître du Pline de Londres" und von 1490-1500 durch einen unbekannten florentiner Künstler. Beim Zweitgenannten handelt es sich um einen anonymen Meister, der eine in der BL London aufbewahrte Handschrift des Plinius koloriert hat. Beide Illuminatoren sind zeitweise für den Kardinal Giovanni d'Aragona tätig, der vermutlich dieses Werk in Auftrag gibt (DE LA MARE in D'URSO 2000: 46). Der Künstler des vorliegenden Insulariums scheint der gleiche zu sein (D'URSO 2000: 46), der auch das entsprechende, in Leiden aufbewahrte Exemplar anfertigt. Das Werk wechselt häufig seinen Besitzer. Es ist anzunehmen, dass Kardinal Georges d'Amboise es vom vorgenannten Giovanni d'Aragona durch Kauf erwirbt. Im 16. Jh. geht das Werk in den Besitz von Claude Gouffier, dem Grundherrn von Boissy, über. Schließlich ist es Herzog Henri d'Orléans, Sohn des Königs Ludwig Philipp I. und Erbe der Güter des Hauses Bourbon-Condé inklusive des Château de Chantilly, der das Insularium ersteht und Schloss mitsamt seiner reichen Sammlung an Manuskripten und gedruckten Büchern 1886 dem Institut de France übereignet (D'URSO 2000: 46). Die Arbeit ist auf Pergament ausgeführt, die darin enthaltenen 101 Karten sind auf 78 Folios verteilt. Im ersten Teil befinden sich die Darstellungen aus dem "Liber insularium Archipelagi" des Buondelmonti. Es folgen 20 weitere, farbig angelegte Tafeln, die analog dem ersten Teil von Textbeschreibungen begleitet sind. Unter diesen Darstellungen befindet sich die hier besprochene Karte von Mallorca.

Über das Leben des Henricus Martellus ist wenig bekannt. Aufgrund seines Beinamens Germanus wird eine deutsche Herkunft angenommen, daher wohl auch die weitere Namensbezeichnung Heinrich Hammer. Er sei ein Kartenzeichner und als solcher von ca. 1480-1496 tätig (WAWRIK 1986d: 467). Gemäß gleicher Quelle – auch nach ALMAGIÀ (1940: 290) – arbeitet er in Florenz für den ersten großen Landkartenhersteller und -verleger F. Roselli. BAGROW (1961: 508) führt hingegen Rom für eine gemeinsame Tätigkeit mit Roselli im genannten Zeitraum an, er soll aber (BAGROW 1961: 114) Ende des 15. Jhs. in Florenz gelebt haben. „Martellus muss als gewissenhafter und geschickter Kompilator und weniger als kreativer Kartograph angesehen werden. Er besaß neueste Erkenntnisse und wurde stark von Nicolaus Germanus, aber auch von der florentinischen Baukunst des 15. Jh. beeinflußt" (WAWRIK 1986d: 468). Gemäß ALMAGIÀ (1940: 290, nach BJÖRNBÖ & PETERSEN 1909) komme aus kartographiegeschichtlicher Sicht Martellus eine größere Bedeutung zu als Nicolaus Germanus. Aus den Worten des Isolario-Vorspanns ist, um ebenfalls mit ALMAGIÀ (1940: 292, auch 294) zu sprechen, zu entnehmen, dass Martellus ein weitgereister Mann gewesen sein muss und besonders auf diese Weise wohl seine geographischen Kenntnisse erwirbt. ALMAGIÀ (1940: 302) nennt ihn einen über die fremden kartographischen Erzeugnisse seiner Zeit gut informierten Kartographen, der es als blendender Zeichner ausgezeichnet versteht, die ihm zur Verfügung stehenden Quellen zu nutzen, Verbesserungen anzubringen sowie Ergänzungen und Korrekturen vorzunehmen. Außer den vier erwähnten Handschriften hinterlässt er zwei Codices der Geographia des Ptolemäus sowie eine aus elf großen Blättern bestehende Weltkarte (DESTOMBES 1964: 229ff.; WAWRIK 1986d: 467).

Nach jüngsten Erkenntnissen von BÖNINGER (2002) aus archivalischen Notariatsdokumenten in Florenz ist Martellus während vieler Jahre Hausdiener oder

Familiar der Familie Martelli. Sein angenommener Name, der in diesen Quellen mit „Arrigho di Federigho da Norimberga" erscheint, beweist seine Herkunft aus dem Nürnberger Raum. Die Bezeichnung Henricus Martellus bezieht sich hingegen zweifellos auf die Zugehörigkeit zur florentinischen Familie (BÖNINGER 2002: 2). Ab der Mitte des 15. Jhs., nach dem Tode des Kosmographen Donnus Nicolaus Germanus, dessen kartographisches Erbe er übernimmt, scheint sich der Wandel vom literarischen Übersetzer, einer Tätigkeit, die er bis dahin intensiv ausübt, zum Kartographen zu vollziehen. Das kartographische Wirken des Martellus ist, wie WAWRIK (1986d: 468) feststellt, vorrangig als Kopierarbeit einzustufen, woraus zu schließen ist, dass sein Werk eher kommerzieller Natur ist.

Der Erstbearbeiter eines Insulariums und Vorreiter des Martellus, Cristoforo Buondelmonti, ist Presbyter und Humanist und als Kartenzeichner bekannt. Er ist in Florenz geboren, vermutlich um 1385, lebt ab 1414 vorrangig im ägäischen Raum und stirbt hier nach 1430 (WAWRIK 1986b: 123f.), wo er sich seit 1406 (LEGRAND 1974: XXII) aus Liebe für das Griechische aufhält. Das erwähnte, aus 79 Karten und Ansichten der ägäischen und ionischen Inseln sowie der Festlandsküste bestehende und in einem obskuren Latein (ROSS in JACOBS 1903: 320) erläuterte Werk erfreut sich großer Beliebtheit und erlebt eine starke Verbreitung. Zahlreiche Kopien gelangen in mehrere europäische Länder. Neben einer gekürzten Fassung von 1422, die der vollständigen von 1420 folgt (JACOBS 1903: 319), und einer erweiterten Ausgabe 1430 werden im 15. Jh. noch eine griechische und eine englische Übersetzung angefertigt (WAWRIK 1986b: 124). Dieses Werk hat Vorbildfunktion und bildet die Grundlage für zahlreiche, später erschienene Insularien, darunter die von Bartolomeo dalli Sonetti und Thomaso Porcacchi.

Für Buondelmonti oder Bondelmonti werden auch die Namen Anxerinus und C. Ensenius bekannt (BAGROW 1961: 473; GENTILE 1992: 237), letzte eine Bezeichnung, die gemäß PILONI (1974: zu Taf. X) und LEGRAND (1974: XXVIf.) sich jedoch aufgrund eines Übertragungsfehlers der Kopisten bei der Transkription zweier griechischer Zusätze ergeben hat und keine direkte Beziehung zum Namen aufweist. Hingegen wird Ensenius von GENTILE (1992: 237, 240) unmittelbar erwähnt, als er in seinem Katalog die Textstelle von Folio 1r, dem vorne bereits erwähnten Titel des Codex des Buondelmonti „Cristofori Ensenii ad reverendissimum patrem Iordanum cardinalem descriptio Cicladum aliarumque insularum foeliciter incipit" zitiert und dabei auch den Gönner des Autors, den Kardinal Giordano Orsini nennt, dem er 1420 das Werk gewidmet hat.

3.2 Äußerer Kartenaufbau

In dem Codex des Buondelmonti-Martello der BML Florenz kommen auf den Folios 53v und 55r zwei unterschiedliche Darstellungen der Insel Mallorca vor (Abb. 3.1 u. Abb. 3.2; Taf. II u. III), die mit freundlicher Erlaubnis der soeben genannten Einrichtung hier reproduziert werden. Beide Mallorca-Darstellungen treten zusammen mit Karten der Insel Menorca auf.

Auf Folio 53v ist die Mallorca-Darstellung flächenmäßig etwa zweidrittel größer wiedergegeben als die getrennt darunter angebrachte Menorca-Karte. Die kleinere Menorca-Karte erscheint ein wenig von der zentralen Lage abgerückt und nach rechts versetzt. Die Fläche der Mallorca-Karte auf Folio 55r ist dagegen ungefähr doppelt so groß wie die des Menorca-Bildes. Beide Karten sind in dieser Tafel auf der linken Seite fast gleichbündig ausgerichtet; sie grenzen an ihrer Unter- bzw. Oberseite mittels gemeinsamen Rahmen aneinander.

Auf dem erstgenannten Folio, dem Folio 53v, sind jeweils links neben den Karten handschriftlich in Rot deren Bezeichnungen „Maiorica insvla" bzw. „Minorica" sowie die zugehörigen Nummern 93 und 94 angebracht. Auf dem zweiten Folio, dem Folio 55r, sind die entsprechenden Kartennummern 96 und 97 auf der rechten Seite in Braun zu finden. Kartenkurztitel wie auf Folio 53v sind hier nicht vorhanden, an deren Stelle stehen zwei doppelzeilige Kurztexte „balearee olim/nunc maiorica" bzw. „Minor olim dicta/nunc minorica", die die älteren Bezeichnungen und deren Veränderung widerspiegeln. Im Bereich des gleichen Kartenrandes ist noch die schlecht lesbare, den Gesamtumfang der Insel Mallorca betreffende Angabe „Circuistus totius Insula M V passuū 440" untergebracht. Das darin vorkommende „M" bedeutet vermutlich „mille" (tausend) und steht nicht, wie ARDUINI (2000, schriftl. Mitt.) annimmt, für die Abkürzung von „Maiorica". Nimmt man für „M" „mille" an, so würde sich zumindest für den Inselumriss eine sinnvolle Länge ergeben. Das in dieser Zeile angeschabte „V" könnte ein Korrekturüberbleibsel sein.

Die Karten auf Folio 53v sind in mehreren Farben angelegt, im Gegensatz dazu liegen die Darstellungen auf Folio 55r nur zweifarbig vor, in Blau für die Flächen bzw. in Braun für die übrigen Elemente einschließlich Schrift.

Mit den Abmessungen 106 x 112 mm für Höhe mal Breite weist die Mallorca-Karte Nr. 93 aus dem Isolario Buondelmonti-Martello ein fast quadratisches Format auf (Abb. 3.1 u. Taf. II). Die Darstellung, von der Gestaltung her eine Rahmenkarte, wird von einer doppellinigen Umrahmung begrenzt, deren Linienabstand ca. 5 mm beträgt, Linien, die abschnittsweise über die Abgrenzungen hinaus gezogen sind und vermutlich, zumindest teilweise, auch als Konstruktionshilfe gedient haben. Der flächenmäßig nicht gefüllte Zwischenraum dieser Linien, eine Art Mittelfeld, weist in der jeweiligen Längsrichtung ebenfalls in Rot angelegte Schriftzüge für die Haupthimmelsrichtungen auf. Da im eigentlichen Kartenspiegel keinerlei Beschriftung vorkommt, kann bei diesem Beispiel von einer stummen Karte gesprochen werden.

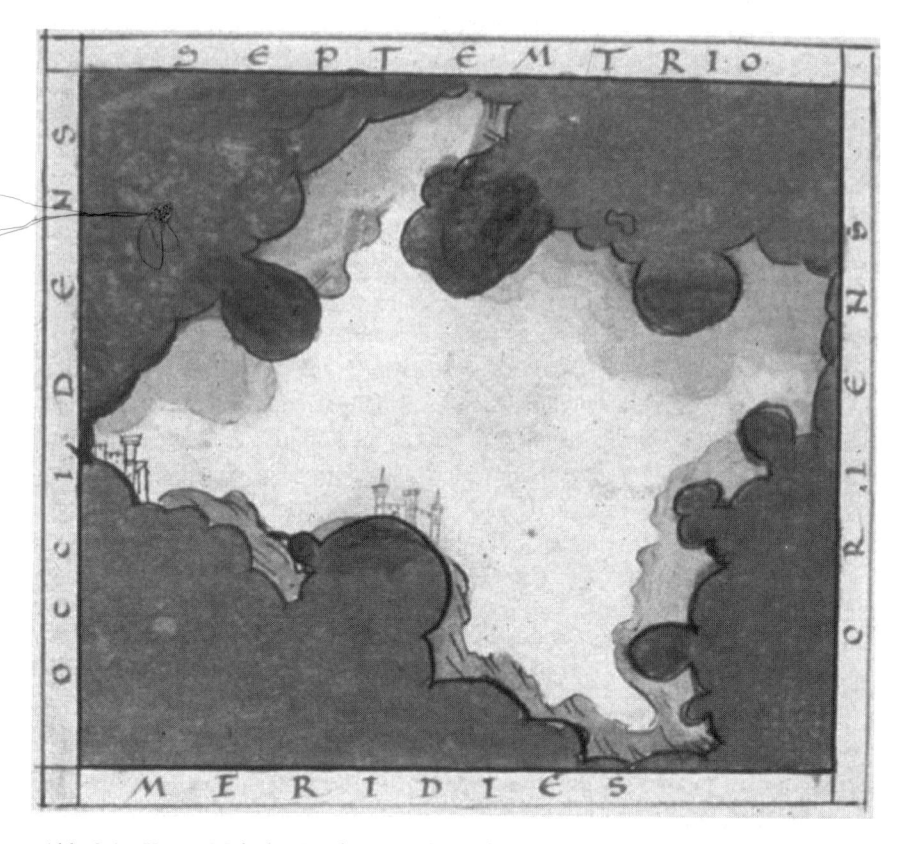

Abb. 3.1 Karte „Maiorica Insvla", Nr. 93 aus dem Isolario von Buondelmonti-Martello; Maßstab des Originals ca. 1:915 000. Unverändert 1:1 wiedergegeben mit Genehmigung des Ministerio per i Beni e le Attività Culturali – BML Florenz [Sign.: Ms. Plut. 29.25]; (vgl. Taf. II).

Das 2. Kartenbeispiel mit der Nummer 96 auf Folio 55r (Abb. 3.2 u. Taf. III) zeigt die Maße 150 x 140 mm für Höhe mal Breite und ist damit erheblich größer als das vorgenannte Bild. Wie das erste ist auch dieses als Rahmenkarte aufgebaut. Begrenzt wird der Kartenspiegel von einem zweifachen doppellinigen Rahmen, deren innerer größerer Zwischenraum etwa 5 - 6 mm beträgt und ebenfalls ein Mittelfeld darstellt. Die einzelnen Linien sind in ihren Stärken und Längen ungleichmäßig, überschreiten häufig ihre Soll-Längen und überkreuzen sich zum Teil. Im Gegensatz zum 1. Beispiel sind im Mittelfeld dieser Karte keine Angaben vorhanden. Die Himmelsrichtungen sind außerhalb des Kartenbildes angebracht. Auch das Mittelfeld des südlichen Rahmens, der in diesem Falle mit dem nördlichen der Menorca-Karte übereinstimmt, weist keine Angaben auf.

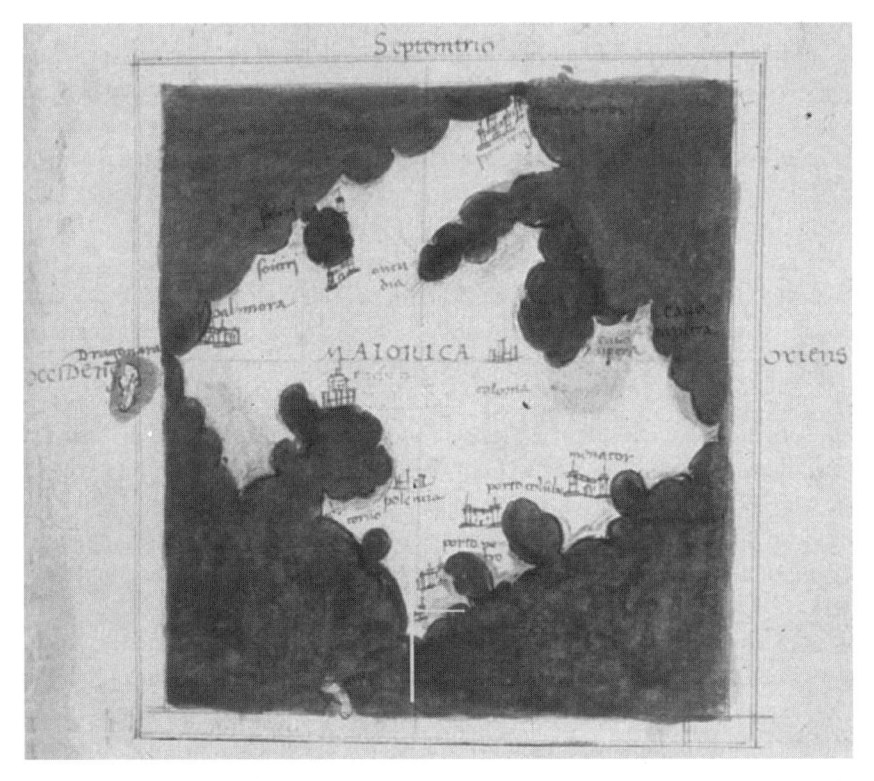

Abb. 3.2 Titellose Mallorca-Karte, Nr. 96 aus dem Isolario von Buondelmonti-Martello; Maßstab des Originals ca. 1:748 000. Verkleinert auf ca. 1:850 000 wiedergegeben mit Genehmigung des Ministero per i Beni e le Attività Culturali – BML Florenz [Sign.: Ms. Plut. 29.25]; (vgl. Taf. III).

Das Inselbild als solches der Darstellung Nr. 93 reicht bis auf eine winzige Stelle an der Oberseite an die jeweilige Feldrandlinie heran und nutzt damit auf das Äußerste den Kartenspiegel aus; der verbleibende Bereich dieser Kartenfläche wird von der Meeresfläche eingenommen. Im Kartenausschnitt selbst kommen mit Ausnahme eines kleinen Eilands im oberen rechten Viertel, dessen Zuordnung nicht eindeutig ist – eventuell ein Hinweis auf die bei C. Plinius (zitiert bei MASCARÒ PASSARIUS 2000: 46) genannte Insel Triquadra –, weder die in Natur westlich vorgelagerte Insel Dragonera noch das im Süden Mallorcas nahegelegene Cabrera-Archipel zur Darstellung.

Ähnlich verhält es sich mit der im Buch drei Seiten weiter vorhandenen Karte Nr. 96. In diesem Beispiel ist das Inselbild Mallorcas im Kartenspiegel mehr oder minder zentriert angebracht. Der Kartenausschnitt reicht jedoch vergleichsweise weiter nach Süden, er schließt die Insel Cabrera noch mit ein, die sogar an einer Stelle – wenn auch geringfügig – die doppelte Innenleiste des Kartenrahmens überschreitet. Dagegen wird die Nachbarinsel Dragonera am linken Kartenrand als deutliche Überzeichnung zur Darstellung gebracht; sie schneidet dabei die Außenleiste der Umrahmung. Im zentralen Bereich der Hauptinsel ist deren lateinische Bezeichnung *Maiorica* zu finden.

Da sowohl bei der Küstenzeichnung als auch bei der Umrahmung beider Karten die Linien weder gleichstark gezogen, noch bei letzterer die Linienabstände untereinander gleichweit eingehalten sind und andererseits die Flächentöne ungleichmäßig aufgetragen und über die Begrenzungslinien hinausgezogen erscheinen, vermitteln die Darstellungen eher die Vorstellung von Entwürfen, eine Tatsache, die auch von ALMAGIÀ (1940: 295f.) und GENTILE (1992: 237) bestätigt wird. Verstärkt wird dieser Eindruck durch die Tatsache, dass die für den Küstenverlauf eingesetzte schwarzbraune Linie an mehreren Stellen nicht mit dem quasi darunter liegenden flächenhaften Küstenabschluss übereinstimmt.

Die Darstellung der Insel Mallorca im Werk der BMC Chantilly befindet sich auf fol. 52r und zeigt vergleichsweise ein deutlich anderes Aussehen (Abb. 3.3 u. Taf. IV). Ähnlich den oben angesprochenen Beispielen tritt auch in diesem Werk die Mallorca-Karte zusammen mit einer Menorca-Darstellung auf. Die Mallorca-Karte ist im oberen Teil des Bildes zu finden und weist die Maße 130 x 135 mm für Höhe mal Breite auf. Sie wird hier mit Genehmigung der BMC Château de Chantilly bzw. der Agence photographique de la Réunion de Musées Nationaux gedruckt.

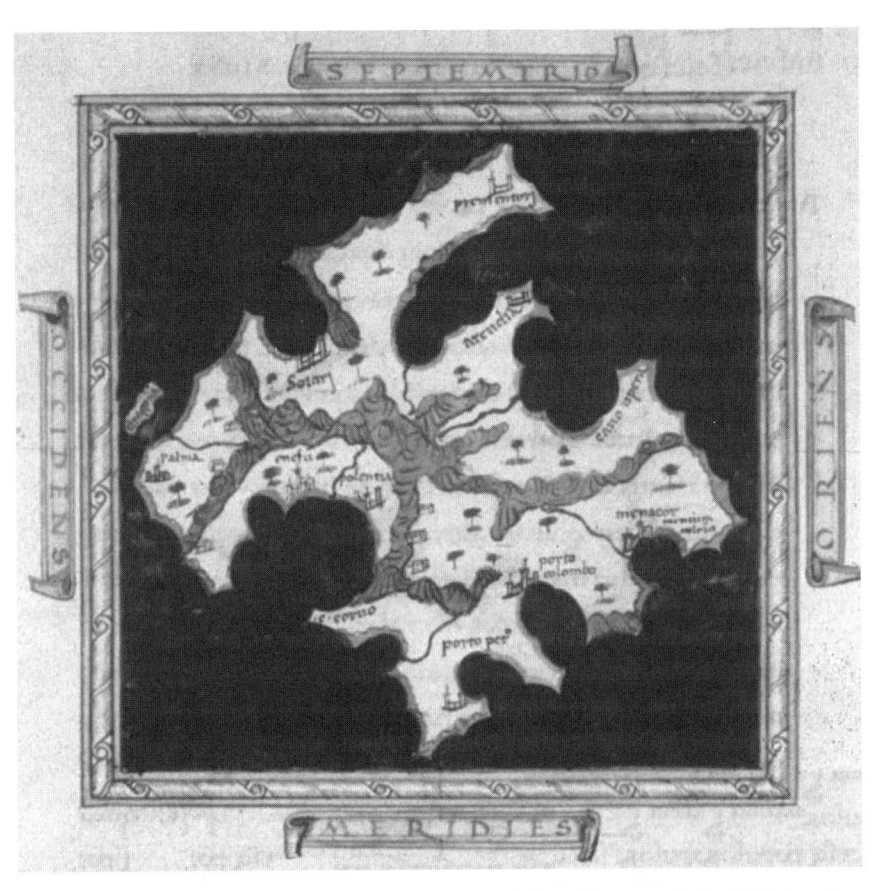

Abb. 3.3   Karte „Maiorica", Nr. 94 aus dem „Insularium illustratum" des H. Martellus; Maßstab des Originals ca. 1:792 000. Verkleinert auf ca. 1:1,1 Mio. wiedergegeben mit Genehmigung von R. G. Ojeda, RMN/Musée Condé, Chantilly) [Sign.: Ms. 698]; (vgl. Taf. IV).

Am rechten Foliorand, etwa auf halber Blatthöhe, ist ein rechteckiges Feld, ein Namensschild, mit goldbrauner Umrandung und seitlich dreiecksförmigen Abschlüssen wiedergegeben, in dem der für beide Inseln zutreffende Schriftzug „Baleares Insule" zu lesen ist. Auf gleicher Seite der Abbildung stehen weitere goldbraun umrandete, länglich geformte und an den seitlichen Enden eingerollt aussehende Bänder, die als Schriftzüge die Bezeichnungen der Inseln „Maiorica" und „Minorica" beinhalten. Im Bereich dazwischen, erneut in einem ähnlich gestalteten Schriftband, weist der lateinische Kurztext „Ambitus totius/insule M. P. 440" auf die Gesamtlänge des Inselumrisses hin. Neben diesen Bändern sind noch die Kartennummern zu finden. Die Mallorca-Karte trägt die Zahl 94. Darüber hinaus sind rings um den Kartenrahmen Himmels- und Windrichtungen anzutreffen, von denen die ersten in dekorativen Namensschildern mit eingerollten Enden untergebracht sind.

Diese Darstellung, ihrer Gestalt nach ebenfalls eine Rahmenkarte, wird von einer zweifachen, goldgelb angelegten Doppellinie umgrenzt, deren Zwischenraum von einem hellen, girlandenförmigen, eingerollt wirkenden Band gefüllt ist, ein Element, das sehr zur Verzierung der Karte beiträgt und als übliches Dekorationsmerkmal der Renaissance anzusehen ist. Schriftzüge sind in diesem Bereich nicht anzutreffen.

Im Kartenspiegel kommt die komplette Insel Mallorca zur Darstellung, wobei dessen Kartenfeldrand an keiner Stelle von Küstenumrisslinien berührt wird. In der Nähe des linken Rahmens ist die kleinere Nachbarinsel Dragonera auszumachen. Der übrige Raum des Kartenspiegels wird von der Meeresfläche eingenommen. Auf eine Wiedergabe des Cabrera-Archipels im Süden Mallorcas wird hier verzichtet.

3.3 Lage und Orientierung

Ein Gradnetz ist in allen drei Darstellungen nicht vorhanden, als Basis kann jedoch aufgrund des Vergleiches verschiedener identischer Punkte eine quadratische Plattkartenprojektion angenommen werden. Auch Windrosen und/oder Kompasslinien, wie sie bereits in den Portolanen mit zur Lageerfassung und/oder Orientierung eingesetzt werden, kommen in diesen Kartenbeispielen nicht vor.

Mit Hilfe der eingetragenen Richtungsangaben sind die Karten jedoch orientiert. Da jeweils oben die Bezeichnung „septentrio", rechts „oriens", links „occidens" und in zwei Beispielen auch unten „meridies" vorkommt, weisen die drei Darstellungen als Gesamtbilder nach Nord; ihre Zuordnung zu West und Ost ist darüber hinaus korrekt. Im Falle des 1. Kartenbeispiels Nr. 93 zeigt sich aber, dass, trotz weitgehender Beibehaltung der korrekten Lage in west-/östlicher Richtung, die etwa senkrecht darauf stehende Achse der Insel, die direkte Verbindungslinie Cap de Formentor–Cap de ses Salines, vom angegebenen Nord im Mittel um etwa 19° nach West geneigt erscheint, womit sie vom Naturwert um ca. 29° differiert. Bei den anderen beiden Beispielen ist die Differenz deutlich geringer, ihre Abweichung beträgt mit 18° E und 14° E nur rd. 10° bzw. 4° in östliche Richtung.

Wie vorne unter 3.2 erwähnt, sind in der Karte 93 die Angaben der Himmelsrichtungen in den sogenannten Mittelfeldern vorgenommen, die Karte 96 aus dem gleichen Werk und die Karte 94 aus dem Chantilly-Codex weisen sie im Bereich ihrer Kartenränder auf, im ersten Falle in horizontalen Schriftzügen, im zweiten innerhalb von schmalen, seitlich eingerollten, goldbraun umrahmten Rechteckbändern, deren Verlauf parallel zum jeweiligen Kartenrahmen angeordnet ist. Die beiden Karten aus dem Buondelmonti-Martello Isolario beschränken sich auf die Angabe der Haupthimmelsrichtungen. Im Werk aus Chantilly sind zusätzlich die verschiedenen Bezeichnungen der acht wichtigsten Winde in Latein und/oder ins Lateinische transkribierte Griechisch sowie in Italienisch eingetragen. Im Norden beginnend und im Uhrzeigersinn angeordnet sind deren Namen entsprechend ihrer Herkunftsrichtung zu lesen. „Apatias" und „tramota" stehen für N, „Aquilo ut boreas" und „Grecho" für NE, „Subsolanus" und „Levant" für E, „Euronotus" und „scyrock" für SE, „auster" und „Meridies" für S, „Africus, libs, Gerbin" und „libecio" für SW, „Ponent, Zephyrus" und „Favonius" für W sowie „Argestes, circuis" und „Maestro" für NW.

Im lateinischen Begleittext „Descriptio Maiorica Insula sive Baleares" auf Folio 54v des Isolario aus Florenz bzw. Folio 51v des Werkes aus Chantilly sind keine die Insel Mallorca betreffende Lage- oder Orientierungsangaben vorgenommen. Lediglich werden die Entfernungen zu den Säulen des Hercules, nach Libya und zur Iberischen Halbinsel in Tages- und Nachteinheiten dokumentiert.

3.4 Kartenmaßstab

Sowohl die Karten der Inseln Mallorca und Menorca als auch die Abbildungsseiten insgesamt lassen jede Art von Maßstabsangabe vermissen. Ein Kartenmaßstab lässt sich demnach nur auf indirektem Wege über einen Vergleich der Inselfläche mit dem entsprechenden Naturareal oder durch Gegenüberstellung ausgewählter, sinnvoll erscheinender Kartenstrecken mit denen der Realität ermitteln. Aufgrund der hier jeweils vorliegenden Inselgestalt ist allerdings eine Maßstabsbestimmung nur ungefähr möglich.

Die Kartenbeispiele aus Florenz Nr. 93 und 96 weisen eine Inselfläche von 41,3 bzw. 62,6 cm², die Karte Nr. 94 aus Chantilly von 53,9 cm² auf. Wird nun – wie eingangs erläutert – für die Insel Mallorca eine Naturfläche von 3623 km² angenommen und dieser Wert mit dem mittels Planimetrierung bzw. Digitalisierung erzielten Inselareal der jeweiligen Karte in Beziehung gesetzt, so ergeben sich für die Karte Nr. 93 ein Maßstab von rd. 1:937 000, für die Karte Nr. 96 von rd. 1:761 000 und für die Karte Nr. 94 von rd. 1:820 000.

Nach der Methode von RUGE (1904: 42), der die Maximaldistanzen in N-S- und W-E-Richtung auf der Karte bestimmt und sie mit den entsprechenden der Natur in Beziehung setzt und daraus Mittelwerte bildet, lassen sich Maßstäbe von rd. 1:901 000, 1:720 000 bzw. 1:761 000 errechnen.

Werden die Inseldiagonalen Cap de Formentor–Cap de ses Salines und Punta Negra–Punta de Capdepera zugrunde gelegt und diese mit den jeweiligen Strecken in der Realität verglichen, sowie die daraus erfolgten Werte gemittelt, so ergeben sich für die einzelnen Karten, ähnlich der Methode RUGE, durchaus den obigen Beträgen nahekommende Maßstabsgrößen von rd. 1:907 000, 1:762 000 und 1:796 000.

Selbst bei Gegenüberstellung der Naturküstenstrecke von 463 km mit derjenigen auf der jeweiligen Karte ermittelten stellen sich nicht allzu stark abweichende Maßstäbe von rd. 1:955 000, 1:639 000 und 1:718 000 ein. Die im Randbereich der Karten 96 und 94 jeweils mit „440 M. P." erfolgten Angaben zum Inselumfang differieren allerdings von dem hier eingesetzten, oben genannten Wert. Unter Annahme von 1,48 km für 1000 passus (= M. P.) ergibt sich für die Küstenlänge 651,2 km, ein Wert, der sich allerdings dem vom IGN Madrid angegebenen 607 km nähert.

Da mit Ausnahme der letztgenannten Methode sich die jeweils übrigen drei Werte sehr ähneln, werden in diesem Falle für weitere Berechnungen Maßstabsgrößen zugrunde gelegt, die aufgerundete Mittelwerte aus der Flächenmethode, der Inseldiagonalen und des von RUGE (1904: 42) angewendeten Verfahrens darstellen. Daraus ergeben sich für die Karten 93 und 96 aus dem Florenz-Codex die Maßstäbe von rd. 1:915 000 und 1:748 000 sowie für die Karte 94 aus Chantilly von rd. 1:792 000.

3.5 Inselgestalt

Die Darstellungen der Insel Mallorca in den Isolarien aus Florenz und Chantilly zeigen trotz aller Abweichungen zur Wirklichkeit ein der Naturgestalt durchaus nahekommendes Bild, eine Form, die sich realitätsgetreuer abbildet als in manch folgender Karte der nächsten Jahrzehnte, wie noch zu zeigen sein wird (vgl. Taf. I, Teil I - IV). Die Darstellungen ähneln in ihrer jeweiligen Gestalt manchem Portolan, in dem das Inselbild durch eine Aneinanderreihung konkav gestalteter Küstenabschnitte charakterisiert ist. Die Differenzen im Detail sind vorrangig in der

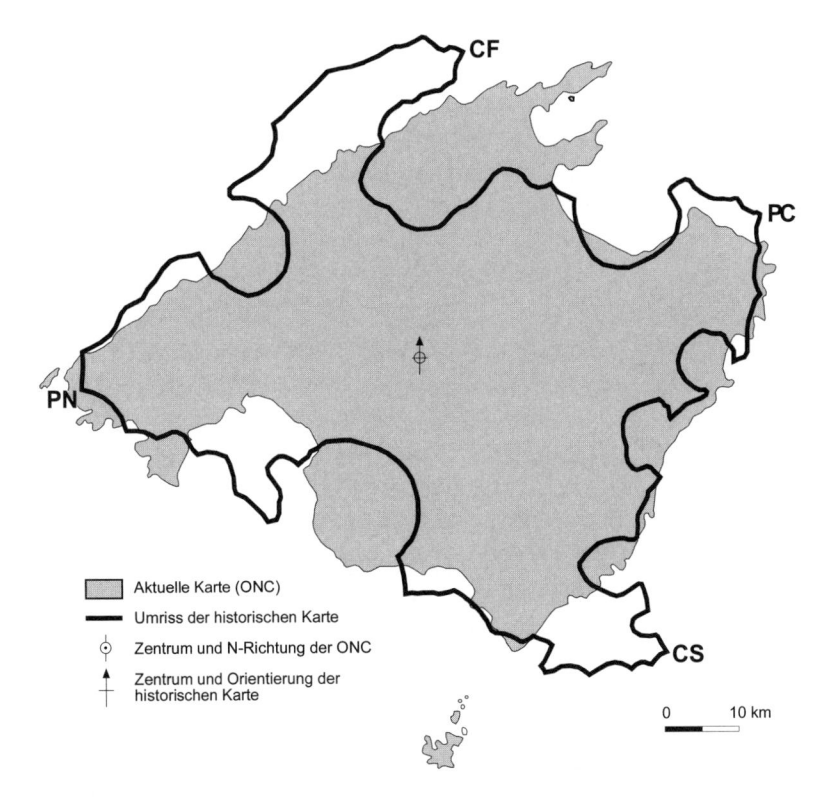

Abb. 3.4 Geometrisch zentrierte Überlagerung der ONC in 1:1 Mio. mit der durch Verkleinerung im Maßstab angepassten und nach Kartennord ausgerichteten historischen Darstellung Nr. 93 aus dem Isolario von Buondelmonti-Martello (vgl. Abb. 3.1).

Länge und Form der einzelnen Küstenabschnitte festzustellen, streckenweise aber auch in deren Ausrichtung. Besonders kennzeichnend ist in den Kartenbildern das relativ starke Hervortreten einiger Inselvorsprünge sowie die Darstellung mehrerer übertrieben tiefer Inselbuchten. Exakter lassen sich die Gestaltsunterschiede bei einem direkten Vergleich der historischen Karte mit einer aktuellen Darstellung erfassen, Voraussetzung dafür ist wie vorne erwähnt eine weitestgehende Überdeckung der Inselbilder bei möglichst gleichem Maßstab und gegebenenfalls angepasster Orientierung (Abb. 3.4 - Abb. 3.6).

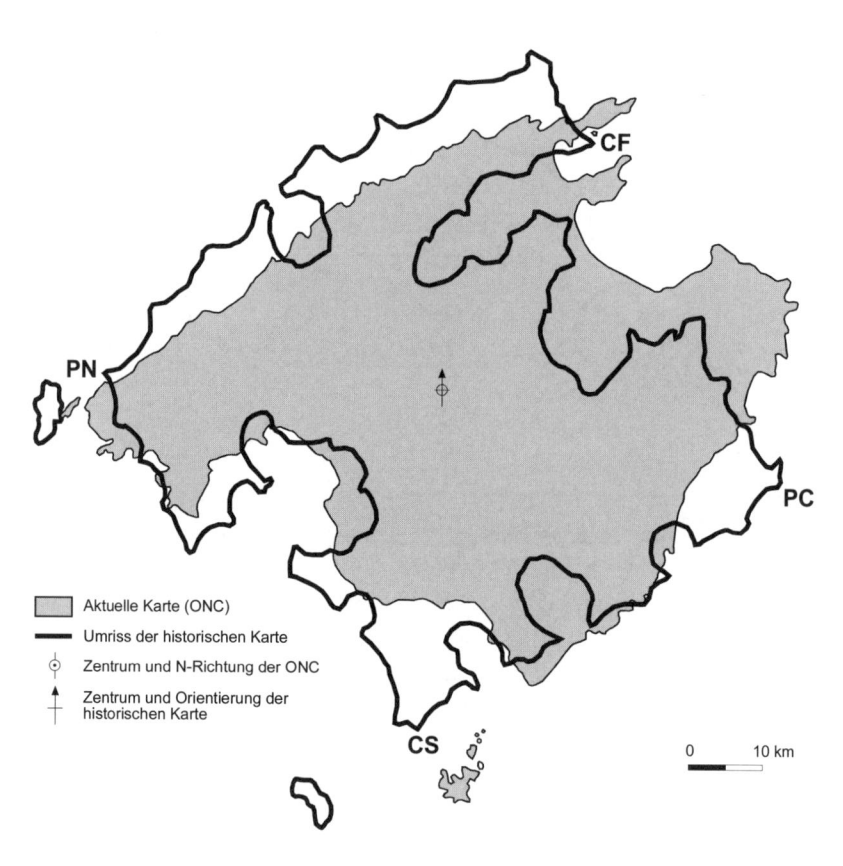

Abb. 3.5 Geometrisch zentrierte Überlagerung der ONC in 1:1 Mio. mit der durch Verkleinerung im Maßstab angepassten und nach Kartennord ausgerichteten historischen Darstellung Nr. 96 aus dem Isolario von Buondelmonti-Martello (vgl. Abb. 3.2).

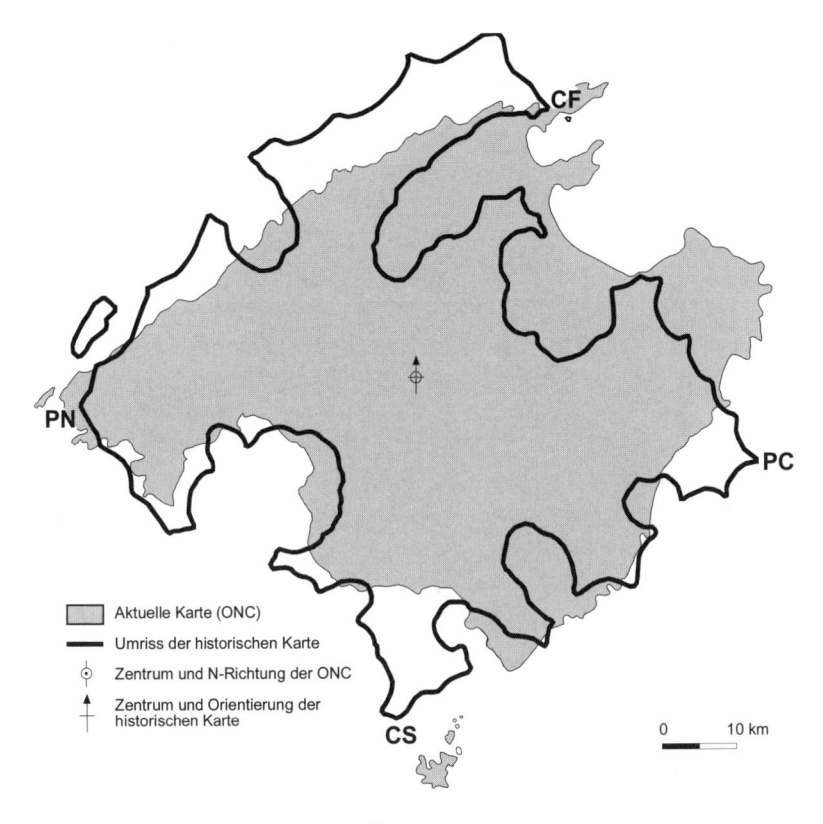

Abb. 3.6 Geometrisch zentrierte Überlagerung der ONC in 1:1 Mio. mit der durch Verkleinerung im Maßstab angepassten und nach Kartennord ausgerichteten historischen Darstellung Nr. 94 aus dem „Insularium illustratum" des H. Martellus (vgl. Abb. 3.3).

Bei einer solchen Gegenüberstellung stellt sich heraus, dass der in der historischen Karte leicht konvex gebogene Verlauf der Inselküste im NW als Ganzes betrachtet weitestgehend dem des Naturbildes gleichkommt. Die Küstenabschnitte im NE und SE sind dagegen im 1. Beispiel zu konkav zur Darstellung gebracht, in den anderen zwei Karten erfolgt deren Ausrichtung – die Einbuchtungen ausgenommen – geradliniger, so dass das Geschwungene des Realbildes nicht mehr zum Ausdruck kommt. Ähnliches gilt auch für den Verlauf der SW-Küste in allen drei betrachteten Karten. Bis auf wenige Ausnahmen weichen die Ist-Längen der Küstenstreifen von ihren Sollwerten ab. Während in allen drei Karten die NW-Strecke zu kurz ausgefallen ist, die Küstenabschnitte im SE und bis auf das 1.

Beispiel auch im SW in ihrer Erstreckung etwa der Natur entsprechen, kommt der jeweilige NE-Bereich als wesentlich zu lang zur Darstellung.

- - - - Karte Nr. 93
―― Karte Nr. 96
▨ Aktuelle Karte (ONC)
⌽ Zentrum und N-Richtung der ONC
✝ Zentrum und Orientierung der historischen Karte

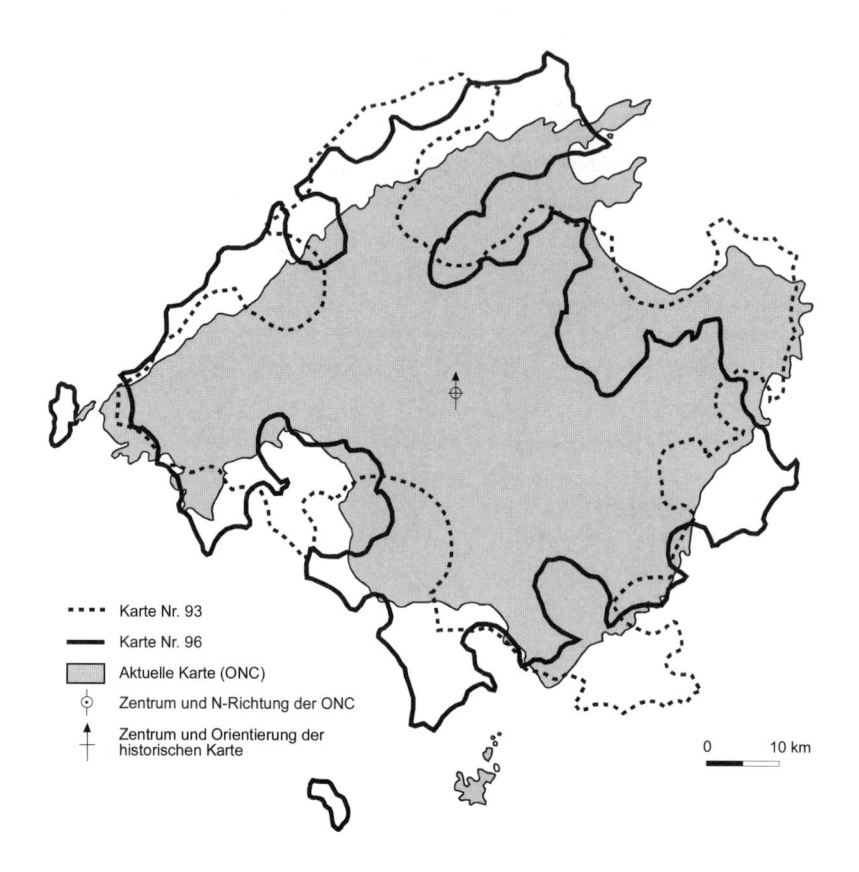

0   10 km

Abb. 3.7 Geometrisch zentrierte und nach Kartennord ausgerichtete Überlagerung der im Maßstab reduzierten historischen Darstellungen Nr. 93 und 96 des Isolario aus Florenz mit der gleichmaßstäbigen ONC in 1:1 Mio.

In der zusammenfassenden Abb. 3.7 lassen sich durch geometrisch zentrierte Kombination der nach Kartennord ausgerichteten Darstellungen Nr. 93 und 96 aus Florenz mit der ONC in 1:1 Mio. deutlich die Differenzen unter den Inselgestalten der historischen Bilder feststellen; die dritte zu vergleichende Darstellung aus Chantilly sei in diesem Fall durch die nahezu identische Inselform der Karte Nr. 96 vertreten. Abweichungen sind dabei an allen vier Küstenabschnitten festzustellen. Am stärksten ist davon der Bereich der Inselsüdspitze betroffen. Unwesentlich geringere Differenzen sind an der Landzunge bei Formentor und an den südöstlich folgenden Buchten sowie in der Zone um die Punta de Capdepera im Osten auszumachen. Am wenigsten verzerrt bildet sich der Raum um die Westspitze der Insel ab.

Wie in den folgenden Abbildungen veranschaulicht, wird zur deutlicheren quantitativen Erfassung ausgewählter Strecken sowie Winkel – und damit zum besseren Vergleich der Inselgestalt Mallorcas – die vorne in Kapitel 2 genannte schematische Figur in Form eines ungleichseitigen Vierecks herangezogen. Daraus lassen sich bei den einzelnen Karten verschiedene Werte entnehmen (vgl. Abb. 3.8 - Abb. 3.10).

Im Falle des Kartenbeispiels Nr. 93 aus dem Codex von Florenz (Abb. 3.8) weist die direkte Verbindungslinie zwischen der Punta Negra im Westen und dem Cap de Formentor im Norden eine Abweichung um 50° E statt 60° E zu Nord auf, womit die entsprechende Küste im Mittel um ca. 10° geringer nach Osten als im Naturbild differiert. Die Länge dieser Strecke ist in der historischen Karte vergleichsweise zur Realität um ca. 18 km kürzer zur Darstellung gebracht. In der NE-Flanke der Insel ist eine um 22° westlichere Orientierung im Vergleich zur Realität festzustellen, die entsprechende Strecke zwischen Cap de Formentor und der Punta de Capdepera ist um annähernd 11 km länger ausgefallen. Im SE zeigt die direkte Verbindung zwischen der Punta de Capdepera und dem Cap de ses Salines eine an der letztgenannten Stelle erfasste Winkeldifferenz gegenüber Nord von 13° E anstelle 35° E, die dazugehörige Entfernung zwischen beiden Extrempunkten ist in der Karte knapp 4 km kürzer als das Naturbild. Die südwestliche Direktverbindung zwischen dem Cap de ses Salines im Süden und der Punta Negra im Westen weist eine wenig nennenswerte, um etwa 6° westlichere Abweichung auf, die Strecke von Punkt zu Punkt ist dagegen 16,5 km länger.

Die Innenwinkel der schematischen Figur weisen bis auf den östlichen Eckpunkt bei der Punta de Capdepera deutliche Differenzen im Vergleich zu denen des Realitätsabbilds auf. Während im Norden ein um 12° und an der Punta Negra ein um 5° größerer Winkelwert vorliegt, ist die Winkeldifferenz am Cap de ses Salines um 16° geringer als das Soll.

Damit im Zusammenhang stehen auch Distanz und Ausrichtung der Inseldiagonalen (Abb. 3.9). Die schräg zur N-S-Richtung verlaufende Diagonale bildet sich in der historischen Darstellung ca. 5,5 km länger ab. Sie ist somit nur ca. $^9/_{10}$ statt $^1/_5$

50

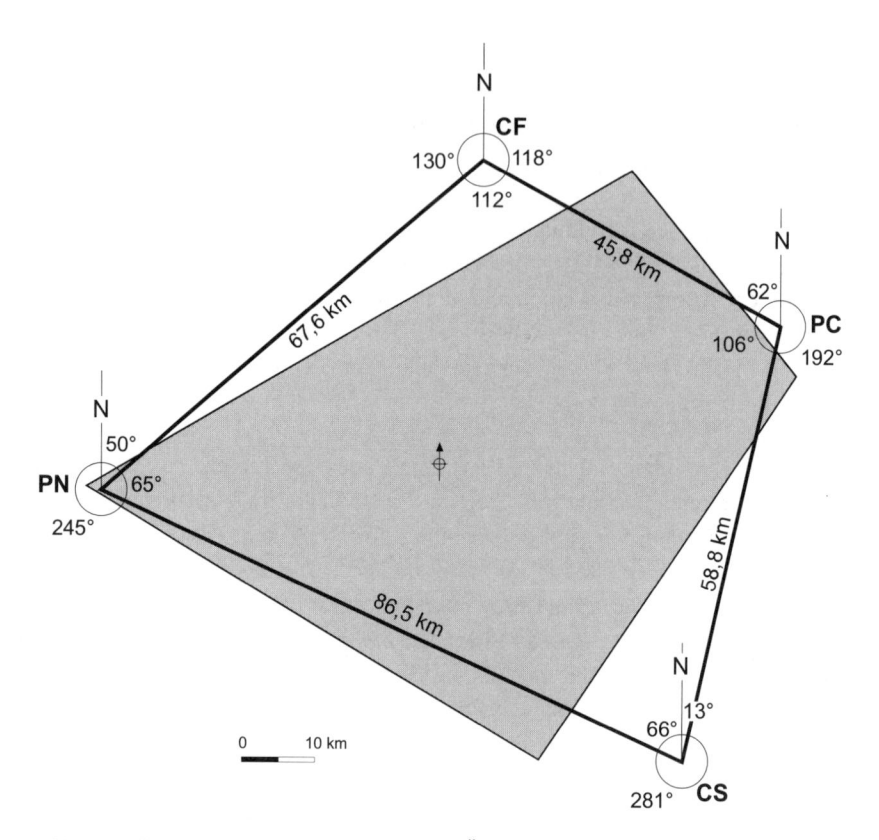

Abb. 3.8 Geometrisch zentrierte, genordete Überlagerung der Viereckschemata von historischem Kartenbild Nr. 93 und ONC in 1:1 Mio. mit Angabe der Kapdistanzen, Streckenazimute und Innenwinkel der Figur.

kürzer als die W-E-Erstreckung, deren Abbildung hier der Natur in etwa entspricht. Die Abweichung der erstgenannten Diagonalen gegenüber Nord beträgt, wie schon vorne ausgeführt, beträchtliche ca. 19° in westliche Richtung und damit nahezu 29° Differenz zum Sollwert, in der Querverbindung ist diese dagegen nur ca. 4° E geringer als in der Wirklichkeit.

Im Vergleich zu dem erwähnten Beispiel zeigen die beiden anderen Darstellungen – die 2. Karte (Nr. 96) aus dem Florenz-Codex (Abb. 3.10) und die Karte aus Chantilly (Abb. 3.12) – deutlich abweichende Werte, die, untereinander ähnlich, nicht zuletzt auf eine korrektere Lage der Inselachse zurückzuführen sind. Bei dem hier gemeinten Beispiel aus Florenz ist für einen Form- und Größenvergleich

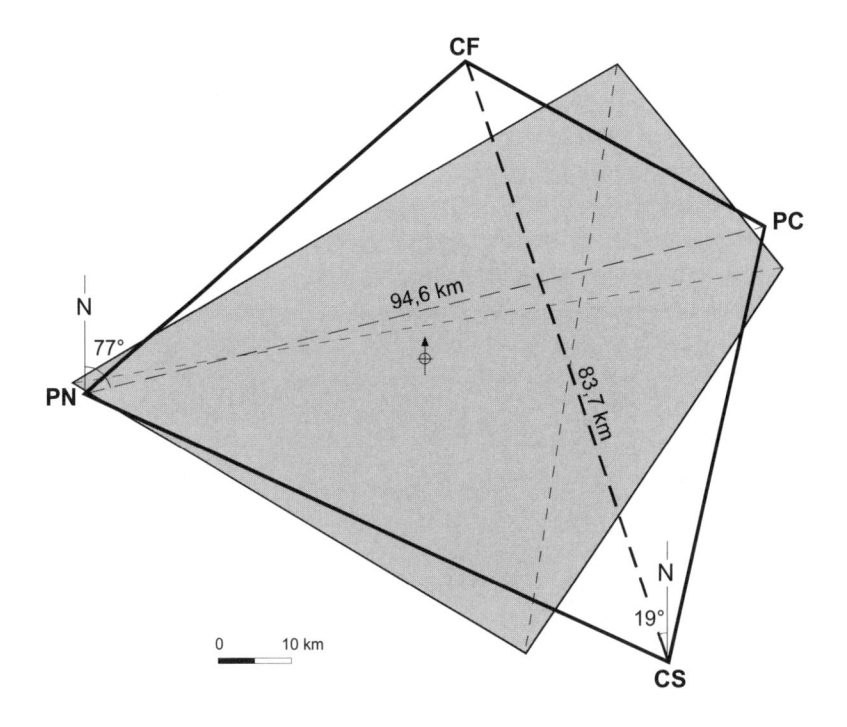

Abb. 3.9 Die Inseldiagonalen, ihre Entfernungen und Azimute in den geometrisch zentriert und genordert sich überlagernden Schemadarstellungen von historischem Kartenbild Nr. 93 und ONC in 1:1 Mio.

jedoch vorab zu entscheiden, ob die zwei im Kartenbild im N und E mit ihren Namen versehenen Kaps oder die markanter hervortretenden, jeweils im selben Abschnitt gelegenen Inselextrempunkte für die Gestalterfassung zugrunde zu legen sind. Da die Lage der letztgenannten eher der wahren Position des Cap de Formentor und der Punta de Capdepera entspricht, und es sich bei der Kapbezeichnung vermutlich um eine Verwechselung bzw. einen Zuordnungsfehler handelt, sollen hier die ihrer Form nach zutreffenden Punkte Berücksichtigung finden.

Im diesem Falle weist die direkte Verbindungslinie zwischen der Punta Negra und dem Cap de Formentor eine Nordabweichung von 66° E anstelle von 60° E auf. Die Entfernung zwischen diesen Punkten beträgt nahezu 73 km, demnach rd. 13 km weniger als in der Realität. Für die NE-Flanke der Insel ist eine Winkeldifferenz von 29° W statt 40° W festzustellen; die Strecke zwischen den Extrempunkten beträgt annähernd 52 km, sie ist also fast 17 km länger als der Naturwert.

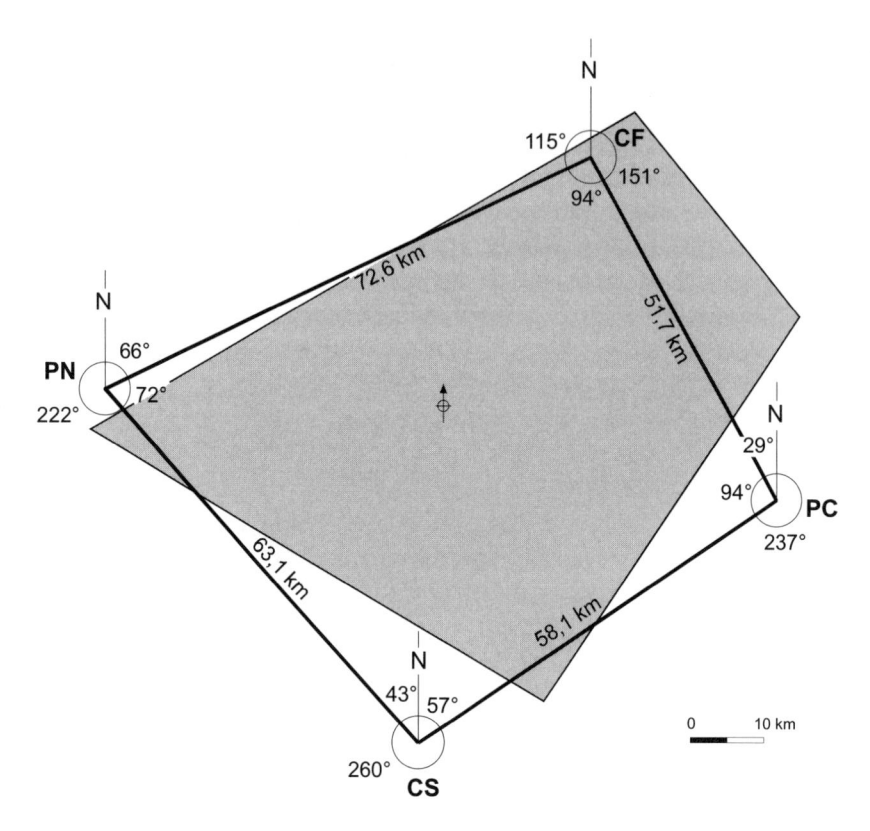

Abb. 3.10 Geometrisch zentrierte, genordete Überlagerung der Viereckschemata von historischem Kartenbild Nr. 96 und ONC in 1:1 Mio. mit Angabe der Kapdistanzen, Streckenazimute und Innenwinkel der Figur.

Die direkte Verbindung von der Punta de Capdepera zum Cap de ses Salines im SE der Insel zeigt eine am letztgenannten Punkt gemessene Winkeldifferenz zu Nord von 57° E und weicht damit deutlich vom Sollwert 35° E ab; die Streckenlänge ist mit rd. 58 km kürzer als in der Wirklichkeit. Die Verbindungsstrecke zwischen dem südlichsten und westlichsten Inselextrempunkt weist mit 43° W anstelle von 60° W eine markante Winkelabweichung zu N auf, die Entfernung zwischen den Punkten ist mit rd. 63 km im Vergleich zur Realität um rd. 7 km zu kurz ausgefallen.

Die Innenwinkel der Schemafigur differieren deutlich von denen des 1. Kartenbeispiels (vgl. Abb. 3.8). Mit 72° im W, je 94° im N und E und 100° im S ergeben sich bei gleicher Reihenfolge im Vergleich zu den Naturwerten von 60°, 100°, 105° bzw. 95° erhebliche Abweichungen (vgl. Abb. 2.2).

Die damit im Zusammenhang stehenden Inseldiagonalen (Abb. 3.11) in der ungefähren N-S- und W-E-Richtung zeigen Azimute von 18° E gegenüber dem Realitätswert von 10° E bzw. von 99° E anstelle von 81 E. Die entsprechenden Strecken zwischen den Punkten betragen 80,6 km statt 78,2 km und im 2. Fall 92,2 km statt 98,2 km, demzufolge kaum nennenswerte Abweichungen vom Soll.

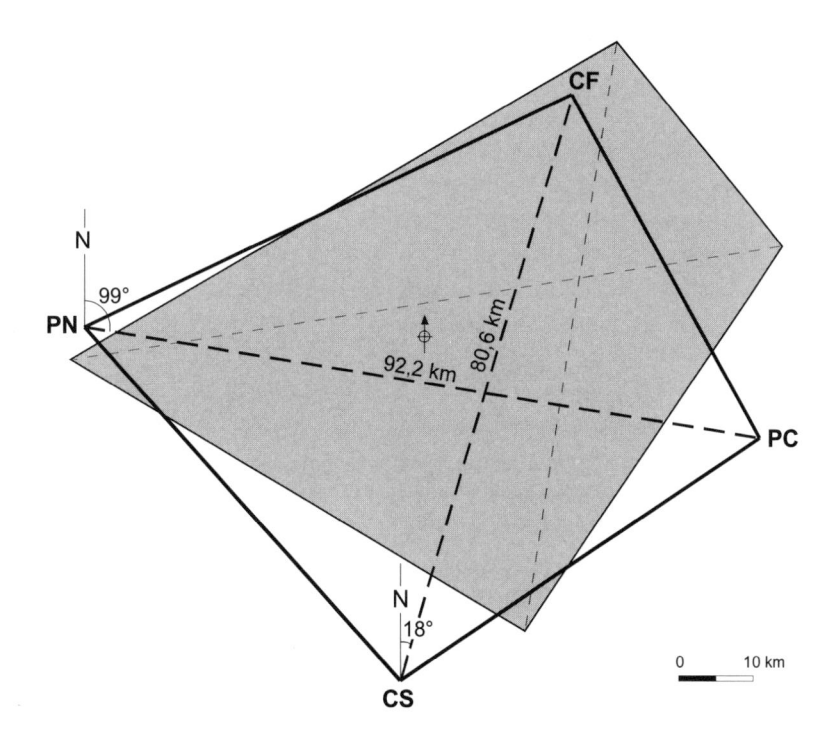

Abb. 3.11 Die Inseldiagonalen, ihre Entfernungen und Azimute in den geometrisch zentriert und genordert sich überlagernden Schemadarstellungen von historischem Kartenbild Nr. 96 und ONC in 1:1 Mio.

Das Kartenbeispiel aus Chantilly (Abb. 3.12) zeigt wie erwähnt ähnliche Verhältnisse, besonders zur 2. Florenz-Darstellung. Die im NW befindliche Strecke zwischen den Inselextrempunkten Punta Negra und Cap de Formentor verläuft mit

58° E steiler als in Wirklichkeit, mit 74,4 km ist sie auch gegenüber der Realität um ca. 11 km zu kurz. Die gedachte Verbindungsstrecke im NE der Insel ist mit über 54 km erheblich zu lang ausgefallen, die Winkelabweichung dieser Strecke gegenüber N beträgt am E-Punkt 31° W statt 40° W. Die Länge der Küstenflanke im SE entspricht mit rd. 59 km annähernd der Naturstrecke, weicht am Südkap allerdings im Winkelwert um ca. 20° E stark vom Soll ab. Auch die südwestlich gelegene Verbindungslinie zwischen der Punta Negra und Cap de ses Salines zeigt mit 46° W immerhin noch eine Abweichung von 14° W weniger als dem Sollwert von 60° W. Die Strecke zwischen den genannten Punkten ist um nahezu 11 km kürzer wiedergegeben.

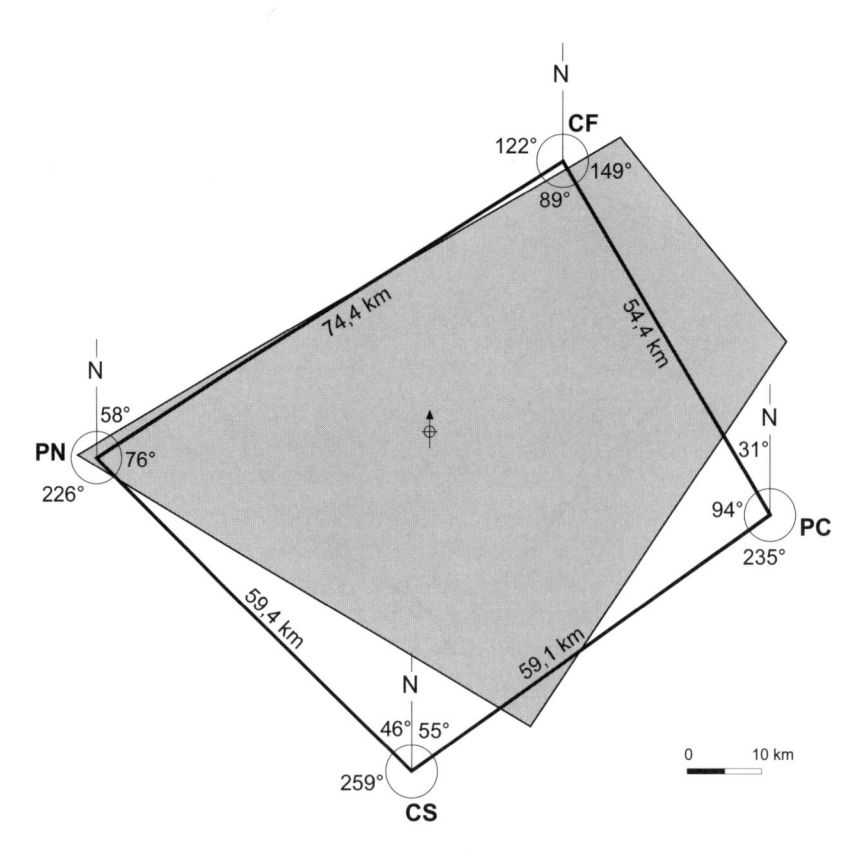

Abb. 3.12 Geometrisch zentrierte, genordete Überlagerung der Viereckschemata von historischem Kartenbild Nr. 94 und ONC in 1:1 Mio. mit Angabe der Kapdistanzen, Streckenazimute und Innenwinkel der Figur.

Die Innenwinkel des für das Chantilly-Beispiel eingesetzten Vierecks betragen im Uhrzeigersinn an der Punta Negra beginnend 76°, 89°, 94° und 101°. Die Winkelabweichung der Inseldiagonalen gegenüber N zeigt in der Querrichtung mit 95° E statt 81° E und mit 14° E anstelle von 10° E in der ungefähren N-S-Richtung eine markante Spreizung der Figur im östlichen Bereich. Die etwa vertikal verlaufende Diagonale erweist sich mit 82,9 km statt 78,2 km als zu lang im Vergleich zur Natur, die Diagonale in ungefährer W-E-Richtung mit 91,6 km statt 98,2 km als zu kurz. Da die hier aufgeführten Winkel und Strecken nur geringfügig von den zuvor bzw. in Abb. 3.11 veranschaulichten Werten abweichen, wird auf eine gesonderte graphische Darstellung der Diagonalen im Rahmen eines Inselschemas verzichtet.

Wie bereits oben erwähnt, ist in den hier behandelten historischen Karten das Inselbild durch einige hervortretende Landzungen und Kaps sowie eine Mehrzahl tief herausgearbeiteter Buchten geprägt. Das dadurch zerlappt wirkende Inselbild ist vor allem für das 2. Beispiel aus Florenz (Nr. 96) und der Darstellung aus Chantilly charakteristisch, während sich die Karte Nr. 93 aus Florenz deutlich kompakter zeigt. Besonders auffallend ist der im Norden äußerst langestreckt veranschaulichte Ausläufer zum Cap de Formentor, dessen zu breit wiedergegebene Gestalt landeinwärts durch zwei seitlich eingreifende und übertrieben tief abgebildete Buchten – die Bucht von Sóller und die Bucht von Pollença – halsartig verengt zur Darstellung kommt. Im 1. Kartenbeispiel (vgl. Abb. 3.4) ist darüber hinaus dieses Areal in seiner Länge insgesamt gesehen zu kurz geraten und erscheint dadurch zu westlich gelegen. Im Falle des 2. Beispiels aus Florenz (vgl. Abb. 3.5) ist die nördlichste Spitze dieses Ausläufers land- und seewärts mit *prementorj* bezeichnet. In der Karte aus Chantilly erscheint dagegen die gleiche Bezeichnung an dem südöstlich davon gelegenen Vorsprung, der eher als Cap de Formentor anzusehen ist. Die weiter südwestlich vorhandene Bucht von Sóller ist als solche deutlich zu groß zum Ausdruck gebracht, vielleicht ein Hinweis auf ihre damalige Bedeutung; ihre Fläche entspricht sogar ungefähr der Hälfte der Hauptstadtbucht. In der Karte 96 ist an ihrer meerwärtigen Öffnung die Bezeichnung *Solarj* zu finden.

Weniger schmal als der genannte Ausläufer zeigt sich der östliche Bereich der Insel an der Punta de Capdepera, der nicht zuletzt durch das zu südliche Hineinragen des Küstenhofes von Alcúdia und die in südwestliche Richtung folgende Aneihung weiterer Buchten herausgearbeitet erscheint. Während sich im Beispiel der Karte 93 der genannte Bereich in etwa dreiecksförmig und damit naturgetreuer abbildet, gleicht er in den beiden anderen Darstellungen eher einem länglichen, NW-SE-verlaufenden Rechteck, dessen eine Spitze nach E zeigt und nach deren Lage mit der Punta de Capdepera übereinstimmen müsste. In der Karte 96 ist seewärts mit *cauo apetra* für Capdepera das Cap des Ferrutx bezeichnet und, ähnlich wie beim Cap de Formentor, auf der Landseite zusätzlich mit *cauo upera* versehen, möglicherweise (s. 3.11) ist damit auch die gleichnamige Festung gemeint. Die Karte aus Chantilly weist nur die zweite dieser Varianten auf. Die Halbinsel am Cap des Pinar ist in allen drei Karten übertrieben groß veranschaulicht; im 1. Kartenbeispiel trapez-, in den anderen zwei dreiecksförmig. Dies ist nicht zuletzt bedingt durch die vergleichsweise ca. zweifach zu breit und dreifach zu tief eingezeichnete Bucht von Pollença sowie den relativ zu tief ins Landesinnere wiedergegebenen Küstenhof von Alcúdia.

Im konkav gestalteten Küstenbogen im SE der Insel sind drei zu groß veranschaulichte Buchten auszumachen, im Beispiel der Karte 93 sind sie alle halbmondförmig abgerundet, im Falle der Karten 96 und 94 haben zwei davon ellipsenförmige Gestalt. Karte 96 weist von S nach E für die drei Buchten die wenig lesbaren Bezeichnungen *petro*, *colũbo* und *menacor* auf, die für die heutigen Portopetro oder Cala Llonga, Portocolom und Portocristo, dem Hafenplatz zu Manacor, stehen. Die Südspitze der Insel am Cap de ses Salines ist nach W verlagert und bildet sich als rechteckiger Block ab, wozu auch die unmittelbar nordöstlich davon gelegene Bucht bei Portopetro beiträgt. Im 1. Kartenbeispiel als einziges erscheint dieses Landareal markanterweise hakenförmig nach E umgebogen.

Die Bucht an der Hauptstadt im SW der Insel ist größenmäßig weitgehend korrekt dargestellt, in der Karte 93 allerdings um ca. eine Einheit zu weit südlich versetzt. Sie weist somit eine ähnlich große Fläche wie die übertrieben groß wiedergegebene Bucht von Pollença auf. Ähnlich dem Ausläufer zum Cap de Formentor bildet sich der im W gelegene Inselabschnitt deutlich zu breit und in nordöstlicher Richtung zu kurz ab. Zusätzlich wird er durch die Buchten an der Hauptstadt und von Sóller landeinwärts erheblich verjüngt. Durch das vorrangig im Nordbereich des Inselbildes auftretende starke Zusammenrücken der genannten großen Buchten verbleibt insgesamt gesehen zwischen diesen eine verhältnismäßig kleine Landmasse, die Mallorca in südwest-nordöstlicher Richtung zu schmal und in zerlappter Gestalt erscheinen lässt.

Die in den Karten 96 und 94 aus Florenz bzw. Chantilly ebenfalls erfasste kleinere Insel Dragonera zeigt Unterschiede in der Wiedergabe ihrer Größe und Ausrichtung. Die Mallorca im W unmittelbar vorgelagerte Insel streicht in der Natur etwa SW-NE und ist in beiden Beispielen im linken Kartenbereich wiederzufinden. Die im ersten Fall hier *Dragonara* bezeichnete Insel liegt korrekterweise westlich der Hauptinsel, jedoch zu weit von ihr entfernt und verläuft mit ihrer Längsachse N-S. Im zweiten Fall – *dragona* genannt – wird sie nahe des westlichen Ausläufers fälschlicherweise der NW-Küste vorgelagert und in ihrer Längserstreckung parallel zu dieser angeordnet. In den beiden Beispielen weist sie nicht nur eine unterschiedliche Länge auf, sondern ist jeweils auch eindeutig zu groß wiedergegeben.

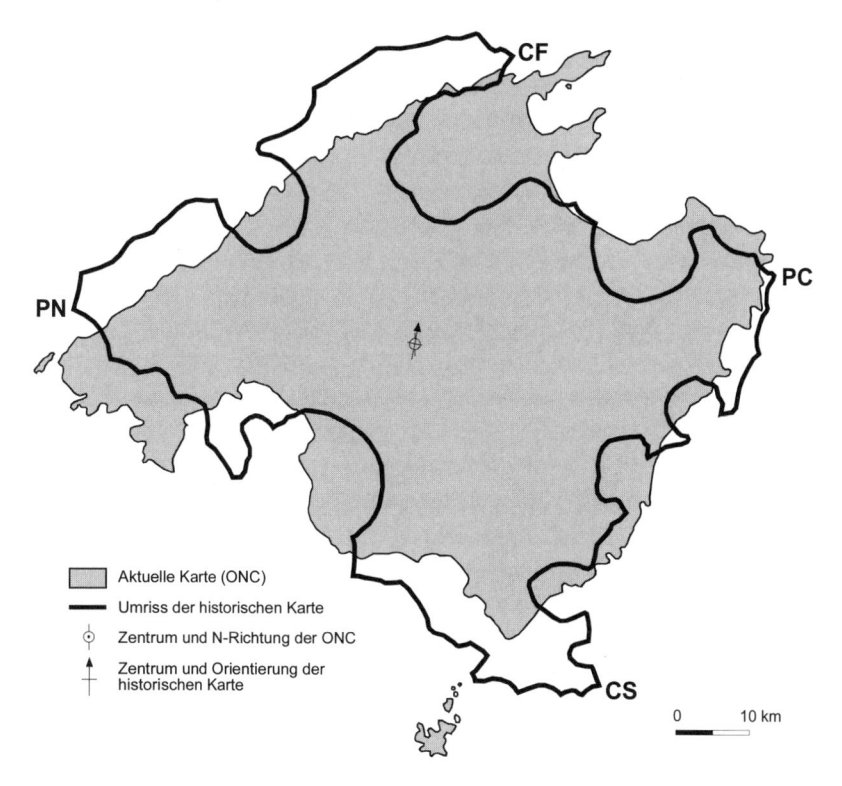

Abb. 3.13 Überlagerung der genordeten ONC in 1:1 Mio. mit dem maßstäbig angepassten Kartenbild Nr. 93 nach dessen Rotation um 11° E.

Die Insel Cabrera ist nur in der Karte 96 des Florenz-Codex zur Darstellung gebracht und mit der kaum lesbaren Bezeichnung *caprea* versehen. Abgesehen von einer vergleichsweise zur Realität übertriebenen Länge und einer veränderten Streichrichtung hat sie auch eine Verschiebung in westsüdwestliche Richtung erfahren.

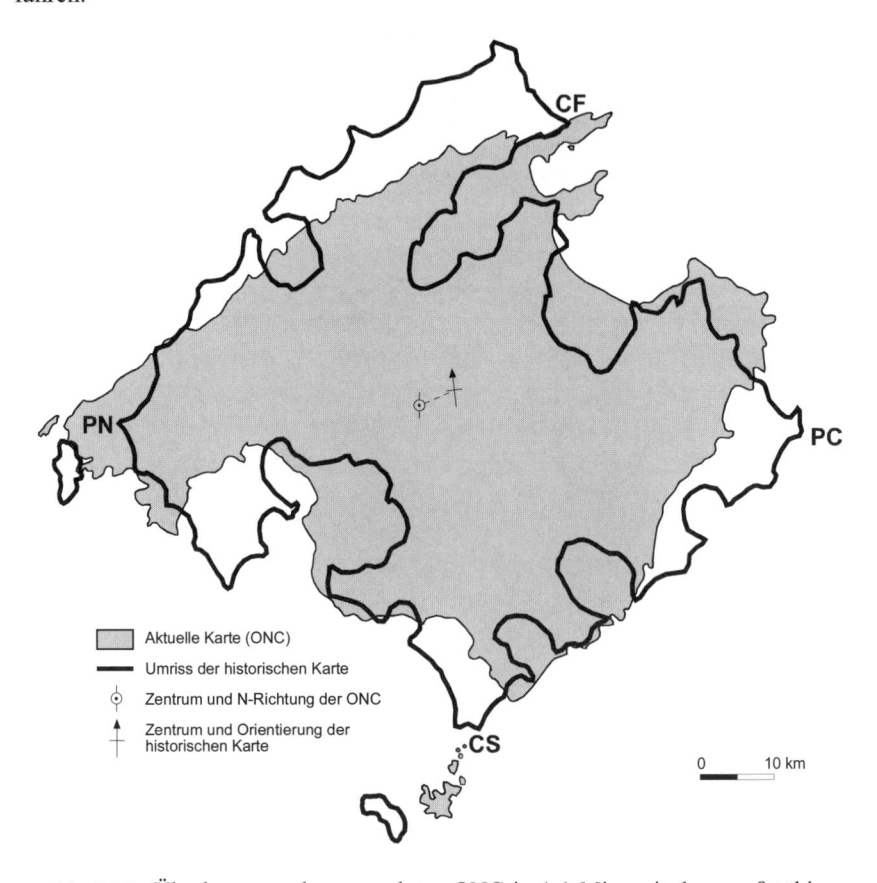

Abb. 3.14 Überlagerung der genordeten ONC in 1:1 Mio. mit dem maßstäbig angepassten Kartenbild Nr. 96 nach dessen Rotation um 7° W und einer Mittelpunktsversetzung um rd. 5 mm nach NE.

Vergleicht man das Inselareal der jeweiligen historischen Darstellung mit dem geometrisch zentrierten des aktuellen Bildes, so zeigt sich im Falle der ersten Karte aus Florenz (Nr. 93) – trotz erheblicher Lageabweichung der in Natur etwa NNE-SSW verlaufenden Diagonalen – eine erstaunlich weitgehende Übereinstimmung beider Landmassen (vgl. Abb. 3.4), so dass eine Rotation zueinander wenig Vorteile bringt. Durch eine Rotation der historischen Karte um 11° in östliche Richtung, wie in Abb. 3.13 voranschaulicht, wird nicht unbedingt eine umfassendere Flächendeckung erreicht, wohl aber eine Korrektur der Stellung der N-S-Achse der Insel. Die soeben erwähnte Diagonale ist noch weit von ihrer Soll-Lage entfernt.

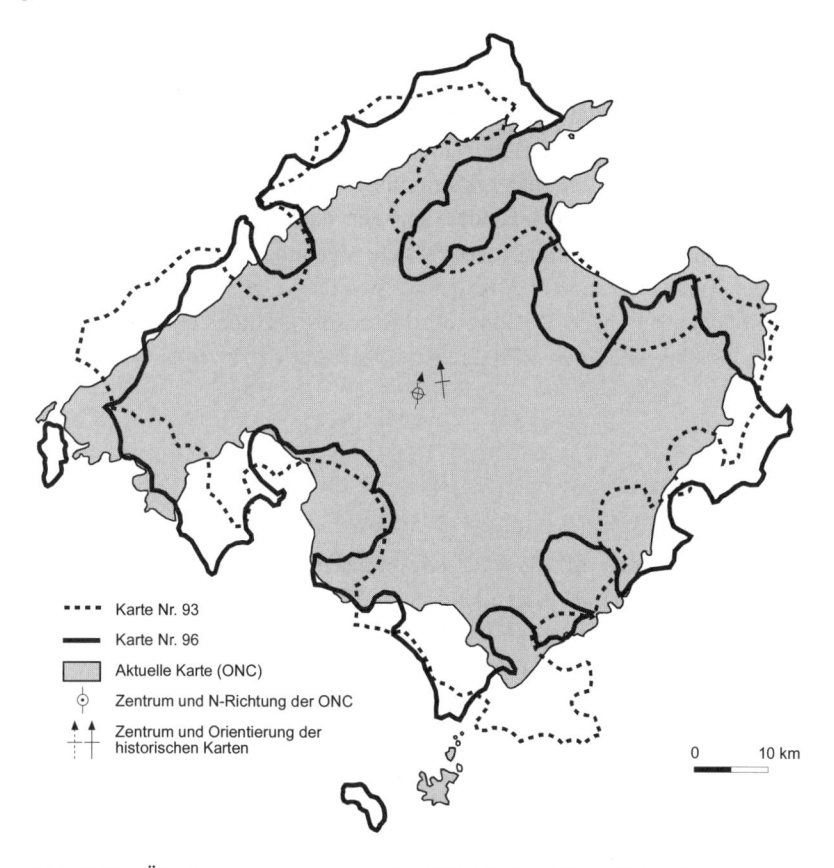

- - - - Karte Nr. 93
——— Karte Nr. 96
▨ Aktuelle Karte (ONC)
⌽ Zentrum und N-Richtung der ONC
▲▲ Zentrum und Orientierung der
┊┼ historischen Karten

0   10 km

Abb. 3.15   Überlagerung der genordeten ONC in 1:1 Mio. mit den historischen Kartenbildern Nr. 93 und 96 aus Florenz nach deren entgegengesetzt erfolgten Rotation um 11° E bzw. 7° W und einer geringen ostwärtigen Mittelpunktsversetzung der zweiten Darstellung.

Bei den anderen beiden Darstellungen, der Karte 96 aus Florenz und der Karte 94 aus Chantilly, ist die Flächenübereinstimmung mit dem Realbild geringer, in ihren Inselgestalten hingegen sind sie, wie zuvor angedeutet, untereinander nahezu identisch. Nur die Nachbarinsel Dragonera weicht in den beiden Fällen in ihrer

Lage von einer zur anderen Karte erheblich ab und fällt damit aus dem Rahmen. Eine etwas günstigere Überdeckung beider Areale ergibt sich, wenn, wie es Abb. 3.14 als Beispiel für die Karten 96 und 94 gemeinsam dokumentiert, die historische Darstellung um 7° entgegen dem Uhrzeigersinn rotiert und das Zentrum geringfügig nach NE versetzt wird. Die Diagonale Cap de Formentor–Cap de ses Salines verläuft in diesem Falle nahezu parallel zur Sollrichtung 10° E.

Werden ausschließlich die drei bzw. zwei historischen Darstellungen – das Chantilly-Beispiel wird erneut durch die nahezu gleichgeformte Karte Nr. 96 vertreten – in Hinblick auf ihre Gestaltübereinstimmung untereinander verglichen, so stellt sich eine weiter gehende Flächendeckung erst nach deren Rotation zueinander ein. Wie Abb. 3.15 verdeutlicht, lassen sich gegenüber der aktuellen ONC eine stärker der Natur angenäherte Ausrichtung sowie eine größere Übereinstimmung der Inselflächen nur nach Rotation der historischen Bilder entsprechend zuvor genannter Winkel und einer Mittelpunktsversetzung der zweiten Darstellung erzielen.

3.6 Gewässernetz

Beide Mallorca-Karten des Florenz-Codex weisen keinerlei Wiedergabe von Gewässern auf. Nur in der Mallorca-Karte des Werkes aus Chantilly werden Fließgewässer veranschaulicht. Sie sind in Form kräftig dunkelblauer Linien zum Ausdruck gebracht, deren Verlauf relativ kurz ist und deren Ursprung generell am Rande der dargestellten Gebirgszüge zu finden ist. Durch volle oder hohle Punkte gleicher Farbe sind zusätzlich an einigen von ihnen die Quellpartien gekennzeichnet. Von den insgesamt fünf Gewässern mündet eins im westlichen Teil der NW-Küste unmittelbar gegenüber der Insel Dragonera, jeweils ein anderes in die Buchten von Pollença und Alcúdia, von denen der in die letztgenannte Bucht mündende vermutlich dem Torrent de Muro entsprechen soll. Je ein weiteres Gewässer mündet an der SE- und an der SW-Küste in die Buchten bei *menacor* (heute Portocristo) bzw. südlich des Cap Blanc.

3.7 Relief

Von den drei behandelten Karten wird das Relief nur im ersten und im letzten Beispiel kartographisch zum Ausdruck gebracht. Im Falle der Karte 93 lässt sich die Darstellung von Relief nur an einigen wenigen Stellen erkennen. Seine Wiedergabe erfolgt mittels zopfartig wirkender Bänder, die vorwiegend in ihrer NW-SE verlaufenden Längsrichtung durch kurze, schwarze Schattenstriche einen dreidimensionalen Eindruck vermitteln sollen. Diese Bänder sind zusätzlich in einem mittelbraunen Flächenton angelegt.

Diese Reliefdarstellung ist fast ausschließlich an der SW-Küste der Insel zu finden, vorrangig westlich der Hauptstadt ab Santa Ponça in nordwestliche Richtung bis etwa Andratx sowie entgegengesetzt ab der Hauptstadtbucht nördlich des Cap Blanc bis um die hakenförmig ausgebildete S-Spitze der Insel herum. Zwei weitere, ähnlich gestaltete, aber relativ kleine Stellen sind am Cap de Formentor und im Bereich zwischen den Buchten von Sóller und Pollença, etwa an der landeinwärtigen Verengung des nördöstlichen Ausläufers, auszumachen. Während die Bänder im SW und am Cap de Formentor auf die hier vorhandenen Steilabfälle der Küste hinweisen sollen, deutet das kleine Areal im Norden vermutlich auf den Bereich der höchsten Erhebungen hin. Sowohl im NW als auch im NE und SE ist ein relativ breiter Streifen des jeweiligen Küstenabschnitts in einem äußerst hellen, ungleichmäßig aufgetragenen Violett angelegt. Da mancherorts sich in diesen Arealen Überbleibsel von Schattenstrichen erkennen sowie auch stufenlose Übergänge zu mittelbraunen Restpartien ausmachen lassen, liegt die Vermutung nahe, dass es sich bei den hellvioletten Flächen um eine verblasste oder verbleichte bzw. unfertige Bergdarstellung handeln könnte. Gerade im Bereich des südöstlichen Küstenstreifens sind derartige Farbübergänge festzustellen. So gesehen scheint die Insel weitgehend mit einem Kranz von Bergen umgeben gewesen zu sein, bzw. sollte diesen zumindest bekommen haben.

Das Relief der Karte 94 aus Chantilly ist vergleichsweise eindeutiger und umfangreicher zur Darstellung gebracht. Mehr oder minder breite, zopfartige, zum Teil sich kreuzende Bänder aneinander gereihter einzelner Bergformen durchstreifen längs und quer die Insel in verschiedenen Himmelsrichtungen. Diese Bergformen bestehen teils aus horizontalen, halbkreisförmigen Schattenringen, teils aus senkrecht bis geneigt angeordneten Schattenstrichen, die abschnittsweise ineinander greifen. Insgesamt gesehen stellen sie eine Zusammensetzung von Einzelformen unterschiedlicher Perspektive dar. Sämtliche vorkommenden Bänder sind flächig goldbraun unterlegt. Das längste Band verläuft von der NW-Küste westlich der Bucht von Sóller nach Süden, trifft sich nördlich der Hauptstadtbucht mit einem zweiten, aus W kommenden Strang und zieht zunächst östlich, um weiter in südöstliche und danach wieder in östliche Richtung zu schwenken, bis das Meer südlich der Bucht von Alcúdia erreicht ist. Dieses Band weist in seinem zentralen Bereich einen Abzweig nach S auf und biegt dann nach E um bis fast an die mittelgroße Meeresbucht bei Portocolom, an der es hakenförmig abschließt. In Richtung NE führen zusätzlich zwei abzweigende kurze Gebirgsstränge, die noch vor Erreichen der Bucht von Alcúdia enden. Ein anderer kurzer Streifen begrenzt die Bucht von Sóller im E und verläuft an der NW-Küste beginnend landeinwärts in südöstliche Richtung. Der zentrale Abschnitt des Hauptstranges zeichnet sich durch die Existenz höherer Bergformen aus, bei dem es sich um die in Natur SW-NE verlaufende Hochgebirgskette mit der Gipfelflur hoher Gebirgsstöcke handeln könnte. Unter diesen relativ hohen Einzelformen ist besonders eine kegelförmig Spitze ausgebildet, deren Lage auf die höchste Inselerhebung, dem Puig Major, schließen lassen könnte. In gleicher zopfartiger Manier sind auch einige Küstenabschnitte angelegt. Diese Darstellung verdeutlicht in diesem Fall Steilküste. Hierzu sind vor allem der N-Abschnitt der nordöstlichen Landzunge sowie einige Partien an der SE-Küste, besonders zwischen den beiden östlicheren Buchten zu zählen. Weniger stark ausgeprägt ist die Darstellung am nördlichen Ufer der Bucht von Pollença. Des Weiteren sind alle übrigen Küstenabschnitte bis auf wenige Ausnahmen mit einem mehr oder minder schmalen, hellgoldbraunen Band versehen, der auf die Steilheit dieser Partien hinweisen soll. Auch die Nachbarinsel Dragonera ist ähnlich farbig angelegt.

3.8 Bodenbewachsung/Bodennutzung

Erstmalig ist in dem aus Chantilly stammenden Kartenbeispiel die Darstellung bestimmter Vegetation erfolgt. Mehr oder weniger gleichmäßig auf die nicht reliefierten Gebietsteile verteilt sind naturalistisch skizzierte Baumzeichen eingetragen. Es handelt sich hier um kleine Bildzeichen verschiedener Größe und Form, die eine runde bis elliptische grüne Krone und zum überwiegenden Teil einen ebenfalls grünen Schattenwurf aufweisen. Insgesamt sind 18 solcher Zeichen auszumachen, wobei auf eine spezifische Art nicht gedeutet werden kann. Eine besondere Verteilung der Baumzeichen im Raum ist auch nicht zu erkennen.

3.9 Siedlungsbild

Jede dieser Karten hat Siedlungsdarstellungen aufzuweisen. Während das erste Kartenbild aus dem Florenz-Codex nur zwei Siedlungen erfasst, kommt in den anderen beiden Beispielen eine Mehrzahl derartiger Plätze kartographisch zum Ausdruck.

Die beiden im erstgenannten Kartenbeispiel eingetragenen Zeichen stehen sicherlich für Ortschaften. Da sie nicht näher bezeichnet sind, können die Standorte nur aufgrund ihrer Lage identifiziert werden. Während es sich bei der an der großen SW-Bucht gelegenen Ortschaft eindeutig um die Hauptstadt der Insel, dem heutigen Palma, dem damaligen Maiorica oder Mallorca, handeln muss, kann mit der weiter WNW eingetragenen nach ihrer Lage nur als Andratx, Sant Elm oder das geschichtsträchtige, wüstgefallene Palomera vermutet werden. Beide Orte sind mittels perspektivisch wirkender, kastellartiger Bildzeichen wiedergegeben, deren Zeichnung skizzenhaft in Schwarz erfolgt. Beide Zeichen sind senkrecht eingetragen und stehen dadurch schräg zum Küstenverlauf, das erste zentral im Bereich der Bucht, das zweite unmittelbar an der W-Spitze der Insel. Im Falle der Hauptstadt ragt die Basislinie des Zeichens – wenn auch schräg – in die Meeresfläche hinein, bei der zuletzt genannten Ortschaft bildet die gekrümmt verlaufende Küstenlinie den unteren Abschluss des Zeichens. Das Festungsbildzeichen für die Hauptstadt setzt sich aus einem Mauergrundbau mit Stadttor und drei zinnengekrönten Türmen zusammen, von denen zwei mit Masten versehen sind. Das andere Zeichen, dessen unterer Teil etwa diagonal abgeschnitten erscheint, weist nur einen Bergfried mit herausragendem Zinnenkranz auf. Erstaunlich ist die Tatsache, dass das seit römischer Zeit bekannte Alcúdia, seinerzeit der zweitgrößte Ort der Insel, in dieser Karte in keiner Weise zur Darstellung gebracht wird.

Im Vergleich zum genannten Kartenbild kommen im 2. Beispiel des Florenz-Isolarios deutlich mehr Siedlungszeichen zur Anwendung. Alle Zeichen sind in beige wiedergegebenen, unterschiedlicher Gestalt und ohne Ausnahme entlang des Küstenstreifens anzutreffen. Allem voran fällt das Ortszeichen an der großen Bucht im SW auf. Dieses Zeichen besteht aus einem überdachten Gebäude mit Dachreiter, das auf einem mit drei Türmen ausgestatteten Mauersockel aufsitzt. Der Ort ist beschriftet, aber so gut wie nicht lesbar. Laut ARDUINI (2000, schriftl. Mitt.) weist die Stelle im Original Korrekturspuren auf; es lässt sich jedoch der Name *enesum* entnehmen, eine Bezeichnung, die durch die spätere Martellus-Karte aus Chantilly (*enesũ*) bestätigt wird. Im übrigen Inselbild sind zehn weitere Zeichen auszumachen, von denen sechs festungs- und zwei burgartigen Charakter aufweisen. Zur ersten Gruppe gehört vor allem das am größten dargestellte Zeichen im NE der Insel. Das als Hinweis für die Hanglage des Objektes schräg gestellt eingetragene, viertürmige Festungsbild, von dem eines der Türme in Höhe und Umfang als Donjon hervorragt, zeigt sich mit zinnengekrönter Mauer und stattlichem Eingangstor. Seiner Lage nach ist es am äußersten Winkel des hier *promentorj* genannten Inselvorsprungs angebracht. Direkt unter der Festungssilhouette ist der Name *promotorj* zu lesen, eine Bezeichnung, von der angenommen werden muss, dass das Zeichen für das heute als Ruine noch existierende Castell del Rei stehen soll, das besonders im Mittelalter Bedeutung erlangt hat. Die Doppelbezeichnung von Siedlungsplatz und Kap trägt hier eher zur Verwirrung bei. In den späteren Darstellungen aus den Lafreri-Atlanten und auch des Bertius ist *premontor* oder *promontor* für den westlichen Inselausläufer zu finden.

Weitere Zeichen dieser Art, jedoch etwas kleiner von Gestalt, befinden sich südwestlich davon an der gleichen Küste. Das eine, ebenfalls schräg gestellte Zeichen weist auf den hier *soiarj* bezeichneten Ort, dem heutigen Sóller, der aufgrund seines geschützten Hafens sich zur bedeutendsten Siedlung an der weitgehend steilen NW-Küste entwickelt hat. Die zweite, im Gegensatz zur erstgenannten horizontal angebrachten Silhouette steht hier für *palomora* und meint die aufgrund häufiger Pirateneinfälle im 17. Jh. wüstgefallene Siedlung *Palomera* (latein. „palumbaria"), deren Lage nicht eindeutig bestimmbar ist, aber deren Existenz aus den Chroniken über die Wiedereroberung durch Jaime I. aus Aragonien (1229) deutlich bestätigt wird. Palomera war eine Ortschaft mit bedeutendem Hafen im Bereich zwischen dem heutigen Sant Elm und Andratx, nahe s'Arraco, an deren Vorhandensein noch ein Gebirgspass und ein Tal gleichen Namens erinnern. Laut J. BINIMELIS (1593: 32) entspricht Palomera dem heutigen Sant Elm. Beide Zeichen setzten sich aus zinnengekrönter Mauer mit Eingangstor sowie je zwei Wehrtürmen mit aufgesetzten Masten zusammen. Das letztgenannte zeigt noch einen zusätzlichen Gebäudetrakt. Ähnliche Zeichen sind an den Buchten der SE-Küste zu finden, in Schräglage ein stattliches für den Ort *menacor*, das heutige Manacor bzw. sein Hafen Portocristo oder Port de Manacor, und ein kleineres für *porto petro* (jetzt Portopetro); horizontal angebracht ist die Silhouette für *porto colūbo* (heute Portocolom), mit deren Lage durchaus die Festung Santueri anstelle des Hafenortes gemeint sein könnte. Perspektivisch angelegte, burgartige Gebilde dagegen, bestehend aus drei Türmen und verbindender Mauer, sind für zwei falsch eingetragene bzw. falsch beschriftete Siedlungen eingesetzt. Am SE-Rand der Hauptstadtbucht steht ein derartiges Zeichen für den Ort *polencia* und an der heutigen Bucht von Alcúdia im E der Insel ein ähnliches für *colonia*. Darüber hinaus sind im Kartenbild am Ostufer der Bucht von Sóller ein Leuchtturm- und an der Inselsüdspitze ein kleines, mit einem Turm versehenes Siedlungszeichen zu finden; beide sind unbeschriftet. Der geschichtsträchtige Ort Alcúdia ist hier mit *ancudia* gekennzeichnet, weist aber erstaunlicherweise kein Zeichen auf.

Annähernd gleiche Anzahl und Artenwahl an Siedlungszeichen wird in dem Kartenbeispiel aus Chantilly vorgenommen. Alle Zeichen sind schwarz konturiert gezeichnet, viele von ihnen mit einem Namen versehen. Ähnliche Figuren stehen für die Hauptstadt an der SW-Bucht, hier wie im Beispiel aus Florenz *enesũ* bezeichnet, für die an den mittelgroßen Buchten gelegenen Orte *porto colombo* und *menacor* (heute Portocolom bzw. Manacor oder dazugehöriger Hafen Portocristo) sowie für *Solarj*, jetzt Sóller, an der gleichnamigen Bucht im NW. Die Zeichen für die Hauptstadt und für *menacor* bestehen aus zwei Türmen mit Mast, einem Mauerteil und einem seitlichen Bautrakt, die anderen zwei Stellen sind durch dreitürmige, mauerumgrenzte Figuren zum Ausdruck gebracht, die auf den Türmen ebenfalls Maste tragen. Während das Zeichen für Sóller eine schräge Basislinie zur Kennzeichnung der Hanglage aufweist, passen sich die übrigen drei, auch wenn die zwei an der SE-Küste die Schräglage andeutend, mit ihrer Grundlinie dem Küstenverlauf an und erscheinen dadurch teilweise gekappt. Wie oben erwähnt, kann mit dem festungsartigen Zeichen bei *porto colombo* durchaus die Wehranlage Santueri oder zumindest der Hinweis auf deren Existenz gemeint sein. Eine weitere, geringfügig kleinere burgartige Figur in perspektivischer Zeichnung mit drei Türmen, Mast auf dem mittleren und verbindender Mauer ist am Ufer der Hauptstadt etwa im zentralen Bereich zu finden. Fälschlicherweise wurde diesem Zeichen die Bezeichnung *polentia* (röm. Pollentia) gegeben, eine Ortschaft, die an die gegenüberliegende Bucht gehört und vor allem zur Römerzeit große Bedeutung hat. Vielleicht ist in dieser Karte damit die Hauptstadt der Insel gemeint. Auf der östlichen Gegenseite der Insel ist in diesem Kartenbild *arcudia* für Alcúdia, eine aus dem Arabischen stammende Bezeichnung (Al-Kudja = der Hügel) für die zum Teil auf dem Fundament des oben genannten römischen Pollentia entstandene Siedlung zu finden, das durch ein relativ kleines, mit zwei Türmen und einer Mauerpartie dargestellt erscheint. Ein ähnliches Zeichen, nur mit höheren Türmen und schräger Basislinie, steht am nordöstlichen Ausläufer – vermutlich das Castell del Rei – und ist wie im vorher besprochenen Kartenbeispiel nicht korrekter mit *prementorj* bezeichnet. Ein anderes zweitürmiges Zeichen ist nahe der Südspitze der Insel für Portopetro eingesetzt, das hier in der abgekürzten Form *porto pet^o* vorliegt. Unmittelbar an der Westspitze der Insel ist ein kleines Siedlungszeichen angebracht, das sich aus mehreren Gebäuden und zentralem Turm mit Mast zusammensetzt. Bezeichnet wird es fälschlicherweise mit *palma*, die Bezeichnung für die Inselhauptstadt, anstelle des vermutlich gemeinten wüstgefallenen Ortes Palomera. Sechs kleine Gebäudefiguren mit seitlichem Turm stehen weiterhin offensichtlich für unbedeutendere Siedlungsplätze vorrangig im Innern der Insel. Drei von ihnen sind östlich der Hauptstadtbucht und jenseits des etwa N-S verlaufenden Bergzuges auszumachen, die anderen zwei im westlichen Inselbereich, zwei westlich und eins östlich des dort eingetragenen Gebirgsbandes.

3.10 Meeresfläche

Der Meeresbereich ist in allen drei behandelten Karten flächenhaft angelegt. Im 1. Kartenbeispiel des Florenz-Codex kommen verschiedene, zum Teil ineinander greifende Farbtöne zum Einsatz. Hervorstechend sind die Farben Karminrot und Blau bis Blauviolett. Alle Buchten, bis auf den größten Teil des Küstenhofes an der Hauptstadt, erscheinen in einem tiefen Blau gefüllt, womit sie sich deutlicher von der Umgebung abheben. Das nordöstliche und das südwestliche Meeresgebiet, einschließlich des südlichen Abschnitts der Hauptstadtbucht, zeigen sich im genannten Rotton. Die verbleibenden Flächen im NW und SE, die vermeintlich tieferen Gebiete, sind mit einem ungleichmäßig aufgetragenen, dunklen Mischton aus Rot und Blau versehen.

Im Gegensatz zu diesem Beispiel ist die Meeresfläche in der 2. Darstellung des gleichen Werkes in einem einheitlichen Blauton angelegt, dessen Ausführung jedoch äußerst unregelmäßig, zum Teil wolkig erfolgt ist.

Das komplette Meeresareal des Kartenbeispiels aus Chantilly weist ein flächenhaftes, recht gleichmäßig aufgetragenes leuchtendes Lasurblau auf, die vermeintliche Farbe des Mittelmeeres.

3.11 Schriftbild

Das manuell ausgeführte Schriftbild der drei besprochenen Karten zeigt wenig Variationen. Die im eigentlichen Kartenfeld keinerlei Beschriftung aufweisende Darstellung Nr. 93 aus dem Florenz-Codex verwendet im Bereich des Mallorca-Bildes außer für den Kartentitel und der dazugehörigen Kartennummer nur Schriftzüge zur Angabe der hier im jeweiligen Kartenmittelfeld untergebrachten Haupthimmelsrichtungen. Alle genannten Bezeichnungen werden in Versalien einer zinnoberroten, der römischen Capitalis Monumentalis gleichkommenden Schrift vorgenommen, der Kartentitel etwas größer als die anderen.

In der Karte 96 des Florenz-Codex erfolgt die Beschriftung einheitlich in beigebrauner Farbe. Die im Zentrum der Insel angebrachte Bezeichnung *Maiorica* ist als einzige im Kartenbild in Versalien einer Capitalis Quadrata geschrieben, alle übrigen Bezeichnungen, seien es die zahlreichen Siedlungsplätze, Inselnamen wie *Dragonara* (Dragonera) und *caprera* (Cabrera) oder die Kapnamen, liegen bis auf Ausnahmen in einer kleineren humanistischen Minuskel vor. Eine Zwischengröße nehmen nur die beiden Kaps *premontorj* und *cauo upetra* ein. Beim erstgenannten sind noch deutlich die Überbleibsel der vorgenommenen Korrektur zu erkennen, die Namensänderung von einer ehemals mit „f" beginnenden Bezeichnung, vermutlich *formentor*. Das nördlichste Ende dieses Ausläufers ist in dieser Karte sowohl land- wie seewärts mit *prementorj* versehen, eine Bezeichnung, die sich vom lateinischen „promunturium" oder „promontorium" ableitet und Vorsprung oder Vorgebirge bedeutet. Es handelt sich um eine Bezeichnung, die – als *prementor* oder *promontor* geschrieben – bereits in verschiedenen älteren Portolankarten oder später noch in anderen Darstellungen verwendet erscheint. Mit *prementorj* ist hier mit Sicherheit das Cap de Formentor gemeint, das seiner Form nach durch die hier, wie oben angedeutet, südlicher und vor allem östlicher gelegenen Spitze wiedergegeben sein müsste. Die Bezeichnung *cauo apetra*, die in der Karte 96 abgewandelt (*cauo upetra*) zweimal vorkommt, ist hier zu weit nördlich an der Stelle des eigentlichen Cap de Ferrutx angebracht. Wie vorne unter 3.5 (vgl. 3.11) ausgeführt, könnte sich durchaus auch – ähnlich der Bezeichnung *prementorj* – einer der beiden Schriftzüge auf die gleichnamige Festung beziehen. Die weiter südwestlich gelegene, NW exponierte große Bucht ist in der gleichen Karte seewärts mit *Solarj* (für Sóller) beschriftet.

Bis auf wenige Ausnahmen sind alle Bezeichnungen in horizontaler Lage geschrieben und eindeutig den entsprechenden Objekten zugeordnet. Mancher Kapname ist schräg gestellt, einige Hafennamen sind an der SE-Küste nicht einwandfrei dem Siedlungszeichen beigefügt oder zu weit von ihm entfernt. In deutlich größerer gemischter Schrift als die obigen Bezeichnungen erfolgen die am jeweiligen Kartenrand angegebenen Himmelsrichtungen „Septentrio", „occidens" und „oriens". Die weiteren Randangaben sind erneut kleiner vorgenommen.

Farbig differenzierter zeigt sich die Karte 94 aus Chantilly. Für das eigentliche Inselbild werden bis auf eine Ausnahme Minuskeln einer humanistischen Schrift in Schwarz und in nur geringfügig unterschiedlichen Größen verwendet. Die Namen für die Siedlungen sind im Vergleich zur obigen Darstellung in der Regel diesen klar zugeordnet. Bis auf *Solarj* und *arcudia* sind sie horizontal eingetragen. Die Angaben am Kartenrand erfolgen in verschiedener Schriftart, Größe und Farbe. Die in diesem Raum eingetragenen lateinischen Bezeichnungen „Baleares Insvle", „Maiorica" und die vier Haupthimmelsrichtungen sind in rötlichbraunen Versalien geschrieben, die Randangabe „Ambitus totius/insule' M. P. 440" dagegen in gemischter Schrift. Die ebenfalls in gemischter Schrift vorgenommenen Bezeichnungen der acht wichtigsten Winde sind verschiedenfarbig, die italienischen in Schwarz, die lateinischen und die transkribierten griechischen Namen in Rötlichbraun. Die in gemischter Schrift vorgenommenen Eintragungen entsprechen einer humanistischen Antiqua, die Versalien scheinen der Capitalis Monumentalis bzw. Quadrata entlehnt.

Wie eingangs erwähnt werden aus Übersichtsgründen alle im Bereich des jeweiligen Kartenfeldes vorkommenden Toponyme – hier gegliedert nach den Karten Nr. 96 aus Florenz und Nr. 94 aus Chantilly – tabellarisch zusammengestellt.

Aktuelle Toponyme	Toponyme in den historischen Karten	
	Karte Nr. 96 (BML Florenz)	**Karte Nr. 94** (BMC Chantilly)
Inseln		
Mallorca	MAIORICA	--------
Cabrera	caprea	--------
Dragonera	Dragonara	dragona
Landvorsprünge		
Cap Blanc	c. coruo	c. coruo
Cap de Formentor	prementorj (s.u.)	prementorj (s.u.)
Punta de Capdepera	cauo apetra (s.u.)	cauo upera (s.u.)
Toponym im SE?	--------	menium colria?
Buchten		
Sóller	soglari	--------
Portopetro	petro	--------
Portocolom	colūbo	--------
Port de Manacor	menacor	--------

Häfen
Portopetro	porto petro	porto pet°
Portocolom	porto colũbo	porto colombo

Ortschaften
Palomera (wüst)	palomora	palma
Sóller	soiarj	Solarj
Palma de Mallorca (?)	enesum	enesũ
Alcúdia	ancudia	arcudia
Toponym im E?	colonia	--------
Pollença	polencia	polentia
Manacor		menacor

Festungen
Castell del Rei	premontorj (s.o.)	(prementorj) (s.o.)
Capdepera	cauo upera (?) (s.o.)	--------

4 Benedetto Bordone

4.1 Autor und Werk

Die älteste gedruckte Landkarte der Insel Mallorca erscheint in dem 1528 in Venedig publizierten Werk „Libro di Benedetto Bordone nel qual si ragiona de tutte l'Isole del mondo con li lor nomi antichi & moderni, historie, fauole, & modi del loro uiuere, & in qual parte del mare stanno, & in qual parallelo & clima giacciono", dessen stark verziertes Titelblatt in seiner Beschriftung zweifarbig rot und schwarz gestaltet ist. Dieses in Italienisch verfasste Buch des Benedetto Bordone gehört wie die Vorgängerwerke des bereits genannten Florentiners Cristoforo Buondelmonti (1420 und 1422 in 2. Aufl.), des Henricus Martellus Germanus (um 1490), des Venetianers Bartolomeo dalli Sonetti (1485) (WAWRIK 1986c: 337; VALERIO 1986: 348) und die mehr oder minder zeitgleichen Arbeiten des Pīrī Re'īs ebenfalls zu den Isolarien. Während sich die erwähnten Isolarien des Florentiners und des Venetianers ausschließlich mit Bereichen des östlichen Mittelmeeres befassen, zeigt die Arbeit des Bordone – analog den Werken des Henricus Martellus und des Pīrī Re'īs – eine erhebliche Erweiterung des Darstellungsraumes vorrangig in westliche Richtung, besonders im Vergleich zu seinem Vorbild, dem mit 48 Holzschnitt-Karten versehenen, 1485 erschienenen „Insularium in versi" des Bartolomeo dalli Sonetti.

Benedetto Bordone (Benedictus Bordonius oder Benedictus Patavinus; auch Burdonius, Burdonis, Bordonne oder Bordon genannt) stammt aus Padua, wo er um 1450 – nach KARROW (1993a: 89) um 1460 – geboren wird und noch mehrere Jahrzehnte bleibt. Er genoss eine liberale Erziehung und bildete sich unter dem Einfluss seines Landmanns, des Graveurs und Malers A. Mantegna (BILLANOVICH 1970: 511). Seit 1494 ist er in Venedig tätig, hält aber weiterhin seine privaten wie beruflichen Kontakte nach Padua aufrecht. Die Treue zur Heimatstadt bekundete er durch seine Zusatzbezeichnung „citadino padoano" (ALMAGIÀ 1937: 172; FUSIN 1882 in BILLANOVICH 1970: 511). Laut ALMAGIÀ (1937: 174) und KARROW (1993a: 89) stirbt er am 10. April 1539 in Venedig – gemäß BILLANOVICH (1970: 511) im Februar 1530 bei seinem Neffen Baldassarre in Padua. Bekannt ist, dass er sich nach Astrologie, der er zu Beginn verschworen ist, vorrangig mit Geographie beschäftigt, Übersetzungen anfertigt und umfangreich die Miniaturmalerei pflegt (BAGROW 1928a: 47ff.; BILLANOVICH 1970: 511ff.; KARROW 1993a: 89ff.). 1494 beantragt er ein Privileg zum Druck seiner Übersetzung der „Dialoghi di Luciano". Seine Tätigkeit als Formschneider wird durch das 1504 erhaltene Privileg zum Druck seiner Holzschnitte für die Illustration des Werkes „Triumph des Caesar" bestätigt (ALMAGIÀ 1937: 172; KARROW 1993a: 89ff.). Als Miniaturmaler gestaltete er verschiedene Werke, so die Arbeiten der in Gotha aufbewahrten Miniaturinkunablen von 1477 und 1479 (BILLANOVICH 1970: 511f.), die die ersten sicheren Nachweise seiner diesbezüglichen Tätigkeit darstellen. Selbst noch 1523 schmückt er im Auftrag des Benediktinerabads des Klosters Santa Giustina in Padua die Seiten eines Evangeliars und eines Epistolariums mit Miniaturbildnissen (ALMAGIÀ 1937: 174; BILLANOVICH 1970: 511f.). Als Beweis seiner ersten kartographischen Tätigkeit führt KARROW (1993a: 89) die Antragstellung von Bordone an den Senat Venedigs vom Jahre 1508 an, in dem er um das Druckprivileg für in Holz geschnittene Karten der Provinz Italien sowie einer rund gestalteten Weltkarte bittet (ALMAGIÀ 1937: 176), beides Arbeiten, die bisher noch nicht aufgefunden werden konnten.

Zu seinen Hauptwerken zählt jedoch das hier im Zusammenhang mit der Mallorca-Karte zu besprechende, oben genannte Isolarium, das erste dieser Art, das in Italien und vermutlich auch anderswo (ALMAGIÀ 1937: 170) gedruckt worden ist und wohl das einzige Zeugnis der Tätigkeit von Bordone als Formenschneider geographischer Karten darstellt (ALMAGIÀ 1937: 176). Das Privileg zur Herausgabe dieser Arbeit erhielt er 1521 noch zu Lebzeiten des Papstes Leo X. – vgl. unter dem Titel die Angabe „Con il breve di Papa Leone"– und vier Jahre später von der Illustrissima Signoria von Venedig, wie es im Kolophon und zumindest teilweise auf den Titelblättern der verschiedenen Ausgaben vermerkt erscheint. „In diesem Werk beschreibt Bordone die Inseln und zum Teil auch die Häfen der ganzen Welt und illustriert seine Beschreibung mit roh in Holz geschnittenen kleinen Karten, Plänen und Städteansichten" (BAGROW 1928a: 47ff.). Wie im Vorwort erwähnt, widmet Bordone das Werk seinem oben genannten Neffen Baldassarre Bordone, dem viel in der Armee des Katholischen Königs und der Venezianer gereisten Chirurgen.

Das „Libro", bzw. „Isolario", wie die Bezeichnung des Werkes späterer Ausgaben lautet, besteht aus einem Vorspann und drei Büchern mit 112 meist verschieden formatigen Karten und anderen Darstellungen auf insgesamt 83 Blatt (ab 1534 84 Bl.). Das zweite Teilbuch, das von Blatt XIXr bis LXVIr reicht und 78 Karten beinhaltet, ist dem Mittelmeergebiet gewidmet. Auf Seite XXv kommt die hier angesprochene „Maiorica-Karte" mit den Inseln Mallorca und Menorca zur Darstellung. Davor, auf Seite XXr, sind die Pityusen abgebildet.

Das Werk ist im Zeitraum von rd. vier Jahrzehnten in mehreren Ausgaben erschienen. Die Ausgaben von 1528 und 1534 sind bei Nicolo d'Aristotile – genannt Zoppino – gedruckt. Ab 1534 tritt im Titel anstelle von „Libro" die Bezeichnung „Isolario" auf. Diese zweite Auflage, ebenfalls bei d'Aristotile erstellt, sowie eine spätere 1547, die bei M. Frederico Toresano zum Druck gebracht wird, weisen nur geringe Änderungen im Titel und Text auf, die Drucke erfolgen von den gleichen Platten und ebenfalls ausschließlich in Venedig (BAGROW 1928a: 47ff.). Der Ausgabe von 1534 wird allerdings, wie auf dem Titelblatt mit „Con la gionta del Monte del Oro nuouamente ritrouato" vermerkt, ein kurzer, von der Eroberung Perus durch Pizarro handelnder Text hinzugefügt. Eine korrigierte und als Nachdruck erschienene Fassung der eben genannten Ausgabe – so die Angaben „ricorretto et di nvovo ristampato" auf dem Titelblatt – scheint laut KARROW (1993a: 92f.) und HARRISSE (1866a: 355f.) bei Francesco di Leno gedruckt worden zu sein. KARROW (1993a: 92f.) datiert diese Ausgabe in Anlehnung an HARRISSE (1866a: 355f.) in das Jahr 1537 zurück; nach gleicher Quelle wird das Jahr 1560 ebenso für möglich gehalten. Beides würde gemäß KARROW (1993a: 93) zutreffen, zumal die Haupttätigkeit des Francesco di Leno in die Zeit von 1534 bis 1567 fällt; nach BILLANOVICH (1970: 513) ist dieser als Typograph nur von 1559 bis 1567 tätig. Die weiter hinten in der Auflistung aufgeführten Ausgaben ohne Erscheinungsdatum sind mit Sicherheit in diesen Zeitraum zu stellen, auch wenn in einem Exemplar der NSUB Göttingen im Kolophon handschriftlich die Jahresangabe 1533 ergänzt erscheint. Gemäß WAWRIK (1986c: 337) folgt 1567 ein weiterer Druck von Francesco di Leno, allerdings mit neugesetztem Text. Wie sich feststellen lässt, ist aller Wahrscheinlichkeit nach hierzu auch die in der BSB München vorhandene Fassung zu zählen, die auf dem Titelblatt in Kursiv die Zusatzangabe „per Francesco di Leno, circa annum 1534" – vermutlich als Zeichen eines Nachdruckes der Ausgabe von 1534 – aufweist.

Neben den gedruckten Exemplaren existiert in der BNC Florenz [Sign.: Mgl. XIII, 52] ein eigenhändig von Bordone erstelltes, mit 79 Karten versehenes Manuskript (ALMAGIÀ 1937: 171; WAWRIK 1986c: 337) der Erstausgabe, das laut ALMAGIÀ (1937: 171, 177) und KARROW (1993a: 89) vor das Jahr 1524 zu stellen ist. So auch der Hinweis auf das Jahr 1521 im Kartenausstellungskatalog der anlässlich des VIII. italienischen Geographenkongresses 1921 in Florenz 1922 herausgegeben wird (PIROLO 2003, schriftl. Mitt.). Wie die folgende Abbildung als Beispiel dieser Ausgabe bezeugt, und ALMAGIÀ (1937: 171) und KARROW (1993a: 89f.) in ihren Ausführungen erwähnen, handelt es sich bei den Karten dieses Manuskripts um äußerst grob angefertigte Darstellungen, die eher Skizzen statt Entwürfen gleichen. ALMAGIÀ (1937: 171) ist der Ansicht, dass sie eventuell nur als Vorlage zur Positionierung der Karten im Text sowie zur Anordnung der Holzblöcke für den Druck dienen sollten. Abb. 4.1 zeigt die Skizze c. 23v der Insel Mallorca aus oben genanntem Codex, für deren Druckgenehmigung der BNC Florenz bestens gedankt sei. Diese kleine, skizzenhafte Darstellung liegt hier in den Originalmaßen 33,5 x ca. 64,5 mm vor, wobei der Wert für die Breite bedingt durch die Biegung des Buches bei der Aufnahme unsicher bleibt.

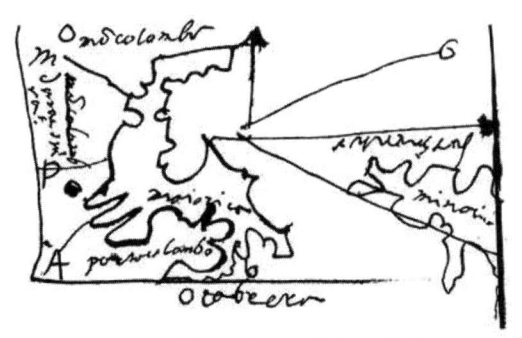

Abb. 4.1 Kartenentwurfsskizze der östlichen Balearen Mallorca/ Menorca aus dem Codex des B. Bordone; Maßstab des Originals ca. 1:3,7 Mio. Unverändert 1:1 wiedergegeben mit Genehmigung der BNC Florenz [Sign.: Mgl. XIII, 52].

Ohne Anspruch auf Vollständigkeit zu erheben, werden im Anschluss die im Laufe dieser Arbeit festgestellten Bibliotheksstandorte des In- und europäischen Auslandes aufgeführt, die ein oder mehrere Originalexemplare der Bordone-Ausgaben zu ihrem Bestand zählen. Die einzelnen Exemplare sind mit ihren Signaturen versehen und der besseren Übersicht wegen nach Ausgabejahren gegliedert tabellarisch zusammengestellt.

Von den verschiedenen Originalausgaben befinden sich in Deutschland Einzelexemplare in der SStB Augsburg, der SB Berlin, der CBHK Hamburg, der TULB Jena, der BA Leipzig, der UB München, der UB Rostock und der WLB Stuttgart. Hinzu kommen die BSB München mit vier Exemplaren und die SLUB Dresden, die NSUB Göttingen und die HAB Wolfenbüttel mit je zwei. Ein weiteres der

BSB München sowie ein Exemplar der UB Erlangen/Nürnberg sind handkoloriert. Das Exemplar der JLB Emden liegt nicht mehr vor.

Im europäischen Ausland werden je ein Exemplar in der StUB Bern, der BGU Florenz und der KBS Stockholm aufbewahrt. Mit je zwei Exemplaren sind die UB Leiden, die RGS London und die ÖNB Wien vertreten, mit drei Ausgaben die BC Rom. Sechs Exemplare befinden sich in der BL London und sogar acht in der BNF Paris. Von den Exemplaren der BL London stammen zwei aus dem Jahr 1565, die vermutlich mit der oben erwähnten Ausgabe von 1567 identisch sind.

Tab. 4.1 Originaldrucke des Bordone-Werkes in deutschen Bibliotheken und im europäischen Ausland – gegliedert nach Ausgaben und Bibliotheksorten.

Ausgabe	Bibliothek [Signatur]
1528	UB Erlangen/Nürnberg [2 TREW. F. 11], kol.
	BA Leipzig [Ld.u.Vk.47]
	SB München [2 Mapp. 34 m], kol.
	BSB München [Hbks/Hbks E 12-Beibd.]
	UB Rostock [Qb-31]
	WLB Stuttgart [Ra 16 Bor 1]
	StUB Bern [Kart IV 221:3:1]
	BGU Florenz [20. h 2]
	BL London [Maps C.7.b.10; 1297.m.11] (2 Ex.)
	RGS London [Map Room 265.D.14]
	BNF Paris [Res Ge DD 1996]
	BC Rom [A.III.107 CC]
	ÖNB Wien [393237-C.Kar]
1534	SStB Augsburg [2 Gs 105]
	SB Berlin [2" Pq 8000:R]
	CBHK Hamburg [S/104]
	BSB München [Res/2 A.lat.b.376-Beibd.2]
	HAB Wolfenbüttel [A: 92.5 Quod.2°]
	BL London [569.i.II]
	BFBM Palma de Mallorca [B88-V3-15]
	BNF Paris [Ge FF 8541; Res. Ge DD 1997; Res. J 169; Res. Ol 1154(2)] (4 Ex.)
	KBS Stockholm [122A d Fol.]

1537 (?)	NSUB Göttingen (s.d.) [2° Geogr 700 RARA] (handschriftl. im Kolophon 1533) BNF Paris (s.d.) [G 1770; Res. G 128] (Ausgabe F. di Leno) (2 Ex.)
1547	SLUB Dresden [Geogr.A.210; Geogr.A.211] (2 Ex.) NSUB Göttingen [RMag 2° Geogr 701] TULB Jena [2 Geogr.I,28] BSB München [Res/2 Geo.u.7] UB München [0014/W 2 H.aux.5] HAB Wolfenbüttel [A:10.5 Geogr.2°] UB Leiden [THYSIA 878; COLLBN Atlas 307] (2 Ex.) BL London [569.g.25] RGS London [Map Room 265.D.16] BNF Paris [Res. G 619] BC Rom [BB.IX.24] ÖNB Wien [393236-C.Kar]
1560	BC Rom [BB.IX.23] (Ausgabe F. di Leno)
1565	BL London [10027.h.6; Maps.c.11.b.11] (2 Ex.)
1567	BSB München [Res/2 Geo.u.6]

kol.: handkoloriertes Exemplar

Darüber hinaus existieren laut KARROW (1993a: 90ff.) insgesamt weitere 39 Exemplare in Einrichtungen der USA, aus dessen Arbeit nicht eindeutig hervorgeht, ob es sich in allen Fällen um Originalexemplare handelt. Unter den 39 Exemplaren gibt es zwölf von der Ausgabe 1528, dreizehn von 1534, fünf von 1537 und neun von 1547. Im Katalog von 1978 „A List of 16th, 17th & 18th Century Material in the Rucker Agee Map Collection" der BPL Birmingham/AL ist ein weiteres Exemplar der Fassung von 1528 [Sign.: G500.B6] aufgeführt.

1966 wurde im Verlag Theatrum Orbis Terrarum in Amsterdam ein Faksimiledruck der Ausgabe von 1528 erstellt, eine Reproduktion, die auf der Grundlage des Originalexemplars von Francis Edwards Ltd., London, beruht und äußerst starke Verbreitung gefunden hat. Nachdrucke der Ausgaben von 1534 erscheinen 1983 als edizione aldine in Modena und von 1528 im Jahr 1988 in Rom bei Giovanni Battista de Caesare. Darüber hinaus gibt es seit 1980 sowohl ein Microfilm der Ausgabe von 1528 der WCL Ann Arbor als auch Microfishes der Ausgabe von 1534 in der UB Heidelberg [Sign.: 96 MA 187], in der TULB Jena [Sign.: 2001 F 126] und der Brasilien-Bibliothek der Robert-Bosch-GmbH in Stuttgart [Sign.: 46/50135-41], die bereits in mehreren Bibliotheken des In- und Auslandes vorhanden sind. In der BNF Paris existiert eine digitale Version von 1995, die auf der Basis des Originalexemplars von 1528 aus Cambridge/Mass. erstellt ist.

Zum Studium standen dem Verfasser eine der Originalausgaben des Jahres 1534 aus der BFBM Palma de Mallorca [Sign.: B88-V3-15], deren Wiedergabe in dieser Arbeit dankenswerterweise gestattet wurde, sowie ein Exemplar des oben genannten Faksimiledrucks von 1966 aus der StUB Frankfurt [Sign.: Rf3, Bd. 3.1] zur Verfügung, zu deren Inhalt jeweils sowohl eine Karte der Inseln Mallorca und Menorca – die Balearen i. e. S. – als auch eine Darstellung der benachbarten Pityusen mit entsprechendem Begleittext gehören.

Auch wenn der relativ kleine Maßstab eine Erfassung von Einzelheiten nicht zulässt, so muss doch die in der erwähnten Balearen-Karte erfolgte Abbildung der Insel Mallorca hier aufgeführt und – wie oben gesagt – zu den ersten größeren Darstellungen der Insel als Landkarte i. e. S. bzw. zumindest als Übergangsform mit vorwiegend derartigen Zügen betrachtet werden, denn sie weist andererseits eine den Portolanen sehr ähnliche oder sogar von diesen abgeleitete Form der Küstenlinie sowie eine vergleichbar geringe Wiedergabe von Objekten einschließlich Beschriftung im Innern der Insel auf.

4.2 Äußerer Kartenaufbau

In einer nicht allzu großen rechtwinkligen Rahmenkarte im Format 83 x 145 mm (Abb. 4.2) sind die beiden östlichen Inseln der heutigen Balearen, Mallorca und Menorca – Gymnaesie oder Baleare, Namen der Griechen bzw. Römer für diese Inseln, wie sie auch im begleitenden italienischen Text des B. Bordone Erwähnung finden –, in einer Schwarz/Weiß-Darstellung veranschaulicht. Die Karte führt keinen gesonderten Titel. Zur Bezeichnung der Inseln werden hier die lateinischen Namen *maiorica* bzw. *minorica* verwendet. Die Nachbarinseln Cabrera und Dragonera sind ebenfalls abgebildet und mit ihrem Namenszug versehen. Zusätzlich ist in der oberen linken Kartenecke – unweit der Hauptinsel – ein kleines Inselareal auszumachen, das für die in Natur WNW von Mallorca, ca. 150 km entfernt gelegene Inselgruppe der Columbretes steht und hier mit *mõcolomber* beschriftet erscheint, eine Bezeichnung, die bereits in manchen Portolanen auftritt.

Darüber hinaus weist die Darstellung ein zentriertes, strahlenförmiges Linienbündel auf, dessen Linien mit der jeweiligen Himmelsrichtung gekennzeichnet sind und dessen Mittelpunkt sich an der Ostküste von Mallorca unweit nördlich der hier nicht näher bezeichneten Punta de Capdepera befindet. Das Kartenbild als Ganzes wird schließlich von einer doppelten, innen feinen und außen breiteren Begrenzungslinie umrahmt.

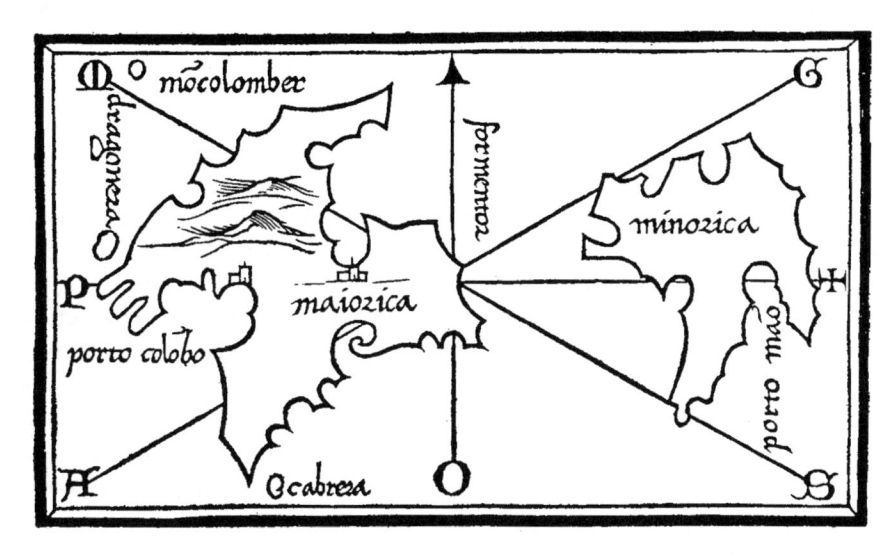

Abb. 4.2   Karte der östlichen Balearen Mallorca/Menorca aus dem Isolario des B. Bordone, Ausgabe 1534; Maßstab des Originals ca. 1:1 269 000. Verkleinert auf ca. 1:1,6 Mio. wiedergegeben mit Genehmigung der BFBM Palma de Mallorca [Sign.: B88-V3-15].

Wie vorne erwähnt sind die Exemplare „TREW.F.11" der UB Erlangen/Nürnberg und „2 Mapp. 34 m" der BSB München – beide von der Ausgabe 1528 – handkoloriert. Das erstgenannte Exemplar weist um beide Hauptinseln ein relativ breites, von Dunkel- nach Hellgrün abgestuftes Küstenband auf. Die verbleibende Innenfläche ist weiß gelassen. Die zwei mit veranschaulichten kleinen Nebeninseln *dragonera* und *mõcolomber* sind dunkelrot ausgefüllt. Zarter und differenzierter zeigt sich das Exemplar der BSB München. Die Areale der Inseln *maiorica* und *minorica* sind in einem Hellstrot, das zur Küste hin leicht dunkler getönt ist, wiedergegeben. Die kleinen Nachbarinseln sind vollflächig farbig angelegt, *dragonera* in Rot, *mõcolomber* in Ocker. Die Unterlänge des „g" von *dragonera* ist versehentlich als Insel aufgefasst und grün gefüllt. Die Insel Cabrera erhält keine spezielle Farbfüllung; sie bleibt nur konturiert. Die Bergdarstellung auf *maiorca* ist in Grüntönen abgestuft, die höheren Bergpartien in dunklerer Tönung. Die zwei dargestellten Siedlungen sind ocker gefüllt, die Turmhaube des dreifach gegliederten und hier eher dem Schriftzug *maiorca* zuzuordnenden Zeichens in Rot angelegt. Die Meeresfläche ist gleichmäßig mit zarter hellblauer Farbtönung versehen, nur die küstennahen Bereiche weisen einen dunkleren, ins Ultramarin reichenden Streifen auf. Schließlich zeigt auch der Innenteil des Kartenrahmens eine dunkelrote Farbfüllung.

4.3 Lage und Orientierung

Im Gegensatz zu den Darstellungen des Martellus dient in der Karte des Bordone ausschließlich das oben genannte Linienbündel der Orientierung. Es setzt sich aus acht Strahlen zusammen (vgl. Abb. 4.2), die im Einzelnen bis zu einem charakterisierenden Großbuchstaben bzw. einem Zeichen an der Innenseite des Kartenrahmens führen. Dabei sind die Inselflächen als solche ausgespart, bzw. die Linien scheinen den Landflächen quasi unterlegt. Die symbolhaften Eintragungen stehen jeweils für eine Himmelsrichtung bzw. eine Windbezeichnung. Im NE des Kartenbildes steht ein G für Greco, im SE ein S für Sirocco, im S ein O für Ostro, im SW ein A für Africus, im W ein P für Ponente und im NW ein M für Maestro; ergänzend dazu werden Levante im E mit einem griechischen Kreuz und Tramontana im N mit einer Pfeilspitze gekennzeichnet. Der zuvor erwähnte Mittelpunkt des Strahlen- bzw. Linienbündels und damit des Kartenbildes insgesamt kann ungefähr mit φ 39° 45' und λ 3° 25' ö. L. v. Gr. angenommen werden. Der Richtungsstrahl für Nord verläuft parallel zu den seitlichen Rahmenlinien und zeigt nach oben. Die Karte ist demzufolge als genordet anzusehen. Aufgrund der vorliegenden Inselgestalt scheint die eingetragene Nordrichtung jedoch nur für die nordwestliche Hälfte zuzutreffen. Der komplette südöstliche Raum weicht vom wahren Nord dagegen erheblich ab. Ein aus beiden Bereichen für die N-Richtung angenommener Mittelwert würde gegenüber der Wirklichkeit immerhin noch eine Abweichung von ca. 13° W ausmachen.

Maiorca als die größere der beiden Inseln weist eine weitgehend korrekte Orientierung auf, *minorca* dagegen ist mit ihrer Längserstreckung gegenüber der Realität zu stark N-S ausgerichtet. Hinzu kommt, dass – wie im Buchtext richtig angeführt – Mallorca westlich von Menorca gelegen ist, sich aber nicht, wie hier im Kartenbild dargestellt, mit ihr im Mittel auf einer Breitenlage befindet. Mallorca liegt südwestlich von Menorca, wie im italienischen Begleittext indirekt mit der Entfernungsangabe in der Greco-Richtung, d. h. NE, hingewiesen wird. Auch auf die genaue Lage von Cabrera als im S und Dragonera als im W von Mallorca gelegene kleine Nachbarinseln wird in dem entsprechenden Abschnitt des Buches aufmerksam gemacht.

Ein Gradnetz fehlt wie in den behandelten Vorgängerkarten völlig; weder Längen- noch Breitenkreise sind am Kartenrahmen angerissen oder mit Ziffern gekennzeichnet. Dem Begleittext ist jedoch zu entnehmen, dass sich die Inseln am Ende des sogenannten vierten Klimas nahe des 11. Parallels (Tageslängen-Parallelkreis) befänden und dass ihr längster Tag 14½ Stunden und ¼ betrage, was ein Abstand von 2½ Stunden und ¼ zur Äquinoktiallinie bedeute und einer nördlichen Breite von rd. 39° entsprechen würde, ein Breitenkreis, der eigentlich auf der Höhe der Pityuseninsel Ibiza bzw. südlich von Mallorca verläuft.

4.4 Kartenmaßstab

Im Kartenbild fehlt jegliche Art von Maßstabsangabe. Nur auf indirektem Wege lässt sich ein ungefährer Kartenmaßstab ermitteln.

Die trotz ihrer starken Schematisierung naturähnlich wirkende Gesamtgestalt der Insel erlaubt anhand ihrer Fläche, einiger ausgewählter Strecken als auch mit Hilfe der Länge der Gesamtküste die Bestimmung einer brauchbaren Maßstabsgröße.

Wird die Naturfläche von 3623 km² zugrunde gelegt und diese Größe mit dem durch Digitalisierung bestimmten Areal von 16,4 cm² der Bordone-Karte in Beziehung gesetzt, so ergibt sich für die historische Darstellung ein Maßstab von rd. 1:1 486 000, ein Wert, der im Vergleich zu größenähnlichen aktuellen Karten im Bereich von 1:1 300 000 allerdings um etwa 12,5 % nach unten differiert.

Nach der bereits erwähnten Methode von RUGE (1904: 42), d. h. die Ermittlung eines Mittelwertes aus der maximalen N-S- und W-E-Entfernung, lässt sich dagegen für diese Karte ein Maßstab von rd. 1:1 269 000 errechnen, ein Wert, bei dem sich im Gegensatz zu oben die historische und eine aktuelle Karte in ihrer Größe näherkommen.

Die in der Querrichtung gegebene Maximalbreite der Insel Mallorca, die Inseldiagonale von der Punta Negra zur Punta de Capdepera, von rd. 98,2 km wird in der Bordone-Karte mittels einer Strecke vermittelt, aus der nur ein zu oben, über die Fläche bestimmter, annähernd vergleichbarer Maßstab von rd. 1:1 423 000 resultiert. Für diese längste Distanz in der Breite werden im Begleittext 100 Meilen angegeben, was bei Umrechnung der eben angegebenen Strecke einen knapp unter 1000 m liegender Wert für die eingesetzte Meile ergeben würde. Bei Verwendung der im Mittelmeer üblichen sogenannten kleinen italienischen Meile von 1200 - 1250 m (FREIESLEBEN 1983: 91) würden sich hierfür etwa 120 bis 125 km ergeben, ein ca. 20% zu hoher Wert. Unklar bleibt dabei auch, an welcher Stelle genau die Messung der Inselbreite vorgenommen wurde. Als Maßstab für die etwa N-S verlaufende Inseldiagonale lässt sich dagegen ein aus dem Verhältnis historischer Karte zur Natur ermittelter Wert von rd. 1:1 057 000 errechnen. Aus Mittelung der Werte beider Diagonalen ergibt sich ein Maßstab von 1:1 240 000, der wiederum nicht weit von dem oben, nach der Methode RUGE (1904: 42) bestimmten entfernt liegt.

Betrachtet man die Länge der Küstenlinie, so wird ein mit beiden letzten Methoden vergleichbarer Maßstab nur bei Einsatz der in dieser Arbeit verwendeten 463 km erreicht. Bei Gegenüberstellung der durch Digitalisierung ermittelten Küstenstrecke (37,1 cm) mit dem oben genannten Wert errechnet sich ein Maßstab von rd. 1:1 248 000. Im Buchtext werden 480 Meilen für den Umfang der Insel Mallorca genannt, eine Größe, die bei Berücksichtigung der kleinen italienischen Meile immerhin einen Wert von 576 - 600 km ergeben würde. Diese Zahlen wären jedoch eher mit den eingangs unter Kap. 2 erwähnten Gesamtküstenlängen der Insel von 554,7 km oder 607 km vergleichbar.

Die über die Greco-(NE-)Richtung im Text mit 30 Meilen (ca. 36 - 37,5 km) aufgeführte, vermutlich kürzeste Entfernung zwischen den Inseln Mallorca und Menorca – in Wirklichkeit ca. 36 km – ist in der Karte des B. Bordone durch einen Abstand veranschaulicht, der umgerechnet einen deutlich abweichenden und daher für einen Vergleich ungeeigneten Maßstabswert von rd. 1:1 800 000 ergibt.

Andere markante Strecken sind für Maßstabsberechnungen weniger geeignet. Während die gesamte Küstenstrecke im NW umgerechnet einen verhältnismäßig noch passenden Maßstab von ca. 1:1 356 000 errechnen lässt, führen die Direktentfernungen zwischen den Eckpunkten im E und S sowie S und W zu deutlich abweichenden Maßstabswerten von rd. 1:1 250 000 bzw. rd. 1:1 647 000. Die Strecke vom Cap de Formentor am nordöstlichen Landvorsprung zur Ostspitze der Insel an der Punta de Capdepera erreicht durch die übertriebene Längenwiedergabe gegenüber der Realität vergleichsweise sogar den zu großen Maßstabswert von ca. 1:810 000.

Zusätzlich im Begleittext aufgeführte Entfernungen zwischen den Pityusen und Mallorca mit 50 Meilen bzw. zwischen Mallorca und dem Festland mit 160 Meilen werden hier nicht berücksichtigt, da sich die in Frage kommenden Bezugspunkte auf zwei verschiedenen Kartenbildern des Bordone-Werkes befinden. Für die längere der beiden Strecken ließe sich jedoch der oben genannte Wert für die kleine Meile weitgehend bestätigen.

Für weitere Vergleiche sei hier ein Maßstab von rd. 1:1 332 000 zugrunde gelegt. Er stellt einen über die Methode RUGE und mittels der Inseldiagonalen, aber auch über die Fläche bestimmten Mittelwert dar. Es liegt damit ein Maßstab vor, bei dem sich die historische und eine aktuelle Karte größenmäßig sehr nahekommen, die aktuelle Umrissform der Insel besonders ins Auge fasst und weniger die in der historischen Darstellung vorhandenen Flächen der tief ins Landesinnere greifenden Hauptbuchten berücksichtigt. Der über die Küstenlänge bestimmte Maßstab würde vom Wert her auch dazu passen, wird aber wegen des zu glatten, fast schematisch wirkenden Umrissverlaufs bei der eben vorgenommenen Berechnung nicht mit einbezogen.

4.5 Inselgestalt

Die Karte des Bordone zeigt im Vergleich zu den Darstellungen des Martellus ein stark schematisiertes Bild der Insel Mallorca (vgl. Abb. 4.2 u. Taf. I, Teil I). Trotz erkennbarer Ähnlichkeit mit der Realität weist dieses Bild deutliche Abweichungen in der Gesamtgestalt, aber auch im Detail auf. Differenzen gegenüber dem Naturbild zeigen sich sowohl in der Ausrichtung, in der Form und in der Länge der einzelnen Küstenabschnitte als auch im Speziellen in der Darstellung der verschiedenen Landzungen, der herausragenden Kaps oder der markanten Buchten, Differenzen, die sich aus Abb. 4.3 entnehmen lassen. Darüber hinaus wird in den Abb. 4.4 und Abb. 4.5 – wie eingangs erwähnt – ein Vergleich der historischen Karte mit einer aktuellen Inseldarstellung in Gestalt geometrischer Figuren vorgenommen. Diese Gegenüberstellung erlaubt eine genauere numerische Feststellung der Abweichungen unter den Kartenbildern, insbesondere bestimmter Winkel und Strecken, Voraussetzung ist jedoch wie bei Abb. 4.3 eine gleiche oder angenäherte Maßstabsgröße und N-Orientierung beider zu vergleichender Darstellungen bei zentrierter Überlagerung der sich entsprechenden Inselschemata.

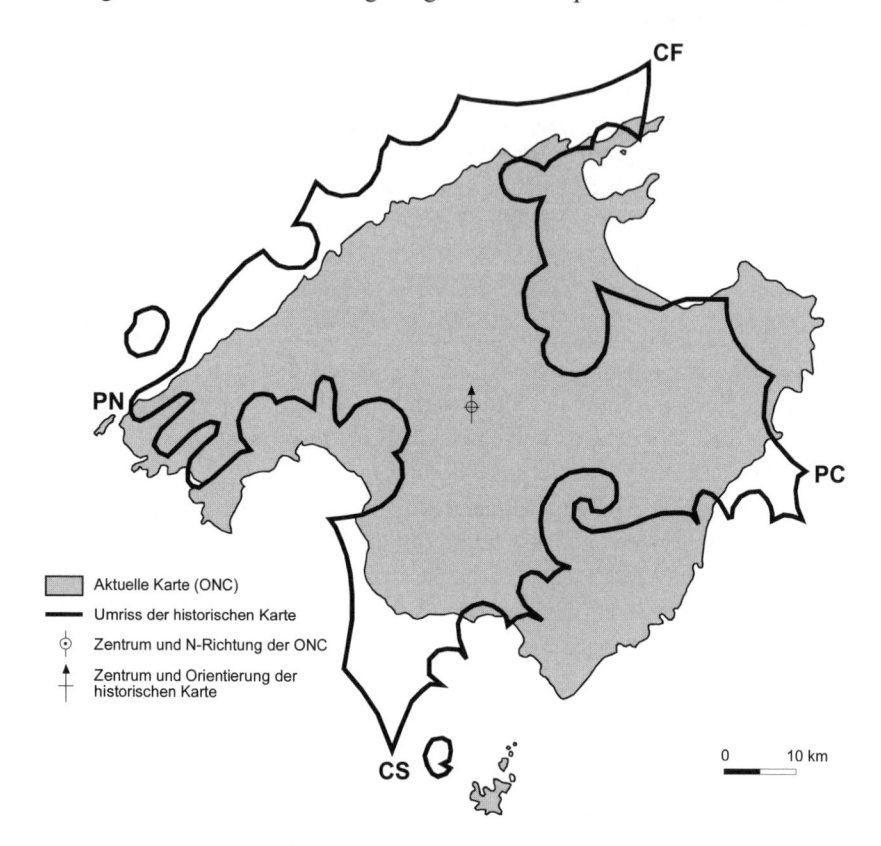

Abb. 4.3 Geometrisch zentrierte Überlagerung der ONC in 1:1 Mio. mit der durch Vergrößerung im Maßstab angepassten und nach Kartennord ausgerichteten historischen Darstellung des B. Bordone (vgl. Abb. 4.2).

Wie Abb. 4.4 verdeutlicht, weisen die einzelnen Küstenabschnitte im Vergleich zur Realität Abweichungen in ihrer Orientierung auf (vgl. Abb. 2.2). Die NW- und die SE-Küste verlaufen im Mittel fast parallel. Während die NW-Flanke gegenüber der Wirklichkeit um ca. 3° E geringer von N abweicht, zeigt die SE-Küste am Cap de ses Salines eine deutlichere, im Mittel ca. 21° betragende östliche Differenz ihres Verlaufes im Vergleich zur Natur. Untereinander behalten die genannten Küsten ihren Abstand in etwa bei, sie sind nur – als geradlinige Küstenstrecken gedacht – geringfügig nach NW verlagert. Im Mittel ist die NW-

Küste ähnlich den Darstellungen des Martellus – aber entgegen späteren Wiedergaben – stärker konvex ausgebildet als in der Realität, der SE-Abschnitt dagegen stark konkav durchgebogen, ein Verlauf der bei den genannten Vorgängerkarten deutlich geradliniger erfolgt. Die Küstenpartien im SW und NE weisen in ihrem jeweiligen Mittel N-Abweichungen von 39° W (= 321° E) statt 60° W am Südkap bzw. 22° W (= 338° E) statt 40° W am Ostkap auf, Werte, die bei Martellus in ähnlicher Weise zu finden sind.

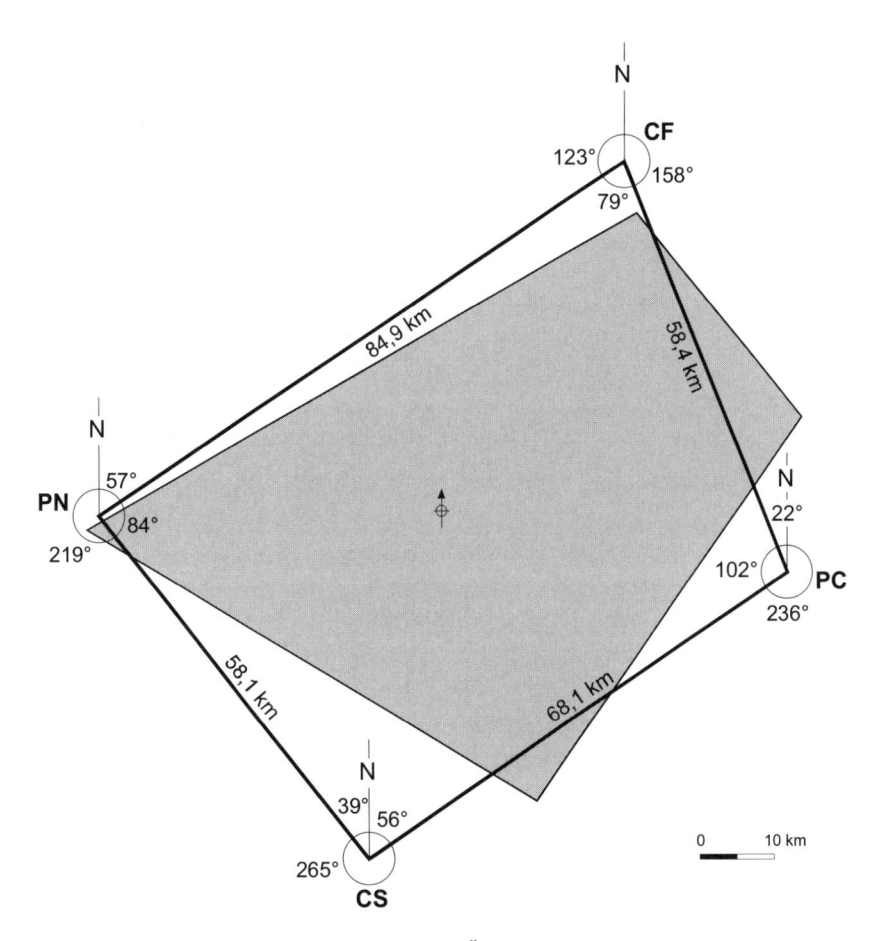

Abb. 4.4 Geometrisch zentrierte, genordete Überlagerung der Viereckschemata von historischem Kartenbild und ONC in 1:1 Mio. mit Angabe der Kapdistanzen, Streckenazimute und Innenwinkel der Figur.

Die geradlinigen Verbindungsstrecken der vier Extrempunkte der Insel zeigen in der Bordone-Karte im Vergleich zur Wirklichkeit andere Werte. Während der NW-Küstenstreifen mit einer unbedeutenden Differenz in seiner Länge aufwartet, sind die entsprechenden Partien im SE und NE durch ca. 6 km bzw. 23 km längere Strecken und im SW durch einen um ca. 12 km kürzeren Abschnitt charakterisiert (vgl. Abb. 2.2 u. Abb. 4.4).

Unterschiedliche Differenzen lassen sich auch bei den Innenwinkeln der Schemafigur feststellen. Im W bildet sich der Winkel mit 84° statt 60° erheblich zu groß, im N mit 79° statt 100° wesentlich zu klein ab. Die verbleibenden Werte im E und S weichen nur geringfügig bzw. gar nicht vom Soll ab. Insgesamt zeigt sich die Schemafigur gegenüber der Realität in südwestliche Richtung verschoben.

Werden die Vierecksdiagonalen betrachtet (vgl. Abb. 2.3 u. Abb. 4.5), so fällt auf, dass die in der Realität gemessene Inselbreite gegenüber der in etwa N-S führenden Maximalerstreckung um ca. $^1/_5$ länger ausgebildet ist, dagegen in der Karte des Bordone sich Breite zu Höhe fast gleich verhalten, die etwa N-S verlaufende Diagonale sich hier sogar um knapp 5 km länger abbildet. Darüber hinaus weisen beide Strecken bzw. beide Diagonalen in der historischen Darstellung eine größere Abweichung von N in östliche Richtung auf. Die Strecke Cap de ses Salines–Cap de Formentor differiert um 20° E statt um 10° E, die Querrichtung sogar um 95° E statt um 81° E von Nord.

Wie es die Abb. 4.2 und Abb. 4.3 zum Ausdruck bringen, zeigt die Darstellung des Bordone generell eine schematisch wirkende Küstenlinie, teils mit girlandenförmigem, teils sogar mit verschnörkeltem Verlauf. Die Buchten, große wie kleine, erscheinen in der Regel konkav bogenartig ausgebildet und aneinander gereiht, die Landvorsprünge bzw. Kaps laufen äußerst spitz zu.

Am NE-Ende des NW-Küstenabschnittes ist die Halbinsel Formentor zu lang und vor allem zu breit wiedergegeben, so dass sich an dieser Stelle ein etwa drei- bis vierfach so großes Areal abbildet. Dagegen hält der W-Teil dieses nordwestlichen Küstenstreifens etwa seine Sollbreite ein. Dieser westliche Abschnitt zeigt zwei schmale, übertrieben tiefe Einbuchtungen (Port d'Andratx, Cala Santa Ponça?) sowie nordnordwestlich davon eine um das Mehrfache zu groß wiedergegebene und zu weit nach NE verlagerte Nachbarinsel Dragonera. Im mittleren Bereich der NW-Küste sind im Kartenbild drei Buchten auszumachen. Von diesen fällt diejenige von Sóller wegen ihrer besonderen Breite und Tiefe auf, eine Darstellung, die bereits bei Martellus in übertriebener Weise auftritt.

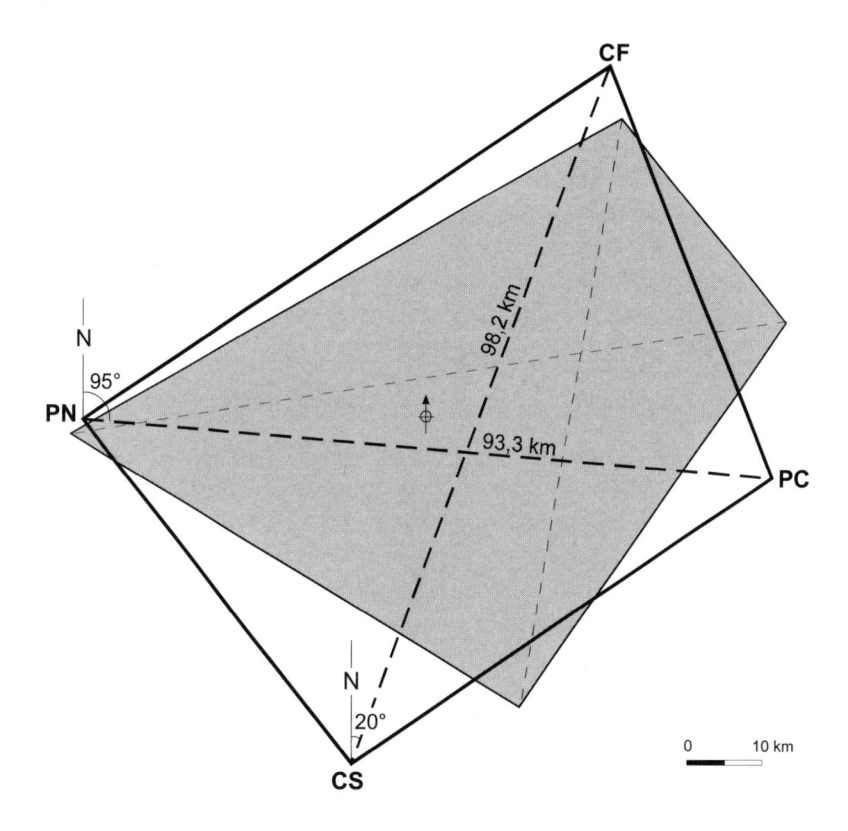

Abb. 4.5 Die Inseldiagonalen, ihre Entfernungen und Azimute in den geometrisch zentriert und genordet sich überlagernden Schemadarstellungen von historischem Kartenbild und ONC in 1:1 Mio.

Die SE-Flanke der Insel fällt vor allem durch ihre weitgeschwungene, im Mittel stark konkav geformte Küstenlinie mit ihren beiden herausragenden Extrempunkten auf. Diese Küstengestalt weicht äußerst stark von der in den betrachteten Vorgängerkarten ab, bestenfalls ließe sich der Verlauf mit dem der 1. Florenz-Darstellung (Karte-Nr. 93) vergleichen. Mehrere Eindellungen zeugen von einer buchtenreichen Küste, unter denen schneckenförmig verschnörkelt mit Sicherheit der Bereich des heutigen Portocolom zur Darstellung gebracht werden soll und in dieser schwungvollen Form in späteren Karten nicht mehr erscheinen würde. Die übrigen Küstenhöfe lassen von SW nach NE auf die heutigen Cala Figuera, Portopetro, Cala Llonga, Portocristo und Bucht von Son Servera schließen. Am Südende der Insel erscheint Cap de ses Salines stark zugespitzt und liegt fast auf der Höhe der Nachbarinsel Cabrera ca. 24 km zu weit nach WSW, an der E-Seite ist die Punta de Capdepera um einen Betrag von rd. 20 km nach S verlagert (vgl. Abb. 4.3).

Im SW der Insel ist die Bucht, an der die Hauptstadt liegt, in etwa korrekt eingetragen, jedoch in NE-Richtung überformatig um etwa 10 km zu tief dargestellt. Der SW-Bucht entgegengesetzt ist im NE ein größerer, ebenfalls zu tief wiedergegebener Küstenhof auszumachen. Von diesem, an dem heute die Orte Pollença und Alcúdia liegen, führt außerdem ein nach S orientierter, im Mittel rd. 13 km langer Appendix, der auf das Vorhandensein der zur damaligen Zeit weiter geöffneten Lagune der Albufera deuten könnte, eine Darstellung, die es allerdings in ähnlicher bzw. gleicher Weise in vielen Portolanen zu finden gibt. Die übertriebene Darstellungstiefe beider Buchten lässt den Abstand zwischen ihnen gegenüber der Natur auffallend auf weniger als die Hälfte schrumpfen, wodurch die verbleibende Entfernung stark verkürzt wird und die Fläche des Landesinneren wesentlich kleiner zur Darstellung kommt, auch kleiner als in den Vorgängerkarten.

Neben dem Cap de Ses Salines im S und des Inselkaps südlich der Punta de Capdepera im SE, vermutlich das Cap Vermell, fallen zusätzlich wegen ihrer Zuspitzung vor allem Cap de Formentor im NE und Cap de Ferrutx im E hervor. Cap des Pinar, zwischen den Teilbuchten von Pollença und Alcúdia gelegen, tritt im Vergleich zu den zwei zuletzt besprochenen Martellus-Darstellungen stark zurück und wirkt verflacht sowie trapezförmig, die Punta Negra im SW erscheint dagegen abgerundet. Von allen Kaps ist einzig und allein namentlich *formentor* angegeben, die Zuordnung dieses Schriftzuges jedoch, wie später erläutert wird, erfolgt keineswegs korrekt.

Die Küstenlinie von Menorca zeigt in der Darstellung des Bordone ähnliche Formcharakteristika wie diejenige von Mallorca. Ungeachtet dessen weicht die Insel als solche deutlich von ihrer Naturorientierung ab, und ihre Fläche stellt sich um mehr als das Zweifache vergrößert dar. Die in der näheren und weiteren Umgebung Mallorcas gelegenen, zu Beginn erwähnten drei kleinen Nachbarinseln werden hier mittels mehr oder minder kreisrunder Gebilde zum Ausdruck gebracht (vgl. Abb. 4.2).

Wie vorne erläutert, zeigt die Insel in der historischen Karte aufgrund ihrer Gestalt keine einheitliche, mit dem wahren Nord übereinstimmende Richtung. Selbst für den Fall der Annahme einer mittleren Abweichung zu Nord von ca. 13° W würde sich bei entsprechender Rotation keine günstigere Überlagerung der Inselareale ergeben. Nach rein optischen Gesichtspunkten ließe sich eher, wie es Abb. 4.6 veranschaulicht, durch eine unbeträchtliche ostwärtige Mittelpunktsversetzung der historischen Karte eine wenn auch geringfügig größere Flächenüberdeckung beider Darstellungen erreichen.

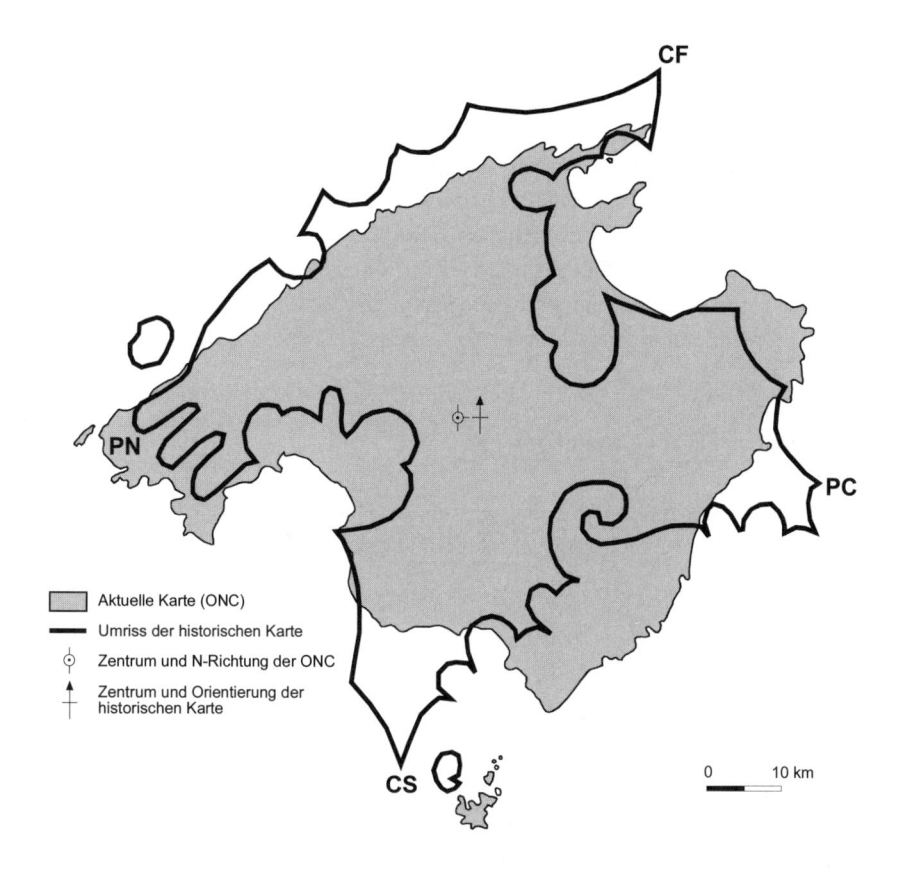

Abb. 4.6 Überlagerung der genordeten ONC in 1:1 Mio. mit dem maßstäbig angepassten Bordone-Kartenbild nach erfolgter Mittelpunktsversetzung um ca. 3 mm in östliche Richtung.

4.6 Gewässernetz

Der Vollständigkeit halber sei erwähnt, dass in dem hier besprochenen Kartenbild des Bordone eine Darstellung des Gewässernetzes keine Berücksichtigung findet; weder Flüsse bzw. Torrentes noch Seen oder Lagunen werden kartographisch zum Ausdruck gebracht.

4.7 Relief

Die Gebirge der Insel erscheinen nur angedeutet in Form von zwei verhältnismäßig breit angelegten, dreidimensional wirkenden Bergsilhouetten (vgl. Abb. 4.2). Die von W her beleuchteten und auf den Leeseiten Falllinienschraffen aufweisenden Gebilde greifen durch Übergangsstriche ineinander und füllen auf diese Weise einen größeres Areal aus. Die in horizontaler Lage angebrachten Bergsilhouetten sind im Bereich der nordwestlichen Gebirgskette eingetragen und sollen offensichtlich die hier in Natur vorhandenen höheren Erhebungen veranschaulichen. Der gesamte mittlere und südliche Raum von Mallorca weist dagegen – wie auch bei den anderen miterfassten Inseln – keinerlei Gebirgsdarstellung auf.

4.8 Bodenbewachsung/Bodennutzung

Nicht zuletzt aus Maßstabsgründen wird in der Karte des Bordone auf eine Darstellung der Bodenbewachsung bzw. der Bodennutzung verzichtet.

4.9 Siedlungsbild

Wie Abb. 4.2 zeigt, kommen nur zwei Siedlungen zur Darstellung. Ein zweigliedriges Gebäudesymbol mit einem höheren turmartigen Teil auf der rechten Seite steht im SW an der Küste der großen Bucht und soll mit Sicherheit die Hauptstadt der Insel, das heutige Palma de Mallorca veranschaulichen. Am südlichen Rande der hier etwa gleich groß abgebildeten Doppelbucht im NE ist ein niedrigeres, in diesem Falle dreigeteiltes symbolhaftes Zeichen mit einem Turm in der Mitte auszumachen, das vermutlich für die seinerzeit ebenfalls befestigte Ortschaft Alcúdia steht. Beide Orte sind nicht näher bezeichnet. Der Schriftzug *maiorica*, der vermutlich zur Bezeichnung der gesamten Insel eingesetzt ist, könnte sich aufgrund seiner Lage an der NE-Bucht durchaus auch auf das darüber angebrachte, oben genannte Ortssymbol beziehen und die an dieser Stelle nicht gelegene Inselhauptstadt meinen. Der in der SW-Bucht eingetragene Hafenname *porto colõbo* (heute Portocolom) könnte durch seine Nähe zum Zeichen der Inselhauptstadt fälschlicherweise dieser Siedlung zugeordnet werden. Betrachtet man die Entwurfsskizze der Abb. 4.1, so könnte angenommen werden, dass der dort eingetragene Name *portocolombo* nur aus Platzgründen in die Hauptstadtbucht geraten ist, sich aber durchaus auf ein Kreiszeichen an der SE-Küste beziehen sollte.

Ein Blick auf die erwähnte Mallorca-Darstellung des Originalskizzenbuches von Bordone aus der BNC Florenz zeigt keinerlei Siedlungseintragung. Die Bezeichnung *maiorica* scheint sich – wie *minorica* für die östliche Nachbarinsel – nur auf die Insel als Ganzes zu beziehen. Eine Zuordnung des Namens zu einem bestimmten Siedlungspunkt ist nicht zu erkennen, es sei denn, ein vorhandener dunkler, relativ runder Fleck an einem der Kopfenden der großen SW-Bucht würde für die Ortslage der Hauptstadt stehen. Ein kleines Karree, das im Inselsüden ebensogut als Teil einer Buchtpartie aufgefasst werden kann, könnte die Lage für das im Kartenbild ungeeignet angebrachte *porto colõbo* versinnbildlichen.

4.10 Meeresfläche

Die Meeresfläche als solche bleibt in der Bordone-Karte kartographisch unberücksichtigt; sie zeigt keinerlei Zeichengebung.

4.11 Schriftbild

Die Beschriftung der Bordone-Karte ist spärlich ausgefallen (vgl. Abb. 4.2). Sie erfolgt im Gegensatz zum laufenden Text des Werkes, der in einer Renaissance-Antiqua vorliegt, in Rotunda bzw. Rundgotisch, dem Typ einer Gebrochenen Schrift. Mit Ausnahme der in Versalien angegebenen Kürzel für die Himmels- bzw. Windrichtungen, die in unmittelbarer Nähe an der Innenseite des Kartenrahmens nur in Versalien vorkommen und der Unzialen entlehnt sein können, sind alle übrigen in der Darstellung eingetragenen Bezeichnungen in Minuskeln zum Ausdruck gebracht. Dazu gehören die fünf Inselnamen *maiorica, minorica, cabrera, dragonera* und *mõcolomber,* die Hafenbezeichnungen *porto colõbo* und *porto maõ* sowie das Kap *formentor,* von denen die meisten in horizontaler Lage eingetragen sind.

Der Inselname *maiorica* ist analog dem der Nachbarinsel *minorica* im Innern der entsprechenden Inselfläche angebracht und scheint sich – wie bereits erwähnt – auf das Inselareal als Ganzes zu beziehen. Wie vorne erläutert, befindet sich diese im unterem Drittel untergebrachte, zu jener Zeit häufig auch für die Inselhauptstadt geführte Bezeichnung dicht unterhalb des angenommenerweise für Alcúdia stehenden Zeichens, womit durchaus die Gefahr einer Ortsverwechselung gegeben ist. Andererseits ist diese Namenszuordnung aus Unsicherheitsgründen eventuell bewusst in dieser Weise vorgenommen worden, denn häufig erscheinen in älteren Darstellungen, aus denen dieser Fehler übernommen worden sein kann, beide Ortsnamen vertauscht. Auch in späteren Karten ist die Verwechselung dieser Namen noch mehrmals feststellbar. Die randlich der SW-Bucht unweit südlich des Hauptstadtzeichens eingetragene Bezeichnung *porto colōbo* kann zur Verwirrung beitragen, zumal der Hafen dieses Namens in Wirklichkeit an der SE-Küste liegt. Auch hierfür zeigt die genannte Manuskriptskizze keine eindeutige Zuordnung.

Die Bezeichnungen *dragonera* und *formentor* sowie auch *porto maõ* auf der Nachbarinsel weichen von der horizontalen Schriftlage ab und sind vermutlich ausschließlich aus Platzgründen senkrecht angebracht, die ersten beiden von N nach S. Während sich von diesen der Name *dragonera* deutlich der entsprechenden kleinen Nachbarinsel zuordnen lässt, ist der für *formentor* östlich und längs des Nordpfeils eingetragene Schriftzug zu weit vom eigentlichen Bezugspunkt entfernt und kann daher eher mit dem Cap des Freu nördlich der Punta de Capdepera in Verbindung gebracht werden. Eigenartigerweise wird auf der oben erwähnten, im selben Werk des Bordone vorhandenen Pityusen-Darstellung die Bezeichnung „dragonera" für ein weiteres Eiland nördlich der Insel Ibiza (ieuiza) verwendet. In unmittelbarer Nachbarschaft dieses Eilands ist auch *porto petro* zu lesen, ein Name, der eigentlich zu einem an der SE-Küste der Insel Mallorca gelegenen Hafen gehört. Auf der Manuskriptskizze der BNC Florenz ist *formentor* sogar unmittelbar nördlich der *minorica* zu finden und kopfstehend eingetragen.

Die Meeresfläche als solche ist nicht gesondert beschriftet.

Aufgrund der geringen Zahl an Toponymen wird hier auf eine tabellarische Aufstellung der Toponyme verzichtet.

5 Pīrī Re'īs

5.1 Autor und Werke

Nur wenige Jahrzehnte nach dem Erscheinen des Isolario von Buondelmonti/ Martello und etwa zeitgleich zum Entwurf des Inselbuches von Bordone erstellte Pīrī Re'īs das Werk Kitāb-i Baḥrīye. Es handelt sich um ein Handbuch für den Seefahrer – ein „livre de la marine" wie SOUCEK (1973: 243) oder ein „Traité de la Marine" wie AFET (1937) das Werk bezeichnen –, das ebenfalls im Stile eines Isolario angelegt ist und Anweisungen in Textform sowie eine Vielzahl von Karten enthält. Auch wenn viele Isolario-Darstellungen Portolancharakter aufweisen und für Navigationszwecke eingesetzt werden, so mögen sie aus Vergleichsgründen zu anderen Kartenbildern dieser Zeit, nicht zuletzt um auch die Werke türkisch-osmanischer Herkunft zu dokumentieren, herangezogen werden. Im Kitāb-i Baḥrīye des Pīrī Re'īs kommen zahlreiche größermaßstäbige Kartenbilder – die Insel Mallorca inbegriffen – zur Darstellung, die, wie für Isolarien typisch, neben seemännisch bedeutsamen Eintragungen eine ganze Reihe von Landkartenmerkmalen aufweisen, die es berechtigt erscheinen lassen, die Karten aus diesem Werk hier ebenfalls zu behandeln.

Die Erstausgabe des Kitāb-i Baḥrīye entsteht zu Beginn des 16. Jhs., in der Zeit der aufblühenden osmanischen Seemacht unter Sultan Selīm I. und soll gemäß Pīrī Re'īs den Seefahrern vorrangig eine praktische Hilfe sein. Diese mehrfarbig auf Pergament angelegte Fassung wird 1521 abgeschlossen und vom Autor bescheidenerweise nur als Entwurf bezeichnet. 1526 (1528 nach GOODRICH 1994: 117) folgt eine 2., eine veränderte Ausgabe, die mehr Präsentationszwecken dienen soll. Diese Version widmet und überreicht Pīrī Re'īs durch Vermittlung des damaligen Großwesirs Ibrāhīm Paša dem Sultan Süleymān II. dem Prächtigen als sogenanntes niederes Geschenk eines Untertanen (VON HOFE-PASCHA 1899: 450). Diese 2. Ausgabe muss laut KAHLE (1926b: XVI) zu Lebzeiten Selīm I., dem sie ursprünglich gelten sollte, noch vor Ende 1520 begonnen worden sein.

Im Kitāb-i Baḥrīye kommen vorrangig die Küsten des östlichen Mittelmeers zur Darstellung, nicht minderwertiger werden auch diejenigen des westlichen Teils wiedergegeben, wobei die einzelnen Karten – zumindest für damalige Verhältnisse – als exakt und zuverlässig anzusehen sind. Für die Gebiete, über die Pīrī Re'īs Detailkenntnisse verfügt, wie es mit der Ägäis, Griechenland und dem westlichen

Abschnitt der nordafrikanischen Küste der Fall ist, trifft dies besonders zu. Unter den Darstellungen des westlichen Mittelmeeres befindet sich auch eine Darstellung der Insel Mallorca, die hier vor allem Gegenstand der Betrachtung sein soll.

Pīrī Re'īs, mit vollem Namen Pīrī Re'īs ibn el-Ḥāǧǧ Muḥammed oder nach der Wiener Handschrift (KAHLE 1926b: XV) Hemširezade-i-Kemāl Piri Re'īs ben al-Ḥāǧǧ Ḥaqīri bzw. nach PROCHÁZKA (2003, schriftl. Mitt.) Hemṣīrzāde Kemāl Pīrī Re'īs ibn el-Ḥāǧǧ Ḥaqīrī – nach ÖZEN (1998: 23) Pirî Re'is, Aḥmed b. Alī el-Hac Meḥmed el Karamanî Lârendevî oder in anderer Schreibweise (PROCHÁZKA 2003, schriftl. Mitt.) Pīrī Re'īs, Aḥmed b. 'Alī el-Ḥāǧǧ Meḥmed el-Qaramānī Lārendevī –, dessen Geburtsort mit Gallipoli, einer an den Dardanellen gelegenen bedeutenden Hafenstadt des Osmanischen Reiches, angenommen wird (AFET 1937: 336; İNALCIK in SOUCEK 1996: 36) und dessen Geburtsjahr laut erster, ebengenannter Quelle 1468 sein soll, ist der Sohn des Ḫāǧǧī Meḥmed und der Neffe des berühmten Korsaren und türkischen Seehelden Kemāl Re'īs (KREISER: 1986: 607). Mit zwölf Jahren schlägt er die gleiche Laufbahn wie dieser ein und folgt ihm in all seinen Unternehmungen (AFET 1937: 336). Mit seinem Onkel unternimmt er mehrere Kaperfahrten im Raum des westlichen Mittelmeers vor allem in spanischen Gewässern, vermutlich schon 1487 im Auftrage des Sultans Bāyezīd (KAHLE 1926b: VI). Auf diese Weise erwirbt er eine große seemännische Praxis, so dass er bei der Erstellung des Kitāb-i Baḥrīye auf eine langjährige Erfahrung auf dem Gebiet der Seefahrt zurückblicken kann (KAHLE 1926b: VI). Pīrī Re'īs wird später, wie vorab 1495/96 sein Onkel, offiziell als Schiffskapitän (= re'īs) in die im Dienste des Sultans agierende osmanische Flotte aufgenommen (KREISER 1986: 607). Eigenverantwortlich handelt er jedenfalls schon in den Seeschlachten unweit westlich des Peloponnes zwischen den siegreichen Osmanen und den unterlegenen Venetianern. Nach FOY (1908), AFET (1937) und BAGROW (1961) übt er sogar den Rang eines Admirals aus, VON HOFE-PASCHA (1899: 449) ist der Ansicht, dass er nur oftmals Flotten führt bzw. in Admiralstellungen befehligt. Er erhält das Kommando über die Rotmeer-Flotte, attackiert die Maskat- und Hormuzküste, kommt auch nach Indien und gewinnt manche Schlacht gegen die feindlichen Portugiesen. Als diese ihn verfolgen, tritt er übereilt mit drei Schiffen die Flucht durch das Rote Meer nach Suez an, um vor allem die umfangreichen erbeuteten Schätze zu retten. Dem Sultan davon berichtet und einer Intrige zum Opfer gefallen, wird er in dessen Auftrage 1554 hingerichtet (VON HOFE-PASCHA 1899: 450; AFET 1937: 338f.).

Für die Erarbeitung des Kitāb-i Baḥrīye nennt Pīrī Re'īs keine Quellen und stellt sein Werk als eine originale Schöpfung dar (KAHLE 1926b: VII). Ähnlich Bartolomeo dalli Sonetti gibt er dafür seine reiche Erfahrung und sein Wissen vorrangig auf seemännischem wie geographischem Gebiet an. Trotz langjähriger Erfahrung und vorzüglicher Beobachtungsgabe ist das Vorhandensein nichttürkischer Quellen zu vermuten (KAHLE 1926b: VII; 1929: 64), für deren Auswertung seine guten Kenntnisse vor allem in der arabischen, griechischen, italienischen und spanischen Sprache (AFET 1937: 339) ihm eine große Hilfe gewesen sein müssen. Da das Kitāb-i Baḥrīye für die türkische Literatur ein Novum bedeutet, ist anzunehmen, dass Pīrī Re'īs, wie HERZOG (1902: 420) anführt, über verschiedene venetianische Vorbilder verfügt, die er sich in Gallipoli verschafft habe. Abendländische Nachbildungen der Vorlagen seien laut HERZOG (1902: 420) nur in den Holzschnitten von Bordones Isolario enthalten. Dieses erst sieben Jahre nach dem Kitāb-i Baḥrīye in gedruckter Ausgabe erschienene Werk des Bordone wird Pīrī Re'īs mit Sicherheit nicht als Quelle benutzt haben, wie es BAGROW & SKELTON (1961: 85) anführen (s. dazu auch SEZGIN 2000b: 43), möglicherweise aber dessen Manuskriptausgabe, die bereits in einem vorne genannten Ausstellungskatalog in Florenz 1921 erwähnt wird und heute in der BNC Florenz [Sign.: Magl. XIII, 52] erhalten ist. GALLOIS (1910: 16) vertritt sogar die Meinung, dass Pīrī Re'īs zumindest die Karten des griechischen Archipels aus dem Isolario des Bartolomeo dalli Sonetti, das 1485 in Venedig gedruckt wird, als Vorlage benutzt habe; KAHLE (1926b: VII) sieht hier eine unleugbare Verwandtschaft zwischen diesen Werken. Und dennoch kann KAHLE (1926b: VIII) GALLOIS' Ansicht nicht teilen, zumal Bartolomeo dalli Sonetti nur die Ägäis und Pīrī Re'īs das ganze Mittelmeer bearbeitet, letzterer aber gleichartige Unterlagen gehabt haben muss. Gemäß KAHLE (1926b: VIIIf.) müssen alte Kapitänskarten die Vorlage für die kartographischen Darstellungen und alte Segelhandbücher (Portolane) diejenigen für den Textteil gewesen sein, andererseits werden veraltete, unbrauchbar gewordene Segelhandbücher nicht aufbewahrt. Sowohl die Portolane als auch die auf guter Beobachtung beruhenden zuverlässigen, im Vergleich zu Pīrī Re'īs recht kurzen, mit allerhand geschichtlichem, mythologischem und archäologischem Material angefüllten Beschreibungen des Cristoforo Buondelmonti können eigentlich nicht in Betracht kommen (KAHLE 1926b: IX). Nicht zu übersehen sind allerdings in diesem Zusammenhang die Karten des um 1490 erschienenen „Insularium illustratum" des Henricus Martellus Germanus, die durchaus Pīrī Re'īs hätte konsultieren können. SEZGIN (2000b: 44) nimmt dagegen aufgrund der bis ins 17. Jh. reichenden imitatorischen und plagiatorischen Arbeitsweise der europäischen, besonders der genuesischen und venezianischen Kartographen an, „daß Pīrī Re'īs seine Darstellungen entweder einem arabischen Buch oder einem aus arabischen Quellen kompilierten Buch oder ihm vorliegenden Karten aus dem arabisch-islamischen Kulturkreis, bzw. europäischen Redaktionen solcher Vorlagen, entnommen und sie in einem bestimmten einheitlichen Stil in sein Buch aufgenommen hat".

Wie oben erwähnt, sind zwei verschiedene Versionen des Kitāb-i Baḥrīye bekannt. Die ältere der beiden, zunächst als lose Blattsammlung vorhanden (KAHLE 1929: 61ff.), wird bereits 1515 begonnen und rund sechs Jahre später zum Abschluss gebracht. Sie enthält 130 Abschnitte in einem vollständig in Prosa geschriebenen einfachen türkisch-osmanischen Text. Jedem Abschnitt wird erst danach eine entsprechende Karte hinzugefügt. Die dazugehörige Einführung ist ebenfalls in Prosa abgefasst.

Bei der späteren 2. Version handelt es sich um eine ins Reine übertragene, redigierte und perfektionierte Darstellung der 1. Ausgabe, deren einzelne Teile vollständig in Poesie abgefasst sind. Durch eine stärkere Aufgliederung und Erweiterung der bisherigen Ausgabe besteht die neue Version nunmehr aus 210 Abschnitten zuzüglich einer langen Einführung und einem kurzen Epilog.

Das Werk Kitāb-i Baḥrīye wird im Laufe von circa zwei Jahrhunderten immer wieder kopiert. Von diesen Kopien ist – wie weiter hinten zu sehen sein wird – eine stattliche Zahl überliefert. Die Kopien der 1. Ausgabe weisen eine graphisch gröbere Wiedergabe auf, denn Ziel ihrer Reproduktion ist, wie oben erwähnt, ihr praktischer Gebrauch durch den Seemann und nicht der optische Eindruck. Kopiert wird das Werk in der Regel von Seeleuten oder Angestellten des Waffendepots in Istanbul. Im Gegensatz dazu gehören zu den Kopisten der 2. Ausgabe professionelle Illustrateure, Kalligraphen und Maler, zumal sich dieses Werk literarisch wie ästhetisch einer Wertschätzung erfreuen sollte (SOUCEK 1973: 243f.). Während in der 1. Version es vor Fehlern wimmelt, Auslassungen, Wiederholungen, Wortverstümmelungen an der Tagesordnung sind, ist dies in der 2. Version seltener der Fall (SOUCEK 1973: 244). Die Kopien der 1. Version sind in der Regel mit dem Namen des Kopisten signiert, bei der 2. Version bleiben diese wie in vielen abendländischen Werken anonym. Die Karten werden nach und nach ergänzt oder sogar ausgetauscht, an den Text wagt sich zunächst keiner heran. Erst mit der Zeit werden auch hier Veränderungen vorgenommen, der Anteil am Text reduziert. Einige der späteren Ausgaben weisen kaum noch Text auf, so dass schon von Atlanten gesprochen werden kann (KAHLE 1926b: XIII).

HERZOG nennt 1902 (422ff.) nur 13 ihm bekannte Exemplare des Kitāb-i Baḥrīye und KAHLE 1926b (Xff.) bereits 18. Dagegen weisen die Aufstellungen von SOUCEK (1973: 244f.; 1992: 290f.) 22 bzw. 37 und ÖZEN (1998: 20ff.) 42 weltweit vorhandener Ausgaben auf. Bis auf fünf Ausnahmen enthalten alle von ÖZEN (1998: 20ff.) aufgeführten Ausgaben sowohl den Text als auch die Kartenbilder. Zu den Ausnahmen sind drei Ausgaben ohne Text, die als reine Atlanten bezeichnet werden können, und zwei ohne Karten zu rechnen. Von den 37 verbleibenden gehören 25 (bei ÖZEN 26) zur ersten und zwölf (bei ÖZEN elf) zur zweiten Version. Zur 1. Version ist noch die nicht genau datierte, unvollständige, von KAHLE (1926b: XXIXf.) beschriebene und seinerzeit im Besitz des Generalkonsuls Prof. Mordtmann in Berlin befindliche Ausgabe hinzuzurechnen; ihr jetziger Verbleib lässt sich jedoch nicht feststellen. Die von SOUCEK (1992: 291) und ÖZEN (1998: 21) als im Krieg verlorengegangen bezeichnete Berlin-Ausgabe ist allerdings an Ort und Stelle vorhanden und zu den Exemplaren der 2. Version zu zählen. ÖZEN (1998: 21f.) rechnet sie merkwürdigerweise zur 1. Version, die Ausgabe der UB Kiel hingegen zur 2. Version.

Von diesen insgesamt 38 Exemplaren ist das Vorhandensein von 21 – davon 15 der ersten und sechs der zweiten Version – durch bibliothekarische Einrichtungen bestätigt. Unter den 21 sind zwei der 1. Version dabei, in denen keine Mallorca-Darstellung ausfindig zu machen ist. Für alle übrigen von SOUCEK (1992: 290ff.) und ÖZEN (1998: 20ff.) aufgeführten Werke, die vorrangig in türkischen Bibliotheken vorhanden zu sein scheinen, ließ sich bedauerlicherweise keine Bestätigung erhalten. Auszunehmen hiervon ist die als Karte 39w im Werk von SEZGIN (2000c: 91) veröffentlichte Darstellung der östlichen Balearen aus dem Kitāb-i Baḥrīye [Sign.: Türkçe 6605] vom zur Zeit durch die jüngsten Erdbeben stark in Mitleidenschaft gezogenen Bestand der ÜK Istanbul. Zu den aufgeführten 38 kommen jedoch die drei oben erwähnten, ausschließlich aus Karten bestehenden Ausgaben hinzu, die jeweils eine Mallorca-Darstellung enthalten und deren Vorhandensein von den entsprechenden Bibliotheken bestätigt ist.

Eine in Anlehnung an SOUCEK (1992: 290ff.), ÖZEN (1998: 20ff.) sowie an die ältere Arbeit von KAHLE (1926b: Xff.) vorgenommene Zusammenstellung gibt Aufschluss über die zur Zeit in aller Welt bisher erfassten, Karten enthaltenden Exemplare in 1. und 2. Version des Kitāb-i Baḥrīye und deren Varianten einschließlich ihrer Bezeichnung bzw. ihrer Signatur. Gegliedert sind sie nach dem Jahr der erfolgten Erstanfertigung bzw. der Nachzeichnung; in Klammern dahinter das Jahr der Hedschra. Als zusätzliche Information ist die Anzahl der in jeder

Ausgabe vorkommenden Karten aufgeführt. Für die mit hochgestelltem Kreuzzeichen (⁺) versehenen Ausgaben fehlt die Bestätigung durch die betreffende Bibliothek, so dass Unklarheit darüber bestehen bleibt, ob das entsprechende Exemplar – obgleich anzunehmen – noch vorhanden ist und überhaupt eine Mallorca-Darstellung enthält. Im Falle der bestätigten Ausgaben ist der Tabelle auch die Seite bzw. das Folio zu entnehmen, auf der sich die Mallorca-Karte befindet.

Tab. 5.1 Zusammenstellung der in deutschen und ausländischen Bibliotheken vorhandenen Ausgaben des Kitāb-i Baḥrīye – gegliedert nach Versionen und dem Zeitpunkt der Erstellung.

Bibliothek [Signatur] – **Jahr** (Jahr d. H.) – **(fol. der Mallorca-Karte)** – **Kartenzahl**

Exemplare der 1. Version

BU Bologna, Sammlung Marsigli [Ms. 3612] vermutlich Mitte 16. Jh. (keine Mallorca-Karte) 105 Karten
SK Istanbul [Yeni Cami 790] 1551 (959) (Mallorca: 246) 128 Karten
SLUB Dresden [Ms. or. Dresd. Eb. 389] 1554 (961) (Mallorca: 93a) 119 Karten
SK Istanbul [Hamidiye 945] 1554-55 (Mallorca: 6b) 42 Karten
SK Istanbul [Hamidiye 971] 1564? (Mallorca: 91a) 116 Karten
BU Bologna, Sammlung Marsigli [Ms. 3613] 1569 (977) (Mallorca: c. 94v) 125 Karten
SK Istanbul [Hüsrev Paşa 272] 1570 (978) (Mallorca: 92a) 127 Karten
TSMK Istanbul [Bağdat 337] 1574/75 (982) (Mallorca: 92a) 134 Karten
UB Kiel [Cod. ms. ori 34] Mitte/Ende 16. Jh. (Mallorca: 51v) 51 Karten
BOL Oxford [Ms. D'Orville 543] 1587 (996) (Mallorca: 70v) 122 Karten
NK Istanbul [Ms. 2997] 1628/29 (1038) (Mallorca: ?) 130 Karten⁺
SB Berlin, im Krieg in Tübingen ausgelagert [Ms. or. Foliant 4133] 1644/45 (Mallorca: 121b) 97 Karten
NK Istanbul [Ms. 2990] 1645/46 (1055) (Mallorca: ?) 132 Karten⁺
KK Istanbul [Fazıl Ahmed Paşa 172] 1657 (1068) (Mallorca: ?) 123 Karten⁺
BNF Paris [Ms. Suppl. Turc 220] Ende 16./Anf. 17. Jh. (keine Mallorca-Karte) 122 Karten
BL London [Ms. Oriental 4131] 17. Jh. (Mallorca: 111v) 137 Karten
SK Istanbul [Ayasofya 2605] 1721 (1134) (Mallorca: 128b) 133 Karten
DM Istanbul [987, früher 3535] Datum? (Mallorca: ?) 232 Karten⁺
DM Istanbul [990, früher 3538] Datum? (Mallorca: ?) 134 Karten⁺
MGK Istanbul [Coğrafya 1] Datum? (Mallorca: ?) 136 Karten⁺

SK Istanbul [Ayasofya 3161] Datum? (Mallorca: ?) 125 Karten[+]
SK Istanbul [Âşir Efendi 227] Datum? (Mallorca ?) 92 Karten[+]
ÜK Istanbul [Türkçe 123/2] Datum? (Mallorca: ?) 124 Karten[+]
ÖNB Wien [Cod. H. O. 192] Datum?, 1523 nach Flügel-Katalog (Mallorca: 94r)
   130 Karten
USA, Privatsammlung [Sign.: ?] 1718 (1131) (Mallorca: ?) 123 Karten[+]
Prof. Dr. J. H. Mordtmann, Generalkonsul [Cod. turc n° 12] 17./18.Jh.? (Mallorca: ?)
   Karten? (vgl. KAHLE 1926)

Exemplare der 2. Version

KK Istanbul [Fazıl Ahmed Paşa 171] 1555 (962) (Mallorca: ?) 117 Karten[+]
SK Istanbul [Ayasofya 2612] 1574/982 (Mallorca: 270b) 216 Karten
TSMK Istanbul [Hazine 642] spätes 16. Jh. (Mallorca: 269a) 215 Karten
BNF Paris [Ms. Suppl. Turc 956] spätes 16. Jh. (Mallorca: 272) 219 Karten
AK Istanbul [Muallim Cevdet 30] 1682 (1093) (Mallorca: ?) 226 Karten[+]
DAI Kuwait [LNS. 75 MS] 1688-89 (Mallorca: ?) 131 Karten[+]
TSMK Istanbul [Revan 1633] spätes 17./Anf. 18. Jh. (Mallorca: 267a) 221 Karten
SB Berlin [Ms. Diez A. Foliant 57] frühes 17. Jh. (laut SB Berlin) (Mallorca: 17c)
   100 Karten
WAG Baltimore [Ms. W. 658] Ende 17. Jh. (Mallorca: 233) 239 Karten
DM Istanbul [n° 988, früher 3537] Datum? (Mallorca: ?) 238 Karten[+]
DM Istanbul [n° 989, früher ?] Datum? (Mallorca: ?) 226 Karten[+]
ÜK Istanbul [Türkçe oder Yıldız 6605] Datum? (Mallorca: vorhanden) 228 Karten[+]
   (auch bei SEZGIN 2000c: Karte 39w)

Ausgaben ohne Text

BU Bologna, Sammlung Marsigli [Ms. 3609] Datum? (Mallorca: c.70v) 204 Karten
TSMK Istanbul [Bağdat 338] Datum? (Mallorca: 69b) 189 Karten
NKC London [MSS. 718] 1670 (Mallorca: 35v) 119 Karten

Eine Besprechung und Beurteilung aller 21 bzw. 24 bestätigten Mallorca-Karten würde aufgrund der Vielzahl und Unterschiedlichkeit der Beispiele den Rahmen dieses Kapitels, aber auch der Arbeit insgesamt sprengen. Die Mallorca-Darstellungen aus dem Kitāb-i Baḥrīye sollen umfassender in einer späteren Studie vorgestellt und gewürdigt werden.

Um der Vielfalt gerecht zu werden und einen charakteristischen Eindruck über die Entwicklung des Mallorca-Bildes aus den hier angesprochenen Ausgaben zu vermitteln, wird von diesen eine gezielte Auswahl vorgenommen und nach Gruppen gleicher bzw. ähnlicher Darstellung gegliedert, wobei für die Einteilung nicht zuletzt die Inselgestalt und das Siedlungsbild ausschlaggebend sind. Jede der vier Gruppen wird durch ein charakteristisches Beispiel vertreten und analog den Kartenbeispielen in den anderen Kapiteln ausführlich behandelt. Zum Vergleich werden im jeweiligen Anschluss kurz die übrigen der Gruppe zugeordneten Darstellungen aufgeführt und ergänzend erörtert. Ausgewählt als Leitbeispiele sind das 1554 (961 AH) erstellte und in der SLUB Dresden aufbewahrte Exemplar Ms. or. Dresd. Eb 389 als eines der ältesten Darstellungen der 1. Version, sodann die Karte der beiden östlichen Balearen aus der Ausgabe Hamidiye 971 der SK Istanbul, ferner von der gleichen Bibliothek die Mallorca-Darstellung aus der mehrmals zur Faksimilierung verwendeten Ausgabe mit der Signatur Ayasofya 2612 sowie das Exemplar Diez A. Foliant 57 der SB Berlin als eine der jüngsten Werke der 2. Version.

5.1.1 Karte aus dem Ms. or. Dresd. Eb. 389 und Vergleichsdarstellungen

Karte aus dem Ms. or. Dresd. Eb. 389

Das in Leder mit schmuckvoller Prägung orientalisch gebundene Manuskript aus der SLUB Dresden weist am Buchende – wie auch KAHLE (1926b: XXIII) ausführt – in einer lateinisch verfassten Bemerkung auf den Schreiber und auf das Jahr der Erstellung des Werkes hin. Als Schreiber wird Dümenci Qapudān Paša genannt, obgleich SOUCEK (1992: 291) aufgrund vieler Stilwechsel auf mehrere Schreiber bzw. Kopisten schließt. Mit „Anni Aegira 961" ist das Jahr nach der Hedschra angegeben, was nach christlicher Rechnung dem Jahr 1553 entspricht. Wenn die genannte Jahreseintragung zutrifft, ist die Ausgabe noch zu Lebzeiten des Pīrī Re'īs erstellt worden und somit älter als die Bologna-Ausgabe [Sign.: Ms. 3613], deren Erscheinungsjahr mit 977 AH bzw. 1569 angenommen wird. Auf der Deckelinnenseite ist die lateinisch verfasste Bemerkung: „Codex insignis pretii, continens descriptionem Insularum Maris Mediterraneii" zu finden (s. auch KAHLE 1926b: XXIII). Es handelt sich hierbei um eine sorgfältig und in vollständiger Vokalisation geschriebene Ausgabe, die bedauerlicherweise nicht mehr komplett erhalten ist. Gemäß KAHLE (1926b: XXI) ist die Dresdener Ausgabe korrekter als die letztgenannte und soll dem Original des Pīrī Re'īs sehr nahe kommen. KAHLE (1926b: XI) ist sogar der Ansicht, dass die vorliegenden Karten aufgrund ihrer Fertigstellung zum oben genannten Zeitpunkt und ihrer weitgehenden Einheitlichkeit wegen diejenigen sein müssten, die Pīrī Re'īs selber seinem Werke beigegeben habe. Insgesamt beinhaltet das Werk 119 Karten, die sich auf 130 Kapitel verteilen.

Vergleichsdarstellungen

Das soeben behandelte Kartenbild ist durchaus vergleichbar mit verschiedenen, in der Regel später entstandenen Ausgaben bzw. Kopien der 1. Version des Kitāb-i Baḥrīye. Auch wenn sich die Kartenbeispiele im Detail unterscheiden, so sind doch untereinander mehrere gemeinsame Merkmale festzustellen. Zum Vergleich herangezogen werden neun durch vorgenannte Bibliotheken bestätigte Mallorca-Darstellungen. Hierzu zählen die Karten f. 246 der Ausgabe Yeni Cami 790 aus der SK Istanbul (959/1551), f. 92a der Ausgabe Bağdat 337 aus der TSMK Istanbul (1564), c 94v der Ausgabe Ms. 3613 aus der BU Bologna (977/1569), f. 51v der Ausgabe Cod. ms. ori 34 der UB Kiel (Mitte/Ende 16. Jh.), fol. 70v der Ausgabe D'Orville 543 der BOL Oxford (996/1587), f. 121b der Ausgabe or. Foliant 4133 der SB Berlin (1054/1644), f. 111r der Ausgabe Or. 4131 der BL London (17. Jh.), f. 128b der Ausgabe Ayasofya 2605 der SK Istanbul (1134/1721) sowie f. 94r der Ausgabe Cod. H. O. 192 von der ÖNB Wien. Die Jahreszahlen stammen aus SOUCEK (1992: 290) bzw. ÖZEN (1998: 20ff.), wobei das letztgenannte Beispiel mit keinem Datum belegt ist. Die ÖNB gibt dem Katalog von FLÜGEL (1865: 428) gemäß das frühe Jahr 1523 an, eine Angabe, der KAHLE (1926b: XXIX) nicht folgen kann, da er aufgrund aller Einzelheiten, wie er schreibt, die Arbeit für jünger als 1569, den angenommenen Erscheinungsjahren der Dresdner [Sign.: Ms. or. Eb. 389] und der Bologna-Ausgabe [Sign.: Ms. 3613], hält. Deutlich älter als die bei ÖZEN (1998: 22) angegebene Zeitspanne des späten 17. Jhs. muss die Ausgabe der UB Kiel sein. Es handelt sich hier offensichtlich um ein in der praktischen Seefahrt eingesetztes bzw. genutztes Exemplar, auf dessen Alter zwei Eintragungen hinweisen – eine von 1597 sowie eine frühere eines Kapitäns. Die Ausgabe scheint, um mit HAASE (1997: 267 sowie 2002, mündl. Mitt.) zu sprechen, etwa aus dem 3. Drittel des 16. Jhs. zu stammen. Aufgrund der rudimentären Kartendarstellungen könnte für dieses Exemplar sogar ein älteres Datum angenommen werden, unter Umständen sogar älter als das der oben aufgeführten Beispiele aus der SLUB Dresden und der BU Bologna.

Die Mallorca-Karte der Ausgabe D'Orville 543, des nach SOUCEK (1992: 290) zur 1. Version zählenden Manuskripts, wird mit gewisser Vorsicht nur am Rande besprochen, nachdem festgestellt werden muss, dass die Darstellung der Insel – trotz eingetragenem Inseltoponyms – wenig Ähnlichkeit mit der Realbild aufweist und man annehmen könnte, dass in der Handschrift eine Verwechslung vorläge, obgleich in dem Manuskript keine andere Karte vorhanden ist, die Mallorca in Gestalt und Inhalt nahekommt. Man muss aber auch ETHÉ (1930: 1177) beipflichten, wenn er davon spricht, dass in manchen Ausgaben wie der hier vorliegenden das Hauptaugenmerk auf den Text gelegen habe und die Darstellung der Karten nur als zweitrangig anzusehen sei.

5.1.2 Karte aus dem Ms. Hamidiye 971 und Vergleichsdarstellungen

Karte aus dem Ms. Hamidiye 971

Eine 2. Gruppe von Kartenbildern, die als Kopien der Arbeiten des Pīrī Re'īs anzusehen sind und deren Gestaltung deutlich von den bisher behandelten differiert und zu denen Exemplare beider Versionen zu zählen sind, zeigt vorrangig Darstellungen der beiden östlichen Balearen Mallorca und Menorca mit ihren Nachbareilanden, dem Gebiet der Balearen i. e. S.

Das stellvertretend für diese zweite Gruppe ausgewählte Beispiel der Ausgabe Hamidiye 971 ist ebenfalls auf Pergament ausgeführt und gehört mit weiteren 115 Kartenbildern zu einem Kitāb-i Baḥrīye, das in der SK Istanbul aufbewahrt wird. Ein genaues Erstellungsjahr dieses Werkes ist nicht festzustellen, aufgrund seiner Ausführung ist spätes 16. bzw. frühes 17. Jh. anzunehmen. Gemäß SOUCEK (1992: 290) zählt es jedenfalls zu den Exemplaren der 1. Version.

Vergleichsdarstellungen

Zum Vergleich lassen sich mehrere durch Bibliotheken bestätigte Karten heranziehen. Dem erläuterten Beispiel am ähnlichsten erweisen sich die zur 1. Version gehörenden Darstellungen auf f. 92a der Ausgabe Hüsrev Paşa 272 (978/1570) und auf f. 6b der Ausgabe Hamidiye 945 (962/1554-55), beide ebenfalls aus der SK Istanbul; das letzte kopiert von Aḥmed ibn ʿAlī ibn Meḥmed (SOUCEK 1992: 290). Äußerst ähnlich, vor allem in ihrer äußeren Inselgestalt, zeigt sich die Karte auf fol. 35v der Ausgabe MSS. 718 von der NKC London (um 1670). Ihrem Aufbau und auch der Inselform nach sind hier noch die zur 2. Version gerechneten Karten auf f. 233 der Ausgabe Ms. W. 658 (Ende 17. Jh.) der WAG Baltimore und die annähernd gleich aussehende Darstellung aus dem Werk von SEZGIN (2000c: 91), Karte 39w, deren Original in der ÜK Istanbul aufbewahrt wird, zu betrachten. Schließlich sei noch die Mallorca-Karte auf f. 69b der Ausgabe Bağdat 338 aus der TSMK Istanbul berücksichtigt. Wie vorne ausgeführt (s. auch Tab. 5.1) gehört dieses zuletzt genannte Beispiel wie das der NKC London zu den textlosen, einem Atlas ähnelnden Ausgaben des Kitāb-i Baḥrīye.

5.1.3 Karte aus dem Ms. Ayasofya 2612 und Vergleichsdarstellungen

Karte aus dem Ms. Ayasofya 2612

Wie vorne erwähnt wird für die hier zusammengestellte Gruppe die Mallorca-Darstellung aus der Ausgabe Ayasofya 2612 der SK Istanbul als Leitbeispiel aufgeführt und näher erörtert. Die Karte ist Bestandteil eines 982 AH/1574 angefertigten, aus 216 Karten bestehenden Werkes. Laut SOUCEK (1992: 292) gehört die genannte Ausgabe zu den vollständigsten Beispielen der 2. Version und möglicherweise auch zu den frühesten, dem Original sehr nahekommenden Werken. Sie bildet daher auch die Vorlage für die drei in den Jahren 1935, 1973 und 1988 erschienenen Faksimiles, von denen die letztgenannte Ausgabe neben einem modern-türkischen einen ins Englische übersetzten Text der ursprünglich osmanischen Beschreibung des Kitāb-i Baḥrīye aufweist.

Vergleichsdarstellungen

Dem äußeren Erscheinungsbild nach lassen sich zum aufgeführten Beispiel Ayasofya 2612 erneut mehrere Karten zuordnen. Dazu gehören die Darstellungen f. 269a von der Ausgabe Hazine 642 aus der TSMK Istanbul und f. 272 der Ausgabe Ms. Suppl. Turc 956 von der BNF Paris, die SOUCEK (1992: 291) beide ins späte 16. Jh. setzt, sowie das Kartenbild auf fol. 267a der Ausgabe Revan 1633, das, um gleicher Zitatstelle zu folgen, im späten 17. oder bereits im frühen 18. Jh. kopiert und ebenfalls in der TSMK aufbewahrt wird. Es handelt sich hierbei grundsätzlich um Darstellungen der sogenannten 2. Version.

5.1.4 Karte aus dem Ms. Diez A. Foliant 57 und Vergleichsdarstellungen

Karte aus dem Ms. Diez A. Foliant 57

Als letztes Beispiel und ausschließlich stellvertretend für die Darstellungen der 2. Version sei die Mallorca-Karte der Ausgabe Diez A. Foliant 57 aufgeführt und näher besprochen. Diese Ausgabe führt ihre Bezeichnung nach Heinrich Friedrich von Diez, der sie gemäß KAHLE (1926b: XXXf.) 1789 im damaligen „Konstantinopel aus dem Kaiserlichen Palast nach der Thronbesteigung des Sultans Selim III" erworben hat. DIEZ (1811: 33ff.) hat sie selbst in seinen „Denkwürdigkeiten aus Asien I" ausführlich erörtert (s. dazu auch: KAHLE 1926b: XXXI) und darin auch vermerkt, dass sie als lose Blattsammlung auf ihn gekommen sei. Diese im Format besonders große Handschrift zählt zum aktuellen Bestand der Orientabteilung der SB Berlin, womit die Vermutung von SOUCEK (1992: 191) – auch ÖZEN (1988: 21) –, dass sie während des zweiten Weltkrieges zerstört worden sei, widerlegt ist. Laut handschriftlicher Eintragung von Prof. P. Kahle/Bonn vom 6. Februar 1934 auf der ersten Umschlagseite ist das Manuskript im Januar des gleichen Jahres in Berlin komplett restauriert und neu gebunden worden. Dabei wurde versucht, durch die Kenntnis anderer vollständiger Ausgaben die ursprüngliche Reihenfolge der Blätter festzulegen. Die heute vorliegende Paginierung stammt von KAHLE (1926b: XXXII). Die weitgehend vollständige Ausgabe umfasst insgesamt 195 Karten, die sich auf 50 Bögen in Großfolio verteilen. SOUCEK (1992: 291) scheint mit der Angabe von 50 Karten einer Verwechslung unterlegen zu sein. KAHLE (1926b: XXXIII) nimmt auch an, dass dieses Manuskript als ein Beispiel der sogenannten größeren Ausgabe anzusehen sei und demzufolge den poetischen Teil enthalten haben müsste, der zusammen mit der Einleitung vermutlich verloren gegangen ist. Laut KAHLE's Schreibmaschinentext, den er am 11. Dezember 1933 verfasst hat und im Anhang des Werkes zu finden ist, stellt die Handschrift „ein Unicum dar, als es sich hier um ein Pīrī Re'īs Atlas handelt, in dem die Karten der 2. Ausgabe des Werkes abgezeichnet sind". Weiter schreibt KAHLE: „Der Text – soweit er auf den Karten enthalten ist (....), – ist aber nicht der Text der 2. Ausgabe, die von dem Text der 1. Ausgabe vollkommen abweicht, sondern der Text der 1. Ausgabe". KAHLE (1926b: XXXIV) vertritt die Auffassung, dass dieses Werk „kaum vor der zweiten Hälfte des 17. Jhs. geschrieben sein dürfte". SOUCEK (1992: 291), der diese Ausgabe dem oben Gesagten zufolge nicht vor 1992 zu Rate gezogen haben kann, stellt dieses Manuskript hingegen an den Beginn des 17. Jhs., demnach also deutlich früher.

Vergleichsdarstellungen

In Ergänzung zum oben besprochenen Beispiel der SB Berlin wird an dieser Stelle nur eine einzige Darstellung herangezogen: die Mallorca-Karte aus dem „Deniz Kitabı" (See-Buch). Von BABINGER (1955: 180ff.) und KISSLING (1966: XIff.), die das Werk dem Sejjid Nūḥ zuschreiben, wird es als eigenständig betrachtet, als sei es vollkommen neu erstellt worden. Mit SOUCEK (1971: 26f., 1992: 276f.) geht der Verfasser in der Meinung dagegen einher, dass es sich lediglich um eine weitere Abschrift einer Ausgabe des Kitāb-i Baḥrīye in 2. Version handele, die von Miniaturisten der osmanischen Schule in Istanbul kopiert und in glänzender Manier gezeichnet und illuminiert ist. Auch der Name Sejjid Nūḥ sei nach gleicher Quelle fiktiv angenommen. Hinzu kommt, dass die Bezeichnung Deniz nur für das ins Türkische übertragene arabisch-persische Wort Kitāb stehe (SOUCEK 1971: 27). Die Originalausgabe gehört zur Sammlung des bolognesischen Grafen Luigi Ferdinando Marsigli und wird heute unter der Signatur Ms. 3609 in der BU Bologna aufbewahrt. Als Untertitel führt sie in Arabisch die Bezeichnung „hâdâ kitâbal-ism Bahr al-aswad wa'l-abyad" (nach PROCHÁZKA 2003, schriftl. Mitt., eher: „ism hāḏā kitāb al-Baḥr al-aswad wa-l-abyaḍ"), was übersetzt soviel wie „Buch des Schwarzen und Weißen Meeres" (KISSLING 1966: XII) bedeutet. Die Karte gehört zu einem bereits als See-Atlas anzusehenden Buch, das neben den Karten keinen gebundenen Text beinhaltet. Das Werk wurde 1966 in München von H. J. KISSLING im Rahmen der Schriften „Beiträge zur Kenntnis Südosteuropas und des Nahen Orients" in verkleinertem Format schwarz/weiß faksimiliert herausgegeben.

Wie aus der Einleitung des Werkes hervorgeht, die BABINGER (1955: 181) und KISSLING (1966: XI) zitieren und in einem einfachen Türkisch verfasst sei, hat ein „Efendi" (= Gelehrter) namens Sejjid Nūḥ in den ersten Jahren der Herrschaft des Sultans Meḥmed IV., also etwa von 1648 bis 1650, das Werk erstellt. Beim Verfasser bzw. dem Abschreiber handelt es sich anscheinend weder um einen Türken noch um einen Araber, sondern wahrscheinlich um einen abendländischen Renegaten, der während seiner aktiven Seemannslaufbahn in osmanischen Diensten das Mittelmeer bereiste und vermutlich später erst beschrieben hat. Auch den vor den Namen Nūḥ (= Noah) gesetzten Titel „Sejjid" oder „Seyyid" (= „Ehrwürdiger") halten BABINGER (1955: 181) und KISSLING (1966: XI) für eine Bezeichnung, die im Osmanischen Reich bewährten Schiffskapitänen nicht muslimischen Glaubens, wie es wohl hier der Fall zu sein scheint, zuteil wird.

Das Werk als solches beinhaltet insgesamt 107 Blatt, unter denen sich 214 Karten befinden. Das Papier dieser Ausgabe wird aufgrund seiner Wasserzeichen unzweifelhaft als fränkischen Ursprungs ermittelt, den Zeitraum der Verwendung in die 2. Hälfte des 17. Jhs. gelegt (BABINGER 1955: 181).

5.2 Äußerer Kartenaufbau

5.2.1 Karte aus Ms. Dresd. Eb. 389 und Vergleichsdarstellungen

Karte aus dem Ms. or. Dresd. Eb. 389

Die als erstes Beispiel aufgeführte Mallorca-Karte aus dem Kitāb-i Baḥrīye der SLUB Dresden zählt aufgrund ihrer verhältnismäßig rudimentären Darstellung zu den Werken der sogenannten 1. Version und wird in Abb. 5.1 bzw. Taf. V veranschaulicht. Für dessen Druckgenehmigung sei der SLUB Dresden an dieser Stelle gedankt. Das Format des Buches hat die Maße 285 x 198 mm für Höhe mal Breite. Die Seite, auf der sich die Mallorca-Karte befindet, weist in ihrer oberen linken Ecke die Foliozahl 93 auf. Es handelt sich um eine linke Seite, die die Bezeichnung 93a erhält und nicht 92a, wie KAHLE (1926b: XLVI) sie angibt. Die zusätzlich in Bleistift vorgenommene Paginierung sieht für diese Seite die Zahl 198 vor.

Das Kartenbild befindet sich etwa auf den unteren Zweidritteln des Blattes. Der obere Bereich ist mit gebundenem Text versehen. Text und Karte werden von einer feinen roten Linie umrahmt, die unten wie links von der Karte überschritten wird.

Zur Darstellung kommen die Inseln Mallorca – hier *Ǧezīre-i Mayārqō* bezeichnet – sowie die kleineren Cabrera (*Ǧezīre-i Qabrīra*), Conejera und Dragonera, deren Küsten mittels einer feinen schwarzen Tuschlinie veranschaulicht werden. Zur Differenzierung untereinander werden die einzelnen Inseln in verschiedenen Farben angelegt. Die Hauptinsel ist landeinwärts ausschließlich mit einem Küstenband in Olivgrün versehen, dessen Breite zwischen rd. 3 und 4 mm schwankt. Die kleineren Inseln sind flächig angelegt, Cabrera und Dragonera rotbraun, Conejera tendiert zum Gelbbraun, deren Farbauftrag allerdings ungleichmäßig, eher fleckig ausgeführt ist.

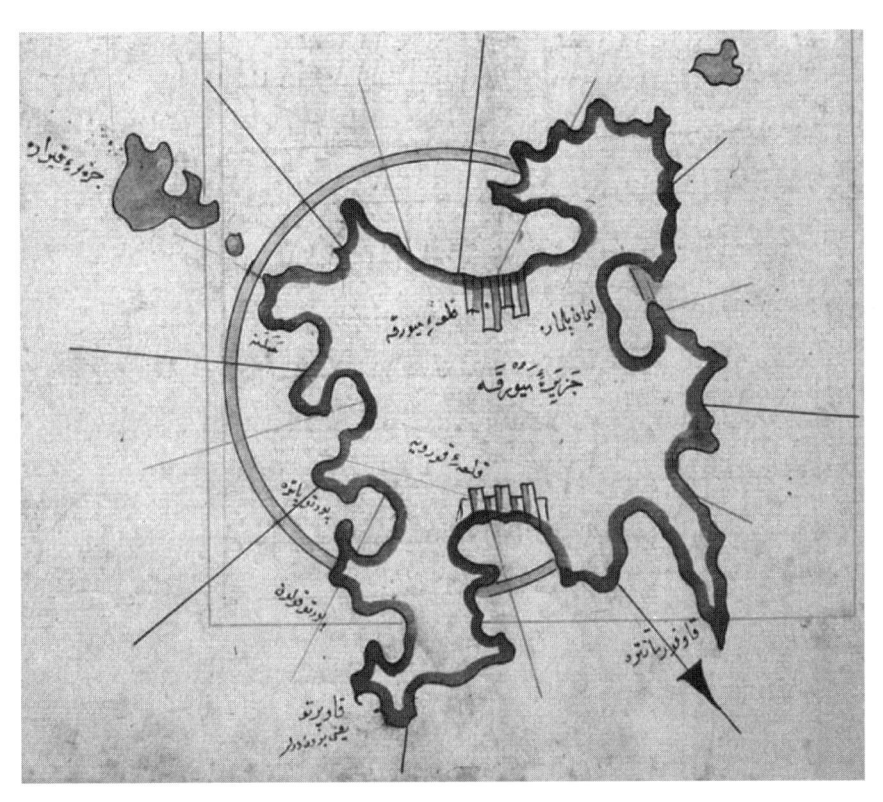

Abb. 5.1 Mallorca-Karte aus dem Kitāb-i Baḥrīye, Ausgabe Ms. or. Dresd. Eb. 389 (fol. 93a); Maßstab des Originals ca. 1:686 000. Verkleinert auf ca. 1:1,1 Mio. wiedergegeben mit Genehmigung der SLUB Dresden; (vgl. Taf. V).

Zum Kartenbild gehört fernerhin die Wiedergabe einer Windrose mit der für die Karten der 1. Version charakteristischen Kreisdarstellung (vgl. Abb. 5.5b). Im Falle der vorliegenden Ausgabe besteht die Darstellung aus zwei konzentrischen, im Abstand von ca. 2 mm gezogenen Kreisen, deren Zwischenraum hellbraun ausgetuscht ist, und die gut zur Hälfte ihres Umfangs die Hauptinsel umkreisen. Im Bereich der Landmasse sind sie allerdings ausgespart. Das anzunehmende gemeinsame Zentrum der Kreise liegt etwa in der Kartenmitte und fällt hier ins Innere der Hauptinsel, stimmt jedoch nicht mit deren Flächenschwerpunkt überein. Der Radius des inneren Kreises beträgt rd. 46 mm, der des äußeren rd. 48 mm. Das gedachte Zentrum ist gleichzeitig auch Mittelpunkt eines aus 16 Linien bestehenden Bündels, dem Strahlenbüschel der Windrose, der im Bereich der

Landmasse ebenfalls ausgespart ist und von denen mehrere Linien über die oben erwähnte rote Umrahmung hinweggreifen; im oberen Teil der Karte erreichen sie nahezu den laufenden Text.

Vergleichsdarstellungen

Im Vergleich zur Dresdener Ausgabe weichen die anderen aufgeführten Exemplare in ihren Blattgrößen zum Teil deutlich ab. Unter den bestätigten Ausgaben zeigen die Ausgabe der UB Kiel mit 220 mm in der Höhe mal 155 mm in der Breite das kleinste und die Wiener Ausgabe mit 316 x 214 mm das größte Blattformat (vgl. hierzu auch die Angaben bei SOUCEK 1992: 290 und ÖZEN 1998: 20ff.). Auch nach der Folioanzahl 58 zu urteilen, ist das Exemplar der UB Kiel die am wenigsten umfangreiche Ausgabe; sie scheint nach HAASE (1997: 267) allerdings unvollständig zu sein. Mit Ausnahme der Ausgaben or. Foliant 4133 (SB Berlin) und der Ayasofya 2605 (SK Istanbul) ist auf allen übrigen genannten Folios nebst dem Kartenbild unterschiedlich viel Text untergebracht. Wie die Dresdener Ausgabe wird die Kartendarstellung im Exemplar Yeni Cami als einziges unter diesen Exemplaren auch von einer kräftigen roten Linie umrahmt. Diese Linie erscheint, ähnlich dem erstgenannten Falle, teilweise ausgespart und vom eigentlichen Kartenbild durchbrochen.

In all diesen Ausgaben kommen bis auf das Oxford-Beispiel Mallorca und die genannten kleinen Nachbarinseln zur Darstellung, wobei die jeweilige Küstenlinie wiederum mittels einer feinen schwarzen Tuschlinie ausgeführt ist. Abweichungen gibt es nur in der Art der farblichen Ausgestaltung der Inselareale. Während die Ausgaben B. 337 der TSMK Istanbul, Ms. 3613 der BU Bologna und Cod. H. O. 192 der ÖNB Wien alle Inseln nur mit einem farbigen Küstenband schmal konturieren – olivgrün, dunkelolivgrün, hell- bis dunkelbraun –, wird in der Ausgabe Yemi Cami der SK Istanbul wie beim Dresdener Beispiel nur die Hauptinsel mit einer breiteren, hier grauen Kontur umbändert. Die kleinen Areale werden dagegen flächig in Rot angelegt. Darüber hinaus bietet die Karte Yemi Cami im Falle der Insel Mallorca noch eine symbolhafte Flächenfüllung. Es handelt sich um strauchartig aussehende, orangefarbene Einzelzeichen, die locker und auf Lücke stehend zu senkrechten Reihen angeordnet sind. Abweichende Darstellungen sind in den Exemplaren or. Foliant 4133 der SB Berlin, Or. 4131 der BL London und Cod. ms. ori 34 der UB Kiel zu finden. Im erstgenannten Fall wird die Hauptinsel mit einer relativ breiten, außen grünen, innen braunen Küstenumbänderung versehen. Von den kleineren Inseln wird Cabrera mittels rotbrauner Kontur und Dragonera vollflächig rot gefärbt zum Ausdruck gebracht. Die Karte der Londoner Ausgabe zeigt bei Cabrera wohl eine mittelbreite hellbraune Kontur, füllt aber auch die Innenfläche rot; die Dragonera erscheint hier nur in Rot umbändert, der Inselfelsen Conejera in gleicher Farbe flächig angelegt. Im Beispiel der UB Kiel sind Mallorca sowie die Nachbarinseln Cabrera und Dragonera schmal rot umbändert und die letzten zwei davon sowie die anderen kleinen Inselfelsen braun gefüllt. Nur das Eiland Conejera ist komplett rot angelegt. In der Oxford-Karte ist der Küstenumriss landwärts mit einem schmalen, unregelmäßig breiten Farbband in hellbrauner Tönung versehen, nur die einzig dargestellte kleine Nachbarinsel ist vollflächig braunrot wiedergegeben. Keinerlei Farbkontur weist hingegen das Exemplar Ayasofya 2605 der SK Istanbul auf.

Abgesehen von einzelnen Unterschieden ist, ähnlich der Dresdener Ausgabe, auch in acht der übrigen Karten die Kreis- bzw. Windrosendarstellung erfolgt (vgl. Abb. 5.5a u. Abb. 5.5b). Bis auf eine Ausnahme weisen alle zu vergleichenden Kartenbilder einen Kreisring auf, bei dem der Abstand der beiden Kreise untereinander variiert. Den weitesten Abstand der zwei konzentrischen Kreise zueinander bringt die Ausgabe der SB Berlin, den engsten die der SK Istanbul; letztgenannte ist auch die einzige, die neben dem Dresdener Exemplar den Ring farbig (hellrot) ausfüllt. Von all diesen Darstellungen ist der kleinste Außenradius mit rd. 55 mm in der Kieler Karte festzustellen. Der dazugehörige Kreisring, von dem ein Großteil das Inselgebiet durchzieht bzw. schneidet, ist dagegen mit ca. 5,5 mm zu den breitesten zu zählen. Die weitesten Radien weisen die Beispiele der TSMK Istanbul und ÖNB Wien auf, bei dem erstgenannten beträgt der Radius des Innenkreises rd. 80 mm, der des äußeren rd. 82,5 mm, bei der zweitgenannten Darstellung sogar rd. 82 mm bzw. rd. 84 mm. In beiden Fällen wird die Insel Mallorca nur an einer Stelle von den Kreisen leicht tangiert. Eine Aussparung der Landmasse entfällt somit; selbst bei den kleineren Nachbarinseln, obwohl die Kreise sie schneiden, wird keine Freistellung vorgenommen. Der relativ schmale Kreisring der Ausgabe Yeni Cami aus der SK Istanbul und der breitere des Berliner Exemplars werden ähnlich dem Dresdener Beispiel im Bereich der Landmassen mehr oder minder umfangreich ausgespart. Die Berliner Ausgabe bringt zum äußeren Ring noch einen weiteren inneren Kreis zur Darstellung, dessen Radius nur rd. 26 mm beträgt. Dieser kleinere Innenkreis sowie der äußere Ring werden in diesem Beispiel nicht generell im Bereich der Landmasse ausgespart, nur an je einer Stelle. Die Karte der BL London weist – ähnlich manchem Beispiel der 2. Version – nur eine einzige, allerdings unsauber gezeichnete Kreisperipherie mit rd. 69 mm Radius auf. Keinerlei Kreisdarstellung liegt hingegen bei der Karte der Ausgabe Ayasofya 2605 vor. Die Kreisringdarstellung der Oxford-Karte ist mit einem Radius der äußeren Peripherie von rd. 32 mm deutlich kleiner als die bisherigen Beispiele und fällt damit aus dem Rahmen. Die Darstellung entspricht eher einer Windrose bzw. einem Kompass und befindet sich nordöstlich der Hauptinsel hauptsächlich im Bereich der Meeresfläche.

Bis auf die Bologna- und die Kieler Ausgabe weisen alle Vergleichskarten neben der Kreisdarstellung Strahlenbündel auf. Die Karte der Ausgabe Ayasofya 2605 zeigt hingegen, wie vorne angedeutet, weder einen Kreis noch Strahlen. Im Bologna- und Kieler Exemplar liegt jeweils nur eine als Nordrichtung gekennzeichnete Linie vor, die im ersten Falle durch das markierte Zentrum im Innern der Insel Mallorca führt. Die übrigen sechs Darstellungen veranschaulichen im Vergleich zur Dresdner Ausgabe jeweils nur acht Strahlen, von denen eine Linie – mit Ausnahme der Wien-Ausgabe – mit einer mehr oder minder schmuckvollen Pfeilspitze als Nordrichtungsweiser gekennzeichnet ist. Von den sechs Darstellungen sind die Strahlen auf den Landmassen nur bei der Abbildung aus dem Yeni Cami-Exemplar – zum Teil auch bei der Berlin-Ausgabe – ausgespart. Das Exemplar der Yeni Cami entspricht der Dresdner Darstellungsweise. Der Strahlenschnittpunkt liegt bis auf das Berlin-Beispiel im Bereich der Landmasse der Hauptinsel. Auch wenn das Oxford-Exemplar ein achtstrahliges Linienbündel aufweist, so ist es hier nicht mit den zuvor genannten Wiedergaben vergleichbar; die Strahlen beschränken sich nur auf die deutlich kleinere Rose, die weitestgehend außerhalb der Insel im Bereich der Meeresfläche liegt.

5.2.2 Karte aus dem Ms. Hamidiye 971 und Vergleichsdarstellungen

Karte aus dem Ms. Hamidiye 971

Das stellvertretend für diese Gruppe ausgewählte Beispiel der östlichen Balearen befindet sich unter den 116 Karten des Werkes auf f. 91a und wird hier unter Abb. 5.2 bzw. Taf. VI wiedergegeben. Für deren Druckgenehmigung sei der SK Istanbul der Dank ausgesprochen. Das Blattformat beträgt 405 x 277 mm für Höhe mal Breite. In ihrer oberen linken Seitenecke ist handschriftlich äußerst klein die oben angeführte Foliozahl 91 eingetragen. Das eigentliche Kartenbild befindet sich in der Hauptsache in den unteren zwei Dritteln des Blattes, der obere Teil ist hingegen weitgehend frei gelassen. Die Darstellung reicht ansonsten bis zum

109

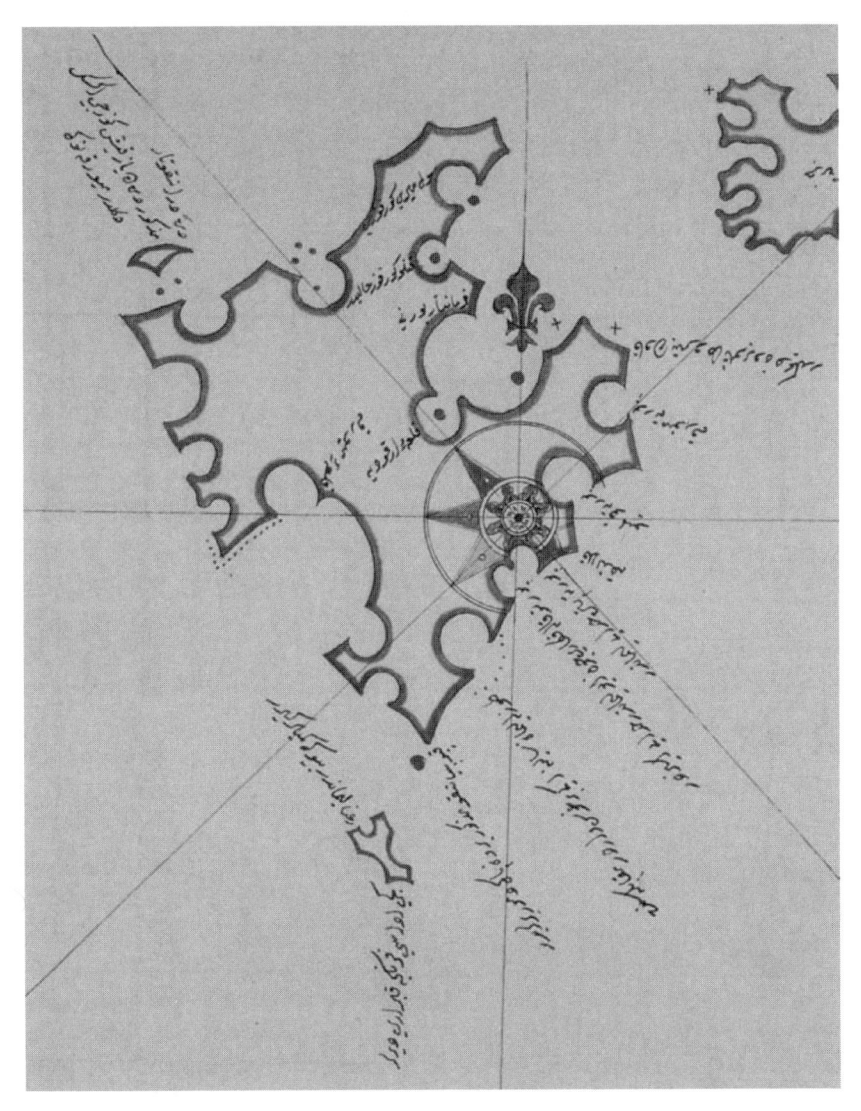

Abb. 5.2 Darstellung der Insel Mallorca. Ausschnitt der Karte der östlichen Balearen aus dem Kitāb-i Baḥrīye, Ausgabe Ms. Hamidiye 971 (fol. 91a); Maßstab des Originals ca. 1:662 000. Verkleinert auf ca. 1:1,2 Mio. wiedergegeben mit Genehmigung der SK Istanbul; (vgl. Taf. VI).

Blattrand; ein Kartenrahmen ist nicht vorhanden. Wiedergegeben sind einerseits Mallorca mit den kleineren Inseln des benachbarten Cabrera-Archipels und die Dragonera sowie andererseits Menorca mit der im Süden vorgelagerten Illa de l'Aire. Alle Küstenlinien sind mit einer feinen Tuschlinie in Schwarz ausgeführt, die zusätzlich mit einem landeinwärts angebrachten, schmalen Küstenband versehen sind, im Falle der beiden Hauptinseln in Grün, die nächstkleineren Inseln, wie Cabrera, Dragonera und l'Aire, in Rot. Die Inselfelsen sind hingegen rot ausgefüllt. Darüber hinaus ist eine mehrfarbig angelegte Windrose wiedergegeben, die bemerkenswerterweise im Bereich der Meeresfläche freigestellt ist und demzufolge nur auf der Landmasse zur Ausführung kommt. Ihr Zentrum liegt etwa in der Mitte des Kartenbildes.

Die bis auf wenige Schriftzüge sonst leere Innenfläche der Insel erinnert an seekartographische Darstellungen. Ihrem Inhalt und ihrer Gestaltung nach entspricht die Darstellung auch eher einer Portolankarte.

Vergleichsdarstellungen

Alle zum Vergleich herangezogenen Karten zeigen in der Blattgröße zum Teil erhebliche Differenzen, sind aber in ihren Ausmaßen kleiner als das aufgeführte Beispiel. Unter den bestätigten ist die Karte der östlichen Balearen aus der Ausgabe der NKC London nach der oben erläuterten Darstellung die nächstkleinere (362 x 240 mm), die Mallorca-Karte B. 338 aus der TSMK die kleinste (285 x 195 mm). Die Ostbalearen-Karte der Ausgabe Hamidiye 945 bildet insofern eine Ausnahme, als dass sie nur die obere Hälfte des Blattes einnimmt und ihr im unteren Teil in der Querrichtung eine größermaßstäbige Menorca-Darstellung dazugesellt erscheint. Im Gegensatz zu manch besprochener Darstellung der 1. Gruppe weisen diese Blätter neben den Kartenbildern keinerlei gebundenen Text auf.

Analog dem beschriebenen Beispiel werden in allen vergleichbaren Karten die Hauptinseln mit farbigem, mehr oder minder breitem Küstenband konturiert. In der Ausgabe Hüsrev Paşa 272 erfolgt die Konturierung relativ breit und einheitlich in Abtönungen eines Karminrots, nur die Illa de l'Aire und die kleineren Eilande sind in gleicher Farbe ausgefüllt. Wesentlich breitere Konturbänder sind in der Darstellung der NKC London verwendet. Die Bänderung ist von außen nach innen graublau abgetönt und auf die beiden Hauptinseln beschränkt. Cabrera ist hingegen orangerot umbändert, Dragonera und die weiteren vier Nachbareilande sind in diesem Farbton vollflächig angelegt. Die Karte der Ausgabe Hamidiye 945 zeigt eine äußerst schmale und für alle Inseln verschiedenfarbige Konturierung. Mallorca erscheint gelb, Menorca grün, alle übrigen Inseln, auch die kleinsten, karminrot umbändert. Mit einem ebenso schmalen Band, hier in Orange, sind die Hauptinseln in der Topkapi-Ausgabe B. 338 versehen, die kleinen in gleicher Tönung gefüllt. Ähnlich der Ausgabe NKC London sind die Inseln der zwei weiteren hier dazugerechneten Darstellungen mittels abgetönter, nur geringfügig schmalerer Bänder konturiert, unterschiedlich in der Farbe in der Baltimore-Ausgabe Ms. W. 658, farbähnlich in der Karte aus dem Exemplar Türkçe 6605 der ÜK (vgl. SEZGIN 2000c: Karte 39w). Die zuletzt genannten Karten bringen die kleinen Eilande teils vollfarbig gefüllt, teils umbändert und zeigen erstmalig die Nachbarinsel Dragonera als Profilzeichnung. Strahlenbündel, Siedlungsplätze und Beschriftung vervollständigen das jeweilige Kartenbild. In den Beispielen der NKC London, der WAG Baltimore und der ÜK Istanbul kommen Windrosen, Gewässer sowie dekorative Elemente im Bereich der Meeresfläche hinzu. Darüber hinaus weist die Karte B. 338 der TSMK als einzige eine Gebirgsdarstellung auf, die der NKC London, wenn auch in überhaltener Weise, nur auf Menorca.

5.2.3 Karte aus dem Ms. Ayasofya 2612 und Vergleichsdarstellungen

Karte aus dem Ms. Ayasofya 2612

Stellvertretend für die dritte Gruppe steht die Karte der Ausgabe Ayasofya 2612 aus der SK Istanbul (Abb. 5.3 bzw. Taf. VII). Diese im Format 324 x 215 mm (Maße nach SOUCEK 1992: 291) ausgeführte Darstellung befindet sich auf f. 270b. Für die Druckgenehmigung sei der SK Istanbul gedankt. In der Faksimile-Ausgabe von 1935 ist sie auf Seite 540 untergebracht, so zeigen es beispielsweise die Exemplare im IGAIW Frankfurt am Main [ohne Sign.], der BSB München [Sign.: 4 A.Or.3848 g] und dem IOU Wien [Sign.: T 8/77]. In der Ausgabe von 1988 ist sie auf Seite 1144 wiedergegeben (z. B. IGAIW Frankfurt am Main [Sign.: Np 1960], BSB München [Sign.: 4 A.or.89.111-3] oder IOU Wien [Sign.: T 8/53/1-4]).

Im Zentrum des Blattes ist die Hauptinsel Mallorca abgebildet. Zusammen mit ihr sind noch das benachbarte Cabrera-Archipel, die Insel Dragonera sowie weitere

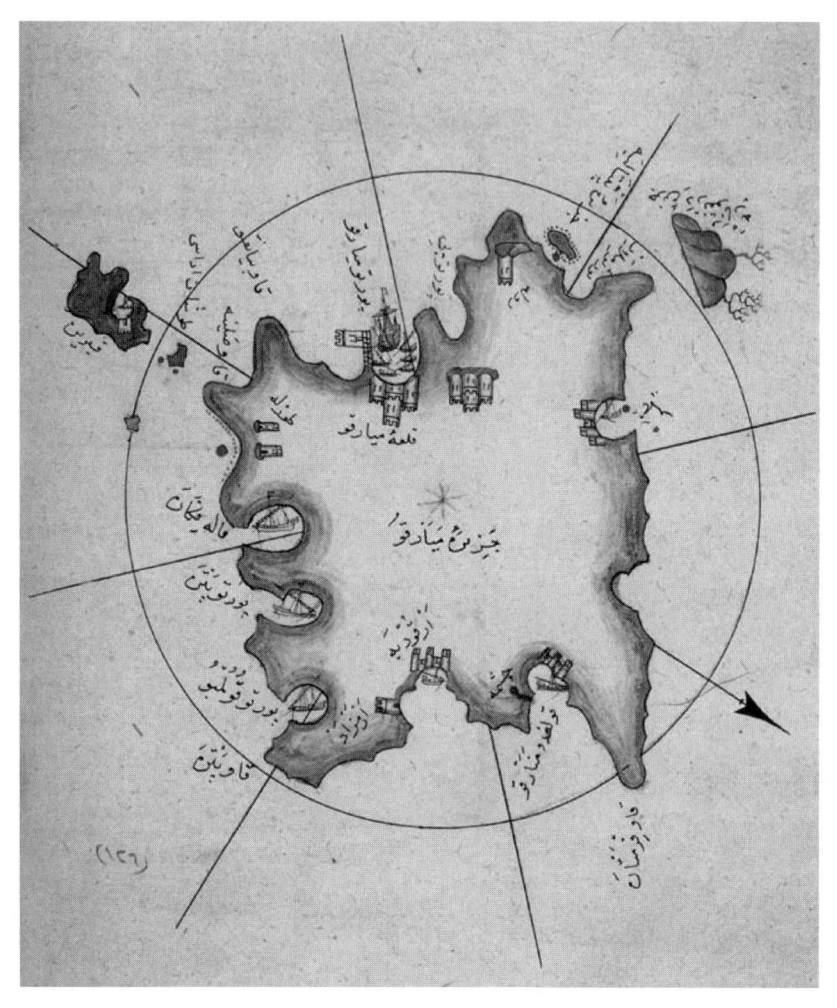

Abb. 5.3 Mallorca-Karte aus dem Kitāb-i Baḥrīye, Ausgabe Ms. Ayasofya 2612 (fol. 270b); Maßstab des Originals ca. 1:604 000. Verkleinert auf ca. 1:1,1 Mio. wiedergegeben mit Genehmigung der SK Istanbul; (vgl. Taf. VII).

kleinere Eilande erfasst. Ein Kartenrahmen ist wie so häufig in diesen Kartenbeispielen nicht vorhanden. Erneut werden aber ein Linienbündel mit einer entsprechenden Kreisdarstellung veranschaulicht. Das Linienbündel, dessen gemeinsamer Schnittpunkt nicht markiert ist, besteht aus acht Strahlen für die Haupthimmelsrichtungen. Diese Strahlen kommen, auch wenn sie den Blattrand nicht erreichen, lediglich im Bereich der Meeresfläche zur Wiedergabe, d. h., nur die jeweilige Landmasse bleibt ausgespart. Ähnliches gilt auch für den Kreis, dessen Zentrum mit dem des Strahlenbündels zusammenfällt und ebenfalls mittels einer feinen schwarzen Linie dargestellt ist. Der Radius dieses Kreises beträgt rd. 80 mm. Eine Windrose fehlt, die Nordrichtung wird durch einen Pfeilkeil an einer der schwarzen Linien gekennzeichnet, eine der wahren Nordrichtung weitgehend entsprechenden Orientierung. Das eingesetzte Küstenband ist farbig angelegt und in Brauntönen abschattiert. Eine mittelbraune, schmale und scharf abgegrenzte Kontur begleitet die schwarze Küstenlinie. Zum Landesinneren hin wird dieses Band durch ein weiteres, deutlich breiteres in Dunkelbraungrün abgestuft. Die kleinen Nachbarinseln sind in verschiedenen Farben vollflächig angelegt, Cabrera und einige Felseneilande in rötlichem Braun, Conejera in Blaugrün. Rot-grün gestreift dagegen und als Profilzeichnung veranschaulicht zeigt sich die Insel Dragonera.

Vergleichsdarstellungen

Gegenüber der Beispielkarte Ayasofya 2612 weicht die Blattgröße nur im Falle der Ausgabe Suppl. Turc 956 der BNF Paris mit 350 x 230 mm etwas stärker ab. Die Ausgaben H. 642 mit 315 x 220 mm und R. 1633 mit 325 x 220 mm, beide aus der TSMK Istanbul, kommen den Maßen des ausgewählten Musterbeispiels doch sehr nahe. Innerhalb dieser Maße ist auf all diesen Blättern nur das reine Kartenbild anzutreffen, ein laufender Text, wie in anderen Fällen, liegt hier nicht vor. Die Karten als solche befinden sich jeweils mehr oder minder in Blattmitte.

Dem Gruppenbeispiel am nächsten kommt die Darstellung H. 642 aus der TSMK. Im Falle der Hauptinsel Mallorca verläuft entlang der schwarz gezeichneten Küstenlinie ein relativ breites, zum Landesinneren hin hellgrün abgetöntes Band, das auf der seewärtigen Seite von einem schmalen gelben Streifen begleitet wird. Von den Nachbarinseln dagegen ist, analog dem Musterbeispiel, Cabrera vollflächig in Hellbraun angelegt, Dragonera, wiederum als Profil zur Darstellung gekommen, streifig in Hellrot/Hellgrün. Die kleineren Eilande zeigen alle eine mittelrote Flächenfärbung. Die im Beispiel Ayasofya nordöstlich von Cabrera eingetragene, in der Realität nicht vorhandene Zusatzinsel – eventuell Illa Redone – bleibt hier unberücksichtigt. Die Karte der BNF Paris bringt ein vergleichsweise schmales, landeinwärts leicht abgetöntes Küstenband in Mittelbraun. Dies gilt auch für die

Insel Cabrera, deren Innenfläche hellrot abgestuft ausgefüllt ist. Die Dragonera, hier auch als Profil wiedergegeben, ist orange/rot gestreift angelegt. Die größeren Eilande zeigen sich rot konturiert, die kleineren in gleicher Farbe gefüllt. Von den drei genannten Karten abweichend ist die Kontur- und Flächendarstellung in dem Kartenbild der Ausgabe R. 1633. Landeinwärts wird die hier als kräftige orangene Linie veranschaulichte Küste – eine schwarze Linie liegt nicht vor – von einem gelben, ca. 2 mm breiten Konturband begleitet, dessen innerer Abschluss eine dünne, recht ungleichmäßige hellbraune Linie, die an den eingetragenen Siedlungsplätzen ausgespart ist, bildet. Das Inselinnere erscheint ganzflächig in einer unregelmäßig, vorwiegend horizontal angelegten bandartigen Schraffur, deren Farbe ins Hellgraugrün tendiert und deren einzelne Streifen nicht sauber abgeschlossen sind. Die gleiche Darstellungsweise erfolgt auch bei der Insel Cabrera, allerdings ist der Innenraum vollflächig gelb ausgefüllt. Ebenso gelb angelegt, aber orange konturiert, zeigen sich zwei größere Nachbareilande. Die Insel Dragonera erscheint erneut als Profil, diesesmal jedoch in einem einheitlichen Blaugrün. In gleicher Farbe sind auch die kleineren Eilande auszumachen. Bis auf die Dragonera und drei Eilande erhalten alle Inseln ein ungleichmäßig breites, seewärts gerichtetes Küstenband in einem hellen graugrünen Ton, der für das Herausheben der Landmassen sorgt, eine erstmalig in all den bisher aufgeführten Karten angewandte Darstellungsweise.

Ähnlich den Karten der zuerst erwähnten Gruppe, in der stellvertretend das Beispiel aus der SLUB Dresden steht, weisen alle hier vorliegenden Darstellungen ein Strahlenbündel mit dem typischen, sie schneidenden Kreis in der Art einer Windrose auf. Das Strahlenbündel besteht aus acht mehr oder minder gleichlangen Linien, deren Enden zum Teil bis kurz vor dem Blattrand reichen. Eine dieser Linien trägt eine Pfeilspitze, im Falle der Karten R. 1633 und Suppl. Turc 956 geringfügig ausgeschmückt. Die einzelnen Strahlen sind im Bereich der Landmassen ausgespart, d. h., dass vor allem das Innere der Hauptinsel frei bleibt. Eine ähnliche Freistellung zeigt auch die Peripherie der oben erwähnten Kreise, deren Radius jeweils unterschiedlich lang ist. Ausgespart hiervon bleiben die Insel Cabrera sowie die Landzunge am Cap de Formentor. Nur im Falle der Karte Suppl. Turc 956 ist auch Dragonera davon tangiert. Gegenüber dem Radius von 80 mm im Beispiel der Ayasofya 2612 liegen die Werte für die Kreise bei der H. 642 und bei der R. 1633 mit 78 mm bzw. 82 mm in der Nähe, während er in der Karte Suppl. Turc 956 mit 66 mm stärker abweicht. Während Strahlen und Kreisdarstellung in der Karte H. 642 in Schwarz wiedergegeben sind, erscheinen diese Linien in den beiden anderen Karten in brauner Farbe.

5.2.4 Karte aus dem Ms. Diez A. Foliant 57 und Vergleichsdarstellungen

Karte aus dem Ms. Diez A. Foliant 57

Bei der für diese Gruppe als Beispiel ausgewählte Mallorca-Darstellung aus der Berliner Ausgabe Diez A. Foliant 57, dessen Veröffentlichung unter Abb. 5.4 bzw. Taf. VIII von der SB Berlin freundlicherweise genehmigt ist, handelt es sich um ein äußerst ästhetisch ausgeführtes Kartenbild. Es befindet sich auf f. 17c des Werkes und bildet den äußeren Teil auf der linken Seite des gefalteten Großfolios 17. Zum Buchrücken hin ist auf Folio 17d Menorca untergebracht und auf deren jeweiliger Rückseite Ibiza auf 17b bzw. Korsika auf 17a, eine Seitenbezeichnung, die von KAHLE (1926b: XXXII) herrührt, aber nicht ganz derjenigen des ursprünglichen Originals entsprechen soll. Das im Vergleich zu den bisher besprochenen Karten verhältnismäßig große Format beträgt 425 x 287 mm; die Angabe von 550 mm für die Blattbreite bei SOUCEK (1992: 291) trifft nicht zu und kann sich eventuell auf eine Doppelseite beziehen.

Das Kartenbild befindet sich als Ganzes gesehen etwa in der Blattmitte, betrachtet man jedoch nur die Hauptinsel Mallorca, so ist sie eher in den oberen zwei Dritteln des Folios angesiedelt. Ein gebundener Text kommt auf dieser Seite nicht vor.

Schwerpunkt der Darstellung ist die Insel Mallorca. Außer ihr sind noch das Cabrera-Archipel, die Insel Dragonera sowie sechs kleinere Eilande wiedergegeben. Alle Küsten sind mittels einer feinen schwarzen Tuschlinie veranschaulicht. Zur Differenzierung untereinander werden die einzelnen Inseln farbig angelegt. Mallorca und Cabrera sind mittels Küstenbändern konturiert, die Hauptinsel in dezentem Hellgrün, die kleinere ungleichmäßig in Rotorange. Die jeweilige Farbkontur ist in Küstennähe dunkler gehalten und schärfer abgegrenzt, zum Landesinneren hin ist sie abgetönt. Im Falle von Mallorca schwankt die Bänderung zwischen ca. 2 bis ca. 5 mm Breite. Flächig wiedergegeben sind die kleinen Felsinseln, in Hellbraun die des Cabrera-Archipels, in Rot die übrigen Eilande. Eine Ausnahme bildet die Insel Dragonera, die, erneut in Profilzeichnung zur Darstellung gebracht, braungelb anschattiert erscheint.

Zum äußeren Bildaufbau gehört außerdem ein verhältnismäßig kleines, achtstrahliges Linienbündel in Schwarz, das im unteren Blattviertel nordwestlich nahe der Insel Cabrera im Bereich der Meeresfläche untergebracht ist. Die Nordrichtung

116

ist mittels einer ebenfalls schwarzen, schmuckvollen, der Wappenlilie des französischen Königshauses gleichenden Pfeilspitze gekennzeichnet, die an einem durch seine Länge herausragenden Strahl angebracht ist.

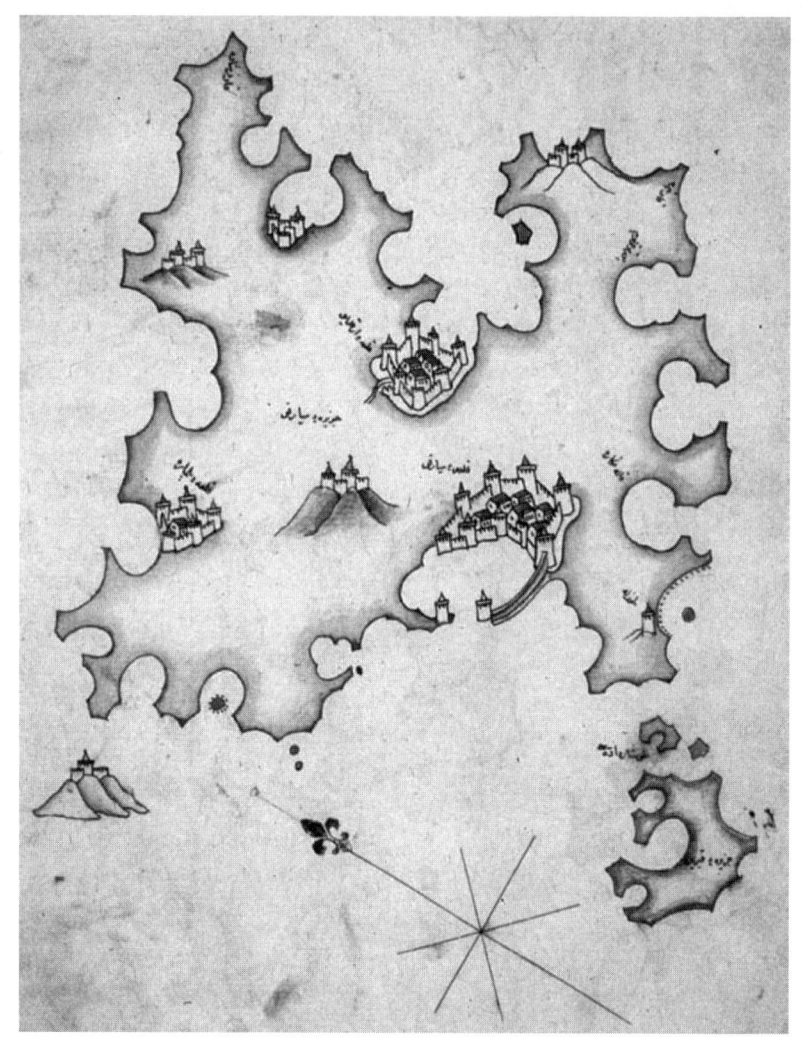

Abb. 5.4 Mallorca-Karte aus dem Kitāb-i Baḥrīye, Ausgabe Ms. Diez A. Foliant 57 (fol. 17c); Maßstab des Originals ca. 1:358 000. Verkleinert auf ca. 1:1 350 000 wiedergegeben mit Genehmigung der SB Berlin; (vgl. Taf. VIII).

Die zurückhaltende Farbgebung sowie die feine und detaillierte Erfassung von Siedlungsplätzen und bergigen Erhebungen bei Verwendung geringfügiger Beschriftung vor allem im Bereich der Hauptinsel Mallorca sprechen für die Qualität der Zeichnung, aber in starkem Maße auch für die Wende des Kartenbildes von einem Gebrauchsgegenstand zu einem Schmuckstück, dessen Aufbewahrung schon damals lohnenswert gewesen ist.

Vergleichsdarstellungen

Als Vergleichskarte sei hier die Darstellung aus dem 204 Karten enthaltenden und Seyyid Nūḥ zugeschriebenem Werk Ms. 3609 der BU Bologna herangezogen. Die Maße für das Kartenblatt betragen 420 x 272 mm in Höhe mal Breite (BU Bologna 2000, schriftl. Mitt.), ein Format, das der Berliner Ausgabe sehr nahekommt. Die Mallorca-Karte befindet sich auf fol. c. 70v (in der Faksimile-Ausgabe von KISSLING auf Seite 135). Das Kartenbild ist als Ganzes etwa in der Blattmitte untergebracht.

Diese Karte wird hier als Vergleichsexemplar aufgeführt, da sie vor allem in ihrer Gestalt, aber auch aufgrund ihres Inhalts eine große Ähnlichkeit zur vorne besprochenen Darstellung der SB Berlin erkennen lässt.

Wie im Vorbeispiel werden die Hauptinsel Mallorca, das Cabrera-Archipel, die Insel Dragonera in Profilzeichnung sowie mehrere kleine Eilande veranschaulicht. Die Küsten werden ebenso mittels feiner schwarzer Linien wiedergegeben und im Falle der zwei größten Inseln landwärts farbig umbändert. Mallorca wird mit einem dezent abgestuften blaugrünen Band versehen, das zum Inselinneren hin in Hellbraun übergeht. Das Band ist ungleichmäßig ausgeführt und schwankt in seiner Breite zwischen ca. 2 bis ca. 5 mm. Die schmalere Küstenkontur der Insel Cabrera ist ähnlich dem Musterbeispiel aus Berlin in gestuftem Hellorange abgetönt. Die übrigen Eilande, einschließlich der kleinen aus dem Cabrera-Archipel, sind vollflächig in mittlerem Rot angelegt. Als Ausnahme zeigt sich erneut die Insel Dragonera, deren Wiedergabe als braungelb anschattierte Profilzeichnung erfolgt.

Ebenfalls kommt ein achtstrahliges, schwarz ausgeführtes Linienbündel zur Darstellung, dessen Mittelpunkt sich im Bereich der Meeresfläche am Ausgang der Hauptstadtbucht befindet. Die einzelnen Strahlen sind im Gegensatz zur obigen

Darstellung bis zum entsprechenden Kartenrand gezogen, werden aber – bis auf eine Ausnahme – auf der Landmasse ausgespart. Die Strahlen stehen für die acht Haupthimmelsrichtungen und sind beschriftet. Die Nordrichtung ist durch eine halbierte französische Lilie in Schwarz gekennzeichnet und weist hier in die obere linke Blattecke.

Die Karte wird durch eine prachtvolle, detailreiche Darstellung mehrerer Siedlungsbilder sowie durch dezente Wiedergabe verschiedener Bergerhebungen vorrangig auf dem Gebiet der Hauptinsel Mallorca vervollständigt. Eine zurückhaltende geringfügige Beschriftung ergänzt das Bild. Die ästhetisch wie harmonisch ausgeführte Karte deutet darauf hin, dass es sich ähnlich dem Berliner Exemplar vornehmlich um ein Schmuckstück, um ein Aufbewahrungsstück, weniger um einen Gebrauchsgegenstand gehandelt haben muss.

5.3 Lage und Orientierung

5.3.1 Karte aus dem Ms. or. Dresd. Eb. 389 und Vergleichsdarstellungen

Karte aus dem Ms. or. Dresd. Eb. 389

In der Karte der SLUB Dresden liegt kein Gradnetz vor, der Orientierung dient ausschließlich die vorne erwähnte, aus Kreisring und Strahlenbündel bestehende Windrosendarstellung. Wie bereits ausgeführt, besteht das Bündel aus 16 Linien oder Strahlen, acht davon in Schwarz, die übrigen, kürzeren sind in Gelbbraun wiedergegeben. Die ersten zeigen in die Haupthimmelsrichtungen, die letzten in die Zwischenrichtungen. An eine der schwarzen Linien ist ein einfaches Dreieck, ein Pfeilkeil angebracht, dessen Spitze in die untere rechte Kartenecke zeigt und damit auf das Kartennord hinweist. Vom Betrachter her gesehen erscheint die Darstellung zunächst nach SW orientiert. Wird jedoch der eingetragene Nordpfeil beachtet, so weicht sie von einer genordeten Karte um ca. 139° nach E ab (vgl. Abb. 5.5b). Wie Vergleichsmessungen ergeben, beträgt die Differenz des hier vorgegebenen Kartennords zum wahren Nord 18° E, d. h., erst nach Rotation des historischen Kartenbildes um diesen Betrag gegenüber der aktuellen ONC-Darstellung würde eine zumindest angenäherte Deckung der Nordrichtungen zu erwarten sein (vgl. Abb. 5.9). Die Kreis- bzw. Kreisringdarstellung ist vermutlich nicht nur als Schmuckstück oder als Horizontalkreis einer Windrose zu sehen. Mit Hilfe dieser Kreise lassen sich ohne Zweifel auch Entfernungen zwischen dem Zentrum und der Peripherie – entlang der eingetragenen Radien oder dazwischen – als auch auf der jeweiligen Peripherie als Bogen- oder Winkelmaß abmessen bzw. ablesen und mit anderen Partien der gleichen Karte oder fremder Karten desselben Werkes vergleichen. Bei 16 Strahlen betragen die Winkel zwischen ihnen 22,5° bzw. πr:8.

Zur Findung der verwendeten Projektion wird der vorliegenden historischen Darstellung das geographische Netz des ONC-Kartenbildes aufgesetzt und über eine Bildtransformation mittels Arc Map von Arc GIS 8.1 dieser angepasst. Dabei zeigt es sich, dass der historischen Darstellung eine rechteckige, gegenüber dem Kartennord um 20° W gekippte Plattkartenprojektion zugrunde gelegen haben muss, deren Gradfelder in einem Längenverhältnis von 1:2 stehen.

Vergleichsdarstellungen

In acht der anderen aufgeführten Kartenbeispiele der 1. Version ist wie gesagt eine Windrosendarstellung (Abb. 5.5a u. Abb. 5.5b) zu finden. Keinerlei Windrose weist das Beispiel Ayasofya 2605 auf. In fünf der sieben Fälle ist untereinander zumindest eine ähnliche Strahlendarstellung erfolgt. Die acht jeweils wiedergegebenen Strahlen zeigen in die Haupthimmelsrichtungen, im Falle der Yeni Cami-Karte sind sie sogar mit den Bezeichnungen Yīldīz (N), Poyrāz (NE), Gün Ṭoġisi (E), Kešišleme (SE), Qıble (S), Lodos (SW), Batı (W) und Qarayel (NW) versehen. Einer dieser Strahlen kennzeichnet mit Hilfe einer Pfeilspitze die Nordrichtung. In besonders geschmückter Weise erscheint die Pfeilspitze in der Berlin-Ausgabe; auch das Süleymaniye-Exemplar Yeni Cami 790 zeigt eine schlichte Verzierung. Die Wiener Ausgabe verzichtet ganz auf eine Herausstellung der bestimmten Richtung, so dass Nord nicht unmittelbar erkennbar ist. Man kann nur durch Vergleich mit anderen ähnlichen Darstellungen die Nordrichtung ausmachen. Als Ausnahme unter diesen Kartenbeispielen erweisen sich das Bologna- und das Kiel-Exemplar. In diesen Ausgaben kommt kein Strahlenbündel zur Darstellung; eine einzige Linie, die nahe des einen Endes mit einem kurzen Querstrich versehen ist, steht für die Nordrichtung. Fünf der zu vergleichenden Karten weisen untereinander nur eine geringfügig abweichende Nordrichtung auf. Ein deutlicher Unterschied ist dagegen bei der Berlin- und bei der Kieler Ausgabe festzustellen. Während bei diesen fünf Karten die Differenz der Nordpfeilrichtung zur Blattoberkante – also im Sinne einer genordeten Karte – im Mittel ca. 142° E beträgt, liegt bei dem Berlin-Exemplar – und demzufolge auch bei dem weitestgehend deckensgleichen Ayasofya-Exemplar – eine geringere Abweichung von

120

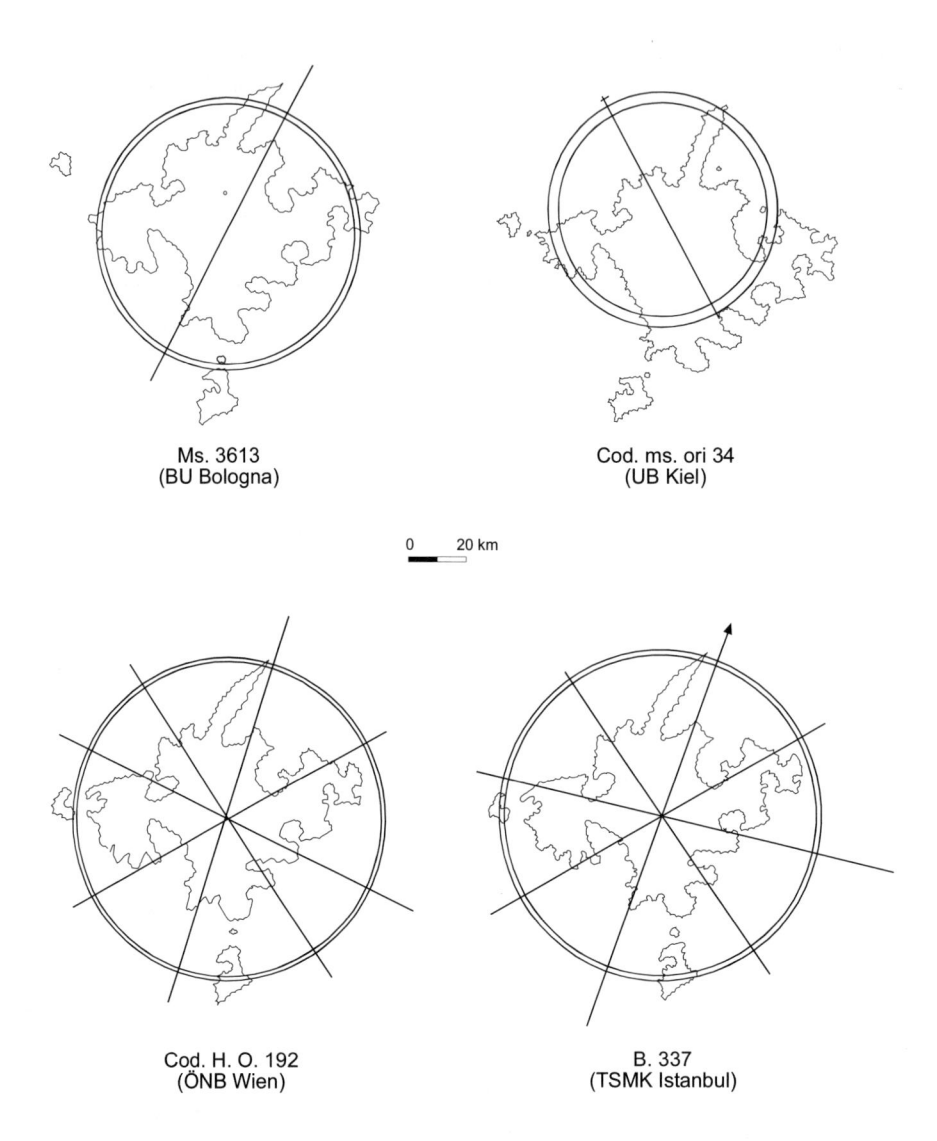

Ms. 3613
(BU Bologna)

Cod. ms. ori 34
(UB Kiel)

0   20 km

Cod. H. O. 192
(ÖNB Wien)

B. 337
(TSMK Istanbul)

Abb. 5.5a Gestaltung der Windrosen in den Mallorca-Darstellungen der 1. Version des Kitāb-i Baḥrīye, verkleinert veranschaulicht im Maßstab von ca. 1:2,5 Mio. (Teil I)

121

Yeni Cami 790
(SK Istanbul)

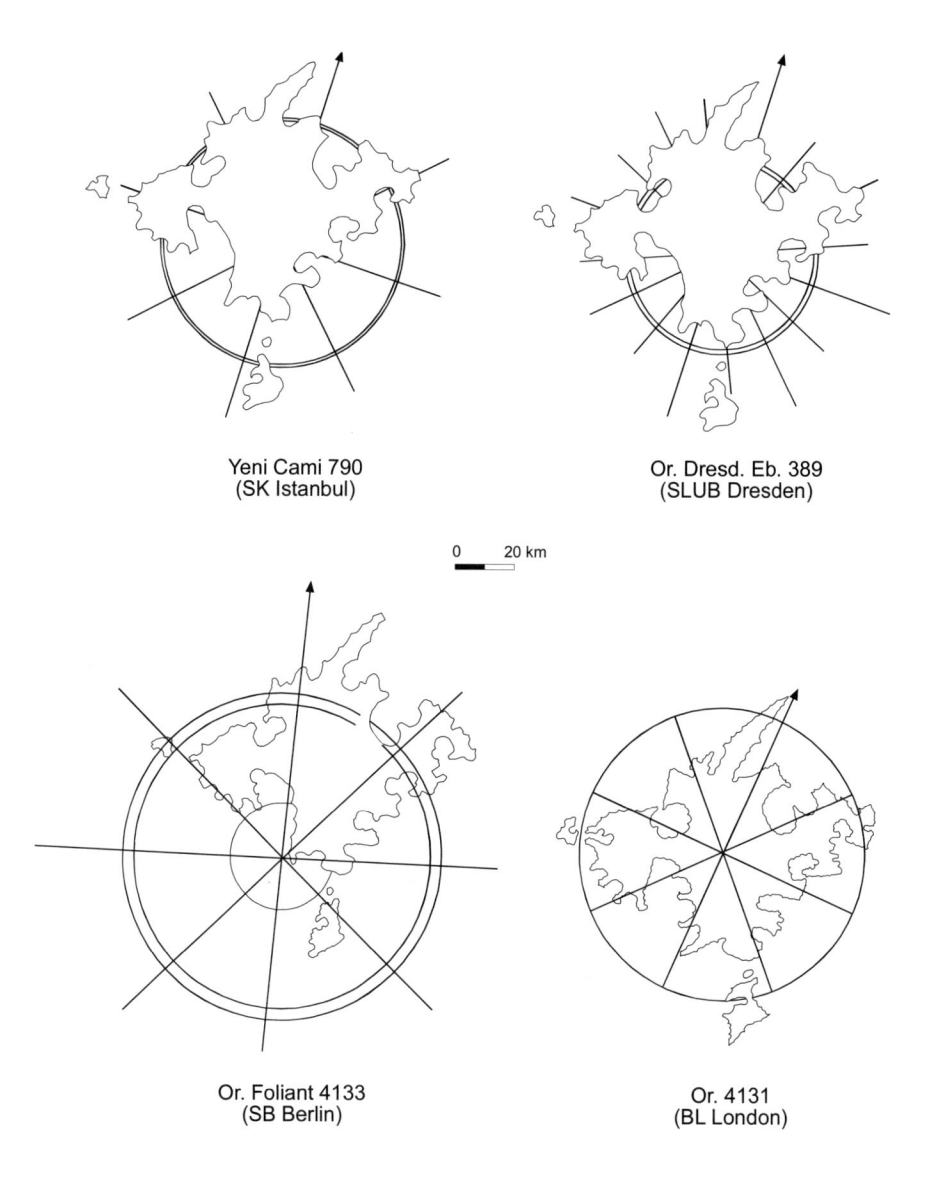

Or. Dresd. Eb. 389
(SLUB Dresden)

0   20 km

Or. Foliant 4133
(SB Berlin)

Or. 4131
(BL London)

Abb. 5.5b   Gestaltung der Windrosen in den Mallorca-Darstellungen der 1. Version des Kitāb-i Baḥrīye, verkleinert veranschaulicht im Maßstab von ca. 1:2,5 Mio. (Teil II) immerhin noch rd. 124° E vor. All diesen Darstellungen gegenüber weist die Ausgabe der UB Kiel mit 91° E die kleinste Winkeldifferenz auf. Die Nordpfeilrichtungen der vorliegenden Karten verlaufen in der Regel etwa vom Cap Blanc im SW zum Cap des Pinar im NE der Insel, nur in der Karte der Ausgabe Yeni Cami 790 ist der Strahl mit seiner Schaftseite – also mit seinem Südende – südöstlicher in die Nähe des Inselsüdkaps gerückt und verläuft somit steiler. Deutliche Ausnahmen bilden die oben erwähnten Exemplare aus Berlin und Kiel. Im Beispiel aus Berlin verläuft der Nordrichtungsstrahl abermals vom Cap Blanc aus, durchquert aber die NW-Küste bereits im mittleren Bereich, womit die Darstellung eine – wie oben angedeutet – vergleichsweise zu den anderen Karten abweichende, erheblich steilere Nordrichtung aufweist. Noch extremer ist die Karte aus Kiel. Die Nordrichtung ist in diesem Falle durch eine Linie gekennzeichnet, die etwa vom westlichen Drittel der SE-Küste nahe Cala Figuera bis zur Mitte der gegenüberliegenden NW-Küste östlich Sóller führt.

Die Zentren als – zum Teil gedachten – Schnittpunkt der Strahlen weisen in den einzelnen Karten unterschiedliche Lagen auf. Im Süleymaniye-Beispiel Yeni Cami 790 liegt der anzunehmende Mittelpunkt ähnlich der Dresdener-Ausgabe südlich des Inselschwerpunkts und damit östlich der Inselhauptstadt. Bei den anderen Darstellungen stimmt bis auf die Berlin-Ausgabe das Windrosenzentrum etwa mit dem Inselschwerpunkt Mallorcas überein. Im Falle der Berlin-Ausgabe liegt das Zentrum im Bereich der Meeresfläche unmittelbar westlich des Cap Blanc an der SW-Küste. Bei der Kieler Ausgabe ist die Kreismitte auf der Insel Mallorca und nahe der eigentlichen NW-Küste zu suchen. Wie den Abb. 5.5a und Abb. 5.5b, in der alle historischen Karten im verkleinerten Maßstab von ca. 1:2,5 Mio. vorliegen, eindeutig zu entnehmen ist, weisen sämtliche Bilder, die hier einheitlich zum wahren Nord hin orientiert sind, unterschiedliche Winkeldifferenzen zwischen dieser Richtung und dem jeweils in ihnen eingetragenen Kartennord auf. Die größte Abweichung weisen die Karten aus Bologna und London mit 28° bzw. 25° E auf. Mit der gleichen Differenz von 28°, nur in westliche Richtung, ist dagegen die Darstellung der UB Kiel orientiert. Die geringste Winkelabweichung ist mit 6° E in der Berliner Ausgabe auszumachen. Die übrigen Winkelwerte liegen im Bereich von 18° und 20° E.

Keinerlei Orientierungslinien sind dagegen, wie ausgeführt, in der Karte Ayasofya 2605 der SK Istanbul eingetragen. Ebenso fehlt die für die Karten der gleichen Gruppe typische Kreisdarstellung. Auf die Angabe der Nordrichtung ist verzichtet, so dass nur über den Vergleich mit der gleichgeformten Inseldarstellung der Ausgabe Ms. or. Foliant 4133 der SB Berlin auf die Orientierung geschlossen werden kann. Die ENE-Flanke der Insel weist bei dieser Darstellung zur Blattoberkante. Würde man eine Windrose nach dem Berliner Beispiel einfügen, so ergäbe sich eine zumindest nahezu identische Winkeldifferenz von 6° E.

Die Winkelabweichung im Falle der Oxford-Karte ist aufgrund der realitätsfremden Inselform äußerst schwer festzustellen. Man könnte einen Wert im Bereich von etwa 20° W annehmen.

5.3.2 Karte aus dem Ms. Hamidiye 971 und Vergleichsdarstellungen

Karte aus dem Hamidiye 971

Wie in den vorgenannten Darstellungen liegt auch im Falle des Beispiels Hamidiye 971 aus der zweiten Gruppe kein Gradnetz vor. Für die Orientierung steht nur ein Strahlenbündel zur Verfügung, dessen acht feine, bis zum Kartenrand führende schwarze Linien die Haupthimmelsrichtungen repräsentieren und dessen Schnittpunkt die Mitte der oben erwähnten Windrose widerspiegelt. Die Windrose als solche setzt sich aus drei schmalen konzentrischen Kreisringen zusammen, zwischen denen in Zentrumsnähe kleine schwarze Striche, im folgenden Feld blattartige Muster in Rot und im äußersten Bereich dreiecksförmige Pfeilspitzen in den Farben Rot, Grün und Gelb zu sehen sind. Da diese, im Bereich der Inselsüdostküste eingetragene Rose nur auf der Landfläche zur Darstellung kommt und somit maximal bis zur entsprechenden Küstenlinie reicht, wirkt sie abgebrochen bzw. unvollendet. Durch ihre schmückende Farbenvielfalt unterbricht diese relativ seltene Darstellungsweise nicht nur die Monotonie des Kartenbildes, sie bildet auch einen optischen Anziehungspunkt im Zentrum der Karte. Auffallend ist die elegante Darstellung der Nordrichtung. Eine mittelblau angelegte, relativ große, der französischen Lilie gleichende Pfeilspitze, die an einem der feinen schwarzen Strahlen angebracht ist, lässt die N-Orientierung der Karte deutlich erkennen. Zu finden ist sie im Bereich der Meeresfläche am Ausgang der Bucht von Alcúdia. Da der Pfeil nach rechts, zum Buchrücken hin zeigt, erscheint vom Betrachter her gesehen die Karte mit ihrem oberen Rand nach W gerichtet. Beachtet man jedoch diese hervorgehobene Richtung, so lässt sich eine weitgehende Übereinstimmung mit dem wahren Nord feststellen.

Im Gegensatz zur Dresdener Karte hat sich im Beispiel Hamidiye 971 nach erfolgter Einsetzung des ONC-Gradnetzes und dessen Transformation mittels Arc Map von Arc GIS 8.1 eine rautenförmig WNW/ESE verzogene Plattkartenprojektion ergeben, deren Gradfelder in einem Seitenverhältnis von 1:1,6 stehen. Das Netz als Ganzes erscheint nicht gekippt.

Vergleichsdarstellungen

Die Karten der Ausgaben Hüsrev Paşa 272 und Hamidiye 945 bringen keine Windrose im engeren Sinne zur Darstellung. Dagegen bilden acht feine, schwarze, in einem gemeinsamen Mittelpunkt sich schneidende Linien, von denen einige bis zum Blattrand führen, jeweils ein in die Haupthimmelsrichtungen weisendes Strahlenbündel. Im Falle der erstgenannten Karte liegt der Mittelpunkt analog der eben besprochenen Darstellung an der SE-Küste von Mallorca, im Falle der Hamidiye-Darstellung im Bereich der Meeresfläche östlich der Hauptinsel und südlich von Menorca. Beide Karten haben die Nordrichtung mit einer mehr oder minder schmuckvollen Pfeilspitze bzw. einer halben Pfeilspitze gekennzeichnet. Ihre Richtung stimmt weitestgehend mit dem wahren Nord überein. Ein ebenso achtstrahliges Linienbündel mit einheitlichem Mittelpunkt und halber Pfeilspitze an der ausgewählten, als korrekt anzusehenden Nordrichtung weist auch die Darstellung B. 338 aus der TSMK Istanbul auf. Der besagte Mittelpunkt ist im nordöstlichen Inselinnern zu finden. Da der Nordpfeil in die obere linke Blattecke zeigt, weist die Darstellung mit ihrem Oberrand nach NE. In der Ausgabe der NKC London bildet dagegen eine relativ kleine, aus feinen schwarzen Linien bestehende Windrose die Orientierungshilfe. Eine halbierte, gleichfarbene Pfeilspitze, deren Form der Hälfte einer französischen Lilie ähnelt, ist in der oberen linken Blattecke zu finden und liegt im Bereich der Meeresfläche vor der SW-Küste der Hauptinsel. Da die Nordrichtung zum rechten Kartenrand zeigt, ist Mallorca mit der Westseite zur Blattoberkante gerichtet, die Darstellung ist somit gewestet. Der eingetragene Nordpfeil weist dagegen in etwa zum wahren Nord.

Wesentlich umfassender bilden sich Windrosen und Strahlen mit gekennzeichneter Nordrichtung in den Karten Ms. W. 658 aus Baltimore und der fast gleichen Abbildung Türkçe 6605 der ÜK Istanbul ab, Bilder, die für kleinmaßstäbige Portolankarten typisch sind. Beide Darstellungen veranschaulichen je eine mehrfarbig angelegte, in Dreiecken untergliederte und aus zwei feinen Kreisringen bestehende Windrose, deren Mittelpunkt sich zwischen den Hauptinseln Mallorca und Menorca befindet. Deren 32 Strahlen – 16 schwarze und 16 hellbraune – kreuzen sich mit den ebenfalls verschiedenfarbigen Linien zweier Viertelrosen, die in den beiden unteren Ecken des jeweiligen Kartenbildes eingetragen sind. Ganze bzw. halbe Pfeilspitzen weisen an allen Windrosen auf die Nordrichtung hin. Da die Pfeilspitzen nach rechts zeigen, ist die Oberseite des Blattes vom Betrachter her nach Westen gewandt.

5.3.3 Karte aus dem Ms. Ayasofya 2612 und Vergleichsdarstellungen

Karte aus dem Ms. Ayasofya 2612

Einzige Orientierungshilfe ist erneut das Strahlenbündel mit dem einer Windrose gleichenden Kreis, eine Darstellung, die in dieser einfachen Weise bereits im Beispiel der BL London anzutreffen ist. Hier liegt ein einzelner Kreis mit dem oben genannten Radius vor, dessen Mittelpunkt geringfügig südlich des geometrischen Inselzentrums zu finden ist. Ähnlich dem Kreisring in der TSMK-Darstellung B. 337 umschreibt der einfache Kreis bis auf die Landzunge von Formentor die komplette Insel. Das Mallorca-Bild zeigt mit seiner WSW-exponierten Küstenflanke zum Blattoberrand; es wäre von Betrachterseite her gesehen demnach nach WSW orientiert. Der am Richtungsstrahl angebrachte Pfeil, der weitgehend korrekt das wahre N anzeigt, zielt dagegen in die untere rechte Blattecke, womit, um das Kartenbild zur Blattoberkante zu richten, eine westliche Drehung von rd. 123° nötig wäre, eine Drehung, die bei den folgenden Vergleichsabbildungen vorgenommen wird. Das ebenfalls in Schwarz ausgeführte Strahlenbündel weist mit seinen Linien nur in die Haupthimmelsrichtungen, so dass zwischen den Strahlen sich Winkel zu je 45° ergeben, deren Bögen zumindest entlang des Kreislinie – die Landmasse erscheint freigestellt – gut abgegriffen bzw. abgelesen werden können.

Ähnlich dem Dresdener Beispiel hat sich nach der Gradnetztransformation bei dieser Karte als Grundlage ebenfalls eine rechteckige Plattkartenprojektion herausgestellt. Die Kippung des Netzes beträgt rd. 7° E, das Längenverhältnis der Gradfelder etwa 1:1,7.

Vergleichsdarstellungen

Wie bereits erwähnt weisen die zum Vergleich in die gleiche Gruppe gestellten Karten H. 642, Suppl. Turc 956 und R. 1633 ein aus acht Strahlen bestehendes

Linienbündel auf, von denen je ein Strahl mit einem Nordpfeil versehen ist. Die Strahlen zielen in die vier Haupthimmelsrichtungen und in deren Zwischenrichtungen. Bei diesen Karten zeigt der jeweilige Nordpfeil in die untere rechte Blattecke, eher nach rechts als nach unten, wodurch die Karten von einer genordeten Darstellung, einer zum oberen Blattrand weisenden Nordrichtung abweichen. Die Winkeldifferenzen untereinander sind gering, sie betragen bei der Karte aus der Ausgabe H. 642 109° E, bei der Darstellung aus Suppl. Turc 956 118° E und im Falle von R. 1633 119° E.

Der Schnittpunkt der Strahlen stimmt in allen drei Karten bis auf eine kleine Differenz mit dem geometrischen Zentrum der Insel überein; er liegt ein wenig südwestlicher. Der Schnittpunkt der Strahlen ist annähernd mit dem Mittelpunkt des die Hauptinsel umschreibenden Kreises identisch. Die Winkel zwischen den acht Strahlen ergeben sich zwangsläufig zu 45°.

5.3.4 Karte aus dem Ms. Diez A. Foliant 57 und Vergleichsdarstellungen

Karte aus dem Ms. Diez A. Foliant 57

Trotz des angenommenen relativ jungen Alters der Karte aus der SB Berlin ist auch hier noch kein Gradnetz eingetragen. Die Orientierung kann hauptsächlich mit Hilfe des oben erwähnten Linienbündels erfolgen. Wie ausgeführt, besteht dieses Bündel aus acht Linien, die in die Haupthimmelsrichtungen zielen. Die herausragend angebrachte Pfeilspitze zeigt etwa zur Mitte des linken Blattrandes, wodurch das Inselbild mit seiner ENE-Flanke nach oben weist. Lässt man den Nordpfeil unberücksichtigt, so erscheint vom Betrachter her gesehen die Karte nach ENE gerichtet. Gegenüber einer genordeten Darstellung weicht das vorliegende Kartenbild um ca. 58° W ab. Im Vergleich zum wahren Nord liegt hier ohnehin eine Differenz von ca. 15° W vor.

Nach erfolgter Gradnetz-Transformation lässt sich feststellen, dass der historischen Karte auch eine rechteckige Plattkartenprojektion zugrunde gelegen haben müsste. Das gedachte Netz wäre als Ganzes allerdings um etwa 16° in östliche Richtung gekippt. Die einzelnen Gradfelder, deren Seitenlängen ähnlich den Vorgängerbeispielen ein Verhältnis von ca. 1:1,6 betragen würden, erscheinen rautenartig NW/SE verzogen.

Vergleichsdarstellungen

Für die Orientierung ist in der Darstellung des Ms. 3609 der BU Bologna das oben erwähnte achtstrahlige Linienbündel eingetragen, dessen Schnittpunkt im Bereich der Meeresfläche etwa südwestlich der Hauptstadt liegt. Die einzelnen Strahlen, die auf der Insel freigestellt sind, stehen für die vier Haupt- und die vier Zwischenhimmelsrichtungen. Der vom Mittelpunkt ausgehende NE-Strahl ist als einziger bis auf das Gebiet des Hauptstadthafens durchgezogen. Alle Strahlen sind, wie bei der Karte der Ausgabe Yeni Cami 790 (s. 5.3.1) oben erwähnt, mit ihren Namen versehen, wodurch ein schnelleres Erfassen der entsprechenden Himmelsrichtung und damit eine leichtere Orientierung gewährleistet ist.

Bedenkt man das eingezeichnete Nord und vergleicht diese Richtung mit einer eingenordeten Karte, einer Karte, deren Nordrichtung zum Blattoberrand weist, so ist hier eine Winkeldifferenz von rd. 45° W festzustellen. Der Insel-NE zeigt demnach zum Blattoberrand. Gegenüber dem wahren Nord ist hier so gut wie keine Abweichung festzustellen.

5.4 Kartenmaßstab

5.4.1 Karte aus dem Ms. or. Dresd. Eb. 389 und Vergleichsdarstellungen

Karte aus dem Ms. or. Dresd. Eb. 389

Eine Maßstabsangabe gibt es in dem Beispiel aus Dresden nicht. Es existiert weder ein Maßstab in numerischer noch in graphischer Form, obwohl letztere Darstellungsweise bereits 1485 in Karten des Isolario von Bartolomeo dalli Sonetti Anwendung findet. Auch ein Gradnetz, auf dessen Bogenwerte man vergleichsweise zurückgreifen könnte, ist – wie vorne ausgeführt – nicht zur Darstellung gekommen.

Es kann also wiederum nur auf indirektem Wege der Maßstab ermittelt werden. Nach der Flächengröße der Insel Mallorca berechnet ergibt sich ein Wert von ca. 1:733 000 und nach der Methode RUGE (1904: 42) von ca. 1:673 000. Legt man die Inseldiagonalen zugrunde und vergleicht diese mit den entsprechenden Entfernungen in der Natur, so lassen sich die Maßstäbe von ca. 1:609 000 bzw. ca. 1:694 000 errechnen, deren Mittelwert aufgerundet rd. 1:652 000 ergibt. Den Kartenmaßstab über die Küstenlänge zu bestimmen, ist aufgrund des eingesetzten Generalisierungsgrades – auch wenn er mit ca. 1:586 000 den anderen Werten durchaus nahekommt – äußerst unsicher. Für die Festlegung des Maßstabs der vorliegenden Karte empfiehlt sich erneut das Mittel zu verwenden, das sich aus dem Flächenvergleich, aus den über die Methode RUGE (1904) und aus den Diagonallängen festgestellten Werten errechnen lässt. Der demzufolge ermittelte Maßstab von rd. 1:686 000 wird hier für weitere Betrachtungen zugrunde gelegt.

Vergleichsdarstellungen

Acht in ihrer Größe ähnliche Vergleichskarten weisen ebenfalls keine Maßstabsangabe auf. Die demzufolge nach gleicher Vorgehensweise hierfür bestimmten Maßstäbe belaufen sich zu ca. 1:721 000 für die Mallorca-Karte der Kieler Ausgabe, zu ca. 1:691 000 im Falle der SK-Ausgabe Yemi Cami 790, zu ca. 1:684 000 bei der Bologna-Ausgabe Ms. 3613, zu ca. 1:680 000 bei der Ausgabe Ayasofya 2605 der SK Istanbul, zu ca. 1:678 000 bei der Berlin-Ausgabe Ms. or. Foliant 4133, zu ca. 1:675 000 bei der TSMK-Ausgabe B. 337, zu ca. 1:664 000 bei der BL-Ausgabe Or. 4131 und zu ca. 1:651 000 bei der Ausgabe Cod. H. O. 192 der ÖNB Wien, Werte, die gemittelt rd. 1:675 000 ergeben und damit dem für die Dresdener Ausgabe ermittelten Maßstab sehr nahe kommen. Da die einzelnen Karten eine maximale Maßstabsdifferenz von rd. 1:70 000 aufweisen, sind sie in ihrer Größe noch gut untereinander vergleichbar.

Die Darstellung aus Oxford gibt aufgrund ihrer außergewöhnlichen, der Wirklichkeit so gut wie nicht entsprechenden Gestalt wenig Anhaltspunkte für eine Maßstabsbestimmung. Dennoch sei versucht, mit Hilfe des Flächenvergleichs und des Verfahrens von RUGE (1904: 42) hier einen Maßstab zu ermitteln. Demnach ergibt sich ein Mittelwert von rd. 1:709 000. Bei Verwendung von zwei Diagonalstrecken, deren Endpunkte als markante Kaps angenommen werden könnten, ergäbe sich ein nur geringfügig abweichender Maßstab von rd. 1:707 000. In beiden Fällen handelt es sich jedenfalls um Werte, die in der Spanne der oben aufgeführten liegen.

5.4.2 Karte aus dem Ms. Hamidiye 971 und Vergleichsdarstellungen

Karte aus dem Ms. Hamidiye 971

Eine Maßstabsangabe liegt bei der Mallorca-Darstellung der Ausgabe Hamidiye

971 aus der SK Istanbul ebenso nicht vor. Ähnlich den bisher besprochenen Darstellungen kann ein Maßstab nur auf Umwegen ermittelt werden. Hierzu mögen erneut die Flächenrelation, der Längenvergleich der Inseldiagonalen sowie die maximale N-S- und W-E-Erstreckung der Insel nach der Methode RUGE (1904: 42) zu Hilfe genommen werden. Demzufolge ergibt sich für das ausgewählte Beispiel ein gemittelter Maßstab von rd. 1:662 000, der in seiner Größe nur wenig von denen der bisher angesprochenen Darstellungen differiert.

Vergleichsdarstellungen

Die in die gleiche Gruppe zum Vergleich gestellten Karten der östlichen Balearen weisen zum Teil ähnliche, zum Teil aber auch kleiner und damit abweichende Maßstabswerte auf. Die Spanne reicht von ca. 1:662 000 bis ca. 1:930 000.

Die reine Mallorca-Darstellung aus der TMSK-Ausgabe B. 338, die auch in diese Gruppe gestellt ist, liegt mit rd. 1:604 000 durchaus im Trend der bisher behandelten Karten.

5.4.3 Karte aus dem Ms. Ayasofya 2612 und Vergleichsdarstellungen

Karte aus dem Ms. Ayasofya 2612

Ähnlich den Karten der anderen Ausgaben liegt auch hier kein Maßstab vor und kann bestenfalls auf Umwegen ermittelt werden. Eine gewisse Unterstützung bieten die im Begleittext vorgenommenen Entfernungsangaben zwischen bestimmten Küstenpunkten, die sich dem aus dem transkribierten Osmanisch und dem Türkischen ins Englische übersetzten Text der vorne erwähnten Faksimile-Ausgabe von 1988 entnehmen lassen. Die bisherige Methode, aus drei auf verschiedenen Wegen bestimmten Maßstäben einen Mittelwert zu bilden, sei auch hier angewandt. Nach der Relation Kartenfläche zur Naturfläche zeigt sich ein Maßstab von ca. 1:621 000, nach der Methode RUGE (1904: 42) von ca. 1:593 000 und nach dem Vergleich der Kartendiagonalen zu den entsprechenden Naturstrecken von ca. 1:599 000. Diese Zahlen gemittelt führen zum abgerundeten Maßstab von 1:604 000, ein Wert, der den bisher bestimmten Maßstäben ähnelt und hier für weitere Betrachtungen verwendet wird. Der durch Längenvergleich der Küstenstrecke ermittelte Maßstab würde mit rd. 1:500 000 deutlich zu groß sein.

Vergleichsdarstellungen

Den Vergleichskarten der dritten Gruppe liegt auch kein Maßstab vor. Es ist nur merkwürdig, dass selbst bei diesen relativ spät erstellten Kartenexemplaren ein graphischer Maßstab nicht vorkommt. Unter Anwendung der bisherigen Vorgehensweise lassen sich hier auf indirektem Wege die gerundeten Maßstabsgrößen 1:581 000, 1:601 000 und 1:762 000 für die Karten R. 1633, H. 642 bzw. Suppl. Turc 956 ermitteln, Werte, die bis auf den letztgenannten dem Maßstab von rd. 1:604 000 der Beispieldarstellung Ayasofya 2612 durchaus nahekommen.

5.4.4 Karte aus dem Ms. Diez A. Foliant 57 und Vergleichsdarstellungen

Karte aus dem Ms. Diez A. Foliant 57

Der für die großformatige Karte Diez A. Foliant 57 der SB Berlin festgelegte Maßstab musste auf Umwegen ermittelt werden. Eine Maßstabsangabe liegt also auch hier weder numerisch noch graphisch vor, seltsam, da zumindest Maßstabsleisten, wie bereits erwähnt, schon lange in Portolanen Verwendung finden.

Nach dem Vergleich des Inselareals mit der zugehörigen Kartenfläche stellt sich ein Wert von ca. 1:386 000 und nach der Methode RUGE (1904: 42) von ca. 1:351 000 heraus. Werden die Inseldiagonalen zugrunde gelegt und die Entfernungen mit den entsprechenden Strecken in der Realität verglichen, so errechnen sich die Maßstäbe von ca. 1:305 000 bzw. ca. 1:370 000, deren Mittelwert rd. 1:338 000 ergibt. Aufgrund des relativ glatten Verlaufs der Küste ist eine Maßstabsbestimmung über deren Länge nicht zu empfehlen. Der sich ergebende Wert von rd. 1:246 000 würde erheblich von den bisher genannten Maßstäben differieren. Für die vorliegende Karte wird ein Maßstab festgelegt, der erneut ein Mittel aus den festgestellten Werten vom Flächenvergleich, von Diagonallängen und aus der Methode RUGE (1904: 42) darstellt. Der danach berechnete Maßstab von rd. 1:358 000 wird hier für weitere Betrachtungen eingesetzt.

Vergleichsdarstellungen

Der als Mittelwert nach den gleichen Methoden für die Vergleichskarte Ms. 3609 der BU Bologna bestimmte Maßstab ergibt sich aufgerundet zu ca. 1:349 000 und wird für die noch folgenden Fragestellungen bezüglich dieser Karte verwendet.

5.5 Inselgestalt

Äußerst verschieden in der Inselgestalt erweisen sich die Mallorca-Karten in den einzelnen Ausgaben des Pīrī Re'īs-Werkes. Die Differenzen treten nicht nur zwischen den Darstellungen der 1. und 2. Version zutage, sondern auch zwischen den einzelnen Gruppen und innerhalb derselben (vgl. Taf. I, Teil I - IV).

5.5.1 Karte aus dem Ms. or. Dresd. Eb. 389 und Vergleichsdarstellungen

Karte aus dem Ms. or. Dresd. Eb. 389

Unter den zehn vorne aufgeführten Karten der 1. Version gehört das zur näheren Betrachtung ausgewählte Beispiel aus der SLUB Dresden zu den relativ einfach gestalteten und strukturierten Inselbildern. Die Küstenlinie erscheint geglättet, ihr Verlauf schwungvoll gerundet. Eine Ähnlichkeit der Inselgestalt zu den Vorgänger- oder etwa zeitgleichen Arbeiten, den Karten des Martellus bzw. des Bordone ist nur zum Teil zu erkennen, so dass davon auszugehen ist, dass die Werke dieser Autoren, wenn überhaupt, Pīrī Re'īs nur wenig als Vorbilder gedient haben.

Betrachtet man die Inseldarstellung der Karte aus Dresden als Ganzes, so ist durchaus eine Ähnlichkeit ihrer Gestalt im Vergleich zum realen Bild festzustellen. Unabhängig davon weisen aber bestimmte Küstenabschnitte deutliche Abweichungen zur Natur auf. Diese Differenzen, die der Abb. 5.6 eindeutig zu entnehmen sind, machen sich vorrangig in der Ausbildung verschiedener Buchten sowie mehrerer Landzungen bzw. Kaps bemerkbar, darunter die vier herausragenden Extrempunkte der Insel. Aber auch in der Länge und Ausrichtung der einzelnen Küstenpartien sind gegenüber dem Naturbild erhebliche Unterschiede festzustellen.

Die in Wirklichkeit NW-exponierte Küste streicht im Kartenbeispiel der SLUB Dresden etwa SSW-NNE, im Mittel eine Abweichung ihrer Richtung um ca. 18° nach W. Zu ihren charakteristischen Formmerkmalen zählt das Vorhandensein von zwei übertrieben tiefen Buchten, von denen die westlicher gelegene eindeutig als Bucht von Sóller – obwohl hier als vermeintlicher Hafen von Palomera (*Līmān Palmār*) eingetragen – auszumachen ist, während mit der zweiten vermutlich die heutige Cala Solleric oder sogar die Cala Sant Vicenç gemeint sein könnte. Die Halbinsel Formentor ist verhältnismäßig breit ausgefallen; auch ihre Streichrichtung weist zu stark in nördliche Richtung. Der Küstenabschnitt im NE

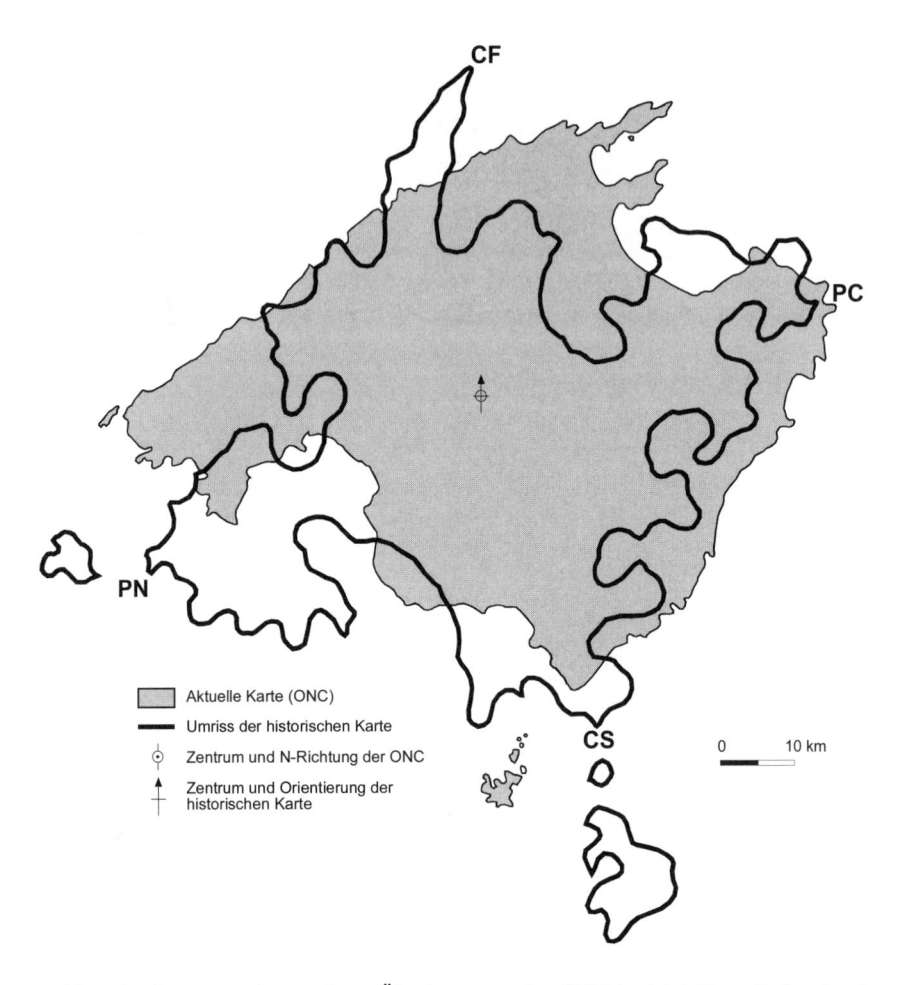

Abb. 5.6 Geometrisch zentrierte Überlagerung der ONC in 1:1 Mio. mit der durch Verkleinerung im Maßstab angepassten und nach Kartennord ausgerichteten historischen Darstellung aus dem Ms. or. Dresd. Eb. 389 (vgl. Abb. 5.1).

zeigt zwei große Buchten, beide entsprechen denen der Natur, sind jedoch landwärts zu tief eingeschnitten. Während die nördlichere, die heutige Bucht von Pollença zu offen und zu breit veranschaulicht ist, erweist sich die südlicher gelegene Bucht von Alcúdia als erheblich zu schmal. Auch die zwischen beiden Buchten vorhandene Landzunge am Cap des Pinar zeigt eine übergroße Breite. Der südöstlich der zweitgenannten Bucht dargestellte Bereich westlich der Punta de Capdepera erscheint übertrieben groß und zu west-östlich gestreckt, nicht zuletzt durch das tiefe Eingreifen einiger Küstenhöfe von der fast senkrecht dazu im SE verlaufenden Küste, die die betreffende Landmasse halsartig verengen, und einem nordöstlich gerichteten Vorsprung, der in späteren Darstellungen wieder verschwinden sollte. Diese in Natur SE-exponierte Partie verläuft in diesem Kartenbeispiel nahezu parallel zur Gegenküste im NNW und somit, da hier nicht korrekt veranschaulicht, eher SSE. Charakteristisch für diesen Abschnitt ist die Wiedergabe von vier Buchten, deren jeweilige Weite um ein Vielfaches die Realität übertrifft, ein Bild, das Vorgängerdarstellungen bereits zeigen und sich zumindest in ähnlicher Weise noch lange in Mallorca-Karten erhalten sollte. Unter den Buchten lassen sich mit Sicherheit die drei Hafenbereiche Cala Figuera, Portopetro und Portocolom festmachen, zumal die letzten mit *Pōrtō Pātra* und *Pōrtō Qōlōn* bezeichnet sind. Weniger eindeutig lässt sich die Zuordnung der verbleibenden Bucht vornehmen; entweder sind die genannten Toponyme nach NE verschoben, und die Bucht von Manacor (heute Portocristo oder Port de Manacor) oder von Canyamel ist übergangen worden, oder es sollte die weiter südwestlich gelegene Bucht an der heutigen Cala Santanyí oder Cala Llombarts erfasst werden, wofür auch der Eintrag *Salena* für das heutige Ses Salines sprechen würde.

Der in Natur im SW gelegene, im Kartenbild nahezu S exponierte Küstenabschnitt ist vor allem durch die große Hauptstadtbucht geprägt, deren Gestalt durch den stark nach NW hineingreifenden Arm deutlich von der Realitätsform abweicht. Nicht zuletzt dadurch erscheint dieses Areal NW-SE gestreckt. Dieser Arm erreicht fast die oben genannte, landeinwärts ebenfalls zu tief hineinragende Bucht von Sóller, so dass sich die westlich beider Buchten verbleibende dreiecksförmige Landmasse fast abgeschnürt und nach W zur Punta Negra hin zugespitzt abbildet. Beide Flanken dieses Dreiecks entsprechen im Mittel allerdings etwa dem Naturverlauf. Der Punta Negra vorgelagert, aber in diesem Fall zu weit entfernt, ist die Insel Dragonera zu finden, deren Gestalt zu rund und deren Fläche den Naturwert um ein Mehrfaches überschreitet. In südöstliche Richtung ist die Hauptstadtbucht verflacht wiedergegeben, wodurch letztlich der Bereich des Cap Blanc zu weit nach S reicht und selbst zu spitz ausgebildet ist. Da das Cap de ses Salines zu abgerundet zur Darstellung kommt, ergibt sich westlich davon eine weitere, in Wirklichkeit nicht so tief ausgeprägte mittelgroße Bucht. Dem Kap im S korrekt vorgelagert ist das Cabrera-Archipel zu finden. Es besteht hier aus zwei Inseln, der um etwa das Elffache zu groß wiedergegebenen, mit *Ǧezīre-i Qabrāra* bezeichneten Cabrera sowie der näher an Mallorca gelegenen kleineren Conejera.

Wie in den vorhergehenden und folgenden Kartenbeispielen werden auch hier die entsprechenden Schemabilder der historischen und der aktuellen Karte im reduzierten Maßstab 1:1 Mio. eingesetzt und durch Überlagerung direkt miteinander verglichen. Abb. 5.7 veranschaulicht schematisiert die vier Hauptküstenstrecken unter Angabe ihrer Entfernungen und der dazugehörigen Azimute sowie die Innenwinkel der geometrischen Figur. Aus dieser Abbildung lassen sich die erwähnten Strecken zu 79,4 km im NW, 55,9 km im NE, 63,3 km im SE und 64,2 km im SW ablesen, wodurch einwandfrei zum Ausdruck kommt, dass vor allem die NE-Flanke der Insel mit rd. 21 km Überlänge am stärksten vom Soll abweicht, während die NW- und die SW-Partien jeweils um ca. 6 km zu kurz geraten sind und die SE-Küste sich in etwa realitätstreu abbildet. Wie vorne angedeutet zeigen die Streckenazimute an allen vier markanten Inseleckpunkten deutliche

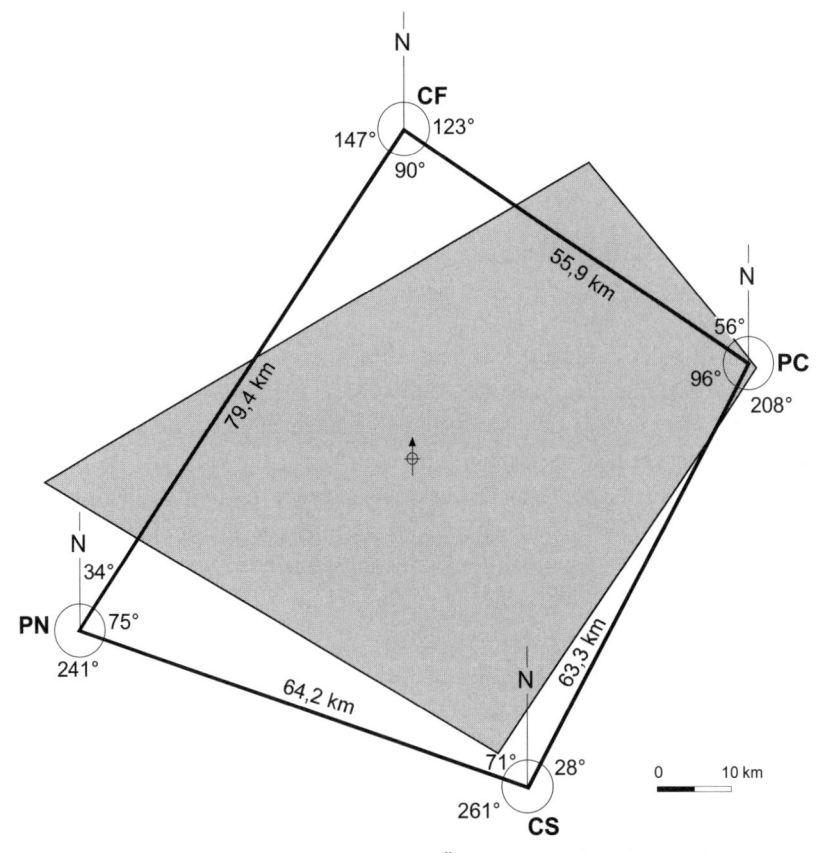

Abb. 5.7 Geometrisch zentrierte, genordete Überlagerung der Viereckschemata von historischem Kartenbild des Ms. or. Dresd. Eb. 389 und ONC in 1:1 Mio. mit Angabe der Kapdistanzen, Streckenazimute und Innenwinkel der Figur.

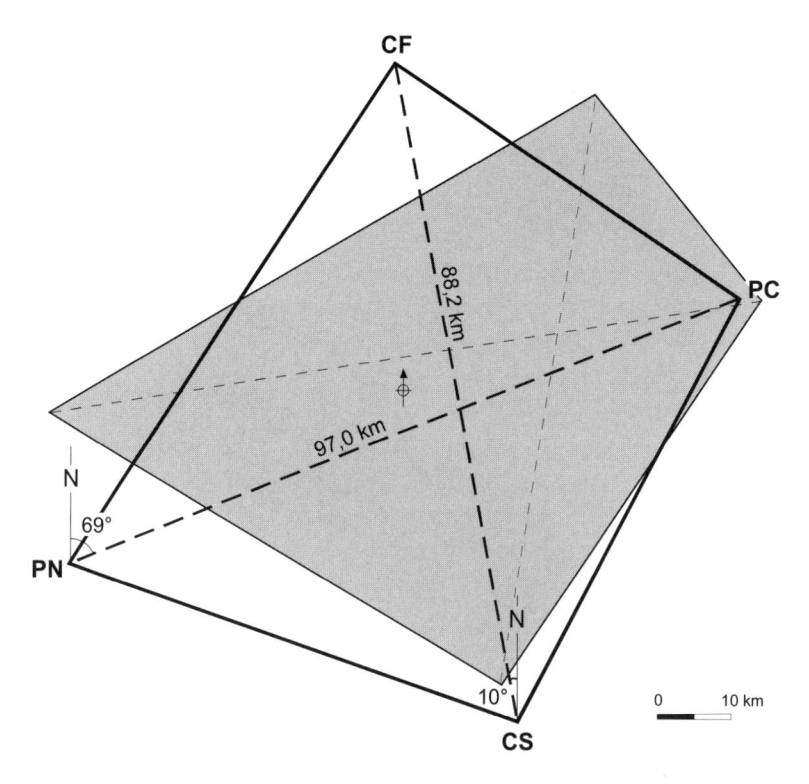

Abb. 5.8 Die Inseldiagonalen, ihre Entfernungen und Azimute in den geometrisch zentriert und genordet sich überlagernden Schemadarstellungen von historischem Kartenbild aus dem Ms. or. Dresd. Eb. 389 und ONC in 1:1 Mio.

Abweichungen von den Naturwerten. Die stärkste Differenz mit 34° E statt 60° E ist an der Punta Negra für die NW-exponierte Strecke festzustellen. Weniger, aber immerhin noch rd. 17° sowie rd. 7° östliche Abweichung weisen am Cap de Formentor die NE- bzw. am Cap de ses Salines die SE-Flanke auf. Auch die im SW verlaufende Küstenpartie liegt am Südkap mit 71° W (= 289° E) anstelle von 60° W (= 300° E) deutlich über dem Sollwert. Auch die in gleicher Abbildung verzeichneten Innenwinkel bringen die sich ergebenden Formdifferenzen der Schemafigur eindeutig zum Ausdruck. Dabei zeigen sich die Winkel am N- und E-Vorsprung vergrößert, die beiden anderen entsprechend verkleinert.

Im Schemabild der Abb. 5.8 kommen die Inseldiagonalen unter Angabe ihrer jeweiligen Länge und ihrer Abweichung gegenüber N zur Darstellung. Die Diagonale vom Cap de Formentor zum Cap de ses Salines erweist sich mit 88,2 km gegenüber der Natur um ca. 10 km zu lang und zeigt mit 10° W – statt 10° E – eine um rd. 20° westlichere Orientierung. Ein um 12° geringeres Azimut, 69° E statt 81° E, lässt sich bei der zweiten Diagonalen feststellen, deren Strecke mit 97,0 km allerdings nur geringfügig vom Soll differiert.

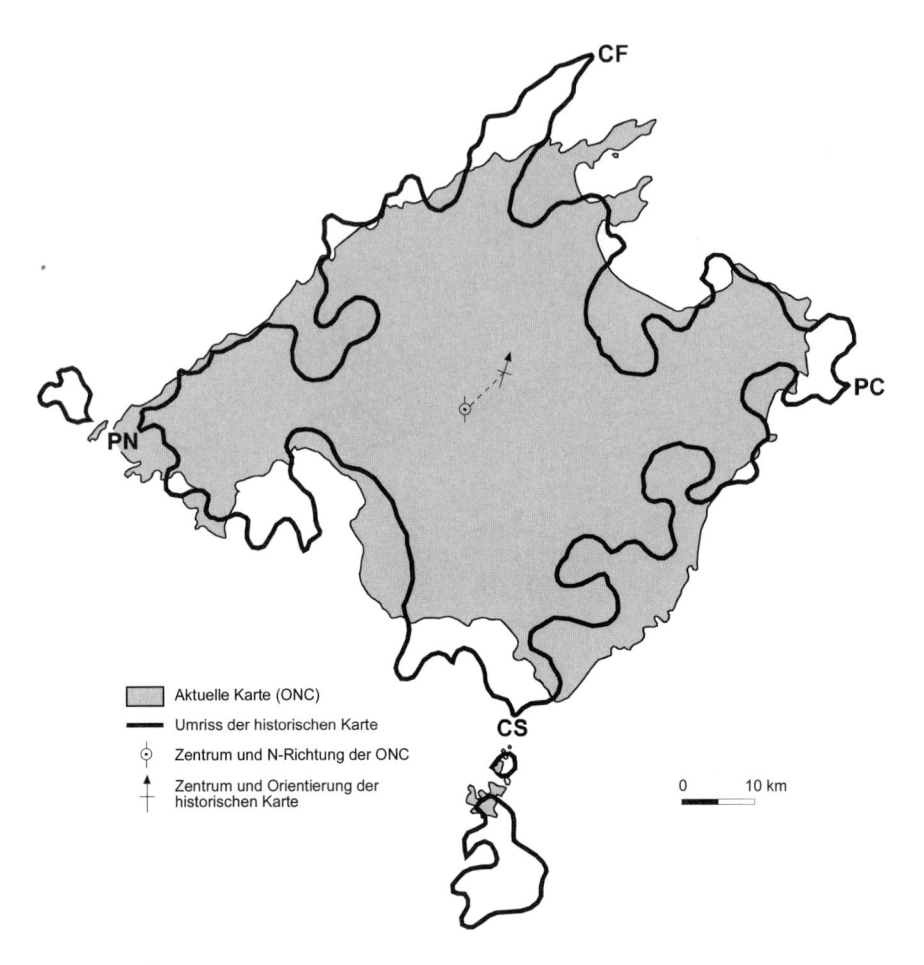

Abb. 5.9 Überlagerung der genordeten ONC in 1:1 Mio. mit dem maßstäbig angepassten Kartenbild aus dem Ms. Dresd. Eb. 389 nach erfolgter Rotation um 18° E und einer Mittelpunktsversetzung um rd. 7,5 mm nach NE.

Um eine optimale Bildüberdeckung von historischer und aktueller Darstellung zu erreichen, scheint eine Rotation der erstgenannten Karte angebracht. Abb. 5.9 gibt das Ergebnis nach Drehung des historischen Bildes um rd. 18° E und Berücksichtigung einer geringen Verschiebung des Inselmittelpunkts um ca. 7,5 mm in nördöstliche Richtung wieder.

Vergleichsdarstellungen

Zieht man gegenüber der Darstellung aus der SLUB Dresden die übrigen neun für einen direkten Vergleich zur Verfügung stehenden Kartenbilder heran, so sind die Differenzen bis auf eine Ausnahme weniger in der Gesamtgestalt der Insel als vielmehr in der Formgebung bestimmter Küstenpartien bzw. in der Ausführung der eigentlichen Küstenlinie – und somit im Detail – zu suchen (Abb. 5.10a u. Abb. 5.10b).

Kaum Unterschiede zum Kartenbeispiel aus der SLUB Dresden weist die Inselgestalt in der Darstellung Yeni Cami 790 der SK Istanbul auf. Das hier eingesetzte, relativ breite Küstenband lässt allerdings die Innenfläche der Insel erheblich kleiner zur Wirkung kommen. Ähnlich, nur im Detail geringfügig stärker differenziert, erfolgt die Darstellung der Karten or. Foliant 4133 der SB Berlin und der vom Küstenverlauf nahezu identischen Ayasofya 2605 der SK Istanbul. Abweichungen gegenüber den erstgenannten sind vor allem in der schmaleren und am Kap abgestumpften Gestalt der Halbinsel Formentor, in der hakenförmigen Ausbildung des östlichen Inselbereichs um die Punta de Capdepera, in der geringeren Weite der Hauptstadtbucht und besonders in der engeren Inselbreite zwischen den Buchten des Südwestens und Nordostens festzustellen. Auch die Formgebung der Nachbarinsel Cabrera ist im Vergleich zu den beiden ersten, untereinander sich gleichenden Darstellungen dieses Areals unterschiedlich; deren Küste ist stärker differenziert.

Im Detail deutlich verschieden zeigen sich die zu vergleichenden Beispiele aus der BU Bologna [Sign.: Ms. 3613], der TSMK Istanbul [Sign.: B. 337], der BL London [Sign.: Or. 4131] und der ÖNB Wien [Sign.: Cod. H.O. 192]. Die dargestellte Küste ist in ihrem Verlauf im Großen und Ganzen ähnlich, ihre Ausbildung erfolgt jedoch girlandenförmig. Die Küstenlinie als solche ist im Detail allerdings wesentlich stärker gegliedert. Diese sozusagen zittrige Linienführung scheint schematisch erfolgt und wirkt unnatürlich; sie soll vermutlich den überwiegend

138

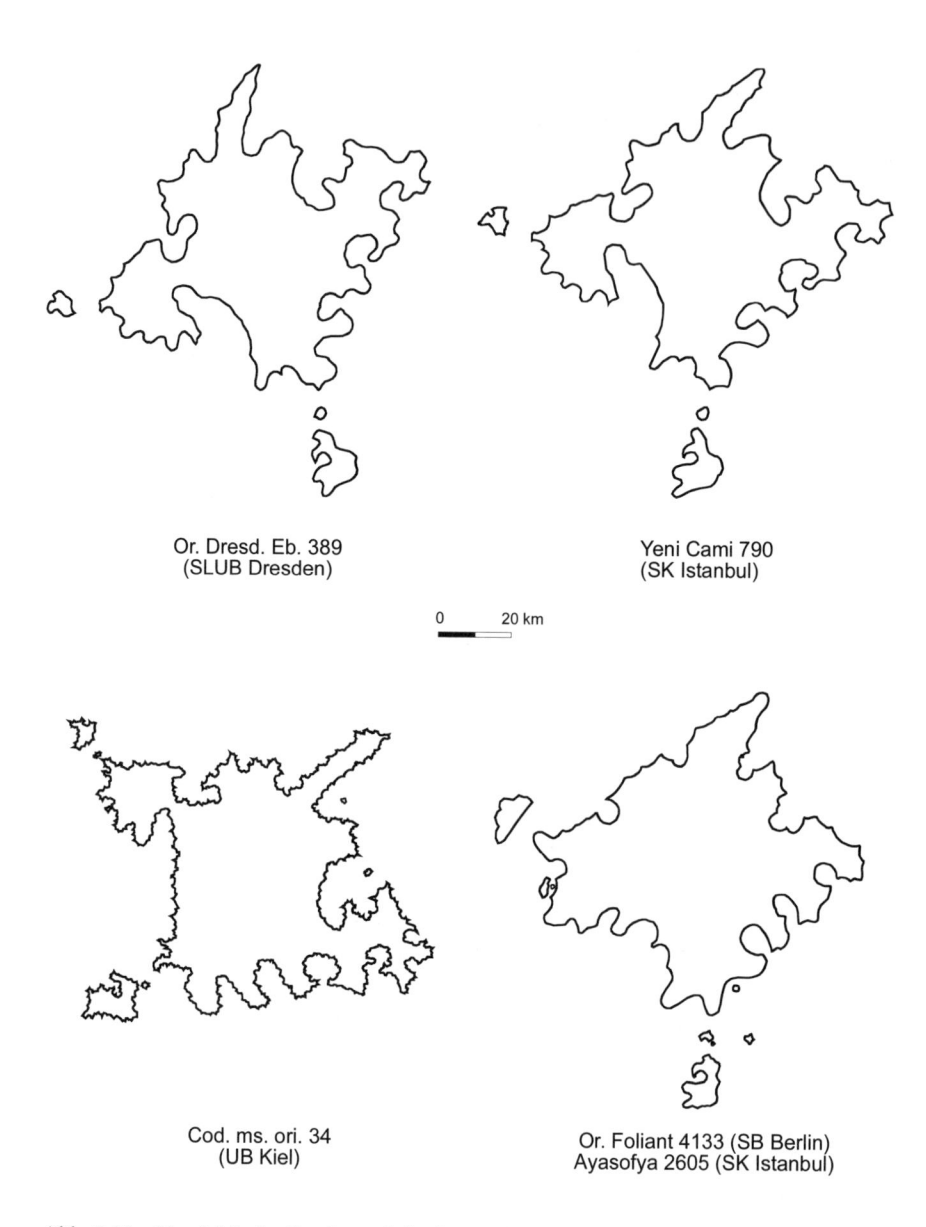

Or. Dresd. Eb. 389
(SLUB Dresden)

Yeni Cami 790
(SK Istanbul)

0   20 km

Cod. ms. ori. 34
(UB Kiel)

Or. Foliant 4133 (SB Berlin)
Ayasofya 2605 (SK Istanbul)

Abb. 5.10a Vergleich der Inselgestalt in den zu Gruppe 1 zusammengefassten Mallorca-Darstellungen der Kitāb-i Baḥrīye-Ausgaben in 1. Version, ausgerichtet nach Kartennord und verkleinert auf 1:2 Mio. (Teil I).

139

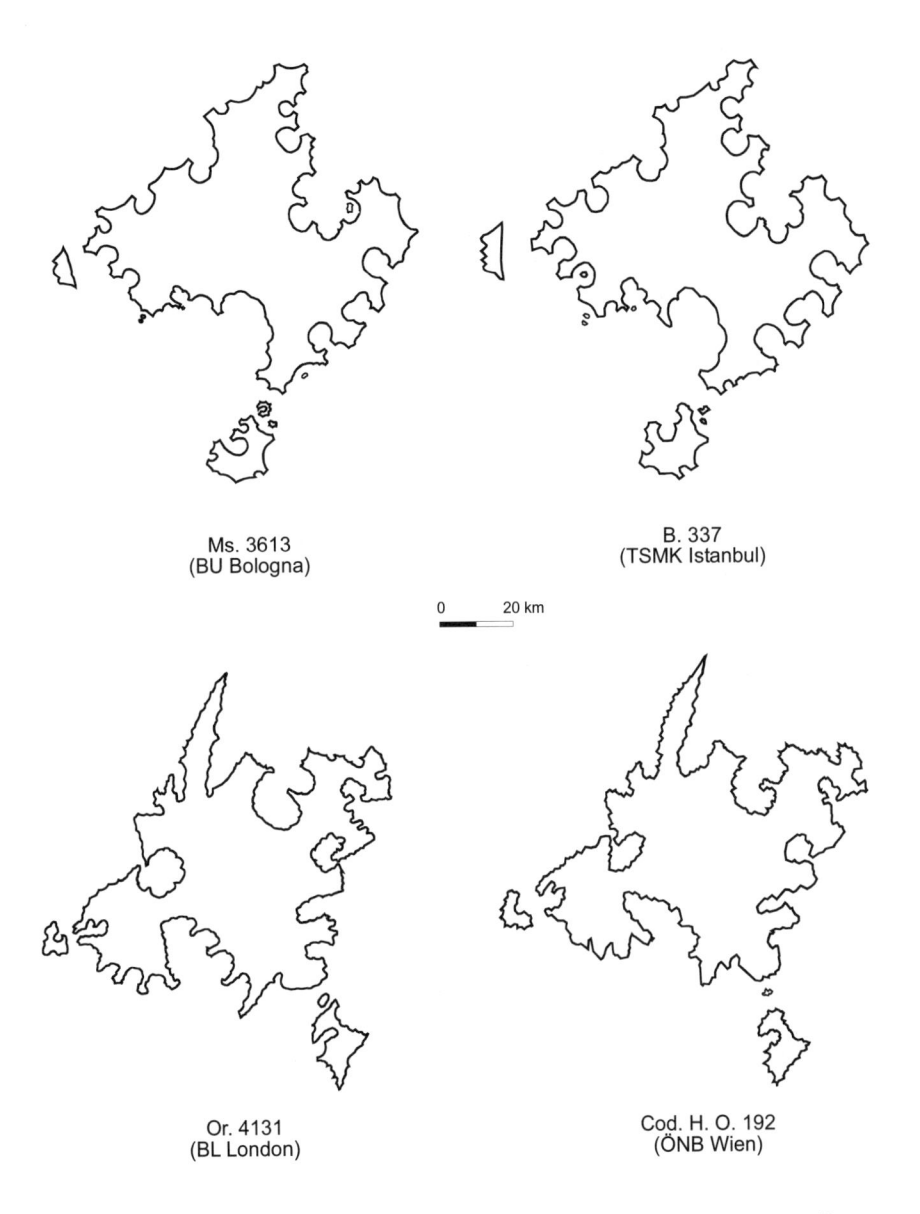

Ms. 3613
(BU Bologna)

B. 337
(TSMK Istanbul)

0   20 km

Or. 4131
(BL London)

Cod. H. O. 192
(ÖNB Wien)

Abb. 5.10b Vergleich der Inselgestalt in den zu Gruppe 1 zusammengefassten Mallorca-Darstellungen der Kitāb-i Baḥrīye-Ausgaben in 1. Version, ausgerichtet nach Kartennord und verkleinert auf 1:2 Mio. (Teil II).

zerklüffteten Charakter der Inselküste widerspiegeln. Diese Darstellungsweise trifft auch für die Nachbarinseln zu. Das verhältnismäßig breite Küstenband des Beispiels aus Wien, das durch seinen unregelmäßigen bandartigen Farbauftrag teilweise die gewellte Küstenlinie überdeckt, mildert diesen Effekt. Am unruhigsten ist die Wirkung der Küstenlinie im Kartenbild der Ausgabe B. 337 der TSMK Istanbul. Aufgrund seiner stark gewellten Linienführung ist hierzu auch das Beispiel der UB Kiel zu rechnen, der eigentliche Küstenverlauf weicht jedoch zumindest im Bereich der nordwestlichen Inselhälfte deutlich von den oben aufgeführten Darstellungen ab.

Nicht zuletzt durch die erwähnte Feingliederung der Küste erscheinen manche Inselbereiche weniger kompakt, sondern stärker differenziert. Unterschiede zeigen sich, wie zum Teil schon angesprochen, in der Darstellung der Halbinsel Formentor, deren Länge in den Beispielen der TSMK Istanbul, der BL London und der ÖNB Wien gestreckter zum Ausdruck kommt. Tiefer eingebuchtet – auch durch die stark trapezförmige Ausbildung der Landzunge am Cap des Pinar im NE – wirken die Teilküstenhöfe von Pollença und Alcúdia. Äußerst überbetont erscheint im Vergleich zu den zuvor genannten Beispielen der westliche Inselbereich. Dies gilt besonders für die Beispiele aus der BL London und der ÖNB Wien, in denen der nahezu dreiecksförmig gestaltete Raum übertrieben breit zum Ausdruck gebracht ist. Das annähernd spitze Eindringen der Hauptstadtbucht von SW her erhöht den Eindruck einer Abschnürung dieses in etwa dreiecksförmigen Gebildes. Ein besonderes Charakteristikum der letztgenannten Darstellung ist dabei der lagunenartige Abschluss an der angenommenen Bucht von Sóller. Darüber hinaus fällt vor allem in der Karte der BL London, aber auch in den Beispielen der ÖNB Wien und der TSMK Istanbul, die überbetont wiedergegebene Tiefe der Bucht von Andratx auf. In der Karte der UB Kiel weicht die Küstengestaltung im NW und SW der Insel – hier nach N und W orientiert – erheblich von den übrigen Darstellungen ab. Anstelle einer etwa halbkreisförmigen SW-Bucht verläuft der Küstenumriss dieses Bereiches mehr oder minder geradlinig in nordsüdlicher Richtung, wodurch das zentrale Inselareal eher der Figur eines senkrecht stehenden Rechtecks gleichkommt. Am südlichen Ende dieses SW-Abschnitts zeigt sich Cap Blanc als relativ unbedeutender Vorsprung. Im entgegengesetzten Teil, nahe der Hauptstadt, ragt die genannte Meeresöffnung weit nach Norden, so dass sie nahezu die Bucht mit der Doppelbezeichnung Sóller/Palomera erreicht, deren Tiefe äußerst übertrieben zur Darstellung gekommen ist. Ähnlich ins Landesinnere hineingreifend zeigt sich in diesem Falle die ebenfalls im Norden gelegene, weiter östlich vorhandene unbeschriftete Bucht, die als

Bucht von Solleric aufgefasst werden kann. Durch die tiefe Ausprägung beider Buchten ist im mittleren Teil dieses Abschnitts ein naturfremder, ambossartiger Küstenvorsprung zur Darstellung gekommen, der eine kleine Einbuchtung aufweist, die möglicherweise auf Sa Calobra, den Mündungsbereich des Pareis-Cañon, hindeutet. Der zu weit westlich geratene, durch seitliche Buchten – von Solleric (?) und von Pollença – verjüngte landwärtige Ansatz der Halbinsel Formentor, gekoppelt mit deren etwa gleichbreiten und fingerförmigen Gestalt, sorgt für eine der Realität nicht entsprechende Wiedergabe dieses N- bzw. NW-Raumes. Diese im Vergleich zur Wirklichkeit relativ starken Abweichungen im Bereich des Natur-SWs und NWs lassen die Vermutung aufkommen, dass es sich gegenüber den anderen Darstellungen bei dieser Karte, wie schon vorne angedeutet, um eine vergleichsweise ältere Version handeln müsste.

Die Oxford-Karte fällt durch ihre seltsame Inselgestalt auf, die wie gesagt mit dem Naturbild sehr wenig Gemeinsames hat. Der Küstenverlauf fällt vollständig aus dem Rahmen und findet in all den übrigen Darstellungen aus dem Kitāb-i Baḥrīye keines Gleichen. Alle Küstenabschnitte weichen derartig von der Realität ab, dass man eher der Meinung sein könnte, es handele sich um ein fremdes Inselbild, wären da nicht der Schriftzug *Māyōrqa* im Bereich des Inselareals, die einigermaßen passenden Siedlungsansichten und der zur Karte gehörende gebundene, Mallorca gewidmete Text. Zu den Hauptschwierigkeiten gehört zweifellos die Tatsache, dass die markanten Extrempunkte der Insel, die herausragenden Kaps, nicht wieder zu erkennen sind und sich damit nicht festlegen lassen. Die in Natur NW-exponierte Küste weist hier im Mittel eine etwa der Natur gleichgerichtete Orientierung auf. Ungefähr in der Mitte dieses NW-Abschnittes ist eine besonders tiefe Bucht ausgeprägt, die aufgrund ihrer Größe auf die Bucht von Sóller schließen lässt, im Vergleich aber mit bisher besprochenen Darstellungen wegen ihrer Lage eher an die weiter östlich gelegene Bucht, der vermeintlichen Bucht von Solleric, erinnert. Die NE-Küste verläuft in diesem Bild N-S und veranschaulicht zwei Küstenhöfe mittlerer Tiefe, wobei der südlichere weiter ausholend zum Ausdruck kommt. Die SE-Küste ist durch zwei breite und tiefe Buchten charakterisiert, von denen die östlichere sich als die größere darstellt und nahezu quadratisches Maß aufweist. Der eigentliche SW-Teil der Insel wird hier durch einen ebenfalls etwa N-S-verlaufenden, besonders kurzen Küstenabschnitt geprägt. Die in diesem Bereich landeinwärts nach Osten sich öffnende und im Innern sich verzweigende tiefe Bucht dringt fast bis zur Inselmitte. Als einzige Nachbarinsel ist ein Areal im SE der Karte zu finden. Der Lage nach zu urteilen, könnte damit Cabrera gemeint sein.

5.5.2 Karte aus dem Ms. Hamidiye 971 und Vergleichsdarstellungen

Karte aus dem Ms. Hamidiye 971

Das verbindende Hauptmerkmal der zweiten Kartengruppe ist gegenüber den bisher behandelten Beispielen die gemeinsame andersartige Wiedergabe der Inselgestalt. Ihr Aussehen, das vor allem bei den älteren Darstellungen der 1. Version durch eine Aneinanderreihung konkav ausgebildeter, schematisch wirkender Küstenpartien charakterisiert ist, erinnert im Stil an viele, in der Regel kleinmaßstäbige Portolankarten und in gewisser Hinsicht durchaus auch an die Vorgängerarbeiten des B. dalli Sonetti, C. Buondelmonti oder H. Martellus bzw. an das Werk des B. Bordone, so dass die Zeichner der Karten dieser Gruppe – auch wenn im Detail Abweichungen vorliegen – die genannten Werke als Vorlage benutzt haben könnten. Das starke Abweichen der Gesamtform als auch der Einzelpartien vom Realbild lässt sich einwandfrei der Abb. 5.11 entnehmen, die in zentrierter und genordeter Überlagerung das Beispiel der Ausgabe Hamidiye 971 der SK Istanbul mit dem aktuellen ONC-Bild in 1:1 Mio. zum Darstellungsvergleich bringt.

Besonders auffallend ist die Überbetonung der N-S-Richtung der Insel sowie die schmalere Erstreckung in der Breite, was sich letztlich in einer erheblichen Raumverengung zwischen den beiden Großbuchten im SW und NE bemerkbar macht. Die NW-exponierte Küste zeigt sich, wie die Überlagerung der Schemabilder in Abb. 5.12 belegt, um ca. 16 km deutlich verkürzt, die Direktverbindung beider Kaps weist allerdings mit 61° E ein nahezu naturgetreues Azimut auf. Im Verlauf der Küste ist jedoch eine weite, der Wirklichkeit nicht entsprechende Eindellung vorhanden, an deren südöstlichstem Punkt sich die übertrieben tiefe Bucht von Sóller befindet, eine Darstellungsweise, die vor allem in den Exemplaren der 2. Version festzustellen ist und sich aus der bisher relativ flach wiedergegebenen Form entwickelt hat. Dieser Bucht vorgelagert sind drei kleine Eilande eingetragen, die bis auf s'Illeta in dieser Größe in der Natur nicht vorliegen und deren Hervorhebung vermutlich nur der Navigationssicherheit dienen sollte. In der Karte aus dem Werk des Honterus sind sie wieder zu finden (s. 7.5). Westlich neben der Bucht von Sóller ist eine zweite, in Realität nicht existierende, dem wüst gefallenen Ort Palomera zugeordnete Einbuchtung dargestellt. Dieser Bucht schräg gegenüber, obgleich sie der Inselwestspitze vorgelagert sein müsste, ist die Nachbarinsel Dragonera zu finden; im Vergleich zur Natur ist sie jedoch zu groß ausgefallen. Am anderen Ende der Küste ist die Landzunge von Formentor zu breit geraten und zu weit nördlich versetzt. Die NE-Flanke der Insel, deren direkte

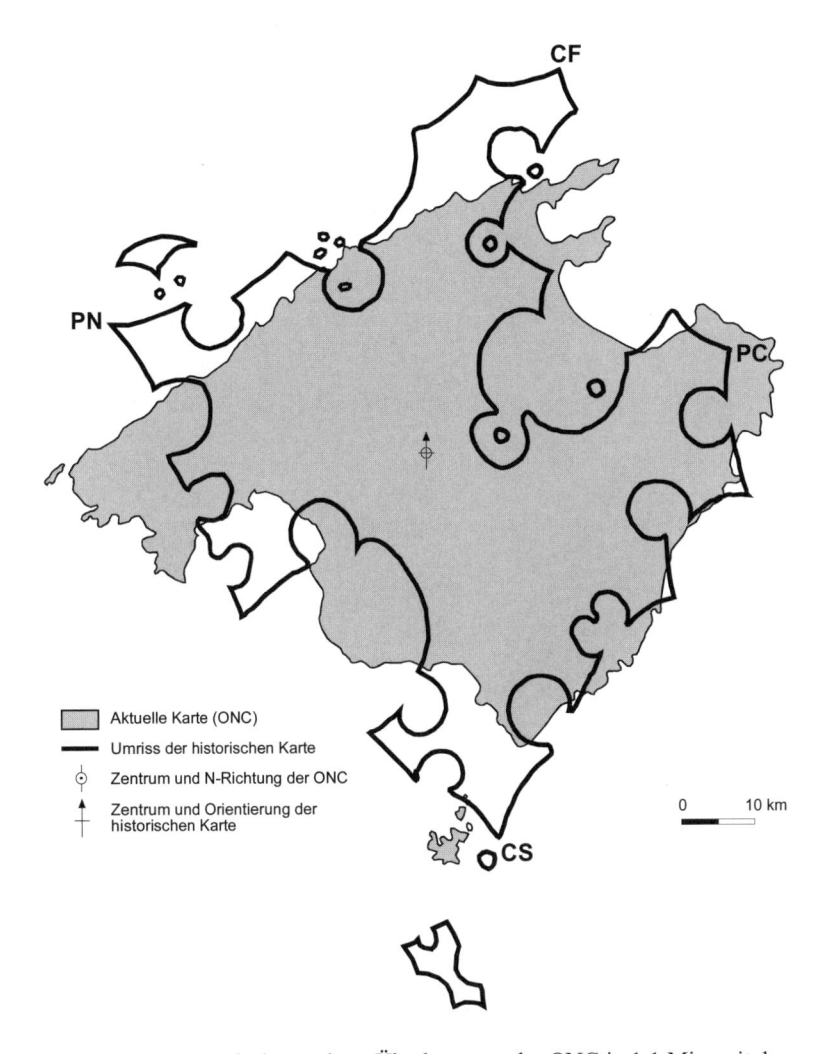

Abb. 5.11 Geometrisch zentrierte Überlagerung der ONC in 1:1 Mio. mit der durch Verkleinerung im Maßstab angepassten und nach Kartennord ausgerichteten historischen Darstellung aus dem Ms. Hamidiye 971 (vgl. Abb. 5.2).

Entfernung zwischen den entsprechenden Kaps etwa der Natur entspricht, zeichnet sich durch die Herausarbeitung eines breiten wie tiefen Meerbusens aus, der vor allem durch die weit nach SW hineingreifende Teilbucht von Alcúdia charakterisiert ist. An den Rändern dieses weiten Küstenhofes sind drei tiefer ins Landes-

144

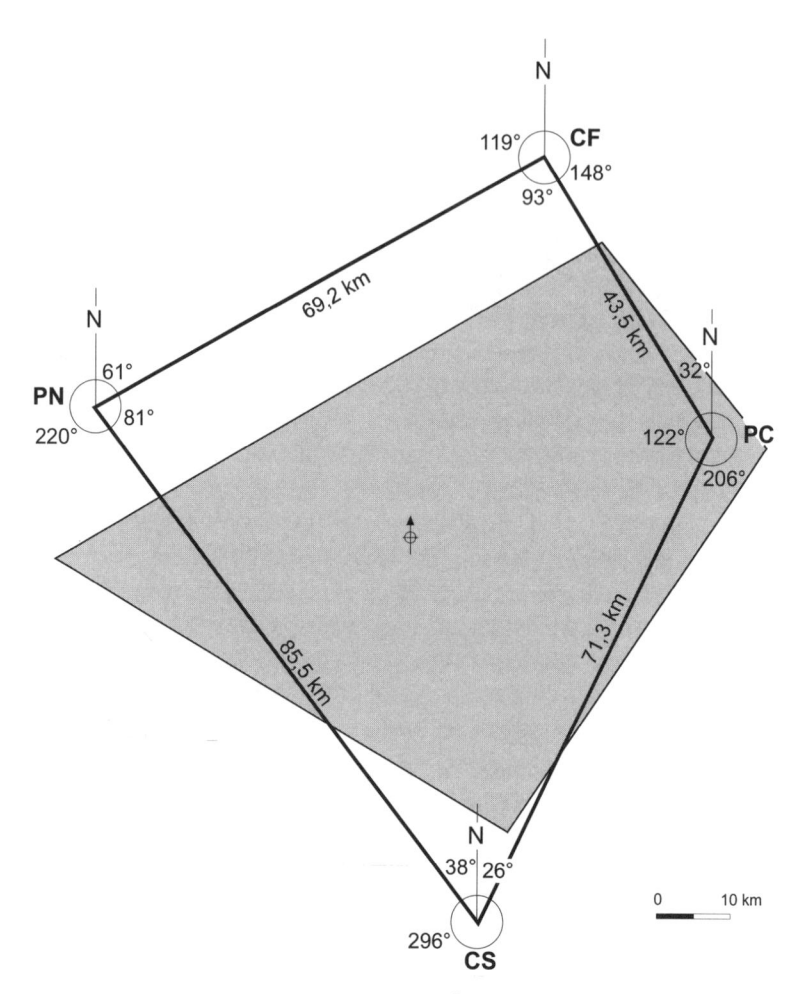

Abb. 5.12 Geometrisch zentrierte, genordete Überlagerung der Viereckschemata von historischem Kartenbild aus dem Ms. Hamidiye 971 und ONC in 1:1 Mio. mit Angabe der Kapdistanzen, Streckenazimute und Innenwinkel der Figur.

innere ragende Einbuchtungen ausgebildet, in denen drei kleine kreisrunde Inselfelsen auszumachen sind; ein viertes Eiland liegt weiter am Südrand der Alcúdia-Bucht. Die Landzunge am Cap des Pinar ist dreiecksförmig ausgebildet und kommt nur untergeordnet zum Ausdruck.

145

Ab der Punta de Capdepera bis zum Cap de ses Salines ist die Küste durch eine Aneinanderreihung fast gleichgroßer, nahezu kreisförmig abgeschlossener Buchten gekennzeichnet. Die Inselsüdspitze – hier fälschlicherweise mit *Qāvu Biyānqō* (Cap Blanc) bezeichnet – ist in diesem Fall besonders ausgeprägt dargestellt und erscheint deutlich nach S vorgeschoben, womit sich auch die in Abb. 5.12 veranschaulichte ca. 9 km Überlänge der insgesamt gesehen auch zu geradlinigen SE-Küste erklärt. Die zu groß geratene Insel Cabrera liegt richtungsmäßig weitgehend korrekt, jedoch zu weit südlich, auch zum kleineren Inselfelsen Conejera, der verhältnismäßig zu dicht am Südkap wiedergegeben ist. Ebenfalls als zu lang erweist sich die SW-exponierte Küstenpartie, deren mehr als 15 km Überlänge durch die erwähnte Südkap-Verlagerung und nicht zuletzt auch durch die weiter nach N verlegte Punta Negra zustande kommt. Die Azimute für beide Richtungen an der Südspitze weichen erheblich vom Naturwert ab. In östlicher Richtung, also für die SE-Küste, sind es nur 26° E statt 35° E und für die SW-Küste 322° E (= 38° W) statt 300° E (= 60° W). Der Küstenhof an der Hauptstadt erreicht im Vergleich zur Wirklichkeit annähernd die doppelte Größe, wobei dessen übertriebene Tiefe die oben erwähnte Engstelle der Landmasse ausmacht. Der Nordabschnitt des Inselsüdwestens ist gegenüber der Realität zu südnördlich ausgerichtet und etwa doppelt so lang dargestellt, wodurch, schematisch betrachtet, er eher einen geradlinigen Verlauf anstelle eines konkaven einnimmt. Die Innenwinkel der Schemafigur (Abb. 5.12) verdeutlichen besonders mit 81° im W und 122° im E, aber auch mit 93° im N und 64° im S die deutliche Zuspitzung des Inselvierecks in Nordsüdrichtung. Die im Schema Abb. 5.13 zur Darstellung gebrachten Diagonalen des historischen und des aktuelles Bildes unterstützen die soeben getroffene Aussage. Mit rd. 101 km ist die Diagonale Cap de Formentor– Cap de ses Salines um rd. 23 km zu lang, die nahezu senkrecht daraufstehende dagegen um nahezu 17 km zu kurz.

Auf eine Rotation, wie in einigen vorausgegangenen Beispielen vorgenommen, kann bei diesem Kartenbild verzichtet werden, da die geringe östliche Differenz von maximal 2° keine wesentlich verbesserte Überlagerung der Areale bringen würde.

Auch wenn hier nicht näher zu betrachten, so zeigt die fast doppelt so groß ausgefallene Nachbarinsel Menorca eine weitgehend korrekte Lage und Ausrichtung. Die einzelnen Küstenabschnitte weisen allerdings erhebliche Abweichungen vom Wirklichkeitsbild auf.

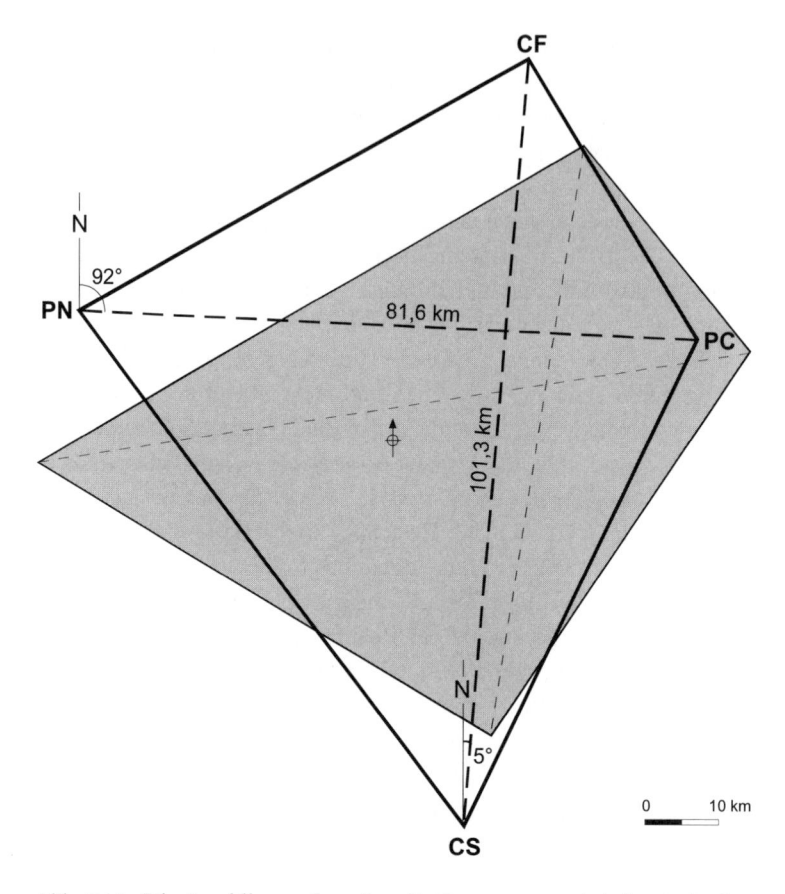

Abb. 5.13 Die Inseldiagonalen, ihre Entfernungen und Azimute in den geometrisch zentriert und genordet sich überlagernden Schemadarstellungen von historischem Kartenbild aus dem Ms. Hamidiye 971 und ONC in 1:1 Mio.

Vergleichsdarstellungen

Annähernd identisch zum genannten Beispiel zeigt sich die Gestalt der Insel Mallorca in den Karten der Ausgaben MSS. 718 (NKC London) und Hüsrev Paşa 272 (SK Istanbul), wobei letzte allgemein betrachtet etwas gröber ausgeführt wirkt. In der Karte aus London fällt besonders die Größe der Nachbarinsel Menorca auf, deren Fläche – obwohl in Natur vergleichsweise zu Mallorca ca. fünfmal kleiner – stark übertrieben zur Wiedergabe kommt und damit das Gesamtbild dominiert. Diesen beiden Karten gegenüber ist in der Darstellung der Ausgabe Hamidiye 945 eine deutlich feingliedrigere Buchtenstruktur festzustellen, deren Großform allerdings weitestgehend ähnlich erscheint. Auffallend ist hier im Vergleich zu den bisher behandelten Karten die stark kreisförmige Ausbildung vor allem der mittelgroßen und kleinen Buchten, die sich nahezu geschlossen zeigen. Durch diese Darstellungsweise treten die dazwischen liegenden Vorsprünge übertrieben hervor. Auch manche der veranschaulichten Nachbarinseln weichen in ihrer Form ab. Lage und Anzahl der kleinen küstennahen Eilande sind gegenüber der besprochenen Beispielkarte der Ausgabe Hamidiye 971 ebenfalls verschieden.

Weniger schematisch, dennoch stark konkav eingebuchtet zeigt sich der Küstenumriss in der Karte W. 658 aus der WAG Baltimore sowie in der äußerst ähnlichen Karte Türkçe 6605 der ÜK Istanbul, beides Darstellungen, die schon zur 2. Version gezählt werden (SOUCEK 1992: 291), von ihrer Gestalt her durchaus auch in die Gruppe 4 passen würden. Der überwiegende Teil der Küste stellt eine Aneinanderreihung nahezu kreisförmiger, tief ausgebildeter Buchten dar, deren dazwischen liegende Landzungen übertrieben und teilweise ausgebeult wirkend dargestellt sind. Besondere Betonung durch ihre Tiefe erfahren die jetzt – ähnlich dem Beispiel Hamidiye 971 – mehr ins Zentrum der Küste gerückte vermeintliche Bucht von Sóller im NW und die Bucht von Alcúdia im NE. Der Küstenhof an der Hauptstadt fällt eher durch seine Weite auf, in dessen weitgespanntem Bogen erstmalig die Hafenanlage der Stadt herausgearbeitet wird. Wesentlich korrekter erweist sich die Lage der küstennah im SW gelegenen Eilande. Die Darstellung B. 338 der TSMK rückt hingegen deutlich von dieser Küstenstruktur ab und zeigt das Inselbild wesentlich naturgetreuer. Die Inselgestalten dieser Vergleichskarten sind neben der Darstellung aus der Ausgabe Hamidiye 975 in den Abb. 5.14a u. Abb. 5.14b zusammengefasst.

5.5.3 Karte aus dem Ms. Ayasofya 2612 und Vergleichsdarstellungen

Karte aus dem Ayasofya

Erheblich verändert erscheint das Gesicht der Mallorca-Karte in der Ausgabe Ayasofya 2612 der SK Istanbul. Dies trifft hauptsächlich für den Küstenverlauf zu, der eindeutig dem Naturbild näherkommt. Hierfür spricht vor allem die Ausrichtung der Hauptküstenabschnitte, so dass eine Rotation des historischen Karten-

Hamidiye 971
(SK Istanbul)

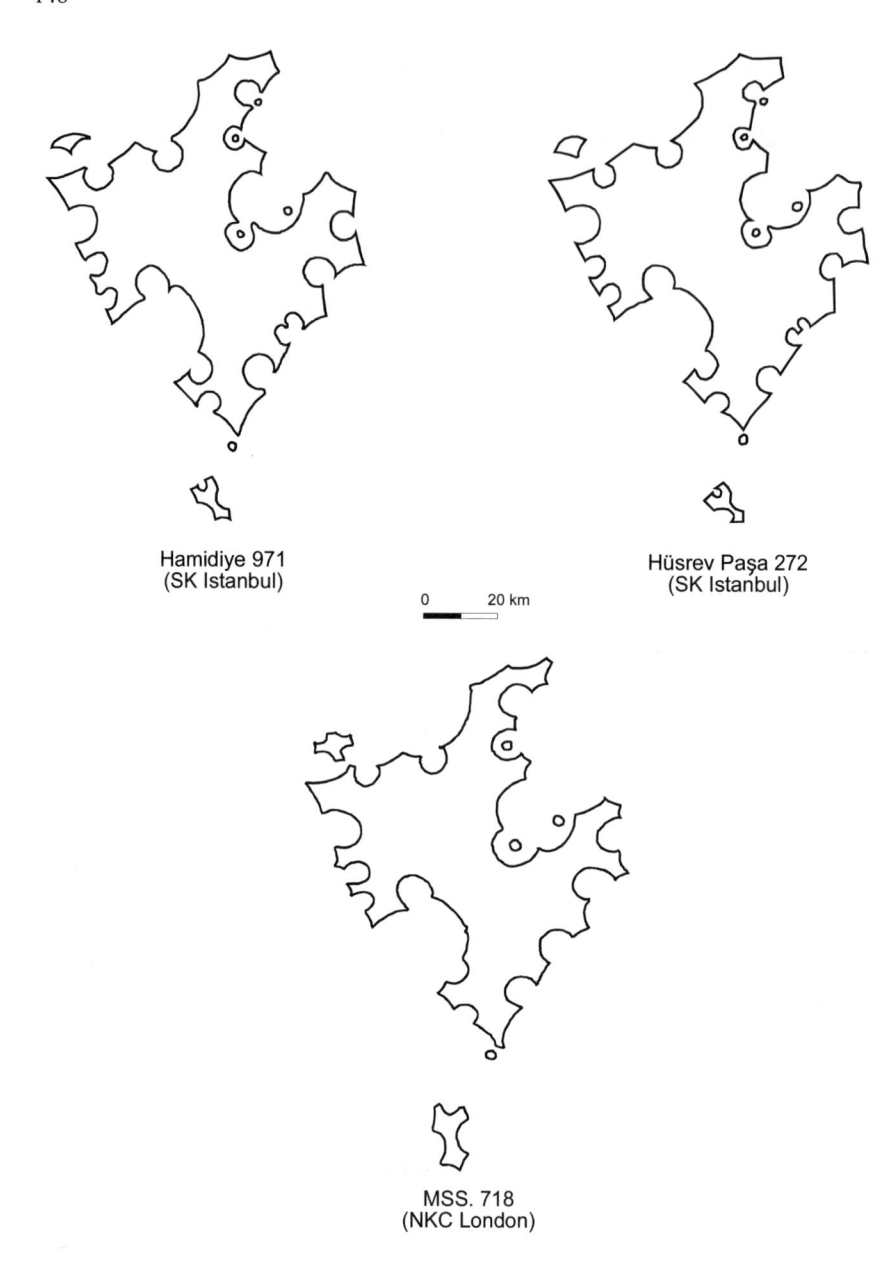

Hüsrev Paşa 272
(SK Istanbul)

0 20 km

MSS. 718
(NKC London)

Abb. 5.14a Vergleich der Inselgestalt in den zu Gruppe 2 zusammengefassten Mallorca-Darstellungen der Kitāb-i Baḥrīye-Ausgaben in 2. Version, ausgerichtet nach Kartennord und verkleinert auf 1:2 Mio. (Teil I).

149

Hamidiye 945
(SK Istanbul)

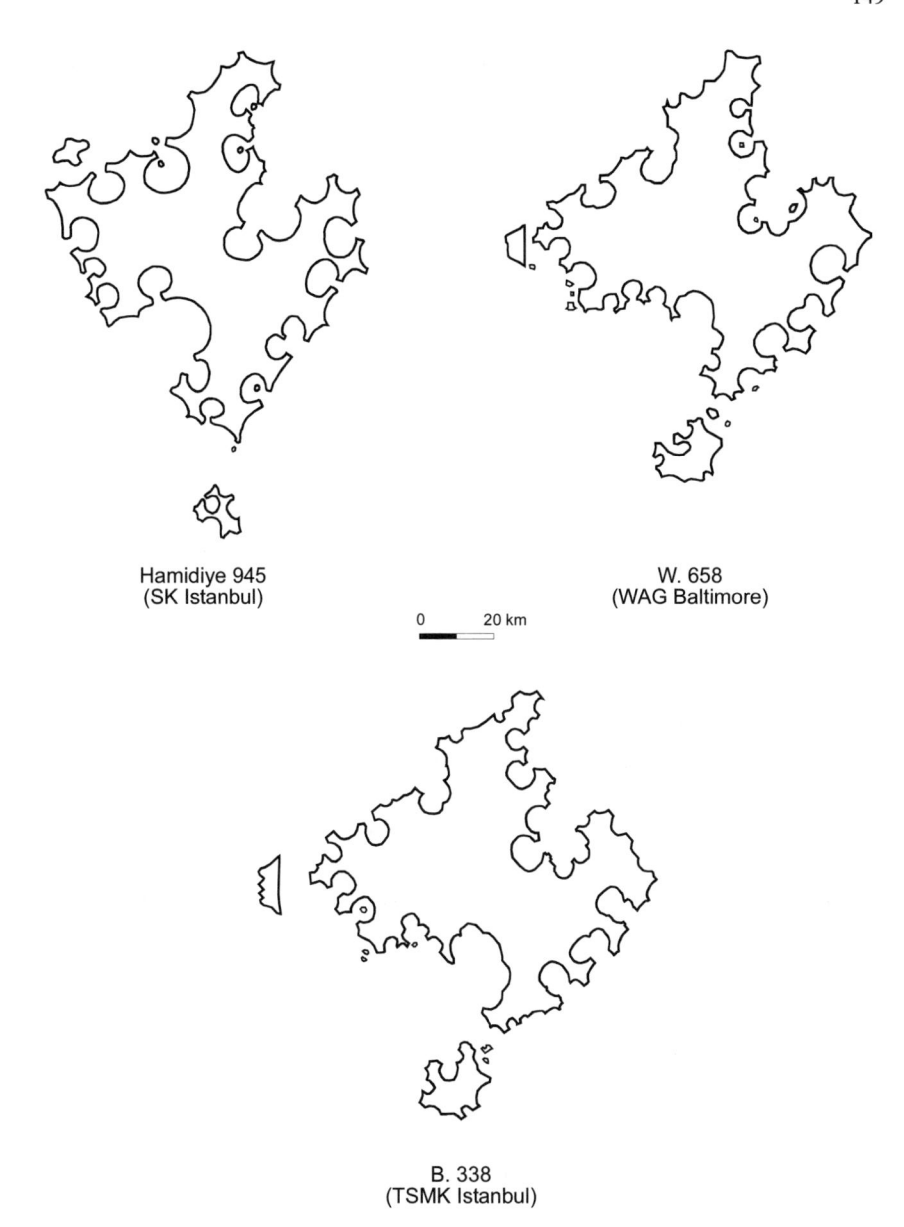

W. 658
(WAG Baltimore)

0   20 km

B. 338
(TSMK Istanbul)

Abb. 5.14b   Vergleich der Inselgestalt in den zu Gruppe 2 zusammengefassten Mallorca-Darstellungen der Kitāb-i Baḥrīye-Ausgaben in 2. Version, ausgerichtet nach Kartennord und verkleinert auf ca. 1:2 Mio. (Teil II).

bildes gegenüber dem aktuellen keine optimalere Überdeckung bringen würde. Andererseits entsteht gebietsweise durch die stark abgerundete Form mancher Küstenpartie, seien es Buchten, seien es Landzungen, der Eindruck eines unnatürlichen Gebildes. Einen guten Vergleich erreicht man erneut durch eine zentrierte und genordete Überlagerung des historischen Bildes mit der ONC in 1:1 Mio. (Abb. 5.15).

Am günstigsten schneidet dabei die NW-exponierte Küste ab. Ihre Länge entspricht etwa der Realität. Die im übersetzten Text bei ÖKTE (1988: 1139f.) angegebenen 70 Meilen sind hingegen für diese Gesamtstrecke eindeutig zu lang. Tief im Vergleich zur Natur stellen sich in diesem Abschnitt erneut die zwei Buchten dar, die Bucht des heutigen Sóller sowie die weiter nordöstlich davon gelegene breitere, hier unbeschriftete Küstenöffnung. Da an der erstgenannten Bucht der Ortsname *Palmar* vermutlich für Palomera steht, könnte für die zweite die Bucht von Sóller angenommen werden, was allerdings nach der Lage eher unwahrscheinlich ist. Dem Naturbild näherkommend, aber im Detail wiederum abweichend, zeigt sich die NE-Flanke der Insel. Von der Doppelbucht mit den heutigen Namen Pollença/Alcúdia ist, nicht zuletzt auch aufgrund des überhaltenen großen, trapezförmigen Vorsprungs am Cap des Pinar bzw. am Cap de Menorca (*Qōlġadō Manārqo*), der nördlichere Teil trichterförmig geöffnet, der südlichere nicht tief und weit genug. Bedingt durch Namensverwechslungen sind die bei ÖKTE (1988: 1139) notierten Entfernungen nicht einwandfrei verwendbar. Die auf gleicher Seite dieses Textes erwähnten zwei Eilande gibt es allerdings. Die südöstliche Inselküste hingegen weicht im Mittel nur geringfügig von der Wirklichkeit ab, der Verlauf der Küstenlinie als solcher zeigt sich doch realitätsfremd dargestellt. Drei von vier der oben schon erwähnten Buchten, die Hafenbuchten von Cala Figuera, Portopetro und Portocolom – in der Karte mit *Qāle Figāra, Pōrtō Petra* und *Pōrtō Qōlombō* bezeichnet –, sind landeinwärts in NW-Richtung äußerst tief zum Ausdruck gebracht. Die Ostspitze der Insel, die Punta de Capdepera (hier *Qāvu Petra*), erscheint zu lang in südöstliche Richtung verlagert. Der Südbereich der Insel ist durch zwei Landzungen charakterisiert, dem heutigen Cap de ses Salines (*Qāvu Ṣalīna*) und dem zu weit nach S eingetragenen und hier stärker in Erscheinung tretenden Cap Blanc (*Qāvu Biyānqō*), so dass erster nur untergeordnet zur Geltung kommt. Insgesamt ist diese Partie ohnehin zu stark nach S bzw. SW versetzt, wodurch auch das vor dem Cap de ses Salines gelegene Cabrera-Archipel (*Qabrīra*) zu weit in gleiche Richtung verschoben erscheint. Die in oben genannter Übersetzung (ÖKTE 1988: 1137) erwähnte Distanz von fünf Meilen zwischen beiden Inseln entspricht der im historischen Kar-

151

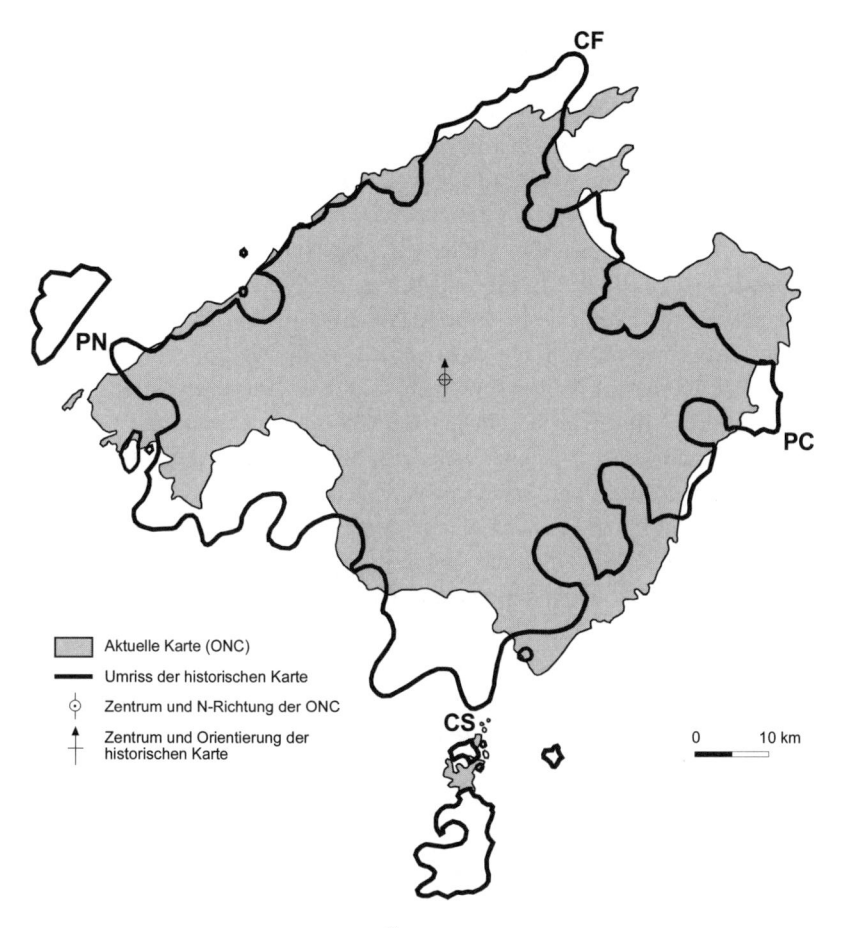

Abb. 5.15 Geometrisch zentrierte Überlagerung der ONC in 1:1 Mio. mit der durch Verkleinerung im Maßstab angepassten und nach Kartennord ausgerichteten historischen Darstellung aus dem Ms. Ayasofya 2612 (vgl. Abb. 5.3).

tenbild, aber nicht dem etwa um ein Drittel längeren Wert in der Realität, was nicht zuletzt mit der nahezu achtfach zu groß wiedergegebenen Fläche der Insel Cabrera zusammenhängt. Nach gleicher Quelle sollen von Cabrera aus *Ṭuzla* (Ses Salines bzw. Santanyí) sechs und *Qāle Figāra* (Cala Figuera), weiter nordöstlich, 15 Meilen entfernt sein. Die SW-Küste der Insel schließlich zeigt die größte Abweichung gegenüber dem Naturbild. Die Bucht an der Hauptstadt ist zu einem großzügigen Meeresbusen ausgeweitet, nicht zuletzt durch die nach S erfolgte

Verschiebung des Cap Blanc, eines der charakteristischen Punkte der SW-Küste, obgleich die im Übersetzungstext (ÖKTE 1988: 1133) angegebene Entfernung von 15 Meilen zwischen der Stadt und dem Kap in etwa zutrifft. An der Hauptstadt selbst ist anstelle einer etwa trapezförmigen Einbuchtung eine tief eingreifende, stark abgerundete Meeresöffnung zur Darstellung gekommen. Ebenfalls tief eingeschnitten zeigt sich der Hafenbereich von Portopí (*Pōrto Pī*), ein zur damaligen Zeit bedeutender, drei Meilen entfernter (ÖKTE 1988: 1143) Vorhafen zur Hauptstadt, dessen Wiedergabe allerdings deutlich zu groß ausgefallen ist. Der nordwestliche Teil dieses Küstenabschnitts zeigt statt eines NW-SE-Verlaufes eher eine nord-südliche Ausrichtung, wobei die Spitze um das Cap de Cala Figuera überbetont breit in SW-Richtung versetzt erscheint. Bei der relativ tief ausgebildeten Bucht im nördlichen Bereich dieses Abschnitts ist die Bucht von Andratx anzunehmen, denkbar wäre auch eine Verwechselung mit der weiter südlich gelegenen Bucht von Santa Ponça. Eigenartig ist das Auftreten von zwei nebeneinander liegenden Eilanden, ein größeres und ein näher an der Hauptinsel gelegenes kleineres. Mit Hilfe der Beschriftung und auch aufgrund der ringsherum erfolgten Punktierung für seichtes Wasser lässt sich annehmen, dass mit dem größeren Eiland der hier *Pantālya* bezeichnete Inselfelsen Pantaleu gemeint sei. Der Lage und Größe nach zu urteilen, hätte man eher auf das südöstlicher gelegene Eiland Malgrat schließen und den kleineren Felsen für Pantaleu halten können. Vermutlich soll der Inselfelsen Pantaleu wegen seiner ehemaligen strategischen und geschichtlichen Bedeutung während der aragonisch-katalanischen Inseleroberung im 13. Jh. hervorgehoben werden. Auffallend ist zweifellos auch die Gestaltung der vergleichsweise größeren Nachbarinsel Dragonera (hier *Ǧezīre-i Diranqōnārya*). Diese gegenüber der Realität zu weit nordwestlich eingetragene Insel ist hier analog manch bereits erwähnter Darstellung erneut als Profil wiedergegeben, ein typisches Kennzeichen für die Karten der 2. Version. Die übertriebene Höhe des Profils kombiniert mit einer schräg gestreiften, mehrfarbigen Gebirgsstruktur lassen die Insel – nicht zuletzt auch durch den verzerrten Eindruck der Flächengröße – im Vergleich zu den anderen Landmassen aus dem Rahmen fallen und damit besonders hervortreten. Mehrere zusätzliche, im Text der Faksimileausgabe (ÖKTE 1988: 1133-1143) bezüglich dieses südwestlichen Küstenabschnitts vorgenommene Entfernungsangaben lassen sich aufgrund schlecht identifizierbarer Punkte nur schwer oder gar nicht nachvollziehen.

Analog den bisherigen Schemabildern sind in Abb. 5.16 die direkten Verbindungen zwischen den markanten Inselextrempunkten nach ihrer jeweiligen Entfer-

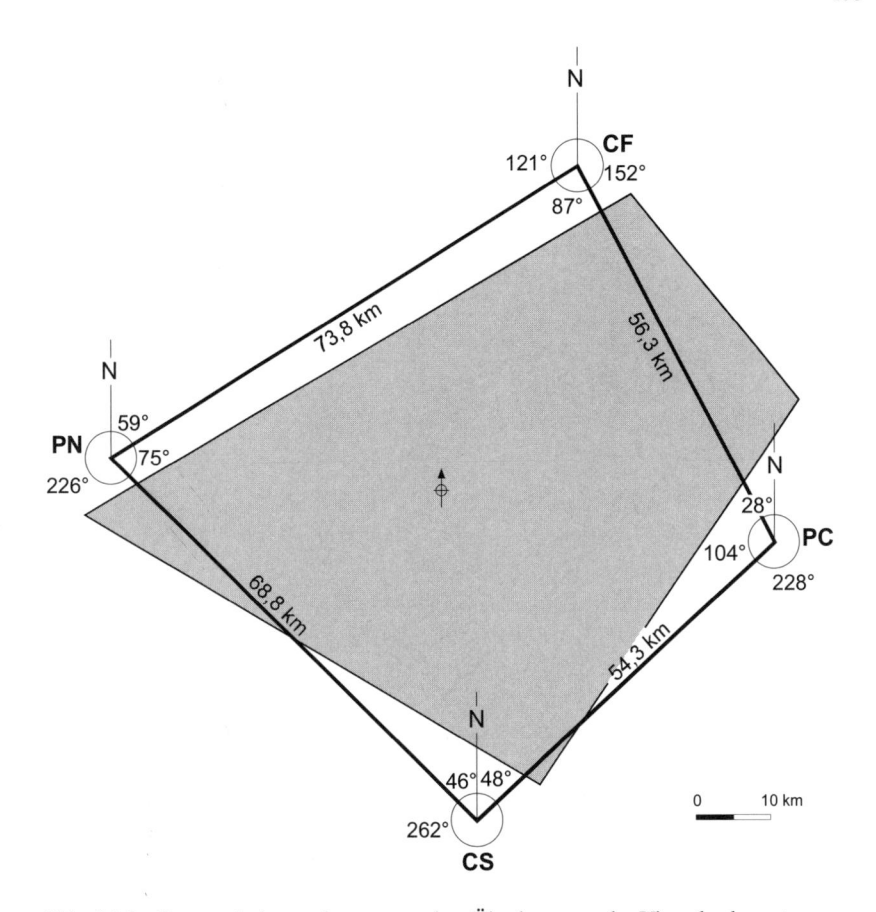

Abb. 5.16 Geometrisch zentrierte, genordete Überlagerung der Viereckschemata von historischem Kartenbild aus dem Ms. Ayasofya 2612 und ONC in 1:1 Mio. mit Angabe der Kapdistanzen, Streckenazimute und Innenwinkel der Figur.

nung und Ausrichtung auszumachen und mit der entsprechenden Darstellung der ONC in 1:1 Mio. zu vergleichen. Aus der genannten Abbildung lassen sich eindeutig die Veränderung in Form und Lage der Viereckfigur erkennen. Hiernach sind die NW- und die SE-Flanke der Insel zu kurz und die NE-Partie deutlich zu lang geraten. Auch die Vierecksseiten weichen in ihrer Ausrichtung vom Soll ab. Während die NW-exponierte Flanke ein der Realität etwa entsprechendes Azimut aufweist, zeigen die Küstenstrecken im NE am Cap de Formentor ein um 12° bzw. im SE am Cap de ses Salines ein um 13° höheren Winkelwert. Die ebenfalls am Südkap gemessene geringfügig westlichere Abweichung der SW-Strecke er-

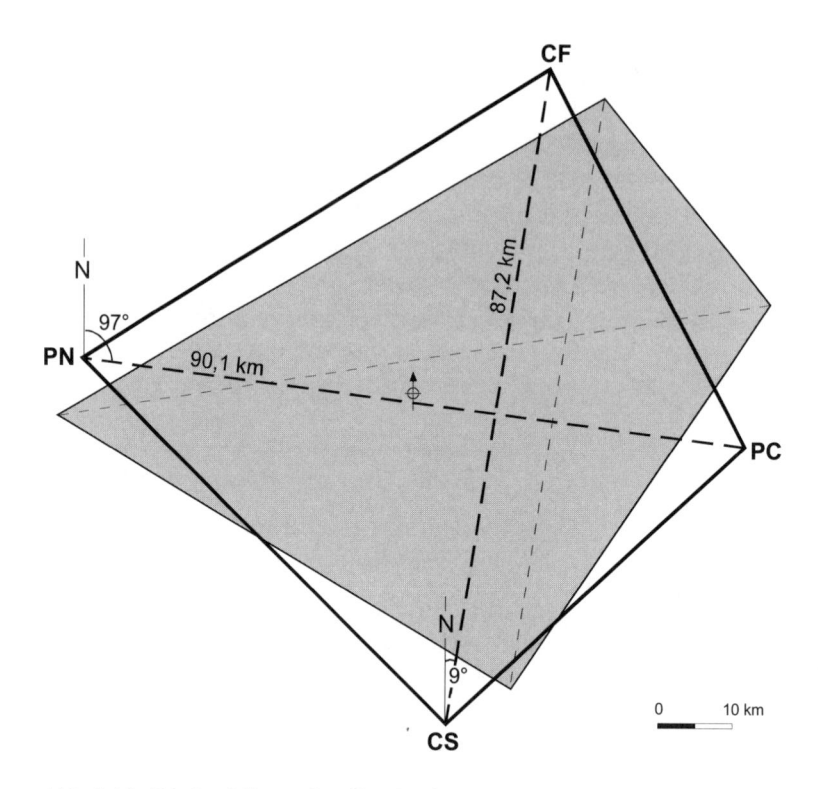

Abb. 5.17 Die Inseldiagonalen, ihre Entfernungen und Azimute in den geometrisch zentrierten und genordet sich überlagernden Schemadarstellungen von historischem Kartenbild aus dem Ms. Ayasofya 2612 und ONC in 1:1 Mio.

gibt sich zu 14°. Demzufolge sind auch die Innenwinkel des Schemavierecks verschieden. Die stärksten Differenzen sind mit 75° statt 60° an der W- und mit 87° statt 100° an der Nordspitze festzustellen.

Deutliche Abweichungen erweisen sich auch bei den Inseldiagonalen. Lage, Entfernung und Orientierung dieser Strecken im Vergleich zu denen des Naturbildes lassen sich der Abb. 5.17 entnehmen. Besonders auffallend ist die Azimutdifferenz bei der Diagonalen Punta Negra–Punta de Capdepera. Am erstgenannten Punkt gemessen weicht die Diagonale um ca. 97° E anstelle von 81° E ab, die zweite verläuft hingegen etwa realitätstreu, sie ist nur zu lang, die andere dafür zu kurz.

Vergleichsdarstellungen

Weitgehend identisch bildet sich die Küste in den vorne aufgeführten Vergleichskarten ab (Abb. 5.18). Bis auf geringfügige Differenzen, die sich auf die Tiefe einiger Buchten sowie auf manch stärkere Rundung des Küstenumrisses beschränken, ist die Darstellung H. 642 aus der TSMK dem gewählten Beispiel am ähnlichsten. Abweichungen in der Größe und zum Teil auch in der Form sind allerdings bei den Nachbarinseln festzustellen. Annähernd gleich im Gesamtbild, aber unterschiedlich im Detailverlauf zeigen sich dazu die beiden anderen Karten, das Exemplar R. 1633 der TSMK und das Exemplar Suppl. Turc 956 der BNF Paris. Der Küstenverlauf im ersten Beispiel ist bis auf einige Nuançen gleich dem der Ausgabe Ayasofya 2612, der des Beispiels aus Paris erweist sich dagegen stärker gegliedert und wesentlich eckiger. In beiden Vergleichsfällen aus der TSMK ist die Nachbarinsel Cabrera gegenüber der Wirklichkeit größer und untereinander nahezu identisch ausgefallen. Bei allen drei Karten ist das Cabrera-Archipel als Ganzes näher an die Hauptinsel gerückt. Charakteristische Differenzen im Detail zeigen sich vor allem im Falle der R. 1633 aus der TSMK. Dazu gehört die Verengung einiger wichtiger Buchten, zu denen die beiden bisher genannten Buchten an der NW-, Portocolom an der SE- und vor allem Alcúdia an der NE-Flanke gehören. In allen Vergleichskarten kommt erneut der große Küstenhof bei Andratx mit den zwei vorgelagerten Eilanden als auch die verhältnismäßig zu weit eingetragene Nachbarinsel Dragonera als Profil zur Darstellung.

5.5.4 Karte aus Ms. Diez A. Foliant 57 und Vergleichsdarstellungen

Karte aus dem Ms. Diez A. Foliant 57

Die Karte Diez A. Foliant 57 aus der SB Berlin zeigt trotz des vergleichsweise jungen Alters ein deutlich von der Wirklichkeit abweichendes Inselbild, das in seiner Gestalt zweifellos eher den Darstellungen der 2. Gruppe zuzurechnen ist. Die zum Teil stark konkav ausgebildeten, girlandenförmig aneinander gereihten Küstenabschnitte, deren Wiedergabe auch an ältere Mallorca-Karten anderer Autoren erinnert, ist das prägende Merkmal dieser Darstellung. Besonders auffallend ist die übertriebene Tiefe und Abrundung der meisten Buchten, von denen allen voran die großen im SW und NE für eine starke Verengung der Insel verantwortlich sind.

156

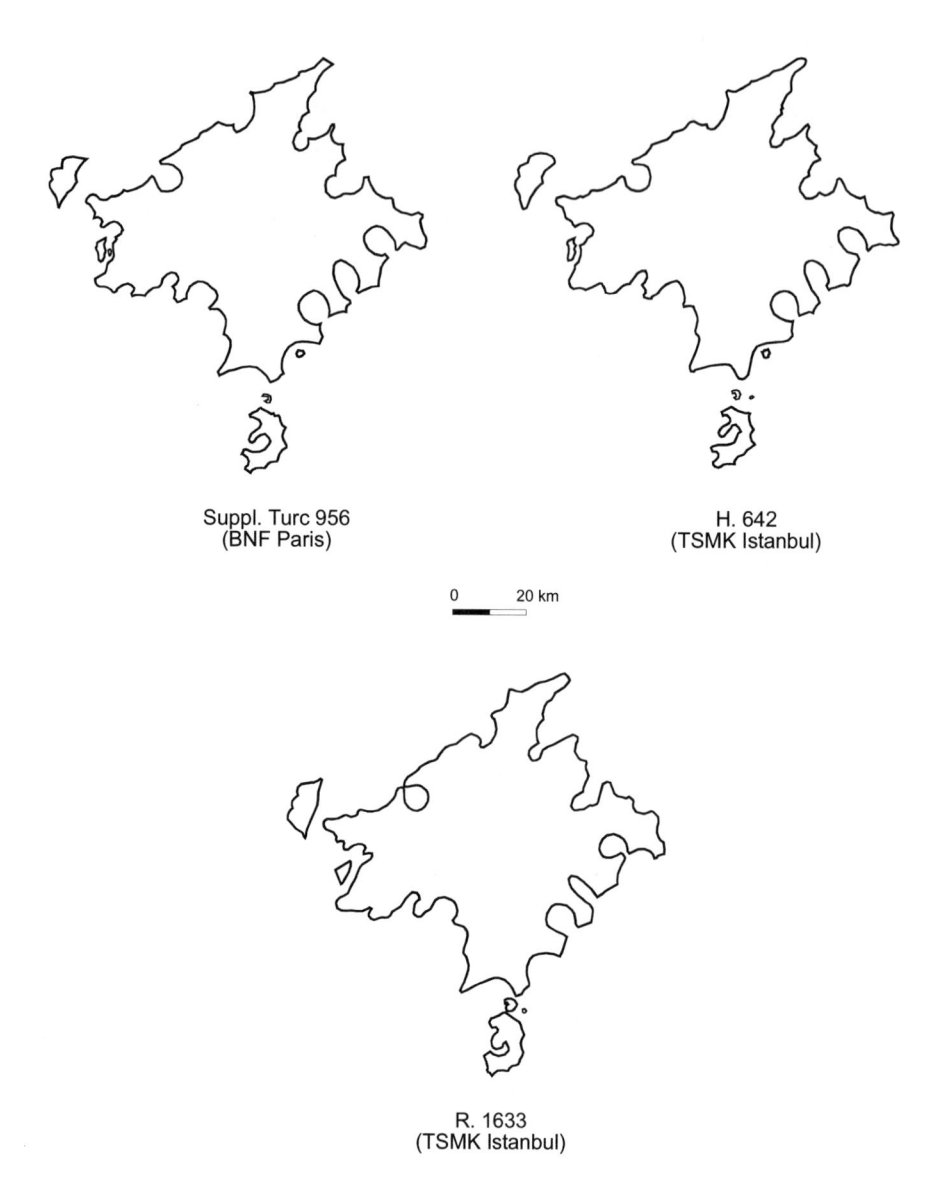

Suppl. Turc 956
(BNF Paris)

0   20 km

H. 642
(TSMK Istanbul)

R. 1633
(TSMK Istanbul)

Abb. 5.18   Vergleich der Inselgestalt in den zu Gruppe 3 zusammengefassten Mallorca-Darstellungen der Kitāb-i Baḥrīye-Ausgaben in 1. Version, ausgerichtet nach Kartennord und verkleinert auf 1:2 Mio.

157

Wie bereits vorne angedeutet und auch der Gestalt- und Schemaüberlagerung der Abb. 5.19 und Abb. 5.20 zu entnehmen, weist die Inselfigur gegenüber der Realität insgesamt gesehen eine deutliche Drehung nach E auf. Die in Natur NW-exponierte Küste, die in ihrer Länge nur knapp 6 km zu kurz ausgefallen ist, weicht im Mittel um ca. 11° stärker in östliche Richtung ab. In diesem Küstenabschnitt sind erneut zwei tiefe Buchten veranschaulicht, von denen die östlicher gelegene äußerst konkav und weit ausgebildet ist. Aufgrund der zentralen Küstenlage der größeren der beiden, sollte man annehmen, dass hiermit die heutige Bucht von Sóller gemeint sein könne. Dafür spricht auch der an der kleineren Bucht vor-

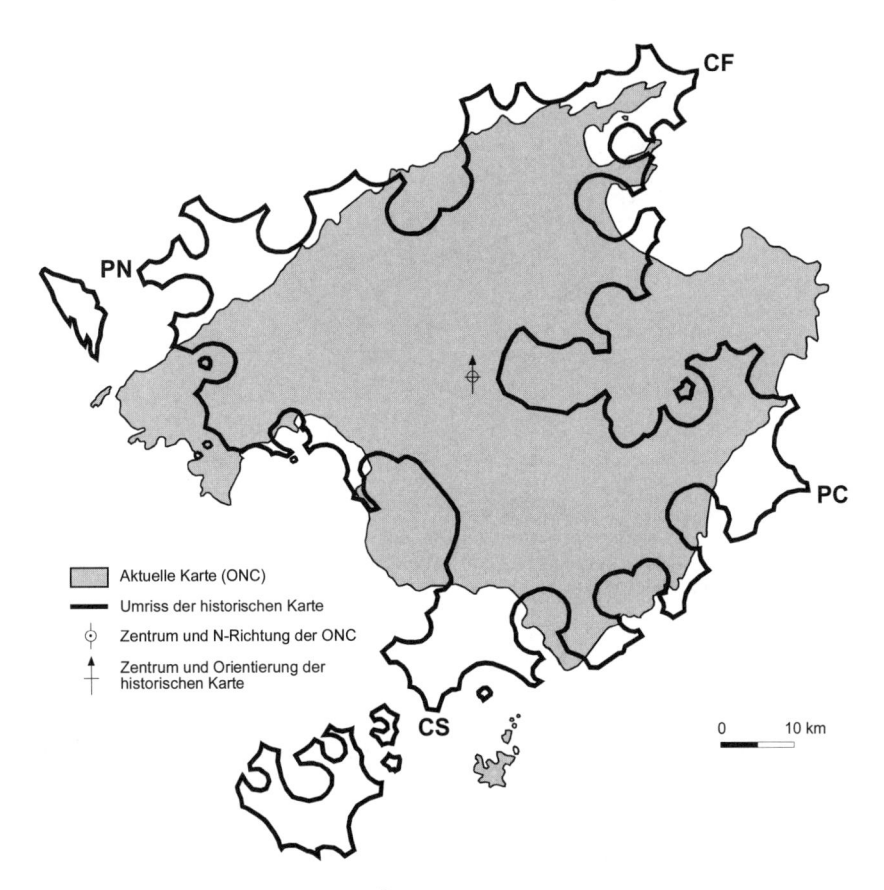

Abb. 5.19   Geometrisch zentrierte Überlagerung der ONC in 1:1 Mio. mit der durch Verkleinerung im Maßstab angepassten und nach Kartennord ausgerichteten historischen Darstellung aus dem Ms. Diez A. Foliant 57 (vgl. Abb. 5.4).

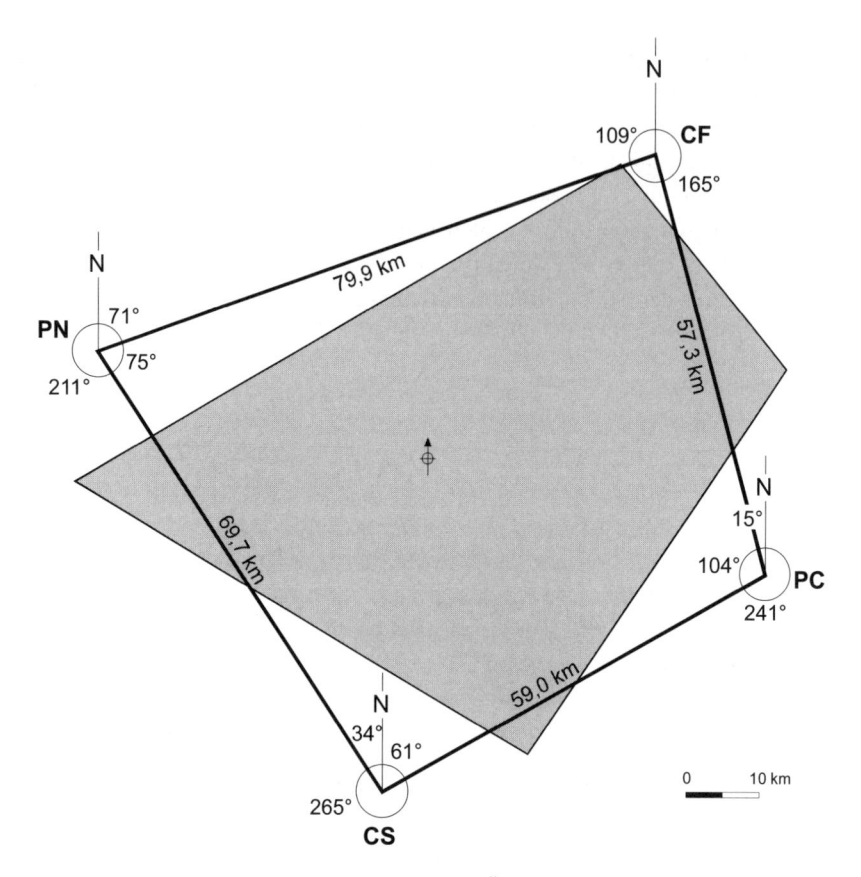

Abb. 5.20 Geometrisch zentrierte, genordete Überlagerung der Viereckschemata von historischem Kartenbild aus dem Ms. Diez A. Foliant 57 und ONC in 1:1 Mio. mit Angabe der Kapdistanzen, Streckenazimute und Innenwinkel der Figur.

genommene Eintrag *Qal'e-i palmāra*, der gemäß Begleittext der Oxford-Ausgabe sich auf eine im Hafen von Sóller gelegene Burg („Mandiraki" bei ÖKTE 188: 1141) bezieht. Demgegenüber steht allerdings das unmittelbar neben der Bucht eingetragene Castell del Rei, das sich in Natur deutlich weiter nordöstlich befindet. Die Inselflanke im NE streicht mit einem am Cap de Formentor (hier *Qāvu Firšāra*) gemessenen mittleren Azimut von 165° E statt 140° E eindeutig zu steil nordsüdlich, ihre Länge scheint mit 57,3 km gegenüber 35,2 km übertrieben. Der Abschnitt ist stark untergliedert, so dass anstelle eines großen Küstenhofes mit zwei Vertiefungen, hier mehrere ins Landesinnere reichende Teilbuchten zum Ausdruck gebracht sind. Äußerst tief ist die südlichere, die Bucht von Alcúdia, ausgebildet. Sie zeigt sich mehrfach seitlich ausgebuchtet und durch einen landwärtig weit hineingreifenden Einschnitt, in dem das Ortsbild der gleichnamigen Stadt untergebracht ist, charakterisiert. Nicht zuletzt dadurch tritt die Landzunge am Cap des Pinar besonders hervor; sie ist länger und vor allem breiter als in der Natur dargestellt. Eine in einem Teilbereich der Alcúdia-Bucht eingetragene kleine Insel lässt – trotz falscher Lage – auf die Illa d'Alcanada oder auf s'Illot des Porros schließen. Auch die SE-Küste, die im Mittel leicht konvex gebogen ausgebildet und deren Länge im Vergleich zur Realität nur um ca. 3 km geringfügig kürzer wiedergegeben ist, weist am Inselsüdpunkt anstelle eines Azimuts von 35° E eine Abweichung von 61° E auf. Wie in bisherigen Darstellungen des Kitāb-i Baḥrīye ist diese Küstenpartie durch drei schmale, annähernd gleichtief ins Landesinnere hineinragende Buchten gekennzeichnet. Auch wenn kaum eine Beschriftung vorliegt, so kann es sich von SW nach NE erneut nur um die Buchten Cala Figuera (*Qāle Figāra*), Portopetro und Portocolom (*Pōrtō Qōlōm*) handeln. Die südwestlicher gelegene flachere Bucht mit einer kleinen vorgelagerten runden Insel weist durch die Bezeichnung *Ṭuzla* erneut auf Ses Salines bzw. Santanyí hin. Die SW-exponierte Küste zeigt bei ihrer Ausrichtung gegenüber der letztgenannten eine deutlich geringere Winkeldifferenz. Statt einer westlichen Abweichung von 60° stellt sich hier ein Wert von nur 34° W ein. Die Länge dieser Küstenstrecke entspricht im Mittel der Naturentfernung zwischen beiden markanten Kaps. Erheblich nach Süden verlagert erscheint der Küstenhof im Bereich der Hauptstadt. Dazu kommt dessen übertriebene Breite, so dass eine besonders offene Einbuchtung zwischen dem Cap de Cala Figuera im N und dem Cap Blanc im S zur Darstellung kommt. Im Bereich dieses weiten Küstenhofes zeigt sich in östliche Richtung eine weitere markante Vertiefung, an deren landwärtigem Abschluss das Ortsbild der Hauptstadt liegt. Dieser zusätzliche Einschnitt ins Inselinnere verengt außerordentlich den Raum zwischen diesem Meerbusen und dem ebenfalls tiefen, auf der Gegenseite gelegenen bei Alcúdia, ein markantes Charakteristikum dieses Kartenbildes. Durch die Südverlagerung der großen Hauptstadtbucht ist der Bereich um die Inselsüdspitze zu schmal und zu zerlappt zur Darstellung gebracht. Das vorgelagerte Cabrera-Archipel, dessen Hauptinsel um ein 15-faches zu groß veranschaulicht ist, liegt eindeutig zu weit westlich. Im Gegensatz zum Südabschnitt der soeben genannten Küste ist der nördlich bzw. nordwestlich davon gelegene, gegenüber der Wirklichkeit doppelt so lang abgebildet. Im Vergleich zu anderen Darstellungen sind hier nur zwei kleinere Einbuchtungen auszumachen. Diesem Abschnitt mehr oder minder korrekt vorgelagert ist die

Insel Dragonera, die wiederum als Profil, diesesmal jedoch raumplastisch und zum Betrachter gerichtet wiedergegeben ist. Die gewellte Grundlinie dieses Profils verläuft etwa NW-SE.

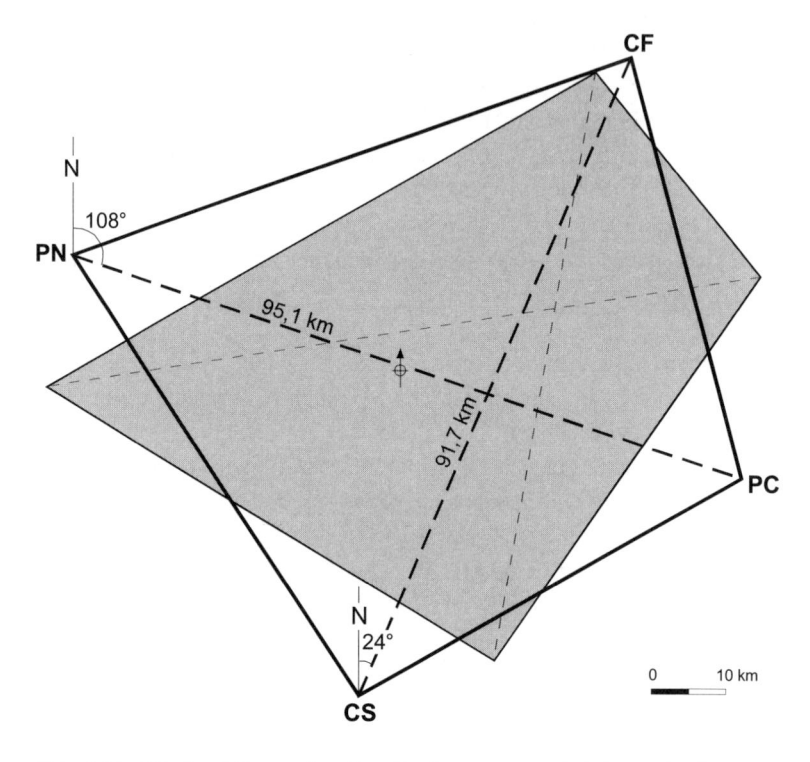

Abb. 5.21 Die Inseldiagonalen, ihre Entfernungen und Azimute in den geometrisch zentriert und genordet sich überlagernden Schemadarstellungen von historischem Kartenbild aus dem Ms. Diez A. Foliant 57 und ONC in 1:1 Mio.

Zur Unterstützung der oben aufgeführten Abb. 5.20, die neben Orientierung und Entfernung der schematisch erfassten Küstenabschnitte auch die Innenwinkel des Schemavierecks veranschaulicht, seien im weiteren Schaubild der Abb. 5.21 die Inseldiagonalen zur Darstellung gebracht. Eindeutig kommt hier zum Ausdruck, dass die Diagonale vom Cap de ses Salines im S zum Cap de Formentor im N um ca. 14 km zu lang, während die etwa senkrecht darauf stehende Strecke nur um ca. 3 km kürzer ausgefallen ist. Die wegen der nahezu gleichen Länge der Diagonalen sich ergebende Vierecksfigur nähert sich dadurch sehr einem Trapez bzw.

wegen der annähernd gleichen Länge der Seiten schon fast einem, in diesem Fall auf der Spitze stehenden Quadrat.

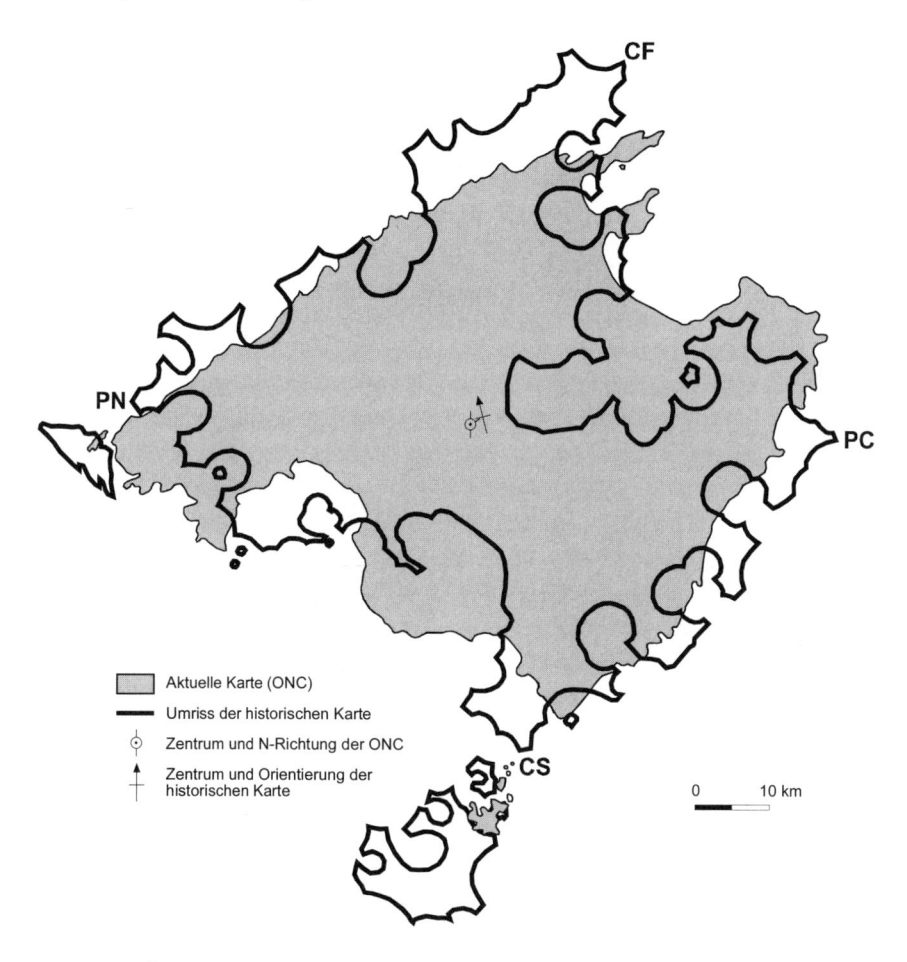

Abb. 5.22 Überlagerung der genordeten ONC in 1:1 Mio. mit dem maßstäbig angepassten Kartenbild aus dem Ms. Diez A. Foliant 57 nach erfolgter Rotation um 15° W und einer Mittelpunktsversetzung um rd. 2 mm nach NE.

Um eine weitgehende Deckung der Inselareale und damit einen besseren Gestaltvergleich zu erreichen, ist eine Rotation des historischen Kartenbildes gegenüber dem im nahezu gleichen Maßstab von 1:1 Mio. vorliegenden aktuellen ONC-Bild um einen Winkel von ca. 15° W nötig (Abb. 5.22). Bei dieser Gegenüberstellung sollten allerdings die zahlreichen, überaus tief ausgeprägten Buchtbereiche der historischen Darstellung keine Beachtung finden.

Vergleichsdarstellungen

Die Inselgestalt der Mallorca-Karte aus dem Ms. 3609 der BU Bologna erweist sich bis auf einige Nuançen im Detailbereich zur oben besprochenen Darstellung aus der SB Berlin als vollkommen identisch (Abb. 5.23). Dies vorausgesetzt, würde die Betrachtung des Inselumrisses dieser Karte auf eine weitgehende Wiederholung des im vorausgegangenen Beispiel Erläuterten hinauslaufen.

Diez A. Foliant 57
(SB Berlin)

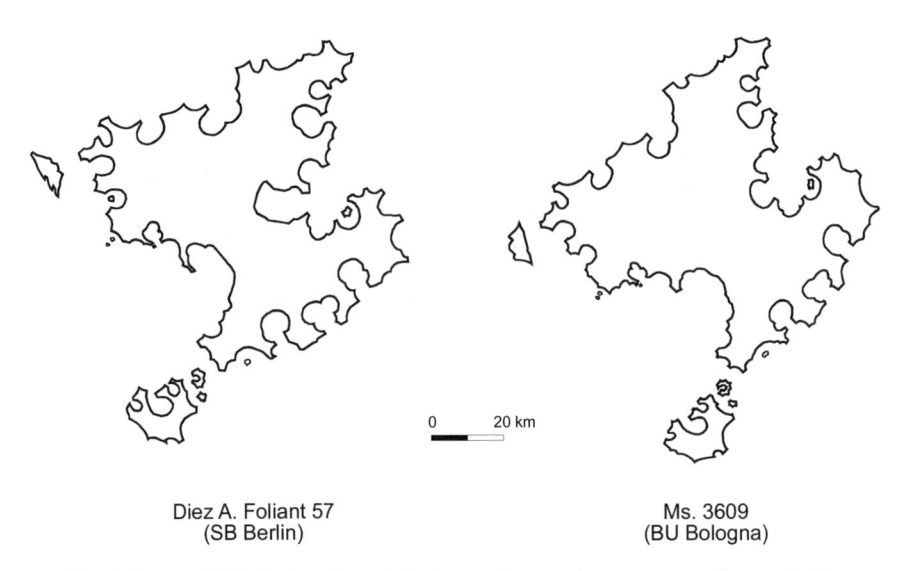

Ms. 3609
(BU Bologna)

Abb. 5.23 Vergleich der Inselgestalt in den zu Gruppe 4 zusammengefassten Mallorca-Darstellungen der Kitāb-i Baḥrīye-Ausgaben in 2. Version, ausgerichtet nach Kartennord und verkleinert auf 1:2 Mio.

Die bestehenden geringen Differenzen lassen sich hauptsächlich im Bereich der beiden großen Meeresbusen im SW und NE der Insel ausmachen, darunter vor allem im Innern der Bucht von Alcúdia. Darüber hinaus sind noch kleine Abweichungen in der nördlichen Partie der SW-exponierten Küste sowie um die Punta de Capdepera festzustellen. Die Insel Dragonera, hier auch als räumlich wirkende Profilzeichnung wiedergegeben, ist weniger ausladend dargestellt und zeigt eine entgegengesetzte, wieder zur Hauptinsel gewandte Ausrichtung. Die Basislinie des Inselprofils verläuft in diesem Fall etwa S-N.

Um eine günstigere Flächendeckung gegenüber der ONC in 1:1 Mio. zu erzielen, wäre, ähnlich obigem Beispiel, eine Rotation des historischen Kartenbildes um ebenfalls ca. 15° W erforderlich.

5.6 Gewässernetz

Die Wiedergabe von Fließ- oder stehenden Gewässern ist in den Kartenbildern der Kitāb-i Baḥrīye-Ausgaben bzw. deren Varianten eine Seltenheit, ein Charakteristikum, das einwandfrei die Bestimmung und Nutzung dieses Kartenbildes für seemännische Zwecke unterstreicht.

Karten dieses Werkes, in denen Gewässer – wenn auch karg – zur Darstellungen kommen, zählen bis auf eine Ausnahme zu den Beispielen der 2. Version. Hierzu gehören die Karten der Ausgaben NKC London und WAG Baltimore sowie das äußerst ähnliche, bei SEZGIN publizierte Bild (2000c: Karte 39w) aus der ÜK Istanbul. In der erstgenannten Karte ist auf Mallorca südöstlich der Hauptstadt ein kurzes und breites Gewässer wiedergegeben; dessen Mündung erscheint ausgespart. Dieser schwarz dargestellte Verlauf steht vermutlich – wenn auch zu weit südlich eingetragen – für den durch die Hauptstadt fließenden, Sa Riera bezeichneten Torrente. Durch Vergleich mit dem soeben genannten Beispiel könnte in der Karte der Ausgabe Hüsrev Paşa mit der nahe der Hauptstadt eingetragenen doppellinigen Darstellung auch dieses Fließgewässer gemeint sein. Zwei kurze, ebenfalls doppellinige Flußstrecken zeigen hingegen die beiden anderen erwähnten Karten. Die längere Strecke der beiden mündet an der SE-Küste in die mittlere der drei Buchten, der Bucht von Portopetro. Das kürzere Gewäser fließt dagegen in die Bucht von Pollença im NE der Insel und weist in seinem Quellbereich ein pfropfenartiges Zeichen auf, das möglicherweise mit der Albufera, der Lagune im NE der Insel, in Beziehung gebracht werden kann. Die vorliegenden Fließgewässer sind in Blaugrau bzw. Schwarzbraun gehalten, an ihrer Mündungsstelle ist die Küstenlinie ausgespart. Auf der Nachbarinsel Cabrera ist nur ein äußerst kurzes, nach NW führendes Gewässer auszumachen.

Das gleiche Fließgewässer mit ähnlich gestalteter Quelle an der Bucht von Pollença lässt sich auch bei den Karten der Ausgaben Ayasofya 2612, R. 1633, H.

642 und Suppl. Turc 956 feststellen. Bis auf die erstgenannte Karte ist ein entsprechender Torrente auch auf Cabrera eingetragen.

5.7 Relief

Betrachtet man alle angesprochenen Kartenbilder, so kommen insgesamt gesehen Reliefdarstellungen mehrmals vor, spielen aber eine verhältnismäßig untergeordnete Rolle. Grundsätzlich ist das Vorkommen solcher Gebirgsbilder nur in den Karten aus den Ausgaben der 2. Version festzustellen, bei den Darstellungen also, in denen es vorrangig auf den optischen Eindruck ankommt.

In drei der hier zur Gruppe 2 zusammengestellten Karten werden nur vereinzelt einige Bereiche des Gebirgsreliefs veranschaulicht. Erneut sind die Karten W. 658 der WAG Baltimore und 39w aus SEZGIN (2000c: 91) zu nennen. In beiden Fällen werden vereinzelte Reliefbereiche durch ineinander geschachtelte, verschiedenfarbig angelegte Hügelbilder wiedergegeben. Diese Berge treten isoliert auf und sind unterschiedlich ausgerichtet. Die breiteste Zeichnung auf Mallorca ist nordwestlich der Hauptstadt eingetragen, ihre Basis nach SE gerichtet und meint die gebirgige Anhöhe der nahe gelegenen Feste Bellver. Wesentlich kleiner zeigen sich wenige aneinander gereihte Hügel am Cap de Cala Figuera im W der Insel und bei der Burg auf Cabrera. Das Relief der Nachbarinsel Dragonera, das, wie erwähnt, als Profil ausschließlich in den Kartenbildern der 2. Version zum Ausdruck gebracht ist (Abb. 5.24), zeichnet sich durch relativ hohe, ineinander gestellte anschattierte Hügelbilder aus, deren Beleuchtung von Süden anzunehmen ist und deren Farbe von braun über blau nach rot wechselt; die Profilbasis ist zur Hauptinsel gerichtet. Das Bild aus der Arbeit SEZGIN (2000c: Karte 39w) weist die gleichen Merkmale auf.

Deutlich umfangreicher ist die Gebirgsdarstellung in der zu dieser Gruppe gerechneten Mallorca-Karte der Ausgabe B. 338 der TSMK. Neu ist das Auftreten eines zusammenhängenden Gebirgszuges im SE der Insel, dessen Streichrichtung etwa SW-NE verläuft. Es handelt sich um eine Gruppierung elf ineinander geschachtelter, zu drei Reihen dreiecksförmig übereinander aufgetürmter Kuppen, deren braun konturierte Einzelfiguren in Grün flächig angelegt sind. Die Basis dieses verhältnismäßig breiten Streifens ist geradlinig und weist nach SE. In seiner Länge entspricht der gesamte Streifen etwa der halben SE-Küste. In gleicher Ausführung, jedoch nur mit drei nebeneinander stehenden Kuppen, werden der

Gebirgssockel an der Burg Bellver sowie ein kleinerer, ähnlich aussehender am Cap de Cala Figuera veranschaulicht. Auffällig ist die erneut als Profil und in Form dreireihig ineinander gestellter Hügelbilder erfolgte Wiedergabe der Insel Dragonera, deren Grundlinie zur Hauptinsel weist (vgl. Abb. 5.24).

Ayasofya 2612 (SK Istanbul)

H. 642 (TSMK Istanbul)

Suppl. Turc 956 (BNF Paris)

R. 1633 (TSMK Istanbul)

Diez A. Foliant 57 (SB Berlin)

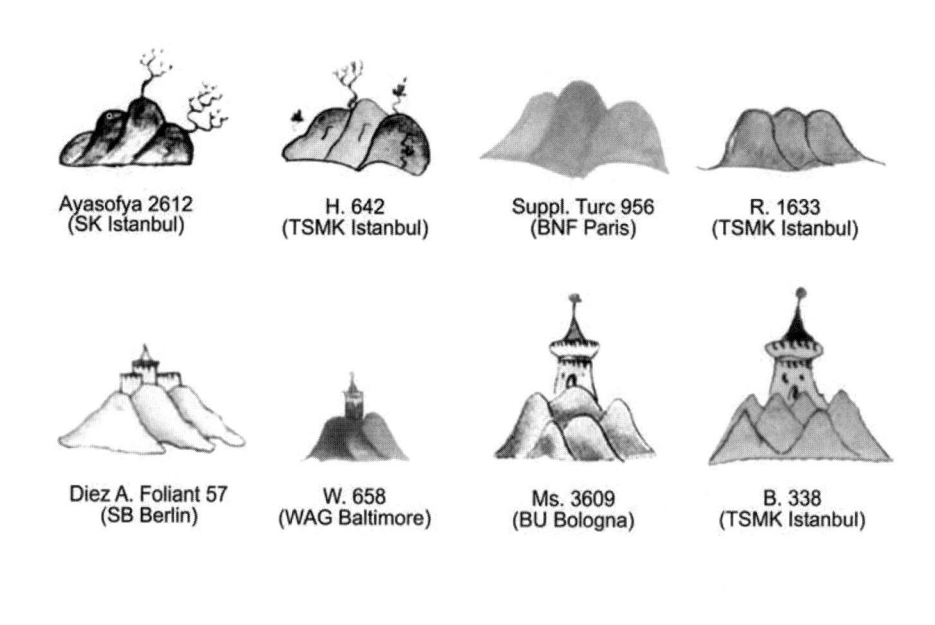

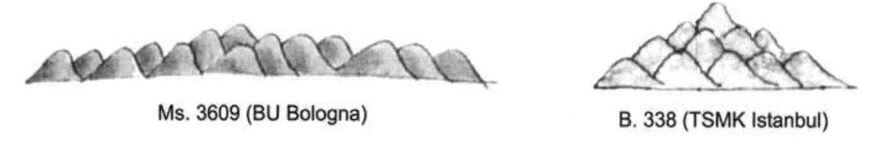

W. 658 (WAG Baltimore)

Ms. 3609 (BU Bologna)

B. 338 (TSMK Istanbul)

D'Orville 543 (BOL Oxford)

Ms. 3609 (BU Bologna)

B. 338 (TSMK Istanbul)

Abb. 5.24 Profilzeichnungen der Nachbarinsel Dragonera (teils mit Wachturm) sowie weiterer Gebirgsbilder in Mallorca-Karten der 2. Version. Wiedergegeben in Originalgröße mit Genehmigung der aufgeführten Bibliotheken.

Die Karte der NKC London bringt, wie angedeutet, nur auf der Nachbarinsel Menorca in übertriebener Weise eine zentrale Erhebung zur Darstellung. Aller Voraussicht nach handelt es sich um den Monte Toro, den höchsten Berg der Insel, der deutlich aus der Umgebung hervorragt.

Ausgesprochen elegant und eindrucksvoll zeigen sich die Bergzeichnungen auf der Karte Diez A. Foliant 57 der SB Berlin. Hier kommen auf der Hauptinsel vier Berge zur Darstellung. Besonders durch seine Höhe und Gestalt herausgearbeitet erscheint der Burgberg Bellver nordnordwestlich der Hauptstadt. Drei einzelne Hügel setzen ihn zusammen und bilden mit der in Grün erfolgten Schattengebung ein einheitliches Ganzes. Einen ähnlichen Eindruck vermittelt der flacher gehaltene Gebirgssockel am Fuße des Castell del Rei im NNE der Insel. Zum ersten Burgberg vergleichbar, aber durch Ausbleiben der grünen Schattierung nicht so eindrucksvoll, erweist sich die Anhöhe der Burg Capdepera nahe des gleichnamigen Kaps. Zusätzlich ist noch im Süden der Insel, nahe des Cap de ses Salines, ein kleiner turmgekrönter Hügel auszumachen. Drei hintereinander gestellte, in Braungelb anschattierte Hügel repräsentieren schließlich die wiederum als Profil veranschaulichte Insel Dragonera, allerdings ist diesesmal deren Basis meerwärts gerichtet.

Die der oben genannten Karte ähnelnde Darstellung aus dem Ms. 3609 der BU Bologna weicht in puncto Reliefwiedergabe deutlich von ihr ab. Während in dem vorausgehenden Exemplar die Berge dem Naturbild verhältnismäßig nachempfunden werden, tritt hier wieder eine Schematisierung der Hügel auf. Die Gebirgsdarstellung ist wie in der Berliner Ausgabe äußerst dezent und zurückhaltend. Ähnlich der Karte B. 338 aus der TSMK wird hier parallel zur SE-exponierten Küste eine lange Reihe ineinander geschachtelter, in etwa gleichgroßer Kuppen wiedergegeben. Die einzelnen Gebilde sind hellbraun und unter Annahme einer NE-Beleuchtung anschattiert. Die Reihe weist keinen geradlinigen Abschluss auf und nimmt in der Breite mehr als die Hälfte der dazu etwa parallel verlaufenden Küste ein. Dreireihig hintereinander gestellte, verhältnismäßig gleichgeformte und ebenfalls hellbraun angelegte Kuppen mit einer nach SW ausgerichteten Basislinie bringen den Burgberg Bellver zum Ausdruck. Mit weniger Hügelbildern kommen die drei weiteren Erhebungen am Cap de Cala Figuera im W sowie vor allem am Castell del Rei an der NW-Küste und an der Burg de Capdepera im E der Insel aus. Alle drei Anhöhen sind zur zugehörigen See hin gerichtet, reichen bis an die Küstenlinie und erscheinen merkwürdigerweise von dieser gekappt. Die Dragonera ist wiederum als mehrhügeliges, gleichfarbig anschattiertes Profil wiedergegeben, dessen Höhe allerdings übertrieben zur Darstellung kommt (vgl. Abb. 5.24).

In allen Kartenbildern der Gruppe 3 erfolgt eine Reliefwiedergabe nur an wenigen Stellen. Am auffälligsten ist die raumplastische Profilzeichnung der Insel Dragonera. Hierbei handelt es sich um ineinander greifende Hügel, deren Farbgebung von Bild zu Bild wechselt und deren Basislinie etwa nach SE weist. Kaum zur Geltung kommen die dargestellten Anhöhen am Cap de Cala Figuera und in weniger Fällen auf der Insel Cabrera. Die bandartige gelborangene Schattierung eines Bergsockels bei der Burg Bellver in der Karte R. 1633 der TSMK spielt hier nur eine nebensächliche Rolle.

In Form von je drei bis vier horizontal ineinander geschachtelten, mehr oder minder schematisch angelegten Kuppen werden Berge in der Oxford-Karte veranschaulicht. Die einzelnen Hügelgruppen, die auf einer gemeinsamen Basislinie ruhen, erscheinen nur schwarz konturiert und sind an vier küstennahen Bereichen im NW, NE und SW des Inselbildes untergebracht. Mit den beiden oberen sind vermutlich die Serra de Tramuntana, mit den unteren die Serres de Llevant gemeint (vgl. Abb. 5.24).

5.8 Bodenbewachsung/Bodennutzung

Hinweise für Bodenbewachsung oder Bodennutzung gibt es unter den behandelten Karten so gut wie keine.

Auf der Hauptinsel kommen, wie angedeutet, ausschließlich in zwei Kartenbeispielen vermeintliche Vegetationszeichen zum Einsatz. Etwa flächendeckend und mehr oder minder auf Lücke stehend werden in der Karte des Ms. Or. 4131 der BL London graue, mit Schattenstrich versehene strauchförmige Zeichen zur Darstellung gebracht. Im Falle des Beispiels Yeni Cami 790 ist dagegen anzunehmen, dass mit den unregelmäßig über die Fläche der Hauptinsel verteilten orangenen Zeichen möglicherweise ein Hinweis für Anbaukulturen erfolgen sollte.

Darüber hinaus ist nur im Falle der Karten der Ausgaben Ayasofya 2612 und der äußerst ähnlichen H. 642 auf dem Inselprofil der Dragonera ein Geäst von Bäumen festzustellen, deren Aussehen an trockene Feigenbäume erinnert. Zusätzlich sind die Hänge dieses Inselprofils mit wenigen gewellten, ebenfalls schwarzen Strichen versehen, die vermutlich auf vorhandene Strauchvegetation aufmerksam machen sollen.

5.9 Siedlungsbild

Wenn auch in einigen Fällen spärlich, so kommen doch bis auf vier Ausnahmen in allen angesprochenen Karten Siedlungsplätze vorwiegend in Gestalt dreidimensionaler Aufrissbilder zur Darstellung. Während in zahlreichen Karten eine recht einfache Wiedergabe der Siedlungen erfolgt, ist in anderen wiederum – besonders in den Exemplaren der 2. Version, in denen das schmückende Element dominiert – eine der Realität näherkommende, feiner gegliederte Gestaltung festzustellen (Abb. 5.1 - 5.4 u. Abb. 5.25 - 5.30). Die meisten Zeichen sind beschriftet und erlauben somit eine eindeutige Objektzuordnung.

In den älteren, vorrangig den Darstellungen der 1. Version, werden entweder nur die wichtigsten Siedlungsplätze veranschaulicht oder, wie oben mittelbar für die Ausnahmen angedeutet, ganz auf sie verzichtet. Keinerlei Siedlungszeichen bringen die Mallorca-Karten aus dem Ms. 3613 der BU Bologna und dem Cod. ms. ori 34 der UB Kiel als auch die beiden Beispiele der östlichen Balearen aus den Ausgaben Hamidiye 971 und Hüsrev Paşa 272 der SK Istanbul. In letztgenannter Karte werden allerdings zwei kleine Grundrisszeichen für Wachttürme eingesetzt. In diesen Darstellungen kann nur anhand des Schriftbildes die ungefähre Lage des jeweiligen Objekts ermittelt werden.

Die Kartenbilder aus den Manuskripten or. Dresd. Eb. 389 als auch Yeni Cami 790, Ayasofya 2605 und or. Foliant 4133 bringen ausschließlich die zwei wichtigsten Orte der Insel zur Darstellung (Abb. 5.25): Mallorca, das heutige Palma de Mallorca, die Hauptstadt des Archipels, sowie Alcúdia, die bereits unter Karl V. Stadtrecht besitzende Siedlung. Das Ortsbild von Mallorca wird in diesen Karten nicht zuletzt aufgrund ihrer Feste Almudaina – das heutige königliche Palais – und der starken Umwallung als Kastell oder Burg geführt: *Qal'e-i Mayōrqa* im ersten Beispiel, bzw. *qal'e-i Mayārqū* in den anderen Fällen. Die Stadt Alcúdia wird nur in den beiden ersten Darstellungen ausdrücklich als solche bezeichnet (*Qal'e-i Qūdviye* bzw. *Arqūdya*); in der Ayasofya-Ausgabe hingegen wird über die Angabe Alcúdia-Hafen (*Arqūdya Līmānı*) auf sie hingewiesen (vgl. 5.11). In der Berliner Ausgabe lässt sich der Name nur mittelbar aus der Bezeichnung der entsprechenden Bucht (*Arqūdya Körfezi*) entnehmen. Die Wiedergabe dieser Ortschaften erfolgt weitgehend lagetreu an der Küste der jeweiligen SW- bzw. NE-Bucht.

Die rudimentärste Darstellung ist in der Karte der SLUB Dresden zu finden (vgl.

Abb. 5.1). Beide Ortsdarstellungen bestehen hier aus einer Aneinanderreihung mehrerer Quader, deren hellbraun angelegte Schattenseiten eine dreidimensionale Wirkung hervorrufen, im Falle der Stadt Mallorca sind sie von SE, bei Alcúdia von NW her beleuchtet. Die Hauptstadt weist vier Türme auf, zwei hohe und zwei mittlerer Höhe, Alcúdia dagegen besteht aus drei mittelhohen und vier kleineren Türmen. Der Fuß der jeweiligen Quadergruppe, der sich der Küste anpasst, ist zur entsprechenden Bucht gerichtet, das Bild der Hauptstadt nach SW, das von Alcúdia nach NE.

Die zum Vergleich herangezogenen Kartenbilder ähnlicher Gestalt zeichnen sich durch unterschiedlich ausgebildete Ortssilhouetten aus. Im Falle der Karte aus der Yeni Cami-Ausgabe handelt es sich um zwei festungsartig gestaltete Bildzeichen. Beide Ortsbilder, das der Hauptstadt etwas größer als das von Alcúdia, sind mit ihrer jeweiligen Basis an die Küstenlinie der entsprechenden Bucht angelehnt und, wie bei obiger Karte, zum Meer hin ausgerichtet. Sie bestehen aus je drei zinnengekrönten, braunorange angelegten Türmen mit dazwischen liegenden Mauerteilen, die ebenfalls Stadttore und Zinnen aufweisen. Wesentlich differenzierter sind die Silhouetten der zwei Orte in den Darstellungen or. Foliant 4133 der SB Berlin und 2605 Ayasofya der SK Istanbul zum Ausdruck gebracht. Beide Ortsbilder zeigen – ähnlich den vorgenannten Karten – eine der jeweiligen Küste angepasste und zu ihr hin ausgerichtete Wiedergabe. Durch seine Größe wirkt Alcúdia in diesem Beispiel bedeutungsvoller. Dieses Ortsbild besteht aus einer zinnengekrönten mehrtürmigen und zum Teil mit Toren versehenen Stadtmauer, deren rückwärtiger Bereich burgartig herausragt. Demgegenüber ist das Hauptstadtbild deutlich niedriger wiedergegeben. Ähnlich Alcúdia weist das hierzu gehörige Ortsbild zahlreiche mit Zinnen versehene Türme und Mauerabschnitte auf, von denen die hinteren ebenfalls herausragen. Die ungleichmäßige Anhäufung eng beieinander stehender Bauten lässt die festungsartig angelegte Siedlung äußerst kompakt erscheinen. Bei beiden Silhouetten sind die linken Seiten ihrer jeweiligen Einzelteile hellbraun anschattiert und wirken daher dreidimensional. Ähnliche Verhältnisse weist auch die Karte der Ausgabe 2605 Ayasofya auf. Das aus mehreren verschieden hohen Türmen mit Flachdach und Zinnen als auch Mauerabschnitten zusammengesetzte Ortsbild von Alcúdia wirkt erneut größer und damit wichtiger als das der Hauptstadt. Diese wiederum zeigt weniger zinnengekrönte Flachdachtürme und Mauerteile, dafür aber zwei kegelförmig zugespitzte Türme, das samt rückwärtiger Mauer das Ganze überragen. Auffällig ist in beiden Fällen die Vielzahl an Stadttoren (vgl. Abb. 5.25).

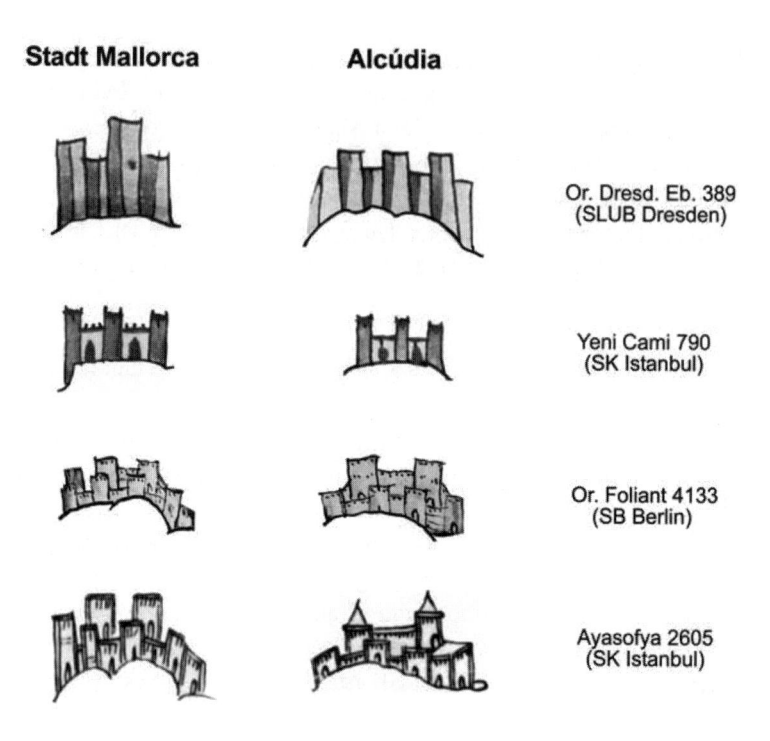

Stadt Mallorca	Alcúdia	
		Or. Dresd. Eb. 389 (SLUB Dresden)
		Yeni Cami 790 (SK Istanbul)
		Or. Foliant 4133 (SB Berlin)
		Ayasofya 2605 (SK Istanbul)

Abb. 5.25 Siedlungsgestaltung in den Mallorca-Karten der verschiedenen Kitāb-i Baḥrīye-Ausgaben in 1. Version. Wiedergegeben in Originalgröße mit Genehmigung der aufgeführten Bibliotheken.

In der Darstellung der NKC London wird die Hauptstadt durch ein dreidimensional wirkendes, perspektivisch gestaltetes Festungsbild mit mehr oder minder elliptischem Grundriss veranschaulicht, ein geschlossenes Ganzes, dessen breitere Front zur SW-Bucht hin gerichtet ist. Vier, von vorne nach hinten an Höhe zunehmende Türme, von denen ein relativ breiter Bergfried mit Wehrplatte und Zinnenkranz herausragt, ein Zentralbau sowie verschiedene Mauerabschnitte bilden diesen burgartigen Komplex. Ähnlich zusammengesetzt, jedoch insgesamt kleiner, ist Alcúdia dargestellt, das sich als ebenfalls geschlossene, an die Küste angelehnte Siedlung zeigt (vgl. Abb. 5.27). Außer den beiden Hauptsiedlungen ist unweit südwestlich der Hauptstadt als Einzelzeichen ein isolierter mit Kegeldach versehener Turm festzustellen, der wahrscheinlich den 1580 errichteten Signalturm an der Hafeneinfahrt von Portopí wiedergeben soll. Der Bereich von Portopí wird demzufolge dem großen Hauptstadthafen hinzugerechnet.

171

Drei verhältnismäßig große, detaillierter gestaltete Siedlungsbilder sind hingegen in den zur 1. Version zu rechnenden Karten B. 337 der TSMK, Or. 4131 der BL und Cod. H.O. 192 der ÖNB zu finden (Abb. 5.26). Neben den erwähnten Mallorca und Alcúdia kommt in diesen Karten eine etwa gleichgroße Ortssilhouette hinzu, die nach ihrer Lage zunächst auf Cala Figuera schließen lässt. Dieser zur bereits ab 1386 befestigten Ortschaft Santanyí gehörende Schutzhafen wird in den mehr oder minder zeitgleichen Karten aus den Lafreri-Atlanten, des Porcacchi und des Honterus ebenfalls als bedeutende Siedlung dargestellt. Beachtet man jedoch die osmanische Beschriftung in den Karten dieser Kitāb-i Baḥrīye-Ausgaben, so scheint es sich hier ausschließlich um eine erhebliche Versetzung des Hauptstadtbildes zu handeln, was leicht zu Verwechselungen führen kann. In jeder dieser genannten Karten werden zwei, unweit voneinander stehende Ortssilhouetten mit den gleichen oder äußerst ähnlichen Bezeichnungen versehen und meinen beide die Feste Mallorca. Mehreren später erstellten Karten, wie den Bildern der Ausgaben Diez A. Foliant 57 der SB Berlin und Ms. 3609 der BU Bologna zu entnehmen, verdeutlichen allerdings, dass sich jeweils ein Toponym auf die städtische Siedlung Mallorca als solche und das zweite auf die nahegelegene, in den Karten in gleicher Weise beschrifteten Burg, das heutige Castell de Bellver, bezieht. Demnach ist die Silhouette der Stadt Mallorca hier nur erheblich in südöstliche Richtung versetzt. Einer ähnlichen Verwechselung scheint möglicherweise auch Honterus bei seiner Ortsdarstellung und entsprechenden Beschriftung unterlegen zu sein, der zwischen den Orten *Palma* und *Maio* unterscheidet, zumal er auch Cala Figuera gesondert wiedergibt (vgl. hierzu 7.9 und 7.11). Die detaillierte und in den beiden erstgenannten Bespielen perspektivisch veranschaulichte Darstellung der drei Orte sollte sich in dieser oder ähnlicher eindrucksvollen Weise – zumindest unter den bestätigten Exemplaren – nur bei den Karten Diez A. Foliant 57 der SB Berlin und Ms. 3609 der BU Bologna sowie im Falle der Stadt Mallorca auch bei der Darstellung der WAG Baltimore wiederholen. Der nahe der SE-Küste eingetragene Ort, der mit Cala Figuera verwechselt werden kann, verschwindet als Silhouette in vermeintlich späteren Karten – auch der 2. Version. Der Bucht- oder Hafenname von Cala Figuera bleibt erhalten. Im Gegensatz zu den vorher erwähnten Karten sind die Ortsbilder dieser hier besprochenen drei Beispiele – bis auf die Hauptstadt in zwei Fällen – nicht den entsprechenden Küstenabschnitten angepasst, ihre Basis verläuft, mit Ausnahme der Karte aus der BL London, mehr oder minder horizontal und aufgrund der hier vorliegenden Kartenorientierung etwa NW-SE.

In der Karte B. 337 aus der TSMK werden die Orte als befestigte Siedlungsplätze veranschaulicht, die Einzelteile, wie Rundtürme und Mauern, weisen Zinnen auf, sind mit Toren und Fenstern versehen. Durch ihre seitliche Anschattierung wirken die Silhouetten raumplastisch. Alcúdia erscheint in dieser Karte hervorgehoben, nicht zuletzt durch die Darstellung zwei hoher, mit Kegeldächern versehener Türme, die die breite, im Vordergrund vorhandene Stadtmauer überragen. Fünf runde, ebenfalls Tore und Fenster aufweisende Türme sowie Mauerabschnitte charakterisieren hingegen das nordwestlichere der beiden, eher der SW-Bucht zugeneigten Bilder als eine verhältnismäßig flach gebaute Burganlage. Dessen landwärtige Verlagerung weg von der Küste in nördliche Richtung sowie dessen Beschriftung weisen erneut eher auf das Castell de Bellver hin. Die größte Ortssilhouette mit sechs zinnengekrönten runden Türmen und Mauerpartien, die ebenfalls mit mehreren Toren und Fenstern versehen sind, weist die südöstlicher gelegene der beiden Siedlungen auf. Ihre schrägperspektivisch erfolgte Darstellung erlaubt den Einblick ins Siedlungsinnere, in dessen Zentrum sich ein einziger, ein Satteldach tragender Bau befindet. Das festungsartige Aussehen und die Lage des Siedlungsbildes unweit der Inselsüdspitze würden auf den ersten Blick auf den Ort Santanyí deuten. Die mit dem soeben erwähnten Siedlungsplatz fast identische Bezeichnung macht es jedoch deutlich, dass mit diesem Bild die Hauptstadt – die Feste Almudaina – gemeint ist und dass dieses auch hier zu weit nach SE geraten ist. Die Vermutung, es könne sich bei der Silhouette ursprünglich um die nahe Felanitx gelegene Festung Santueri handeln, ist wegen ihrer seeferneren Position unwahrscheinlich (vgl. Abb. 5.26).

Große Ähnlichkeit in Gestaltung, Aufbau und Ausrichtung weisen die Silhouetten der Karte aus dem Ms. Or. 4131 der BL London auf. Sie unterscheiden sich von der erstgenannten Karte nur durch die jeweils geringere Anzahl der Türme sowie durch die rote Färbung der Kegeldächer, von denen das südlichere Ortsbild zwei zusätzliche aufweist. Die perspektivisch gestaltete Zeichnung deutet sogar auf eine Hanglage des Objektes hin.

Die Silhouetten der Karte aus der ÖNB Wien weisen weniger einen Festungscharakter auf; sie gleichen eher unbefestigten Siedlungsplätzen. Alle drei Bilder zeigen unregelmäßig übereinander angeordnete Gebäudeteile, die zinnengekrönten Mauern ähneln, aus denen Türme oder höhere Turmpartien herausragen. Zur dreidimensionalen Herausarbeitung sind die Einzelteile abschnittsweise rötlich anschattiert. Ihre Darstellung erfolgt aus frontaler Sicht und nicht perspektivisch, ihre Orientierung ist einheitlich, die Basis nach SW gerichtet. Die größte Ortssilhouette ist erneut im S-Bereich der Insel zu finden und steht für die Hauptstadt-

173

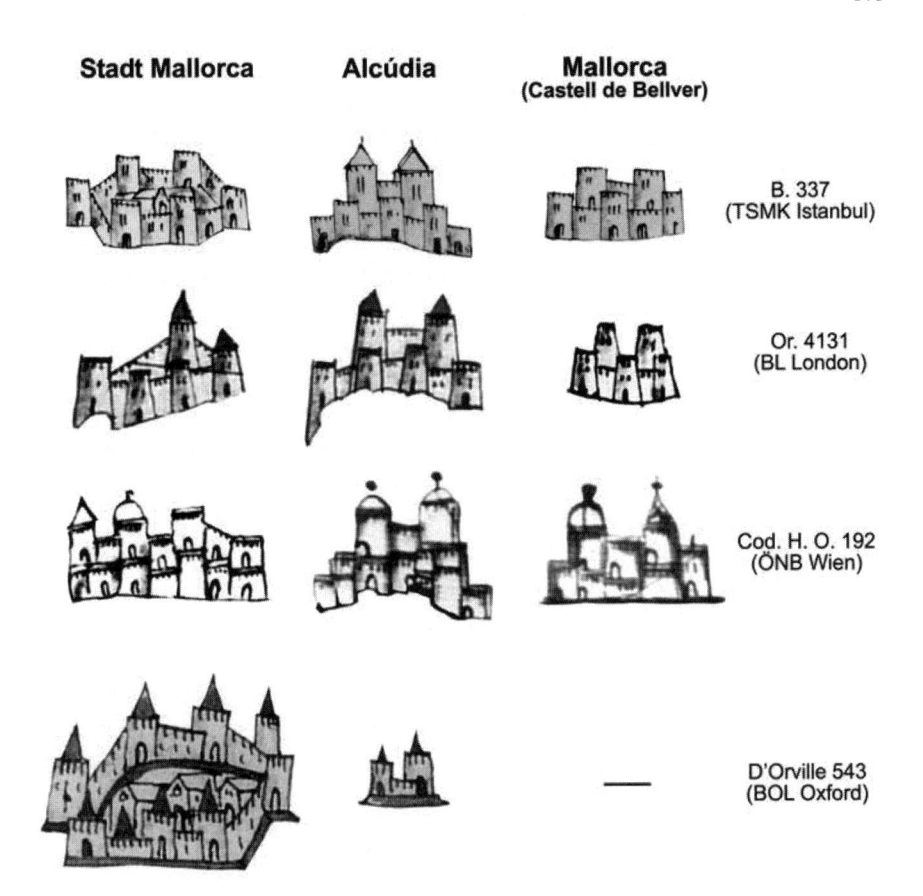

Stadt Mallorca	Alcúdia	Mallorca (Castell de Bellver)	
			B. 337 (TSMK Istanbul)
			Or. 4131 (BL London)
			Cod. H. O. 192 (ÖNB Wien)
		—	D'Orville 543 (BOL Oxford)

Abb. 5.26 Differenziertere Gestaltung der Siedlungen in den Mallorca-Karten weiterer Ausgaben der 1. Version des Kitāb-i Baḥrīye. Wiedergegeben in Originalgröße mit Genehmigung der aufgeführten Bibliotheken.

siedlung (*Qal'e-yi Mayārqō*) und nicht, wie man nach der Lage annehmen könnte, für Cala Figuera, dem vermeintlichen Santanyí, oder sogar für die Feste Santueri, obgleich das Zeichen eindeutig dieser SE-Bucht zugeordnet liegt. Die Anlage ist breit und weist zwei übereinander angebrachte Gebäudeabschnitte auf. Die linke, stärker anschattierte Partie ist höher ausgebildet und zeigt neben Flachdächern und einem Kegeldach auch zwei Kuppeln. Kleiner sind in dieser Karte sowohl das nordwestlich davon eingetragene, gleichbeschriftete Bild, das wiederum für das Castell de Bellver steht, als auch das im NE der Insel gelegene Alcúdia. Während Alcúdia als einziger Ort mit seiner Basis der Küste angepasst ist, zeigen die zwei für Mallorca Stadt und Burg vorhandenen Silhouetten einen weitgehend horizontalen Abschluss. Beide letztgenannten Bilder bestehen aus mehreren zinnengekrönten, zum Teil stockwerkartig angeordneten Bauten. Der Vordergrund zeigt eine unregelmäßige Zusammenstellung mauerartig ausgebildeter Trakte, im Hintergrund ragen einige Türme hervor. Alcúdia weist zwei runde Kuppeln auf, die Hauptstadtsilhouette je eine Kuppel und ein Zeltdach mit Kreuz. Die am Fuß der Ortsbilder vorhandenen Punkte können auf Quellen hindeuten, die mit einer Linie verbundene Punktreihe lässt einen Stadtgraben vermuten.

Zu diesen Darstellungen könnte noch die Karte der Ausgabe Hamidiye 945 gerechnet werden. Anstelle von zwei oder drei Ortsilhouetten stehen jetzt vier verhältnismäßig kleine, ausschließlich schwarz konturierte Aufrissbilder. Ihre Basis ist unterschiedlich ausgerichtet und der jeweils nächstliegenden Küste zugewandt. Diese Ortsbilder setzen sich aus mehreren, schematisch gezeichneten Türmen zusammen und stehen für die Stadt und Burg Mallorca (*Qal'e-i Mayūqyō*), für Alcúdia (*Qal'e-i Arqudya*) sowie für Sóller (unbeschriftet). Das kleinere Zeichen für Mallorca befindet sich bei Cala Figuera an der SE-Küste.

Ebenfalls vier Siedlungsbilder kommen in der Oxford-Karte zur Darstellung. Der Lage im Kartenbild nach scheinen mit den Ansichten neben der Hauptstadt, die Ortschaft Alcúdia sowie zwei Standorte an der vermeintlichen SE-Küste, die als Portopetro, Cala Figuera oder sogar Santanyí angenommen werden können, gemeint zu sein. Da sich, wie erläutert, der Küstenverlauf im Vergleich zur Natur nicht eindeutig nachvollziehen lässt, ist auch bei den Siedlungszeichen und deren Lage vieles Spekulation. Besonders hervorgehoben durch seine Größe und Gestaltung ist das Hauptstadtbild, das geringfügig westlicher als die Inselmitte eingetragen erscheint (vgl. Abb. 5.26). Es stellt sich als ein in schräger Perspektive mit nahezu rhombenartig geformtem Grundriss angelegtes Siedlungsbild dar und nähert sich damit sehr den Darstellungen der späteren Kartenbilder der 2. Version. Das Stadtbild besteht aus unterschiedlich hohen und breiten, zinnengekrönten und mit Schießscharten versehenen Mauerteilen und mehreren Türmen. Die meisten Türme zeigen Stadttore und weisen Kegeldächer auf, von denen die vorderen rot, drei hintere olivgrün angelegt sind. Im einsichtbaren Innern der Siedlung sind drei zusätzliche Gebäude auszumachen. Am Fuße der Außenmauer als auch an ihrer Innenseite ist eine rot gefüllte schwarze Doppellinie wiedergegeben, die vermutlich auf einen Stadtgraben hinweisen soll.

Die anderen drei Siedlungsplätze werden durch Aufrisszeichen veranschaulicht, deren Einzelteile ineinander gestellt sind. Bis auf eine Ausnahme bestehen sie neben einem Mauertrakt aus zwei mit Zinnen und Kegeldächern versehenen Türmen. Die Dächer sind rot gefärbt und tragen im Falle des südlicheren Bildes an ihrer Spitze griechische Kreuze. Ähnlich der Hauptsiedlung bildet eine grün bzw. rot gefüllte Doppellinie am jeweiligen Fuße des Zeichens den Abschluss, die ebenfalls auf einen Graben deuten wird. Mit dem kleineren Bild könnte Alcúdia, mit dem größeren die erwähnten Cala Figuera oder Portopetro gemeint sein. Das dritte Zeichen, das auf einer Berghöhe angebracht ist, gleicht eher einem Kirchbau mit Schiff und Spitzturm, deren Dächer ebenfalls rot angelegt sind. Vielleicht wollte man mit seiner erhöhten Lage auf die hoch gelegene Festung Santueri hinweisen.

Große Gemeinsamkeiten in der Ausgestaltung, Lage und Ausrichtung der Siedlungsbilder verzeichnen untereinander die zur 2. Version gehörenden Karten der Ausgaben Ayasofya 2612 der SK Istanbul, R. 1633 und H. 642 der TSMK Istanbul sowie Suppl. Turc. 956 der BNF Paris. Jede dieser Darstellungen zeigt fünf Siedlungsbilder, ein kastellartiges Zeichen sowie drei isolierte Turmsilhouetten.

Die eindrucksvollste Wiedergabe ist bei der Ausgabe Ayasofya 2612 zu finden, deren Silhouetten außerordentlich dreidimensional wirken (Abb. 5.3 u. Abb. 5.27). Ähnlich, aber eher schematisch und stärker vereinfacht erfolgt deren Darstellung in der Ausgabe R. 1633. Bei der Karte der Ayasofya 2612 ist die Basis des jeweiligen Zeichens zur entsprechenden Küste ausgerichtet und in der Regel dieser angeglichen. Die größte Silhouette betrifft die im SW gelegene Hauptstadt. Das Bild setzt sich aus insgesamt vier zinnengekrönten, mit Fenstern versehenen Rundtürmen zusammen. Drei der Türme, von denen der mittlere höher angebracht ist, sind beidseitig orange anschattiert, ein weiteres ist unten im mittleren Teil grün. Der Stadt im SW vorgelagert ist ein großen Hafen mit der Bezeichnung *Pōrtō Mayārqō* (Port de Mallorca). Südwestlich wird dieser Hafen von einer Mole umgrenzt, deren meerwärtiger Abschluss ein rechteckig dargestellter Turm bildet, dessen Fuß nach NW weist. Fast gleich aussehend, nur schmaler, zeigt sich die Silhouette für die Anlage des heutigen Castell de Bellver, die, im NW der Hauptstadt gelegen, im Gegensatz zu den bisher besprochenen Karten, hier keine eigene Bezeichnung führt. Südlich und westlich des städtischen Hafens ist der Außenhafen *Pōrtōpī* zu finden. Dreitürmig mit dazwischen liegenden niedrigeren Mauerteilen und wesentlich kleiner kommen hingegen die Silhouetten für die heutigen Siedlungen Alcúdia und Pollença an der NE-Flanke zur Darstellung. Mit zwei Türmen versehen ist der einzige, an der NW-Küste gelegene Ort. Während der Ortsname Alcúdia (*Arqūdya*) eindeutig erfassbar und dem Objekt korrekt zugeordnet ist, sind die Bezeichnungen für die anderen beiden Siedlungen kritisch. In der Bucht des heutigen Pollença ist der Schriftzug *qōlġadō Manārqu* untergebracht, welcher sich eigentlich nur auf den Gebirgsvorsprung am Cap des Pinar bzw. am Cap de Menorca beziehen dürfte und somit zu Fehlinterpretationen führt. Im Bereich der Bucht des heutigen Sóller ist der Name *Palmar* eingetragen, der dem Text der Oxford-Ausgabe zufolge die Bezeichnung für eine im Hafen von Sóller gelegenen Burg darstellt. Im Begleittext der Faksimile-Ausgabe (ÖKTE 1988: 1141) ist eindeutig von „Porto Solyar" die Rede. Die Bezeichnung *Palmar* hängt vermutlich mit dem nahe des Westkaps seinerzeit gelegenen, inzwischen wüstgefallenen Ort Palomera zusammen und ist u. U. eine Namensvertauschung, die allerdings in nahezu allen Karten der 2. Version vorkommt. Weniger ist wohl daran zu denken, dass der Hauptstadtname Palma für diesen Standort Verwendung gefunden habe. Im Hafenbereich von Sóller soll laut oben genanntem Text ein Kastell namens „Mandiraki" („Agaç Hisari" = Baum-Festung) gewesen sein, so auch bei ÖZEN (1998: 14), wenn aus dem Kitāb-i Baḥrīye die Stelle zitiert wird, in der vom Kastell „Mandraci", dem sich Schiffe näherten, um Olivenöl zu laden, die Rede ist. MASCARÓ PASARIUS (1964: 1182, 1191) erwähnt für das Jahr 1545 die Fertigstellung eines Festungsbaus im Südteil der Bucht mit der Bezeichnung Torre des Port (MASCARÓ PASARIUS 1966: 2091ff.), der nach dem 1542 erfolgten vernichtenden Angriff der Osmanen nötig geworden ist (Abb. 5.27).

Nur mit zwei, allerdings getrennt voneinander aufgestellten Türmen ist nahe der Inselsüdspitze *Ṭuzla* (= Salzbecken, Saline) gekennzeichnet, gemäß ÖKTE (1988: 1135) ein großer Ort, dessen Hafen die Bezeichnung „Seline" führt, und demzufolge vermutlich mit dem jetzigen Ses Salines gleichzusetzen ist. Mit den zwei eingetragenen Rundbauten sollen die vor dem Ort erhaben vorhandenen Türme, vermutlich Talaias, gemeint sein, denen ein geschützter Hafen gegenüberliegen soll. Die in den älteren Karten vorhandenen stattlichen Ortsansichten gibt es an dieser Stelle nicht mehr. Die übrigen Häfen an der SE-Küste, wie Cala Figuera, Portopetro und Portocolom, erhalten in diesem Beispiel keine Siedlungsbilder (vgl. Abb. 5.30).

Des Weiteren sind vereinzelte Turmzeichen an der S-Seite der Alcúdia-Bucht, am Cap de Cala Figuera im SW sowie auf der Nachbarinsel Cabrera (*Qabrāra*) auszumachen. Nach ÖKTE (1988: 1139f.) zu urteilen, gehört der erstgenannte, im Text mit „Arminzarat" (*Armanzāva* in der Karte) bezeichnete Turm zum Hafen von

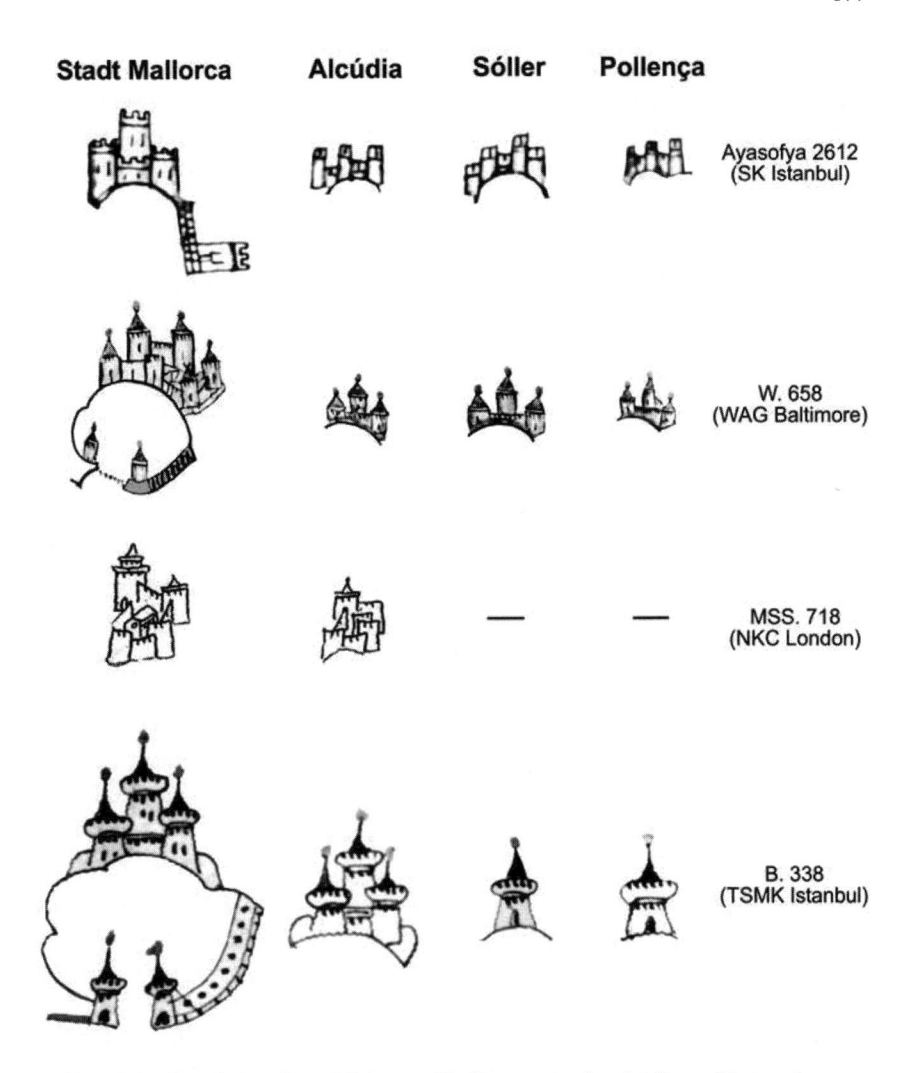

Stadt Mallorca	Alcúdia	Sóller	Pollença	
				Ayasofya 2612 (SK Istanbul)
				W. 658 (WAG Baltimore)
		—	—	MSS. 718 (NKC London)
				B. 338 (TSMK Istanbul)

Abb. 5.27 Gestaltung der wichtigsten Siedlungen in den Mallorca-Karten der verschiedenen Ausgaben der 2. Version des Kitāb-i Baḥrīye. Wiedergegeben in Originalgröße mit Genehmigung der aufgeführten Bibliotheken.

Alcúdia und befände sich in der See. Denkbar ist durchaus, dass es sich dabei um den Wach- bzw. Warnturm in der Nähe des Cap de Ferrutx handeln könnte und somit in der Karte nahezu korrekt eingetragen wäre. Beim zweiten Turmbild (vgl. Abb. 5.30) handelt es sich um ein Kastell namens „At Diregi" (Pferdesäule); es könnte damit sogar das jetzige, im W gelegene Sant Elm gemeint sein. Vermutlich stehen diese Gebilde für die im 16. Jh. verhältnismäßig stark verbreiteten Talaias, den Wach- oder Warntürmen. Cabrera besaß hingegen schon frühzeitig eine Burg zur Verteidigung gegen die ständigen Piratenangriffe, die ab 1537 mehrmals zerstört und immer wieder errichtet wird.

Deutlich kleiner und, wie gesagt, weniger eindrucksvoll sind die gleichen Standorte in der Karte R. 1633 zum Ausdruck gebracht. Am größten tritt nördlich der Hauptstadt die hier mit *Šahr* bezeichnete Burganlage in Erscheinung, deren Darstellung dem aktuellen Kastellbild sehr ähnelt. Geringfügig kleiner – das streicht die Bedeutung der soeben genannten Burg auch für nautische Orientierungszwecke heraus –, ist die ähnlich gestaltete Hauptstadtsilhouette veranschaulicht. Noch winziger kommen die heutigen Orte Alcúdia und Pollença sowie das anstelle von Sóller hier traditioneller- oder fälschlicherweise eingetragene *Palāmāra* (für die Burg oder Palomera?) zur Darstellung. *Ṭuzla* im Süden und nahe der Küste zeigt erneut zwei separate Türme. Von den weiterhin vorhandenen drei Einzelzeichen fällt besonders die außergewöhnliche Höhe und starke Schattierung des Turms am hier *Qāvu Tarqalya* genannten Kap (Cap de Cala Figuera?) auf, eine Talaia oder ein Kastell mit der Bezeichnung „At Diregi" (vgl. Abb. 5.30).

In ähnlicher Darstellungsweise, jedoch wesentlich zierlicher und nicht raumplastisch wirkend, erfolgt die Wiedergabe der in gleicher Zahl vorkommenden Zeichen in den verbleibenden Karten, der H. 642 der TSMK Istanbul und der Suppl. Turc. 956 der BNF Paris (vgl. Abb. 5.30).

Wesentlich bildhafter werden die entsprechenden Objekte in der Karte der Ausgabe B. 338 der TSMK zur Wiedergabe gebracht. Die einzelnen Standorte werden mittels orientalisch wirkender Turmzeichen in unterschiedlicher Zahl veranschaulicht. Die Türme weisen Fenster und zum Teil auch Tore auf, sind zinnengekrönt und mit Plattformen sowie Kegeldächern mit Halbmondsymbol versehen. Zu Gruppen aus drei Türmen zusammengestellt zeigen sich die Städte Mallorca und Alcúdia, aber auch die nahe gelegene Burganlage, heute Castell de Bellver. Bei den ersten zwei ist jeweils beidseitig ein Wassergraben angedeutet. Alle übrigen Positionen sind mit Einzeltürmen versehen. Relativ hohe Zeichen stehen für die Talaia oder Feste im Bereich der Punta de Capdepera sowie für die Talaias am Cap de Cala Figuera und auf der Insel Dragonera. Kleinere Zeichen weisen *Ṭuzla* im Süden sowie die heutigen Hafenorte Pollença im NE und Sóller im N, wobei mit dem letztgenannten durchaus noch Palomera gemeint sein könnte. Auch die

Festungsanlage Castell del Rei im nördlichen Küstenbereich ist auf diese Weise veranschaulicht. Darüber hinaus kennzeichnen zwei weitere gleichgestaltete Wachtürme den Eingang an den Molen des Hauptstadthafens (vgl. Abb. 5.27 - Abb. 5.29).

Kleiner und deutlich detaillierter wird mancher Siedlungsstandort in der Karte W. 658 aus Baltimore und der äußerst ähnlichen der ÜK Istanbul (siehe SEZGIN 2000c: Karte 39w) zur Darstellung gebracht. Dazu gehören vor allem die Hauptstadtsilhouette als auch das daneben auf einem Gebirgssockel eingetragene Bild für die Burgfeste Bellver. Das erstgenannte Objekt umfasst im Vordergrund drei mit Kegeldächern und Zinnen versehene Tumbauten sowie einige Mauerabschnitte. Der Hintergrund überragt mit zwei höheren Türmen und Mauer den vorderen Teil. Seewärts vor der Hauptstadt befindet sich eine nahezu kreisförmige Hafenzone, deren Molen am jeweiligen Ende einen Wachturm aufweisen. Selbst eine zur Schließung des Hafens zwischen den Türmen vorhandene Kette ist abgebildet, eine Darstellung, die sich in der Karte des Ms. 3609 der BU Bologna wiederholen sollte. Auf diese Tatsache weist 1249 schon König Jaime I. hin (SEVILLANO COLÓM 1971: 437f.); von beiden noch vorhandenen Türmen am Hafen von Portopí ist die Torre de Peraires heute auch noch unter den Namen Torre de sa Cadena (Kettenturm) bekannt. Die nordwestlich der Hauptstadt gelegene Burganlage Bellver zeigt einen zentralen Bergfried sowie mehrere zinnengekrönte Gebäude; speziell beschriftet ist sie nicht. Beide Ansichten, die Hauptstadt und die Burganlage, sind mit ihrer Basis nach SW gerichtet. Kleiner, und durch drei kegelförmig ausgebildete Türme charakterisiert, folgen nach ihrer Größe *Palmāra, Arqūdye* sowie unbeschriftet das heutige Pollença (vgl. Abb. 5.27). Um ein Weiteres winziger bildet sich der jetzige Hafenplatz Andratx im W ab. *Ṭuzla* direkt an der Küste im Süden zeigt wiederum zwei nebeneinander stehende Turmbauten. Durch einen einzigen Turm vertreten sind alle anderen Talaias, zu denen sich nebst der am Cap de Cala Figuera eine im südlichen Bereich der Alcúdia-Bucht, auf die bereits in der Ausgabe Ayasofya 2612 hingewiesen wird, und eine zweite bei Portopetro, von der MASCARÓ PASARIUS (1964: 1212) berichtet, gesellen. Weitere Turmzeichen sind auf den Nachbarinseln Dragonera für eine Talaia bzw. Cabrera für das dortige Kastell auszumachen.

Ästhetisch ansprechend und eindrucksvoll ausgeführt erweisen sich die Siedlungsdarstellungen in den Karten der Ausgaben Diez A. Foliant 57 der SB Berlin und Ms. 3609 der BU Bologna (Abb. 5.28). Im Gegensatz zu den meisten bisher besprochenen Exemplaren zeigt die erstgenannte Karte eine einheitlich zum Betrachter, d. h. nach WSW weisende Ausrichtung aller Siedlungssilhouetten. Eine Beschriftung der Siedlungsplätze ist kaum gegeben. Besonders durch ihre Größe und Detailreichtum herausgearbeitet kommen die Hauptorte Mallorca und Alcúdia im SW bzw. NE der Insel zur Geltung. Die Hauptstadt weist im Innern eine unregelmäßige Anhäufung kleiner, mit rotem Satteldach versehener Häuser auf. Diese Ansammlung an Gebäuden wird von einer zinnengekrönten, aus Mauern und acht Türmen mit grünen Kegeldächern bestehenden Umwallung eingefasst. Die Außenmauer, die rings um den Ort sichtbar ist und deren hinterer Abschnitt höher zu liegen scheint, reicht bis zur Küste. Auf der Südseite der Mauer ist ein geschwungen gestalteter Wassergraben kartiert, dessen Fortsetzung durch die perspektivische Schräge der Siedlungsdarstellung vorstellbar, aber nicht sichtbar ist. Das in etwa gleichgroßer Fläche wie die Stadt vorhandene Hafenbecken wird von zwei Molen – die südliche deutlich länger als die nördliche – mit einem Turm am jeweiligen Ende abgeschlossen. Es ist denkbar, dass dieses Becken durchaus auch den Hafenbereich von Portopí mit einschließt.

Ähnlich aufgebaut, aber eindeutig kleiner zeigt sich die Stadt Alcúdia, eine Siedlung, die bis auf den seewärtigen Abschnitt offensichtlich ringsherum von einem Wassergraben umgeben ist, derart allerdings, dass der Eindruck einer im Meeresspiegelniveau liegenden Ortschaft entsteht. Die Stadt als solche liegt im Innern einer tiefen Seiteneinbuchtung des großen nordöstlichen Meerbusens. Eine dazugehörige Hafenzone scheint vorhanden, nicht aber durch Molen wie im vorausgehenden Fall abgegrenzt. Eine den Graben überspannende Brücke dient als landwärtige Verbindung zur Umgebung der Anlage. Mehrere, mit roten Satteldächern versehene Gebäude sowie eine die Stadt in ihrer Gänze umgrenzende zinnengekrönte Mauer mit sieben Türmen setzen das Stadtbild zusammen.

Kleiner, aber vom Aufbau und der Perspektive her durchaus ähnlich stellen sich die zwei übrigen hier veranschaulichten Orte der Insel dar. Als drittgrößte Siedlung erscheint an der NW-Küste *Qal'e-i Palmāra*, vermutliche Bezeichnung für die damalige Feste in der Bucht von Sóller. Winziger ist das jetzige, in dieser Karte unbeschriftete Pollença an der NE-Flanke wiedergegeben. Durch ihre schrägperspektivische Darstellung gewähren alle Ortschaften einen guten Einblick in den Innenaufbau des Siedlungsplatzes.

Mit gleich aussehenden Türmen, d. h. mit Zinnen, Plattformen und kegeligen Spitzdächern versehen kommen auch die größeren Burganlagen sowie einzelne

Wachtürme zur Darstellung (vgl. Abb. 5.30). Am auffälligsten und aus der zentralen Ebene auf einer isoliert dargestellten Anhöhe herausschauend erscheint die Burgfeste Bellver. Geringfügig kleiner, aber auch auf Einzelerhebungen wiedergegeben, werden sowohl das Castell del Rei an der NW-exponierten Küste als auch die Festungsanlage Capdepera in unmittelbarer Nähe des gleichnamigen Ostkaps *Qāvu Petra* veranschaulicht. Alle drei Anlagen bestehen aus zwei Turmbauten und zwei Mauerabschnitten. Nur einen Turm zwischen den Nebenbauten weist dagegen die Talaia der Nachbarinsel Dragonera auf; auf Cabrera fehlt eine derartige Darstellung. Ein einzelner Turm schließlich kennzeichnet *Ṭuzla* nahe der Inselsüdspitze.

Stadt Mallorca **Alcúdia** **Sóller** **Pollença**

Diez A. Foliant 57 (SB Berlin)

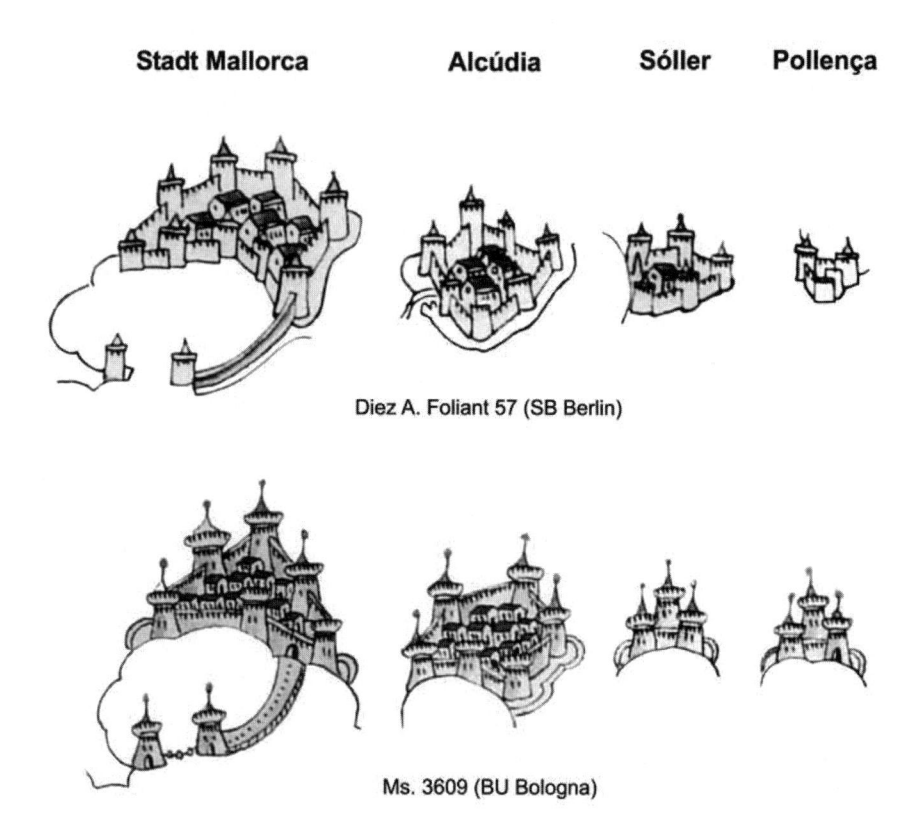

Ms. 3609 (BU Bologna)

Abb. 5.28 Gestaltung der wichtigsten Siedlungen in den größermaßstäbigen Mallorca-Karten der Kitāb-i Baḥrīye-Ausgaben Ms. Diez A. Foliant 57 und Ms. 3609. Wiedergegeben in Originalgröße mit Genehmigung der aufgeführten Bibliotheken.

Von der Anzahl der Standorte her erweist sich die Karte aus dem Ms. 3609 der BU Bologna als identisch mit der Darstellung aus Baltimore. Die Lage und Größe der einzelnen Siedlungspunkte ist dagegen eher mit der soeben besprochenen Karte vergleichbar. Abweichend allerdings ist die Art und Weise der Detailgestaltung, wobei vor allem die Turmbauten einen orientalischen Einschlag erkennen lassen. Ihre rundgestalteten, durch einseitige Anschattierung dreidimensional wirkenden, zinnengekrönten Sockel und Plattformen mit kegelförmigen Dächern sind typisch für dieses Kartenbild. Als äußerst ansprechend, den bekannten Siedlungssilhouetten in den Portolankarten bzw. Portolanatlanten der Zeit gleichend, gelangen in diesem Beispiel die Ortschaften zur Darstellung. Diese Bilder, minuziös gezeichnet und dezent in Farben angelegt, zeigen detailliert strukturierte Siedlungsplätze. Allem voran tritt die hier nach SW gerichtete und als befestigter Ort wiedergegebene Hauptstadt auf. In schrägperspektivischer Draufsicht veranschaulicht, vermittelt die Darstellung den Eindruck einer Siedlung in Hanglage. Sie besteht aus einer dreiecksförmig gestalteten Mauer, die meerwärts bis an die Küste reicht und sich aus sechs Türmen und sechs Mauerabschnitten zusammensetzt. Türme mit Fensterpaaren, Plattformen sowie Mauerteile sind mit Zinnen gekrönt. Den jeweiligen oberen Abschluss bilden grün angelegte Kegeldächer mit Mast und einem vermeintlichen Halbmond in Gelb. Im Innern der Siedlung befindet sich ähnlich der Diez-Karte eine Mehrzahl mit rotem Satteldach bedeckter Häuser. Andeutungsweise ist beidseitig der Stadtmauer ein Wassergraben auszumachen. Nach SW öffnet sich ein großes Stadttor, an dem die lange südliche Mole beginnt. An deren seewärtigem Ende steht ein Wachturm, der mit einem zweiten mittels einer kräftigen Kette, auf die bereits oben bei der Karte der WAG Baltimore hingewiesen wird, verbunden ist und die Hafeneinfahrt schließt. Zwischen den Molen bzw. Wachtürmen und der Ortsbefestigung ist ein relativ großer, zur Stadt gehörender Hafenbereich zum Ausdruck gebracht. Der weiter westlich gelegene Hafen Portopí erfährt hier keine besondere Beachtung bzw. Darstellung.

Ein ähnlich elegantes, ebenfalls perspektivisch angelegtes Ortsbild, dessen Ausrichtung entgegen dem der Hauptstadt nach NE erfolgt, ist für die Stadt Alcúdia gegeben. Eine Ansammlung von zehn Häusern mit roten Satteldächern bilden das stark gegliederte Stadtinnere. Umgeben werden diese Gebäude von einer Befestigungsmauer, die aus sechs Türmen und sechs Mauerpartien besteht und komplett sichtbar ist. Der Wassergraben der Stadtbefestigung ist nur auf der Nordseite feststellbar. Meerwärts passt sich die Wehrmauer der Küstenlinie an.

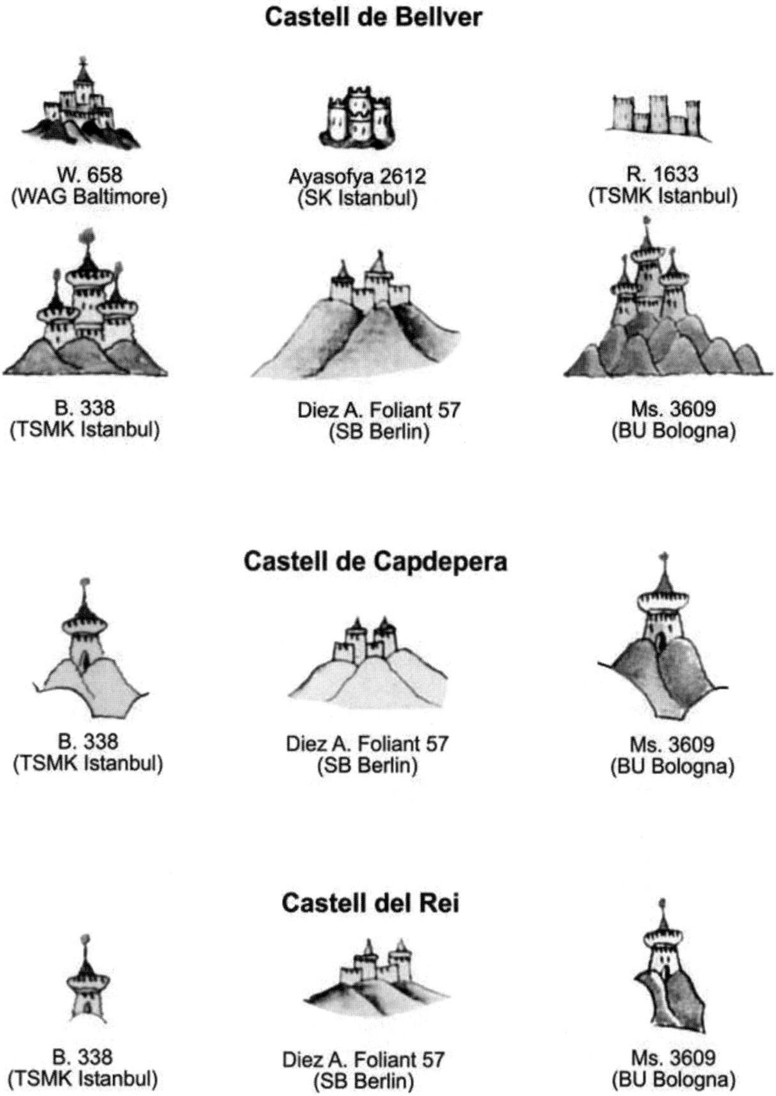

Castell de Bellver

W. 658
(WAG Baltimore)

Ayasofya 2612
(SK Istanbul)

R. 1633
(TSMK Istanbul)

B. 338
(TSMK Istanbul)

Diez A. Foliant 57
(SB Berlin)

Ms. 3609
(BU Bologna)

Castell de Capdepera

B. 338
(TSMK Istanbul)

Diez A. Foliant 57
(SB Berlin)

Ms. 3609
(BU Bologna)

Castell del Rei

B. 338
(TSMK Istanbul)

Diez A. Foliant 57
(SB Berlin)

Ms. 3609
(BU Bologna)

Abb. 5.29 Darstellung der Kastelle Bellver, Capdepera und del Rei einschließlich ihrer Gebirgssockel in den Mallorca-Karten der verschiedenen Kitāb-i Baḥrīye-Ausgaben. Wiedergegeben in Originalgröße mit Genehmigung der aufgeführten Bibliotheken.

Cap de Cala Figuera

Ayasofya 2612 (SK Istanbul)	H. 642 (TSMK Istanbul)	R. 1633 (TMSK Istanbul)

Ms. 3609 (BU Bologna)	B. 338 (TSMK Istanbul)	Suppl. Turc 956 (BNF Paris)

Tuzla

Ayasofya 2612 (SK Istanbul)	H. 642 (TSMK Istanbul)	R. 1633 (TMSK Istanbul)

Ms. 3609 (BU Bologna)	B. 338 (TSMK Istanbul)	Diez A. Foliant 57 (SB Berlin)

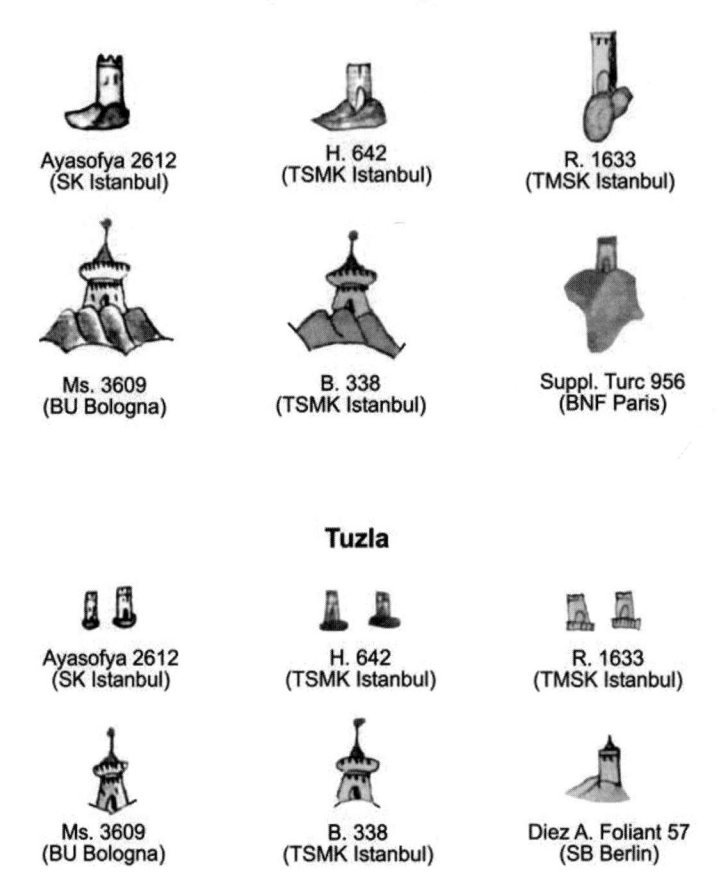

Abb. 5.30 Darstellung ausgewählter Talaias (Wach- und Warntürme) in den Mallorca-Karten der verschiedenen Kitāb-i Baḥrīye-Ausgaben. Wiedergegeben in Originalgröße mit Genehmigung der aufgeführten Bibliotheken.

Äußerst ähnlich, nur kleiner, sind die weiteren Orte auf der Insel wiedergegeben. Es handelt sich aller Voraussicht nach um die heutigen Sóller und Pollença, zu deren jeweiligem Ortsbild nur drei Türme gehören und die Andeutung eines Wassergrabens vorliegt. Der erstgenannte Siedlungsplatz führt das bei der Berlin-Ausgabe bereits genannte Toponym *Qal'e-i Palmāra*, der letzte weist keinerlei

Bezeichnung auf. Stattlicher und auch etwas höher, jedoch in gleicher Form, bildet sich auch die Burg Bellver auf dem entsprechenden Bergsockel ab. Alle weiteren Standorte, seien es auf Berghöhen gelegene Burganlagen, wie Castell del Rei und Castell de Capdepera, oder seien es die Talaias am Cap de Cala Figuera und auf der Dragonera, werden als freistehende Turmbauten gleichen orientalischen Aussehens, aber in geringfügig unterschiedlicher Größe veranschaulicht (vgl. Abb. 5.29). Direkt an der Küste positionierte Turmzeichen, wie bei Portopetro oder *Ṭuzla*, passen ihre Basis der Küstenlinie an und sind zur entsprechenden Meeresseite gerichtet (vgl. Abb. 5.30).

Wie vorne angedeutet, zeugen in der Ausgabe Hüsrev Paşa 272 der SK Istanbul zwei unmittelbar an der SE-Küste bei Ses Salines (*Ṭuzla Līmānı*) in Form gekreuzter Haken eingetragene Grundrisszeichen einschließlich des zugehörigen Schriftzuges für das Vorhandensein von Salzlagern und den sich am Ortseingang gegenüberliegenden Türmen, für die diese Zeichen vermutlich stehen.

5.10 Meeresfläche

Sieht man von der jeweiligen Kompassrose inklusive Richtungsstrahlen ab, so ist in der Regel die Meeresfläche der hier vorgestellten Karten nur in wenigen Fällen mit zusätzlichen Elementen versehen. Derartige, eher dekorative Eintragungen kommen ausschließlich in Beispielen der 2. Version vor. Praktische Hinweise für die Nautik, wenn auch in geringer und unterschiedlicher Zahl, sind in den meisten angesprochenen Karten feststellbar, wodurch sich wieder der vorwiegende Portolancharakter dieser Isolariendarstellungen bemerkbar macht.

Keinerlei praktische noch dekorative Merkmale in der Meeresfläche kommen in den Karten der Ausgaben or. Dresd. Eb. 389 (SLUB Dresden), Ms. 3613 (BU Bologna), Cod. ms. ori 34 (UB Kiel), or. Foliant 4133 (SB Berlin), Or. 4131 (BL London) sowie Yeni Cami 790 und Ayasofya 2605 (beide SK Istanbul) vor.

Erste Zeichen einer Eintragung nautisch wichtiger Angaben liefert die Karte der Ausgabe B. 337 aus der TSMK. Wie üblich in derartigen, vorrangig für den seemännischen Gebrauch erstellten Karten werden auch hier Untiefen bzw. Sandbänke durch feine Punktreihen veranschaulicht. Bis auf die Darstellung aus dem Cod. H. O. 192 der ÖNB Wien, die eher eine Punktansammlung zeigt, kommen Punktreihen – in der Regel feine, gelegentlich auch gröbere – in allen anderen, in diesem Abschnitt noch nicht genannten Karten zur Darstellung. Die meisten Karten weisen mit schwarzen Punkten die Untiefen bzw. Sandbänke hauptsächlich im Flachseebereich an einigen Buchten der SE-Küste aus. In den Ausgaben Ayasofya 2612 und H. 642 sind vermutlich zur besseren Hervorhebung diese Punktreihen ausnahmsweise rot, im Falle der Karte aus der BNF Paris hellbraun wiedergegeben. In den Exemplaren Hamidiye 971 und 945 sowie Hüsrev Paşa 272 ist zusätzlich am NW-Rand der Hauptstadtbucht in unmittelbarer Nähe des Cap de Cala Figuera noch ein Abschnitt mit schwarzen Punkten gekennzeichnet. Die Beispiele W. 658 aus Baltimore, das ähnliche aus der ÜK Istanbul (Karte 39w bei SEZGIN 2000c), der Ausgaben Ayasofya 2612 der SK, H. 642 und B. 338 der TSMK, Suppl. Turc. 956 der BNF Paris, Diez A. Foliant 57 der SB Berlin und 3609 der BU Bologna bringen nebst den bereits angegebenen noch weitere Punktreihen zur Darstellung. Im Wesentlichen ist davon der Bereich um das in einigen Karten zu groß ausgefallene Eiland Pantaleu neben der Insel Dragonera betroffen. Bei beiden erstgenannten Karten ist unweit dieser Insel noch ein weiteres, vermutlich die Illa Mitjana meinendes Eiland mit umgebener Punktreihe eingetragen. Im Falle der Darstellung R. 1633 aus der TSMK ist nur Pantaleu umpunktet.

Gefahrenzonen durch Riffe oder Vorgebirge werden in diesem Kartentyp mit Hilfe einfacher schwarzer Kreuze vermerkt. Eine bzw. zwei Stellen sind in der Nähe des heutigen Cap de Ferrutx und der Punta de Capdepera zu verzeichnen. Dazu gehören die Beispiele Hamidiye 971, Hamidiye 945 und Hüsrev Paşa 272 (SK Istanbul), Ms. 3609 (BU Bologna), MSS. 718 (NKC London), W. 658 (WAG Baltimore) sowie die Karte 39w (SEZGIN 2000c bzw. ÜK Istanbul). In der Darstellung Hamidiye 945 lassen sich zwei weitere Zeichen ausmachen, eines im Innern der Bucht von Alcúdia, das andere an der NW-Küste nahe der Bucht von Sóller. In der Oxford-Karte sind zwei nebeneinander liegende Kreuze in unmittelbarer Nähe westlich der kleinen Nachbarinsel zu finden.

Dekorative Elemente, wie Boote und größere Schiffe, kommen ausschließlich in Karten der 2. Version zur Darstellung (Abb. 5.31). Die Boote, meist Feluken, sind hauptsächlich im Bereich von Buchten zu finden, so dass davon auszugehen ist, dass ihre Eintragung auf gute Ankermöglichkeiten hinweisen soll. Zu diesen Plätzen zählen die Buchten von Alcúdia, Portocolom, Portopetro, Cala Figuera, die Häfen von Sóller bzw. Palomera sowie der relativ große Hauptstadthafen. Diese Darstellungen treffen vor allem für die Karten W. 658 aus Baltimore, der ähnlichen aus der ÜK Istanbul (SEZGIN 2000c: Karte 39w), Ayasofya 2612 aus der SK und H. 642 aus der TSMK zu. Im Falle der beiden letztgenannten sind zusätz-

Abb. 5.31 Darstellung von Schiffs- und Bootstypen in den Mallorca-Karten verschiedener Kitāb-i Baḥrīye-Ausgaben. Wiedergegeben in Originalgröße mit Genehmigung der aufgeführten Bibliotheken.

lich noch Boote in den Buchten des heutigen Pollença und bei der NKC-Karte von Andratx eingetragen. In der Regel handelt es sich um Einzeldarstellungen, lediglich der Hafen der Stadt Mallorca beherbergt bis zu fünf Einheiten (Abb. 5.31).

Auch größere Schiffe sind in diesen Karten veranschaulicht. Nebst Dekoration und Füllung des sonst leeren Meeresraumes sind diese Schiffe – Karracken, Galeonen, Karavellen und Koggen – auch ein Hinweis für friedlichen Verkehr oder für kriegerische Auseinandersetzungen auf hoher See bzw. im Bereich der Küste. In den Karten der WAG Baltimore und der ÜK Istanbul schmückt je ein einziges größeres Segelschiff mit wehenden Bannern das Kartenbild. Erkennbar sind jeweils mindestens zwei Masten und vier Rahsegel, so dass sie sich zu den Galeonen rechnen lassen. Sie befinden sich jeweils nahe der Punta de Capdepera und werden im Falle der beiden ersten Karten sogar mehrfarbig wiedergegeben. Das detailreichste und eleganteste Segelschiff – aufgrund der drei Masten und der Takelung mit Rahsegeln sowie der Gestaltung des Bugbereichs vermutlich eine Karracke – zeigt die Karte aus der NKC London. In der Bucht von Alcúdia scheint ein der Barča ähnlendes Segelschiff zu liegen. In den anderen beiden oben genannten Karten sind jeweils drei Schiffe unterschiedlicher Größe zur Darstellung gebracht. Eins befindet sich südwestlich von Mallorca und wird in voller Breitseite dargestellt, ein kleineres und auf den Betrachter sich zubewegendes ist nordöstlich vor der Alcúdia-Bucht eingetragen. In beiden Fällen scheint es sich um Karracken oder Galeonen zu handeln, so zeigen es zumindest Fock- und Großmast mit den Rahsegeln und der Besanmast mit einem Lateinsegel. Auch der Bugspriet ist entsprechend ausgebildet. Das dritte und kleinste Segelschiff, das sich im Bereich des Hauptstadthafens befindet und diesen in Richtung Westen zu verlassen scheint, weist mit Sicherheit auch auf den hier vorhandenen geeigneten Ankerplatz für Schiffe mit größerem Tiefgang hin.

5.11 Schriftbild

Kartenbeschriftung und Buchtext der Ausgaben des Kitāb-i Baḥrīye sind durchweg in Osmanisch verfasst, wobei unter den gesichteten Darstellungen bis auf eine Ausnahme alle Exemplare im Naskhi-Duktus geschrieben sind; nur die Karte der Ausgabe Hamidiye 945 liegt in der dekorativen Siyakat-Schrift vor. Die Verwendung osmanisch-arabischer Zeichen als Kartenschrift hat zweifellos das Feststellen der Toponyme als solche, ihrer korrekten Schreibweise sowie der zusätzlich gegebenen textlichen Hinweise verkompliziert. Erschwerend kommt hinzu, dass unter den besprochenen Beispielen die meisten Schriftzüge nicht vokalisiert auftreten – nur fünf Karten darunter weisen Vokale auf – und aufgrund mangelhafter Schreibung und/oder zum Teil schlechten Erhaltungszustandes sich die Worte nicht einwandfrei entschlüsseln lassen.

Eine gewisse Unterstützung bei der Festellung der Toponyme bot sich durch die englische Übersetzung des transliterierten und ins Türkische transkribierten Textes in dem von ÖKTE 1988 in Ankara herausgegebenen Faksimile, für dessen Anfertigung die Karten und Texte von der Ausgabe Ayasofya 2612 aus der SK Istanbul Pate gestanden haben.

Erst aber durch die eingangs erwähnte umfangreiche Transkriptionsarbeit sämtlicher Toponyme durch die Kollegen S. Procházka und G. Procházka-Eisl vom Institut für Orientalistik der Universität Wien ist es möglich geworden, das Namensgut der einzelnen Mallorca-Karten zu entnehmen und somit die Objekte und ihre Standorte zu identifizieren. Dabei hat sich herausgestellt, dass mehrere Toponyme in verschiedenen Schreibvarianten vorkommen, Varianten, die bis zu nicht zutreffenden Namensgebungen geführt haben. Vermutlich sind derartige Fehler vor allem durch Flüchtigkeit beim Abschreiben durch die Kopisten zustande gekommen. Nach Meinung von S. PROCHÁZKA (2002, schriftl. Mitt.) sind viele Varianten durch Misslesungen aufgrund falscher Interpretation der arabischen Schriftzeichen entstanden. Die Schreibung der Toponyme weist eindeutig darauf hin, dass den meisten Kopisten nur eine einzige Vorlage zur Verfügung gestanden haben muss, und dass dieser Personenkreis wenige oder keine Kenntnisse von der Aussprache hatte.

Bemerkenswert ist die unterschiedliche Zahl der in den jeweiligen Karten verwendeten Toponyme. Dies gilt sowohl für die Darstellungen, die ausschließlich Mallorca mit den kleinen Nachbarinseln zeigen als auch für die Karten, in denen die beiden östlichen Balearen zusammen veranschaulicht werden. Während die meisten älteren, nur die Insel Mallorca wiedergebenden Karten, zu denen vorrangig die Beispiele der 1. Version, aus den textlosen Fassungen sowie aus den hauptsächlich dekorativen Zielen dienenden Ausgaben zu rechnen sind, zwischen vier und zwölf Namen verwenden, kommen in den übrigen Darstellungen bis zu 24 Bezeichnungen vor. In mehreren Karten, darunter vor allem die Karten der beiden östlichen Balearen der Ausgaben Hüsrev Paşa 272 sowie Hamidiye 945 und 971 der SK Istanbul, werden, wie noch ausgeführt wird, den eigentlichen

Toponymen weitere, zum Teil ausführliche erläuternde Informationen hinzugefügt.

Die Schrift sämtlicher Mallorca-Karten weist keine gleiche Ausrichtung auf; die einzelnen Schriftzüge zeigen unterschiedliche Lagen. Bis auf Ausnahmen, die eher Objekte im Landesinneren betreffen, sind die meisten Toponyme in der Meeresfläche im Bereich der Küste untergebracht und mehr oder minder senkrecht zu dieser angeordnet. Diese Schriftanordnung nimmt auf eine einheitliche Blickrichtung des Betrachters keine Rücksicht. Um die unorthodox angebrachten Schriftzüge besser lesen zu können, muss die jeweilige Karte der Küstenorientierung gemäß etwa in vier Richtungen gedreht werden. Auch die Zuordnung der Toponyme zu den einzelnen, sie betreffenden Objekten ist trotz des verhältnismäßig gering eingesetzten Namenguts und des daraus sich ergebenden reichlich vorhandenen Platzes nicht immer eindeutig. Die vorkommende falsche Positionierung einzelner Toponyme führt häufig zu Fehlinterpretationen.

Dem Charakter und Zweck der Kartenbilder entsprechend kommen in der Regel Toponyme vor, die hauptsächlich für die Seefahrt von Bedeutung sind – seien es rein navigatorische oder strategische Gründe. Dazu gehören sämtliche Inselnamen, Namen herausragender Kaps, von Buchten und Hafenplätzen, wichtiger Küsten- oder küstennaher Siedlungen, von Festungen und Burgen sowie weiterer, dem Schutz des Gebietes dienender Bauten, deren transkribierte osmanisch-arabische Schriftzüge nach ihrer vorwiegenden Schreibweise hier aufgeführt und in einer Zusammenstellung aufgelistet werden. Darüber hinaus vorkommende, deutlich abweichende Schreibweisen sind in nachstehender tabellarischer Auflistung ebenso erfasst.

Zum Einsatz kommen in der Regel die Bezeichnungen *Gezīre-i Mayārqō* oder *Gezīre-i Mayōrqā* für die Hauptinsel Mallorca, in drei Kartenbeispielen der 1. Version ergänzt durch den Hinweis *ispānyānıñdır*, was soviel wie „gehört zu Spanien" bedeutet. Es folgen *Gezīre-i Qabrīra* oder *Gezīre-i Qabrāra* (die Ziegeninsel), auch *Keči Adası* für die Nachbarinsel Cabrera und *Gezīre-i Diranqōnārya* oder *Gezīre-i Dirgōnarya* für die Dragonera, in einigen Karten auch der kleineren Eilande *Ṭavšan Adası* (die Haseninsel) für Conejera und *Gezīre-i Pantālya* für Pantaleu; in den Beispielen, die die östlichen Balearen veranschaulichen, erscheint auch Menorca mit *Gezīre-i Manārqo* beschriftet. Eingetragen sind weiterhin die markanten Landvorsprünge *Qāvu Firmantāra* (Cap de Formentor), *Qāvu Petra* oder *Dašlı Burun*, das steinerne Kap, (Punta de Capdepera) und *Qāvu*

Salīna (Cap de ses Salines). „Palamura" steht für die Punta Negra im W, eine Bezeichnung, die allerdings nur im Text von ÖKTE (1988: 1141) zu finden ist; auch *Qāvu Biyānqō* (das weiße Kap) für Cap Blanc und *Qōlġādo Manārqo* für Cap de Menorca kommen häufig vor, seltener ist der Einsatz von *Qāvu Tīrfalya* oder *Qāvu Tarqalya* im Bereich des Cap de Cala Figuera im nördlichen Abschnitt der SW-Küste, welche durchaus mit dem im Text von ÖKTE (1988: 1143) genannten „burnu/kavu Tirafilipe" gleich sein können. Zu den Häfen bzw. Buchten, die eine Beschriftung aufweisen, gehören außer dem gelegentlich eingetragenen *Pōrtō Pī* (Portopí) vor allem die an der SE-Küste befindlichen *Qāle Figāra* (Cala Figuera), *Pōrtō Pātra* (Portopetro) und *Pōrtō Qōlōm* (Portocolom). *Pōrtō Milāzī* an der SW-Küste steht der Lage nach zu urteilen vermutlich für den jetzigen Hafen von Andratx. Das etwa an dieser Stelle nach ÖKTE (1988: 1143) angenommene „Molozi" bezieht sich auf ein ca. fünf Meilen von der Insel Dragonera südöstlich gelegenes Eiland. Der Name Sa Mola für die heutige Bezeichnung eines Kaps könnte darauf zurückzuführen sein. Das im gleichen Text (1988: 1143) genannte „Lamporasi" ist in den Karten nicht dargestellt; es könnte sich durchaus aber um die kleine Felseninsel Sa Porrassa handeln oder mit Cala Llamp in Zusammenhang stehen. In zwei Kartenbeispielen haben an der SE-Küste mit *Qalālangā* die heutige Cala Llonga und in einem weiteren Falle mit *Purta Manārqo* auch Portocristo bzw. Port de Manacor ihre Bezeichnungen erhalten.

Unter den Orten, die in der Regel beschriftet vorliegen, sind *Qal'e-i Mayōrqa* (Burg oder Festung Mallorca), *Šahr-i Mayārqō* (Stadt Mallorca) oder nur *Šahr* für die seinerzeit wie die Insel genannte Hauptstadt sowie *Arqūdya* oder *Qal'e-i Arqūdya* für Alcúdia zu finden. Auch hier wird in zwei Karten der 1. Version beim Hauptstadtnamen mit dem oben genannten Zusatz *ispānyānındır* die Zugehörigkeit zu Spanien bestätigt. In nächster Nähe zur Hauptstadt ist häufig ein zweiter Schriftzug auszumachen, der bemerkenswerterweise mit der Ortschaft übereinstimmt oder zumindest nahezu identisch ist. Die Benennungen *Qal'e-i Mayārqō* oder *Qal'e-i Mayōrqa* deuten darauf hin, dass es sich beim südlich positionierten Standort um die Stadt Mallorca und beim nördlicher gelegenen eher um die Festung gleichen Namens, vermutlich das heutige Castell de Bellver handelt. Unter den beschrifteten Siedlungen treten weiterhin *Pālmāra* – auch *Qal'e-i Palmāra* oder *Līmān Pālmāra* – sowie in älteren Karten die weniger häufigen *Sōlamī Yeri* (Sóller Ort) bzw. *Sōlōmarī Līmānı* (Sóller Hafen) auf. Anstelle der Ortsnamen werden in wenigen Fällen die dazugehörigen Buchtnamen eingetragen, so bei *Arqūdya Körfezi* (Badia d'Alcúdia) und bei *Solmīri Körfezi* (Sóller Bucht). Darüber hinaus ist in verschiedenen Kartenbeispielen im Südbereich der

Insel der Schriftzug *Ṭuzla* auszumachen, eine Angabe, die eigentlich auf das Vorkommen von Salzlagern hindeutet, möglicherweise aber die Ortschaft Santanyí bzw., wie bereits im Text von ÖTKE (1988: 1135) zu lesen, sogar Ses Salines oder deren Hafen widerspiegeln soll. Keine Beschriftung weist in den vorliegenden Karten hingegen die seltener vorkommende Silhouette für die Siedlung Pollença auf. Das an der Südflanke der Badia d'Alcúdia neben einem Turmzeichen eingetragene *Armanzāra* lässt sich nicht identifizieren. Die Bedeutung der westlich der Hauptstadt herausgelesenen Bezeichnungen *dūle* und *vele* ist ebenfalls nicht festzustellen.

Wie oben angedeutet sind in einigen Darstellungen, vorrangig in den oben erwähnten der beiden östlichen Balearen, mittels Beschriftung Zusatzinformationen aufgenommen, qualitative Angaben, die mehr strategische, siedlungsbezogene oder wirtschaftliche Aspekte beinhalten. Hierzu gehören – transkribiert und sinngemäß übersetzt – Hinweise wie „jetzt die blutige Bucht" in der Badia de Pollença (die Folge einer verlorenen Schlacht), „ein verfallener Hafen" bei Portopetro, *Porta Qāle Figāri* „ein Gefangenenhafen" oder „obwohl ein guter Hafen – *Qāle Figāra* –, ist er verfallen und ohne menschliche Besiedlung". Ferner sind am Cap Blanc Angaben zu finden, wie „Ort des Eisens" oder „an dem erwähnten Kap gibt es reines Eisen". Bei *Ṭuzla* wird eher auf ein strategisch wichtiges Merkmal hingewiesen. So lässt sich im Falle der Karten Hamidiye 971 und Hüsrev Paşa 272 der Zusatz „ihm, dem Hafen von *Ṭuzla – Sālīna* – gegenüber gibt es zwei Wachtürme" entnehmen, womit die dort vorhandenen Talaias gemeint sind. In den soeben erwähnten Karten erhalten auch die kleineren Nachbarinseln Cabrera und Dragonera Zusatzinformationen. Auf die erste bezogen erfolgen die Hinweise, dass *Keči Adası* auf Fränkisch *Qabrāra* lautet und dass andererseits hier „ein guter Hafen sei, in den auch große Schiffe hineinkönnen". Über die Dragonera wird ausgesagt, dass „sie zu Mallorca gehöre und sommers wie winters kein Wächter fehle".

Darüber hinaus sei noch festgestellt, dass nur zwei der vorliegenden Darstellungen, die Karten der Ausgaben Yeni Cami 790 und Bologna 3609, die wiedergegebenen acht Haupthimmelsrichtungen beschriften. Diese Beschriftung erfolgt entlangt der Strahlen.

Die erwähnte Positionierung der Toponyme bzw. ihre Zuordnung zu den entsprechenden Standorten ist weitgehend als korrekt anzusehen. Es gibt jedoch genügend Beispiele, in denen die Schriftzüge nicht eindeutig zugeordnet angebracht sind, so dass Fehlerhaftes herausgelesen werden kann. In einigen Extremfällen sind die Toponyme falschen Objekten oder Standorten zugesellt, insbesondere ist dies in den Karten der Ausgaben Hamidiye 945 und 971 sowie Hüsrev Paşa 272 der SK Istanbul festzustellen. Beispielsweise sind in den zwei zuletzt erwähnten Karten *Solmīri Körfezi* (Bucht von Sóller) bzw. in der Karte der ÖNB Wien *Sōmlī Yeri* (Sóller Ort) in der Bucht von Pollença im NE der Insel untergebracht. Eindeutig falsch erfolgt in den erstgenannten drei Karten die Beschriftung der Inselsüdspitze; anstelle des Cap de ses Salines ist hier *Qāvu Biyānqō* (Cap Blanc) eingetragen. In den gleichen Darstellungen ist ferner das Toponym *Famāntar Burnu* für Cap de Formentor zu weit nach Süden an die Stelle des Cap de Menorca geraten. Im Kartenbild der Ayasofya 2612 liegt *Qōlġadō Manārqō* (Cap de Menorca) am Cap des Pinar. Nördlich versetzt ist diese Kapbezeichnung auch im Falle der Darstellungen B. 338 der TSMK und der Suppl. Turc 956 der BNF. Nicht eindeutig ist in einigen älteren Karten die Zuordnung von *Salana* oder *Sālīna* zum Südkap. Zweimal als *Sakana* beschriftet – einmal an der Südspitze vokalisiert und ein anders Mal nicht vokalisiert am Cap Blanc gelegen – tritt die Bezeichnung in der Darstellung der ÖNB Wien auf. Zu Verwirrungen führen auch die Eintragungen, die sich auf den Bereich um Sóller beziehen. Landwärts an der gleichen NW-Bucht sind in den Karten Yeni Cami 790, Bologna 3612 und UB Kiel die Bezeichnungen *Pālmāra* und *Sōlami Yeri* (bzw. *Sōlamyadi*) zusammen untergebracht. Im Falle der Karte B. 337 aus der TSMK ist *Sōlamī Yeri* nordöstlich der Bucht und *Līmān Pālmāra* meerwärts westlich davon eingetragen. Namensverwechselungen hat es offensichtlich in den Karten der KNC MSS. 718 und Ayasofya 2605 gegeben. Im ersten Fall sind die Namen der Inseln *Ǧezīre-i Mayārqō* und *Ǧezîre-i Mānōrqa* vertauscht, im zweiten sind beide Inselhauptorte mit *Qalʿe-i Mayārqō* identisch beschriftet. Verwirrend ist schließlich auch in der Karte Hamidiye 945 die bei *Ṭuzla* an der Siedlungssilhouette im SE der Insel vorgenommene Beschriftung *Qalʿe-i Mayūqyō* (Burg Mallorca).

Wie bereits vorne angesprochen, werden aus Gründen der Übersichtlichkeit und des besseren Vergleichs wegen in einer abschließenden Auflistung alle vorkommenden, aus dem Osmanischen transkribierten Toponyme nach ihrer häufigsten Schreibweise und ihren Schreibvarianten zusammengestellt. Alternative Bezeichnungen sind durch Schrägstriche getrennt. In Klammern werden Varianten aufgeführt, die zum Teil auf Verschreibungen der Kopisten zurückgehen.

Aktuelle Toponyme	Toponyme in den historischen Karten
Inseln	
Mallorca	Ǧezīre-i Mayārqō / Ǧezīre-i Mayōrqā
Cabrera	Ǧezīre-i Qabrīra / Ǧezīre-i Qabrāra / Keči Adası
	(Ǧezīre-i Qapirāra, Ǧezīre-i Fīrāra, Tīrīre)
Dragonera	Ǧezīre-i Diranqōnārya / Ǧezīre-i Dirġōnārya / Ǧezīre
	dirānqōnā (Dere-i Dirānqotār)
Conejera	Ṭavšan Aṭası
Pantaleu	Ǧezīre-i Pantālya (Ǧezīre-i Pūntūlya)
Menorca	Ǧezīre-i Manārqo (Ǧezīre-i Manōrqa)
Landvorsprünge	
Cap de Formentor	Qāvu Firmantāra, Fermān tāra burnu, Farmāntār burnu
	(Qāvu Firmatāra, Qāvu Formāntāra, Qāvu Fōrmātāra,
	Qāvu Firantāra, Qāvu Qōrmāntāra, Qāvu Firšāra, Qāvu
	Qaršāra)
Punta de Capdepera	Qāvu Petra oder Dašlı Burun
	(Qāvu Pātera, Qāvu Partū)
Cap de ses Salines	Qāvu Sālīna (Salana, Sakana)
Cap Blanc	Qāvu Biyānqō
Cap de Menorca	Qōlġado Manārqo
Cap de Cala Figuera	Qāvu Tirfalya / Qāvu Tarqalya
Buchten/Häfen	
Port de sa Palomera	Līmān Pālmāra (Līmān Pālmār, Līmān-i Pālimāra)
Port de Sóller	Sōlōmarī Līmānı (Sōlōmrī Limāni)
Port d'Alcúdia	Arqūdya Līmānı
Portocristo/Port de Manacor	Purta Manārqo (Purta Manōrqa)
Port de Menorca	Porta Manōrqa
Portocolom	Pōrtō Qōlōn / Pōrtō Qōlombō (Pōrtō Qōlom)
Portopetro	Pōrtō Pātra / Pōrtō Petra (Pōrtō Pāra, Purtu Brātō)
Port de Cala Figuera	Porta Qāl Figāri
Port de Santanyí	Ṭuzla Līmānı
Port de Palma	Pōrtō Mayārqō
Portopí	Pōrtō Pī (Pōrtōpī, Pōrtō Qōlī)
Port d'Andratx	Pōrtō Milāzī (Pōrtōmilār)
Badía de Sóller	Solmīri Körfezi
Badía d'Alcúdia	Arqūdya Körfezi
Cala Llonga	Qalālangā
Cala Figuera	Qāle Figāra / Qālfigāra (Qāle Figān)
Cala Santanyí (?)	Salana

Ortschaften

Mallorca Stadt	Šahr-i Mayārqo oder Šahr
Alcúdia	Arqūdya
Palomera (?)	Pālmāra / Palāmāra / Palmar
Sóller	Sōlamī Yeri (Sōmlīyeri, Sōlamyadi)
Santanyí/Ses Salines	Ṭuzla

Festungen/Burgen

Mallorca Burg/Festung	Qalʻe-i Mayōrqa (Qalʻe-i Mayārqō, Qalʻe-i Mayūqyō, Marōrqa)
Alcúdia Burg/Festung	Qalʻe-i Arqūdya (Qalʻe-i Arqadyū, Qalʻe-i Qūdya, Qalʻe-i Qūdviye, Qalʻe-i Qūrya)
Palomera (?) Burg	Qalʻe-i Palmāra

Wachturm

Name der Talaia (?)	Armanzāra (Armanzāva, Armazār)

6 Alonso de Santa Cruz

6.1 Autor und Werk

Eine weitere, hier zu berücksichtigende Darstellung der Insel Mallorca ist im Rahmen einer mehrfarbigen Karte des Balearen-Archipels im „Islario general de todas las islas del mundo" des Alonso de Santa Cruz zu finden. Die in Frage kommende Karte (Taf. IX, auch Abb. 6.2) weist keinen eigenen Titel auf und befindet sich auf Folio 96 des Inselbuches. Das gesamte Werk, ein in Madrid entstandenes Manuskript im Format 285 x 215 mm, enthält 111 auf Papier gezeichnete handkolorierte Darstellungen. Das hier begutachtete Originalexemplar, das in der BN Madrid aufbewahrt wird [Sign.: Ms. Res. 38], ist unter Kaiser Karl V. begonnen, aber erst in der Regierungszeit seines Nachfolgers, Philipp II., dem das Werk auch gewidmet ist, beendet. Auf der Titelseite lässt sich eindeutig feststellen, dass der Namen des eigentlichen Autors entfernt und durch die apokryphe Bezeichnung García de Céspedes ersetzt worden ist. Zugleich ist auch in der Widmung die Auswechselung von Philipp II. durch Philipp III. erfolgt. Gemäß WIESER & CUESTA (in LITER MAYAYO & SANCHIS BALLESTER 2001: 91) entstehen die ersten Darstellungen des Islario am Ende des vierten Jahrzehnts des 16. Jhs., die Fertigstellung der letzten erfolgt um 1560. Laut genannter Bibliothek weist das Werk keine Jahreszahl auf; es wird ins 16. Jh. gestellt. BAGROW (1961: 523) erwähnt die Zeit um 1541, MARTÍN MERÁS (1986b: 701) gibt ein späteres Datum, das Jahr 1560 an. 1918 wird das Werk in den Publicaciones der spanischen Real Sociedad Geográfica faksimiliert herausgegeben.

Alonso de Santa Cruz wird 1505 in Sevilla geboren, ist Kartograph, Instrumentenbauer, Historiograph und Entdeckungsreisender; 1567 stirbt er in Madrid (MARTÍN MERÁS 1986b: 701). Mitte der dreißiger Jahre des 16. Jhs. nimmt er als Schatzmeister an der Molukken-Expedition des Sebastián Cabot teil. Nach deren Scheitern kehrt er nach Spanien zurück. Mit Urkunde vom 7. Juli 1537 wird er zum Kosmographen der „Casa de la Contratación" ernannt (LITER MAYAYO & SANCHIS BALLESTER 2001: 91), später, an den spanischen Hof berufen, wird er Mitglied der „Juntas de Cosmógrafos" und erhält die Titel „Contino real" (= ehemals für Leiter der Königsgarde) und Kosmograph von Indien (MARTÍN MERÁS 1986b: 701). Wie aus der lateinischen Angabe seiner in der KBS Stockholm aufbewahrten Weltkarte von 1542 hervorgeht, ist Alfonso de Santa Cruz des Kaisers Karl V. (Karl I. von Spanien) Hauptkosmograph (http://www.konbib.nl/

gabriel/treasures/country/Sweden/se04.html). Zu seinen wichtigsten Arbeiten zählen auch die Werke „Libro de las longitudes" und „Libro de astronomía".

Auch wenn die Insel Mallorca in der genannten Darstellung – ähnlich der vorher besprochenen Bordone-Karte – verhältnismäßig klein wiedergegeben ist und somit nur bedingt den vorher besprochenen und den noch folgenden detaillierteren Karten größeren Maßstabs gegenübergestellt werden kann, soll sie hier zum Zweck der Aufzeichnung der Kartenentwicklung herangezogen werden. Sie kann wie die genannte Vorgängerin als Landkarte angesehen oder zumindest als Übergangsform zwischen Portolan und Landkarte betrachtet werden, denn sie zeigt bereits mehrere Details im Inselinnern, die sie von den Portolanen unterscheidet, andererseits weist sie aber durch die Wiedergabeart vorrangig der Küste und durch die Anordnung der Beschriftung dieses Bereiches auch deutlich Züge auf, die sie den seekartographischen Darstellungen jener Zeit zuordnen lassen.

6.2 Äußerer Kartenaufbau

Die querformatig angeordnete, rechtwinklige Darstellung (vgl. Taf. IX) weist die Maße von ca. 267 mm für die Höhe und 205 mm für die Breite auf. Als Rahmenkarte konzipiert wird sie außen herum von einer feinen Doppellinie ohne Zusatzangaben begrenzt, wobei jeweils zwei Rahmenlinien der N-S- bzw. der W-E-Himmelsrichtung parallel laufen. In der oberen rechten Ecke ist die genannte Blatt- bzw. Folio-Ziffer 96 zu lesen und, da sie sich auf einer Vorderseite befindet, ist sie mit 96r bezeichnet. Im oberen Teil der gewesteten Karte ist von links nach rechts ein unterschiedlich breiter, zwischen ca. 10 - 75 mm betragender Streifen des spanischen Festlandes wiedergegeben, der etwa den Raum südlich Denia bis zur nördlichen Umgebung des Ebro-Deltas umfasst. Im übrigen Bereich des Kartenfeldes ist das Archipel der Balearen samt seiner kleinen Eilande und der es umgebenden Meeresfläche dargestellt, wobei Mallorca und Menorca, dessen größte Inseln, im unteren Bilddrittel zu finden sind. In der Nähe des Ebro-Deltas ist die Inselgruppe der Columbretes auszumachen, ein Bereich, der bereits auf der Bordone-Karte in Form einer Einzelinsel zur Darstellung gebracht ist und ähnlich hier, an Stelle von „mõcolomber" mit der Bezeichnung *mõcolober* versehen ist.

Der Küstenumriss der größeren Landflächen ist landeinwärts mit einem ungleichmäßigen, schmalen grünen Band versehen, die kleineren Eilande dagegen weisen eine gleichfarbene Flächenfüllung auf. Der jeweils verbleibende Hauptteil der Festlandpartie sowie der größeren Inseln ist in einem Ockerton angelegt. Ebenfalls ein schmales grünes Bandkolorit zeigen die Flüsse längs ihres Verlaufes auf dem Teil der Iberischen Halbinsel.

Die Beschriftung der Karte ist verhältnismäßig umfangreich. Kompasslinien und eine Maßstabsleiste vervollständigen das Kartenbild.

6.3 Lage und Orientierung

Dem Zweck der Orientierung dient – den Portolanen entsprechend – ein Bündel aus 32 Strahlen, dessen Mittelpunkt im Zentrum der Karte westlich der Insel Mallorca und nordöstlich von Ibiza laut eingetragenem Gradnetz etwa bei φ ca. 39° 05' n. Br. und λ ca. 32° 12' ö. L. zu finden ist. Die vier Haupt- und vier Zwischenhimmelsrichtungen, insgesamt die acht wichtigsten Himmelsrichtungen, sind durch schwarze Linien veranschaulicht, denen als erste Unterteilung für die Halbwinde graugrün und als weitere Untergliederung für die Viertelwinde rot gezeichnete Linien folgen. Das Zentrum des Linienbündels ist graphisch nicht besonders herausgearbeitet, durch die starke Linienbündelung tritt jedoch dieser Knotenpunkt deutlich hervor. Die vier Hauptrichtungen sind am Kartenrahmen zusätzlich gekennzeichnet. Während die Nordrichtung mit einer verzierten Pfeilspitze und die Ostrichtung mit einem griechischen Kreuz versehen sind, weisen Süd und West die Großbuchstaben O für Ostro bzw. P für Ponente auf. Nord ist in diesem Bild nach rechts gerichtet, am oberen Rand ist dafür West zu finden, so dass, wie oben bereits erwähnt, eine gewestete Karte vorliegt.

Darüber hinaus weist die Darstellung am linken und am unteren Rahmen – noch innerhalb des Kartenfeldes – Zeichen und Zahlen auf, die zu einem quadratischen Gradnetz gehören, der hier angewandten Projektion der sogenannten quadratischen Plattkarte, dessen Maschenweite hier rd. 6,25 cm beträgt. Kleine Kreise mit ausgesparten kurzen, horizontalen Querstrichen, die den Schnittpunkt von Längen- und Breitenkreisen kennzeichnen bzw. deren Verlauf andeuten, sind mit Gradzahlen versehen, deren Fuß nach links, d. h. nach Süden zeigt. Als Netzwerte für die geographische Breite sind von Süd nach Nord, bzw. hier von links nach rechts, der 38., der 39. und der 40. Grad eingetragen. Für den Bereich der geographischen Länge sind von West nach Ost, bzw. hier von oben nach unten, die Gradzahlen 21, 22, 23 und 24 zu lesen. Auf dieser Grundlage ergibt sich für das

Blatt ein Gradnetzbereich von rd. 37°29' bis 40°39' nördlicher Breite und von rd. 20°06' bis 24°18' östlicher Länge, was etwa einem N-S- und einem W-E-Abstand von rd. 352 km bzw. 372 km entspricht. Aufgrund der angegebenen Gradzahlen für die geographische Länge sowie der Lage dieser Meridiane zu den eingetragenen Landmassen lässt sich – bezogen auf die westlichste Inselspitze – als Ausgangsmeridian ein Wert ermitteln, der bei 20°20' westlich Greenwich liegt, ein Nullmeridian, der zwischen denen von Ferro und São Miguel (Azoren) zu denken ist und von STAMS (1986: 550) als „vermutlich willkürlich" angenommener Nullmeridian bezeichnet wird.

Die Lage der Inseln sowie der einzelnen Punkte auf dem Streifen Festlandspaniens weicht zum Teil erheblich von derjenigen der Realität ab. Dies gilt sowohl

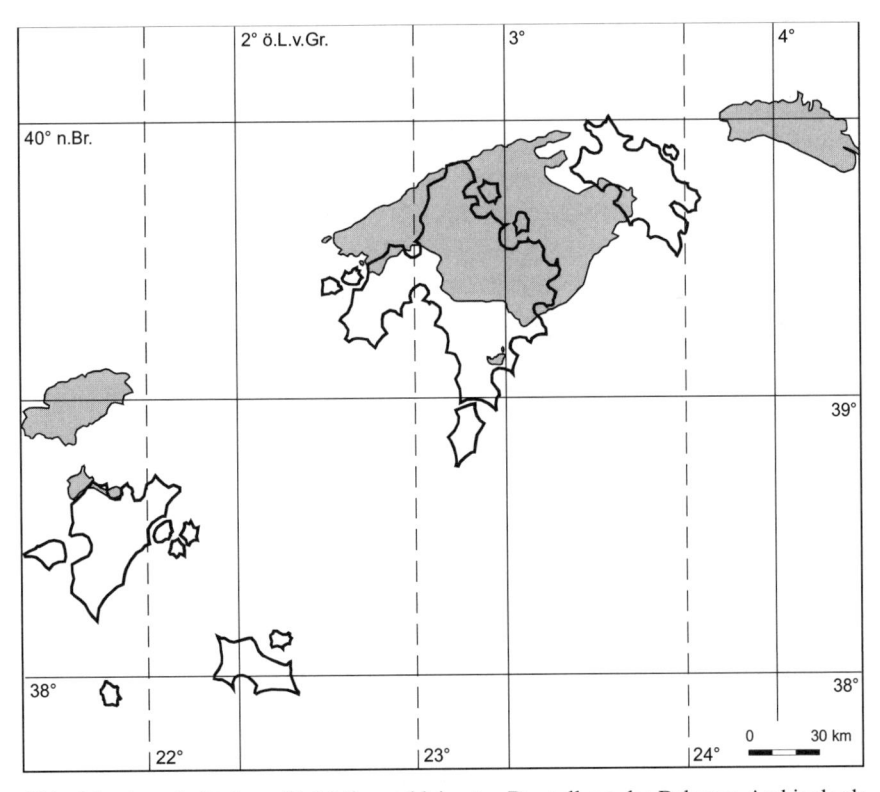

Abb. 6.1 Ausschnitt der auf 1:3 Mio. verkleinerten Darstellung des Balearen-Archipels als Überlagerung der Küstenumrisse von historischem Kartenbild des A. de Santa Cruz und aktueller, in quadratische Plattkartenprojektion überführter JNC.

Geographisches Institut
der Universität Kiel

für die Gebiete in Bezug zum Gradnetz als auch für die Entfernungen untereinander (vgl. Taf. IX). Folgt man dem Begleittext des Islario (fol. 95v), so liegt das gesamte Archipel zwischen den Breitenkreisen 38° und 40° und gehört zum 6. Klima; für den längsten Tag sind hier 14 $^2/_3$ Stunden angegeben (vgl. 4.3 u. 9.3).

Betrachtet man speziell die Lage Mallorcas im geographischen Netz der Karte des Santa Cruz und vergleicht – unter Berücksichtigung der Nullmeridiandifferenz 20° 20' W zu Greenwich – diese mit der in einem aktuellen Netz (Abb. 6.1), so lässt sich feststellen, dass die Insel eine deutliche Versetzung um ca. ihrer halben Fläche in südwestliche Richtung erfahren hat, wie es auch die Gradwerte in den folgenden tabellarischen Zusammenstellungen für die geographische Breite und Länge der ausgewählten Inselextrempunkte Cap de Formentor im N, Punta de Capdepera im E, Cap de ses Salines im S und Punta Negra im W dokumentieren.

In der nachstehenden Aufstellung sind sowohl die geographischen Breiten ($\varphi°$) in der Karte des Santa Cruz im Vergleich zu denjenigen einer aktuellen Karte als auch die daraus sich ergebenden Differenzbeträge aufgeführt:

Cap de Formentor	39°49'00"	statt	39°57'40";	Diff.: - 8'40"
Cap de ses Salines	38°59'00"	statt	39°15'50";	Diff.: - 16'50"
Punta de Capdepera	39°30'25"	statt	39°43'02";	Diff.: - 12'37"
Punta Negra	39°14'10"	statt	39°35'10";	Diff.: - 21'00"

Den Wertereihen ist zu entnehmen, dass in der Breitenrichtung generell eine S-Versetzung erfolgt, deren Streckenbeträge jedoch ungleich groß sind. Der nördlichste Punkt, hier Cap de Formentor, ist mit nahezu 9 Bogenminuten bzw. rd. 16 km am geringsten versetzt. Demgegenüber zeigen die S-Spitze der Insel mit fast 17' bzw. ca. 31 km und besonders die im W gelegene Punta Negra mit 21' bzw. rd. 39 km schon erhebliche Abweichungen von der Sollposition. Die Punta de Capdepera im E differiert um annähernd 13' bzw. rd. 23 km nach S.

Von W nach E ist eine unterschiedlich gerichtete Versetzung festzustellen, die die Insel gegenüber der Wirklichkeit verschmälert erscheinen lässt. Während die Extrempunkte im N, E und S eine westgerichtete Verlagerung aufweisen, ist der Ausläufer an der Punta Negra entgegengesetzt nach E verschoben, auch wenn nur um einen geringen Betrag (5' bzw. rd. 8 km). Von den obigen Punkten ist Cap de Formentor mit ca. 20 Längenminuten bzw. 29 km am stärksten und Cap de ses

Salines mit nur 4' bzw. knapp 6 km am geringsten nach W verlagert. Wertemäßig liegt der Bereich an der Punta de Capdepera im E mit ca. 14' bzw. rd. 20 km dazwischen. Aufgrund dieser Daten ergibt sich eine Drehung der Insel entgegen dem Uhrzeigersinn und damit eine angenäherte N-Ausrichtung der Diagonalen Cap de Formentor–Cap de ses Salines.

Gesagtes wird durch nachstehende Auflistung der geographischen Längen ($\lambda°$) für die oben genannten ausgewählten Inselextrempunkte verdeutlicht. Aufgeführt sind in Klammern die Angaben auf der Karte des Santa Cruz, dahinter die auf Greenwich umgerechneten Werte und in Gegenüberstellung dazu die der aktuellen Darstellung. Am Ende folgen die daraus sich ergebenden Differenzbeträge:

Cap de Formentor	(23°12'35")	2°52'35"	statt	3°12'50";	Diff.: - 20'15"
Cap de ses Salines	(23°19'12")	2°59'12"	statt	3°03'15";	Diff.: - 4'03"
Punta de Capdepera	(23°34'20")	3°14'20"	statt	3°28'45";	Diff.: - 14'25"
Punta Negra	(22°45'58")	2°25'58"	statt	2°20'40";	Diff.: + 5'18"

Auch die Nachbarinseln zeigen eine zum Teil erhebliche Verlagerung ihrer Naturposition. Während Menorca eine deutliche Versetzung in WSW-Richtung um rd. 30 Längenminuten (= ca. 43 km) aufweist, liegt die Insel Ibiza im Mittel um ca. 14 Breitenminuten (= ca. 50 km) südlich ihrer Naturlage. Auch das kleine Formentera erscheint um ca. das Dreifache seiner Breite in südsüdöstliche Richtung verschoben, über 70 km nach S und über 40 km nach E. Das Ebro-Delta und das Cap de la Nao, jeweils auf dem spanischen Festland, weichen in Bezug zum Gradnetz ebenfalls erheblich von der Wirklichkeit ab; das Delta ist rd. 80 km und das genannte Kap rd. 40 km zu südlich von der Sollposition eingetragen.

Bedingt durch die überwiegend inkorrekte Lageeintragung der Inseln und des Festlandstreifens in das Gradnetz, durch deren zum Teil falsche Ausrichtung gegenüber Nord sowie durch ihre jeweils wiedergegebene Gestalt ergeben sich auch bei den Entfernungen untereinander zwangsläufig Differenzen im Vergleich zur Realität. Während die Distanzen zwischen Mallorca und Ibiza sowie Ibiza und Cap de la Nao sich etwa den Naturwerten nähern, ergibt sich zwischen Mallorca und Menorca – trotz beiderseitiger Versetzung – ein deutlich zu kurzer Abstand und zwischen Mallorca bzw. Ibiza und Formentera umgekehrt eine zu große Entfernung. Für die Distanz zwischen Mallorca und Menorca werden im Islario-Text (fol. 94r) nach Plinius über 30 000 pasos angenommen, ein Wert, der unter Zugrundelegung des kastilischen Doppelschritts zu 1,39 m etwa 42 km entspricht;

für die kürzeste Strecke zwischen den beiden Inseln sind in gleicher Quelle (fol. 95v) 5 Leguas (rd. 28 km) angegeben.

6.4 Kartenmaßstab

Zur Festlegung des Verhältnisses Karte zu Natur ist im linken unteren Bildbereich ein von links nach rechts, d. h. in südnördlicher bzw. in Meridian-Richtung, verlaufender graphischer Maßstab eingezeichnet. Wie dessen Bezeichnung „Scala deleguas" (heute: escala de leguas) verdeutlicht, handelt es sich hier um eine Maßstabsleiste in spanischen Meilen (= leguas). Die balkenartige Leiste, beidseitig keilförmig endend und von einer Doppellinie umgrenzt, weist insgesamt auf einer Strecke von 75 mm 20 Leguas auf. Deren Fünferschritte sind mit kleinen Kreisen zwischen ausgesparten senkrechten Strichen markiert und mit Zahlen versehen. Zwischen den Werten 0 bis 5 und 10 bis 15 markieren vier kleine Punkte die Grundeinheit (vgl. Taf. IX).

Ungewiss ist dabei nur, welche spanische Legua von mehreren möglichen der Karte zugrunde gelegen hat. Wurde von Alonso de Santa Cruz im Islario die bis Mitte des 18. Jhs. in Kastillien gebräuchliche, auf 20 000 Fuß von Burgos beruhende und bereits 1581 von ZAMORANO untermauerte „legua común" oder „legua vulgar" (PALADINI CUADRADO 1994: 85) mit 5572,7 m eingesetzt, wie PALADINI CUADRADO 1997 in seiner schriftlichen Mitteilung zunächst annimmt, so ergäbe dies für die Balearen-Karte ein Maßstab von rd. 1:1 486 000. Bei Verwendung des auf ein Zwanzigstel eines Äquatorgrades bezogenen Wertes von 5565,33 m oder des auf ein Zwanzigstel eines mittleren Breitengrades beruhenden von 5555,43 m, der sogenannten „legua marina", würden sich nicht allzuweit davon entfernte Maßstäbe zu rd. 1:1 484 100 bzw. rd. 1:1 481 500 herausstellen; beim Einsatz der auf die aufgerundeten 111,2 km bezogenen Legua von 5560 m lässt sich ein Maßstab ca. 1:1 482 700 errechnen. Diese Maßstäbe erweisen sich jedoch im Vergleich zum Originalkartenbild des Santa Cruz allesamt als zu groß.

Alonso de Santa Cruz verwendet aber auch andere Wertrelationen. Im Gegensatz zum Atlas de El Escorial (Madrid 1560), in dem er laut PALADINI CUADRADO (1997, schriftl. Mitt.) für die Karten die Beziehung 16 $^2/_3$ Leguas zum Grad (sogen. „legua grande") zugrunde legt, setzt er im Islario Maßstäbe ein, die auf die unterschiedlichen Relationen 16 ½, 16 $^2/_3$, 17 ½ oder sogar 17,75 zurückzuführen sind, Werte, die auf die „vara" (Elle) oder dem „pie" (Fuß) von Burgos (0,835905 m bzw. 0,278635 m) basieren. Daraus errechnen sich Leguas zu 6739,39 m, 6671,87 m, 6354,29 m bzw. 6264,79 m und davon wiederum auf- oder abgerundete Maßstäbe von rd. 1:1 797 200, rd. 1:1 779 200, rd. 1:1 694 500 bzw. rd. 1:1 670 600. Diese Werte, die deutlich von den obigen abweichen, kommen bei einem Größenvergleich mit dem Kartenoriginal eher in Frage, insbesondere scheint der an zweiter Stelle aufgeführte in der Balearen-Karte Anwendung gefunden zu haben.

Mehrere im Stile der Portolane per Winkel und Distanz aufgenommene Karten werden wie hier im Islario nachträglich mit einem, in der Regel quadratischen Gradnetz versehen, dessen Breitenangaben auf der Basis astronomischer, nicht immer exakter Messungen beruhen. Mit PALADINI CUADRADO (1997, schriftl. Mitt.) kann die Meinung vertreten werden, dass die Legua/Grad-Verhältnisse – um die gemessenen und in der Karte dargestellten Breitenwerte zu erhalten – angepasst werden und somit unterschiedlich ausfallen.

Mit den letztgenannten Maßstäben vergleichbar zeigen sich die im geographischen Netz über die Breitengradrichtung bestimmten und als konstant anzusehenden Werte. Legt man die Entfernung für ein Grad geographischer Breite zwischen 38° und 39° oder 39° und 40° n. Br., Bereich und Richtung, in dem bzw. in der vermutlich bewusst die Maßstabsleiste untergebracht ist, wie festgelegt mit 110,994 km und 111,0131 km (WAGNER 1870: XXXII) zugrunde und vergleicht diesen Wert mit der entsprechenden Kartenstrecke von im Mittel 6,25 cm, so stellen sich Maßstäbe von ca. 1:1 775 900 bzw. ca. 1:1 776 200 heraus, bei Verwendung des Bogenmittelmaßes von 111,2 km der unweit davon entfernte und bereits oben in einem anderen Zusammmenhang genannte Maßstab von ca. 1:1 779 200. Aus diesen lassen sich Legua-Werte von 6659,64 m, 6660,77 m bzw. 6672,00 m errechnen. Vor allem der letztgenannte wäre mit dem auf 16 $^2/_3$ eines mittleren Meridianbogens bezogenen Wert von 6671,87 m identisch. Dieser Wert, aufgerundet 6672,00 m, kann durchaus – bedenkt man auch den möglichen Papierverzug – dem von PALADINI CUADRADO (1994: 80) für die „legua grande" aufgeführten von 6687,24 m, auf 24 000 Fuß von Burgos basierenden, gleichgesetzt werden. PALADINI CUADRADO (1997, schriftl. Mitt.) stellt aufgrund von Messungen in der Balearen-Karte fest, dass Alonso de Santa Cruz eine Legua/Grad-Relation 16,62 zugrunde gelegt haben müsste (= Legua zu 6690,73 m), ein Wert, der für diese Darstellung dem oben vom Verfasser angenommenen von 16 $^2/_3$ weitgehend entspricht. Da sich bei Berechnungen sowohl über dem

Breitengrad (1°φ) als auch über die Maßstabsleiste für die Legua der gleiche Wert von 6672,00 m ermitteln lässt, kann davon ausgegangen werden, dass mit großer Wahrscheinlichkeit der Karte des Santa Cruz ein Maßstab in der Größenordnung von etwa 1:1 779 000 zugrunde liegt, allerdings kann dies nur entlang der Meridiane, d. h. für die Breitengradrichtung gelten.

Aufgrund der hier vorliegenden quadratischen Plattkartenprojektion lässt sich im Gegensatz zum N-S-Verlauf in der Richtung der Abweitung bzw. entlang der Breitenkreise zwangsläufig kein einheitlicher, konstanter Maßstab ermitteln. Wird die vorhandene Kartenstrecke den rd. 88,41 km für 1° geographische Länge in 37°30' n. Br. – als möglicherweise angenommener Basisbreitenkreis, hier in etwa dem linken Kartenrahmen entsprechend – gleichgesetzt, so zeigt sich ein den eingangs erwähnten Werten nahekommender, bedingt vergleichbarer Maßstab von rd. 1:1 415 000. Beachtet man die gleich weiten Meridianabstände in der angewandten Projektion und vergleicht diese mit den in der Realität nach Norden bzw. zum Pol abnehmenden Abweitungswerten, so ergeben sich in 39°00' n. Br., dem in der Realität durch Ibiza, also südlich von Mallorca und Cabrera ziehenden Breitenkreis, ein Maßstab von rd. 1:1 385 000, in 39°30' n. Br. – dem durch Mallorca führenden Breitenkreis – ein Maßstab von rd. 1:1 376 000 und bei 40°30' n. Br. – hier annähernd dem rechten Kartenrahmen entsprechend – ein noch größeres Verhältnis von rd. 1:1 356 000. Bezogen auf den Äquator als gedachte Basislinie der Projektion mit 111,3 km pro Meridiangrad würde sich konsequenterweise aufgrund der fast gleichen Kilometerzahl ein mit den über die Breitengradrichtung bestimmten Werten vergleichbarer Maßstab von ca. 1:1 781 000 herausstellen.

Bei Gegenüberstellung der Karten- zur Naturfläche lässt sich in dem vorliegenden Darstellungsbeispiel, nicht zuletzt durch die deformierte Inselwiedergabe, nur zu einem bedingt vergleichbaren Maßstabsergebnis gelangen. Legt man das Naturinselareal von 3623 km² zugrunde und setzt diesen Wert in Beziehung zu der in der Plattkartenprojektion durch Digitalisierung erfassten Kartenfläche von 12,7 cm², so errechnet sich erneut ein größeres Verhältnis von rd. 1:1 689 000, bei Übertragung in eine flächentreue Darstellung würde gegenüber dem eben genannten Wert eine Verringerung der Kartenfläche um annähernd 3 cm² eintreten und sich damit ein beträchtlich kleinerer Maßstab von rd. 1:1 891 000 herausstellen, ein Größenvergleich, der in der Originaldarstellung die Übertreibung der Landflächen mit wachsender Breite verdeutlicht.

Wird in der Darstellung des Santa Cruz die Küstenlänge der Insel (im Islario-Text 480 000 pasos = rd. 668,7 km) herangezogen und deren Kartenstrecke mit derjenigen der Realität (463 km) verglichen, dann ergibt sich ein Maßstab von ca. 1:1 818 000, ein Wert, der nicht erheblich von dem über die geographische Breite bzw. über die Maßstabsleiste festgestellten differiert.

Auch bei einem rein optischen Größenvergleich zu einer maßstabsgetreuen, aktuellen Inselabbildung scheint für die hier in Frage kommende Karte ein Maßstab von etwa 1:1 800 000 zuzutreffen. Diese Größenordnung sowie der oben ermittelte Wert von rd. 1:1 779 000 lassen die von PALADINI CUADRADO (1997, schriftl. Mitt.) zunächst angenommene Verwendung der „legua común" oder „vulgar" für die hier vorliegende Karte zumindest anzweifeln.

Ausgewählte Strecken auf dieser Karte für eine einheitliche Maßstabsbestimmung zugrunde zu legen, sind wegen der zum Teil stark von der Natur abweichenden Gesamtgestalt der Insel weniger geeignet. Während sich aus dem rd. 85,4 km langen NW-Abschnitt der Insel Mallorca bei 49 mm Kartenstrecke und aus der gedachten Verbindungslinie zwischen den Inselextrempunkten im SW von rd. 70,0 km bei 39 mm in der Abbildung durchaus mit obigen Werten vergleichbare Maßstäbe von rd. 1:1 743 000 bzw. rd. 1:1 795 000 herausstellen, zeigt vor allem die NE-Flanke mit einem Maßstab von rd. 1:1 100 000 einen drastischen Unterschied. Die Küste im SE liegt mit ca. 1:1 689 000 etwas oberhalb der erstgenannten Maßstäbe. Der über die Diagonalstrecke für die vorhandenen 78,2 km zwischen Cap de Formentor und Cap de ses Salines errechnete Maßstab von ca. 1:1 348 000 nähert sich dagegen sehr den eingangs aufgeführten, offensichtlich zu großen Werten, auch ein Zeichen für die übertriebene N-S-Erstreckung der Insel. Für die Naturentfernung von 98,2 km von der Punta Negra im W zur Punta de Capdepera im E ergibt sich jedoch wiederum ein kleinerer Maßstab zu ca. 1:1 853 000. Ähnlich verhält es sich bei Anwendung der Methode RUGE (1904: 42), bei der für die maximale N-S- und W-E-Strecke ein Wert von rd. 1:1 331 000 bzw. rd. 1:1 906 000 zustande kommt, aus dem sich ein Mittelmaßstab von rd. 1:1 619 000 errechnen lässt. Bei all diesen Werten handelt es sich um Maßstäbe, die eher Rückschlüsse auf die gegenüber dem Naturbild verzerrt wiedergegebene Inselgestalt erlauben und darum hier, wie gesagt, weniger für die Festlegung eines einheitlichen mittleren Maßstabs herangezogen werden sollten.

Vergleicht man abschließend die Maßstäbe untereinander, so zeigen sich im Wesentlichen zwei Gruppen, von denen die über die Maßstabsleiste und über die

Breitengradrichtung mit rd. 1:1 779 000 am sichersten zu sein scheinen, aber nur für die N-S-Richtung gelten können. Der über die Küstenlänge ermittelte Wert von ca. 1:1 818 000 ist wohl eher ein Zufallsergebnis. Da können schon eher die über den NW- und den SW-Abschnitt der Insel festgestellten Werte von rd. 1:1 743 000 bzw. rd. 1:1 795 000 bedacht werden. Der über die Flächengröße bestimmte Maßstab fällt im Vergleich zu den eben genannten, wenn auch nicht erheblich, mit rd. 1:1 891 000 etwas aus dem Rahmen. Nicht geeignet scheint ebenso der über die Methode RUGE (1904) gewonnene Mittelwert von rd. 1:1 619 000 zu sein. Maßstäbe in der Größenordnung von 1:1 481 000 bis 1:1 486 000, wie sie eingangs aufgeführt sind, dürften den vorliegenden Verhältnissen auch weniger entsprechen. Bedenkt man, dass aufgrund der angewandten Projektion ein einheitlicher Maßstab für die gesamte Karte nicht möglich ist, erscheint nicht zuletzt wegen der geringen Unterschiede zwischen den errechneten Werten der ersten Gruppe das Festhalten am Maßstab 1:1 779 000 am sinnvollsten. Dieser Maßstabswert wird daher hier für die weiteren Vergleiche zugrunde gelegt, auch wenn er, wie oben bereits angedeutet, in manchen Fragen der Inselgestalt nicht ganz zutreffen kann.

6.5 Inselgestalt

Auch wenn die Insel Mallorca in der Balearen-Karte des Alonso de Santa Cruz erheblich kleiner als in den Manuskriptkarten von Buondelmonti/Martellus abgebildet wird, lassen sich zwischen den Darstellungen Ähnlichkeiten in ihrer äußeren Gestalt feststellen. Gegenüber der geringfügig größer wiedergegebenen Karte des Bordone zeigt sie sich, gleich den eben genannten Unikaten, etwas weniger schematisch. Stärkere Unterschiede stellen sich dagegen zu den später noch zu behandelnden Karten des gleichen Zeitraums heraus (vgl. Taf. I, Teil I - IV). Trotz deutlicher Abweichungen von der Naturgestalt – in ihrer Gesamtheit und im Detail – ist das Realbild der Insel noch zu erkennen, die Wiedergabeart der Küstenform erinnert dabei sehr an die Portolandarstellungen (Abb. 6.2).

Ungeachtet der Tatsache, dass in der Karte des Alonso de Santa Cruz – wie unter 6.3 erwähnt – die Insel Mallorca zu weit nach SW versetzt ist und damit in eine andere, für einen direkten Vergleich ungünstigere Breitenlage gerät, erscheint schon alleine aus Gründen der angewandten unterschiedlichen Projektionen die Gegenüberstellung zu einem aktuellen Inselabbild nur auf Umwegen angebracht. Demzufolge werden das historische und das aktuelle Kartenbild erst nach Anpas-

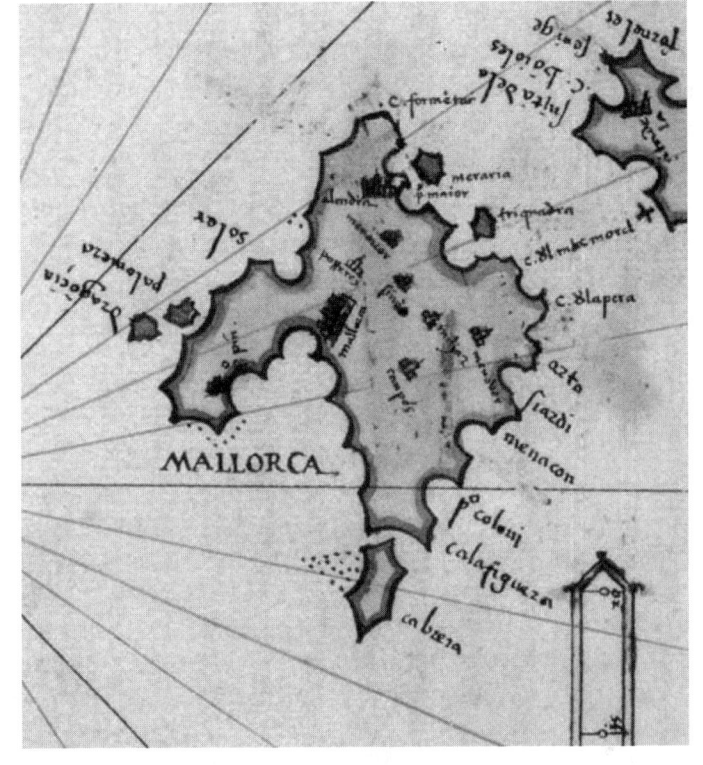

Abb. 6.2 Darstellung der Insel Mallorca. Ausschnitt der Balearen-Karte aus dem Islario von A. de Santa Cruz (fol. 96r); Maßstab des Originals ca. 1:1 779 000. Wiedergegeben 1:1 mit Genehmigung der BN Madrid. [Sign.: Ms. Res. 38]; (vgl. Taf. IX).

sung der Projektionen miteinander verglichen, wobei weitestgehende Übereinstimmung des Maßstabs, Beibehaltung der Nordrichtungen und Deckung der Inselmittelpunkte wiederum Voraussetzung sind. Um einen Vergleich anzustellen, wird je nach Fragestellung vorab entweder die historische Karte in eine winkeltreue bzw. eine flächentreue Projektion übertragen (vgl. Abb. 6.4 u. Abb. 6.7) oder sogar, wie es Abb. 6.1 verdeutlicht, die aktuelle Karte in der von Santa Cruz angewandten quadratischen Plattkartenprojektion betrachtet.

Wie oben angedeutet kommen deutliche Differenzen gegenüber dem Naturbild – auch zu den Vorgängerdarstellungen – vor allem in der Ausrichtung, in der Form und zum Teil in der Länge der einzelnen Küstenabschnitte zum Ausdruck. Dabei zeigen sich besonders Unterschiede in der Gestalt und Größe der hervortretenden Kaps und einiger damit zusammenhängender Landzungen, auffällig ist aber auch die veränderte Tiefe und Breite bestimmter Buchten. Abb. 6.3 veranschaulicht im vergrößerten Maßstab von 1:1 Mio. die Karte des Santa Cruz in der ihr zugrunde

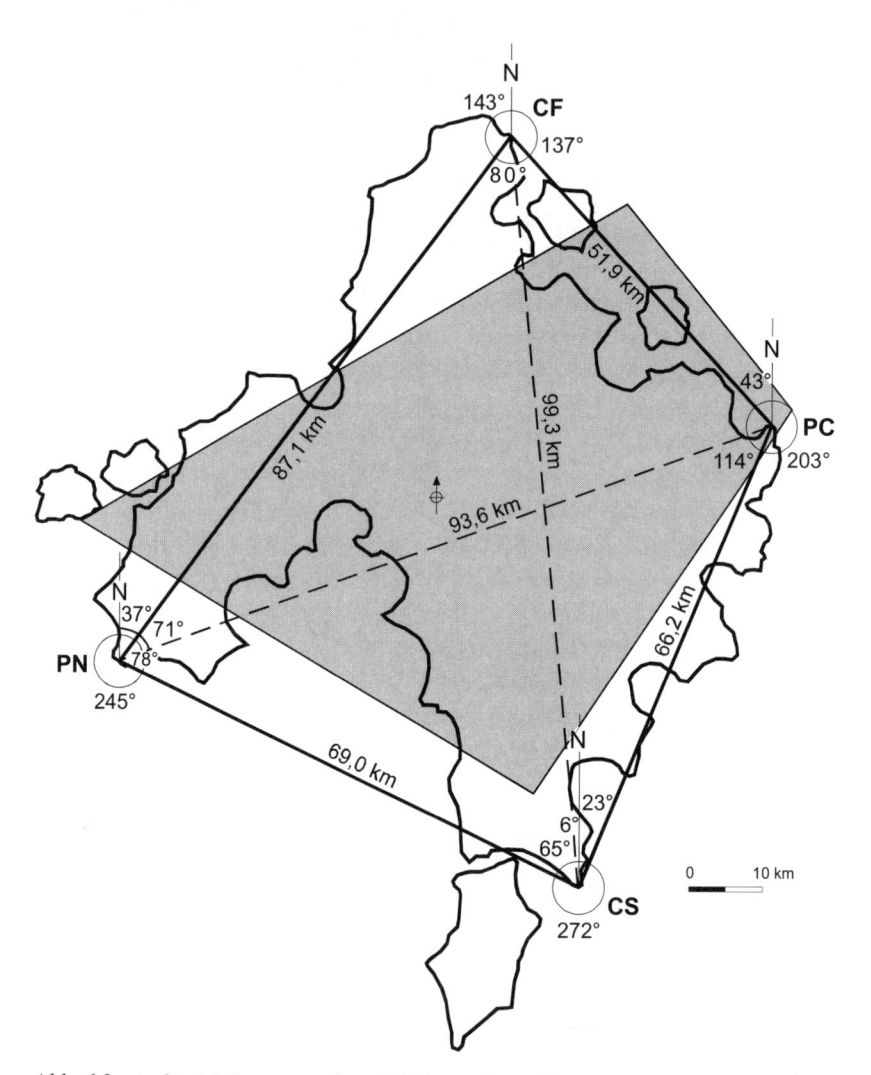

Abb. 6.3 Auf 1:1 Mio. vergrößerte Mallorca-Darstellung des A. de Santa Cruz in originärer Plattkartenprojektion, geometrisch zentriert überlagert vom ebenso genordeten Viereckschema mit Strecken- und Winkelangaben.

liegenden Plattkartenprojektion in Verbindung mit dem zugehörigen Schemaviereck. Hieraus lassen sich die entsprechenden Außen- und Innenwinkel sowie die Strecken der Küstenabschnitte und der Inseldiagonalen entnehmen. Ein korrekter Winkelvergleich ist jedoch erst nach Übertragung des historischen Bildes in eine winkeltreue Projektion durchführbar, wie es die Abb. 6.4 bzw. in schematischer

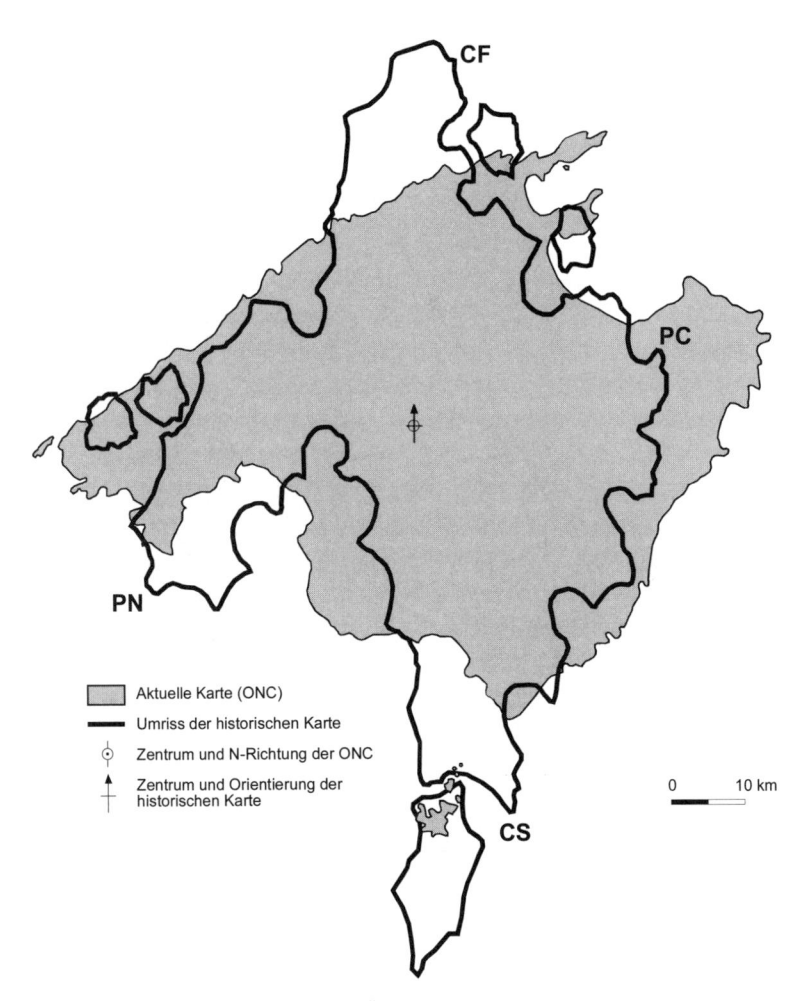

Abb. 6.4 Geometrisch zentrierte Überlagerung der ONC in 1:1 Mio. mit der durch Vergrößerung im Maßstab angepassten, nach Kartennord ausgerichteten und in winkeltreue Kegelprojektion überführten historischen Darstellung des A. de Santa Cruz.

Gestalt die Abb. 6.5 zum Ausdruck bringen. Auch die in dieser Abbildung aufgeführten Streckenwerte aus der Karte des Santa Cruz sind wegen der hier zugrunde liegenden Plattkartenprojektion nicht mit den Naturwerten vergleichbar und können nur ein ungefähres Bild vermitteln.

Betrachtet man die in Lamberts winkeltreue Kegelprojektion übertragene Karte des Santa Cruz im Vergleich zu der quasi darunter liegenden, annähernd gleich-

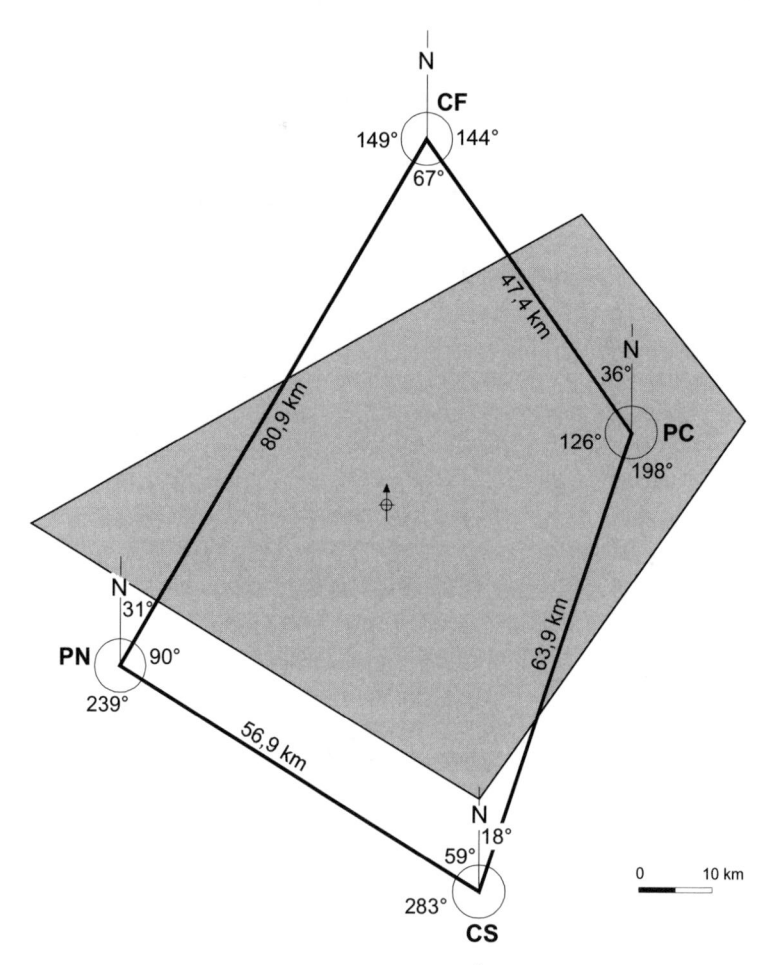

Abb. 6.5 Geometrisch zentrierte, genordete Überlagerung der Viereckschemata von historischem Kartenbild und ONC in 1:1 Mio. in winkeltreuer Kegelprojektion mit Angabe der Kapdistanzen, Streckenazimute und Innenwinkel der Figur.

maßstäbigen aktuellen ONC in 1:1 Mio. der Abb. 6.4 sowie das dazugehörige Schemabild der Abb. 6.5, so können daraus die auftretenden, zum Teil erheblichen Winkeldifferenzen abgelesen werden.

Der Schemafigur Abb. 6.5 folgend zeigt sich, dass von den Hauptküstenverläufen beider Darstellungen der nach NW exponierte Abschnitt am stärksten differiert. In der historischen Darstellung beträgt die Abweichung gegenüber Nord rd. 31° E, das sind 29° weniger als die 60° E der Wirklichkeit, eine Differenz, die sich deutlich auf die Gesamtgestalt des Inselbildes auswirkt. Das Azimut der SE-Küste, am Inselsüdpunkt gemessen, zeigt mit 18° E in der Karte zu 35° E im Realbild eine markante, aber vergleichsweise geringere Abweichung. Weniger deutliche Winkeldifferenzen zur Natur weisen die NE- und die SW-Abschnitte auf. Die erstgenannte Strecke zeigt am Inselnordpunkt eine Abweichung gegenüber Nord von 144° E statt 140° E, die letztgenannte am Westpunkt von 121° E statt 120°.

Auch die in der gleichen Viereckstigur Abb. 6.5 angegebenen Innenwinkel spiegeln zum Teil deutliche Unterschiede zum Naturbild wider. Beginnend an der Punta Negra liegen im Uhrzeigersinn die Werte 90°, 67°, 126° und 77° vor, Größen, die gegenüber den Naturwinkeln von 60°, 100°, 105° und 95° im W und N die stärksten Differenzbeträge aufweisen – 30° nach oben bzw. 33° nach unten – und damit das Aussehen der Gesamtgestalt erheblich beeinflussen.

Die in Abb. 6.6 erfasste Länge der Inseldiagonalen ist in diesem Zusammenhang ebenfalls zu erwähnen. Die angenäherte N-S-Erstreckung beträgt in der Natur ca. ein Fünftel weniger als die Inselbreite, im Gegensatz dazu bildet sich in der Karte des Santa Cruz die erstgenannte Entfernung deutlich länger als die Breite ab. Die Länge der Insel wird im Begleittext (fol. 94r) mit 100 000 pasos angegeben; dieser Wert entspricht etwa 139 km. Die jeweilige Winkelabweichung der Diagonalen gegenüber Nord, die der Abbildung entnommen werden kann, ist im Vergleich zur Wirklichkeit verschieden. Während das Azimut der erwähnten Strecke Cap de Formentor–Cap de ses Salines hier mit 4° W um ca. 14° vom Soll differiert, beträgt die Abweichung für die Maximalentfernung in der Querrichtung gegenüber dem Naturwert ca. 15°, das sind rd. 66° E anstelle der 81° E.

Einen für den vorliegenden Fall verhältnismäßig guten Bildvergleich zwischen historischer und aktueller Karte erlauben flächentreue Darstellungen. Wird die Karte des Santa Cruz in Lamberts flächentreue Zylinderprojektion überführt, und

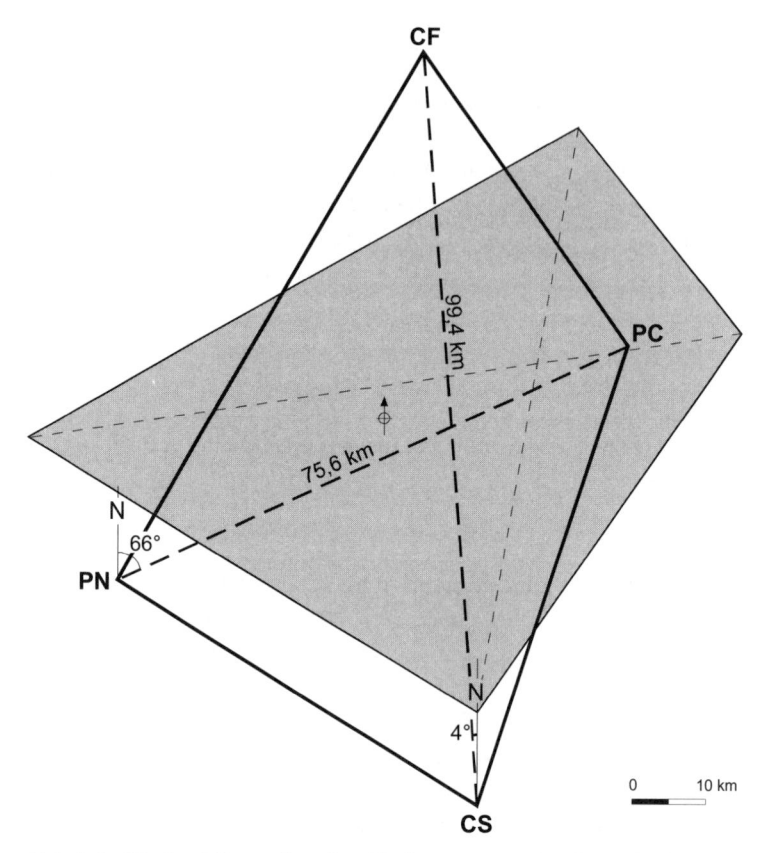

Abb. 6.6 Die Inseldiagonalen, ihre Entfernungen und Azimute in den geometrisch zentriert und genordet sich überlagernden Schemadarstellungen von historischem Kartenbild und ONC in 1:1 Mio. in winkeltreuer Kegelprojektion.

diese, wie in Abb. 6.7 veranschaulicht, mit einem aktuellen Mallorca-Bild in flächentreuer Projektion – hier Bonne-Projektion – angenäherter Maßstäbigkeit, gleicher Nordrichtung und übereinstimmender geometrischer Inselmittelpunkte verschnitten, ergibt sich eine weitgehende Bildüberdeckung, die eine Gegenüberstellung der Inselareale, als Ganzes und im Detail, durchaus zulässt. Eine reine Rotation des historischen Kartenbildes gegenüber der aktuellen Darstellung, wie es bei anderen behandelten Karten vorgenommen wird, bringt hier aufgrund der vorliegenden unterschiedlichen Projektionen nur wenig Vorteile und keine optimalere Bildüberdeckung.

Die erfolgte Überlagerung der flächentreuen Kartenbilder (vgl. Abb. 6.7) lässt markante Differenzen zwischen den Darstellungen zu Tage treten. Bei Betrachtung der NW-Küste fällt besonders die übertrieben große, in Gestalt eines weiten und zugleich relativ tiefen Trichters nach Norden geöffnete Bucht von Sóller auf, eine Form, die im Vergleich zu mancher Vorgängerdarstellung (Karte Nr. 96 und 94 des Martellus aus der BML Florenz bzw. der BMC Chantilly oder Karte des Bordone) genau entgegengesetzt verläuft, jedoch in mehreren Mallorca-Karten des Pīrī Re'īs bzw. der von ihm beeinflussten Beispiele in ähnlicher Weise erneut auftritt. Der W-Ausläufer des nordwestlichen Küstenbereiches entspricht in seiner Länge etwa der Realität. Diesem Abschnitt nordwestlich vorgelagert sind zwei Inseln mit den Namen *dragõcia* und *palomera* eingetragen, die nicht an diese Stelle gehören. *Palomera*, eigentlich als Bezeichnung für einen wüstgefallenen

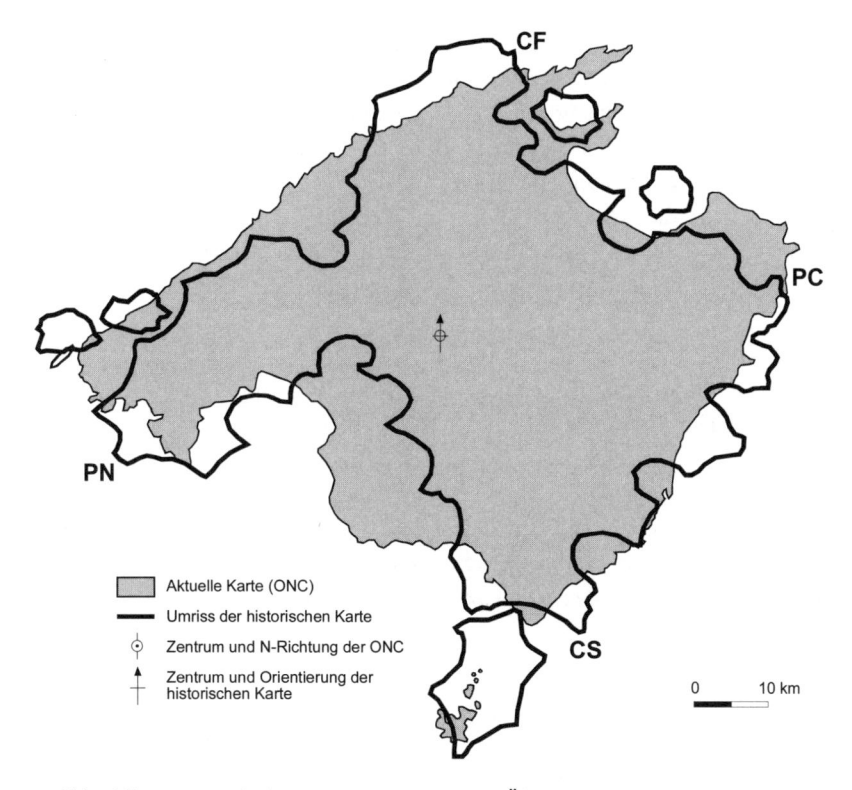

Abb. 6.7 Geometrisch zentrierte, genordete Überlagerung der auf 1:1 Mio. verkleinerten aktuellen Mallorca-Karte mit dem historischen Kartenbild nach dessen Vergrößerung und Transformation in eine flächentreue Kegelprojektion.

Siedlungsplatz, wird hier vermutlich mit dem nahegelegen Eiland Pantaleu verwechselt. *Dragõcia* steht für die Insel Dragonera. Am entgegengesetzten Ende dieses Küstenabschnitts, dem NE-Ende des Inselbildes, ist das Kap mit *c. formētar* bezeichnet. Die dazugehörige Halbinsel Formentor ist zu breit ausgebildet und zu stark nach Norden ausgerichtet. Es fehlt ihr die Länge und das leichte hakenförmige Umbiegen nach S. Der Küstenstreifen an der NE-Flanke der Insel zeigt sich im Vergleich zur Realität wenig geschwungen. Die beiden Großbuchten dieses Bereiches sind vor allem in ihrer Tiefe zu flach ausgefallen. Die Bucht von Alcúdia erscheint darüber hinaus auch in ihrer Breite weit untertrieben. Die zwischen den Buchten von Pollença und Alcúdia liegende Halbinsel am Cap des Pinar ist dagegen zu abgeflacht veranschaulicht und zeigt sich nicht als schmale längliche Landzunge. Der südliche Teil dieses Küstenstreifens ist in etwa der korrekten Form angeglichen. Beschriftet sind dabei die Kaps *c. d'l mar mord* (vermutlich für Cap de Ferrutx oder Cap des Freu) und *c. d'lapera* (Punta de Capdepera). Am südwärts gerichteten Ende des nördlichen Abschnitts ist die Bezeichnung *p° maior* zu finden, mit Sicherheit der Hinweis auf den Hafen von Alcúdia (s. 6.11). Beiden genannten Buchten vorgelagert sind zwei kleine, in dieser Weise nicht existierende Inseln mit den Namen *meraria* und *triquadra*, Bezeichnungen, die sich bestenfalls auf die Illa de Formentor und die Illa d'Alcanada bzw. auf s'Illot d'es Porros beziehen können (s. dazu 6.11). Im Islario-Text werden die beiden Inseln als vor Palma gelegen aufgeführt.

Der südöstliche Küstenbereich ist im Mittel der NW-Küste fast parallel geschaltet, der Ausrichtungsunterschied gegenüber Nord ist gering. Die Entfernung zwischen den beiden Streifen weist auf der Karte durchschnittlich ca. 25 km weniger als in Natur auf. Zwischen dem Cap de ses Salines im S (unbeschriftet) und der Punta de Capdepera im E (in der Karte *c. d'lapera*) sind in diesem Streifen fünf Buchten wiedergegeben, von denen drei verhältnismäßig tief ausgeprägt und mit den Bezeichnungen *p° colonj, menacor* und *siardi* versehen sind. Als weitere Namen liegen hier *calafiguera* und *arta* vor (vgl. hierzu 6.9 u. 6.11).

Unmittelbar der Südspitze Mallorcas vorgelagert, d. h. in ca. 3 km Entfernung statt der rd. 13,5 km der Wirklichkeit, ist eine in SW-NE-Richtung gestreckte, um ein Vielfaches übertrieben große Insel Cabrera zur Darstellung gebracht. Die Fläche dieser Insel umfasst in der Karte umgerechnet ein Areal von ca. 177 km² anstelle der 11,86 km² der Realität.

Der SW-Bereich der Insel ist durch eine überaus starke Übertreibung der großen

Hauptstadtbucht gekennzeichnet. Diese Vergrößerung macht sich nicht nur in nord/nordöstliche Richtung, sondern auch in süd/südöstliche bemerkbar, an der sie fast das Doppelte der Tiefe gegenüber dem Naturwert erreicht. Diese Darstellungsweise rührt vermutlich von den Vorgänger-Portolanen her, andererseits hängt sie möglicherweise auch mit dem wichtigen Hafenplatz der Hauptstadt zusammen, deren Bedeutung damit hervorgehoben wird. Durch die übertriebene Größe dieses Küstenhofes, und nicht zuletzt durch die erwähnte Tiefe der Bucht von Sóller, schrumpft der Abstand zwischen den Zentralbereichen der SW- und der NW-Küste auf ca. die Hälfte zusammen. Zum Teil aus gleichen Gründen verjüngt sich auch die Inselbreite zwischen den großen Buchten im SW und im NE nicht unerheblich auf ca. Zweidrittel.

Von der Hauptstadtlage im Zentrum der SW-Bucht und der im S vorgelagerten Insel Cabrera ist eine verhältnismäßig geradlinige Küste veranschaulicht, bei der drei weite, nur geringfügig tiefe Einbuchtungen festzustellen sind. Ihr nahezu N-S gerichteter Verlauf wirkt demzufolge gestreckt und entspricht nicht der Realität. Durch das tiefe Eindringen der Bucht an der Hauptstadt erreicht auch der Abschnitt zwischen dieser und der Punta Negra am SW-Ausläufer des westlichen Inselbereiches in der Karte des Santa Cruz annähernd das Doppelte seiner Naturlänge.

6.6 Gewässernetz

Weder fließende Gewässer noch Seen oder Lagunen kommen hier zur Darstellung, womit der Charakter eines Portolans eher erhalten bleibt und das Bild inhaltlich – trotz erheblich kleineren Maßstabs – sich den früheren und bisher besprochenen Karten des Buondelmonti/Martellus anpasst bzw. deutlich von den etwa zur gleichen Zeit erschienenen Karten des Honterus und des Lafreri-Typs sowie den diesen ähnelnden, später gedruckten Beispielen des Porcacchi und Ferretti unterscheidet.

6.7 Relief

Im Gegensatz zu einigen bereits behandelten Manuskriptkarten sowie den Darstellungen des Bordone oder den noch folgenden Werken des Honterus und des Lafreri-Typs scheint Santa Cruz im Bereich der Insel Mallorca auf eine Reliefwiedergabe zu verzichten, obgleich im mit abgebildeten Festlandstreifen an einigen Stellen eindeutig eine Geländedarstellung erfolgt ist. Grüne, etwa N-S verlaufende Farbstriche – wenn es keine Verzeichnung ist – könnten ein Ansatz von Reliefwiedergabe bedeuten.

6.8 Bodenbewachsung/Bodennutzung

Ebensowenig wie Gewässer und Relief werden in der Karte des Santa Cruz die Bodenbewachsung bzw. Bodennutzung berücksichtigt bzw. kartographisch zum Ausdruck gebracht.

6.9 Siedlungsbild

Im Vergleich zu den Manuskriptkarten und zur Karte des Bordone weist die Arbeit des Alonso de Santa Cruz im Innern der Inseln mehrere Siedlungsbilder auf, eine Darstellungsweise, die eher den Werken des Honterus, des Lafreri-Typs oder später tätiger Autoren nahekommt. Die Veranschaulichung dieser Siedlungsplätze erfolgt mittels zweidimensional gestalteter Aufrissbilder, die zusätzlich mit Schriftzügen gekennzeichnet sind. Die verwendeten Zeichen zeigen weder in der Gestalt der Figur, in deren Ausrichtung, noch in der ihr zugeordneten Beschriftung eine einheitliche Ausführung.

Allem voran ist das mit seiner Längsseite SW/NE ausgerichtete Zeichen für die hier *mallorca* bezeichnete Inselhauptstadt zu nennen. Diese Silhouette besteht aus zwei fast parallelen Basislinien mit kurzen Querstrichen, die vermutlich auf die Stadtummauerung hinweisen sollen, sowie drei darüber angebrachten Türmen und vier niedrigeren Bauten, die sich zwischen bzw. neben den Türmen befinden. Am mittleren Turm ist ein Mast auszumachen.

Als zweitgrößtes Ortszeichen ist das der Stadt *alcudia* festzustellen, dessen Grundlinie W-E verläuft. Es setzt sich der Bedeutung entsprechend ebenfalls aus drei turmartigen Gebilden mit einem Mast in der Mitte und drei kleineren Nebengebäuden zusammen; eine Umwallung ist nicht zu erkennen. Laut Begleittext (fol. 94r) ist *alcudia* die Bezeichnung *p° maior* für den wichtigeren der beiden Teilhäfen zuzuordnen.

Alle übrigen Orte sind mittels kleinerer Zeichen veranschaulicht, deren Basislinie vorwiegend NW-SE verläuft und die aus einem höheren Turm mit zentriertem Mast und einem jeweils seitlich anliegenden niedrigeren Bau zusammengestellt sind. Hierzu gehören die mit heutigen Siedlungen gleichzusetzenden *sinèu* für Sineu, *inchar* für Inca, *campós* für Campos oder eventuell dessen Hafen und *porreres* für Porreres im zentralen Inselbereich sowie *p° pin* für Portopí, dem Hafen- bzw. heutigen westlichen Teilbereich der Inselhauptstadt. Weiterhin ist im SW der Insel ein unbeschriftetes Aufrisszeichen zu finden, dessen Position auf Andratx hindeutet, das sich allerdings auch auf das eben genannte *p° pin* beziehen kann. Außer *porreres*, dessen farbige Zeichenfüllung offensichtlich vergessen scheint, sind alle übrigen Siedlungssilhouetten grob, ohne auf die schwarzen Konturen der Tuschezeichnung zu achten, dunkelrot übermalt. Die Eintragung der Zeichen für die Hauptstadt sowie für *alcudia, sinèu* und *campós* ist weitgehend korrekt vorgenommen, die übrigen fünf Ortssilhouetten weichen dagegen deutlich von ihrer Soll-Lage ab.

Weitere, an den Küsten vorkommende Bezeichnungen gehören vorrangig zu Siedlungsplätzen, weisen allerdings kein entsprechendes Zeichen auf und können demzufolge nur aufgrund ihrer Lage zugeordnet werden. Von diesen Benennungen steht an der NW-Küste als einzige *soler* für das heutige Sóller bzw. dessen Hafen, während im Bereich des südöstlichen Küstenabschnitts *arta* für die Ortschaft Artà oder deren Hafenplatz, *siardi* aller Voraussicht nach für Son Servera, *menacon* für den Hafen von Manacor, dem heutigen Portocristo oder Port de Manacor, *menober*, das vermutlich eine Vertauschung mit dem weiter nördlich eingetragenen *menorcor* darstellt, für den Ort Manacor selbst, *p° colonj* für Portocolom und *calafiguera* für die Siedlung Santanyí oder deren Hafen Cala Figuera am Kopf der schmalen Bucht zu finden sind. Hinter dem oben erwähnten *menober*, wenn eine Verwechselung vorliegt, könnte sich entweder Muro oder Santa Margalida verbergen.

6.10 Meeresfläche

Die Meeresfläche als solche wird durch keine besondere Zeichengebung zum Ausdruck gebracht. Einzige Ausnahme bilden Punktreihen bzw. Punktfelder im südwestlichen Küstenbereich der Insel Mallorca südlich der Punta Negra sowie westlich der Insel Cabrera, die das Vorkommen von Sandbänken bzw. Felsen veranschaulichen sollen.

6.11 Schriftbild

Vier der fünf größten Balearen-Inseln – *Mallorca, Minorca* (= Menorca), *Iviça* (= Ibiza) und *Formētera* – werden mittels Versalien einer Antiquaschrift gekennzeichnet, wobei *Iviça* unerklärlicherweise in größeren Buchstaben vorkommt. Bis auf die Namen der genannten Hauptinseln werden alle übrigen Bezeichnungen, seien es Kaps, Buchten, Siedlungsplätze oder kleinere Inseln, in einer Minuskelschrift vorgenommen (vgl. Taf. IX bzw. Abb. 6.2). Während die Versalien vermutlich der Capitalis Monumentalis oder Quadrata entlehnt sind, gehören die Minuskeln zu einer Gebrochenen Schrift, einer gotischen bzw. einer Rotunda, deren Ober- und Unterlängen ausgesprochen lang erscheinen.

Auf dem ganzen Kartenblatt ist wie erwähnt bei der Anordnung der Schrift keine einheitliche Ausrichtung festzustellen. Während Seitenziffer und Maßstabsskala längenkreisparallel angebracht sind und damit für den Betrachter gut lesbar erscheinen, befinden sich Gradnetzzahlen und die Namenszüge von drei Hauptinseln in der Breitenkreisrichtung, nur *Iviça* folgt der Insellängsrichtung. Die Beschriftung auf dem spanischen Festlandstreifen ist einheitlich von Norden her, die dem Umfeld von Ibiza zuzuordnenden Bezeichnungen von Osten her lesbar angeordnet. Dagegen zeigen die zu den beiden Hauptinseln Mallorca und Menorca gehörenden verschiedenen Schriftzüge keine bestimmte Ausrichtung, besonders auf Mallorca sind mehrere Beschriftungsrichtungen festzustellen.

Die Hauptinsel erhält bereits den heute gültigen Namen *Mallorca*. Der entsprechende Schriftzug verläuft von W nach E – im Kartenbild also von oben nach unten – und greift in den Bereich der Hauptstadtbucht hinein. In gleicher Weise sind bis auf eine Ausnahme die dem NE-Küstenbereich zugeordneten Bezeichnungen ausgerichtet, seien es Hafen-, Kap- oder Inselnamen. Hierzu gehören die Kaps *c. formētar, c. d'l mar mord* und *c. d'lapera*, der Hafen *p° maior* sowie die Inseln *meraria* und *triquadra*, deren Bezeichnungen auf Plinius d. Ä. (in MASCARÒ PASSARIUS 2000: 46) zurückzuführen sind. PÉREZ (1911; in MASCARÓ PASSARIUS 2000: 50) ordnet „Triquadra" und „Menariae" den heutigen Ibiza im E vorgelagerten Inseln „Plana" oder „del Conills" und „Grossa" oder „d'en Valerino" zu. MORAGUES & BOVER (1841; in MASCARÓ PASSARIUS 2000: 50) vermutet in der zum Cabrera-Archipel zählenden Insel Conillera die „Triquadra" des Plinius.

An der NW-Küste sind wie erwähnt für zwei Inseln die Namen *dragōcia* und *palomera* (auf fol. 95v des Begleittextes hingegen Palmería) eingetragen. Weiter zur Mitte dieses Küstenabschnitts zu ist südöstlich-nordwestlich angeordnet die Angabe *soler* für den gleichnamigen Ort oder zugehörigen Hafen zu finden. Dieser Richtung entgegengesetzt und senkrecht zum entsprechenden Küstenverlauf – für den Betrachter demnach auf dem Kopf stehend – sind an der SE-Küste weitere fünf, unter 6.9 bereits genannte Bezeichnungen angebracht. Dazu gehören von NE nach SW *arta, siardi, menacon, p° colonj* und *calafiguera*. Denen schließt sich der gleichgerichtete Schriftzug *cabrera* für die nahegelegene Insel an.

Die Ortsbezeichnungen im Inselinnern verlaufen in der Regel von NW nach SE. Ausnahmen bilden der senkrecht dazu ausgerichtete Hauptstadtname *mallorca*, das W-E eingetragene *alcudia* sowie der Hafen *p° pin* im W der Insel. Im Islario-Text (fol. 94v) wird Plinius folgend die Hauptstadt mit „Palma" und Alcúdia mit „Polencia" bezeichnet; nach Strabo „Pallama" bzw. „Potencia".

Zwecks besserer Übersicht seien am Schluss sämtliche im Bereich des Mallorca-Bildes verwendeten Toponyme tabellarisch zusammengestellt. Alle weiteren, auf die anderen Balearen Inseln und auf den spanischen Festlandstreifen bezogenen Bezeichnungen sind nicht explizit aufgelistet und nur der Gesamtdarstellung (Taf. IX) zu entnehmen.

Aktuelle Toponyme	Toponyme in der historischen Karte
Inseln	
Mallorca	MALLORCA
Cabrera	cabrera
Dragonera	dragõcia
Illa de Formentor (?)	meraria
Illa d'Alcanada/ s'Illot d'es Porros (?)	triquadra
Landvorsprünge	
Cap de Formentor	c. formẽtar
Punta de Capdepera	c. d'lapera
Cap de Ferrutx (?)	c. d'l mar mord
Häfen	
Alcúdia (?)	p° maior
Portocolom	p° colonj
Portopí	p° pin

Ortschaften
Palma de Mallorca	mallorca
Alcúdia	alcudia
Campos	campós
Inca	ínchar
Muro/Sta. Margalida (?)	menober
Manacor (?)	menorcor
Porreres	porreres
Sineu	sínèu

Nur als Schriftzug vorhandene Toponyme
Artà (Bucht/Ort?)	arta
Cala Figuera (Bucht/Hafen?)	calafiguera
Manacor (Bucht/Hafen?)	menacon
Son Servera (Bucht/Ort?)	siardi
Sóller (Bucht/Ort?)	soler
Palomera (Ort wüst oder Insel Pantaleu?)	palomera

7 Johannes Honterus (Honter)

7.1 Autor und Werk

Etwa zeitgleich zur erörterten Darstellung des Alonso de Santa Cruz erscheint in der Kosmographie des Johannes Honterus ebenfalls eine Karte der Insel Mallorca, die aufgrund ihres Inhalts und letztendlich ihres Aussehens eindeutiger zu den Landkarten im engeren Sinne zu rechnen ist. Diese Karte ist Bestandteil des 1561 in Basel bei Heinrich Petri gedruckten Werkes des Proclus Diadochus (5. Jh.) mit dem Gesamttitel „Procli de Sphaera liber I. Cleomedis de mvndo, siue circularis inspectionis meteororum Libri II. Arati Solensis Phaenomena, siue Apparentia. Dionysii Afri descriptio Orbis habitabilis. Omnia Graecè et Latinè ita coniuncta, ut conferri ab utriusq; linguae studiosis possint. Adiectis Doctorum uirorum annotationibus. Vna cum Io. Honteri Coronensis De Cosmographiae rudimentis duplici editione, ligata scilicet et soluta". Zu diesem Sammelwerk gehören Nachdrucke sowohl der in lateinischer Prosa geschriebenen Erstfassung von 1530 aus Krakau „Ioannis Honter Coronensis Rudimentorum Cosmographiae libri duo" als auch der umfangreicheren, in Hexametern erstellten Neufassung von 1542 aus Kronstadt „Rudimenta cosmographica" (ENGELMANN 1982: 58, 60, 81). NORDENSKIÖLD (1889: 112) erwähnt stattdessen die Ausgabe Tiguri (= Zürich) 1546, ein Nachdruck oben genannter Ausgabe von 1542 von Giovanni Gori-Gandellini. Während die Erstfassung von 1530, bzw. deren 2. Auflage von 1534, nur ein Mindestmaß an kartographischen Darstellungen enthält, versieht Honterus die auf drei Büchern zuzüglich nomenklatorischem Anhang erweiterte Neufassung von 1542 („Rudimentorum cosmographicorum libri III. Ioan. Honteri Coronensis cum tabellis Geographicis elegantissimus") mit 13 zusätzlichen Kartentafeln, eine Atlasart, die als der älteste auf deutschem Boden entstandene „Atlas minor" angesehen werden kann (ENGELMANN 1982: 62). Im Sammelwerk von 1561 wird den Textbeiträgen beider Fassungen – der Versfassung (S. 845-892) und der Prosafassung (S. 941-985) – ein erweiterter Kartenanhang (S. 894-940) beigegeben, der dem nur im Innern des Werkes geführten IV. Buche (S. 845ff.) zugerechnet wird und unter der Bezeichnung „De cosmographiae rudimentis, et omnium propè rerum nomenclatura Libri IIII. Una cum Tabellis Geographicis praecipuis. Adiectis Eiusdem Autoris tam Astronomiae, quàm Geographiae principiis" zu finden ist. Im Vergleich zu den Vorgängerausgaben sind die einzelnen Kartendarstellungen nicht von den gleichen Druckstöcken erstellt. Einige der Karten werden ausgetauscht, neue Karten kommen hinzu, insgesamt steigt deren Zahl auf 24, unter denen sich auch die Maiorica-Karte, die Karte von Mallorca, befindet (NORDENSKIÖLD 1889: 112; Katalog der HYK Helsinki: 214), die als vierte Karte auf Seite 900 anzutreffen ist. Wie ENGELMANN (1982: 58, 81) betont auch NORDENSKIÖLD (1889: 112) und BAGROW (1928c: 112), dass die Karten dieser nach dem Tode des Honterus erschienenen Ausgabe nicht von ihm selbst, sondern von fremder Hand, d. h., von anderen nicht bekannten Meistern geschnitten sind. Bei den Nachforschungen hat es sich allerdings auch gezeigt, dass nicht alle Exemplare der Ausgabe von 1561 diesen Kartenteil enthalten; einige Exemplare dieser angebundenen Ausgabe scheinen diesen Teil von vornherein erst gar nicht aufzuweisen. Ein einziger unveränderter Nachdruck dieses Sammelwerkes von 1561 erfolgt erst im Jahre 1585 nach Heinrich Petris Ableben in dessen Offizin in Basel. Hier sind die Kosmographien des Honterus im Versmaß auf den Seiten 597 bis 692 (ENGELMANN 1982: 81) und in Prosa von 693 bis 737 (ENGELMANN 1982: 58) zu finden; die Maiorica-Karte kommt auf Seite 652 vor.

Ohne Anspruch auf Vollständigkeit zu erheben, lassen sich in Deutschland Originalexemplare des Werkes von 1561 in der SB Berlin [Sign.: Vw 5576a], in der NSUB Göttingen [Sign.: 8°Auct.gr.I,3085], in der BSB München [Sign.: Res A.gr.b.3030, A.gr.b. 3031 und A.gr.C.116], in der UB Rostock [Sign.: Cc 859-2], in der StB Trier [Sign.: 5/923.8°], in der HAB Wolfenbüttel [Sign.: Alv Mi 215 und N 58.8°Helmst] und in der RSB Zwickau [Sign.: 28.11.19] feststellen; die Exemplare aus Trier und Wolfenbüttel enthalten keine Mallorca-Karte. In der ausländischen HYK Helsinki kann diese Arbeit gleichfalls nachgewiesen werden [Sign.: N 1121]. In der späteren Ausgabe von 1585, die in Wolfenbüttel aufbewahrt wird [Sign.: 542,1 Quod.], liegt ebenso eine Mallorca-Karte vor. Für weitere Betrachtungen wird hier das Exemplar der NSUB Göttingen zugrunde gelegt, für deren Druckgenehmigung der genannten Bibliothek an dieser Stelle der Dank ausgesprochen sei.

Der Siebenbürger Sachse, überzeugter Humanist, Theologe, Kosmograph und Kartograph Johannes Honter(us), mit Geburtsnamen Gross, Grass oder Gras – auch Lederer nach dem Beruf des Vaters – wird der Überlieferung nach 1498 in Kronstadt im heutigen Rumänien geboren (NUSSBÄCHER 1973: 7, 11; WITTSTOCK 1970: 29f.). Seine schulische Ausbildung erhält er in gleicher Stadt, vermutlich bei den Dominikanern. Er studiert ab 1515 an der Universität Wien, einer Stätte, in der bedeutende Humanisten lehren, zu deren Interessensgebieten die Geographie, Kosmographie und Kartographie gehören und Honter in seinem wissenschaftlichen Denken und Werdegang beeinflussen, so Joachim Vadianus, der seinen Schüler auf den Weg zur Geographie führte (ENGELMANN 1982: 97). Zu seinen Kommilitonen zählt der gleichzeitig immatrikulierte Peter Apian, der spätere Mathematikprofessor und Kartenautor. 1525 legt er sein Abschlussexamen ab. Offensichtlich zur Studienzeit ändert er seinen Namen in Honter, eine Tatsache, die – obwohl der eigentliche Grund für die Namensänderung unbekannt ist (BAGROW 1928c: 110; KARROW 1993b: 302) – K. K. KLEIN nach akribischen Untersuchungen (1965: 57f.) zur Annahme veranlasst, ihn vom althochdeutschen „Huntari" (Hundertmann, Konstabler) abzuleiten (KARROW 1993b: 302). Als humanistischer Gelehrter nennt er sich später Honterus. Bis 1529 scheint er in Wien zu bleiben, da Transsylvanien von der türkischen Armee besetzt ist. Erst als die Türken Wien bedrohen, verlässt er die Stadt und zieht über Regensburg, wo er Johannes Aventinus kennenlernt, für kurze Zeit nach Ingolstadt. Hier trifft er erneut auf Peter Apian. In Ingolstadt hat er vermutlich – wenn nicht schon vorab in Wien – das Drucken und das Formschneiden erlernt (ENGELMANN 1982: 104; KARROW 1993b: 303). 1530 siedelt er nach Krakau über, betätigt sich als Dozent und veröffentlicht seine ersten Werke. Über Nürnberg, wo er wohl seine Geschicklichkeit im Formschneiden verbessert, gelangt er 1531 nach Basel. In dieser Stadt ist er als Korrektor und Herausgeber für die Offizin Johann Bebel & Michael Isengrin tätig (ENGELMAMM 1982: 108). Er lernt den Druckereibesitzer Heinrich Petri kennen, der später seine ersten Karten vervielfältigen sollte, sowie Sebastian Münster, den Professor für protestantische Theologie, dem er sich durch gemeinsame Interessen verbunden fühlt (WITTSTOCK 1970: 83). In Basel schneidet er die Formen zur selbst entworfenen Siebenbürgen-Karte „Chorographie Transylvaniae – Sybembürgen" (ENGELMANN 1982: 2f.), die älteste Karte und Grundlage späterer Darstellungen des Landes. 1533 kehrt er in seine Heimatstadt Kronstadt zurück, nicht zuletzt auch auf Wunsch des dortigen Rates der Stadt. Im gleichen Jahr wird er als Hundertmann in den Äußeren Rat und 1536 in den Inneren Rat oder Senat berufen (ENGELMANN 1982: 109). Ab dieser Zeit besitzt er eine Buchdruckerei und produziert eigene Schriften. Seine Hauptziele sind dabei die Verbreitung des humanistischen Gedankengutes sowie die Unterstützung der kirchlichen Reformation. Er druckt eine Vielzahl von Schulbüchern und Reformationsschriften. Sein Druckhaus, bekannt als „Honteruspresse", wird noch lange nach seinem Tode Bestand haben. Honterus' Hauptverdienst liegt neben seinen kartographischen Darstellungen vor allem in der Schaffung seines Lehrbuches „Rudimenta cosmographica", das eine so wichtige Rolle im Bildungswesen gespielt hat und sich einer großen Nachfrage erfreut. Die zahlreichen, vorrangig in Latein und Deutsch, ab 1542 in verschiedenen Städten Europas erschienenen Fassungen und Auflagen des genannten Werkes sind in der Arbeit von ENGELMANN (1982: 85ff.) aufgelistet. In Kronstadt engagiert er sich sehr für das Schulwesen, sorgt für den Aufbau eines „Studium Coronense" und erreicht die erstmalige Aufnahme der Geographie in das Curriculum einer deutschen Schule. Auch die Errichtung einer bedeutenden Bibliothek an diesem Ort gehört zu seinen Verdiensten. Nebst seinem stetigen Einsatz für das Bildungswesen und seiner Tätigkeit als Autor und Drucker zahlreicher Werke wird er ab 1544 Pastor der evangelischen Gemeinde. Ruhm erlangt er ab 1542 vor allem als Kirchenreformator; man nennt ihn sogar den „Apostel von Transsylvanien". 1549 stirbt er in Kronstadt.

7.2 Äußerer Kartenaufbau

Die in Holzschnitt angefertigte titellose Karte der Insel Mallorca ist als hochformatige Rahmenkarte konzipiert und weist die äußeren Maße 124 mm in der Höhe mal 78 mm in der Breite auf. Für das eigentliche Kartenfeld, das allseitig von einer relativ breiten Außenleiste umgrenzt wird, verbleiben rd. 112,5 x 65 mm (Abb. 7.1). Oberhalb der Gesamtdarstellung ist mittig die bereits erwähnte Seitenzahl 900 angebracht.

Im Zentrum des Kartenfeldes befindet sich die Insel Mallorca, deren Bezeichnung *Maiorica* sich quer über die Landfläche erstreckt. Zum Kartenfeld gehören außerdem die südlich Mallorca gelegene Nachbarinsel Cabrera sowie drei kleinere im oberen Kartendrittel nahe der Küste der Hauptinsel eingetragene Eilande. Letztere kommen bei den Vorgängerarbeiten nur in wenigen Darstellungen des Pīrī Re'īs in 1. Version vor. Im Rahmenfeld, und zwar als Überzeichnung über die Kartenfeldrandlinie hinaus und nur als Umriss wiedergegeben, ist noch eine weitere Insel dargestellt, bei der es sich um die deutlich näher an Mallorca gelegene Dragonera oder, wie bei Benedetto Bordone, um die entfernteren Columbretes handeln kann. Weiterhin ist im Bereich des linken Rahmenfeldes ein Teil der vermeintlichen Nachbarinsel Ibiza, im rechten ein größerer von Menorca untergebracht.

7.3 Lage und Orientierung

Mittels der Rahmenleiste und der darin angebrachten Gradeinteilung wie den dazugehörigen Zahlen (vgl. Abb. 7.1) lässt sich das Inselbild im Raum deutlich ein-

Abb. 7.1 Mallorca-Karte aus dem Werk des J. Honterus. Maßstab des Originals ca. 1:1 621 000. Unverändert 1:1 wiedergegeben mit Genehmigung der NSUB Göttingen [Sign.: 8°Auct. gr.I, 3085].

ordnen. Diese Darstellungsweise, die laut BAGROW (1928c: 112) für die von Honterus selbst erstellten Karten nicht typisch ist, erscheint nach Wissen des Verfassers – sieht man von der Gradeinteilung in der Darstellung des Santa Cruz ab – zum ersten Mal in einer größermaßstäbigen Mallorca-Karte und unterscheidet sich damit von den bisher behandelten Darstellungen des Martellus, des Bordone und des Pīrī Re'īs sowie von den im Folgenden noch zu besprechenden Arbeiten aus den Lafreri-Atlanten und den Isolarien des Porcacchi oder des Coronelli.

Die als Gradabteilungskarte konzipierte Darstellung ist genordet. Im Westen wird das Kartenbild durch den ungeraden Meridianwert von ca. 17°06' begrenzt, die westlichste Inselspitze wird in diesem Bereich als Überzeichnung etwa bis 17°03' weitergeführt. Auf der Ostseite bildet dagegen der Meridian 19°00' ö. L. den Abschluss des Kartenfeldes; beziffert sind nur der letztgenannte und der 18°-Meridian, der östlich an der Inselhauptstadt vorbeiführt. Es sei bei dieser Gelegenheit angemerkt, dass die Bezifferung der Meridiane in dieser Karte jedoch nicht korrekt zu sein scheint. Analog der auf der Doppelseite davor (S. 898/899) vorhandenen Hispania-Karte müsste die Insel Mallorca von W nach E von etwa 17° 50' ö. L. bis 19° ö. L. reichen und nicht, wie es in der vorliegenden Darstellung der Fall ist, bis ca. 17° 03' ö. L., was vermutlicherweise auf ein Bezifferungsfehler zurückzuführen ist.

Der zu den eingetragenen Werten gehörende Nullmeridian ist nicht einwandfrei festzustellen. In Anlehnung an Ptolemäus scheint der hierfür gewählte Ausgangsmeridian durch die Kanarischen Inseln, den sogenannten Insulae fortunatae, zu führen. Bei Berücksichtigung der westlichen Kartenfeldrandlinie ergibt sich ein Nullmeridian, der bei 14°40' westlich Greenwich an der W-Spitze der Insel Fuerteventura anzunehmen sei. Berechnet man die Abweitung ab der Inselhauptstadt, so dürfte es sich eher um den Nullmeridian 15°30' westlich Greenwich handeln, der durch Gran Canaria zieht (vgl. KLEINN 1983: 8). In der geographischen Breite wird das Kartenfeld im Süden etwa durch den Parallel 38°08' n. Br. und im Norden durch 40°47' n. Br. begrenzt; beziffert sind dabei wiederum nur zwei Breitenkreise, der 39ste und der 40ste.

Als Projektion ist offensichtlich eine rechteckige Plattkarte zugrunde gelegt. Unklar ist dabei nur, von welcher Linie als längentreuem Parallel ausgegangen wird. Bei Verwendung des überlieferten, durch Rhodos führenden 36sten Breitenkreises ergibt sich ein Abweitungswert, der im 4:5-Verhältnis zur entsprechenden geographischen Breite steht. Denkbar ist auch die Berücksichtigung des südlichen Begrenzungsparallels des Kartenfeldes bei etwa 38°08' nördlicher Breite, ein Wert, der eine äußerst geringe Abweichung vom oben genannten aufweist. Selbst die Zugrundelegung von φ 30° als häufig angewandtem Ausgangsparallel könnte zutreffen, zumal feine, hier auftretende Längendifferenzen alleine schon durch Papierverzug möglich sind.

In der N-S-Erstreckung ist Mallorca in Bezug zu den geographischen Koordinaten weitgehend korrekt eingetragen. Schwachstelle scheint dabei der südliche Inselbereich zu sein. Im Gegensatz zum Norden, wo der Abschluss wie in der Realität bei etwa 40° n. Br. liegt, ist die Südspitze der Insel um ca. 15' zu weit nach S verlagert und bereits bei 39° n. Br. zu finden. In der W-E-Richtung dagegen ist im Vergleich zum Gradnetz die Insel deutlich zu breit wiedergegeben. Während sie in der Natur lediglich ca. 1° 08' Abweitung in Anspruch nimmt, ist die Kartenbreite des historischen Bildes mit knapp 2° auf fast das Doppelte des Solls gestreckt, was zu einer deutlichen Verformung der Gestalt in dieser Richtung beigetragen hat. Da Mallorca in der N-S-Richtung weitgehend lagetreu erscheint, und das Inselbild in seinem äußeren Erscheinungsbild, d. h., in den N-S- zu den W-E-Längenverhältnissen in etwa der Natur entspricht, ist, wie vorne erörtert, vermutlich das Gradnetz in der Abweitungsrichtung falsch beziffert und nicht, wie man auch annehmen könnte, das Inselbild zu breit veranschaulicht.

7.4 Kartenmaßstab

In der vorliegenden Kartendarstellung ist weder ein numerischer noch ein graphischer Maßstab vorhanden. Über das eingetragene geographische Netz lässt sich jedoch ein Maßstab zumindest in etwa ermitteln. Bezogen auf den Breitenkreis 36° n. Br. mit 90,1529 km für 1°λ ergibt sich ein Maßstab von rd. 1:2 576 000 bzw. mit 110,9565 km für 1°φ zwischen 36° und 37° n. Br. ein naheliegender Wert von rd. 1:2 611 000. Fast gleich groß mit ca. 1:2 612 000 zeigt sich der Maßstab, wenn für die vorhandene Kartenstrecke zwischen 39° und 40° Breite der Naturwert von 111,0131 km eingesetzt wird. Bei Zugrundelegung des Begrenzungsparallels am Südrand der Karte mit rd. 87,6 km für 1° Abweitung ergibt sich eine angenäherte Maßstabsgröße von ca. 1:2 503 000. Insgesamt handelt es sich also um Maßstabswerte, die im Bereich von 1:2 500 000 liegen. Selbst bei Verwendung von φ 30° als Ausgangsparallel mit 95,4929 km für 1°λ kommt noch ein nicht allzuweit entfernter Maßstab von ca. 1:2 247 000 heraus. Würde jedoch aus oben genannten Bezifferungsgründen der mittlere Meridian statt 18° ö. L. den anscheinend korrekteren Wert 18° 30' ö. L. erhalten haben, so käme ein deutlich größerer Maßstab von 1:1 251 000 heraus, ein Zeichen, dass das geographische Netz untereinander stimmen mag, aber nicht die eingetragenen Landmassen.

Da diese Maßstäbe trotz ihrer korrekten Umrechnung im Vergleich zu einer größenmäßig ähnlicher aktuellen Darstellung sich wegen der hier um annähernd das Doppelte zu breit wiedergegebenen Insel als zu klein erweisen, erscheinen andere Verfahren zur Maßstabsbestimmung, die der dargestellten Inselgröße gerechter werden, angebrachter.

Ein Vergleich der Karten- mit der Naturfläche ergibt eine durchaus adäquate Maßstabsgröße. Trotz einer übertrieben zerlappt dargestellten Küste lässt sich bei einer Gegenüberstellung der durch Digitalisierung ermittelten Inselfläche auf der Karte mit dem entsprechenden Naturwert von 3623 km² ein größenmäßig passenderer Maßstabswert von rd. 1:1 734 000 errechnen, der aufgrund von Messungen der geradlinig gedachten Küstenstrecken, wie noch zu sehen sein wird, zumindest zutreffender zu sein scheint.

Mit Hilfe der Methode RUGE (1904: 42), die das Ergebnis einer Mittelbildung der Maßstäbe aus der maximalen N-S- und W-E-Strecke darstellt, lässt sich ein Wert von rd. 1:1 549 000 errechnen.

Aufgrund der erwähnten Zerlappung fällt ein über die Küstenlänge der Insel ermittelter Maßstab von rd. 1:1 440 000 noch größer als die soeben genannten Maßstäbe aus. Auch Maßstabsbestimmungen auf der Basis von Vergleichen ausgewählter Strecken ergeben wegen der stark verformten Inselgestalt erhebliche Differenzen. Bei Einsatz der W-E-Diagonalen Punta Negra–Punta de Capdepera zeigt sich ein Maßstab, der mit ca. 1:1 423 000 den über die Küstenlänge ermittelten sehr ähnelt. Bei Zugrundelegung der etwa N-S verlaufenden Diagonalen Cap de Formentor–Cap de ses Salines liegt der Maßstab mit ca. 1:1 738 000 dem über den Flächenvergleich bestimmten äußerst nahe. Als Mittel aus beiden Diagonalenwerten stellt sich ein Maßstab von rd. 1:1 580 000 ein.

Nach rein optischen Vergleichen mit aktuellen Karten müsste der in diesem Falle in Frage kommende Maßstab etwa im Bereich von 1:1 600 000 liegen. Daher erscheint es angebracht, für weitere Gegenüberstellungen und Messungen wiederum einen Maßstab festzulegen, der ein Mittel aus dem über den Flächenvergleich, über die Methode RUGE (1904: 42) und aus beiden Inseldiagonalen bestimmten Wert darstellt und sich mit rd. 1:1 621 000 ergibt, ein Maßstab also, der sich auf das eigentliche Inselbild und nicht auf das oben genannte Gradnetz bezieht.

7.5 Inselgestalt

Wie oben erwähnt zeigt die Insel in der Honterus-Karte ein zerlapptes Bild, das nur bedingt eine Ähnlichkeit mit der Realität erkennen lässt (vgl. Abb. 7.1) und sich deutlich von den bisher besprochenen Karten verschieden zeigt (vgl. Taf. I, Teil I - IV). Die Küste ist durch zahlreiche, in Form und Länge von der Natur abweichende tiefe Buchten und herausragende Landzungen derart stark gegliedert, dass die typische, weitgehend gleichmäßig geformte und kompakt wirkende Gestalt der Insel nicht zum Ausdruck kommt. Dieser Unterschied ist deutlich der Abb. 7.2 zu entnehmen, die eine zentrierte Überlagerung der vergrößerten historischen Darstellung mit der aktuellen ONC im Maßstab von 1:1 Mio. veranschaulicht.

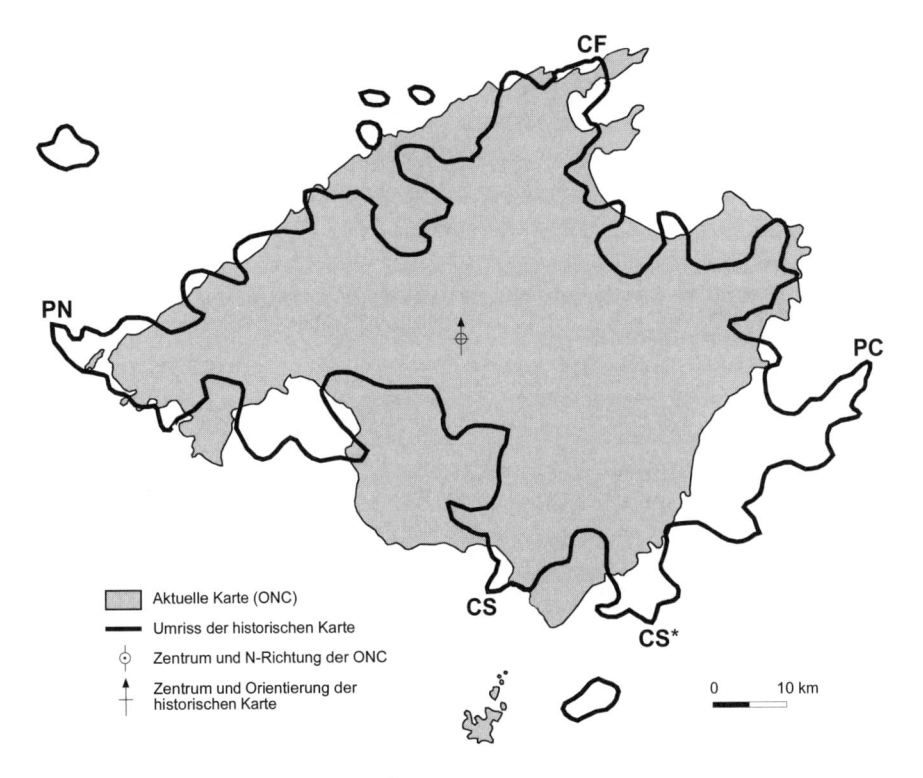

Abb. 7.2 Geometrisch zentrierte Überlagerung der ONC in 1:1 Mio. mit der durch Vergrößerung im Maßstab angepassten und nach Kartennord ausgerichteten historischen Darstellung des J. Honterus (vgl. Abb. 7.1).

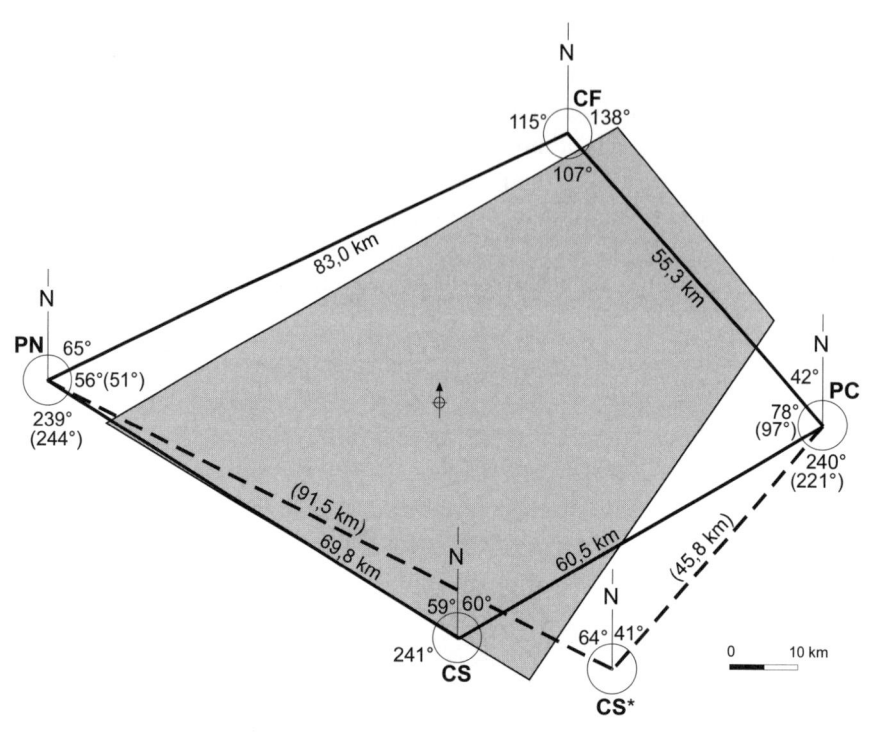

Abb. 7.3 Geometrisch zentrierte, genordete Überlagerung der Viereckschemata von historischem Kartenbild und ONC in 1:1 Mio. mit Angabe der Kapdistanzen, Streckenazimute und Innenwinkel der Figur.

Diese Abbildung zeigt aber auch, dass dem Gesagten gegenüber die mittlere Ausrichtung der Küsten weitgehend mit der in der Wirklichkeit übereinstimmt. Ignoriert man die starke Küstengliederung und denkt sich auf der historischen Karte die markanten Extrempunkte der Insel wiederum zu einem Schemabild geradlinig miteinander verbunden, so ergibt sich eine geometrische Figur, deren Aussehen dem für das Realbild angenommenen ungleichseitigen Viereck doch verhältnismäßig nahekommt (Abb. 7.3 u. 7.4). Während die Küste im NE eine nahezu naturentsprechende Orientierung aufweist, beträgt das Azimut der NW-Partie an der W-Spitze mit 65° E – wenn auch geringfügig – rd. 5° E mehr. Die Ausrichtung der anderen zwei Küstenbereiche hängt von der Festlegung des Cap de ses Salines ab. Wird für die Betrachtung als Cap de ses Salines anstelle der in der Karte unbeschrifteten Spitze des südwärts ausladenden, in der Realität in dieser Weise nicht vorhandenen Vorsprungs – Abb. 7.3 u. 7.4 mit CS* gekennzeichnet – die im Original weiter westlich mit *C. de Saline* bezeichnete Landzunge angenommen –

in den Abbildungen CS bezeichnet – und mit in die Schemafigur einbezogen, so stellt sich für die Ausrichtung der SE-Küstenstrecke am Südpunkt ein um 25° E größerer, von der Wirklichkeit deutlich abweichender Wert ein. Die zum Naturbild gleichlaufende mittlere Küstenausrichtung wäre somit nicht mehr gegeben. Die SW-Küste verläuft in diesem Falle naturgetreu. Aus dieser starken Ausrichtungsdifferenz der SE-Küste könnte aber auch geschlossen werden, dass es sich bei der herausragenden unbeschrifteten Landzunge eher um den tatsächlichen Cap de ses Salines handeln würde (s. CS* in Abb. 7.3). Bei Annahme der im Original östlicher gelegenen, hier unbeschrifteten Landspitze als Südkap ergibt gegenüber dem Naturbild ein um 6° E größeres Streckenazimut für die SE-Küste; dafür würde die SW-Flanke der Insel um 4° stärker nach W differieren. Die naturfremde langgestreckte Darstellung einer doppelten Inselsüdspitze trägt zweifellos zur Verwirrung bei. Vergleicht man diese Darstellung mit manch anderer Mallorca-Karte dieser Zeit, so zeigt sich besonders bei den Exemplaren des Pīrī Re'īs, dass mit dem als *C. de Saline* beschrifteten, weiter westlich gelegenen Vorsprung tatsächlich die Inselsüdspitze gemeint sei.

Die vorhandene Verformung der Insel wird auch durch die abweichende Länge der Inseldiagonalen dokumentiert (vgl. Abb. 7.4). Während in der Natur die Inselbreite im Vergleich zur Maximalentfernung in ungefährer N-S-Richtung sich nur um ca. ein Fünftel länger zeigt, weist die historische Karte ein Verhältnis der entsprechenden Strecken von ca. 3:2 auf, wodurch, wie vorne schon ausgeführt, das Inselbild zu stark verbreitert zum Ausdruck kommt. Dies ändert sich auch unmerklich, wenn anstelle des beschrifteten *C. de Saline* der weiter östlich wiedergegebene Vorsprung – in Abb. CS* bezeichnet – als südlichste Inselspitze angenommen würde. Bei Annahme des im Original beschrifteten Kaps verläuft die SSW-NNE-Diagonale annähernd naturgetreu, während im anderen Falle die Strecke um 6° W von Nord differiert und damit um rd. 16° von der Sollrichtung abweicht.

Unter den vier aufgezeigten Hauptküstenbereichen ist der SE-Abschnitt am wenigsten zerlappt zum Ausdruck gebracht (vgl. Abb. 7.1 u. 7.2). An der NW-Küste sind fünf unterschiedlich große Buchten ausgebildet, worunter besonders die tiefe und relativ breite von Sóller auffällt, deren Lage als etwa naturgetreu angesehen werden kann. Die ihr zugeordneten Ortsnamen *Dragonera* und *Palomera* gehören allerdings nicht hierher und sind demzufolge nicht korrekt eingetragen. Von den weiterhin dargestellten Buchten sind zwei weniger tief gestaltet. Eine davon liegt unweit der nach Westen ausladenden Landzunge, die andere nahe des deutlich zu

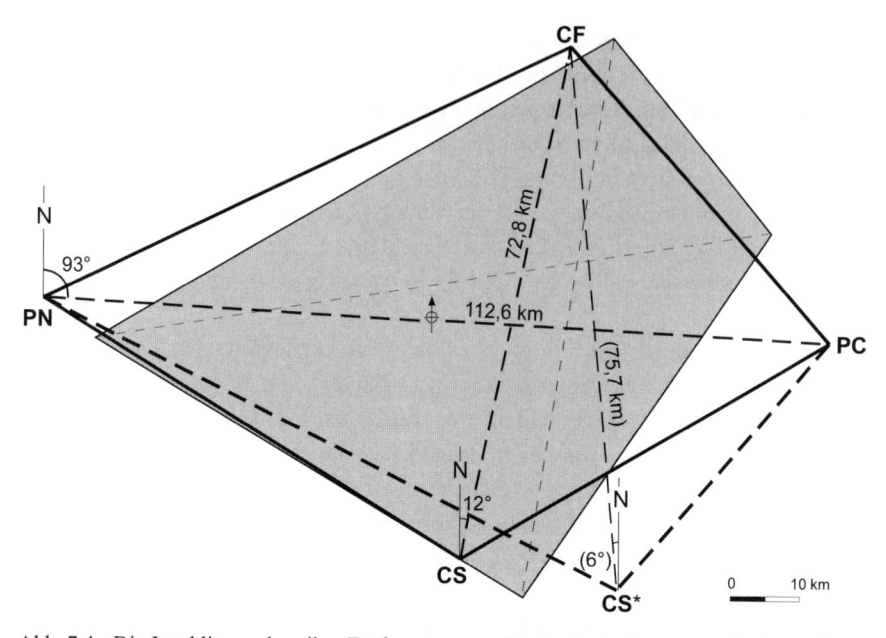

Abb. 7.4 Die Inseldiagonalen, ihre Entfernungen und Azimute in den geometrisch zentriert und genordet sich überlagernden Schemadarstellungen von historischem Kartenbild und ONC in 1:1 Mio.

breit wiedergegeben Inselnordbereiches an der hier unbeschrifteten Halbinsel Formentor. An beiden Buchten sind unbeschriftete Ortssilhouetten angebracht, wodurch zu vermuten ist, dass es sich im ersten Fall um die Bucht von Palomera (wüstgefallen, wahrscheinlich jedoch das heutige, nahe der Inselwestspitze gelegene Sant Elm), im zweiten um die Cala Sant Vicenç oder sogar Sa Calobra handeln könnte. Im NE-Küstenbereich sind zwei relativ große Buchten veranschaulicht. Die nördlichere davon soll vermutlich die Bucht von Pollença aufzeigen, deren Inneres verschieden tief gegliedert erscheint und deren Größe bei der Darstellung übertrieben auftritt. Südöstlich der zu stark herausgearbeiteten und zu weit in diese Richtung verlagerten Landzunge am Cap des Pinar folgt eine kleinere Bucht, deren Form – nicht die Weite – auf die Bucht von Alcúdia schließen lässt. Beide Buchten zeigen auch hier unbeschriftete Ortsbilder, von denen das nördlicher gelegene Alcúdia sein dürfte. Der SW-Bereich der Insel ist vor allem durch eine breite und verhältnismäßig tiefe, im Innern ebenfalls untergliederte Bucht geprägt, die meerwärts durch zwei hakenförmig ausgebildete und sie umgreifende Landzungen einen recht geschlossenen Eindruck vermittelt. Am nördlichen Ende der zweigeteilten Bucht liegt hier die mit *Palma* bezeichnete Siedlung, am südöstlich davon gelegenen, schmaleren eine Ortschaft namens *maio*. Nach Westen zu öffnet sich eine weitere, relativ tiefe Bucht, deren Lage auf Santa Ponça, der Größe des zugehörigen Ortsbildes nach eher auf Andratx schließen lässt. Weiter nach Süden, und von NW her kommend jenseits des hier möglicherweise falsch eingetragenen bzw. eventuell nicht korrekt beschrifteten Cap de ses Salines, ist eine ähnlich große Bucht wie die letztgenannte anzutreffen, die nach Lage und Form in dieser Weise in der Realität nicht vorkommt oder zumindest nicht zu diesem Küstenabschnitt gehört. Bei Zuordnung dieser Bucht zur SW-Küste müsste es sich um den breiten Küstenhof zwischen Cap Blanc und Cap de ses Salines handeln, der wegen des zu stark als Halbinsel hakenförmig herausgearbeiteten Vorsprungs am Cap Blanc zu schmal zur Darstellung gekommen ist. Nimmt man allerdings die Lage dieser an der Südostküste der Insel tief ausgeprägten Bucht an, so könnte aufgrund des hier unbeschriftet angebrachten Ortsbildes die Bucht von Cala Figuera gemeint sein. Die Bezeichnung *Caliafigera* ist in dieser Karte fälschlicherweise weiter östlich anzutreffen. Der verbleibende Teil der SE-Küste zeigt wie bei den bisher besprochenen Karten zwei mittelgroße Buchten, von denen nur eine eine relativ geringe Tiefe aufweist. Bei der tieferen soll es sich laut eingetragenem Schriftzug *Caliafigera* um die heutige Bucht von Cala Figuera handeln. Mit Sicherheit liegt hier eine Verwechselung vor, denn mit der soeben genannten ist eher die Hafenbucht von Portopetro gemeint, so zeigen es zumindest die Vorgängerarbeiten des Martellus und des Pīrī Re'īs (vgl. z. B. Abb. 3.2 u. Abb. 5.1). Die weiter nordöstlich folgende flachere Einbuchtung stellt – wie nach den soeben erwähnten älteren Karten anzunehmen – die Hafenbucht von Portocolom dar. Die westlich *Caliafigera* übertrieben stark herausgearbeitete, oben genannte unbeschriftete Landzunge, die hier als Inselsüdspitze bzw. als Cap de ses Salines angenommen werden könnte (CS* in den Abbildungen), gehört zur SE-Küste. Das östliche Ende des SE-Küstenabschnitts wird durch eine langgestreckte, relativ spitz endende, in der Realität in dieser Gestalt nicht existierende Landzunge zur Darstellung gebracht, deren Abschluss die Bezeichnung *C. de la preia* für die heutige Punta de Capdepera trägt.

Die Insel Cabrera liegt unweit der unbeschrifteten S-Spitze der Insel Mallorca vorgelagert und ist demnach in Gegenüberstellung zum Cap de ses Salines zu östlich geraten. Die Entfernung zur Hauptinsel stimmt, ihre Lage zum südlichsten Vorsprung kann jedoch zur Annahme führen, dass gerade dieser doch für das *Cap de Saline* steht. Soweit erkennbar scheint die Nachbarinsel mit *Cabreca* nicht korrekt bezeichnet. Eindeutig zu weit von der NW-Küste in nördliche Richtung verschoben ist hingegen die Insel Dragonera zu finden. Auch in ihrer Größe ist sie übertrieben dargestellt (vgl. Abb. 7.2). Die an der NW-Küste, etwa nördlich der vermeintlichen Bucht von Sóller gelegenen drei unbeschrifteten Eilande, die ebenso in den Darstellungen der Ms. Hamidiye 971 und 945 (SK Istanbul) vorkommen, aber weiter ENE eingetragen sind, existieren in dieser Weise in der Realität nicht, vor allem nicht nach ihrer Größe. Bis auf das Eiland s'Illeta können damit bestenfalls vereinzelte, vor der Küste gelegene kleine Inselfelsen gemeint sein.

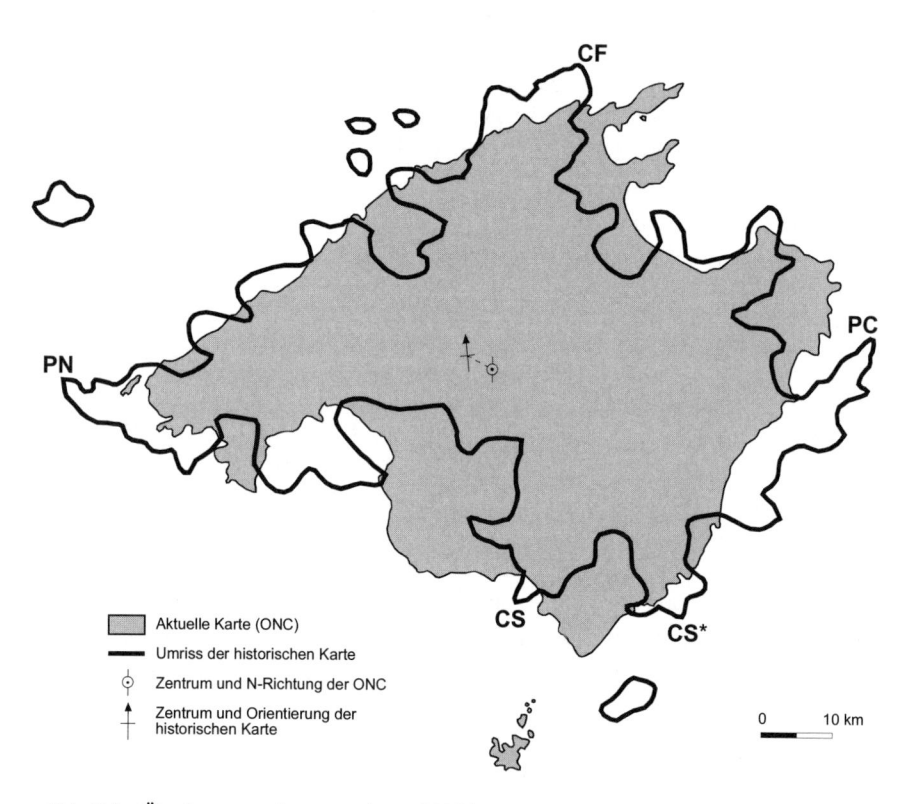

Abb. 7.5 Überlagerung der genordeten ONC in 1:1 Mio. mit dem maßstäbig angepassten historischen Kartenbild nach dessen Rotation um 6° W und einer Mittelpunktsversetzung um rd. 4 mm nach WNW.

Werden schließlich auch die Längen der Küstenabschnitte betrachtet, so zeigen sich im Vergleich zur Natur zum Teil erhebliche Unterschiede. Während im SW so gut wie keine Differenz auftritt und im NW und SE unbedeutende Abweichungen von ca. 2 km bzw. 1 km festzustellen sind, ist die NE-Strecke um rd. 22 km zu lang abgebildet. Bei Annahme der unbeschrifteten Landzunge als südlichster Inselausläufer wäre die SE-Küste um 16 km zu kurz ausgefallen, was wiederum als Hinweis für eine nicht korrekte Kapbeschriftung dienen würde.

Wird die historische Karte gegenüber der etwa gleichmaßstäbigen aktuellen Darstellung um einen Winkel von 6° in westliche Richtung rotiert (Abb. 7.5) und deren geometrische Mitte um rd. 4 mm nach WNW versetzt, so stellt sich neben einer annähernd gleichgerichteten Orientierung der Küstenabschnitte eine weitergehende Flächenüberdeckung ein. Bei Annahme der beschrifteten Spitze als Inselsüdkap würden nach der besagten Drehung auch die N-S-Diagonalen beider Karten annähernd parallel verlaufen.

Würde man bei der vorliegenden Karte eine um 30' korrigierte Meridianbezifferung zugrunde legen und damit das Bild W-E um die Hälfte verengen sowie darüber hinaus in der Breitenrichtung den Abstand um die oben angesprochenen 15' vor allem im Südbereich verkürzen, so ergäbe sich eine Inselgestalt, die ungeachtet der Küstendetails deutlich der Naturform näherkäme.

7.6 Gewässernetz

Fließgewässer sind in dieser Karte keine auszumachen. Auch das Lagunengebiet im ostnordöstlichen Küstenbereich der Insel kommt nicht zur Darstellung. Der relativ kleine Maßstab spielt dabei vor allem im ersten Fall eine nicht unerhebliche Rolle.

7.7 Relief

Das Relief wird durch dreidimensional wirkende Bergfiguren veranschaulicht, deren Unterbringung ausschließlich an drei ausgewählten Stellen erfolgt (vgl. Abb. 7.1). Eine relativ stattliche Ansammlung fünf hintereinander gestaffelter Einzelfiguren, die nach Osten an Höhe abnehmen und auslaufen, bildet einen Bergkomplex, der im Innern der Insel östlich von *Palma* und hier in unmittelbarer Nähe der Ortschaft *maio* zu finden ist. Die einzelnen Silhouetten sind mit geschwungenen, weitgehend horizontal verlaufenden Schraffen angelegt. Aller Voraussicht nach ist mit dieser Berggruppe das Massiv des Puig de Randa gemeint, das sich aus der Zentralebene der Insel abhebt. Andererseits sollte damit –

bedingt durch Unkenntnis des Landesinneren – eventuell auch nur auf das Vorhandensein von Bergmassiven auf Mallorca aufmerksam gemacht werden. Zwei weitere Einzelfiguren, eine südöstlich der Bucht von Sóller, die andere im äußersten Westbereich, vervollständigen die Reliefdarstellung. Während die letztgenannte höhere Silhouette senkrechte Schraffen entlang ihres Fußes aufweist und damit steiler wirkt, wird die niedrigere und länglichere Figur nur durch wenige horizontale Bergstriche charakterisiert.

Auf den kleinen Nachbarinseln ist alleine schon durch ihre geringe Flächengröße kein Relief wiedergegeben.

7.8 Bodenbewachsung/Bodennutzung

Ausschließlich zwei grasbüschelartige Zeichen, die am östlichen Fuß des im Nordbereich der Insel dargestellten Berges eingetragen sind, weisen auf die vorhandene Strauchvegetation dieses Raumes hin, eine dürftige Darstellung, für den vorliegenden Kartenmaßstab jedoch verständlich und eigentlich nicht erforderlich.

7.9 Siedlungsbild

Die Siedlungen sind, wie in Abb. 7.1 zu erkennen und auszugsweise in Abb. 7.6 vergrößert wiedergegeben, trotz des kleinen Maßstabs verhältnismäßig stark vertreten, häufiger jedenfalls, als in manch bisher besprochener Darstellung der Fall gewesen ist. Sie sind durch unterschiedlich zusammengesetzte, in der Regel verschieden große und dreidimensional wirkende Aufrissbildzeichen wiedergegeben, von denen einige Ortsbezeichnungen tragen. Die größten Bildzeichen sind an der breiten SW-Bucht zu finden und sind vermutlich *Palma* und südöstlich davon *maio* zugeordnet. Das nächstkleinere, aber noch relativ stattliche Aufrisszeichen ist an der NE-Küste eingetragen und deutet – wenn auch unbeschriftet – nicht zuletzt aufgrund seiner Gestaltung als befestigter Ort und seiner Lage an der Bucht auf die Stadt Alcúdia hin.

Das Ortsbild für *Palma* weist zwei Türme, ein weiteres Gebäude und eine aus Einzelteilen bestehende Stadtmauer mit Eingangstor auf. Die in unmittelbarer Nähe befindliche Silhouette für *maio* zeigt einen hohen Turm, offenbar mit

Glockenhelm, der die übrigen Bauten, die sich aus mehreren Gebäuden und einer langgezogenen, aus Einzelpartien aufgebauten Mauer mit Stadttor zusammensetzen, überragt. *Maio* ist deutlich größer zur Darstellung gebracht als *Palma*. Wahrscheinlich handelt es sich bei *maio* um eine Verkürzung der zur damaligen Zeit in Karten häufig „Maiorica" genannten Inselhauptstadt, wie es die noch folgenden Darstellungen des Lafreri-Typs, des Porcacchi, des Coronelli oder die bereits besprochenen Beispiele des Pīrī Re'īs aufzeigen. Mit *Palma* ist möglicherweise der in mehreren Darstellungen gesondert wiedergegebene, zur Hauptstadt gehörige Hafen Portopí gemeint. Denkbar wäre aber auch, dass sich, ähnlich mancher Pīrī Re'īs-Darstellung, die nördwestlicher eingetragene Silhouette auf die nahe der Hauptstadt gelegene Burg, das Castell de Bellver, bezieht oder dass sogar beide Bezeichnungen zusammen zu Palma de Mallorca gehören. Möglich ist ebenfalls, dass das vorliegende Toponym *Palma* dem noch weiter nordwestlich vorkommenden Ortsbild zuzuordnen sei und demzufolge *Palomera* darstelle. Vielleicht liegt – obwohl wenig vorstellbar – auch eine Verwechselung mit der Lage der Hauptstadt Maó der Nachbarinsel Menorca vor.

Maio	**Palma**	**—**	**Dragonera**	**Palomera**	**Caliafigera**
(Maiorica)	(Portopí)	(Alcúdia)	(Palomera)	(Sóller)	(Cala Figuera)

Abb. 7.6 Gestaltung der wichtigsten Siedlungen in der Mallorca-Karte des J. Honterus. Vergrößert wiedergegeben mit Genehmigung der NSUB Göttingen.

Das oben erwähnte Zeichen für Alcúdia ist in der Höhe bedeutend niedriger als die vorhergehenden und zeigt außer einem stattlichen spitzen Turm im Zentrum und weiterer Bauten eine gestreckte, einheitliche Ummauerung, ein charakteristischer Hinweis für einen städtischen Siedlungsplatz; beschriftet ist der Ort nicht.

Darüber hinaus sind neun Bildzeichen unterschiedlicher Gestalt auszumachen. Davon liegen vier an der NW-Küste, von denen nur zwei – *Dragonera* und *Palomera* – mit Namen versehen scheinen und deren Toponyme, wie oben erwähnt, nicht korrekt bzw. nicht eindeutig positioniert sind. Das am Südrand der tiefen NW-Bucht eingetragene Ortsbild müsste seiner Größe und Lage nach Sóller darstellen. Dieses Ortsbild scheint die Bezeichnung *Dragonera* erhalten zu haben, ein Name, der eigentlich der kleinen, im W vorgelagerten Insel zuzuordnen ist. Es ist allerdings auch vorstellbar, dass entgegen dem oben Gesagtem mit *Dragonera* die weiter südwestlich an dieser Küste gelegene Silhouette gemeint sei und somit eine Verwechselung zur Siedlung Palomera vorläge. Wenn dem so wäre, gehört das Toponym *Palomera* zu einem der beiden anderen Ortsbildern, entweder – analog den Karten des Lafreri-Typus oder des Porcacchi – zum größeren Siedlungsplatz am südwestlichen Ende der Bucht von Sóller oder zum kleineren, am Ostrand dieser Bucht gelegenen. Träfe der erste Fall zu, würde es sich bei dem kleineren Ortsbild um Sóller handeln. Abb. 7.6 zeigt einige Ortsbilder aus der Karte mit ihren möglichen Bezeichnungen und gibt den Versuch einer korrekten Zuordnung der Toponyme zu den entsprechenden Objekten gemäß ihrer Lage im Raum wieder (s. Toponyme in Klammern). Ein weiteres am gleichen Küstenabschnitt, jedoch nahe der Nordspitze der Insel angebrachte Zeichen ist vermutlich nicht auf die seinerzeit unbedeutende Siedlung Sant Vicenç bezogen, sondern mit großer Wahrscheinlichkeit eher auf das etwa an dieser Stelle gelegene Castell del Rei, eine bedeutende Feste der damaligen Zeit, oder auf das südöstlich davon gelegene Pollença, das in dieser historischen Karte zumindest kein lagetreues Ortsbild aufweist. Die bildliche Darstellung gleicht hier allerdings eher einem Ortsbild als einer Festungsanlage. Die gemeinte Silhouette scheint die Bezeichnung *Premontor* erhalten zu haben, ein Toponym, das in mancher Vorgängerdarstellung vorrangig auf die Landzunge am NE-Kap, dem heutigen Cap de Formentor, Bezug nimmt. An der SW-Küste westlich von *Palma* ist eine kleine Häusergruppe mit Ummauerung auszumachen, deren Lage – wie vorne angesprochen – auf Santa Ponça schließen lässt. Im östlichen Bereich der Insel unweit der Punta de Capdepera scheint das dort eingetragene Turmzeichen mit Nebengebäude auf den Leuchtturm am Cap des Freu hinzuweisen. Schließlich sind drei Bildzeichen an der SE-Küste anzutreffen, von denen die größeren zwei als befestigte Orte zu erkennen sind. Dazu zählen die Orte westlich und östlich der im Süden der Insel eingetragenen, nicht näher bezeichneten Landzunge, wobei das östlichere, mit Mauer und Tor versehene, wie vorne angedeutet, der Lage entsprechend vermutlich Portopetro zuzuordnen ist. Der Schriftzug *Caliafigera* scheint hier nicht korrekt eingetragen zu sein und zum westlicher gelegenen Ortszeichen, dem damals schon befestigten Santanyí bzw. dem südöstlich vorgelagerten Hafen Cala Figuera zu gehören. Möglich – aber weniger denkbar – wäre auch, dass mit diesem Ortsbild aufgrund der gestuften Mauer das Castell de Santueri gemeint sei.

7.10 Meeresfläche

Das Meeresgebiet ist einerseits mit einer flächenhaften Strichelung, andererseits mit einer stattlichen Zahl unterschiedlicher Figuren angefüllt. Darüber hinaus wird der Raum ober- und unterhalb der Insel Mallorca mit zwei Schriftzügen belegt (vgl. Abb. 7.1). Die Karte zeigt also eine wesentlich umfangreichere Ansammlung von Darstellungselementen im Vergleich zu den bisher behandelten Karten des Buondelmonti/Martellus, des Bordone, des Pīrī Reʿīs und des Alonso de Santa Cruz.

Die vorwiegend horizontale, teils geradlinige, teils wellenförmige Schraffur weist je nach Gebiet unterschiedliche Dichte auf. Vor allem um Mallorca und Cabrera sowie um die kleinen Eilande im Norden der Hauptinsel zeigt die Schraffur ein weitgehend einheitliches enges Bild. Wellenförmig und weniger zusammenhängend kommt sie im Bereich der Figuren vor.

Die bildhaften Darstellungen zeigen verschiedene Formen und Größen. Nördlich der Insel Mallorca schmücken zwei Schiffe und zwei Seeungeheuer, die diagonal zueinander angebracht sind, den Raum. In der oberen linken Ecke ist eine Galeere wiedergegeben, die mit ihrem zentralen beflaggten Mast die nördliche Kartenfeldrandlinie schneidet und in das Rahmenfeld hineinreicht. Schräg darunter, nordöstlich der Hauptinsel, befindet sich ein gleichartiges, von der Heckseite erfasstes Segelschiff. Die zwei dargestellten Ungeheuer zeigen sich als große Seedrachen mit geöffnetem Maul, der eine schwimmend in Längsform oben rechts, der zweite sich drehend und wälzend, Kopf und langen Schwanz aus dem Wasser streckend. Den unteren Bildbereich teilen sich nur zwei Figuren. Während auf der rechten Seite ein kleiner Seedrachen auszumachen ist, erscheint links in auffallender Darstellung Poseidon mit dem Dreizack auf einem schwimmenden Seeungeheuer reitend und die Zügel in der Hand haltend.

Darüber hinaus sind im Küstenbereich der Hauptinsel insgesamt elf kleine Segelschiffe zu finden, die mit Sicherheit einerseits auf den Fischfang, andererseits aber auch auf die guten Ankermöglichkeiten in jeweils geschützter Lage hinweisen sollen. Zwei relativ große davon, vermutlich kleine Galeeren, liegen je eins am Eingang der Bucht von *Palma* und vor der Landzunge bei *Caliafigera*. Die übrigen neun, in der Regel Feluken, befinden sich innerhalb der Buchten oder unmittelbar vor der Küste.

Abb. 7.7 Figürliche Darstellungen im Meeresbereich der Mallorca-Karte des J. Honterus. Vergrößert wiedergegeben mit Genehmigung der NSUB Göttingen.

Wie oben erwähnt ist die Meeresfläche zusätzlich mit zwei Schriftzügen versehen. Nördlich der Insel Mallorca ist *Mare Balearicvm* zu lesen und im Süden steht *Mare Mediterranev*.

7.11 Schriftbild

Die Beschriftung des Kartenbildes liegt in einer Renaissance-Antiqua vor. Am auffälligsten kommt der Schriftzug *Maiorica* für die Hauptinsel zum Ausdruck. Er weist die größten und kräftigsten Buchstaben im Kartenbild auf und erscheint in Versalien, die leicht gesperrt quer über die Hauptinsel angebracht sind. In gleicher Schriftart, Lage sowie ebenfalls in Versalien, jedoch deutlich gesperrter, zeigen sich die oben erwähnten Meeresflächenbezeichnungen *Mare Balearicvm* und *Mare Mediterranev*, wobei das „v" der letzten bereits in den rechten Kartenrahmenfeld hinüberreicht. Alle weiteren Angaben im Bereich des Kartenfeldes sind in gemischter Kursiv vorgenommen. Bis auf die Inselbezeichnung *Cabreca* (hier für Cabrera), die im Bereich der Meeresfläche vorliegt, sind alle übrigen Toponyme innerhalb des Hauptinselareals angebracht. Dazu gehören *Palma, Dragonera* und *Palomera* – wie auch *Cabreca* – in horizontaler Lage sowie *Premontor, C. de la preia, Caliafigera, C. de Saline* und *maio* in jeweils unterschiedlicher Ausrichtung. Die acht im Rahmenfeld untergebrachten Gradzahlen weisen einheitlich senkrechte arabische Ziffern auf (vgl. Abb. 7.1). Zum Schluss seien erneut aus Übersichtsgründen alle im Kartenbild vorkommenden Toponyme aufgelistet.

Aktuelle Toponyme	Toponyme in der historischen Karte
Inseln	
Mallorca	MAIORICA
Cabrera	Cabreca
Landvorsprünge	
Punta de Capdepera	C. de la preia
Cap de ses Salines	C. de Saline
Häfen	
Portopí (?)	Palma
Cala Figuera	Caliafigera
Ortschaften	
Palma de Mallorca	maio
Toponym?	Dragonera oder Palomera
Sóller	Palomera
Festung	
Castell del Rei	Premontor
Meeresfläche	
Balearisches Meer	MARE BALEARICVM
Mittelmeer	MARE MEDITERRANEV

8 Karten aus Atlanten des Lafreri-Typs

8.1 Die Atlanten des Lafreri-Typs

Zu den bekanntesten Arbeiten dieser ersten Zeit gehören ohne Zweifel die Kartenbilder aus den sogenannten Lafreri-Atlanten, jene Zusammenstellungen einzelner Kartenblätter, die – mit oder ohne gemeinsamem Titelblatt – von verschiedenen Produzenten herausgegeben werden und deren Zahl, Gebiet und Autor, vorrangig nach dem Wunsche des Kunden, von Fall zu Fall wechseln. Diese Sammelwerke, die in den Jahren 1553 - 1580 bis zu 160 Einzeldarstellungen enthalten, setzen sich aus Karten zusammen, die überwiegend italienischen Werkstätten in Rom und Venedig – den Hauptorten der Kartenherstellung dieser Zeit – entstammen, vielfach aber auch Karten ausländischer Künstler beinhalten. Die italienischen Verlagshäuser beherrschen jedoch den damaligen europäischen Kartenmarkt.

Zu diesen Einzeldarstellungen sind auch Karten der Insel Mallorca zu zählen, die von verschiedenen Autoren angefertigt werden und hier aufgrund der angewandten unterschiedlichen Darstellungsmethoden – trotz ähnlichen Bildaufbaus und weitestgehender Übereinstimmung der wiedergegebenen Inselform – vor allem des Vergleiches wegen im Zusammenhang behandelt werden sollen.

Von den aus Einzelblättern zusammengestellten Werken, von denen ca. 60 bis 70 Exemplare (TOOLEY: 1978: 20) die Jahrhunderte „überlebt" haben sollen, ist keines identisch, weder die Karten selbst noch ihre Zahl stimmen überein, ihre Formate sind aber durch entsprechendes Falzen vereinheitlicht. Ein gemeinsames Titelblatt fehlt zunächst auch, so dass der eigentliche Verleger nur schwer auszumachen ist. Gemeinsam ist nur die Tatsache, dass in derartigen Zusammenstellungen alle Kartenblätter in der Reihenfolge des Ptolemäischen Systems angeordnet sind.

Die darin enthaltenen Karten werden von den Verlegern oder ihren Mitarbeitern in Kupfer gestochen hergestellt. Diese haben sich zur Aufgabe gemacht, sowohl neue Karten zu gravieren als auch bereits existierende Karten zu kopieren. Häufig werden aber auch von anderen erworbene Platten nur überarbeitet bzw. verändert (SKELTON 1966b: 5). Da diese Karten nicht nur in den eigenen Geschäften verkauft – bedeutende Händler halten sogar schon Karten auf Lager –, sondern auch anderen Kupferstechern und Händlern zum Wiederverkauf angeboten werden, können diese Kartenproduzenten regelrecht als Verleger angesehen werden (SKELTON 1966b: 5).

Im Zusammenhang mit derartigen Blattzusammenstellungen oder Kartensammelwerken spricht bereits PORENA (1888: 222; siehe auch HELLWIG 1986: 431) von einem „Atlas des Lafreri", nach dem in Rom tätigen Antonio Lafreri, der zu den bekanntesten Kartenherstellern jener Zeit gehört. Laut SKELTON (1966b: 43) schlägt NORDENSKIÖLD schon 1889 den Begriff „Lafreri-Atlas" vor, gemäß HELLWIG (1986: 431) verhelft dieser jedoch nur zu dessen Verbreitung. BEANS (1938: in SKELTON 1964: V) dagegen prägt für solche Blattzusammenstellungen die neutrale Bezeichnung „IATO-Atlas" als Kürzel für „Italian assembled to order", ein Begriff, der sich zumindest in der deutschsprachigen Literatur nicht durchgesetzt zu haben scheint.

Da solche Zusammenstellungen auch von anderen Verlegern als nur von Lafreri vorgenommen werden, davor schon vorgenommen worden sind – Tramezini in Rom, Bertelli und Forlani in Venedig (HELLWIG 1986: 431) –, ist die eingebürgerte Bezeichnung „Lafreri-Atlas" etwas irreführend; sinnvoller erscheint zweifellos, von „Atlanten des Lafreri-Typs" zu sprechen, eine ebenfalls verwendete Kennzeichnung derartiger Werke.

8.1.1 Autoren

Antonio Lafreri, ursprünglich Antoine du Pérac Lafréry, wird 1512 in Orgelet bei Besançon in Burgund geboren, siedelt ca. 1540 nach Rom um, italienisiert seinen Namen und arbeitet ab 1544 als Kupferstecher und Verkäufer von Drucken. Zusammen mit dem Graveur und etablierten Kartenhändler Antonio Salamanca (geb. 1500), der von 1540 an in Rom tätig war, betreibt er ab 1553 ein eigenes Verlagshaus für Gravuren, das er neun Jahre später nach dem Tod des Mitinhabers alleine weiterführt. Lafreri stirbt im Jahre 1577. (BAGROW 1961: 194; HELLWIG 1986: 431f.; TOOLEY 1939: 12).

Antonio Lafreri wird namhafter Auftraggeber der Kupferstecher, veröffentlicht eigene Karten, kauft aber auch Platten anderer Verleger auf und vertreibt die entsprechenden Blätter. Laut VALERIO (1986: 348) besitzt er die größte Sammlung an Kupferplatten („formis"). So kann er Sammelwerke aus verschiedenen Einzelkarten zusammenstellen, deren Auswahl in der Regel – wie oben erwähnt – je nach Käufer unterschiedlich ist. Auf diese Weise wird Lafreri zum führenden Kupferstichhändler seiner Zeit.

Die Tatsache, dass in Rom um 1570 ein in Kupfer gestochenes Titelblatt mit dem Text „Tavole moderne di Geografia de la maggior parte del mondo di diversi avtori raccolte et messe secondo l'ordine di Tolomeo con idisegni di molte citta et fortezze di diverse provintie stampate in rame con stvdio et diligenza in Roma" gedruckt wird – obgleich kein spezieller Verleger genannt wird – und dass Lafreri eine Liste der in seinem Geschäft zu verkaufenden Karten (EHRLE 1908a, b: 53ff.), die mehr oder minder mit seinen Kartenreihen übereinstimmt (TOOLEY: 1939: 13), veröffentlicht, führt zu der Annahme, dass Lafreri wohl der erste Verleger im Zusammenstellen derartiger Kartenserien sein müsste. ALMAGIA (in TOOLEY 1939: 13f.) ist allerdings der Auffassung, dass erste Kartensammlungen in Venedig zusammengestellt werden.

Auch die Sammelwerke von Claudio Ducheti, ein Neffe des A. Lafreri, sowie diejenigen der Gebrüder Tramezini sind zu dem Typ der Lafreri-Atlanten zu rechnen. Claudio Ducheti (C. Duchetti, Claude Duchet, Claudius Dechettus) aus Verona (BAGROW 1961: 484) – gemäß HELLWIG (1986a: 432) wie Lafreri aus Orgelet – erlernt den Beruf des Kupfergraveurs in Venedig, arbeitet in gleicher Stadt zunächst bei Forlani und wird ab 1570 Mitarbeiter von Lafreri in Rom, ehe er nach dessen Tod als Teilerbe den Verlag selbständig übernimmt. Ducheti stirbt 1585 im jungen Alter von 34 Jahren. Karten von Lafreri/Ducheti werden noch bis 1604 von G. Orlandi gedruckt (VALERIO 1986: 348).

Die aus Venetien stammenden Brüder Francesco und Michele Tramezini – auch Tramezino – werden erstmalig 1526/27 als Buchhändler und Verleger in Rom erwähnt. Obgleich der Tramezini-Verlag eine starke Konkurrenz zur Lafreri-Werkstatt bedeutet, erscheinen viele Karten von ihnen in den Atlanten des Lafreri. Die Hauptzeit ihrer Produktion fällt in die Jahre 1536 - 1576 (HELLWIG 1986b: 817f.), der sogenannte „Tramezini-Atlas" als Typ eines Lafreri-Atlas erscheint 1566 in Rom. Nach deren Tod gehen die Platten dieses „Atlas"-Werkes in den Besitz des Lafreri und seiner Nachfolger über (HELLWIG 1986b: 817f.).

Von nicht geringerer Bedeutung sind die umfangreichen Kartenkollektionen aus Venedig, die von Kupferstechern und Verlegern dieser Stadt zusammengetragen werden und ohne Zweifel zu den Atlanten des Lafreri-Typs zu zählen sind. Wie oben erwähnt sind nach ALMAGIA (in TOOLEY 1939: 14) diese Kartenblattserien aus Venedig sogar älteren Datums als die eigentlichen Lafreri-Atlanten aus Rom. TOOLEY (1939: 14) begründet dies mit der Tatsache, dass die meisten Karten dieser Werke in Venedig gedruckt werden.

Zu den bekanntesten Kartenproduzenten der Lagunenstadt gehören neben Gastaldi vor allem die Brüder Bertelli sowie Camocio und Forlani, die alle eine starke Konkurrenz zu den Kartenverlegern in Rom darstellen. Weiterhin sind Cimerlino, Licinio, Nelli, Zaltieri und Zenoi zu nennen; Letzterer ist besonders für Donato Bertelli und Camocio tätig (VALERIO 1986: 352). Im Gegensatz zu den eher regional bezogenen Karten ihrer Konkurrenten in Rom, verlegen die Kartenschaffer aus Venedig Darstellungen weiträumiger Gebiete der damals bekannten Welt.

Für das Zusammenstellen von Einzelblattkarten zu einem Atlaswerk des Lafreri-Typs sind von den Vorgenannten besonders die aus Venedig stammenden Kupferstecher, Verleger und Verkäufer Donato und Ferrando (oder Ferando, Ferdinando) Bertelli hervorzuheben. Donato und besonders Ferrando, tätig von 1558 - 1592 bzw. 1565 - 1572, bilden in der Atlantenherstellung offensichtlich die stärkste Konkurrenz zur Lafreri-Werkstatt in Rom. Viele Kartenprodukte von ihnen sind in der Literatur dokumentiert (z. B. BAGROW 1928c, 1930; RUGE 1904, 1906, 1911; TOOLEY 1939). Dazu sei auch der 1568 in Venedig erscheinende sogenannte „Bertelli-Atlas" als eines der ältesten Atlanten des Lafreri-Typs gerechnet (HELLWIG 1986: 818), dessen genauer Titel, wie das Exemplar der HAB Wolfenbüttel [Sign.: 148.2 Quod.2° (2)] bezeugt, „Civitatvm aliqvot insigniorvm, et locorum magis munitorum exacta delineatio: Cum additione aliquot Insularum principalium. Disegni di alcune piu illustre città, et fortezze del mondo, con aggionta di alcune Isole principali" lautet und als dessen Herausgeber Ferrando Bertelli angegeben ist. Sechs Jahre später wird erneut in Venedig eine Kartensammlung dieses Stils veröffentlicht. Wie aus dem Beispiel der UB Salzburg [Sign.: G I 512] – auch in der BNF Paris [Sign.: Ge FF 8623] vorhanden – hervorgeht, erscheint in diesem Falle Donato Bertelli als Herausgeber, der Wortlaut dieses 70 Kupferdrucke enthaltenden Werkes ist bis auf die Namen und die Jahreszahl mit dem vorhergehenden absolut identisch.

Auch der Venezianer Camocio und der Veronese Forlani sind in diesem Zusammenhang herauszustellen. Während Paolo Forlani als Graveur vorrangig für D. Bertelli und Camocio tätig ist und erst 1560 bis 1568 als Verleger in Venedig in Erscheinung tritt und als solcher auch viele Karten in den Lafreri-Atlanten publiziert, ist Giovanni Francesco Camocio (Camotio, Cametti) – nach BAGROW

(1961: 474) ein von 1563 bis 1571 tätiger Kartograph, Graveur und Kartenhändler – laut GALLO (1950: 93, 97) hauptsächlich als Drucker und Herausgeber bedeutender Karten bekannt und graviert niemals selbst eine Karte. Viele von Camocio entwickelte Karten sind – teils auch in abgewandelter Form – in den Atlanten des Lafreri und in den Atlaswerken des Lafreri-Typs anderer Verleger enthalten, darunter nicht zuletzt – wie hier zu sehen sein wird – auch Darstellungen aus seinem berühmten Isolarium „Isole famose, porti, fortezze, et terre marittime. sottoposte alla Ser.ma Sig.ria di Venetia, ad altri Principi Christiani, et al Sig.or Turco, novamente poste in luce", das erstmalig 1571/72 in Venedig veröffentlicht wird.

8.1.2 Werke

Im Rahmen dieser Lafreri-Atlanten oder Atlanten des Lafreri-Typs erscheinen unter dem Originaltitel „De Maiorica Insvla" nach Wissen des Verfassers die ersten verhältnismäßig großmaßstäbigen gedruckten Darstellungen der Insel Mallorca als Landkarten i. e. S. Alle diese Karten sind – wie oben angedeutet – in Kupfer gestochen und entstammen den oben erwähnten Werkstätten. Diese Karten weichen erheblich nicht nur von den bereits betrachteten Manuskriptunikaten der Vorgänger, sondern auch von den Darstellungen aus den Werken des Bordone und des Honterus ab und sind daher nur bedingt mit ihnen vergleichbar. Eine bedeutende Rolle spielt dabei ohne Zweifel der große Maßstabsunterschied.

Unter den heute noch verhältnismäßig zahlreich existierenden gedruckten Exemplaren des oben genannten Titels konnten insgesamt 52 ausfindig gemacht und davon 42 zu Rate gezogen werden, darunter 18, die schon TOOLEY in seiner Arbeit 1939 (35f.) aufführte. Darunter lassen sich grundlegend fünf verschiedene Darstellungen ausmachen (Abb. 8.1 - Abb. 8.5). Hierzu gehören zwei anonyme Karten, von denen eine mit ziemlicher Wahrscheinlichkeit dem Lafreri bzw. seiner Werkstatt zugeordnet werden kann, die Karte des Ducheti sowie die Beispiele des Bertelli und des Camocio. Während beide letztgenannten Darstellungen den Werkstätten Venedigs entstammen – beide oben erwähnten Bertelli-Atlanten enthalten keine Mallorca-Karten –, haben die Karten des Ducheti und die dem Lafreri zugeordnete ihren Ursprung in Rom. Die andere anonyme, und nur in einem Exemplar aufgefundene Darstellung, kommt im Vergleich zu den übrigen derjenigen des Lafreri am nächsten, weist jedoch einige markante Unterschiede auf. Diese in der HYK Helsinki aufbewahrte Karte wird nicht zuletzt aufgrund des dort vorhandenen, eingangs bereits unter 8.1.1 aufgeführten Atlastitels ebenfalls dem Lafreri zugeordnet und zwecks Differenzierung in dieser Arbeit mit Lafreri^H bezeichnet. Alle diese Kartenbeispiele sollen, wie erwähnt, trotz ähnlichen äußeren Bildaufbaus und weitgehend übereinstimmender Inselgestalt hier besonders wegen der in ihnen angewandten unterschiedlichen Darstellungsmethoden gegenübergestellt und im Vergleich erörtert werden.

Diese Darstellungen konnten vorrangig an Exemplaren der WLB Stuttgart (vermutliche Lafreri-Karte; Abb. 8.1), der HYK Helsinki (Lafreri^H-Karte; Abb. 8.2), der BL London (Ducheti-Karte; Abb. 8.3), der NL Chicago (Bertelli-Karte; Abb. 8.4) – laut VALERIO (1986: 349) aus einem der ersten Sammelatlanten dieses Typs (um 1560) – sowie den FWWK Wolfegg (Camocio-Karte; Abb. 8.5) studiert werden. Diesen Einrichtungen sei für die Zurverfügungstellung des Materials sowie der Publikationsgenehmigung an dieser Stelle besonders gedankt.

Weitere Exemplare stammen – in der Reihenfolge ihrer Standorte – von der WCL Ann Arbor, der EBH Athen, der ÖBU Basel, der OSK Budapest, der StudB Dillingen, der BNC Florenz, der HYK Helsinki, der BL, des NMM und der Sammlung der RGS London, der BN La Valetta, der BN Lissabon, der BN und der RB Madrid, der YUL New Haven, der NYPL New York, der BNF Paris, der FLP Philadelphia, der BC und der BNCE Rom, der UB Rostock, der KBS Stockholm, der BAV Vatikanstadt, der BNM und dem MCC Venedig, der BUL Waltham, der LC Washington sowie der ÖNB Wien und standen zum Studium zur Verfügung. Auch diesen Einrichtungen sei an dieser Stelle für ihre Hilfsbereitschaft Dank gesagt. Für weitere Hinweise seien der HSA New York und der FSL Washington gedankt. Zur besseren Übersicht seien in der anschließenden Auflistung (Tab. 8.1) die in den genannten Bibliotheken aufgefundenen Karten gemäß ihren Autoren und den entsprechenden Signaturen zusammengestellt.

Verschiedene von RUGE (1911: 90) und TOOLEY (1939: 35f.) erwähnte Darstellungen, wie beispielsweise die Exemplare aus Nürnberg, Birmingham, Wien und dem damaligen Breslau (heute Wrosław) sind nicht mehr auffindbar.

Die aus der Sammlung des G. H. Beans, Philadelphia (Tall Tree Library) stammende Mallorca-Karte des Bertelli aus dem Lloyd Triestino Atlas wurde Anfang der 60er Jahre des 20. Jhs. von H. P. Kraus (Rare Books and Maunuscripts, New York) erworben und 1980 an The Map House in London verkauft (H. P. Kraus 1998, schriftl. Mitt.); ihr Verbleib danach ist nicht belegt. Die bei TOOLEY

(1939: 36) ebenfalls unter G. H. Beans erwähnte Mallorca-Karte des Ducheti aus der Sammlung von H. Stevens scheint verschollen. Auch der Aufbewahrungsort der Bertelli-Darstellung aus der Sammlung des Prinzen Y. Kamal ist laut schriftlicher Mitteilung (1994) der RGS London aller Voraussicht nach nicht mehr festzustellen. Das Werk des F. Bertelli, das bei H. P. Kraus in New York 1972 im Special Subject Bulletin n° 2 unter Nr. 122a angeboten wurde, ist zwischenzeitlich an einen Privatsammler verkauft. Desgleichen geschah mit dem Exemplar des Camocio[I], das 1963 im Katalog 104 des gleichen Unternehmens unter Nr. 183 aufgeführt erscheint.

Aus geführtem Schriftwechsel geht hervor, dass andere bedeutende Bibliotheken aus Dänemark, Norwegen, Polen, Portugal, Schweiz, Spanien und Tschechien sowie der Türkei und aus den USA keine weiteren Exemplare aufbewahren.

Tab. 8.1 Mallorca-Karten aus den Lafreri-Atlanten und des Isolario des Camocio – gegliedert nach Autoren und Bibliotheksorten.

Autor	Bibliothek [Signatur]
Lafreri	StudB Dillingen [X 122; X 123] (2 Ex.) BNC Florenz [III,13] BN La Valetta [71] BN Lissabon [C.C.27 P1] BL London [Map C.7.e.2 (42)] RGS London [264.G.1; 264.G.2](2 Ex.: Peckover- u. Wyld-copy) NMM London [C 3995] RB Madrid [Map 464 (1-160)] YUL New Haven [EE23 569L] NYPL New York [KB+++1572] BNF Paris [DD 655 (17bis)] BNCE Rom [71.6.G1; 71.6 G2; 71.6.G3] (3 Ex.) WLB Stuttgart [Karten-Sammelband 34]
Lafreri[H]	HYK Helsinki [N 2586]
Ducheti	BAV Vatikanstadt [ST.GEOGR.I66] BL London [K.74.4] BNF Paris [1380 (47)]
Bertelli	OSK Budapest [TA 276] NL Chicago [Ayer*f135 L2 1575 AI]

BNC Florenz [I,24]
HYK Helsinki [N 411]
BL London [C7.C9.10]
BN Madrid [GMg/100]
UB Rostock [Qk-3]

Camocio   BAV Vatikanstadt [STAMP.BARB.PIX 39]
NMM London [C 5309]
BC Rom [Rari 1131]
FWWK Wolfegg [13925]

Camocio[P]   BNF Paris [GeB 1532]

Camocio[I]   WCL Ann Arbor [Atlas G-4]
EBH Athen [Χαρτ.1225]
ÖBU Basel [E UU II 23]
RGS London [841.C.1]
NMM London [C 5310]
HSA New York [102 C15]
NYPL New York [KB 1572]
FLP Philadelphia [keine Sign.]
KBS Stockholm [Kartavd.Oct.48]
BNM Venedig [Rari Ven.592; Rari Ven.244; Rari Ven.370] (3 Ex.)
MCC Venedig [Op.P D gr.2761; Op.P D gr.3067] (2 Ex.)
BUL Waltham/USA [512165]
FSL Washington [G1015 C3 1574]
LC Washington D.C. [G 1955.C3] (2 Ex.)
ÖNB Wien [ÖNB-KAR 212.881-CK]

Erläuterungen
Lafreri[H]:   Karte aus dem Lafreri-Atlas der HYK Helsinki
Camocio: Karte aus dem Lafreri-Atlas
Camocio[P]:   Karte aus dem Lafreri-Atlas der BNF Paris
Camocio[I]:   Karte aus dem Isolario

8.2 Äußerer Kartenaufbau

Alle fünf genannten Kartenbeispiele sind Schwarz/Weiß-Darstellungen und hochformatig als Rechteck angelegt. Man kann hierbei wie bei den bisher betrachteten Manuskriptkarten des Buondelmonti/Martellus und Alonso de Santa Cruz sowie den gedruckten Arbeiten des Bordone und des Honterus von Rahmenkarten sprechen, denn ihr Inhalt reicht bis zum Rahmen, der bei diesen Karten mittels einer feinen, nicht immer eindeutigen Linie gekennzeichnet ist.

Die Maße der einzelnen Karten weichen in der Regel nur geringfügig voneinander ab, Differenzen, die mit Sicherheit auch auf Papierverzug zurückzuführen sind. Die bereits 1939 von TOOLEY (35f.) angegebenen Werte, die sich zumindest zum Teil auf Plattenmaße zu beziehen scheinen, treffen weitgehend für die hier vorzuliegenden Beispiele zu und sind nur hie und da im Millimeterbereich verschieden. Unter Nr. 356 sind bei TOOLEY (1939: 35) die ohne Graveur- bzw. Verlegernamen und ohne Datum angefertigten Karten aufgeführt; er gibt hierfür die Maße 180 x 248 mm an. Dazu gehört auf jeden Fall eine der beiden vorhandenen anonymen und hier als Lafreri-Karte bezeichnete Darstellung (Abb. 8.1), wie es die Beispiele aus Dillingen (StudB) und Stuttgart (WLB) sowie aus London (BL u. NMM), Madrid (RB) und Paris (BNF) zeigen. Weiterhin müssen hierzu die Beispiele aus Florenz (BNC), La Valetta (BN), Lissabon (BN), New Haven (YUL) und New York (NYPL) gerechnet werden. Auch die beiden Exemplare (Peckover- und Wyld-copy) der RGS London zählen dazu. Einige der aufgeführten ausländischen Beispiele weisen allerdings Abweichungen in der jeweiligen Kartenhöhe auf, bei Florenz 252 mm, bei Lissabon und Madrid 250 mm und bei London (NMM) sogar nur 246 mm. Die Lafreri^H-Darstellung aus der HYK Helsinki (Abb. 8.2) kann man mit ihren 180 x 250 mm ebenso zu dieser Gruppe rechnen.

Die bei TOOLEY (1939: 35f) unter Nr. 355 aufgeführten Karten von Bertelli weisen die Maße von 190 x 257 mm und die unter der Nr. 357 genannten von Ducheti diejenigen von 195 x 260 mm auf. Dies bestätigen zumindest in etwa die erhaltenen Exemplare der oben genannten Bibliotheken aus Chicago (NL), Florenz (BNC), London (BL), Madrid (BN) und Rostock (UB) für die Darstellung des Bertelli (Abb. 8.4) bzw. aus London (BL), Paris (BNF) und der Vatikanstadt (BAV) für die Karte des Ducheti (Abb. 8.3). Die Maßangabe 185 x 238 mm von ALMAGIA (1948: 104) für die seinerzeit in der BAV Vatikanstadt aufbewahrte und jetzt nicht mehr auffindbare Bertelli-Karte weicht dagegen vor allem in der Höhe deutlich ab. Da diese Maße mit der dort vorhandenen, dem Camocio zuzuordnenden Darstellung, bei der der Drucker- bzw. Verlegername sichtlich entfernt ist, übereinstimmen, handelt es sich bei ALMAGIA (1948) vermutlich um eine Verwechselung.

Unter den anonymen Darstellungen, die TOOLEY (1939: 35) aufführt, sind nur wenige auszumachen, die dem Camocio zuzuordnen sind (Abb. 8.5) und deren Maße vor allem in der Höhe deutlich von den oben angegebenen differieren, so belegen es zumindest die Exemplare aus Paris (BNF) und Wolfegg (FWWK); die

Karte aus Paris weist die Maße 180 x 237 mm, diejenige aus Wolfegg 182,5 x 238 mm auf. Das Exemplar aus der Vatikanstadt (BAV) muss hier – trotz vorhandener Schabspuren im Bereich des Autorennamens – ebenfalls noch mit einbezogen werden (vgl. auch o. g. Werte bei ALMAGIA 1948: 104). Die mit der Wolfegg'schen Ausgabe vergleichbar gleichgestaltete, in diese Gruppe gehörende und auch von TOOLEY (1939) erwähnte Karte aus dem NMM London weist die Maße 180 x 240 mm auf. Auch die Karte aus der BC Rom ist hier zuzuzählen.

Die übrigen, mit dem Wolfegg-Exemplar weitestgehend identischen Karten sind einwandfrei als Darstellungen des Camocio anzusprechen, sei es durch das Vorhandensein des Drucker- bzw. Verlegernamens oder von Schabspuren an dessen Stelle, und stammen eindeutig aus seinem oben genannten Isolario (s. 8.1.1). Diese Beispiele seien hier als Camocio[I]-Karten geführt. Sie weisen auch gegenüber den anderen erwähnten Darstellungen des Camocio geringere Maße in Breite und Höhe auf, wie es die Exemplare von Basel (ÖBU), Stockholm (KBS), Venedig (BNM u. MCC) und Wien (ÖNB) zeigen. Die Karte aus Basel misst beispielsweise 174 x 233 mm, das Exemplar aus Stockholm 175 x 237 mm.

Im Gegensatz zur Karte des Bordone, die die östlichen Balearen, und zur Karte des Santa Cruz, die das gesamte heutige Balearen-Archipel einschließlich eines Streifens der spanischen Ostküste veranschaulichen, aber ähnlich den älteren Manuskriptkarten des Martellus und der Karte aus dem Honterus-Werk, steht bei den Darstellungen aus den Lafreri-Atlanten bzw. dem Camocio-Isolario die Insel Mallorca als Hauptobjekt – wenn auch geringfügig exzentrisch nach unten versetzt – im Mittelpunkt des jeweiligen Kartenrechtecks. Deutlich herausgestellt ist im mittleren Bereich der Insel die lateinische Bezeichnung „Maiorica" zu finden. Weiterhin wiedergegeben und auch beschriftet sind die Nachbarinsel Dragonera und Teile der Insel Cabrera (s. dazu auch 8.11). Ohne Bezeichnung kommen noch einige kleinere, unbewohnte Eilande zur Darstellung.

Der Abstand zwischen den wiedergegebenen Inseln und dem Kartenrahmen ist je nach Darstellung unterschiedlich groß. In der Breite ist der geringste Zwischenraum in der sogenannten Lafreri-Karte, im Beispiel Lafreri[H] und in den Camocio-Karten aus dem Isolario gegeben, den weitesten Abstand zeigen die Karten des Bertelli und des Ducheti. In der Höhe berührt in der Lafreri-Darstellung die Insel Dragonera fast den oberen Kartenrahmen, in den beiden anderen, letztgenannten Karten – auch in dem Helsinki-Beispiel – ist hingegen noch reichlich Platz zwischen der genannten Nachbarinsel und dem Rahmen vorhanden. In allen Darstellungen des Camocio – auch in denen des Isolario – wird die obere Begrenzungslinie sogar von der Insel Dragonera überschritten und leicht ausgespart, dem unteren Kartenrahmen liegt die Hauptinsel dagegen auf.

Nicht zuletzt ist auch die Größe der Kartusche für die Ausdehnung der Karte in Breite und Höhe maßgeblich. Während in den Darstellungen des Lafreri, der Helsinki-Ausgabe und des Camocio aus den Lafreri-Atlanten in der jeweiligen oberen linken Ecke mit dem Kartuschefeld fast der Kartenrahmen erreicht wird, ist in der Ducheti-Karte zwischen Kartusche – der kleinsten von allen – und Kartenrahmen noch ein relativ breiter Streifen vorhanden, der mit in die Meeresfläche einbezogen und dementsprechend angelegt ist. Die Kartusche der Lafreri-Karten ist vermutlich versehentlich auf der rechten Seite von der Meeresflächenstrichelung überzeichnet. In den Camocio^I-Karten, d. h. den Karten aus dem Isolario, bildet der linke Kartenrahmen gleichzeitig die Begrenzung des Kartuschefeldes auf dieser Seite, was auch die schmalere Breite des Gesamtbildes erklärt. Bertelli wiederum weist aufgrund der starken Außenverzierung die größte Kartusche auf und nimmt hierfür verhältnismäßig viel Platz in Anspruch.

Abhängig vom Abstand des unteren Kartenrahmens von der Hauptinsel ist in den einzelnen Darstellungen der wiedergegebene Anteil der Insel Cabrera unterschiedlich groß vertreten. Während dieser Inselteil bei Ducheti am umfangreichsten abgebildet ist, veranschaulichen Bertelli, Lafreri, das Helsinki-Beispiel Lafreri^H und Camocio in dieser Reihenfolge immer weniger Landfläche.

Wie oben ausgeführt weist jede dieser Karten in der oberen linken Ecke eine – bis auf eine Ausnahme – wenig geschmückte, rechteckförmige Kartusche mit erläuterndem lateinischen Text auf. In der ersten Zeile steht der in allen fünf Darstellungen gleichlautende Kartentitel „De Maiorica Insvla". Zwei der Karten erwähnen in der letzten Zeile des Kartuschentextes auch den Namen des Druckers bzw. Verlegers: „Ferando bertelli Exc." bzw. „Claudij Ducheto for.", im letzten Falle sogar unter Angabe des Herausgebejahres („Anno 1570"), so dass sich beide Beispiele eindeutig zuordnen lassen. Wie der vorausgehenden Auflistung zu entnehmen, sind von den Bertelli-Ausgaben sieben, von den Ducheti-Karten drei Exemplare ausfindig gemacht worden.

Eine der beiden anderen Karten, von denen offensichtlich noch die meisten Exemplare erhalten sind – unter den begutachteten alleine vierzehn an der Zahl – und deren Darstellung weniger feingliedrig ausgeführt ist, scheint die ursprünglichere Version der fünf Karten zu sein (vgl. Abb. 8.1). Der lateinische Kartuschentext (s. 8.11) der Abbildung zeigt auch im Vergleich zu den anderen, vermutlich weitgehend nachkopierten Exemplaren keine orthographischen Fehler. Darüber hinaus gleicht die schlichte, nur mit zwei dünnen Linien versehene und außen links und unten mit einer Schattierung verstärkten Kartuschenumrahmung sehr derjenigen der Karte des Lafreri-Nachfolgers Ducheti, dessen Kartuschenumgrenzung der Darstellung eines überdachten Schaukastens sehr nahekommt und deren Schattierungspartien vergleichsweise rechts und unten auftreten (Abb. 8.3).

Das gesamte Atlaswerk, in dem die erstgenannte Darstellung enthalten ist, weist in einigen Exemplaren ein gemeinsames Titelblatt auf (vgl. dazu 8.1.1), welches die Bibliothek der RGS London veranlasste, Rom als Herstellungsort dieser Kartenkollektion festzuhalten. Aufgrund des oben Gesagten und des weiter unten Folgenden kann diese relativ häufig vorkommende Darstellung – wie vorne angedeutet – mit gewisser Vorsicht dem Lafreri zugeschrieben und soll daher in dieser Arbeit als Lafreri-Karte bezeichnet werden. Die Anmerkung „re-engraved" (nachgestochen) von TOOLEY (1939: 35) für diese Kartengruppe ist hier nicht nachvollziehbar. Ähnlich der Lafreri-Darstellung zeigt sich der Kartuscherahmen der anonymen Lafreri[H]-Karte (Abb. 8.2) aus der HYK Helsinki. Zwei dünne, relativ weitabständige Linien begrenzen das Kartuschefeld. Der Text ist mit dem der erstgenannten Lafreri-Karte gleichlautend und läuft identisch.

Der Kartuscherahmen der Bertelli-Karte (Abb. 8.4) zeigt dagegen, wie vorne erwähnt, eine außen um das Innenfeld angebrachte umfangreiche und für die Renaissance typische Ornamentik, deren Ränder zum Rollwerk aufgebogen erscheinen und weitgehend von einer Doppellinie abgeschlossen werden. Schattierungen vorrangig an der oberen, unteren und rechten Seite lassen das Kartuschebild plastisch wirken. Auch der aus drei feinen Linien bestehende Innenrahmen ist mit Schattenstrichen versehen, die einer von oben links angenommenen Beleuchtungsrichtung entsprechend angebracht sind.

Die fünfte Darstellung liegt in verschiedenen Varianten vor: Zwei Ausgaben ohne Namen und Datum aus den sogenannten Lafreri-Atlanten (Abb. 8.5), wie es die Karten der Bibliotheken aus Paris (BNF) bzw. London (NMM), Rom (BC) und Wolfegg (FWWK) als auch das Exemplar aus der Vatikanstadt (BAV) zeigen. Das erstgenannte Beispiel davon aus Paris differiert von den anderen Exemplaren nur in der Art der Schattierung der Bergfiguren (s. unter 8.7 u. Abb. 8.12) sowie in der Anzahl der wiedergegebenen Vegetationszeichen. Eine weitere Ausgabe

Abb. 8.1 Anonyme, dem A. Lafreri zugeschriebene Karte „De Maiorica Insvla"; Maßstab des Originals ca. 1:458 000. Verkleinert auf ca. 1:800 000 wiedergegeben mit Genehmigung der WLB Stuttgart [Sign.: Karten-Sammelband 34].

Abb. 8.2 Anonyme, vermutlich aus der Lafreri-Werkstatt stammende Karte „De Maiorica Insvla"; Maßstab des Originals ca. 1:469 000. Verkleinert auf ca. 1:800 000 wiedergegeben mit Genehmigung der HYK Helsinki [Sign.: N 2586].

Abb. 8.3 Karte „De Maiorica Insvla" von C. Ducheti; Maßstab des Originals ca. 1:483 000. Verkleinert auf ca. 1:800 000 wiedergegeben mit Genehmigung der BL London [Sign.: K.74.4].

Abb. 8.4 Karte „De Maiorica Insvla" von F. Bertelli; Maßstab des Originals ca. 1:478 000. Verkleinert auf ca. 1:800 000 wiedergegeben mit Genehmigung der NL Chicago [Sign.: Ayer*fl 35 L2 1575 AI].

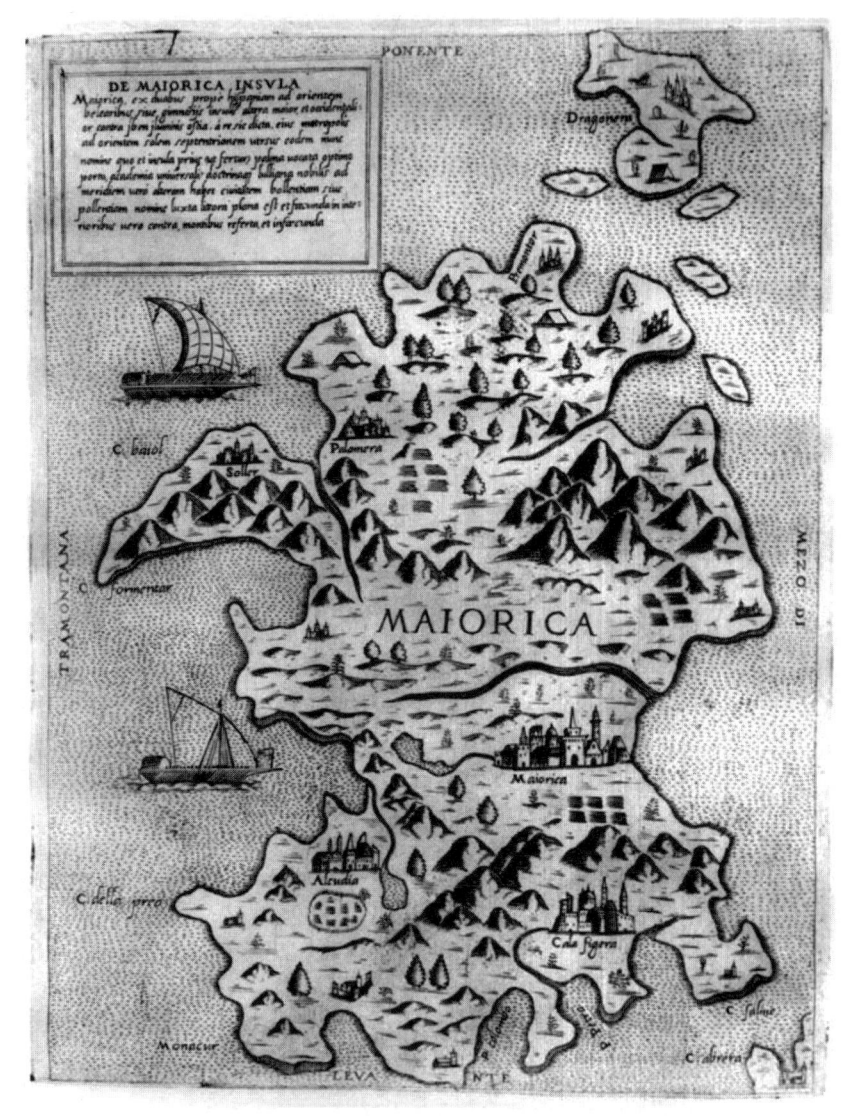

Abb. 8.5 Karte „De Maiorica Insvla" von G. F. Camocio; Maßstab des Originals ca. 1:463 000. Verkleinert auf ca. 1:800 000 wiedergegeben mit Genehmigung der FWWK Wolfegg [Sign.: 13925].

mit schwach lesbarer bis kaum erkennbarer Namensangabe stammt eindeutig aus dem Isolario „Isole famose ..." des Camocio 1572 bzw. 1574, so bezeugen es die Exemplare aus den Bibliotheken von Athen (EBH), Basel (ÖBU), London (RGS), Philadelphia (FLP), Stockholm (KBS), Venedig (BNM) und Wien (ÖNB) bzw. Ann Arbor (WCL) und Washington (LC). In den Karten dieser letztgenannten Gruppe ist in der Kartusche trotz erheblicher Schabspuren zur Beseitigung des Drucker- bzw. Verlegernamens der Schriftzug „Apud Camocium" (Abb. 8.6)

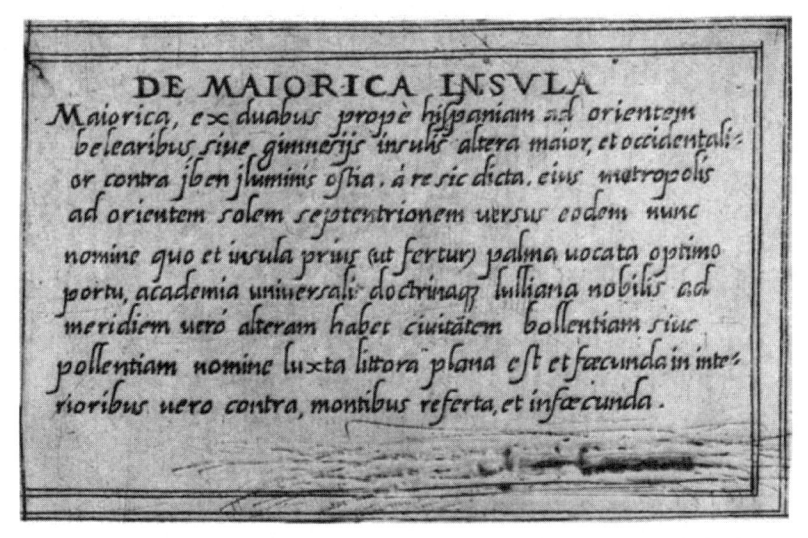

Abb. 8.6 Titelkartusche der Karte „De Maiorica Insvla" aus dem Isolario des G. F. Camocio. Vergrößert wiedergegeben mit Genehmigung der ÖBU Basel [Sign.: E UU II 23].

meist noch zu erkennen. Die oben erwähnte Ausgabe des Vatikans zeigt dagegen nur noch Kratzstreifen. Da die Varianten bis auf die genannten Abweichungen und der linken Kartuschenabgrenzung – einschließlich Kartuschentext und übrigem Kartuschenrahmen, der in diesem Fall nur aus einer schlichten zweifachen Doppellinie besteht, – vollkommen identisch sind, müssen alle diese Darstellungen als Produkte des Camocio angesehen werden. Welche der beiden Ausgaben jedoch die ursprünglichere ist, vermag man schwer zu ermitteln; die namenslosen Ausgaben können durchaus als Kopien der mit Namen versehenen Karten angesehen werden. Die oben erwähnten Darstellungen aus Paris (BNF), London (NMM), Rom (BC) und Wolfegg (FWWK) – einschließlich derjenigen aus der

Vatikanstadt (BAV) – weisen in der Kartusche zwischen der letzten Textzeile und dem unteren Rahmen einen auffallend weiten Abstand auf, ein Zeichen für eine nachträgliche Beseitigung oder einer von vornherein nicht beabsichtigten Unterbringung des in vergleichbaren Ausgaben vorhandenen Drucker- oder Verlegernamens. Das Fehlen einer Namensangabe hat nicht zuletzt auch dazu geführt, dass diese Darstellungen in den Atlanten des Lafreri-Typs als Lafreri-Karten bezeichnet wurden bzw. werden. Sofern diese Karten von den eigentlichen, mit Drucker- oder Verlegernamen versehenen und aus dem Isolario stammenden Darstellungen (Camocio^I-Karten) zu differenzieren sind, werden sie in dieser Arbeit als Camocio-Karten (ohne hochgestelltem I) bzw. Camocio^P-Karte (Paris, BNF) aufgeführt.

In der unteren linken Ecke des Kartenspiegels – im Bereich der Meeresfläche – der oben erwähnten Lafreri-Darstellung aus der BN La Valetta wird, wenn auch geringfügig beschädigt, mit dem Vermerk „Petri de Nobilibus Formis" eindeutig auf den von 1560 bis 1579 in Rom tätigen Graveur (BAGROW 1961: 513) bzw. Verleger Petrus de Nobilis verwiesen, der zu den Nachfolgern im Verlag des Lafreri gehört (HELLWIG 1986: 818), wodurch ein weiteres Zeichen dafür gesetzt ist, dass die vorliegende Darstellung tatsächlich aus der Werkstatt des Lafreri stammt; dies bestätigt auch der Hinweis von HELLWIG (1986: 432) über einen nochmals mit einem Titelblatt ausgestatteten Sammelband aus dem Hause Lafreri, der um 1592 unter Beifügung der Adresse von P. de Nobili erschienen sein soll.

Die ebenfalls oben genannte Ducheti-Darstellung aus der Bibliothek der Vatikanstadt (BAV) weist zusätzlich in ihrer rechten unteren Ecke – im Bereich des freien Flächenteils der Insel Cabrera – durch die Angabe „Io. Orlandi for. Rome 1602" auf den späteren, von 1590 bis 1640 tätigen Verleger (KRETSCHMER et al. 1986: 964) und Nachfolger im Lafreri-Ducheti Verlag Giovanni Orlandi sowie auf Ort und Zeitpunkt der Herausgabe der Karte hin.

8.3 Lage und Orientierung

Eine erste grobe Lagebeschreibung der Insel wird durch den Teil des lateinischen Kartuschentextes „Maiorica, ex duabus propè Hispaniam ad Orientem Balearibus, sive Gymnesijs insulis altera maior, et Occidentalior, contra Iberi fluminis ostia, à re sic dicta" vermittelt. Danach wird Mallorca korrekterweise als eine der beiden

Inseln der Balearen oder der Gymnaesiae, wie sie die Griechen nannten, aufgeführt. Genannt wird in der Kartusche auch die Situation der Insel östlich und in der Nähe des spanischen Festlandes sowie ihre Lage und Größe im Vergleich zur kleineren Baleareninsel Menorca. Wie sich dem oben erwähnten Text aus der 1. anonymen Karte (vgl. Abb. 8.1), der hier Lafreri-Karte genannten Darstellung, entnehmen lässt – aber auch aus dem Beispiel Lafreri^H –, wird eindeutig auf die Position der Insel als gegenüber der Ebro-Mündung gelegene hingewiesen. Den anderen drei Darstellungen lässt sich dies nicht einwandfrei entnehmen, da gerade in der entsprechenden Passage Schreibfehler vorzuliegen scheinen, Fehler, auf die auch bereits ALMAGIA (1948: 103, 104) in Vol. II seiner Monumenta Cartografica Vaticana hinweist.

Trotz dieser im Kartuschentext vorgenommenen relativ genauen Einordnung im Raum ist es umso erstaunlicher, dass in jeder dieser Karten vor allem die Orientierung, aber auch das Bild der Insel Mallorca nicht der Realität entsprechen, zumal zu dieser Zeit auf seekartographischen Darstellungen, den bereits behandelten Manuskriptenkarten oder den Drucken des Bordone und im Werk des Honterus mit verhältnismäßig großer Genauigkeit ihre Orientierung – zum Teil ihre Lage – sowie auch weitgehendst ihre eigentliche Form wiedergegeben sind.

Ein geographisches Netz fehlt im Kartenbild gänzlich, eine Windrose oder ein Richtungspfeil sind auch nicht vorhanden. Angegeben sind nur die Himmelsrichtungen bzw. die Windbezeichnungen „Tramontana", „Levante", „Ponente" und „Mezo di" (in der Lafreri^H-Karte „Mezzo di"), bei Ducheti an Stelle der letztgenannten „Ostro". Laut dieser Eintragung sind die Karten von Lafreri, von Lafreri^H aus Helsinki sowie von Bertelli und Camocio gewestet, d. h., „Ponente" (W) liegt am oberen Bildrand, „Levante" (E) analog am unteren, wobei letzte Bezeichnung bei dem Helsinki-Beispiel und bei den Karten des Camocio durch einen Landvorsprung geteilt angebracht ist. Auffallend ist nur die Tatsache, dass die Bezeichnungen „Tramontana" (N) links und „Mezo di" (S) rechts am Rand auftreten, obgleich sie bei gewesteter Karte entgegengesetzt angegeben sein müssten (vgl. Abb. 8.1, Abb. 8.2, Abb. 8.4 u. Abb. 8.5). Offensichtlich erfolgte hier eine unbeabsichtigte seitenverkehrte Darstellung der Insel, ein Fehler, der sich mit Sicherheit beim spiegelbildlichen Stechen der Kupferplatte vor der Kartenbeschriftung eingeschlichen haben muss und bei dem das stumme Kartenbild seitenrichtig übertragen wurde. Zur Vermeidung von Verwechselungen bei der Beschreibung der zu erörternden fünf Darstellungen wird hier möglichst auf eine Angabe der Himmelsrichtungen verzichtet.

Um wahre Verhältnisse zu rekonstruieren, müsste außer der Ducheti-Karte jedes der vier übrigen, oben erwähnten Kartenblätter spiegelbildlich entweder rechts/ links (vgl. Abb. 8.7) oder oben/unten vertauscht werden. Im ersten Falle bliebe die Insel gewestet, im zweiten wäre sie geostet. Zur Erlangung einer korrekten Orientierung der Insel müsste, wie später erläutert wird, die Darstellung außerdem um einen bestimmten Winkelbetrag gedreht werden (vgl. 8.5 u. Abb. 8.11).

Ducheti hat einen Teil des Fehlers erkannt und eine richtige Anordnung der Himmelsrichtungen zueinander vorgenommen (vgl. Abb. 8.3). Da aber nur eine Korrektur der Himmelsrichtungen und nicht passend dazu die Insel als solche „gedreht" wurde, erscheint das Gesamtbild in der Orientierung stärker verfälscht.

8.4 Kartenmaßstab

Ein Kartenmaßstab fehlt in allen fünf Darstellungsvarianten und kann nur in etwa bestimmt werden. Die in diesen Karten im Vergleich zum Realbild Mallorcas recht entstellte Inselform erschwert erheblich die Festlegung eines Maßstabes. Hinzu kommt die Fehlerquelle durch den anzunehmenden Papierverzug der Kartenoriginale.

Am angebrachtesten scheint der Versuch einer Maßstabsermittlung über die Inselfläche zu sein. Wird die Naturfläche der Insel Mallorca von 3623 km² zugrunde gelegt, so stellen sich nach Entzerrung der Karten und planimetrischer Ausmessung bzw. Digitalisierung der Inselbilder Flächenwerte heraus, aus denen sich ungefähre Maßstabsgrößen bestimmen lassen. So ergeben sich – jeweils auf 1000 auf- oder abgerundet – für die Karte von Lafreri ein Maßstab von ca. 1:455 000, für die Karte aus Helsinki von ca. 1:463 000, bei Ducheti von ca. 1:479 000 und bei Bertelli von ca. 1:472 000. Die Darstellungen des Camocio zeigen je nach Ausgabe unterschiedliche Werte. Das Wolfegg-Exemplar weist einen Maßstab von ca. 1:459 000, die Paris-Karte (Camocio^P) einen kleineren von ca. 1:465 000 auf; die Maßstäbe der Darstellungen aus dem Isolario liegen zwischen 1:457 000 und 1:467 000.

Die bereits oben erwähnte, verhältnismäßig unförmig erscheinende Inselgestalt erlaubt zudem kaum echte lineare Vergleiche mit Strecken auf heutigen Karten, da markante Punkte auf den genannten Darstellungen der Lafreri-Atlanten nur ungenau definiert werden können. Selbst, wenn der Versuch unternommen würde, bestimmte, sinnvoll erscheinende Küstenpunkte zu identifizieren und die Entfernungen zwischen diesen zu messen, so lägen bis auf Ausnahmen die sich ergebenden Distanzen in erheblichen Schwankungsbereichen.

RUGE (1904: 42) unternimmt dennoch den Versuch einer Maßstabsbestimmung und vergleicht bei der Bertelli-Karte der UB Rostock die maximale N-S- und dazu die senkrecht verlaufende W-E-Ausdehnung gemäß den Richtungsangaben auf der Karte mit den entsprechenden, von ihm angenommenen Strecken in der Natur von 75 km bzw. 95 km. Daraus ermittelte er den Maßstab mit ca. 1:485 000 (vgl. oben ca. 1:472 000), der ein Mittelwert aus beiden errechneten Maßstäben für die gemessene N-S- und in W-E-Erstreckung von ca. 1:481 000 und ca. 1:488 000 darstellt. Nach der Methode RUGE (1904: 42) ergäben sich bei Verwendung der vergleichsweise genaueren Naturwerte 77,2 km für die N-S- und 97,2 km für die W-E-Strecke bei der Lafreri-Karte ca. 1:487 000, bei der Lafreri[H]-Ausgabe ca. 1:496 000, bei Ducheti ca. 1:510 000, bei Bertelli ca. 1:506 000 und bei Camocio je nach Ausgabe Maßstäbe zwischen 1:486 000 und 1:497 000.

Da jedoch durch die verstellte Darstellung die Ausrichtung der Insel nur den in der Karte angegebenen Himmelsrichtungen und nicht den wahren Verhältnissen entspricht, sind die von RUGE (1904: 42) angenommenen N-S- und W-E-Distanzen nicht mit den reellen Maximalerstreckungen in der Natur vergleichbar. Würde man dagegen die wahren Entfernungen der Insel in etwa nordsüdlicher und westöstlicher Richtung zugrunde legen, d. h., die direkten Diagonalstrecken zwischen Cap de Formentor und Cap de ses Salines (78,2 km) bzw. Punta Negra und Punta de Capdepera (98,2 km) berücksichtigen, und dazu auf der Karte soweit als möglich die entsprechenden Endpunkte zu bestimmen versuchen, sowie die daraus ermittelten Entfernungen mit denen der Natur vergleichen, so ergäben sich vor allem bei der letztgenannten Strecke deutlichere Maßstabsabweichungen; aus der Distanz Cap de Formentor bis Cap de ses Salines ein Wert, der bei den einzelnen Karten zwischen ca. 1:432 000 und ca. 1:460 000 liegt und bei der Distanz Punta Negra bis Punta de Capdepera sogar im Bereich von ca. 1:546 000 und ca. 1:568 000 zu finden ist, was zu mittleren Maßstäben von 1:489 000 bei der Lafreri-, 1:501 000 bei der Lafreri[H]-, 1:514 000 bei der Ducheti-, 1:509 000 bei der Bertelli-Karte sowie 1:488 000 bis 1:500 000 bei den Camocio-Darstellungen führen würde.

Ungeachtet des oben Gesagten scheinen sich die über die verhältnismäßig gut erfassbare und nahezu reell wiedergegebene Diagonalstrecke Cap de Formentor–

Cap de ses Salines (78,2 km) bestimmten Daten für eine Maßstabsbildung fast als einzige zu eignen, sie weichen jedenfalls nur unerheblich von den anderen Wertermittlungen ab. Im einzelnen ergeben sich für die Lafreri-Karte ca. 1:432 000, für die Lafreri[H]-Karte aus Helsinki ca. 1:447 000, für die Ducheti-Karte ca. 1:460 000, für die Bertelli-Karte ca. 1:457 000 und für die Karten des Camocio Maßstäbe zwischen ca. 1:432 000 und ca. 1:442 000, Werte, die im Vergleich zur Methode über die Flächenbestimmung bei den Darstellungen des Camocio der ÖBU Basel und der RGS London mit annähernd 1:25 000 am stärksten und bei der Bertelli-Karte von der NL Chicago mit rd. 1:15 000 am wenigsten abweichen.

Die Küste hingegen mit 463 km Länge in der Natur (BARCELÓ PONS 1973: 109f.) zeigt trotz ihres eigentümlichen Verlaufes und unter Zugrundelegung weiter unten genannter, durch Berechnung festgelegter Mittelmaßstäbe im Vergleich zu diesen in allen Darstellungen einen im Durchschnitt um max. 37 km zu langen Verlauf. Während bei den Karten des Camocio im Mittel mit rd. 482 km die Abweichungen relativ klein sind, zeigen die übrigen Darstellungen mit Werten von rd. 490 bis 500 km Küstenlänge nur geringfügig längere Verläufe, Abweichungen, die unerheblich erscheinen, bedenkt man dabei alleine die durch Generalisierung bedingten Schwankungen in der Küstenlänge verschiedener, selbst aktueller Karten. Diese Differenzen werden auch durch die im Kapitel 2 angegebenen unterschiedlichen, in der Regel höheren amtlichen Werte zum Ausdruck gebracht. Im Vergleich zu den festgelegten Maßstabsmittelwerten sind die über die Küste ermittelten Werte bei den Camocio-Darstellungen um ca. 1:17 000 - 1:19 000 und bei den übrigen Karten um ca. 1:25 000 bis 1:36 000 zu groß.

Beim Vergleich aller Maßstabsberechnungen, sei es über die dargestellte Fläche, sei es über die Methode RUGE (1904: 42), sei es über die ausgewählte Inseldiagonale Cap de Formentor–Cap de ses Salines oder sei es sogar über die Küstenlänge, zeigen sich Werte, die – bedenkt man den allgemein relativ kleinen Maßstab der Darstellung – untereinander jeweils nur geringe bis mittlere Abweichungen aufweisen, im Maximum bis zu ca. 1:79 000, im Rahmen der einzelnen Karten sogar nur bis max. 1:63 000. Wird die Methode über die Küstenlänge nicht mit einbezogen, so liegt die maximale Maßstabsdifferenz unter all diesen Karten bei 1:78 000, im einzelnen bei max. 1:55 000.

Für eine weitere Betrachtung scheinen sich wegen der verhältnismäßig geringen Wertdifferenzen die über die Fläche, über die Methode RUGE und über die ausgewählte Diagonale bestimmten Mittelmaßstäbe für einen Vergleich der Karten untereinander und mit anderen Darstellungen am besten zu eignen. Aufgrund der stark vom Naturbild abweichenden Inselform sind die Maßstabsermittlungen über die Küstenlänge oder über andere ausgewählte Strecken und deren Vergleich zu den Reallängen zu unsicher. Als Mittel der drei angewandten Verfahren ergeben sich mittlere Maßstabswerte von ca. 1:458 000 für die Lafreri-Karte, von ca. 1:469 000 für die Lafreri^H-Karte, von ca. 1:483 000 für die Ducheti-Karte, von ca. 1:478 000 für die Bertelli-Karte und im Bereich von ca. 1:458 000 - 1:469 000 für die Beispiele des Camocio.

8.5 Inselgestalt

Die Form der Insel Mallorca erscheint im Kartenbild gegenüber der Realität wie erwähnt erheblich entstellt und weicht dementsprechend auch deutlich von den meisten wesentlich naturgetreuer wiedergegebenen Manuskriptkarten sowie den Darstellungen des Bordone und des Honterus ab (vgl. hierzu Tafel I, Teil I - IV). Die Gestalt entspricht hier in etwa der eines langgestreckten hochformatigen Rechtecks, welches von oben links nach unten rechts, d. h. gemäß den Angaben auf der Karte von NW nach SE – Ausnahme ist die Ducheti-Darstellung – geneigt ist, und weist damit einen für das Inselbild untypischen, wenig ähnelnden Küstenumriss auf.

Der gesamte Verlauf der Küste, einschließlich dem der ebenso dargestellten Nachbarinseln, wirkt im Kartenbild sehr vereinfacht, stark gerundet sowie übertrieben ein- und ausgebuchtet. Diese starke buchtenartige Formung räumt so gut wie keinen Platz für längere, mehr oder minder geradlinig verlaufende Küstenabschnitte ein, wie sie in diesem Maßstabsbereich gemäß der Wirklichkeit vorkommen müssten. In den hier zu vergleichenden Karten aus den Lafreri-Atlanten und dem Isolario des Camocio ist die Gestaltung des Küstenverlaufes im Ganzen gesehen untereinander äußerst ähnlich, nur im Detail lassen sich geringfügige Differenzen feststellen.

Wenn auch die vorliegenden historischen Darstellungen stark verzerrt wiedergegeben sind, so erscheint eine Positionierung über eine aktuelle Karte gleichen Maßstabs durchaus angebracht, zumal sich auf diese Weise der Genauigkeitsgrad als auch die Abweichungen der historischen Karte vom Sollbild vor allem im Detail deutlicher erfassen lassen. Eine Gegenüberstellung sei hier in zwei Kartenbildern vorgenommen, wobei wegen der großen Formähnlichkeit der einzelnen Kartenbilder beispielhaft die hier dem Lafreri zugeschriebene Darstellung die alleinige Grundlage für die historische Karte bilden soll. Eine Überlagerung aller fünf Beispiele hat ergeben, dass bis auf feine, zum Teil durch Papierverzerrungen entstandene Nuancen die Küstenumrisse dieser Kartenbilder weitestgehend indentisch sind. In der ersten Abbildung wird das historische Bild gemäß angegebenem Kartennord („Tramontana"-Richtung) um 90° im Uhrzeigersinn gedreht und zum oberen Kartenrahmen hin ausgerichtet und nach maßstabsgemäßer Verkleinerung zentriert über eine aktuelle Karte in 1:1 Mio. gelagert (Abb. 8.7). Da dabei die N-Richtungen wohl identisch sind, aber West und Ost noch vertauscht bleiben, zeigt diese Darstellung zwangsläufig keine Anpassung der beiden Kartenbilder. Um eine Übereinstimmung der in ihr angegebenen Himmelsrichtungen zu erreichen, wird in Abb. 8.8 in einem zweiten Schritt das historische Bild zusätzlich W/E gespiegelt, was zugleich zu einer günstigeren Bildüberdeckung beider Karten führt.

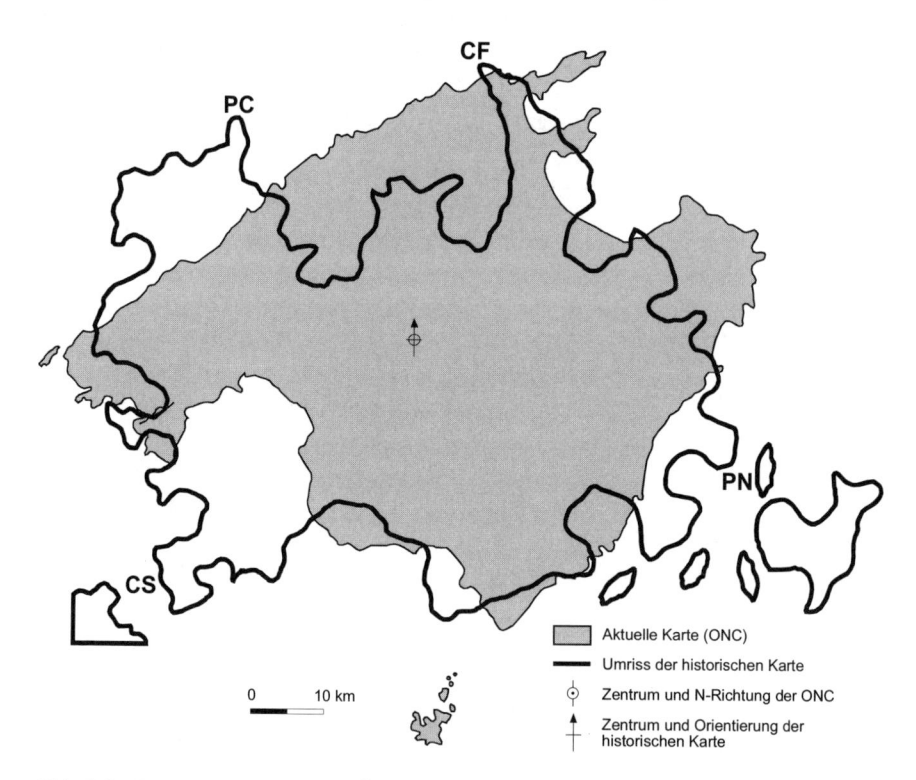

Abb. 8.7 Geometrisch zentrierte Überlagerung der ONC in 1:1 Mio. mit der durch Verkleinerung im Maßstab angepassten und durch Drehung um 90° nach Kartennord ausgerichteten historischen Darstellung des A. Lafreri (vgl. Abb. 8.1).

Ein direkter Vergleich mit der für das korrekte Mallorca-Bild gewählten geometrischen Vierecksfigur erscheint wegen der eigentümlichen Inselgestalt, der spiegelbildlichen Lage und in den überwiegenden Fällen verkehrt angegebenen Himmelsrichtungen der historischen Kartenbilder – selbst bei starker Schematisierung der Form und etwa gleichem Maßstab – im ersten Moment nicht allzu sinnvoll. Hinzu kommt, dass nur einige wenige markante Punkte vorhanden sind, die denjenigen aktueller Darstellungen entsprechen oder zumindest von der Bezeichnung her als identisch angesehen werden können. Denkt man sich auf der historischen Karte die vier Hauptküsteneckpunkte, die hier u. a. mit *C. formentar, C. della preo, C. Saline* und *Premontor* bezeichnet sind, auf direktem Wege miteinander verbunden, so ergibt sich eine gegen Nord schräg liegende trapezartige Figur, deren Seiten und Diagonalen in ihrer Ausrichtung bzw. in ihren Längen einen Vergleich mit ihren Entsprechungen in dem oben genannten Schemabild

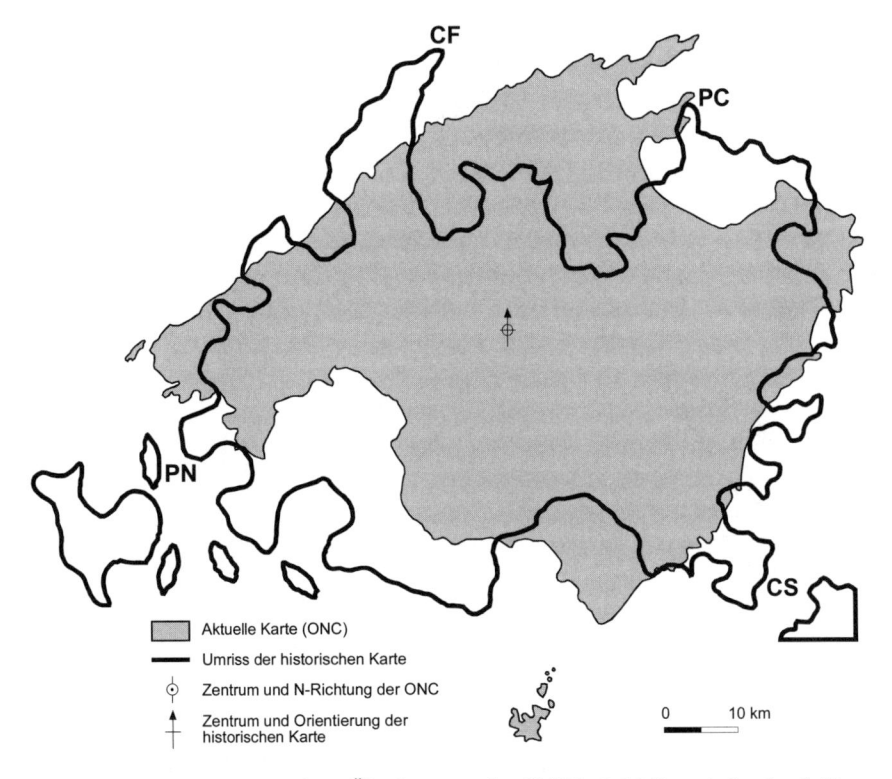

Abb. 8.8 Geometrisch zentrierte Überlagerung der ONC in 1:1 Mio. mit der durch Verkleinerung im Maßstab angepassten, nach Kartennord ausgerichteten, jedoch W/E-gespiegelten historischen Darstellung des A. Lafreri (vgl. Abb. 8.1).

einer aktuellen Karte (vgl. Abb. 2.2) dennoch bedingt möglich machen. Voraussetzung ist jedoch wieder eine weitgehende Übereinstimmung der Maßstäbe und eine Anpassung an die korrekten Himmelsrichtungen (vgl. Abb. 8.8).

Wird in den historischen Darstellungen das angegebene Nord beibehalten – hier allerdings zur Oberseite des Bildes orientiert – und dieser Richtung West und Ost korrekt zugeordnet, so zeigen die gedachten Verbindungslinien der Viereckfigur (Abb. 8.9) zwischen der Punta Negra und Cap de Formentor im NW sowie vom letztgenannten Kap zur Punta de Capdepera an der NE-Flanke Azimute von ca. 24° E statt 60° E bzw. von ca. 102° E statt 140° E. Der Gegenabschnitt der SW-exponierten Küste, gemessen an der Inselsüdspitze, weicht anstelle von 60° W (= 300° E) um 78° W (= 282° E) von Nord ab. Die stärkste Winkeldifferenz weist aber die eigentlich im SE gelegene Strecke von der Punta de Capdepera zum Cap

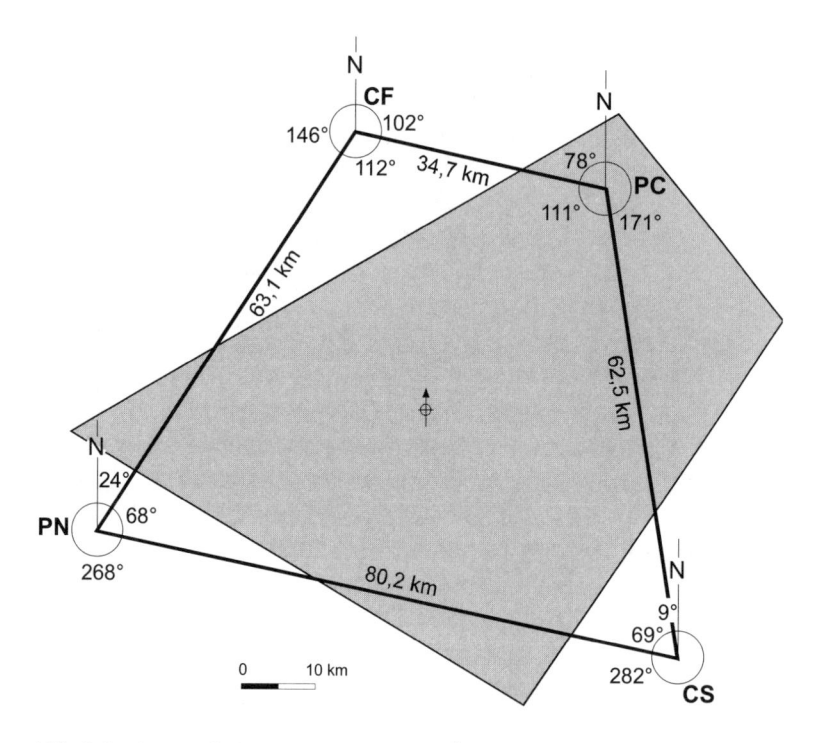

Abb. 8.9 Geometrisch zentrierte, genordete Überlagerung der Viereckschemata vom W/E-gespiegelten historischen Kartenbild und ONC in 1:1 Mio. mit Angabe der Kapdistanzen, Streckenazimute und Innenwinkel der Figur.

de ses Salines auf; ihre Nordabweichung am erstgenannten Punkt beträgt ca. 171°
E (= 189° W) statt 215° E (= 145° W).

Auch bei der Ausrichtung der Inseldiagonalen treten gegenüber den Naturwerten deutliche Differenzen auf (Abb. 8.10). Die in der Realität gegen Nord nur um ca. 10° E abweichende Strecke Cap de Formentor–Cap de ses Salines differiert in den historischen Darstellungen um rd. 32° W (= 328° E), ein Gesamtwinkel also von rd. 42°, die Diagonale zwischen Punta Negra (hier Premontor) und Punta de Capdepera dagegen – am W-Punkt gemessen – um einen Winkelbetrag von rd. 57° E anstelle der 81° E ab, womit eindeutig auf die Schieflage der historischen Karte hingewiesen wird.

Folgerichtig ergeben sich auch Differenzen zwischen den Innenwinkeln beider Figuren (vgl. Abb. 8.9). Während die Winkelunterschiede an der Punta Negra mit

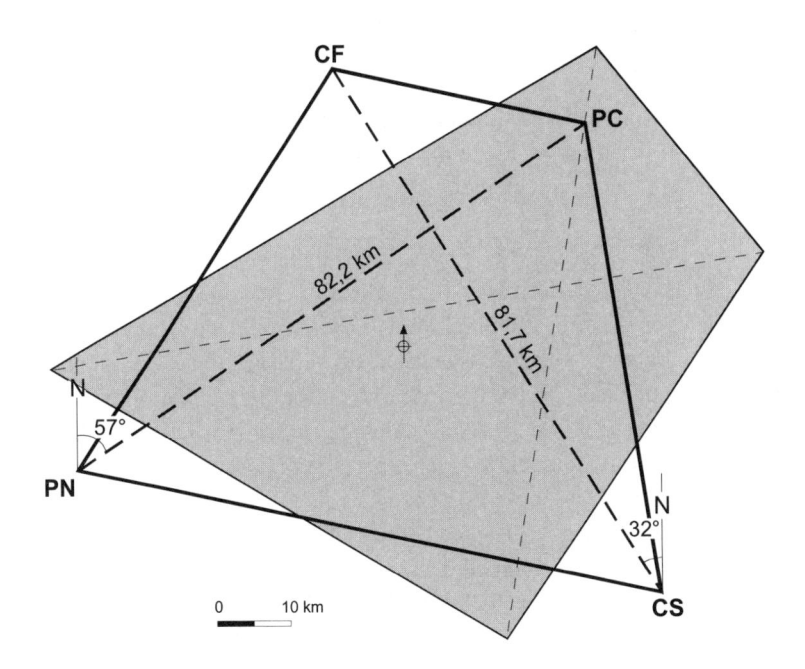

Abb. 8.10 Die Inseldiagonalen, ihre Entfernungen und Azimute in den geometrisch zentriert und genordet sich überlagernden Schemadarstellungen vom W/E-gespiegelten historischen Kartenbild und ONC in 1:1 Mio.

68° statt 60°, am Cap de Formentor mit 112° statt 100° und an der Punta de Capdepera mit 111° statt 105° verhältnismäßig gering ausfallen, zeigt sich der Innenwinkel am Cap de ses Salines mit 69° anstelle von 95° umso größer, was schließlich auch die Trapezform des Schemabildes bestätigt.

Die Verschiebung der Winkelwerte im Vergleich zur Natur macht sich zwangsläufig auch bei den Längen der einzelnen Strecken bemerkbar (vgl. Abb. 8.9). So weisen in der historischen Darstellung die in Natur rd. 85,4 km lange Verbindungsstrecke zwischen Punta Negra und Cap de Formentor sowie der rd. 62,5 km lange Abschnitt zwischen Cap de ses Salines und der Punta de Capdepera fast die gleiche Entfernung von rd. 63 km auf. Während die oben genannte, NW-exponierte Strecke mit 63,1 km gegenüber der Realität eindeutig zu kurz abgebildet ist, erscheint die SW-Partie zwischen der Punta Negra und dem Cap de ses Salines mit rd. 80 km übertrieben lang wiedergegeben.

Die Inseldiagonalen der Schemafigur der historischen Karte (vgl. Abb. 8.10) Cap de Formentor bis Cap de ses Salines und Punta Negra bis Punta de Capdepera bestätigen auch das stark verzerrte Kartenbild; sie zeigen mit rd. 82,2 und 81,7 km fälschlicherweise etwa die gleiche Entfernung. Auch im Vergleich zum NW-Küstenabschnitt ist in dieser Karte die Diagonale Cap de Formentor–Cap de ses Salines auffallend länger abgebildet.

Wie aus den Abb. 8.1 bis Abb. 8.5 zu entnehmen, sind besonders deutlich die Bucht an der Hauptstadt der Insel – im „Mezo di" bzw. bei Ducheti im „Ostro" der Karte gelegen – sowie die durch ihre Weite auffallende Doppelbucht an der hier zur „Tramontana" weisenden Gegenküste herausgearbeitet. Während in der Realität die Doppelbucht im NE der Insel nur geringfügig größer als die Bucht an der Hauptstadt erscheint, ist in den Darstellungen aus den Lafreri-Atlanten und dem Isolario des Camocio die erstgenannte überdimensioniert ausgefallen, besonders der nördliche Abschnitt zwischen Cap de Formentor und der südlich davon liegenden Landzunge am Cap des Pinar zeigt sich stark erweitert. Die dargestellte Weite vor allem der Doppelbucht im NE bedingt eine deutliche Verengung der Insel in südwestlich-nördöstlicher Richtung, demgegenüber wirkt sie von NW nach SE eindeutig gestreckt.

Im oberen Teil des Inselbildes – hier im „Ponente" (bei Ducheti im „Levante") – sind fünf weniger große Buchten wiedergegeben, von denen drei aufgrund ihrer Lage zu Gewässern und Siedlungen auf die Buchten von Sóller, Andratx und

Santa Ponça schließen lassen. Darunter sind die Buchten von Sóller, hier zwischen den Orten Sóller und Palomera gelegen, sowie Andratx besonders geöffnet. Im unteren Kartenteil – hier im „Levante" (bei Ducheti im „Ponente") – sind vier weitere, relativ kleine Buchten dargestellt, von denen zwei durch die Bezeichnung ihrer zugehörigen Häfen *P. Colombo* (heute Portocolom) und *P. Petro* (heute Portopetro) gekennzeichnet sind; die übrigen beiden lassen auf die Buchten von Cala Figuera (rechts unten im Kartenbild) und Portocristo (links unten) vermuten. Dieser letztgenannte Küstenabschnitt ist genauer wiedergegeben, nicht zuletzt sicherlich auch aufgrund der besseren Navigations- und gegebenen Schutzmöglichkeiten im Vergleich zur unwirtlichen NW-Küste der Insel, der sogenannten Costa Brava Mallorcas.

Zwischen den buchtenartigen Vertiefungen sind entsprechende Landvorsprünge ausgebildet und im Kartenbild zum Teil übertrieben herausgearbeitet. Einige von ihnen fallen besonders durch ihre Größe auf, andere wiederum erfahren durch ihre namentliche Bezeichnung eine zusätzliche Hervorhebung. Dazu gehören hier auch die Halbinsel Formentor mit dem gleichnamigen Kap, die Punta de Capdepera, Cap de ses Salines und die Punta Negra, die alle vier gleichzeitig die Eckpunkte des Vergleichsvielecks bilden. Ihre Bezeichnungen weichen in den historischen Kartenbeispielen in der Regel von den aktuellen ab und treten je nach Autor in verschiedenen Schreibversionen auf, wie sie später aufgeführt werden (s. dazu 8.11), nur das Cap de ses Salines ist in allen fünf Kartenbeispielen gleich gekennzeichnet.

Abschließend wird im gleichen Bearbeitungsmaßstab 1:1 Mio. eine Rotation des überlagernden historischen, vorab genordeten und rechts/links gespiegelten Bildes gegenüber der aktuellen Darstellung um einen Winkel von 26° im Uhrzeigersinn vorgenommen (Abb. 8.11). Als günstig erweist sich dabei auch die zusätzliche Versetzung des Inselmittelpunktes dieser Karte um ca. 6,5 mm (= 6,5 km) in nordöstliche Richtung. Die sich auf diese Weise ergebende angeglichene Ausrichtung und weitgehendere Bildüberdeckung beider Karten ermöglicht einen besseren Vergleich der Inselgestalten als Ganzes, durchaus aber auch des Küstenverlaufs im Detail.

Wie vorne unter 8.2 angedeutet, kommen in den historischen Karten außer Mallorca *(Maiorica)* verschiedene Nachbarinseln zur Darstellung. Auffällig dabei ist vor allem die übertriebene Größe der Insel Dragonera, eine Größe, die ca. das 60-fache des Naturwertes erreicht. Cabrera, von der in all den Darstellungen jeweils nur ein Teil veranschaulicht wird, ist bei Ducheti besonders groß wiedergegeben. Auch die übrigen vier veranschaulichten Eilande übertreffen bei weitem ihre Realflächen.

Die Küstenlinie als solche ist in ihrem gesamten Verlauf je nach historischer Karte mit unterschiedlichen Schraffen versehen. Diese reliefartige Darstellungsweise, die später nochmals aufgegriffen wird, dient einerseits der optischen Trennung von Land- und Meeresfläche, sorgt andererseits aber auch für eine deutliche Hervorhebung der jeweiligen Inselfläche bzw. Inselgestalt.

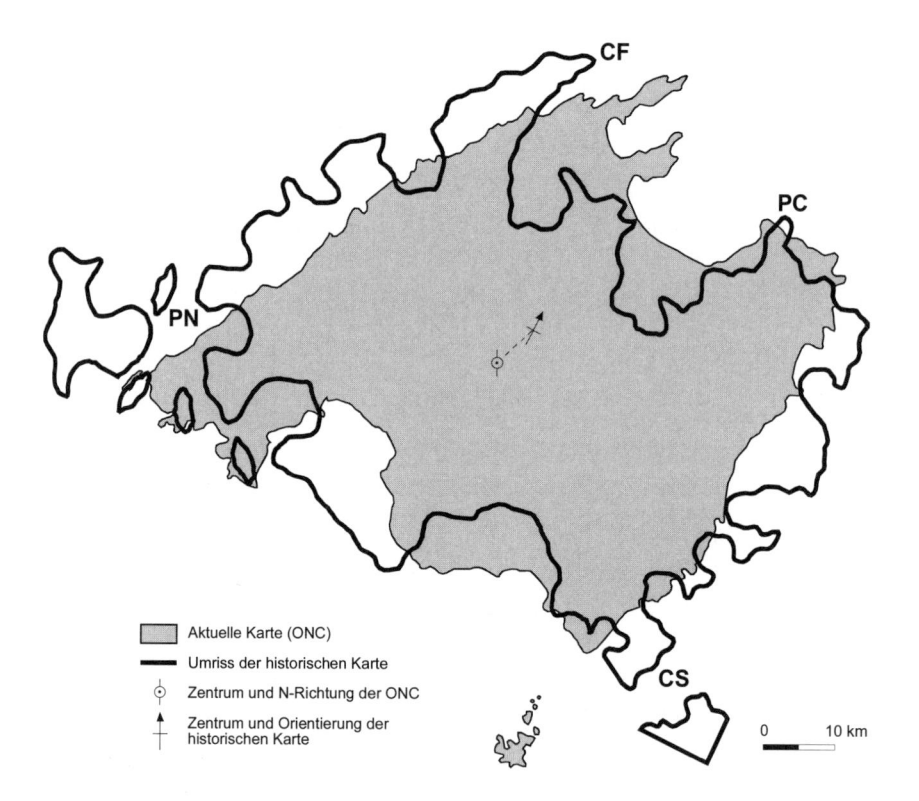

Abb. 8.11 Überlagerung der ONC in 1:1 Mio. mit dem maßstäbig angepassten, W/E-gespiegelten historischen Kartenbild des A. Lafreri nach erfolgter Rotation um 26° E und einer Mittelpunktsversetzung um rd. 6,5 mm ENE.

8.6 Gewässernetz

Im Gegensatz zu den besprochenen Karten des Bordone und Honterus sowie den Werken des Santa Cruz und des Pīrī Re'īs – mit Ausnahme einiger weniger des letzten Autors – sind erstmalig in Mallorca-Darstellungen Gewässer in größerem Umfange veranschaulicht. Die dargestellten Flüsse – obwohl sie zu damaliger Zeit, d. h. zur Zeit der Kartenherstellung, mit Sicherheit auch nur periodisch fließende Gewässer, sogenannte Torrentes, widerspiegeln – sind als doppellinige, stark vereinfachte, mit uferparalleler Fließlinienfüllung versehene Gebilde dargestellt. Besonders in der Lafreri-Karte, aber auch in den Darstellungen von Bertelli, Camocio und dem anonymen Bild aus Helsinki sind sie stromartig breit und übertrieben veranschaulicht. Sie beginnen alle spitz im Quellbereich und enden ohne Abschluss an der Küste, d. h., die Küstenlinie – auch die Küstenschraffendarstellung – ist hier derart unterbrochen, dass die Gewässerfüllung deltaartig ins Meer weitergeführt wird und somit eine Schüttung vortäuscht. Auf der Karte von Ducheti sind die Torrentes ebenfalls doppellinig, aber wesentlich schmaler wiedergegeben; die deltaartige Schüttung ist in dieser Karte noch erkennbar (vgl. Abb. 8.1 - Abb. 8.5).

Der längste Fluss – hier vor allem durch seine Breite einem Strom ähnelnd – durchquert oberhalb des Hauptortes die Insel fast in ihrer vollen Breite. Die in diesem Raum in der Natur vorliegende, etwa N-S verlaufende Wasserscheide wird bei der Darstellung nicht beachtet. Es scheint hier eine „ungewollte" Zusammenführung von Flüssen beiderseits der Wasserscheide stattgefunden zu haben. Offensichtlich sind sowohl ein Abschnitt des heutigen Torrent de ses Mates als auch des Torrent Gros zusammengefügt.

Die übrigen in der Karte vorkommenden Flüsse bzw. Torrentes zeigen relativ kurze Läufe. Im oberen Kartenteil müssten mit den eingetragenen Gewässern der Torrent de Sóller und der Torrent de Santa Ponça bzw. der Torrent des Saluet bei Andratx gemeint sein, zumal sie den höheren Gebirgsteilen entspringen. Besonders breit ist der erstgenannte in der Lafreri-Karte wiedergegeben. Da dieser Torrente vergleichsweise nahe an der Halbinsel Formentor zur Darstellung kommt und hier aus dem höheren Gebirgsbereich entspringt, könnte es sich aufgrund seiner Lage durchaus auch um den auf der Insel bekanntesten, schluchtartig und bis zu 400 m tief ausgebildeten Torrent de Pareis handeln, der, wie die Karte zeigt, in eine relativ große Bucht mündet. Gegen diese Annahme sprechen nur die nahegelegenen Ortszeichen für Sóller und Palomera.

Auf der Insel Dragonera ist ein kurzer Torrente zur Darstellung gekommen, der in der Natur nur als kleiner Wildbachlauf vorhanden ist und hier aus Maßstabsgründen nicht mehr erscheinen müsste. An der „Levante"-Küste (bei Ducheti an der „Ponente"-Küste) ist bei Portopetro der Torrent d'en Boqueras anzunehmen, in dessen Quellbereich in allen Darstellungen bis auf die Helsinki-Ausgabe die Ortssilhouette für Cala Figuera zu finden ist. An der nach rechts folgenden Bucht bei Cala Figuera sind auf der Bertelli-Karte zwei sich gabelnde Torrentes (vermutlich Torrent d'en Busques und Caló d'en Boira) wiedergegeben, auf den anderen vier Karten nur der kürzere der beiden (wahrscheinlich Caló d'en Boira). Zwei weitere Torrentes entspringen seenartigen, mit unterschiedlicher Rasterung gekennzeichneten Flächengebilden in der Nähe der hier zur Tramontana weisenden Küste. Der längere der beiden stellt sicherlich den Torrent de Muro oder den Torrent de na Borges dar. Sein Quellbereich ist der kleinere der beiden „Seen", der in etwa dem in der Natur existierenden Lagunengebiet der Albufera entsprechen müsste. Der andere Torrente „zieht" in die Hauptstadt und – wohl auch durch diese hindurch – zum Meer im „Mezo di" und steht sicherlich für den damaligen Verlauf der Riera. In der Lafreri[H]-Ausgabe ist dieses Fließgewässer nicht bis an die Küste verlängert dargestellt. Erstaunlich ist nur, dass dieser angenommene Riera-Verlauf einem ehemals wie heute nicht existierenden See entspringt, dessen Lage in der Nähe des anderen Sees auf seine Zugehörigkeit zur oben erwähnten Lagunenlandschaft vermuten lässt, die in der Realität auf der anderen Seite der Hauptwasserscheide liegt und im 16. Jh. ausgedehnter war als heute. Vielleicht wollte der Darsteller mit der Eintragung eines Sees auf die günstige hydrologische Situation am nördlichen Gebirgsrande hinweisen.

Während Lafreri, Bertelli und Camocio die mit feiner Linie konturierten Seeflächen mittels vorwiegend horizontal gestrichelter Schraffur füllen und die letztgenannten Autoren den Innenrand der Linie unterschiedlich dicht mit weitgehend gleichgerichteter Strichschraffur umbändern, zeigen hierfür die Karte des Ducheti eine vorrangig von links oben nach rechts unten geschwungene, bandartig gestreifte Darstellung und das Beispiel Lafreri[H] eine ungleichmäßig gepunktete Flächenfüllung.

8.7 Relief

Besonders auffällig ist in diesen Karten die Gebirgsdarstellung (vgl. Abb. 8.1 - Abb. 8.5). Während Martellus in der Karte aus Chantilly die Berge band- bzw.

girlandenförmig gestaltet und Bordone wie Honterus sie weitgehend zusammengefasst durch dreidimensional wirkende Silhouetten veranschaulichen – die Karten des Martellus aus Florenz und die des Santa Cruz weisen keine Gebirgsdarstellung auf, Pīrī Re'īs nur vereinzelt in wenigen Fällen –, zeigen die Karten aus den Lafreri-Atlanten auf die Fläche verteilte Einzelformen, die bis auf eine Ausnahme in reiner Bergfigurenmanier wiedergegeben sind, ein Verfahren, das seit Anfang des 16. Jhs. verbreitet zur Anwendung kommt. Die einzelnen Gebilde stehen unabhängig von der Streichrichtung des Gebirges aufrecht und vermitteln in der Regel, obwohl sie eigentlich eine Seitenansicht geben, den Eindruck, als seien sie perspektivisch von einem leicht erhöhten Standpunkt betrachtet. Ihre Höhen und Breiten sind verschieden gestaltet und dokumentieren damit die unterschiedliche Dimension der einzelnen Erhebungen. Ihre Formen und ihre Schattierungsweise dagegen sind innerhalb eines Kartenbildes weitgehend einheitlich, von Karte zu Karte weichen sie jedoch deutlich voneinander ab (Abb. 8.12).

Die räumliche Verteilung der einzelnen Figuren ist auf all diesen Karten sehr ähnlich; in manchen Teilen der Insel treten sie in der Fläche gehäuft auf, in anderen wiederum sind sie nur vereinzelt vertreten. Die dichteste Gruppierung relativ hoher Bergsilhouetten ist in der oberen rechten Kartenhälfte zu finden und suggeriert ein stattliches, an dieser Stelle in der Realität nicht existierendes Gebirgsmassiv. Von einer fast kuppenfreien Fläche unterbrochen findet dieses Massiv seine Fortsetzung zur Linken in einer Zone zahlreicher niedrigerer Kuppen bis an das Ende einer langgestreckten Halbinsel am Cap de Formentor. Es ist daher anzunehmen, dass diese Ansammlung von Kuppen auf die im NW der Insel vorhandene Hauptgebirgskette, der Serra de Tramuntana, hindeuten soll. Im unteren Kartendrittel – vorrangig zwischen den Orten *Maiorica* und dem heutigen Cala Figuera – sind weitständiger aneinander gereihte Bergfiguren abgebildet, die im Vergleich zu den höchsten Erhebungen im oberen rechten Kartenteil auf eine zweite Gebirgskette durchschnittlich geringerer Höhe schließen lassen. Aufgrund ihrer Lage im Kartenbild dürften damit die im Süden von Mallorca SW-NE-streichenden Serres de Llevant gemeint sein. Die Anreicherung von Kuppen im Inselinnern stimmt mit der Angabe im Kartuschentext „interioribus ... montibus referta" überein. Mehrere kleinere Einzelformen im Bereich des unteren Küstenstreifens deuten auf das Vorhandensein vereinzelter Erhebungen hin. In den übrigen Gebieten des oberen und unteren Küstenbereichs sowie im Zentrum – auch, bis auf eine Ausnahme, auf den größeren Nachbarinseln Dragonera und Cabrera – sind mehr oder minder flache Bodenwellen zur Wiedergabe des schwach reliefierten Geländes auszumachen. Mit Hilfe dieser Flachreliefdarstellung erscheint die gesamte Geländeoberfläche der Insel im Kartenbild zusammenhängend veranschaulicht.

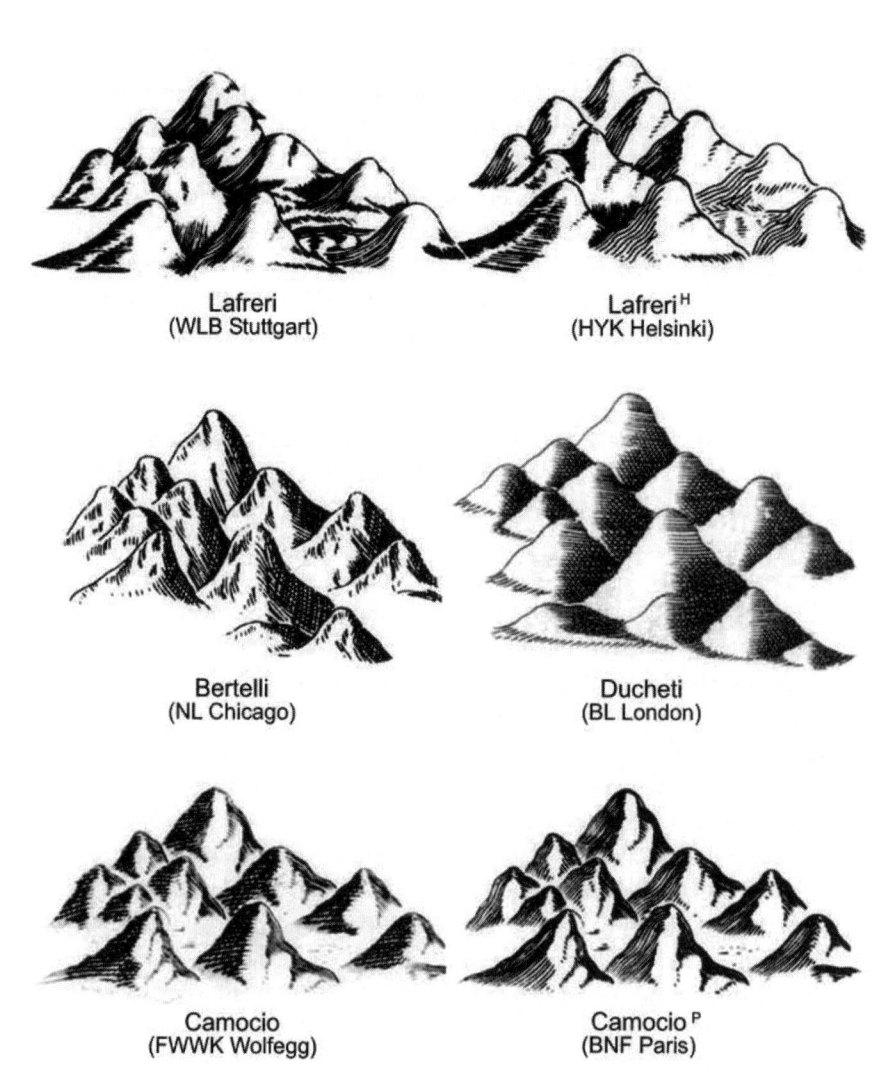

Lafreri
(WLB Stuttgart)

Lafreri [H]
(HYK Helsinki)

Bertelli
(NL Chicago)

Ducheti
(BL London)

Camocio
(FWWK Wolfegg)

Camocio [P]
(BNF Paris)

Abb. 8.12 Darstellung ausgewählter Reliefpartien in den Karten der verschiedenen Autoren. Wiedergegeben in Originalgröße mit Genehmigung oben genannter Bibliotheken (vgl. Abb. 8.1 - 8.5).

In der auf Lafreri zurückzuführenden Darstellung (vgl. Abb. 8.1) sind die verschieden großen Bergfiguren besonders breit und ausladend gestaltet, die Hänge sind sanft und weisen z. T. eine lange Hangschleppe auf. Die mittleren und höheren Kuppen stellen sich vorrangig als Seitenansicht dar, die kleineren sind Schrägbilder von oben betrachtet. Alle Figuren zeigen eine einheitliche Beleuchtungsrichtung von rechts – hier von „Mezo di" –, d. h., die Hauptschatten sind an den jeweiligen linken Hangpartien zu finden. Trotz einheitlicher Lichtquelle sind in diesem Beispiel die einzelnen Silhouetten unterschiedlich schattiert. Die hierfür eingesetzten Schattenstriche sind bei einigen Figuren horizontal angebracht, bei anderen verlaufen sie konform zu den Falllinien. Ein mehr oder minder horizontaler Strichverlauf bildet auch den unteren, zur Ebene hin weisenden Abschluss der jeweiligen Figur. Speziell im Raum oberhalb des Hauptflusses – aber auch in einem Abschnitt unterhalb davon – sind die Figuren besonders groß und stehen ineinander geschachtelt, so dass vor allem an diesen Stellen, wie oben angedeutet, der Eindruck zusammenhängender Massive entsteht. Die leicht ondulierten Formen, die eine den Falllinien analoge Wellenlinienstruktur aufweisen, überwiegen im Zentrum der Insel. Ebenenabschnitte zeigen gebietsweise horizontal angeordnete Schraffen, sind aber, wie im Text vor allem für den Küstenbereich erwähnt, selten in diesem Kartenbeispiel anzutreffen. Darüber hinaus werden in der Lafreri-Darstellung an der Küste gelegene und vorrangig zum Betrachter der Karte gerichtete Steilhänge bzw. Steilwände mittels einer in diesen Bereichen auf der doppellinig dargestellten Küstenlinie senkrecht stehenden Schraffenreihe veranschaulicht.

Ähnliche Größen, Formen und Ausdehnung der Kuppen weist das Beispiel Lafreri^H aus Helsinki auf (vgl. Abb. 8.2), wobei die einzelnen Figuren gegenüber der oben beschriebenen Lafreri-Darstellung geringfügig stärker abgerundet erscheinen. Ihre Beleuchtung erfolgte ebenso von rechts, und ihre Schatten setzen sich aus mehr oder minder parallel verlaufenden Falllinienschraffen zusammen, seltener aus horizontal angebrachten Strichen. Insgesamt gesehen sind die Schattenpartien weniger dicht schraffiert. Ein scheinbarer Abschluss an der Unterseite der meisten Figuren, wie ihn die Lafreri-Darstellung zeigt, ist in der Helsinki-Karte nur vereinzelt zu finden. Ähnlich den anderen Karten ist die stärkste Verbreitung der Kuppen im mittleren Abschnitt des oberen wie des unteren Teils anzutreffen. Demgegenüber häufen sich vor allem in der mittleren oberen Inselpartie schwach geneigte, ineinander greifende gewellte Schraffenreihen, die ein sanft moduliertes Relief veranschaulichen sollen. Im Zentrum der Insel und oberhalb des Hauptflusses stehen Wellenlinien ebenfalls für leicht onduliertes

Gelände. Steilwände werden im Lafreri[H]-Beispiel nicht gesondert herausgearbeitet.

Wesentlich isolierter und feingliedriger stellen sich die Bergsilhouetten in den Karten des Camocio und Bertelli dar, womit beide Darstellungen wesentlich „leerer" wirken. In beiden Karten zeigen die ebenfalls verschieden breiten und verschieden hohen Figuren ein deutliches Abweichen in ihrer Gestaltungsform, sowohl untereinander als auch im Vergleich zur Lafreri-Darstellung und dem Exemplar aus Helsinki. Während die Erhebungen bei Bertelli (vgl. Abb. 8.4) besonders unterschiedlich ausgefallen sind, zeigen die Karten des Camocio (vgl. Abb. 8.5) recht einheitliche Formen. Die gegenüber der Lafreri-Darstellung und der Lafreri[H] aus Helsinki schematisiert wirkenden Silhouetten der Karten des Camocio zeigen sich kuppiger und verschieden steil geneigt. Im Beispiel der Camocio[P]-Ausgabe aus Paris (BNF), das in puncto Reliefwiedergabe eine Ausnahme darstellt, erfolgt die Schattengebung einheitlich mittels Falllinienschraffen, die derart angebracht sind, dass sie gestufte Hänge vortäuschen (vgl. Abb. 8.12). Auf den jeweils linken Seiten sind die Schraffenflächen in der Regel breiter angelegt und wirken somit dunkler als die rechten Flanken. In den übrigen Ausgaben des Camocio wird eine unterschiedlich dichte, schräg sich kreuzende Strichschraffur zur Wiedergabe der Schattenpartien eingesetzt, die stärker beleuchteten, relativ helleren Partien zeigen nur einfache Falllinien. Die Beleuchtungsquelle ist demnach in beiden Varianten vom Betrachter her, also von vorne, anzunehmen, in diesem Falle aus Levante bzw. eher von unten rechts, und zwar aus wenig erhöhter Position. Obwohl sie eines horizontalen Linienabschlusses entbehren, wirken die Figuren durch das mehr oder minder gleichmäßige untere Ende der Falllinienschraffen bzw. der Kreuzschraffen abgeschlossen. Selbst im dichtesten Figurenbereich des oberen Kartendrittels erscheinen die Kuppen weitständiger eingetragen als bei der Lafreri- und Lafreri[H]-Karte und nur geringfügig ineinander geschachtelt. Im schwach welligen Bereich der Inselmitte sind flachere Silhouetten bzw. Schraffenreihen auszumachen, darunter mehrfach horizontale Strichlierungen für ebene Partien. Auch im Bereich der Küste – vorrangig im unteren Kartenteil, aber auch auf allen Nachbarinseln – sind derartige horizontale Schraffen verbreitet, womit der Hinweis auf flaches Küstenland im Kartuschentext („iuxta littora plana est") hier eher zutrifft als in den Beispielen der Lafreri-Karte bzw. der Lafreri[H]-Ausgabe. Besonders deutlich sind in allen Camocio-Karten – ähnlich der Lafreri-Darstellung – die Steilwände an der Küste gekennzeichnet. Senkrechte Strichschraffur füllt auch hier den Zwischenraum der für die zum Betrachter zeigenden Steilküstenpartien eingesetzten Doppellinie.

In der Karte des Bertelli (vgl. Abb. 8.4) weisen die Bergfiguren im Gegensatz zu den zwei besprochenen Beispielen eine Beleuchtungsrichtung von links – hier von Tramontana – auf; die Schatten befinden sich eindeutig auf der rechten Seite der jeweiligen Figur, nur untergeordnete Schatten kommen auf der Gegenseite vor. Die Schattenstriche verlaufen vorwiegend von der Höhe nach unten rechts, die besonders steilen Partien werden dabei mit einer dichteren, schrägen Kreuzschraffur herausgearbeitet. Die Schattengebung ist im Allgemeinen pro Figur individueller. Die Größe der Silhouetten ist wie bisher unterschiedlich, in der Form sind gruppenweise Ähnlichkeiten zu erkennen, wobei fast alle Hänge die gleiche Neigung zeigen und nur die besonders hohen Gebilde sich nach oben hin verjüngen. Nach unten sind die Figuren offen. Eine Ineinanderstellung der Figuren ist hier wieder stärker vorhanden. Das Flachrelief ist erneut durch schwache Bodenwellen und horizontale Schraffenreihen wiedergegeben. Auf eine Darstellung der Küstensteilhänge wird hier allerdings verzichtet.

In der Darstellung des Ducheti (vgl. Abb. 8.3) ist im Gegensatz zu den bisher erwähnten Beispielen eine erhebliche Schematisierung der Bergformen festzustellen, obwohl diese in Höhe und Breite ebenfalls untereinander differieren. In den anderen vier Darstellungen zeigen sich die einzelnen Figuren weitgehend individuell gestaltet und stellen überwiegend phantasievolle, nicht der Natur entsprechende Gebilde dar. Hier dagegen wurde eine einheitliche Form der Erhebungen gewählt, die der Maulwurfshügelmanier entspricht und somit methodisch-zeitlich eher einen Rückschritt in der kartographischen Wiedergabe der Oberflächenformen darstellt. Obgleich als Seitenansicht konzipiert, weisen fast alle Kuppen eine dreidimensionale, pyramidenförmige Gestalt auf. Sie sind einheitlich von links her – hier von Tramontana – beleuchtet, wobei ihre Schatten im Kernbereich grundsätzlich mit schräger Kreuzschraffur in Falllinien- und horizontaler Richtung, im Übergangsbereich mittels horizontaler Strichschraffur angelegt sind. Eine feine Schraffenreihe schließt die Figuren an der Basis der beleuchteten Seite weitgehend ab. Die Art der Darstellung – vor allem die Gleichmäßigkeit der Form und der Schattenwiedergabe, bei nicht allzu großen Höhenunterschieden, sowie deren häufige Ineinanderstellung im Raum – lässt die Berggruppen kompakter erscheinen und vermittelt dadurch eher den Eindruck vom Auftreten geschlossener Gebirgszüge, nicht zuletzt durch die Tatsache, dass das flachwellige Relief mittels niedriger, weit geschwungener sowie feiner Bodenwellen charakterisiert wird und die Kuppen auf diese Weise relativ hervorgehoben erscheinen lässt. Auf Cabrera und den kleineren Inseln fehlt jede Art der Reliefdarstellung. Steilwände an der Küste werden wie bei Bertelli nicht veranschaulicht.

In allen Darstellungen ist die Küstenlinie in ihrem Verlauf mit Schraffen belegt. Wie vorne unter 8.5 erwähnt dienen sie einerseits zur besseren Trennung von Land- und Meeresfläche, andererseits sollen sie aber auch – zumindest in einigen dieser Karten – die etwaige Neigung der Küste zum Ausdruck bringen. Dieser Eindruck wird hauptsächlich in den Karten des Lafreri und des Camocio vermittelt, in denen die Striche in unterschiedlicher Lage an die Küstenabschnitte angebracht sind. Steile Küstenpartien werden, wie oben ausgeführt, in beiden Karten durch senkrechte Striche zwischen zwei parallel zur Küste verlaufenden Begrenzungslinien veranschaulicht. Horizontale bis schräge Schraffen stehen eher für relativ flache Abschnitte. Während bei der Camocio-Karte kurze Striche vorkommen, werden bei Lafreri verhältnismäßig lange (ca. 5 mm) Schwungschraffen eingesetzt, deren Anordnung vorwiegend senkrecht zur Küstenlinie erfolgt. Ebenso mehr oder minder senkrecht zum Küstenverlauf stehende, geringfügig kürzere (2 - 3 mm) Schraffen zeigt die Darstellung aus Helsinki. Bertelli und Ducheti verwenden dagegen nur kurze, parallel angeordnete Striche in horizontaler Lage.

8.8 Bodenbewachsung/Bodennutzung (und Fauna)

Die Bodenbewachsung wird in allen fünf Karten mittels mehr oder minder weitgestreuter, bildhafter Zeichen verschiedener Größe und Form zum Ausdruck gebracht. Eine jeweils aus den Karten zusammengestellte Auswahl wird in Abb. 8.13 veranschaulicht. Am häufigsten kommen Baumzeichen vor, deren Schattengebung derjenigen der Geländedarstellung entspricht. In der Regel sind sie im Flachrelief – auf Bodenwellen oder Verebnungen – zu finden und füllen auf diese Weise das berglose Inselgebiet.

Sowohl in der Karte des Lafreri als auch im Beispiel Lafreri[H] sind ausschließlich Zeichen für Bäume eingesetzt und relativ gleichmäßig auf die Inselfläche verteilt, vorrangig jedoch im oberen und im zentralen Teil. Auf diese Weise ergibt sich in Ergänzung zur Gelände- und Siedlungsdarstellung ein zusammenhängendes Landschaftsbild (vgl. Abb. 8.1 u. Abb. 8.2). In der Lafreri-Karte sind unter den über 60 Bäumen drei bis vier Arten auszumachen, deren Zeichen für die im Mediterranbereich typische Baumflora (Steineichen, Zypressen, Kiefern/Pinien u. a.) zu stehen scheinen. Im Gegensatz zur Lafreri-Darstellung, in der die relativ steif dargestellten Baumzeichen, obwohl in der Regel verschieden groß, sich häufig wiederholen, zeigt die Lafreri[H]-Karte lediglich 29 eher individuell geformte Gestalten, bei denen sowohl lang gestreckte als auch gerundete Baumkronen überwiegen und wiederum wohl vorrangig Zypressen und Pinien zum Ausdruck bringen sollen. Ihre Schattierung ist einheitlich auf der jeweiligen linken Seite zu finden. Auf den Nachbarinseln Dragonera und Cabrera sowie auf den kleineren umliegenden Eilanden kommen in beiden Karten keine Bäume zur Darstellung.

Bertelli und Camocio verwenden ebenfalls Bildzeichen, ihre Anzahl entspricht etwa derjenigen des Helsinki-Beispiels (vgl. Abb. 8.4 u. Abb. 8.5). Die Form und die Menge der Zeichen – bei weniger Baumarten – ist in beiden Darstellungen sehr ähnlich. Auch ihre Verbreitung im Raum, die sich vorwiegend auf den oberen Kartenteil einschließlich der Insel Dragonera konzentriert, ist weitgehend identisch. Außer Baumzeichen sind in beiden Darstellungen sich ähnelnde busch- und strauchartige Gebilde auszumachen, die gegenüber der Baumvegetation stark zurücktreten. Die Camocio[P]-Karte aus Paris weist einige Buschzeichen weniger auf als die übrigen Darstellungen des gleichen Verlegers.

Ausschließlich Busch- oder Strauchzeichen und keine Bäume setzt Ducheti in seiner Karte ein (vgl. Abb. 8.3). Die hier verwendeten, fast gleichartigen Zeichen sind klein und feingliedrig, beleben mit Sicherheit das flachwellige Relief, auf das sie beschränkt sind, und heben dafür aber den kuppigen Bergformenschatz hervor.

Ergänzend zur natürlichen Vegetation sind an einigen Stellen vorrangig feine, horizontale, bei Lafreri und Camocio zum Teil gewellte Strichpakete auszumachen, bemerkenswerterweise bis auf das Lafreri[H]-Beispiel in allen vier übrigen Karten an gleicher Position. Ihre Anzahl und Anordnung ist jedoch verschieden, am dichtesten wohl bei Lafreri und in der Helsinki-Karte, gebietsweise am ausgedehntesten und am regelmäßigsten bei Ducheti. Im Helsinki-Beispiel sind sie am stärksten unterhalb der Ortssilhouette von *Maiorica* zu finden. Vermutlich sollen hiermit Ackerflächen wiedergegeben werden. Selbst ein eingegrenztes Feld unterhalb der Ortschaft *Alcudia* wird in den fünf Darstellungen weitgehend gleichartig mit einer Reihe fast kreisförmig angeordneter senkrechter Striche für eine Art Umzäunung veranschaulicht, Striche, die bei Lafreri vergleichsweise relativ lang ausgefallen sind. Gemäß DAINVILLE (1964: 199f.) könnte es sich hierbei um ein durch Hecken oder ähnliches umschlossenes Areal, eine Art Baumgarten wie er es übersetzt bezeichnet, handeln, in denen das Wild zum Zwecke der Jagd gehalten wird. Aufgrund der eingetragenen Ackerfurchen ist aber eher an ein geschütztes, agrarisch genutztes Feld zu denken.

282

Lafreri
(WLB Stuttgart)

Lafreri[H]
(HYK Helsinki)

Bertelli
(NL Chicago)

Ducheti
(BL London)

Camocio
(FWWK Wolfegg)

Abb. 8.13 Darstellung der Bodenbewachsung in den Karten der verschiedenen Autoren. Wiedergegeben in Originalgröße mit Genehmigung oben genannter Bibliotheken (vgl. Abb. 8.1 - 8.5).

Fauna ist ausschließlich in der Lafreri-Karte zu finden. Nur an vier Stellen des unteren Kartendrittels sind kleine Bildzeichen für Tiere bzw. Tierköpfe (Hasen) wenig hervortretend zur Darstellung gekommen; von Hasen ist häufig in den Begleittexten die Rede.

8.9 Siedlungsbild

Bemerkenswert ist in allen diesen Karten besonders die Darstellung der Siedlungen. Im Gegensatz zu den Manuskriptkarten – ausgenommen einige in den Ausgaben des Kitāb-i Baḥrīye des Pīrī Re'īs – und den Darstellungen des Bordone und des Santa Cruz, in denen die Orte durch mehr oder minder schematische Aufrisszeichen zur Darstellung kommen, sowie ähnlich der Karte im Honterus-Werk erfolgt hier die Wiedergabe der Siedlungsplätze mittels bildhafter Darstellungen, in der Regel im Aufriss, seltener in Schrägansicht (vgl. Abb. 8.1 - Abb. 8.5). Die Unterbringung aller Siedlungszeichnungen im Kartenbild ist in den fünf genannten Beispielen weitgehend identisch. Unter diesen Siedlungen treten vor allem die größeren hervor, deren Charakteristikum ihre Lage im Bereich der Küste ist, während im Innern der Insel keine dargestellt sind. Diese, vorwiegend als Ortsansichten veranschaulichten Siedlungsplätze werden kunstvoll herausgearbeitet (Abb. 8.14), was nicht zuletzt auf die analog der Geländedarstellung vorgenommene Schattengebung zurückzuführen ist, die zumindest teilweise eine dreidimensionale Wirkung hervorruft. Obgleich die Zusammenstellung der Ansichtsbilder weitgehend willkürlich erfolgt, scheinen einige wenige Bauten daraus der Wirklichkeit näher zu kommen. Aus dem Rahmen fällt in dieser Hinsicht das Beispiel Lafreri[H], in dem außer der Hauptstadt drei weitere große Orte mittels zweidimensional kastellartig gestalteter Aufrissbilder zur Darstellung gebracht werden, eine Wiedergabeart, die nicht zur Darstellungsweise des übrigen, weitgehend dreidimensional veranschaulichten Inselinhalts passt und sogar zur Annahme führen könnte, diese Gebilde seien anstelle ursprünglicher Versionen zu einem späteren Zeitpunkt eingefügt. Die größten Siedlungen sind in allen fünf Karten mit ihren Namen versehen (vgl. 8.11) und werden dadurch zusätzlich hervorgehoben.

Allen voran ist der Hauptort *Maiorica* herauszustellen, dessen Bedeutung als Hauptstadt alleine schon durch die in jeder dieser Karten wiedergegebenen Größe des Ansichtsbildes, seiner Bauten sowie nicht zuletzt durch seine Beschriftung zum Ausdruck kommt (s. auch 8.11). „Maiorica" ist der aus dem Römischen stammende und nach der vieljährigen arabischen Herrschaft wieder verwendete

Name, der im Mittelalter zur katalanisch-mallorquinischen Bezeichnung „Ciutat de Mallorca" oder „Ciutat de Mallorques" – eine Übersetzung von Medina Mayurqa – für die Hauptstadt führte, die heutzutage unter Palma de Mallorca bekannt ist. Auf diese, ebenfalls aus dem Römischen herrührende Bezeichnung Palma wird auch im Kartuschentext eingegangen, wenn dort von „Eius Metropolis ... eodem nunc nomine quo et insula prius [ut fertur] Palma vocata ..." die Rede ist. Obwohl in der Karte an der Südküste (hier im „Mezo di") angebracht und in der Natur im SW-Bereich gelegen – die Ortsansicht nimmt in ihrer Längserstreckung in der Karte etwa die Hälfte der Inselbreite ein –, wird die Ortschaft im oben genannten Text als nach NE gewandt („... Metropolis ad Orientem Solem Septentrionem versus") und mit einem guten Hafen („optimo portu") ausgestattet beschrieben. Auf diesen Hauptort bezogen weist der Kartuschentext auch darauf hin, dass Palma eine Universitas sei. Hier lehre auch der berühmte Ramón Llull (Lulius) (1233 - ca. 1315). Nach NORDENSKIÖLD (in SUREDA BLANES 1969: 11) gilt der weit zu Land und Wasser gereiste Gelehrte Ramón Llull, Gründer der missionaren Sprachenschule von Miramar auf Mallorca, zumindest als der „spiritus rector" der Portolane, jener spätmittelalterlichen bzw. frühneuzeitlichen seekartographischen Darstellungen. Nach WIESER (1899: 189) – ebenso NORDENSKIÖLD (1899: 16) folgend – ist Ramón Llull („Raimundus Llullus") der Verfasser des „Normal-Portulans", des angenommenen Portolan Prototyps. Aufgrund seines Wissensdurstes sei Llull stets auf dem aktuellsten Stand des Navigationswesens gewesen.

Die Ortsansicht von *Maiorica* (vgl. Abb. 8.14) vermittelt in den Darstellungen des Lafreri, des Beispiels aus Helsinki und des Camocio den Eindruck einer befestigten Siedlung mit mehreren Stadttoren, spitzen Türmen, Kuppeln und Minaretts, wobei die Silhouetten der beiden erstgenannten Karten sich sehr ähneln; die Lafreri[H]-Darstellung zeigt auf der linken Seite mehr Türme. An der Basis des jeweiligen Ortsbildes gelangt von der Tramontana-Seite her der oben erwähnte Torrente in die Stadt und scheint diese bis an die Küste im Mezo di zu durchziehen, nicht im Falle der Lafreri[H]-Karte, bei der das Stadtbild weiter von der Küste entfernt eingetragen ist. Weniger befestigt wirkt das Stadtbild bei Bertelli. Es wird eher von Häusern und Türmen beherrscht, deren graphisch nicht einwandfreie Wiedergabe die Ortsansicht unruhig erscheinen lassen. Keinerlei Befestigungscharakter zeigt die Darstellung der Stadt bei Ducheti. Hier überwiegen – bei gleicher Grundlänge des Ortsbildes – Wohnbauten und Kirchtürme in kompakter Anordnung und einseitig konsequenter Schattierung, deren Basis von einer Horizontalen aus kurzer schräger Strichschraffur gebildet wird.

In den Karten des Lafreri, Bertelli, Ducheti und Camocio folgen vier weitere Ortsansichten (vgl. Abb. 8.14), die deutlich kleiner sind als diejenige der Hauptstadt und ebenso wie diese jeweils auf einer Horizontalen stehen. Es handelt sich ausschließlich um die entlang der Küste eingetragenen und hier nach der Größe ihres Ansichtsbildes aufgeführten Siedlungen *Cala Figuera, Alcudia, Palomera* und *Soller*. Im Beispiel Lafreri[H] werden die beiden ersten Orte sowie *Soller* jeweils mit einem zweidimensionalen, aus Backstein-Mauerwerk bestehenden Kastellzeichen, dessen Größe auch in der genannten Reihenfolge abnimmt, veranschaulicht (vgl. Abb. 8.2), ein Fremdkörper, der die Vermutung aufkommen lässt, dass diese Karte in Ergänzung zu dem oben Gesagten im Vergleich zu den anderen Darstellungen jüngeren Datums sei und sogar eine Kopie der ihr am nächsten kommenden Lafreri-Karte sein könnte. Diese vier aufgeführten Orte erscheinen auf all den genannten Kartenbildern beschriftet (s. dazu auch 8.11).

Cala figera oder *Cala Fighera* weist erstaunlicherweise und auch im Gegensatz zu *Caliafigera* in der Karte des Honterus, aber analog zu den verschiedenen, an dieser Stelle anders bezeichneten Silhouetten in den Darstellungen des Pīrī Re'īs, das größte Bild unter den zuletzt erwähnten Ortsansichten auf, womit offensichtlich auf die Bedeutung dieser Siedlung zur damaligen Zeit hingewiesen werden soll. Die Silhouette ist im Innern einer hier nicht näher bezeichneten Bucht eingetragen, die mit der heutigen, im SE der Insel gelegenen Cala Figuera, einem schmalen, Y-förmigen, seitlich von Steilwänden begrenzten Meereseingang (= Cala) übereinstimmt, in dessen Schutz sich ein kleiner Fischerhafen gleichen Namens befindet. Cala Figuera bildet – wie bereits unter 5.9 erörtert – heute den Hafen zur weiter landeinwärts gelegenen und hier mit Sicherheit gemeinten Siedlung Santanyí, die um 1300 gegründet wurde und deren Ortsmauern, von denen noch geringe Teile erhalten sind, sie vorwiegend gegen die aus nächster Nähe (Cabrera) agierenden Piraten schützen sollte. Da Cala Figuera aus strategischen Gründen vorrangig für die Navigation Vorteile bot und als Verladehafen für den in der Nähe abgebauten weißen Kalksandstein Bedeutung erlangt hatte, ist es durchaus möglich, dass der Kartenautor eher den Hafenbereich betonen wollte. Andererseits kann es sich ohne Weiteres bei der Größe des Siedlungsbildes auch um eine Übernahme der Bedeutung des Ortes aus älteren oder etwa gleichaltrigen Wiedergaben anderer Autoren handeln, wie es möglicherweise die Beispiele des Pīrī Re'īs (vgl. 5.9) sein könnten. In den Darstellungen von Lafreri, Bertelli und Camocio erscheint dieser Ort relativ stark mit Mauern und Türmen befestigt, bei Ducheti dagegen wirkt die Siedlung wenig wehrhaft geschützt; hier setzen Häuser und Türme als Rundbauten das Ortsbild zusammen. In der Lafreri[H]-Karte wird die

| Maiorica | Cala figera | Alcudia | Palomera | Soller |

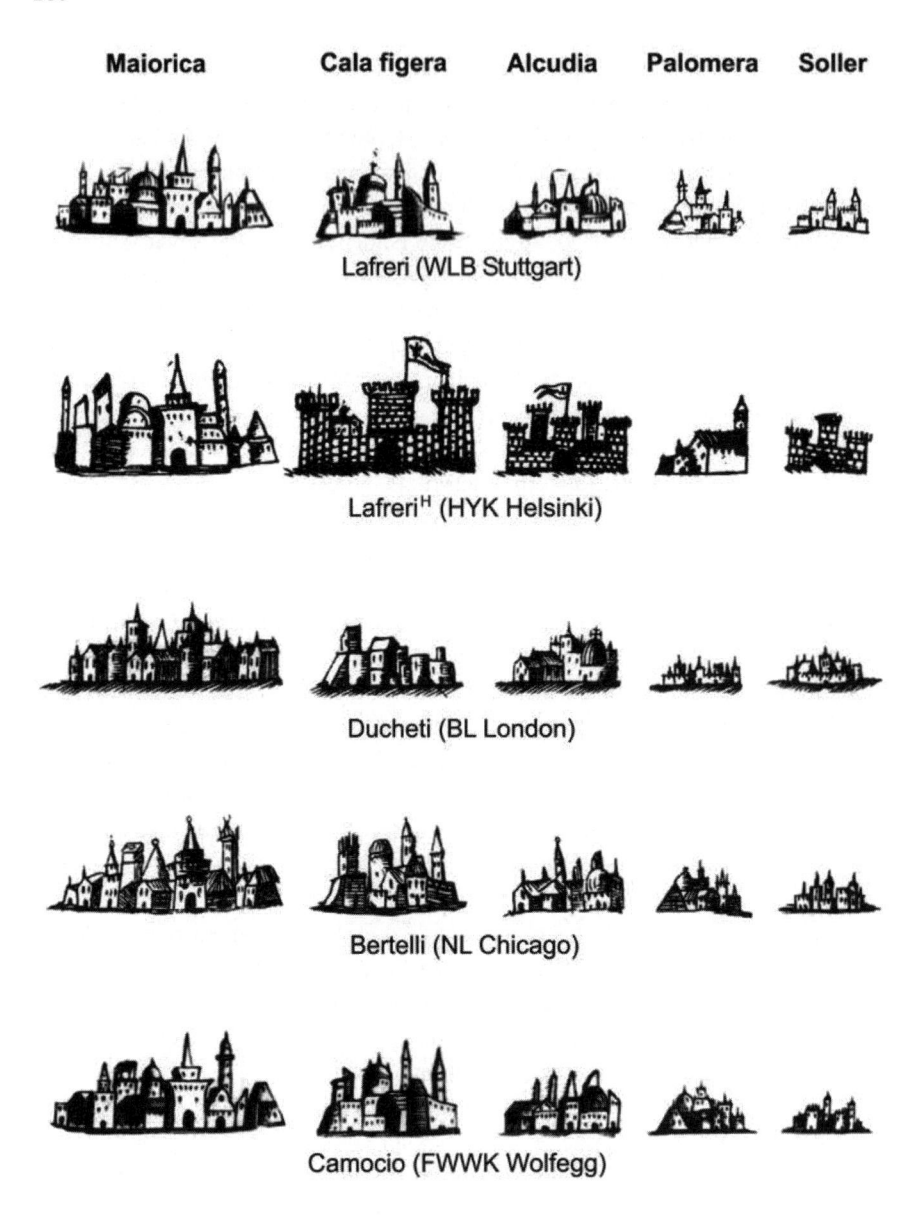

Lafreri (WLB Stuttgart)

Lafreri[H] (HYK Helsinki)

Ducheti (BL London)

Bertelli (NL Chicago)

Camocio (FWWK Wolfegg)

Abb. 8.14 Gestaltung der wichtigsten Siedlungen in den Karten der verschiedenen Autoren. Wiedergegeben in Originalgröße mit Genehmigung oben genannter Bibliotheken (vgl. Abb. 8.1 - 8.5).

Ortschaft mit Hilfe eines Kastellzeichens veranschaulicht, welches unten in der Mitte ein Stadttor, drei zinnengekrönte Türme sowie ein weiteres Gebäude im Bereich der Mauer aufweist. Über dem höheren Zentralturm von Cala Figuera weht ein Banner. Weniger ist anzunehmen, dass hier eine Verwechselung mit der nahe gelegenen Festung Santueri vorläge.

Die nächstkleinere Ortsansicht steht für *Alcudia*, eine Siedlung, die 1523 durch Karl V. Stadtrechte erlangt. Während in den Karten der Lafreri-Atlanten und des Camocio dieser Ort durch ein stattliches Siedlungsbild veranschaulicht wird, kommt er in den älteren Darstellungen des Martellus hauptsächlich durch seine Beschriftung, bei Santa Cruz und Honterus nur durch ein Zeichen mittlerer Größe zum Ausdruck. Besonders eindrucksvoll erfolgt, wie unter 5.9 erläutert, die Wiedergabe dieses Standorts in mehreren Karten des Pīrī Re'īs sowohl der 1. als auch der 2. Version. In den besprochenen fünf Kartenbeispielen ist Alcúdia an dem zur Albufera zählenden See – Lagunenlandschaft – eingetragen und liegt nahe der Tramontana-Küste. Die korrekte Lage dieses Ortes wäre allerdings im oberen Teil der hier vorhandenen größeren Bucht zu suchen. Das Ortsbild als solches zeigt bei Lafreri und Camocio eine Befestigungsfront mit mehreren kleinen Ortstoren. Eine in der entsprechenden Silhouette der Karten auftretende Kuppel trägt bei Ducheti zusätzlich ein griechisches Kreuz. Die Lafreri[H]-Darstellung weist hierfür wiederum ein aus Backstein-Mauerwerk bestehendes Kastellzeichen auf, das fünf schmale, verschieden hohe Türme zeigt und dessen zentraler Turm wie die äußeren niedriger ist als die beiden mittleren und ebenfalls einen Banner trägt.

Im Bereich des oberen Kartendrittels befinden sich die zwei kleinsten beschrifteten Ortsansichten dieser Vierergruppe. Dazu gehört *Palomera*, die wüstgefallene Ortschaft, deren damalige Bedeutung offensichtlich durch die Größe des Bildes zum Ausdruck gebracht werden soll. Die Siedlung *Palomera* zeigt sich in vier der fünf Kartenbeispiele als befestigter Ort mit Türmen, Zinnen und Toren, bei Ducheti sogar mit einer vorgelagerten, langgezogenen Mauer. Im Helsinki-Beispiel wird sie mit einer dreidimensional dargestellten Kirche mit Turm, Schiff und Nebengebäude veranschaulicht. Die Eintragung der Siedlung in das Kartenbild ist nicht korrekt; sie gehört in die Nähe der Insel Dragonera. Am jetzigen Punkt der Karte müsste eher der Ort Valldemossa liegen – auch wenn zu weit zur Tramontana hin –, auf dessen königliches Schloss, Kirche und Karthause die Aufbauten des Ortsbildes von *Palomera* hinweisen könnten.

Ähnlich Palomera ist bei Ducheti das Ortsbild von Sóller ausgefallen; der Ort wirkt hier stark befestigt. Die Lage der Siedlung nahe eines Torrentes („Torrent Major") und einer der größten, hier nicht näher bezeichneten Buchten ist durchaus korrekt, wenn damit die gleichnamige Bucht gemeint sein soll. Im Vergleich zur Wirklichkeit ist diese Bucht wiederum zu weit zur Tramontana hin verlagert. Während bei Ducheti *Soller* als Ortsbild geringfügig größer als dasjenige von *Palomera* zur Darstellung gebracht wird, ist bei Lafreri, Bertelli und Camocio das Größenverhältnis gerade umgekehrt gegeben. In der Lafreri[H]-Karte ist an dieser Stelle ein dreitürmiges, zinnengekröntes Kastell aus Mauerwerk eingetragen, dessen mittlerer Turm die beiden seitlichen überragt.

Außer den genannten Ortsansichten sind in den Karten zusätzlich kleinere Siedlungsplätze eingezeichnet. Abb. 8.15 zeigt eine Zusammenstellung der in diesen Karten vorkommenden Zeichen, von denen jeweils die letzten drei auf Dragonera und Cabrera eingetragen sind. Sie tragen alle keine Namen, befinden sich aber in der Regel auch in unmittelbarer Küstennähe. Unter ihnen sind im oberen Inselbereich und auf der Dragonera einige burg- bzw. kastellartige Zeichen, deren schräg gestellte Basislinie vermutlich auf eine Lage am Hang hinweisen soll. Einige wenige dieser kleinen Siedlungsplätze lassen ihre Namen aufgrund ihrer Lage zum Küstenverlauf, speziell zu Buchten und Kaps, erahnen, andere sind eher mit Hilfe in der Nähe eingetragener geographischer Bezeichnungen bestimmbar.

Vom Hauptort *Maiorica* ausgehend lassen sich im Uhrzeigersinn folgende Siedlungsplätze ausmachen, die hier mit ihren heutigen Bezeichnungen aufgeführt seien: Ses Salines oder Colonia San Jordi, Portocolom oder Felanitx, Portocristo oder Manacor, wozu auch das nahe gelegene Kap mit der Bezeichnung *Monacur* bzw. *monacur* ein Hinweis sein dürfte. Beim letztgenannten Siedlungsplatz könnte es sich durchaus auch um die Festung Santueri handeln, zumal die Schrägstellung der beiden Bildbasislinien möglicherweise, wie oben angedeutet, auf Hanglage von Mauern hindeuten kann. Es folgen weiter Capdepera, Pollença sowie die im Bereich zwischen der vorgelagerten Insel Dragonera und Mallorca gelegenen Sant Elm und Andratx als auch Santa Ponça und Portals Vells, deren genaue Zuordnung allerdings Schwierigkeiten bereitet.

Darüber hinaus ist bis auf das Ducheti-Beispiel auf der Nachbarinsel Cabrera ein burgartiges Zeichen eingetragen, das die dort tatsächlich vorhandene Festung deutlich zum Ausdruck bringt. Bei Ducheti ist die Inselfläche freigelassen.

Lafreri	Lafreri[H]	Ducheti	Bertelli	Camocio
(WLB Stuttgart)	(HYK Helsinki)	(BL London)	(NL Chicago)	(FWWK Wolfegg)

Abb. 8.15 Gestaltung der kleineren Siedlungsplätze in den Karten der verschiedenen Autoren. Wiedergegeben in Originalgröße mit Genehmigung oben genannter Bibliotheken (vgl. Abb. 8.1 - 8.5).

Zeltartige Zeichen für vermutlich zeitweise genutzte Behausungen sind in allen diesen Darstellungen nur im Küstenbereich des oberen Kartendrittels und auf der Insel Dragonera zu finden.

8.10 Meeresfläche

Der Meeresbereich ist in den einzelnen Karten weithin verschieden gestaltet (vgl. Abb. 8.1 - Abb. 8.5). Während Lafreri, die Helsinki-Karte und Bertelli die Meeresfläche mittels einer feinen, überwiegend horizontalen, aber unregelmäßig gestrichelten und zum Teil auf Lücke stehenden Schraffur anlegen, erfolgt in den Darstellungen des Camocio die Füllung in Strichschraffur wesentlich gleichmäßiger, in horizontalen und in der Regel parallelen Reihen. Ducheti setzt als einziger zur Flächenfüllung feine, verhältnismäßig weit auseinander liegende, zu schwungvollen Reihen angeordnete Punkte ein. In der Lafreri-Darstellung greifen von rechts her Ausläufer der gestrichelten Schraffur etwa auf ein Fünftel der Kartusche über, so dass man fast an eine nachträgliche Einsetzung dieses rechteckigen Feldes denken muss.

Zusätzlich kommen in den Meeresflächen dieser Karten bildliche Darstellungen zum Einsatz (Abb. 8.16). So zeigt Lafreri ein Seeungeheuer, das seinen Kopf aus dem Wasser streckt, Galeeren mit ihren Heckaufbauten und Ruderreihen, eine mit Außenbeplankung versehene Kogge sowie zwei Fischerboote unterschiedlicher Größe und Form, was mit Sicherheit auch ein Hinweis auf den Fischfang sein soll. Das dreiecksförmige Lateinsegel lässt die Boote als Feluken deuten. Die Figuren im Lafreri[H]-Beispiel scheinen weitgehend von der Lafreri-Karte herzurühren. Übernommen werden vermutlich das fast gleichaussehende Seeungeheuer und die Galeeren. Anstelle der Kogge schmückt eine größere, bemannte und auf dem Bugspriet mit Fahne versehene Galeere die Fläche dieses Raumes.

Camocio zeigt zwei Galeeren, die mit Fahnen bestückt sind. Eine davon lässt die zahlreichen Ruderreihen nach beiden Seiten erkennen und weist ein gespanntes Dreieckssegel auf. In der Darstellung des Bertelli sind ebenfalls nur zwei Schiffe zu finden. Nahe der Bucht von Sóller ist eine bemannte Galeere mit ihrem zentralen Mast, dem markanten Heckkastell sowie dem Ruderpark auszumachen. Im Bereich der Bucht von Alcúdia-Pollença liegt ein Segelschiff – eine kleine zweimastige Karavelle oder Karracke mit schnabelförmigem Bug, Heckkastell und

291

Lafreri (WLB Stuttgart)

Lafreri[H] (HYK Helsinki)

Bertelli (NL Chicago)

Camocio (FWWK Wolfegg)

Abb. 8.16 Figürliche Darstellungen im Bereich der Meeresfläche in den Karten der verschiedenen Autoren. Wiedergegeben in Originalgröße mit Genehmigung oben genannter Bibliotheken (vgl. Abb. 8.1 - 8.5).

Mastkorb –, das sich kurioserweise von der Insel abzuwenden scheint, d. h. in Richtung Tramontana driftet, was eventuell auf den Handel, aber auch auf kriegerische Auseinandersetzungen vor allem in Zusammenhang mit der Piraterie schließen lassen könnte, Veranschaulichungsarten, die an manche Karte aus den Pīrī Re'īs-Ausgaben der 2. Version erinnern. Ducheti verzichtet bereits auf derartige Bildzeichen in der Meeresfläche und hebt dementsprechend relativ stark die Darstellung im Bereich der Landmasse hervor.

8.11 Schriftbild

In den Mallorca-Karten der sogenannten Lafreri-Atlanten kommt vorrangig die Renaissance-Antiqua zur Anwendung. Die im Kartuschefeld in Versalien jeweils zentriert angebrachte Bezeichnung der Karten „De Maiorica Insvla" ist als Titelzeile im Vergleich zur Größe der Gesamtdarstellung verhältnismäßig klein ausgeführt (vgl. Abb. 8.1 - Abb. 8.5). Es folgt – bei Lafreri, in der Lafreri[H]-Karte und bei Ducheti optisch etwas abgesetzt – der oben erwähnte, bei allen fünf Darstellungen weitgehend gleichlautende lateinische Erläuterungstext in unterschiedlicher Breite und teilweise unterschiedlicher Anordnung. Der in der Regel neunzeilige Text ist bei Lafreri und Ducheti im Blocksatz angelegt, in den anderen Darstellungen sind die Zeilen verschieden lang. Verlegernamen und Jahresangabe sind bei Ducheti in der letzten Zeile angegeben (vgl. Abb. 8.3), während Bertelli den Namen deutlich absetzt (vgl. Abb. 8.4). Bei den Camocio-Darstellungen ist die Angabe „apud Camocium" zu erkennen, entweder einwandfrei oder weniger deutlich (vgl. Abb. 8.6). In einigen Fällen sind sogar, wie vorne erläutert, nur noch Schabspuren des beseitigten Namens festzustellen.

Der Kartuschentext als solcher ist in einer gemischten Schrift in schwach geneigter Kursivlage gestochen, nur in der Bertelli-Karte wird er senkrecht wiedergegeben. Die an erster Stelle des fortlaufenden Textes stehende Inselbezeichnung „Maiorica" ist, bis auf die Darstellungen des Camocio, wie oben gesagt zur Hervorhebung in Versalien angelegt. Die Schrift des Textes weist bei Lafreri und im Lafreri[H]-Beispiel gegenüber derjenigen der anderen Karten eine höhere Mittellänge auf; bei Satzanfängen sowie bei geographischen Begriffen und Eigennamen beginnt sie mit Großbuchstaben. Ober- und Unterlängen sind bei den Karten des Camocio besonders lang ausgebildet.

Ausschließlich in Versalien – bei Ducheti geringfügig gesperrt – sind auch die

Angaben der Himmels- bzw. Windrichtungen. Die größten Buchstaben mit ca. 4 mm Höhe zeigt die Karte aus Helsinki, es folgen mit ca. 3 mm hohen Buchstaben die Karten des Lafreri sowie Ducheti, noch kleiner (± 2 mm) sind die Größen bei Bertelli und Camocio. Die vier Richtungsangaben sind jeweils innerhalb des Kartenfeldes und längs des Kartenrahmens angeordnet, wobei die Bezeichnungen „Tramontana" und „Mezo di" bzw. „Ostro" bei Ducheti sich spiegelbildlich gegenüberstehen. Seitenverkehrt ist auch das „z" bei „Mezo di" in der Lafreri- und der Bertelli-Karte wiedergegeben.

Am auffälligsten ist die im zentralen Bereich der Hauptinsel in der Regel quer über deren Fläche stehende Bezeichnung *Maiorica*. In all den hier in Frage kommenden Karten erscheint dieser Name in senkrecht stehenden Versalien, deren Größe und zum Teil Schriftart sowie dessen Länge allerdings je nach Karte variieren. Den meisten Platz belegt der leicht gesperrte, ca. 68 mm lange und etwa 7 mm hohe Schriftzug bei Lafreri, der fast die volle Inselbreite beansprucht, aber dadurch besonders hervorgehoben erscheint. Im Gegensatz dazu benötigt die gleiche Bezeichnung in der Bertelli-Darstellung mit ca. 31 mm Länge und ca. 3,5 mm Schrifthöhe weit weniger Platz und nur etwa die Hälfte des oben genannten Lafreri-Bildes. In diesem Falle ist der Schriftzug unweit oberhalb des Hauptortes und des Hauptflusses im rechten Inselbereich zu finden. Annähernd Zweidrittel der Inselbreite belegen die entsprechenden, ca. 45 bzw. 50 mm langen und rd. 6 bzw. 5 mm Höhe aufweisenden Beschriftungen in den Karten aus Helsinki bzw. des Ducheti oder des Camocio.

Für die darüber hinaus beschrifteten Nachbarinseln *Dragonera* und *Cabrera* wird bis auf die erstgenannte bei Ducheti, die in Versalien wiedergegeben ist, ausschließlich eine gemischte Schrift verwendet. Aus dem Rahmen fällt bei allen Karten des Camocio die Angabe *C. abrera* für die hier zuletzt genannte Insel, was eher als Kapbezeichnung verstanden werden könnte.

Der Hauptort der Insel Mallorca – hier ebenfalls *Maiorica* – ist wie die Inselbezeichnung in Antiquabuchstaben eingetragen und je nach Karte verschieden beschriftet. Während in den Karten des Camocio und der Lafreri[H]-Darstellung für diese Ortsbezeichnung eine gemischte Schrift angewandt wird, zeigen die übrigen Kartenbilder dafür ausschließlich Versalien. Auch die räumliche Anordnung des Namens ist jeweils unterschiedlich. Den längsten und höchsten Schriftzug zeigt Ducheti, der sich sogar deutlich breiter als die Ortsansicht darstellt. Kleiner bildet sich die Ortsbezeichnung in dem Lafreri[H]-Beispiel ab, noch geringer ist die Höhe in der Lafreri- bzw. Bertelli-Karte, in den ersten zwei Fällen zentriert unter dem Ansichtsbild, im zweiten linksbündig darunter.

Von den kleineren Orten sind, wie zuvor erwähnt, Cala Figuera, Alcúdia, Palomera und Sóller mit Namen versehen, wobei die Schreibweise des erstgenannten unter den Karten geringfügig abweicht, bei Lafreri und der Helsinki-Karte *cala figera*, bei Bertelli und Camocio genauso, nur mit großem „C" und bei Ducheti *Cala Fighera*. Im Vergleich zur Hauptstadt sind die vier Orte in einer kleineren gemischten Schrift angelegt. Die dafür eingesetzten Schriftzüge erfolgen bei Ducheti und Camocio in einer äußerst schwach geneigten, bei Lafreri und Bertelli sowie bei der Karte aus Helsinki in senkrecht stehender Lage, wobei die zuletzt genannte Darstellung die größte Schrift einsetzt. Auffallend sind dabei die übertriebenen Buchstabenober- und -unterlängen. Die Bezeichnungen sind alle deutlich den Ortsbildern zugeordnet und befinden sich mehr oder minder zentriert unter den jeweiligen Ansichten bzw. Aufrisszeichen.

Wie vorne erläutert sind die Kapbezeichnungen je nach Kartenbeispiel in verschiedenen Versionen geschrieben. So geben Lafreri und Camocio *C. formentar* und *C. della preo*, die anonyme Karte aus Helsinki statt des letztgenannten *C. della prea*, Bertelli *C. Formentar* und *C. Della preo* und Ducheti *C. Formentera* und *C. del porco* an. Die ebenfalls in den Karten vorkommende, landeinwärts angebrachte Benennung *Premontor*, bzw. bei Ducheti *Promontor*, steht ähnlich den Manuskriptkarten des Martellus und bei Honterus für den Geländevorsprung an der Punta Negra im W der Insel und stellt wie erwähnt eine typische Eintragung in Karten dieser Zeit dar, eine Bezeichnung, die sogar als Ortsname Verwendung findet. Alleine der Name *C. Saline* ist bei allen fünf Kartenbeispielen identisch und entspricht eindeutig dem Cap de ses Salines an der Südspitze der Insel. Die insgesamt sechs Kap- und Buchtbezeichnungen jeder Karte sind in gleicher gemischter Schrift ausgeführt. Dabei erscheinen *C. formentar* und *C. Saline* in der Lafreri- und in der Lafreri[H]-Karte ebenso wie *Premontor* bzw. *Promontor* schräg von unten links nach oben rechts angeordnet. Die beiden Hafenorte *P. Colombo* und *P. Petro* sind längs der zugehörigen Bucht beschriftet, der letzte davon für den Betrachter in Kopfstellung.

Die Bezeichnung *C. baiol* bzw. *C. Baiol* an einem nicht sehr markanten Vorsprung in der Nähe des Cap de Formentor scheint eine Namensverwechselung mit der heutigen Punta Beca, Punta Galera oder Punta de Covas Blancas zu sein. Cap de Bajolí – entsprechende Benennung für oben genannte Kapbezeichnung –

(oder Cap de Menorca) steht heutzutage für das westlichste Kap der Nachbarinsel Menorca. Ungeachtet dessen, wird diese Bezeichnung häufig auf alten Karten der Insel Mallorca verwendet und sollte sich noch lange Zeit halten (s. 9.5, 11.11 u. 12.5).

Auch das in diesen Karten vorkommende *Monacur* bzw. *monacur*, hier als Kapbezeichnung angebracht, verliert sich in späteren Darstellungen. Dieser Name deutet indirekt auf die unweit davon, am Kopfende einer mittelgroßen Bucht gelegenen und in diesen Karten mittels Silhouette wiedergegebenen, aber nicht näher bezeichneten Ortschaft gleichen Namens (heute Manacor oder Port de Manacor) hin. Eventuell liegt hier auch nur eine ungünstige Anbringung der Ortsbezeichnung vor. Als Kapbezeichnung allerdings angenommen könnte es sich um das an der Bucht von Son Servera gelegene Cap des Pinar oder um die weiter südwestliche, ähnlich weit herausragende Punta de n'Amer handeln.

Als Übersicht und zum besseren Vergleich seien zum Schluss alle ausschließlich im Kartenfeld der jeweiligen Darstellung vorkommenden Toponyme listenmäßig zusammengestellt.

Aktuelle Toponyme	Toponyme in den historischen Karten nachstehender Autoren				
	Lafreri	Lafreri[H]	Bertelli	Ducheti	Camocio
Inseln					
Mallorca	MAIORICA	MAIORICA	MAIORICA	MAIORICA	MAIORICA
Dragonera	Dragonera	Dragonera	Dragonera	DRAGONER	Dragonera
Cabrera	Cabrera	Cabrera	Cabrera	Cabrera	C.abrera
Landvorsprünge					
Cap de Formentor	C. formentar	C. formentar	C. Formentar	C. Formenter	C. formentar
Punta Beca (?)	C. baiol	C. baiol	C. Baiol	C. Baiol	C. baiol
Punta Negra (?)	Premontor	Premontor	Premotor	Promontor	Premontor
Cap de ses Salines	C.saline	C.saline	C.saline	C.Saline	C.saline
Punta de n'Amer (?)	Monacur	menacur	Monacur	Monacur	Monacur
Punta de Capdepera	C. della preo	C. della prea	C. Della preo	C. del porco	C. della preo

Buchten
Portocolom	P. Colombo	p. colomba	P. Colombo	P. Colombo	P. colombo
Portopetro	P. Petro	p. petro	P. petro	P. Petro	P. Petro

Ortschaften
Palma de Mallorca		MAIORICA	Maiorica	MAIORICA	MAIORICA	Maiorica
Cala Figuera		cala figera	cala figera	Cala figera	Cala Fighera	Cala figera
Alcúdia		Alcudia	alcudia	Alcudia	Alcudia	Alcudia
Palomera (wüst)	Palomera	palomera	Palomera	Palomera	Palomera
Sóller	Soller	Soller	Soller	Soller	Soller
(Manacor) (s.o.)	(Monacur)	(menacur)	(Monacur)	(Monacur)	(Monacur)

9 Thomaso Porcacchi da Castiglione

9.1 Autor und Werk

Nur wenige Jahre später veröffentlicht 1572 der Humanist Thomaso Porcacchi da Castiglione in Venedig die 1. Ausgabe seines Isolariums „L'isole più famose del mondo", in dem unter anderem auch die Baleareninseln Mallorca und Menorca in einzelnen Karten zur Darstellung kommen. Das von Girolamo Porro aus Padua gestochene Werk erscheint in gebundener Form in Venedig in mehreren Auflagen, zunächst bei Simone Galignani & Girolamo Porro und ab 1605 bei den Erben des Erstgenannten. Für die Auflage von 1620, die in Padua publiziert wird, zeichnen die Gebrüder Paolo und Francesco Galignani verantwortlich. Wie der Titelblattkartusche zu entnehmen, wird die Arbeit dem illustren Grafen Dr. Georgio Trivltio, Ritter, Graf von Melzo, königlich-herzoglicher Senator, gewidmet; der Vorname des Porcacchi wird in diesem Zusammenhang anstelle von „Tommasso" oder „Tomaso" in oben angegebener Weise niedergeschrieben. In dem hier zur Verfügung stehenden, 202 Seiten umfassenden Originalexemplar von 1576 der BFBM in Palma de Mallorca [Sign.: B 104-B-19] ist auf Seite 36, zu Beginn des Kapitels „Descrittione dell'isola di Maiorica", die Karte der Insel Mallorca mit dem Titel „Maiorica" abgebildet. Für die Druckgenehmigung der Darstellung in dieser Arbeit sei der genannten Bibliothek bestens gedankt. Im Anschluss an die Karte folgt der erläuternde Text dazu (S. 36 - 38). In der älteren Ausgabe von 1572 befindet sich die Maiorica-Karte auf Seite 55.

Porcacchi ist Italiener, gebürtig 1530 aus dem Toskanischen Castiglione Aretino, „hält sich, wie es scheint, eine geraume Zeit in Venedig auf" (JÖCHER 1961), wo er auch 1585 stirbt (GHILINI 1647: 218; BAGROW 1961: 517). Gemäß dem Archivio Biografico Italiano (CAPUTO 1960) ist er Philologe, Schriftsteller sowie Dichter und gehört als Mitglied der Arcadia und der Akademie der „Occulti" von Brescia an. Laut JÖCHER (1750ff. bzw. 1961) „legt er sich mit sonderbarem Fleisse auf die schönen Wissenschaften" und „man hat von ihm italienische Übersetzungen von Pomponio Mela, Quinto Curtio, Justino, Dictye Cretensi und Darete Phrygio". Außer dem hier in Frage kommenden Isolario verfasst Porcacchi gemäß gleicher Quelle eine erhebliche Zahl weiterer Schriften, die er, wie NICERON (1736: 508) ausführt, hauptsächlich in den letzten 30 Jahren veröffentlicht. Das letzte Werk wird posthum von seiner Gemahlin Aurore Blanche d'Este herausgegeben.

Außer den oben aufgeführten Ausgaben des Isolariums erscheinen noch weitere in den Jahren 1590, 1605, 1620 und sogar noch 1686, wie der folgenden Aufstellung in Tab. 9.1 für die ausschließlich in deutschen Bibliotheken vorhandenen Exemplare zu entnehmen ist. Eine Ausnahme bildet die Ausgabe von 1604. Das beschädigte, mit 1575 angegebene Exemplar der ULB Halle gehört vermutlich zur Ausgabe 1576. Für die späteren Ausgaben sind als Herausgeber die Erben des Simon Galignani genannt. Bei der Ausgabe von 1620 ist Padua als Erscheinungsort aufgeführt. Eine Überprüfung und Zusammenstellung der im Ausland vorhandenen Exemplare wurde nicht angestrebt, zumal das Werk weit verbreitet scheint und die hier zu betrachtende Mallorca-Karte in allen Ausgaben keinerlei Veränderungen aufweist.

Tab. 9.1 Isolarium des Porcacchi in deutschen Bibliotheken – gegliedert nach Ausgaben und Bibliotheksorten.

Ausgabe	Ort	Bibliothek [Signatur]
1572	Venedig	SB Berlin [4° Pq 8032] (Kriegsverlust)
		LB Coburg [----] (entwendet 1995)
		BSB München [Res/2 Geo.u. 77w]
		UB München [0014/W 2 H.aux.80]
		UB München [2 Hist. 2053 SB]
		StB Nürnberg [Math.672.2°]
		HAB Wolfenbüttel [M: Ca 4ê 20] (keine Mallorca-Karte)
1576	Venedig	SStB Augsburg [2 Alt 74 (Beibd.1]
		UB Augsburg [02/IV.2.2.24]
		SB Bamberg [JH. Top.f.12]
		SB Berlin [4° Pq 8040ª]
		SLUB Dresden [Geogr. A 211z]
		FLB Gotha [Geogr.4°.829]
		ULB Halle [AB 180045]
		UB Heidelberg [A 730 RES]
		UB Mannheim [Sch 054/364]
		BSB München [Res/2 Geo.u.77x]
		UB München [0001/2 H.aux.81]
		SB Passau [a Sd (b) 11]
		Privatbesitz (s. Antiquariat Reiss & Sohn, 1999)

1590	Venedig	SB Bamberg [Geogr.q.88] LLB Detmold [K 6. 4'] UB Erlangen-Nürnberg [H00/4 G.N.A 96] BA Leipzig [Ld.u.Vk.17-h] BSB München [Res/2 Geo.u.78] WLB Stuttgart [Geogr.qt.816] UB Würzburg [54/A 101.2008]
1604	Venedig	LB Coburg [SchSchAI2/30:1]
1605	Venedig	SLUB Dresden [Geogr. A 213] UB München [0001/2 H.aux.82] WLB Stuttgart [Geogr.qt.817]
1620	Padua	SB Berlin [4° Pq 8045] (Kriegsverlust) SLUB Dresden [Geogr. A 214] NSUB Göttingen [2° Geogr. 702 Rara] UStB Köln [GG3/2490] StB Trier [He 1210 4°]
1686	Venedig	BSB München [Res/4 Geo.u. 84u]

Sieht man von der Kartenausrichtung ab, so ähnelt das Bild – wie noch unter 9.5 auszuführen sein wird – sehr den Darstellungen aus den Lafreri-Atlanten bzw. des Camocio-Isolarios sowie den später folgenden Werken des F. Ferretti von 1579 und des R. Savonarola von 1713, Werke, die mit Sicherheit untereinander als Quelle bzw. als Grundlage Verwendung finden.

9.2 Äußerer Kartenaufbau

Die oben genannte, in Kupferstich angefertigte und in Schwarz/Weiß wiedergegebene Mallorca-Karte (Abb. 9.1) ist als Rahmenkarte angelegt und zeigt als querformatiges Rechteck die Maße 104 mm in der Höhe mal 142 mm in der Breite. Die Maße der Maiorica-Karte in den verschiedenen Ausgaben weichen gegenüber den angegebenen nur wenig ab, eine Differenz, die vermutlich hauptsächlich auf Papierverzug zurückzuführen ist. Den äußeren Abschluss der Karte bildet ausschließlich eine feine Doppellinie, durch deren Gesamtbreite für das eigentliche Kartenfeld nur 102 x 140 mm verbleiben.

Geographisches Institut
der Universität Kiel

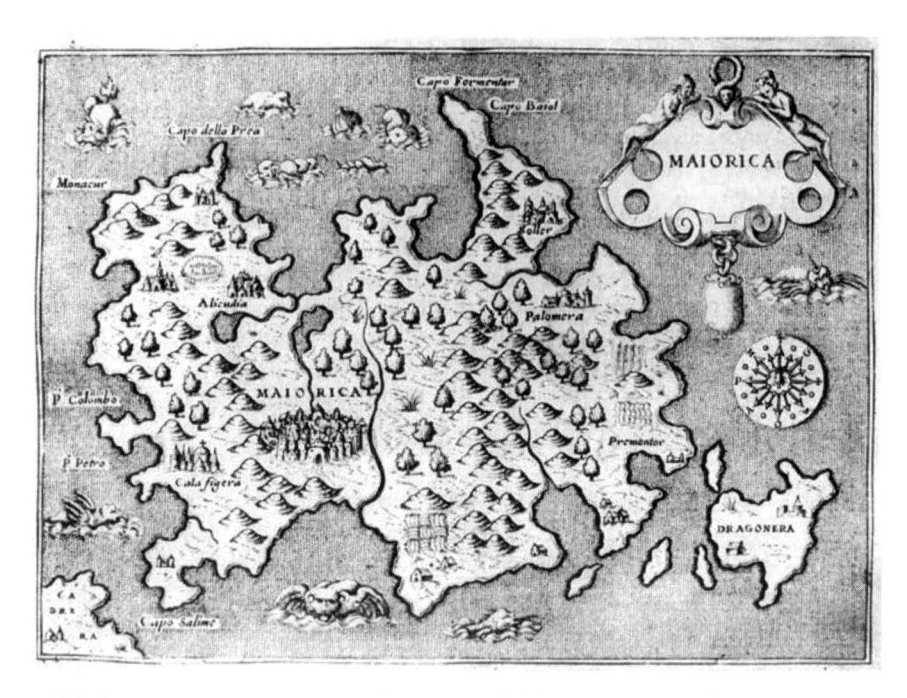

Abb. 9.1 Karte „Maiorica" aus dem Isolarium „L'isole più famose del mondo" von T. Porcacchi da Castiglione; Maßstab des Originals ca. 1:844 000. Verkleinert auf ca. 1:1,1 Mio. wiedergegeben mit Genehmigung der BFBM Palma de Mallorca [Sign.: B 104-B-19].

Neben der erwähnten, unmittelbar oberhalb der Karte vorhandenen Kapitelüberschrift weist die Darstellung mit „Maiorica" auch einen eigenen Titel auf, der sich in der Innenfläche einer dreiecksförmigen Kartusche befindet, die in der oberen rechten Kartenecke untergebracht ist. Diese Kartusche, die keine weiteren Informationen enthält, ist mit Ornamenten, Figuren – einem (Affen?)-Kopf in einer im oberen Teil, zentral angebrachten Öse und zwei liegenden nackten Menschengestalten an den Flanken, einer männlichen links und einer weiblichen rechts – und einem von einer Kette gehaltenen troddelartigen Anhängsel geschmückt. Schattenstriche, vorrangig an der rechten Partie und speziell an den Voluten, geben der Kartusche räumliche Wirkung. Darunter, etwas abgesetzt, kommt eine runde Windrose zur Darstellung, deren Basiskreis zur Hervorhebung auf der rechten Hälfte anschattiert ist.

Das Kartenbild zeigt in der Hauptsache die Insel Mallorca, die hier nicht durch

301

einen eigenen Schriftzug zusätzlich gekennzeichnet ist. In Bezug zum gesamten Kartenfeld ist die Insel etwas exentrisch angeordnet und vorrangig auf der linken Bildhälfte zu finden; sie beansprucht annähernd zwei Drittel der gesamten Kartenfläche. Außer Mallorca kommen in der unteren rechten Kartenecke die Insel Dragonera sowie in deren Nähe vier kleinere Eilande zur Darstellung. Im Kartenwinkel unten links schauen Teile von Cabrera hervor. Beide genannten Nachbarinseln sind mit ihrem Namenszug versehen.

9.3 Lage und Orientierung

Entgegen den hochformatigen Lafreri-Darstellungen ist in der hier besprochenen Karte Mallorca mit seiner Längserstreckung dem Querformat des Bildes angepasst. Die mitveranschaulichten Nachbarinseln – vor allem die größeren – sind der Hauptinsel in etwa korrekt zugeordnet. Aufgrund fehlender Angaben lassen sich jedoch die dargestellten Inseln insgesamt gesehen nicht in einen größeren räumlichen Rahmen einordnen.

Nach den Angaben des dazugehörigen beschreibenden Textes (PORCACCHI 1576: 36) liegt „Maiorica" im Balearischen oder Mittelländischen Meer, etwa eine Tagesschifffahrt vom Festlandspanien entfernt sowie deutlich westlicher als „Minorica", die wesentlich kleinere der beiden dort „Ginnasie" oder „Ginnesie" bzw. „Baleari" oder „Baleariche Isole" genannten Inseln.

Ein Gradnetz fehlt völlig. Darauf wird im oben genannten Text – auf Seite 36f. – durch den Hinweis, dass Maiorica am Ende des 4. Klimas nahe des 11. Parallels gelegen sei und ihr längster Tag 14¾ Stunden betrage, nur kurz Bezug genommen. Eine Angabe der Himmelsrichtungen, wie sie in den ähnlichen Karten aus den Lafreri-Atlanten vorgenommen wird, erfolgt hier nicht.

Der Orientierung dient ausschließlich eine Windrose, die, wie bereits erwähnt, unterhalb der Titelkartusche angebracht ist (vgl. Abb. 9.1). Diese Windrose ist 16-teilig und setzt sich aus verschieden langen, einseitig schattierten Pfeilen für die einzelnen Richtungen zusammen, deren Länge je nach Richtung unterschiedlich ist. Die Haupthimmelsrichtungen sind mit den längeren Pfeilen versehen, vor deren jeweiliger Spitze Anfangsbuchstaben sieben Windbezeichnungen auf Italienisch kennzeichnen: T für Tramontana (N), G für Garbino (NE), S für Scirocco (SE), O für Ostro (S), A für Affricone (SW), P für Ponente (W) und M für

Maestrale (NW); ein griechisches Kreuz steht für Levante (E). Die kürzeren Pfeile für die Zwischenrichtungen zeigen vor ihrem Kopfende in abgesetzter Weise jeweils einen kleinen Kringel. An ihren Schaftenden weisen die gleichen Pfeile zusätzlich kleine Kreise auf, die zusammen mit den Schaftenden der längeren Pfeile einen Innenkreis bilden. Der hier zur Tramontana bzw. nach Norden zeigende Pfeil hat als einziger seinen Anfang im zentralen Kreis, ragt sogar etwas über die Mitte hinaus und weist einen besonders geschmückten Schaft auf. Die gesamte Windrose ruht auf einer weiß unterlegten Kreisfläche, die als solche von der Meeresfläche freigestellt ist und wie erwähnt zur plastischen Herausstellung rechts schattiert erscheint.

Obwohl Tramontana (Nordwind bzw. Nordrichtung) auf der Windrose nach oben zeigt, sind Mallorca und die anderen Inseln nicht korrekt eingeordet (vgl. Abb. 9.1). Zur Tramontana ist hier der tatsächliche NE der Hauptinsel gerichtet, die SE-Küste zeigt demnach nach Ponente, die SW-Küste nach Ostro (S) und die NW-Küste nach Levante (E). Es liegt hier also – ähnlich den besprochenen Lafreri-Darstellungen – eine seitliche Verwechselung von Ponente (W) mit Levante (E) als auch eine beträchtliche Winkelverschiebung bei der Ausrichtung der Insel vor. Um korrekte Verhältnisse zu schaffen, müsste wie bei den Darstellungen aus den Lafreri-Atlanten bzw. des Camocio eine W/E-Spiegelung und eine Rotation des Inselbildes erfolgen (vgl. Abb. 9.5).

9.4 Kartenmaßstab

Auch in der Karte des Porcacchi fehlt jegliche Maßstabsangabe. Ein Maßstab läßt sich demnach nur auf indirektem Wege durch Vergleichsmessungen ermitteln. Da wie bei den Darstellungen aus den Lafreri-Atlanten bzw. des Camocio-Isolario – weniger bei den anderen besprochenen Autoren – das Inselbild stark verformt erscheint, ist eine Maßstabsbestimmung nur unter Inkaufnahme einer erheblichen Ungenauigkeit durchführbar.

Nach digitaler Ausmessung der Inselfläche auf der Karte und Gleichsetzung des Wertes mit dem Naturareal von 3623 km^2 ergibt sich ein linearer Maßstab von rd. 1:842 000. Nach der Vorgehensweise von RUGE (1904: 42), die er zur Maßstabsermittlung bei der Bertelli-Darstellung aus dem Lafreri-Atlas anwandte und die hier wegen der außerordentlichen Ähnlichkeit der Inselbilder eingesetzt werden kann, zeigt sich – allerdings unter Verwendung der korrekten Naturentfernungen von 77,2 km für die N-S-Strecke *(Capo Formentar-Capo Salime)* und 97,2 km für die W-E-Strecke *(Premontor-Capo della Prea)* – ein Maßstab von rd. 1:905 000, ein Wert, der sich als Mittel aus den für beide genannten Strecken bestimmten Maßstäben ergibt und eigentlich, wenn man die ungenaue Form der Insel im Auge behält, nicht allzu stark vom oberen abweicht. Ebenso wie bei den Darstellungen aus den Lafreri-Atlanten und des Camocio sei hier aus Gründen der Lageungenauigkeit des Punktes Punta Negra für die Maßstabsberechnung nur die N-S-Diagonale berücksichtigt. Daraus ergibt sich ein Maßstab zu ca. 1:784 000. Für die weiteren Betrachtungen sei hier ein Maßstab von rd. 1:844 000 zugrunde gelegt, der das Mittel aus den drei bestimmten Werten darstellt.

Vergleicht man dagegen den Küstenumfang auf der Karte mit der entsprechenden Länge der Küste von 463 km in der Natur, so stellt sich ein Maßstab heraus, der mit rd. 1:713 000 stärker von den oben genannten differiert.

9.5 Inselgestalt

Bis auf den maßstabsbedingten Größenunterschied entspricht die hier wiedergegebene Inselgestalt als Ganzes gesehen weitgehend derjenigen der Mallorca-Karten aus den Lafreri-Atlanten bzw. aus dem Isolario des Camocio (vgl. hierzu Abb. 8.1 - Abb. 8.5), nur im Detail lassen sich Differenzen feststellen, so dass davon ausgegangen werden kann, dass vermutlich eine dieser Darstellungen Porcacchi als Vorbild gedient habe und dass demzufolge hieraus eine verkleinerte, zum Teil veränderte Kopie des Inselumrisses abgeleitet ist. Die Inselform der Porcacchi-Karte weicht darum deutlich vom Naturbild ab, aber auch von den vorher besprochenen älteren Darstellungen des Bordone, Pīrī Reʻīs, Santa Cruz und Honterus (vgl. Taf. I, Teil I - IV).

Analog diesen möglichen Vorbildern präsentiert sich die Porcacchi-Karte als ein sehr unregelmäßiges Gebilde. Diese Unregelmäßigkeit und die Tatsache der seitenverkehrten Wiedergabe in ungefährer W-E-Richtung erschweren den direkten Vergleich mit einer aktuellen Darstellung. Trotz starker Verzerrung des historischen Bildes sei dennoch diese Darstellung mit einer aktuellen Karte etwa gleichen Maßstabs verglichen. Es erscheint aber sinnvoll, vor jedweder Gegenüberstellung eine Spiegelung in genannter Richtung vorzunehmen (Abb. 9.2). Beide Karten wären W-E korrekt ausgerichtet, genordet und übereinander zentriert, ihre Areale jedoch nicht deckungsgleich. Um die Detaildifferenzen festzuhalten, ist es

304

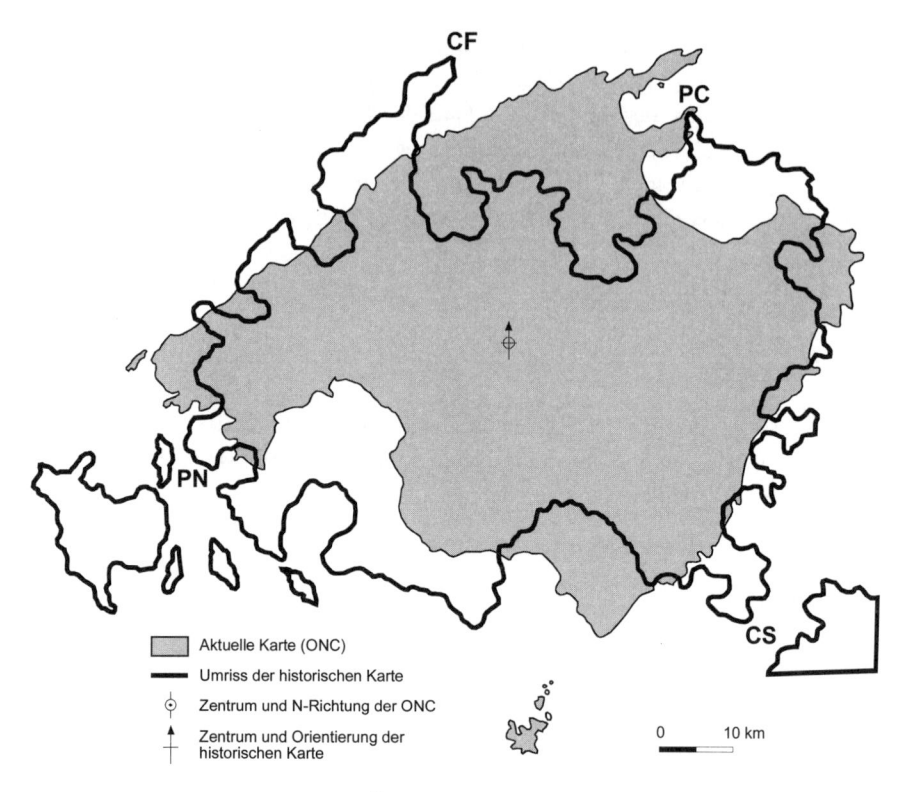

Abb. 9.2 Geometrisch zentrierte Überlagerung der ONC in 1:1 Mio. mit der durch Verkleinerung im Maßstab angepassten, W/E-gespiegelten und nach Kartennord ausgerichteten historischen Darstellung des T. Porcacchi da Castiglione.

angebracht, über die Spiegelung hinaus das historische Bild um einen Winkel von 27° gegen den Uhrzeigersinn zu drehen, wie es Abb. 9.5 dokumentiert.

Zur Erfassung der Entfernungen zwischen den Inselextrempunkten und der dazugehörigen Streckenazimute soll auch hier – analog den Vorgängerbeispielen – eine Schemafigur des historischen Inselbildes die Grundlage bilden und dem entsprechenden Pendant der aktuellen Karte gegenübergestellt werden. Erschwerend kommt allerdings hinzu, dass es auf beiden Karten, ähnlich den Darstellungen aus den Lafreri-Atlanten und des Camocio, nur wenige markante Punkte – auch Extrempunkte – gibt, die man als identisch ansehen kann (Abb. 9.2 u. Abb. 9.3).

Die Verbindungsstrecken und ihre Azimute sind der Schemafigur zu entnehmen

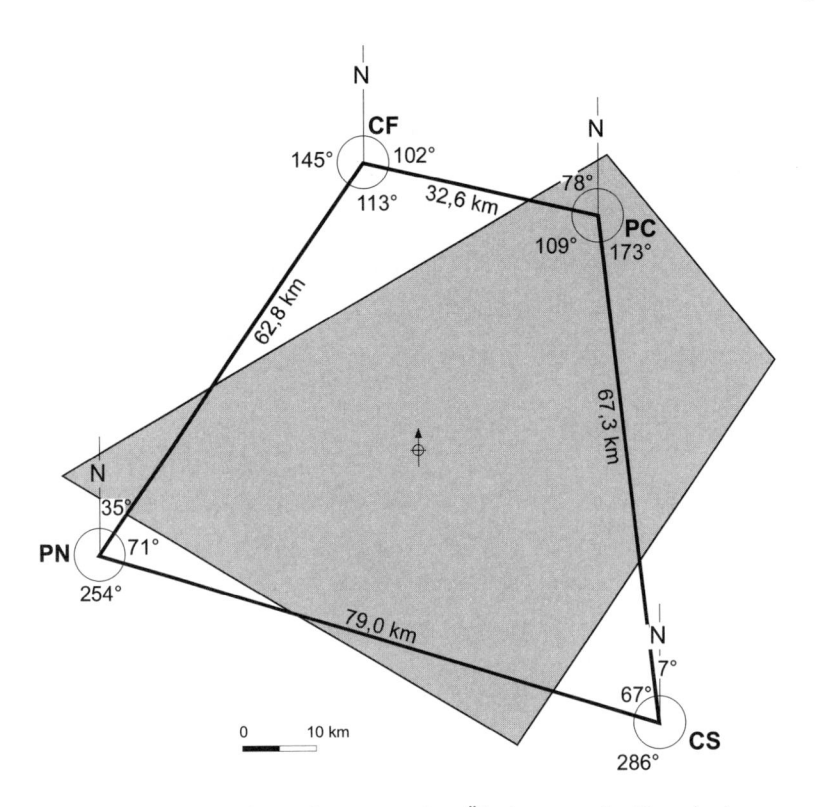

Abb. 9.3 Geometrisch zentrierte, genordete Überlagerung der Viereckschemata von historischem Kartenbild und ONC in 1:1 Mio. mit Angabe der Kapdistanzen, Streckenazimute und Innenwinkel der Figur.

und können mit denen der entsprechenden aktuellen Darstellung verglichen werden (vgl. Abb. 9.3). Die hier etwa im Norden des Schemabildes, nahezu W-E verlaufende Verbindungsstrecke zwischen den markanten Küsteneckpunkten Cap de Formentor und Punta de Capdepera entspricht in Wirklichkeit der NE-orientierten Inselflanke und zeigt eine Abweichung gegen Nord von 102° E statt 140° E. Der, schematisch gesehen, im Süden dieses Vierecks liegende Küstenabschnitt ist mit der SW-Küste in der Natur gleichzusetzen und weicht nach W um ca. 74° statt 60° ab. Die im NW und im E vorhandenen Abschlüsse der Schemafigur – dem NW- bzw. SE-Küstenbereich der Realität – weisen Winkel gegenüber Nord von 35° E an der Westspitze bzw. von 7° W an der Südspitze der Insel auf, Werte, die im Vergleich zu den wirklichkeitstreuen 60° E und 35° E um 25° bzw. 42° abweichen.

Auch die Küstenabschnitte zeigen in ihrer Länge deutliche Abweichungen gegenüber dem Realbild (vgl. Abb. 9.3). So ist generell die Küstenpartie zwischen Cap de Formentor und Punta Negra um nahezu 23 km zu kurz veranschaulicht. Dies trifft ebenso für den Vergleich mit der in Natur ca. 5 km kürzeren Gegenküste im SE der Insel als auch besonders für die rd. 9 km länger dargestellten, in Wirklichkeit deutlich kürzeren Strecke zwischen der Punta Negra und dem Cap de ses Salines zu. Auch das Verhältnis der Strecke Cap de Formentor–Punta de Capdepera zur entsprechenden Naturdistanz ist um einen kleinen Betrag nicht korrekt.

Wie die gleiche Abb. 9.3 zeigt, lassen sich auch die Innenwinkel der geometrischen Viereckfigur deutlich erfassen und durch deren Vergleich mit den Werten des aktuellen Schemabildes eine Aussage über die veränderte Inselgestalt treffen. Die Innenwinkel des historischen Bildes betragen im W 71°, im N 113°, im E 109° und im S 67°. Während an der Inselsüdspitze die Abweichung mit geringeren 28° erheblich ist, hält sie sich an den anderen drei Punkten mit zusätzlichen 11°, 13° bzw. 4° in Grenzen. Die Gestaltveränderung der Trapezfigur in ihrer Lage und bezüglich ihrer Seitenlängen ist deutlich zu erkennen.

Auch die Inseldiagonalen zeigen eine räumliche Versetzung (Abb. 9.4). Die in der Realität etwa N-S-verlaufende Erstreckung vom Cap de Formentor zum Cap de ses Salines weicht am Inselsüdpunkt gegenüber Nord um rd. 21° W anstelle von 10° E ab, eine Differenz also von rd. 31° in westlicher Richtung. Die eigentliche W-E-Erstreckung von der Punta Negra zur Punta de Capdepera lässt sich aufgrund der unsicheren Lage des erstgenannten Punktes nicht genau bestimmen, ihre Abweichung an dieser Stelle gegen N kann mit ca. 58° E anstelle 81° E angenommen werden.

Die in der Realität mit 78,2 km in der N-S- und 98,2 km in der W-E-Richtung vorhandenen Maximalentfernungen, den Inseldiagonalen der Schemafigur, sind in der Porcacchi-Karte wegen der besagten Lageunsicherheit des westlichen Punktes nur bedingt nachvollziehbar. Im errechneten Maßstab von ca. 1:844 000 beträgt die erstgenannte Entfernung – hier zwischen *Capo Formentor* (Cap de Formentor) und *Capo Salime* (Cap de ses Salines) in NE-SW-Richtung verlaufend – 84,0 km sowie in der Längserstreckung – hier zwischen dem oben erwähnten, nicht deutlich auszumachenden W-Punkt (*Premontor* anstelle der Punta Negra) und dem *Capo della Prea* (Punta de Capdepera) in der SE-NW-Richtung – 80,9 km, Werte, die die vorliegende Verformung der Insel ebenfalls klar zum Ausdruck bringen.

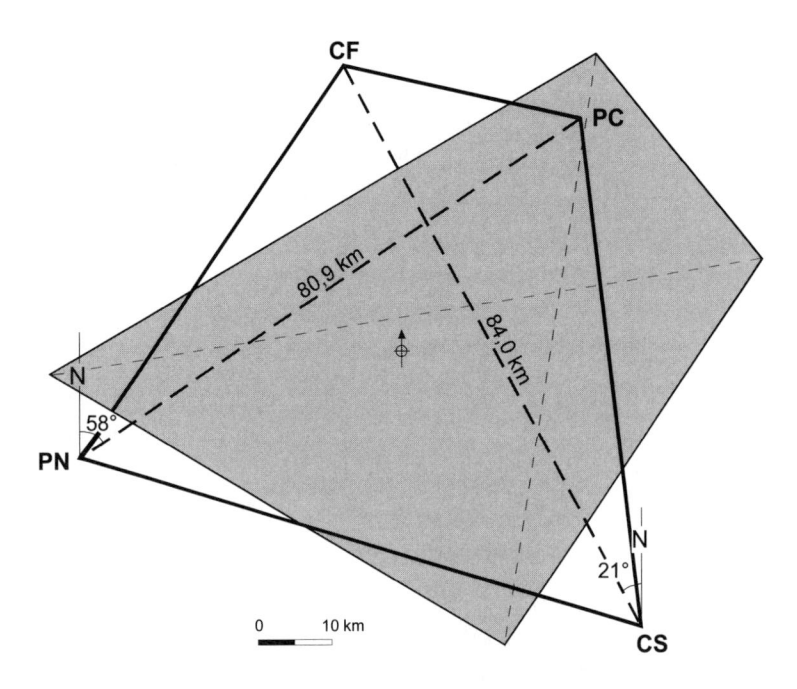

Abb. 9.4 Die Inseldiagonalen, ihre Entfernungen und Azimute in den geometrisch zentriert und genordet sich überlagernden Schemadarstellungen von historischem Kartenbild und ONC in 1:1 Mio.

Im Begleittext werden für die maximale Inselbreite – hier N-S-Richtung – 100 Meilen angegeben, eine Strecke, für die Strabo nur 25 Meilen angenommen haben soll (PORCACCHI 1576: 37). Für die Insellängsrichtung – hier W-E – werden gemäß Strabo etwas weniger als 600 Stadien, 75 Meilen entsprechend (PORCACCHI 1576: 37), eingesetzt, Entfernungen, die im Gegensatz zum 4:5-Streckenverhältnis in der Natur laut dieser textlichen Darstellung sich zueinander wie 4:3 bzw. bei Strabo wie 2:3 verhalten.

Erhebliche Verzerrungen gegenüber dem Naturbild zeigen die senkrecht aufeinander stehenden Entfernungen für den zu schmalen Abstand zwischen den beiden, hier im N und S (in der Natur im SW und NE) gelegenen Hauptbuchten der Insel und für die übertrieben lang wiedergegebene Strecke zwischen *Premontor* (für Punta Negra angenommen) und dem mittleren Bereich der SE-Küste bei *P. Colombo* (hier als W-Küste dargestellt), eine Strecke, die in diesem Kartenbeispiel westöstlich verläuft und der Inselbreite entspricht.

Ähnlich den Karten aus den Lafreri-Atlanten bzw. dem Isolario des Camocio weist die Mallorca-Darstellung des Porcacchi ein vielarmiges gegliedertes Inselgebilde auf, dessen relativ kräftig dargestellter Umriss durch die Wiedergabe tiefgreifender Buchten und hervorspringender Landzungen charakterisiert ist. Längere, weitgehend geradlinig verlaufende Abschnitte, wie sie in der Realität im Mittel vorhanden sind, kommen in der Darstellung nicht vor.

Für die gesamte Küste ergibt sich nach Digitalisierung im hier angenommenen Maßstab von 1:844 000 eine Länge von rd. 548 km, ein Wert, der um ca. 85 km von den naturgetreuen 463 km abweicht; die Küste erscheint somit zu lang dargestellt. Laut Begleittext werden für den Küstenumfang der Insel 480 Meilen verzeichnet, eine Angabe, die im Vergleich zur oben genannten tatsächlichen Länge ebenfalls zu groß ausfällt; nur unter Zugrundelegung der kleinen römischen Meile von 1200 m liegt die Zahl nicht weit vom durch Digitalisierung ermittelten Wert entfernt.

Im Hinblick auf die Einzelformen erlaubt Abb. 9.5 einen optisch besseren Vergleich zwischen der historischen Darstellung und dem aktuellen Kartenbild. Voraussetzung dafür ist hauptsächlich die westöstliche Spiegelung sowie die Rotation des historischen Bildes um 27° entgegen dem Uhrzeigersinn. Eine optimale Überdeckung beider Darstellungen wird durch die zusätzliche Verschiebung des Zentrums im historischen Bild gegenüber dem der aktuellen Karte erreicht.

Besonders auffällig dabei ist trotz weitgehender Flächenüberdeckung das Hinausragen der nordwestlichen und der südöstlichen Inselpartie des historischen Bildes gegenüber der Realität, wobei sich beide Küstenbereiche stark buchtenreich zeigen und die NW-exponierte Flanke in ihrer Länge deutlich verkürzt erscheint. Das landwärtige Eingreifen der Doppelbucht von Pollença-Alcúdia, die Abstumpfung des westlichen Ausläufers als auch die Verlagerung der Hauptstadtbucht um eine ganze Einheit in südöstliche Richtung wirken sich verschmälernd auf die Breite des Inselbildes aus. Von übertriebener Größe sind auch hier die Nachbarinsel Dragonera und der veranschaulichte Teil der Insel Cabrera zur Darstellung gekommen.

Da der Küstenverlauf in der Porcacchi-Darstellung im Ganzen gesehen nur geringfügig von dem der Mallorca-Karten des Lafreri-Typs bzw. aus dem Camocio-Isolario abweicht, ist die Anzahl der Buchten und Landvorsprüngen die gleiche wie bei diesen. In der vorliegenden Karte sind die größten Buchten der Insel im

309

Legend:
- Aktuelle Karte (ONC)
- Umriss der historischen Karte
- Zentrum und N-Richtung der ONC
- Zentrum und Orientierung der historischen Karte

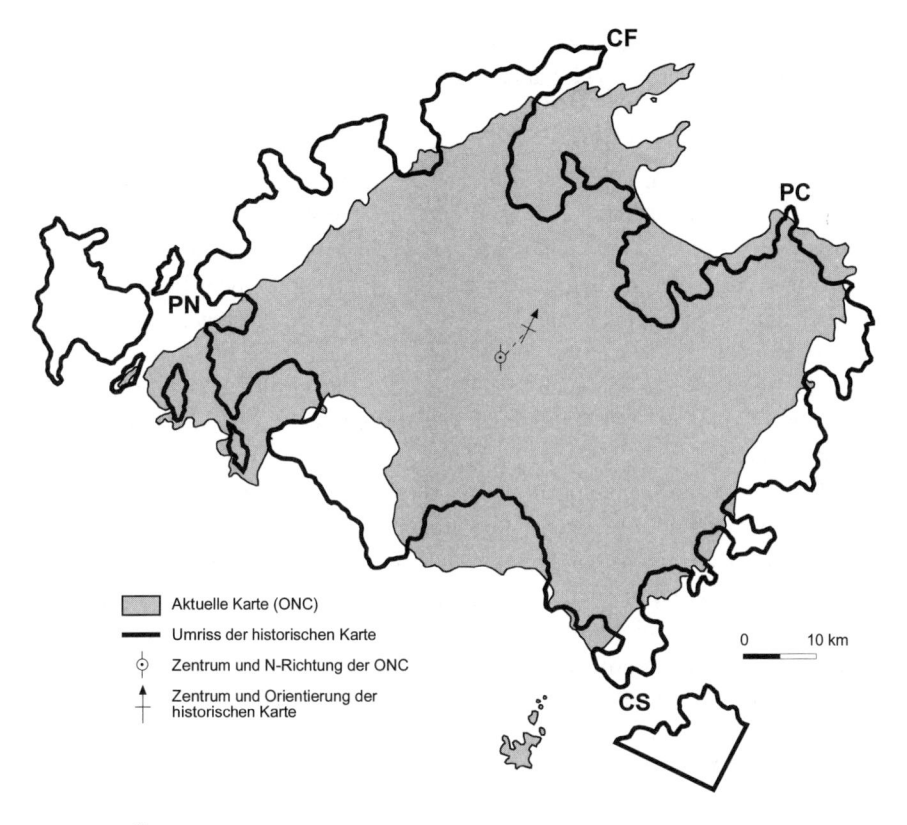

0   10 km

Abb. 9.5 Überlagerung der genordeten ONC in 1:1 Mio. mit dem maßstäbig angepassten, W/E-gespiegelten historischen Kartenbild nach dessen Rotation um 27° E und einer Mittelpunktsversetzung von ca. 5,5 mm nach NE.

oberen und unteren Teil zu finden. Obwohl in der Karte keine Buchtbenennungen erfolgt sind, ist oben im Bild die Doppelbucht von Alcúdia-Pollença und unten die Bucht des heutigen Palma anzunehmen. Während letzte in ihrer Tiefe in etwa korrekt wiedergegeben ist, reicht die gegenüberliegende vor allem im Bereich von Alcúdia zu weit in das Landesinnere. An den hier zur Levante und Ponente zeigenden Küsten sind jeweils vier kleine Meeresbusen zu verzeichnen, zu denen an der letztgenannten die Häfen *P. Colombo* und *P. Petro* zählen und durch ihren Namenszug hervorgehoben werden. Im erläuternden Text wird auch auf das Vorkommen mehrerer, dem Schutze der Schiffe dienender Häfen hingewiesen und darunter die beiden genannten besonders erwähnt. Weitere zwei, mittelgroße und übertrieben tiefgreifende Buchten – in der Karte im NE bzw. im SE befindlich –

können aufgrund ihrer Lage vor allem zu anderen topographischen Objekten als diejenigen von Sóller und von Santa Ponça angesehen werden.

Abweichend von der Wirklichkeit zeigen sich auch die Landvorsprünge. Dies trifft für die Karte zu, geht aber auch aus der textlichen Darstellung hervor. Im Kartenbild sind unten links beginnend und dem Uhrzeigersinn folgend die Vorsprünge *Capo Salime, Capo della Prea, Capo Formentar und Capo Baiol* eingetragen und durch Schriftzüge gekennzeichnet. Im Text werden die Kaps, deren Bezeichnungen geringfügig von den obigen differieren, entsprechend der Karte den Richtungen der Windrose zugeordnet. Demnach ist anzunehmen, dass die textliche Beschreibung erst nach Erstellung der Karte erfolgt. So sind *Capo della Saline* im Garbino (= Affricone in der Windrose, SW) und *Capo della Prea*, als schmale Landzunge im Maestro (= Maestrale, NW) gelegen, aufgeführt. *Capo Formentar* liegt zur Tramontana (N) und vergleichsweise mehr nach Levante hin und greift jenseits der oben genannten großen Bucht weiter als *Capo della Prea* ins Meer hinaus. *Capo Baiolo* befindet sich unweit des *Capo Formentar* in Richtung Greco (NE) und bezeichnet in der Karte einen unbedeutenden Geländevorsprung. Dass es sich hier um eine Namensverwechselung zu handeln scheint, ist bereits unter 8.5 angesprochen. Darüber hinaus wird noch auf ein weiteres, im Mezogiorno (S) liegendes und hier nicht näher bezeichnetes Kap – vermutlich Cap de Cala Figuera – verwiesen. Laut Text umschließt dieser Vorsprung zusammen mit dem *Capo delle Saline* die große Bucht, an der die mit einem guten Hafen ausgestattete Hauptstadt *Maiorica* liegt.

In diesem Rahmen wird im Text auch auf die kleineren Nachbarinseln hingewiesen. Der Felsen Cabrera läge dem *Capo delle Saline* gegenüber, im Scirocco befänden sich die Insel Dragonera sowie einige kleinere Klippen, Merkmale, die nur im ersten Fall zutreffen, in der Karte aber aufgrund ihrer spiegelbildlichen Darstellung und falschen Orientierung nicht korrekt zum Ausdruck gebracht sind.

Auf die in der Karte als Kap bzw. als Vorgebirge mit ihrem Schriftzug eingetragenen *Monacur* bzw. *Premontor* wird im Begleittext nicht näher eingegangen. Daher liegt die Vermutung nahe, dass sich diese Bezeichnungen eher auf die unweit von ihnen gelegenen Siedlungen beziehen könnten bzw. in der Karte den entsprechenden Siedlungsbildern zuzuordnen seien. Mit der letztgenannten Bezeichnung kann durchaus auch die entsprechende Landzunge gemeint sein. Auf die Zuordnung von *Monacur* ist bereits bei den Karten des Lafreri-Typs unter 8.5 eingegangen worden.

9.6 Gewässernetz

Die Inselgewässer sind mit denen der Lafreri-Karten weitgehend identisch. Die dargestellten Torrentes sind nur schmaler gehalten und passen sich daher harmonischer dem Gesamtbild an. Ihr Verlauf ist geringfügig geschwungener. Vergleichsweise fehlen hier nur je ein kurzer Torrente bei *Cala figera* und auf der Dragonera. Die in ähnlicher Position eingetragenen seenartigen Gebilde nahe Alcúdia, die mit geschlängelter, relativ kräftiger Umrahmung versehen sind, erscheinen hier mit einem der Meeresfläche gleichenden Punktraster ausgefüllt.

Der längste Torrente ist im mittleren Bereich der Insel anzutreffen und mündet im Mezogiorno bei der Hauptstadt *Maiorica*. Bei dessen Darstellung wurde jedoch nicht auf die in etwa quer zu seinem Verlauf ziehende Talwasserscheide geachtet. Es handelt sich hierbei wiederum um die versehentliche Zusammenführung und damit falsche Auslegung von Gewässern zweier verschiedener Einzugsbereiche.

Ähnlich sind die Verhältnisse bei dem fast parallel laufenden Torrente, der aus einem der beiden, nahe der großen Bucht gelegenen Seen (Lagunenlandschaft der Albufera?) kommend in die Hauptstadt gelangt, diese – zumindest graphisch – nicht zu durchqueren scheint, aber eigenartigerweise auch nicht die Küste erreicht.

Ein anderer Torrente entspringt dem zweiten, bei Alcúdia gelegenen See und mündet nach kurzem Lauf in die nahe liegende Bucht. Weitere kurze Torrentes münden in die genannten mittelgroßen Buchten von *Soller* und der vermeintlichen von Santa Ponça; ein zusätzlicher, äußerst kurzer Verlauf bei *Cala figera* vervollständigt das Gewässerbild der Hauptinsel dieser Karte. Auf den Nachbarinseln sind keine Gewässer wiedergegeben.

9.7 Relief

Das Relief ist mittels weitgehend einheitlich geformter Maulwurfshügel veranschaulicht, deren Höhe und Breite allerdings häufig voneinander abweichen. Die Schattenpartien befinden sich jeweils auf der rechten, hier zur Levante zeigenden Seite und bestehen in der Regel aus vier konzentrischen viertelkreisförmigen Schraffenreihen, die in etwa horizontal angeordnet sind und zum Lichthang hin an Stärke abnehmen und ausklingen (Abb. 9.6).

Die Anordnung der einzelnen, untereinander mehr oder minder auf Lücke stehenden Hügel erfolgt in zwei, in etwa N-S verlaufenden Reihen. Die stärkste Anhäufung derartiger Figuren ist im rechten Kartendrittel zu finden und erfüllt diesen Raum fast in gesamter Kartenhöhe. Dieses verbreitete Vorkommen soll die in der Realität existierende, SW-NE-streichende Serra de Tramuntana mit den höchsten Erhebungen der Insel veranschaulichen. Der dazugehörige, hier nach Levante gerichtete, relativ breite Küstenstreifen enthält bis auf eine Ausnahme kein Bergzeichen.

Eine weitere Anhäufung von Maulwurfshügeln, aber lichter verbreitet, ist im entgegengesetzten Kartendrittel – im Ponente dieser Karte – zu verzeichnen. Auch hier ist der betreffende Küstenbereich frei von solchen Zeichen. Die in den Karten des Lafreri-Typs auftretenden Hügel zwischen den beiden Seen kommen hier nicht zur Darstellung. Im Zentrum der Insel sind so gut wie keine Kuppen vorhanden; auf den Nachbarinseln fehlen sie ganz.

Das Flachrelief, vor allem im Innern der Insel, wird durch kurze, geschwungene Schraffenreihen zum Ausdruck gebracht. Entlang des fast kompletten Küstenstreifens, der Seen und der Fließgewässer stehen kurze Schraffen zur Verdeutlichung des jeweiligen Geländeabfalls sowie zur Wiedergabe von Tiefenrinnen bzw. Geländevertiefungen.

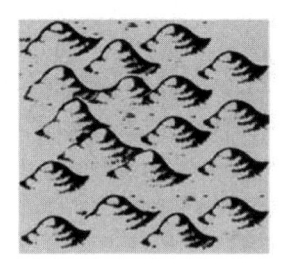

Abb. 9.6 Zusammenstellung ausgewählter Bergkuppen sowie Bodenbewachsungs- und Bodennutzungsarten. Vergrößert wiedergegeben mit Genehmigung der BFBM Palma de Mallorca.

9.8 Bodenbewachsung/Bodennutzung

Die natürliche Vegetation wird mittels mehrerer Einzelbaumzeichen, deren Form untereinander nur wenig variiert, sowie einiger strauchartiger Gebilde veranschaulicht. Eine Auswahl dieser bildlicher Zeichen ist in Abb. 9.6 zur Darstellung gebracht. Während die Baumzeichen ihre Verbreitung auf der Karte schwerpunktmäßig nahe der Ponente- und Levanteküste sowie vor allem im zentralen Bereich der Insel finden, sind letztgenannte Darstellungen nur im Inselinnern auszumachen.

Bemerkenswert sind einige Flurbilder, die in der rechten Kartenhälfte anzutreffen sind. Ihre Darstellung erfolgt mittels paralleler, zopfartig geschwungener Linienzüge. An einer Stelle nahe der Küste im unteren mittleren Teil der Karte – unweit des hier nicht näher bezeichneten Cap de Cala Figuera – zeigen sich die Linienzüge sogar senkrecht zueinander verwoben und weisen eine parzellenartige Struktur auf. Auch das eingezäunte bzw. durch Hecken umgrenzte Areal bei Alcúdia wurde wie bei den Karten des Lafreri-Typs zur Darstellung gebracht.

9.9 Siedlungsbild

Auffällig ist auch die Siedlungswiedergabe. Während die mittleren und kleinen Siedlungsplätze überwiegend noch die bisherige Darstellung in Seitenansicht bevorzugen, wird in dieser Karte die Stadt *Maiorica* – bis auf einige Darstellungen des Pīrī Re'īs von den bisher besprochenen Beispielen abweichend – durch ein dreidimensionales, raumplastisch wirkendes Ortsbild veranschaulicht (Abb. 9.7). Die hier angewandte perspektivische, von einem erhöhten Standpunkt aus betrachtete Darstellung des Hauptortes, erlaubt den Blick in das Siedlungsinnere. Dieser Ort scheint weitestgehend von Mauern umgeben, die sich vorrangig aus ineinander geschachtelten Gebäuden oder Gebäudeteilen zusammensetzen, im Vorder- und Hintergrund mit je einem zentralen Haupttor versehen. Eng nebeneinander stehende Türme sowie andere Bauten, jeweils mit oder ohne Zinnen, vermitteln den Eindruck eines kompakten festungsartigen Stadtbildes. Die Stadt als solche liegt in der Karte sowie im Vergleich zur Realität fälschlicherweise nicht an der Küste, sondern weiter im Landesinneren, räumlich gesehen sogar hinter einem vorgelagerten Bergzug.

Oberhalb des Ortsbildes von *Maiorica* ist deutlich dessen Name zu lesen. Im

Vergleich zu den Darstellungen aus den Lafreri-Atlanten bzw. des Camocio-Isolario wird hier auf einen zusätzlichen Eintrag des gleich lautenden Inselnamens verzichtet, sicherlich nicht zuletzt, weil diese Bezeichnung bereits als Titel in der Kartusche erscheint.

Abb. 9.7 Darstellung der wichtigsten Siedlungen in der Karte des T. Porcacchi da Castiglione, gegliedert nach ihrer Größe. Vergrößert wiedergegeben mit Genehmigung der BFBM Palma de Mallorca.

Als weitere Orte kommen durch größere Aufrissbilder das im 17. Jh. wüstgefallene *Palomera* und *Soller* an der Levante- sowie *Alicudia* (heute Alcúdia) und *Cala figera* (heute Cala Figuera) an der Ponente-Küste dieser Karte zur Darstellung, unter denen der letztgenannte wegen seiner domartigen Kuppel mit Kreuz am auffälligsten ist (vgl. Abb. 9.7). Diese im Bereich der Küste gelegenen Siedlungen sind mit ihren Namenszügen versehen.

Darüber hinaus sind im Kartenbild mehrere kleinere und kleinste, unbeschriftete Silhouetten für Siedlungsplätze zu finden. Mehrtürmige Bildzeichen sind bei *Capo della Prea* und *Capo Salime* sowie auf den Nachbarinseln Dragonera und Cabrera auszumachen. Vorrangig Einzelhauszeichen, die für isolierte Guts- oder Bauerhöfe stehen könnten, sind im rechten unteren Küstenbereich anzutreffen.

9.10 Meeresfläche

Das Meeresgebiet ist mit einem feinen, weitgehend zu senkrechten Reihen angeordnetem visuellen Punktraster angelegt. Zusätzlich werden – wie Abb. 9.8 zeigt – zehn ausgewählte Ungeheuerfiguren in der Regel unterschiedlicher Größe eingesetzt, die mehr oder minder gleichmäßig auf den Raum verteilt erscheinen. Auf diese Weise wird die Auflockerung der Meeresfläche erreicht und die Leere des besagten Raumes überwunden. Boote und Schiffe, wie sie bei den anderen, bisher besprochenen Kartenbeispielen üblicherweise verwendet werden, kommen hier nicht zur Darstellung.

Abb. 9.8 Figürliche Darstellungen im Meeresbereich der Karte des T. Porcacchi da Castiglione. Vergrößert wiedergegeben mit Genehmigung der BFBM Palma de Mallorca.

9.11 Schriftbild

Auch in der italienisch beschrifteten Darstellung des T. Porcacchi kommt die Renaissance-Antiqua zum Einsatz. Kartentitel, die Bezeichnungen der Hauptstadt und der beiden Nachbarinseln Dragonera und Cabrera sowie die Kürzel für die Richtungen an der Windrose werden in Versalien unterschiedlicher Größe vorgenommen, darunter ist zwecks Hervorhebung der Ortsname *Maiorica* als einziger gesperrt angelegt.

Alle übrigen Bezeichnungen, seien es Orte, Häfen oder Kaps, erfolgen in vorwärtsliegender gemischter Schrift. Unter den Orten erhält *Palomera* den größten Schriftzug, gefolgt von *Soller* sowie noch kleiner von *Alicudia* und *Cala figera*. Alle diese Namen sind unterhalb der jeweiligen Ortssilhouette eingetragen. Die in der Meeresfläche angebrachten Bezeichnungen sind vom Raster freigestellt.

Zur besseren Übersicht seien zum Schluss alle in der Karte vorkommenden Toponyme nach Objektgruppen gegliedert aufgelistet.

Aktuelle Toponyme	Toponyme in der historischen Karte
Inseln	
Dragonera	DRAGONERA
Cabrera	CABRERA
Landvorsprünge	
Cap de Formentor	Capo Formentar
Punta Beca/ Punta Galera (?)	Capo Baiol
Cap de ses Salines	Capo Salime
Cap des Pinar/ Punta de n'Amer (?)	Monacur (s.u.)
Punta de Capdepera	Capo della Prea
Buchten	
Portocolom	P°. Colombo
Portopetro	P°. Petro
Ortschaften	
Palma de Mallorca	MAIORICA
Santanyí/Cala Figuera	Cala figera
Alcúdia	Alicudia
Sóller	Soller
Palomera (wüst)	Palomera
Manacor	(Monacur) (s.o.)
Andratx	Premontor

10 Francesco Ferretti

10.1 Autor und Werk

1580 erscheint bei F. Salvioni in Ancona eine weitere, relativ kleinmaßstäbige kartographische Darstellung der Insel Mallorca-Karte. Sie gehört zu dem bereits 1579 erarbeiteten, 188 Seiten umfassenden Werk mit dem Gesamttitel „Diporti Notturni. Dialloghi familliari del cap.° Franc.° Ferretti^i cav.^{ro} dell'ordine di sa.^{to} Stefano. Con la dimostratione figurale intagliata da Michel'Angelo Marrelli anconitano", woraus eindeutig hervorgeht, dass als Autor Francesco Ferretti und als Stecher der Kupferplatten der aus Ancona stammende Michelangelo Marrelli (oder Marelli) anzusehen sind. Es handelt sich hierbei – wie es KRAUS (1963: 101) ausdrückt – um ein militärisches Buch, das sowohl von geographischem als auch nautischem Interesse ist. Es ist in Form von Dialogen zwischen dem Autor und anderen Personen verfasst. Dem vorderen Teil des Werkes ist die Behandlung von Armeeschlachtordnungen vorbehalten. Erst danach folgt die Beschreibung zahlreicher Inseln vorrangig des Mittelmeerraumes, die mit mehreren Stichen ebenso illustriert werden. Das Werk, das noch weitere Auflagen erlebte, kann seinem Aufbau und seinem Inhalt nach mit KRAUS (1963: 101) zu den Isolarien gezählt werden.

Die auf Seite 131r des Werkes vorhandene Mallorca-Darstellung, dessen Druck freundlicherweise von der BNF Paris erlaubt wird (Abb. 10.1), weist die Überschrift „Ragionevol' Forma et vera postvra del' Isola di Maiorica" auf, was übersetzt soviel wie „Vernünftige Gestalt und korrekte Lage der Insel Mallorca" bedeutet. Die in dieser Karte wiedergegebene Insel Mallorca und die mit ihr veranschaulichten Nachbarinseln sind in ihrer Form der unmittelbar zuvor betrachteten Karte des Thomaso Porcacchi aus dem Isolarium „L'isole più famose del mondo" äußerst ähnlich und entsprechen demzufolge weitgehend auch den Darstellungen aus den Lafreri-Atlanten und des Camocio-Insulariums. Eine inhaltlich verblüffende Ähnlichkeit mit all diesen Darstellungen – vor allem aber mit der Karte des Thomaso Porcacchi – zeigt auch die wesentlich später, erst im Jahr 1713 in Padua im Atlas Universus Terrarum Orbis herausgegebene Karte des Raffaello Savonarola oder A. Lasor a Varea, ein Kartenbild, das mit Sicherheit von einer dieser Vorlagen abgeleitet ist.

Über Francesco Ferretti selbst lässt man nur wenig ermitteln; offensichtlich weiß man nicht viel über ihn. Laut dem Index Bio-Bibliographicus notorum hominum

Abb. 10.1 „Ragionevol' Forma et vera postvra del' Isola di Maiorica" betitelte Karte aus dem Werk „Diporti Notturni...." des F. Ferretti; Maßstab des Originals ca. 1:1 539 000. Unverändert 1:1 wiedergegeben mit Genehmigung der BNF Paris [Sign.: RESAC Z 17975].

(1994: 603) lebt er von 1523 bis ca. 1600. Er ist Italiener und bekannt als Kapitän, Kartograph und Schriftsteller. Laut KRAUS (1963: 101) ist er Soldat und beschäftigt sich schriftstellerisch mit militärischen Themen. Er dient in der Armee unter Kaiser Karl V. in den Kriegen gegen Frankreich. Zur Regierungszeit von Mary Tudor lebt er in England und gibt eine erwähnenswerte Beschreibung dieses Landes heraus. Wie auf dem Titelblatt des hier vorliegenden Werkes aufgeführt gehört er als Ritter dem Orden von Sankt Stefano an. Das hier betrachtete Buch scheint er in Ancona erarbeitet zu haben.

Das rar vorhandene Werk des Ferretti liegt in Deutschland in der HAB Wolfenbüttel [Sign.: 38.1 Bell.] und im Ausland außer in der BNF Paris [Sign.: RESAC Z 17975] in der BL London [Sign.: 1296.b.31 bzw. G.9817], im NMM London [Sign.: 355.4"15":094, c.4604] und in der BYU Provo [Sign.: 355 F415d 1580] vor. Weitere diesbezügliche Nachforschungen wurden nicht angestellt.

10.2 Äußerer Kartenaufbau

Das Kartenbild der Insel Mallorca und der mit erfassten Nachbarinseln erscheint in einer kreisförmigen Darstellung eingebettet, die wiederum in den unteren zwei Dritteln eines Rechtecks einbeschrieben ist. Das hochformatig angelegte Rechteck, das außen herum von einer feinen Linie umgrenzt wird, weist die Maße 132 mm Höhe x 86 mm Breite auf. Der obere Bereich des Gesamtbildes wird durch eine weitere durchgezogene Linie vom unteren, nahezu quadratisch verbleibenden Teil getrennt und beinhaltet ausschließlich die eingangs erwähnte Überschrift der Darstellung; eine spezielle Titelkartusche liegt hierfür demzufolge nicht vor.

Das Kreisbild als solches, dessen Durchmesser rd. 85 mm misst, zeigt sich von einer doppellinigen Peripherie eingefasst. Die äußere der beiden Linien erscheint oben wie unten und links wie rechts von der Rechteckbegrenzung angeschnitten. An den vier Ecken dieses unteren Bildteiles geht die Kreislinie in schattierte, voluten- und kegelartige Ornamentik über, die die vier Zwickel zwischen Kreis und Quadrat weitgehend ausfüllt. Durch den kreisförmigen Kartenschluss vermittelt die Darstellung den Eindruck einer mittelalterlichen Radkarte und lenkt von der Ähnlichkeit ihrer Vorgängerbilder ab. Durch die kreisförmige Gestaltung ähnelt sie allerdings mancher Darstellung aus den Werken des Pīrī Reʾīs in 1. Version.

Etwa im Zentrum der Kreisfigur befindet sich die Insel Mallorca. Dazu kommen die Nachbarinsel Dragonera sowie vier kleine Eilande zur Darstellung. Entgegen den genannten, ähnlich gestalteten Vorgängerkarten wird in dem Beispiel des

Ferretti, nicht zuletzt bedingt durch den kreisförmigen Abschluss des Kartenspiegels, auf die Wiedergabe der Insel Cabrera oder Teilen davon verzichtet. Bis an die innere Kreisperipherie sind die erfassten Inseln von einer Meeresflächendarstellung umgeben.

10.3 Lage und Orientierung

Analog der Darstellung des Porcacchi da Castiglione weist die Karte des Ferretti kein geographisches Netz auf. Der Orientierung dient ausschließlich eine achtstrahlige Windrose, die im Gegensatz zur genannten Vorgängerarbeit sich nicht neben der Inselfläche befindet, sondern in Form feiner langgezogener Linien jeweils diametral die oben beschriebene Kreisfläche kreuzt (vgl. Abb. 10.1). Alle Himmelsrichtungsstrahlen bis auf Ost (Levante), das mit einem griechischen Kreuz versehen ist, sind unmittelbar an der Kreisperipherie mit senkrecht zur Linie angebrachten Versalien gekennzeichnet. Oben beginnend im Uhrzeigersinn sind T, G, S, O, A, P und M für Tramontana, Greco, Scirocco, Ostro, Affricone, Ponente bzw. Maestrale eingetragen. Zwecks besserer Lesbarkeit ist die gerasterte Meeresfläche unter den Buchstaben freigestellt.

Obwohl die Windrose die Himmelsrichtungen richtig anzeigt, ist das Inselbild dazu nicht korrekt nach N orientiert. Wie den Vorgängerarbeiten aus den Lafreri-Atlanten und aus den Isolarien des Camocio und des Porcacchi da Castiglione ist auch Ferretti der Fehler einer spiegelbildlichen Darstellung unterlaufen. Darüber hinaus weist das Inselbild noch eine entgegen dem Uhrzeigersinn erfolgte Drehung um ca. 65° vor. Um also in etwa wahre Verhältnisse zu schaffen, müssten die Landflächen W/E gespiegelt werden sowie zusätzlich eine Drehung um rd. 27° in nordöstliche Richtung erfahren.

Im Begleittext sind über die Lage der Insel Mallorca keine genauen Angaben gemacht. Es heisst dort nur, dass sich „Maiorica" im Mittelmeer befände und gegenüber dem spanischen Festland läge.

10.4 Kartenmaßstab

Ein Maßstab ist weder numerisch noch graphisch vorhanden und kann daher erneut nur auf Umwegen ermittelt werden. Als Grundlage für die Maßstabsbestimmung seien die aus der Inselfläche sowie die aus der senkrechten wie horizontalen Maximalentfernung nach der Methode RUGE (1904: 42) errechneten Werte eingesetzt. Ein aus den Diagonalen bestimmter Mittelmaßstab wird in diesem Fall wegen der unsicheren Lage der markanten Inselextrempunkte außer Acht gelassen.

Vergleicht man die Inselfläche auf der Karte zum Naturareal von 3623 km², so ergibt sich ein Maßstab von rd. 1:1 506 000. Die nach der Methode RUGE (1904: 42) in Betracht zu ziehenden Maximalentfernungen N-S und W-E gemäß den Richtungsangaben auf der Karte führen zu einem kleineren, allerdings ähnlich großen mittleren Maßstabswert von rd. 1:1 572 000. Der aus den zwei bestimmten Größen errechnete Wert von 1:1 539 000 wird hier als mittlerer Maßstab für weitere Betrachtungen zugrunde gelegt.

10.5 Inselgestalt

Die Gestalt der zu betrachtenden Hauptinsel Mallorca erscheint gegenüber der Realität deutlich entstellt und weicht demzufolge auch von den naturgetreueren Darstellungen manch besprochener Vorgängerkarte ab, wie es die Beispiele des Martellus, Bordone, das eine oder andere von Pīrī Re'īs und sogar von Honterus dokumentieren (vgl. Taf. I, Teil I – IV). Ähnlich der Porcacchi-Karte (Abb. 9.1) zeigt sich das Inselbild – als Ganzes und als Schemafigur gesehen – als ein querformatiges Rechteck, das nur leicht nach SW gekippt ist. Gegenüber den hochformatigen Darstellungen aus den Lafreri-Atlanten bzw. des Camocio-Insulariums, deren Inseln in ihrer Gestalt große Ähnlichkeiten zu denen der angesprochenen Karte aufweisen, verläuft das Bild der Insel Mallorca in seiner Längsrichtung senkrecht dazu (vgl. Abb. 10.1 u. Abb. 8.1 - Abb. 8.5). Die für Mallorca typische, einem Rhombus ähnelnde Gestalt ist somit auch hier nicht gegeben.

Trotz vordergründiger Ähnlichkeit zu den zuletzt erwähnten Vorgängerkarten weist die hier vorliegende Darstellung, ungeachtet ihres kleineren Kartenmaßstabs, neben einer leicht veränderten Raumlage der Insel und einem Abweichen von manch erfasster Großform vor allem ein Unterschied in der Ausführung der Küste auf. Wie Abb. 10.1 auch verdeutlicht, zeigt sie einen wesentlich stärker gegliederten Verlauf mit einer Vielzahl fingerartiger Vorsprünge sowie zahlreicher Buchten unterschiedlicher Breite und Tiefe. Relativ geradlinige Abschnitte, wie sie die Küsten in Wirklichkeit ausweisen bzw. in dem vorliegenden

Maßstab aus Generalisierungsgründen zu erwarten wären, sind kaum festzustellen.

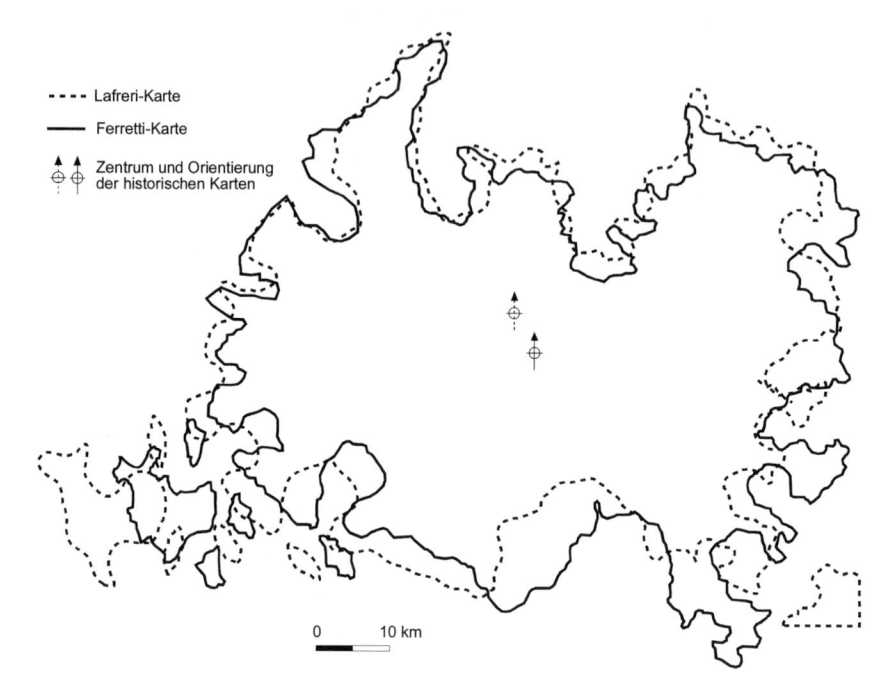

Abb. 10.2 Vergleich der Inselgestalt in der Ferretti-Karte mit der Darstellung aus dem Lafreri-Atlas.

Bei flüchtigem Hinsehen erscheint, wie bereits angedeutet, die Inselgestalt der Ferretti-Karte gegenüber den Vorgängerdarstellungen aus den Lafreri-Atlanten und des Porcacchi äußerst ähnlich, bei näherer Betrachtung bzw. bei graphischer Überlagerung der Bilder, wie es der Gestaltvergleich in Abb. 10.2 vermittelt, stellen sich jedoch markante Unterschiede heraus.

Wenn auch, wie bei den eben genannten Vorgängerbildern, gegenüber der Realität erhebliche Formverzerrungen vorliegen, so soll dennoch des besseren Vergleiches wegen erneut über die aktuelle ONC in 1:1 Mio. eine zentrierte Positionierung des im Maßstab zumindest angepassten historischen Kartenbildes erfolgen. Um einen sinnvollen Vergleich zu gewährleisten, wird neben einer durch Vergrößerung erfolgten Maßstabsanpassung eine W/E-Spiegelung des historischen

Kartenbildes vorgenommen, wodurch eine Übereinstimmung der N-Richtung auf der aktuellen Karte mit der auf der historischen Karte angegebenen „Tramontana" erreicht wird. Wie es Abb. 10.3 wiedergibt, lassen sich auf diese Weise Abweichungen vom Sollbild und der Genauigkeitsgrad der hier vorliegenden Karte deutlicher erfassen.

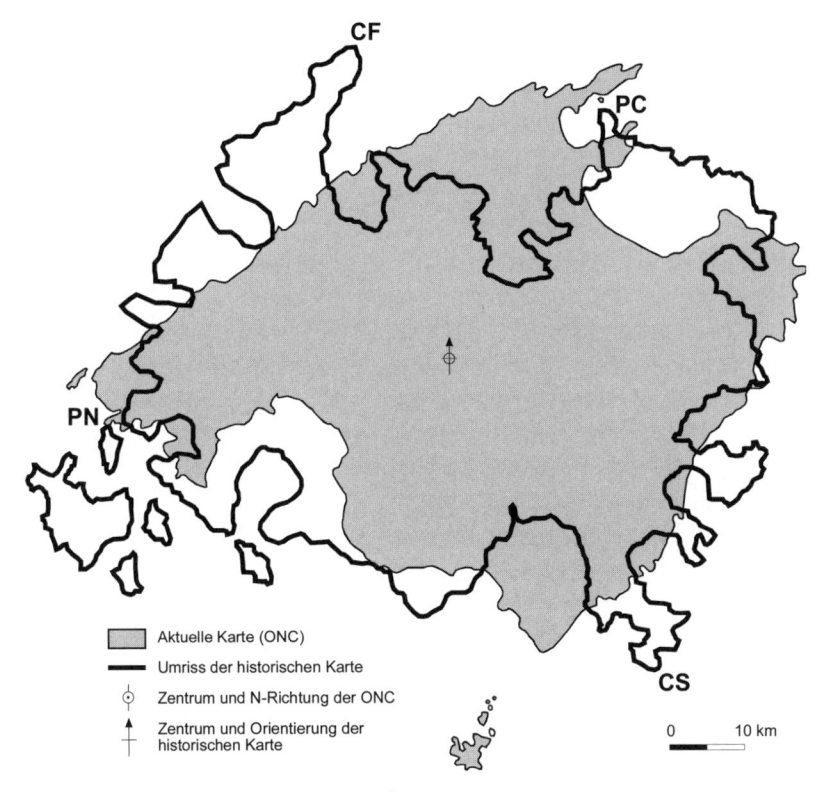

Abb. 10.3 Geometrisch zentrierte Überlagerung der ONC in 1:1 Mio. mit der durch Verkleinerung im Maßstab angepassten, nach Kartennord ausgerichteten, W/E-gespiegelten historischen Darstellung des F. Ferretti.

Trotz wirklichkeitsfremder Inselgestalt sei auch im Falle der Ferretti-Karte das historische Inselbild – auch wenn die Inselextrempunkte nicht explizit gekennzeichnet sind – schematisiert als geometrisches Viereck betrachtet und dieses der entsprechenden Schemafigur der aktuellen ONC in 1:1 Mio. gegenübergestellt. Analog der in diesem Zusammenhang erwähnten Vorgängerdarstellungen ergibt sich ein nach SE geneigtes, einem ungleichseitigen Trapez ähnelndes Gebilde. Wie in den bisherigen Beispielen können auf diese Weise Lage, Ausrichtung und Größe beider Kartenschemata miteinander genauer verglichen werden. Ein Vergleich mit der geometrischen Figur einer aktuellen Darstellung macht in diesem Falle allerdings nur Sinn, wenn das erstellte historische Viereckschema vorab W/E gespiegelt wird (Abb. 10.4).

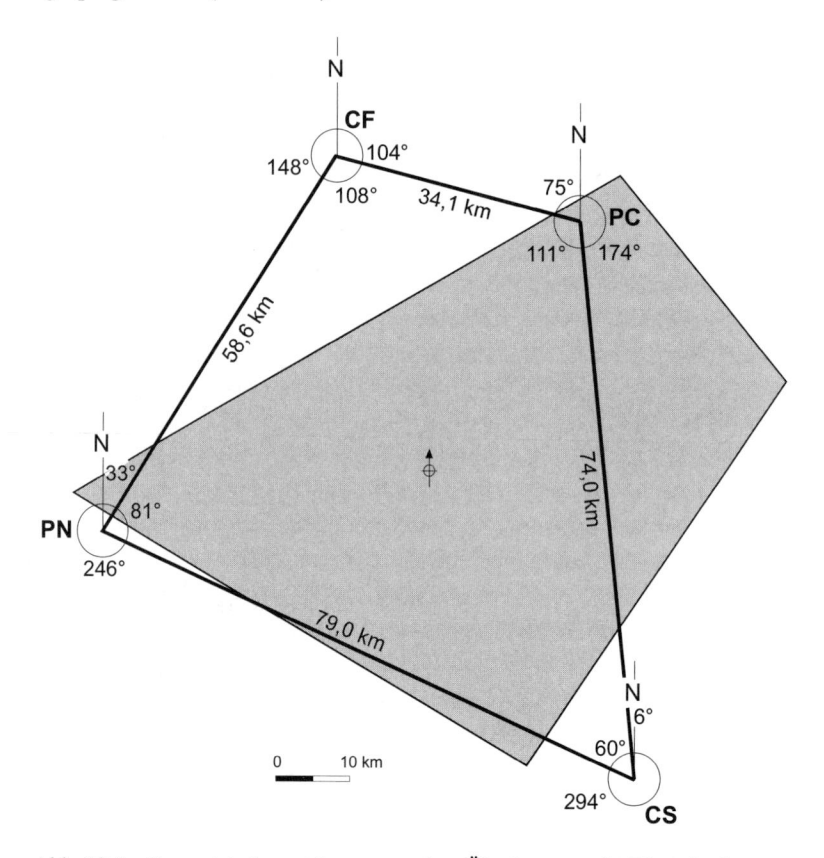

Abb. 10.4 Geometrisch zentrierte, genordete Überlagerung der Viereckschemata von historischem Kartenbild und ONC in 1:1 Mio. mit Angabe der Kapdistanzen, Streckenazimute und Innenwinkel der Figur.

Der in der Realität NW-exponierte Küstenabschnitt zeigt in der Ferretti-Karte anstelle einer Abweichung von 60° E einen wesentlich steileren Winkel von nur 33° E. Die diesem Teilbereich entsprechende Strecke zwischen *Premontor* – hier für Punta Negra angenommen – und dem Cap de Formentor (hier unbeschriftet; vgl. z. B. Abb. 8.1) ist mit knapp 59 km um mehr als ein Viertel kürzer als in der Natur. Der nordöstliche Küstenstreifen hält dagegen nahezu seine Naturlänge, nur seine Abweichung gegenüber N ist am Cap de Formentor mit 104° E statt 140° E deutlich verschieden. Die in Wirklichkeit etwa NE-SW verlaufende SE-exponierte Küste stellt sich in der historischen Karte fast senkrecht, d. h. N-S gerichtet dar, der Außenwinkel ab der N-Richtung an der Punta de Capdepera ist um 41° kleiner als auf dem aktuellen Kartenbild. An der Inselsüdspitze zeigt die Strecke eine erhebliche Abweichung: 6° W anstelle von 35° E. Die Länge dieses Küstenabschnitts liegt mit ca. 11,5 km über dem Soll. Mit 79 km ist auch der SW-Teil der Insel über 9 km länger als in der Natur, die westliche Abweichung dieses Streifens am Cap de ses Salines weist jedoch die gleiche Differenz von 60° W auf, wie es auf dem Realbild dokumentiert erscheint (vgl. Abb. 10.4).

Folgerichtig zeigen auch die Innenwinkel der Schemadarstellung, womit besonders die Form des Vierecks angesprochen ist, deutlich abweichende Werte. Während im W, N und E die Winkel mit 81°, 108° und 111° gegenüber der Realität um 21°, 8° bzw. 6° größer sind, ist an der Inselsüdspitze mit 60° anstelle von 95° ein erheblich zu spitz ausgefallener Wert festzustellen (vgl. Abb. 10.4).

Eine markante Differenz zwischen Natur- und historischem Kartenbild weisen die Inseldiagonalen auf (Abb. 10.5). Die in Wirklichkeit nur um rd. 10° E geneigte, also nahezu N-S gerichtete Diagonale verläuft hier in NW-SE-Richtung unter einem Winkel von 27° W, die fast senkrecht darauf stehende Strecke weicht mit 58° E statt 81° E ebenfalls erheblich vom Natursoll ab. Die erstgenannte Diagonale ist um ca. 13 km länger, die Querstrecke um nahezu 22 km kürzer als in der Realität. Letztere zeigt annähernd die gleiche Länge wie die etwa N-S verlaufende Strecke in der Natur.

Um einen sinnvollen Vergleich zwischen der historischen und der aktuellen Darstellung zu gewährleisten, sei, wie unter 10.3 angedeutet, nebst einer W/E-Spiegelung eine Rotation der erstgenannten gegenüber der zweitgenannten Karte um 27° E vorgenommen. Zusätzlich erfolgt noch eine Versetzung des Inselmittelpunktes um rd. 8 mm in nordöstliche Richtung, was im vorliegenden Maßstab von 1:1 Mio. 8 km entspricht. Auf diese Weise wird, wie es der Abb. 10.6 entnommen werden kann, eine größere Bildüberdeckung erreicht (vgl. hierzu Abb. 8.11 u. 9.5).

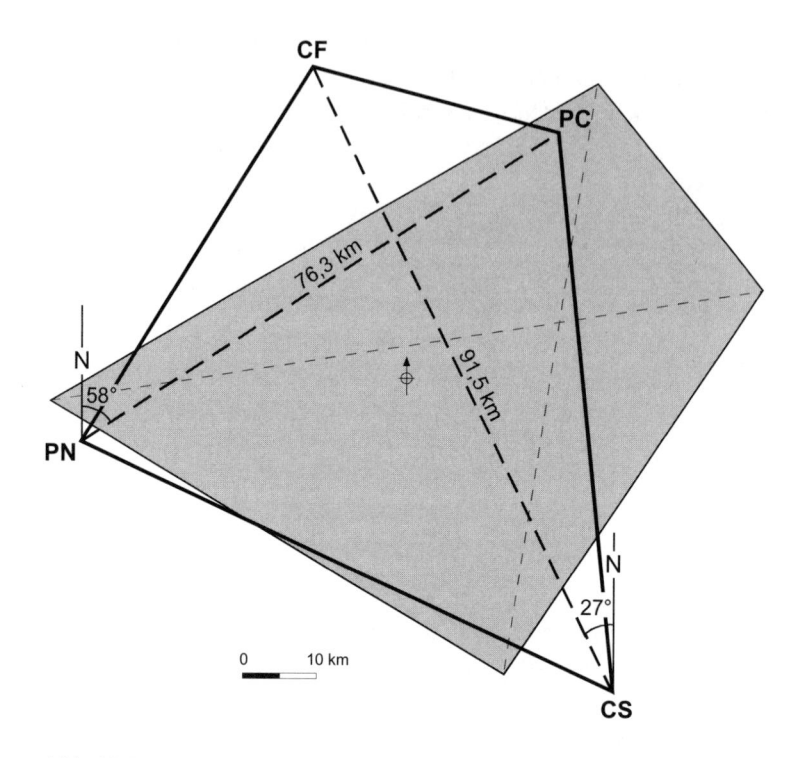

Abb. 10.5 Die Inseldiagonalen, ihre Entfernungen und Azimute in den geometrisch zentriert und genordet sich überlagernden Schemadarstellungen von historischem Kartenbild und ONC in 1:1 Mio.

Folgt man der soeben genannten Abbildung, so gehören die Einbuchtungen an der Hauptstadt – in der Karte dem Ostro zu orientiert – und die hier zur Tramontana weisende zu den in dieser Karte am größten dargestellten Meerbusen, von denen der letztgenannte, als Doppelbucht von Pollença/Alcúdia ausgeprägte, überdimensioniert zum Ausdruck gebracht ist. Davon betroffen ist vor allem der westliche, nahe der Ortschaft Alcúdia vorhandene Abschnitt, der stark gegliedert und äußerst tief veranschaulicht wird, wodurch die Insel zwischen den beiden Großbuchten im Gegensatz zur W-E-Streckung – ähnlich den genannten Vorgängerarbeiten – verengt erscheint. Die seitlichen Abschlüsse dieser Doppelbucht, das Cap de Ferrutx (bei Porcacchi *Capo della Prea*; vgl. Karten der Lafreri-Atlanten) und das Cap de Formentor, treten besonders hervor, die dazwischen liegende Halbinsel am Cap des Pinar ist zu trapezförmig abgeflacht wiedergegeben. Die

Bucht an der Hauptstadt ist im Vergleich zur Wirklichkeit erheblich zu klein ausgefallen und erscheint eindeutig zu weit in südwestliche Richtung verlagert.

Im Bereich der hier nach Levante bzw. zum Scirocco orientierten Küste kommen sechs verhältnismäßig kleinere Buchten zur Darstellung, darunter zwei, die landeinwärts eine besondere Tiefe aufweisen. Eine davon scheint wegen des nahe gelegenen gleichnamigen Ortes die Bucht von Sóller zu sein, mit den anderen beiden könnten die Buchten von Santa Ponça und Andratx gemeint sein. Vor diesem Küstenbereich – in der Karte vor der Spiegelung in südöstliche Richtung – werden

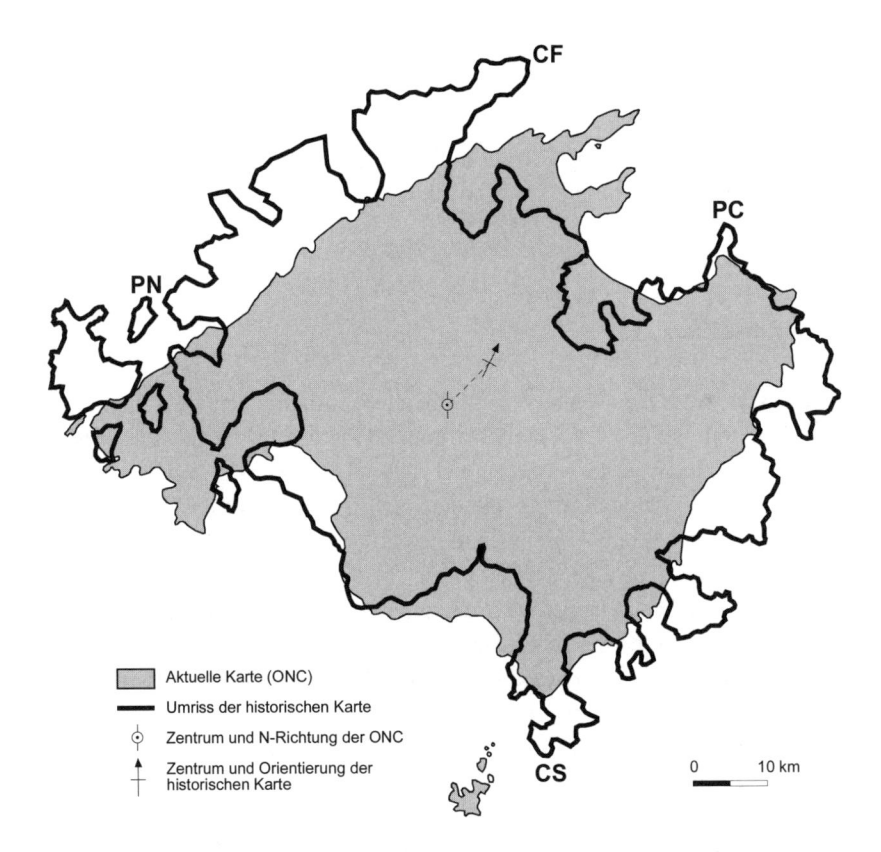

Abb. 10.6 Überlagerung der genordeten ONC in 1:1 Mio. mit dem maßstäbig angepassten, W/E-gespiegelten historischen Kartenbild nach dessen Rotation um 27° E und einer Mittelpunktsversetzung von ca. 8 mm nach NE.

deutlich übertrieben die vorgelagerten Inseln Dragonera (102 km² anstelle von 2,88 km²) sowie vier weitere kleine veranschaulicht.

An der linken, hier dem Ponente zugeordneten Küste, die im Gegensatz zur Natur vom Cap de ses Salines bis zur Punta de Capdepera fälschlicherweise bogenförmig konvex verläuft, sind wie auf der Ostseite vier unbeschriftete Buchten auszumachen, die in Anlehnung an die Darstellungen aus den Lafreri-Atlanten, des Camocio und des Porcacchi auf die heutigen Cala Figuera, Portopetro, Portocolom und Badia de Son Servera oder Portocristo (Port de Manacor) vermuten lassen. Besonders auffallend sind in diesem Abschnitt die hakenförmig herausgestellten Vorsprünge, zu denen vor allem das halbinselartig wiedergegebene Cap de ses Salines sowie zwei, zwischen den Buchten Cala Figuera, Portopetro und Portocolom in dieser Weise nicht existierende Kaps gehören.

Die Nachbarinsel Cabrera oder Teile davon, wie es die Vorgänger in ihren Darstellungen aufweisen, kommen wie erwähnt in der Karte des Ferretti nicht zur Wiedergabe.

10.6 Gewässernetz

Fließgewässer sind nur wenige veranschaulicht. Analog den Karten aus den Lafreri-Atlanten und des Camocio-Isolariums sowie des Porcacchi-Beispiels sind insgesamt fünf derartige Gewässer – hier Torrentes – zur Darstellung gebracht, allerdings in relativ feinen Linien, und dies nicht zuletzt maßstabsbedingt. In den Unterläufen sind manche von ihnen doppellinig wiedergegeben. Die meisten Fließgewässer bzw. Torrentes weisen ihren Quellbereich im hier zur Tramontana gerichteten Inselteil. Die längsten Läufe, deren Quellen sich nahe der Tramontana-Küste befinden, führen leicht geschwungen mehr oder minder N-S gerichtet zur Küste im Ostro hin. Der westlichere und kürzere der beiden scheint nur bis zur Hauptstadt zu ziehen, bestenfalls – obwohl durch Aussparungen von Schrift und Ortszeichen nicht erkennbar – in den Hauptfluss zu münden.

Dieses Gewässer wie sein unmittelbar nordwestlich davon, nahe der Ortschaft Alcúdia gelegener, wesentlich kürzerer Nachbar weisen als Quellgebiet jeweils einen See auf, Areale, die von feinen Linien umgrenzt und mit kurzer, horizontaler Strichschraffur entlang ihres Randes umbändert sind. Vermutlich handelt es sich hierbei um den Bereich der Albufera, der vorne erwähnten Lagunenlandschaft.

Ähnlich diesem bei Alcúdia geschwungen verlaufenden, kurzen Fließgewässer sind die übrigen zwei, etwa gleich langen dargestellt. Einer davon fließt nahe dem hier angegebenen Ort *Soller* in die gleichnamige Bucht, der andere, mit glatterem Verlauf, in die angenommene Bucht von Santa Ponça.

Die meisten der hier veranschaulichten Fließgewässer bzw. Torrentes werden seitlich von Schraffen begleitet und verdeutlichen damit ihre Eintiefung gegenüber der Umgebung.

10.7 Relief

Die dritte Dimension wird in diesem Kartenbeispiel mittels einzelner Bergsilhouetten zum Ausdruck gebracht. Obgleich die einzelnen Berggebilde bei grobem Hinsehen ähnlich wirken, gleicht kaum eine Form der anderen.

Die in Höhe und Breite unterschiedlichen Figuren bestehen in der Regel aus einer beidseitigen Hangschleppe und einem sich verjüngenden Gipfelbereich. Die meisten von ihnen weisen einen höckerartig herausgearbeiteten oberen Teil auf; wenige andere zeigen dagegen zwei Höcker. In einigen Fällen sind die Höcker deutlich betont und backzahnartig ausgebildet.

Die Beleuchtungsrichtung ist vom Karten-Ponente (W) angenommen, demzufolge sind die Schattenpartien auf den jeweiligen Ostseiten der Figuren zu finden. Die Schattierung der einzelnen Gebilde erfolgt mittels vorwiegend horizontaler Bergstriche, bei einigen Silhouetten passen sich die Schraffen etwas dem Hang an.

Die nahezu 50 Bergsilhouetten sind im Kartenbild schwerpunktmäßig unterschiedlich verteilt, ihre Anordnung im jeweiligen Gebiet erfolgt weitgehend auf Lücke. Die Verteilung der Bergfiguren ist den Darstellungen aus den Lafreri-Atlanten, des Camocio und des Porcacchi äußerst ähnlich. Die stärkste Ansammlung mit weit über die Hälfte der Zeichen ist in dem hier zur Levante zeigenden Kartenteil zu finden, ein Gebiet, das in der Natur die höchste Gebirgskette der Insel, die sogenannte Tramuntana, aufweist und in südwest-nordöstliche Richtung streicht. Hierfür ist allerdings die Gebirgsdarstellung zu weit ins Landesinnere geraten. Im westlichen Kartenbereich treten verhältnismäßig wenige Figuren auf. Die flacheren Formen im hier zur Ponente weisenden Inselteil sollen mit

Sicherheit das weniger hohe, in der Realität im SE der Insel gelegene Bergland der Serres de Llevant dokumentieren. Eine weitere Gruppierung von Bergsilhouetten, die höher und zugespitzter auftreten, ist im hier zum Maestrale weisenden Teil zu finden. Gemeint ist damit der in Natur zwischen dem Cap de Ferrutx und der Punta de Capdepera gelegene höhere Geländeabschnitt des genannten SE-Hügellandes. Auf den Nachbarinseln sind keine Bergfiguren auszumachen, nur wenige Bergstriche zur Verdeutlichung einiger Steilpartien sind festzustellen.

Zur Verdeutlichung relativ steiler Küstenpartien sowie – wie vorne erwähnt – einiger Geländeeinschnitte entlang der Fließgewässer bzw. Torrentes werden abschnittsweise kurze Gebirgsschraffen eingesetzt.

Horizontale kurze Schraffen, die seewärts mit Unterbrechungen entlang der Küste angebracht sind, betonen die Inselgestalt und heben sie deutlich von der Meeresfläche ab.

10.8 Bodenbewachsung/Bodennutzung

Die Vegetation der Insel wird mittels Aufrisszeichen in unterschiedlicher Größe und Form zum Ausdruck gebracht.

Unter den rund 40 dargestellten Baumzeichen lassen sich im Wesentlichen zwei Arten ausmachen. Einige von ihnen weisen eine kleeblattförmige Krone auf, andere zeigen eher eine dreiecksförmige, in kleine Kringel aufgelockerte Gestalt. Jeweils rechts unterhalb des Stammes stehen aneinander gereiht, teils mehr oder minder senkrechte, teils horizontale Striche zur Wiedergabe des Schattenwurfs. Eine Anschattierung der Baumkrone zur plastischen Herausarbeitung der Figuren kommt bedeutend seltener vor.

Die meisten Baumzeichen, speziell der letztgenannten Art, sind im mittleren Kartenbereich zu finden, womit voraussichtlich die zentrale Inselebene gemeint ist. Die andere Figurenart ist eher an der Küste des hier nach Ponente weisenden Inselteils vertreten. In dieser Hinsicht entfernt sich die Karte des Ferretti deutlich von den Darstellungen aus den Lafreri-Atlanten und des Camocio, nur Porcacchi weist eine ähnliche Verteilung der Zeichen auf.

Außer den Bäumen sind Buschzeichen zur Darstellung gebracht, deren Vorkommen aber äußerst gestreut ist.

Kleine geackerte Flächen und Terrassen kommen an zwei Stellen vor. Ebenso wird das eingezäunte oder durch Hecken eingegrenzte Feld unweit der Ortschaft Alcúdia wiedergegeben, das bereits in den genannten Vorgänger-Karten zu finden ist.

10.9 Siedlungsbild

Die Siedlungsdarstellung ist verhältnismäßig spärlich ausgefallen. Außer der Hauptstadtsilhouette sind nur einige wenige Orte mittels Figuren veranschaulicht. Von den insgesamt 14 vorhandenen Zeichen für Siedlungsstandorte liegen elf auf Mallorca und zwei auf der Nachbarinsel Dragonera, allesamt an oder nahe der Küste angeordnet.

Zu den beschrifteten Zeichen gehören neben der Hauptstadt *Maiorica*, die Orte *Alichudia* (das heutige Alcúdia), *Soller* sowie das inzwischen wüstgefallene *Palomera* und ein Siedlungsplatz namens *Premontor*. Weitere Figuren stehen ihrer Lage im Kartenbild nach vermutlich für die aktuellen Cala Figuera, Manacor, Capdepera, Ses Salines sowie möglicherweise für Santa Ponça, Andratx und dem Hafen Portopí. Bei den letzten drei kann es sich durchaus auch um Beobachtungstürme, den sogenannten „Talaias" handeln.

Die größte Silhouette zeigt die Hauptstadt, ein torbogenartiges, geringfügig räumlich wirkendes Gebilde, das im Vergleich zu den ähnlichen, oben genannten Vorgängerkarten äußerst bescheiden ausgefallen ist. Die Zeichnung der Ortsansicht erscheint unvollständig, sie ist nicht mehr eindeutig zu erkennen. Es folgt an Größe der unbeschriftete Ort Cala Figuera, der durch eine zweiteilige Gebäudeaufrissfigur mit Turmhelm und einem quasi dahinter stehenden höheren, kuppelartigen Bau mit Mast veranschaulicht wird. Gegenüber den Darstellungen in den Vorgängerkarten ist das hier eingesetzte Bildchen klein wiedergegeben. Unterschiedlich gestaltete, zwei- oder dreitürmige Bauten, deren Größe variiert und in der Regel mit Mast und Basislinie versehen sind, werden als Aufrisszeichen für die beschrifteten Siedlungsplätze sowie für die vermeintlichen Orte Manacor, Capdepera und Ses Salines verwendet. Die übrigen Siedlungspunkte erhalten ein dreidimensional wirkendes Hauszeichen mit Pultdach und Eingangstor.

10.10 Meeresfläche

Das Meeresgebiet ist von der Küste bis zur Kreisperipherie, dem Abschluss des Kartenfeldes, mit einer mehr oder minder gleichmäßig ausgestatteten, in der für Kupferstich typisch geräderten Punktfläche belegt. Zur Verdeutlichung des Küstenverlaufs ist der küstennahe Streifen – wie unter 10.7 erwähnt – seewärts mit kurzen horizontalen Schraffen versehen, womit gleichzeitig eine bessere Herausstellung der Land- gegenüber der Meeresfläche erreicht wird. Darüber hinaus füllen bildliche Darstellungen vorwiegend den hier zur Tramontana weisenden Meeresbereich. Eine von Ponente nach Levante ziehende Karabelle sowie insgesamt drei Seeungeheuer belegen Teile der Meeresfläche. Alle Figuren weisen als Basis eine Vielzahl von Wellenlinien auf (Abb. 10.7).

Abb. 10.7 Figürliche Darstellungen im Meeresbereich der Karte des F. Ferretti. Vergrößert wiedergegeben mit Genehmigung der BNF Paris.

10.11 Schriftbild

Schrift ist innerhalb des Kartenspiegels kaum vorhanden. Insgesamt sind nur fünf Toponyme aufgenommen, so dass es sich fast von einer stummen Karte sprechen lässt. Alle Bezeichnungen sind in einer leicht geneigten gemischten Renaissance-Antiqua vorgenommen, die Hauptstadt *Maiorica* sowie *Premontor* und *Palomera* etwas größer, die anderen beiden Orte *Alichudia* und *Soller* kleiner, wobei das vorletzte Toponym deutlich von seiner heutigen Schreibweise abweicht. Des Weiteren ist Schrift nur für die oben aufgeführten, am Rand der Kreisperipherie angebrachten Versalien zur Kennzeichnung der Wind- bzw. Himmelsrichtungen eingesetzt. Aufgrund der geringen Zahl an Toponymen wird in diesem Fall auf eine tabellarische Zusammenstellung verzichtet.

11 Ioannes Metellus / Gerard de Jode

11.1 Autoren und Werke

Zu den relativ kleinmaßstäbigen Darstellungen, die Mallorca im Rahmen des gesamten Balearen-Archipels veranschaulichen und hier aus Vergleichsgründen Berücksichtigung finden soll, gehört das titellose Kartenbild aus dem „Insularium Orbis aliquot insvlarum, tabulis aeneis delineationem continens" des Ioannes Metellus. Als Ersatz gewissermaßen für den nicht gesondert herausgearbeiteten Titel können die im Kartenspiegel der Darstellung untergebrachten Angaben „Maiorica et Minorica Sardoi Maris Insulæ" und „Pythivsæ Insvlæ, maris Balearici" gelten. Im Inhaltsverzeichnis des Insulariums stehen allerdings die korrekten Bezeichnungen „Maiorica & Minorica Insulæ", „Yvica & Formentera Insulæ" und „Elba olim Ilva Insula". Das in Kupfer gestochene Werk ist in Köln gedruckt und in gebundener Form 1601 herausgegeben. Ein Jahr später erscheint die gleiche Karte ein zweites Mal, und zwar als Bestandteil des in Ursellis (Oberursel) gedruckten Weltatlas „Speculum Orbis Terrae", zu dessen Inhalt auch das Insularium gehört.

Mit ziemlicher Sicherheit leitet sich oben genannte Karte von der 23 Jahre früher in Antwerpen erstellten und zum zweiteiligen Atlas „Speculum Orbis Terrarum" des Gerard de Jode zählenden, äußerst ähnlich aussehenden Darstellung ab, die hier des Vergleiches wegen ebenfalls mit herangezogen wird.

In beiden Werken tritt die jeweilige Karte als gesondertes, vom spanischen Festland getrenntes Abbild der heutigen Balearen auf. Die einzelnen Inseln des Archipels wirken in Form und Gestaltung bei Metellus und bei De Jode aufgrund ihrer Ausrichtung im ersten Moment verschieden, bei näherer Betrachtung ist allerdings deren große Ähnlichkeit, ja nahezu Gleichheit zu erkennen.

Während im Werk des Metellus die Abbildung isoliert auf der ausschließlich dafür bestimmten, nicht numerierten Doppelseite 6 - 7 auftritt, bringt De Jode die Balearen als selbständiges Kartenbild auf einer ebenfalls nicht numerierten, allerdings mehrere Inseln des Mittelmeers umfassenden Atlasdoppelseite nach der Textseite XII. In der Folgeausgabe mit verändertem Titel „Speculum Orbis Terrae" von 1593 des Sohnes Cornelis de Jode, dessen Werk nunmehr insgesamt 112 anstelle von 92 Karten enthält, ist die Balearen-Darstellung, ähnlich der 1. Ausgabe, auf der ebenfalls nicht numerierten Doppelseite nach der Textseite 17 untergebracht.

Als Stecher des Metellus-Insulariums gilt der auf der Titelseite des Werkes genannte Typograph Ionnes Christopherus. Beim Atlas des De Jode ist der Bearbeiter unklar. Es kann De Jode selbst sein, durchaus aber auch einer der Brüder van Deutecum, die bei ihm tätig sind und viele Karten dieses Werkes erstellen; möglicherweise aber ein anderer Stecher.

Jean Matal, der sich einschließlich des auf seine burgundische Heimat hinweisenden Gelehrten-Cognomens Johannes Matalius (Natalius?) Metellus Sequanus (= der Sequaner) bezeichnet, wird 1520 in Poligny/Franche Comté geboren (MEURER 1988: 162). Obgleich über sein Ausbildungsweg so gut wie keine Informationen vorliegen, weiss man, dass schon früh sein Interesse der Geschichte und der Geographie gilt. Nicht zuletzt bezeichnen daher BONACKER (1959: 85) ihn als Geschichts- und Altertumsforscher, BAGROW (1961: 510) als Geograph. Bekannt sind seine Jurastudien in Bologna (JÖCHER 1750ff. bzw. 1961: 1550), von wo aus er zusammen mit Antonius Augustinus nach Rom, Venedig, Florenz und 1554 schließlich nach England übersiedelt. Danach hält er sich in Antwerpen auf, zu einer Zeit, aus der wohl seine Beziehungen zu Ortelius und Plantijn herrühren. Nach Aufenthalten in Lüttich (JÖCHER 1750ff. bzw. 1961: 1550) und länger in Löwen (BAGROW 1961: 271) scheint er für mehrere Jahrzehnte seinen Wohnsitz oder zumindest eine feste Adresse in Köln zu haben (KOEMAN 1969c: 2; MEURER 1988: 162). 1596 ist er zum letzten Mal in Köln belegt. Ioannes Metellus stirbt 1597 in Augsburg.

MEURER (1988: 162) bezeichnet ihn als „den Idealtyp des weltoffenen, korrespondierenden Privatgelehrten der Renaissance mit sehr weitreichenden Kenntnissen in Rechtswissenschaften, Theologie, Geschichte, Philologie und Naturwissenschaften" .... „Als Wissenschaftler scheint er eine Art Nestor und letzte Instanz in geographischen Quellenproblemen gegolten zu haben". Auch in den Kölner Jahren war er mehr Herausgeber und Beitragender als eigentlicher Autor (MEURER 1988: 263).

Neben dem hier in Frage kommenden Insularium gilt er als Autor der in Ursellis bei Cornelis Sutor 1600 gedruckten Atlasbände Asia und Africa (KOPP 1990: Taf. 317, 318) sowie des im gleichen Jahr erstellten America-Bandes. Im gleichen Jahr erscheint in Köln ein Europa-Band, der selbst eine Zusammenstellung der vier bereits zwischen 1594 und 1598 herausgegebenen europäischen Regionalatlanten ist (MEURER 1988: 183-185). Eine Sammelausgabe der drei außereuropäischen Bände, des Europa-Bandes und des Insulariums erfolgt 1602 an gleicher Stätte in Ursellis in Form des oben genannten, als 261 Karten umfassendem Weltatlas mit dem Titel „Speculum Orbis Terrae" (KOPP 1990: Taf. 357; MEURER 1988: 163, 194ff.; WOLKENHAUER 1910: 255). Darüber hinaus gilt Metellus als Autor des „Itinerarium Orbis Christiani", ein kleines, aus Wegekarten der christlichen Länder bestehendes Reisebuch, das in Antwerpen oder Köln erstmals 1579/80 publiziert wird und als der älteste Straßenatlas Europas anzusehen ist (KOEMAN 1969c: 2).

Gerard(us) de Jode (auch Judaeius, Judeus) wird 1509 in Nijmegen (Nimwegen) geboren. Er ist Kupferstecher und Kartograph. 1547 lässt er sich in Antwerpen nieder, dem damaligen wirtschaftlichen Zentrum Europas und zugleich bedeutendsten Kartenproduktionsort im Rahmen der sogenannten Südniederländischen Periode (KROGT VAN DER 1994: 75ff.). Laut SCHILDER (1986: 366f.) gehört De Jode zu jenen Fachleuten, die aus den nördlichen Provinzen der Niederlande stammend im südlichen Landesteil mit Erfolg Karriere vor allem als Händler von Kupferstichen und Karten sowie als Verleger machen. Im gleichen Jahr 1547 wird er aufgrund seiner Tätigkeit als Mitglied in die St. Lukas Gilde aufgenommen. 1550 erhält er die Druckererlaubnis, womit besonders ab 1555 der Handel mit Druckerzeugnissen, vor allem mit einzelnen Kartenblättern ansteigt und zu einer wichtigen Einnahmenquelle für ihn wird. Viele seiner Einzelkarten werden bereits seit 1567 angefertigt und sind bei dem bedeutendsten Verleger und Kartenhändler Chr. Plantijn in Antwerpen käuflich zu erwerben. Laut Eintrag im Speculum erhält er 1573 die kirchliche Imprimatur. Zwei Jahre danach die kaiserliche Druckerlaubnis; das königliche Druckerprivileg stammt von 1577 (SKELTON 1965: VI; KOEMAN 1969a: 205). Zu seinen Haupttätigkeiten gehört das Kopieren von Karten bekannter Autoren. Das hat dazu geführt, dass zahlreiche, im Original nicht mehr existierende Werke auf diese Weise der Nachwelt erhalten bleiben. Den Gedanken, Einzelblätter in gebundener Form zusammenzustellen, fasst er relativ spät. Mit der Herausgabe des „Speculum Orbis Terrarum", ein Atlaswerk, das ihn vor allem bekannt macht, wird De Jode zum Konkurrenten des zeitgleich tätigen, 18 Jahre jüngeren Abraham Ortelius, der es offensichtlich versteht, durch äußere Einflussnahme und Machenschaften das Erscheinen des genannten Atlas zu verzögern, damit der Markt für die Veröffentlichung seines eigenen Werkes, des „Theatrum Orbis Terrarum", 1570 offenstehe.

Als eifrigster Mitarbeiter steht Gerard de Jode neben den erwähnten Kupferstechern vor allem sein Sohn Cornelis zur Seite. Nach seinem Tod in Antwerpen im Jahre 1591 übernimmt seine Witwe und der Sohn den Verlag bis alle Kupferplatten in den Besitz von Johannes Baptista Vrients (Vrientius) gelangen und ab 1612 Eigentum von Johannes Moretus werden (BAGROW 1961: 510, 533; KOEMAN 1969a: 205f.; KROGT VAN DER 1994: 91f.; SCHILDER 1986: 367; SKELTON 1965: Vff.).

Das Insularium des Metellus existiert verhältnismäßig wenig. In Deutschland lassen sich zwei Exemplare in der SStB Augsburg [Sign.: 2° Gs 908 Beibd. 3 u. 4° Gs K 44 Beibd. 6] sowie je eins in der StUB Frankfurt am Main [Sign.: Q 16/14] und in der BSB München [Sign.: 2 Mapp.121,3-3] feststellen. Im Ausland sind Insularien in der BL London [Sign.: Maps.C.48.c.54] und in der RGS London [Sign.: Map Room 9.C.53] zu finden. Eine weitere Originalausgabe dieses Werkes hat im Juli 2001 im Rahmen der XIX. Internationalen Konferenz zur Geschichte der Kartographie in Madrid das Antiquariat G. F. Pontes zum Kauf angeboten.

Das Werk „Speculum orbis terrae" ist laut MEURER (1988: 184) in der SLUB Dresden, StB Mainz und BSB München ausgewiesen, im Ausland in der BOL Oxford. Häufiger – wenn auch nicht stark verbreitet – ist das Originalwerk „Speculum Orbis Terrarum" des Gerard De Jode in Deutschland und im Ausland auszumachen. Zu den wenigen Stellen gehören Exemplare in der BSB München [Sign.: 2 Mapp. 174] sowie in der UB Amsterdam [Sign.: 1806 A 20], in der BL London [Sign.: Maps.C.7.c.12], bei H. C. Taylor in New York [ohne Sign.], in dem MMPH Rotterdam [Sign.: WAE738] und in der LC Washington [Sign.: 383]. Ein Faksimile der Ausgabe von 1578 wird 1965 in Amsterdam im Verlag Theatrum Orbis Terrarum herausgegeben. Von der Folgeausgabe seines Sohnes Cornelis de Jode gibt es zwei Exemplare in der BSB München [Sign.: 2 Mapp. 275 bzw. 276] sowie je ein Exemplar im NSM Amsterdam [Sign.: S.2569], in der UB Leiden [Sign.: COLLBN Atlas 303], in der BL London [Sign.: Maps.C.7.c.13], in der LC Washington [Sign.: 398], in der JCBL Providence [Sign.: I.329] und in der ÖNB Wien [Sign.: 393.693-D.K]; im Exemplar der BNF Paris [Sign.: Rés Ge DD 1942] fehlt die entsprechende Seite mit der Balearen-Darstellung.

11.2 Äußerer Kartenaufbau

Wie vorne erwähnt weisen die vorliegenden Karten der heutigen Balearen ein ähnliches äußeres Bild auf. Beide Schwarz/Weiß-Darstellungen sind Rahmenkarten und werden in Form eines, in seiner Längsrichtung liegenden Rechtecks veranschaulicht, dessen Abgrenzung jeweils durch eine feine Linie gegeben ist. Die Maße im Werk des Metellus betragen 96 x 165 mm bzw. bei De Jode von 78 mm x 190 mm (Abb. 11.1 u. Abb. 11.2). Im Gegensatz zur isoliert auf einer Doppelseite wiedergegebenen Darstellung des Metellus ist die Balearen-Karte im Atlas des De Jode mit fünf anderen Abbildungen der Mittelmeerinselwelt vergesellschaftet und an der linken unteren Ecke eines doppelseitigen Kartenblattes untergebracht. Jede dieser Inseldarstellungen wird zur besseren optischen Trennung vom Nachbarbild von einem schräg schraffierten Zierband umgeben. Die Nachfolgeausgabe des Werkes von 1579, das „Speculum Orbis Terrae" des Cornelis de Jode von 1593, zeigt den gleichen Aufbau wie die Erstausgabe.

Abb. 11.1 Karte des Balearen-Archipels aus dem Insularium des I. Metellus; Maßstab des Originals ca. 1:1 607 000. Verkleinert auf ca. 1:2,3 Mio. wiedergegeben mit Genehmigung der StUB Frankfurt am Main [Sign.: Q 16/14].

Zur Darstellung kommen in beiden Karten die heutigen Balearen mit Mallorca und Menorca und den kleineren Nachbarinseln Cabrera, Dragonera und Illa de l'Aire (hier *Laira*) sowie bei den Pythiusen die Insel Ibiza mit den kleinen Sa Conillera, Es Vedrà und Tagomago, hier als *Couillera, Vechia* und *Dragomago* bezeichnet. Südlich Ibiza eingetragen, aber unbeschriftet, sind die relativ große, als Formentera zu deutende Insel sowie zahlreiche nahegelegene kleine Eilande anzutreffen. Bei Metellus erscheint in der oberen linken Ecke der Darstellung zusätzlich eine Nebenkarte mit der Insel Elba, deren Wiedergabe themenmäßig eigentlich nicht hierher gehört und vermutlich nur aus Platz- bzw. Verlegenheitsgründen an diese Stelle gelandet ist.

Abb. 11.2 Karte des Balearen-Archipels aus dem Atlas „Orbis Speculum Terrarum" von G. de Jode; Maßstab des Originals ca. 1:1 630 000. Verkleinert auf ca. 1:2,7 Mio. wiedergegeben mit Genehmigung der BSB München [Sign.: 2 Mapp. 174].

11.3 Lage und Orientierung

In beiden Fällen fehlt ein Gradnetz, auch eine Windrose liegt nicht vor. Ausschließlich bei De Jode sind die Bezeichnungen für die Haupthimmelsrichtungen gegeben und auf dem Großblatt im Bereich des Kartenrahmens zu finden. Somit ist jeweils die Raumlage der dargestellten Inselgruppe bis auf die gerade genannte Ausnahme nur aufgrund der eingetragenen Meeresbezeichnungen und der Angaben im Begleittext nachvollziehbar (vgl. Abb. 11.1 u. Abb. 11.2).

Im Begleittext mit dem Titel „Maiorica et Minorica" des Daniel Cellarius sind im Werk des De Jode Angaben zur geographischen Lage gemacht. Hiernach befindet sich Mallorca zwischen 39°50' und 40°50' nördlicher Breite sowie 24° und 26,5° östlicher Länge und unterliegt dem 6. Klima, womit wenigstens ein kleiner Anhalt gegeben ist. Die geographische Breite ist gegenüber der Wirklichkeit im Süden um ca. 35', im Norden um ca. 50' verschoben, ihre N-S-Entfernung beträgt demnach 1° anstelle der rd. 40'. Die Breite der Insel weist nach den Angaben des Textes eine Längendifferenz von 2,5° auf und ist damit um ca. 1° zu weit ausgefallen. Die geographische Länge scheint auf den Nullmeridian von São Miguel (Azoren) bezogen zu sein. Für die Karte des Metellus liegen vergleichsweise keine Gradangaben im entsprechenden Begleittext vor.

Wird entsprechend der Eintragung bei De Jode die senkrechte Seitenbegrenzung der Karten für beide Darstellungen als Nordrichtung angenommen, so ist festzustellen, dass die veranschaulichten Inseln nicht korrekt im Raum orientiert sind. In der Karte des Metellus erscheinen bei flüchtiger Betrachtung die Inseln in WSW-ENE-Lage mit einer Abweichung gegenüber Nord von ca. 100° W bzw. 80° E, womit sie gegenüber der Natur fast korrekt – Sollrichtung 115° W auf winkeltreuer Karte – wiedergegeben wirken, bei genauerem Hinsehen stellt sich jedoch heraus, dass ein seitenverkehrtes Bild vorliegt, das vor jeglichem Vergleich erst W/E gespiegelt werden müsste. In der Darstellung des De Jode-Atlas ist die Inselgruppe mit ihrer Gesamtachse WNW-ESE in etwa 100° E bzw. 80° W ausgerichtet und weicht demzufolge um rd. 35° von den oben genannten 115° W ab.

Ein Vergleich zwischen der gespiegelten und gedrehten und im angepassten Maßstab 1:2 500 000 ausgewählten historischen Darstellung des Metellus – hier wegen der großen äußeren Ähnlichkeit zur De Jode-Karte als Beispiel für beide geltend –, mit dem entsprechenden Ausschnitt der aus Satzspiegelgründen auf den gleichen Maßstab gebrachten aktuellen JNC zeigt eindeutig, dass, unabhängig von der vorliegenden Projektion, außer den vorhandenen Detailunterschieden die Größe der einzelnen Inseln sowie deren Abstand untereinander erheblich abweichen (Abb. 11.3). Geht man bei gleicher Orientierung von einer Überlagerung der jeweiligen Mallorca-Umrisse aus, so stellt sich heraus, dass die Größen der Nachbarinseln Menorca und Ibiza bei der historischen Darstellung circa das Doppelte der entsprechenden Fläche ausmachen und dass gegenüber der Realität die Insel Ibiza um etwa die Hälfte und Menorca sogar um etwa Zweidrittel an Mallorca herangerückt erscheinen.

Bedingt durch die Nichteinhaltung der korrekten Nordrichtung weicht mit der

Gesamtdarstellung auch die Insel Mallorca als solche stark in ihrer Orientierung vom Soll ab. Die Differenz gegenüber der Realität beträgt etwa 27° E, erst eine Rotation um diesen Winkelwert in entgegengesetzte Richtung und eine geringe ostwärtige Versetzung veranschaulichen das Inselbild in seiner ungefähr korrekten Raumlage (vgl. Abb. 11.8).

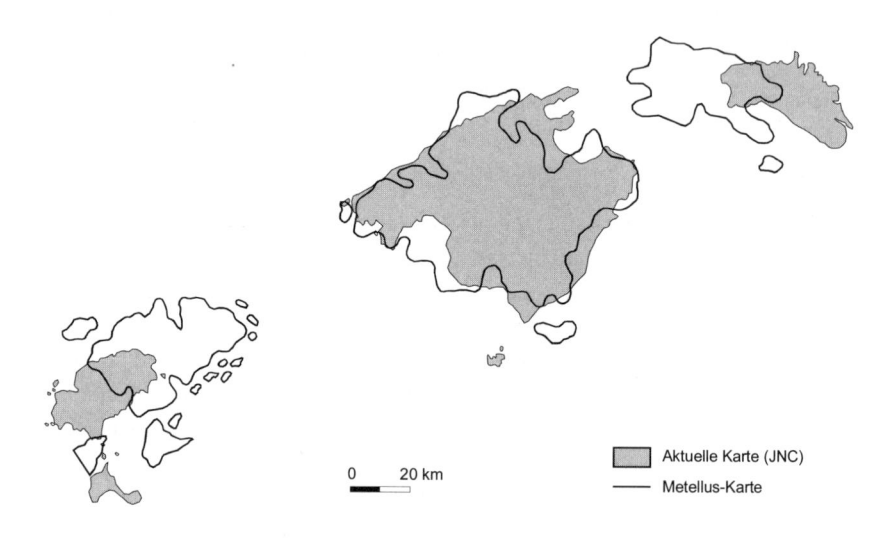

Abb. 11.3 Darstellung des Balearen-Archipels als Überlagerung des W/E-gespiegelten historischen Kartenbildes von I. Metellus mit der JNC, beide im verkleinerten Maßstab von 1:2,5 Mio.

11.4 Kartenmaßstab

Gleich den meisten bisher besprochenen Beispielen weisen die zwei hier vorliegenden Karten weder einen numerischen noch einen graphischen Maßstab auf. Folgedessen kann auch in diesem Fall ein Maßstab nur auf Umwegen ermittelt werden.

Zur Maßstabsbestimmung werden erneut die Größe der dargestellten Inselfläche sowie die nach der Methode RUGE (1904) – den maximalen N-S- bzw. W-E-Entfernungen – errechneten Mittelwerte herangezogen. Die Inseldiagonalen finden hier bei der Berechnung keine Berücksichtigung, da die ermittelten Maßstabswerte zu stark von den obigen abweichen.

341

Dabei ergibt sich für die Karte des Metellus aus dem Flächenvergleich ein Maßstab von ca. 1:1 587 000 und nach der Methode RUGE ein Mittelwert von ca. 1:1 627 000. Der daraus folgende Mittelmaßstab errechnet sich zu rd. 1:1 607 000. Im Vergleich dazu zeigt die De Jode-Darstellung nur geringfügige Abweichungen. Über die Fläche stellt sich in diesem Fall ein Maßstab von ca. 1:1 563 000 und über die Methode RUGE von ca. 1:1 642 000 ein. Der daraus sich ergebende Mittelwert lautet rd. 1:1 630 000, eine in dieser Maßstabsgröße verhältnismäßig geringe Differenz zur Zahl des Metellus. Beide errechneten Mittelmaßstäbe, 1:1 607 000 für die Metellus-Karte und 1:1 630 000 für die des De Jode, werden hier für weitere Betrachtungen zugrunde gelegt.

Wesentlich ungünstiger würde sich die Anwendung von Maßstäben erweisen, die über einen Vergleich der Küstenlängen ermittelt würden. Aufgrund der vorliegenden stärkeren Generalisierung ergäbe sich für die Darstellung des Metellus mit ca. 1:1 924 000 ein deutlich kleinerer Maßstab als für diejenige des De Jode mit ca. 1:1 816 000, Werte, die beide deutlich unter den oben bestimmten liegen und darum hier nicht zum Einsatz kommen sollen.

11.5 Inselgestalt

Werden die geringfügigen Maßstabsdifferenzen außer Acht gelassen, so gelangt man nach W/E-Spiegelung der Metellus-Karte zu einer weitgehenden Inselüberdeckung mit der De Jode-Karte, ein Beweis für die Ähnlichkeit beider Darstellungen und ein Zeichen für die, trotz stärkerer Generalisierung, vom älteren Bild erfolgte Kopie. Abb. 11.4 verdeutlicht diese Verhältnisse nach korrekter Einnordung der Darstellungen, d. h. nach Veränderung der Ausgangslage beider Karten.

Betrachtet man die Gestalt der drei größten Baleareninseln, so zeigt sich, dass die stärksten Abweichungen des historischen Bildes gegenüber dem aktuellen bei der Insel Mallorca anzutreffen sind, der Insel, der hier ohnehin das Hauptaugenmerk gelten soll, Differenzen, die sowohl die Gesamtgestalt als auch das Detail betreffen. Hierbei sei jedoch bedacht, dass beide historische Karten durch einen – wie oben angedeutet – unterschiedlichen Generalisierungsgrad des Umrisses geprägt sind. Während die Küstenlinie in der De Jode-Karte relativ stark gegliedert ist, erscheint sie im Beispiel des Metellus äußerst geglättet und geschwungen (vgl. Abb. 11.4), eine Darstellungsweise, die für den vorliegenden Maßstab in ihrer Vereinfachung übertrieben erscheint. Aufgrund der vorliegenden großen Ähnlichkeit beider Darstellungen und zur Vermeidung von Wiederholungen erscheint es angebracht, als Beispiel für weitere Formvergleiche hier vorrangig die Metellus-Karte heranzuziehen (vgl. Taf. I, Teil I – IV).

```
······· De Jode-Karte
——— Metellus-Karte
```

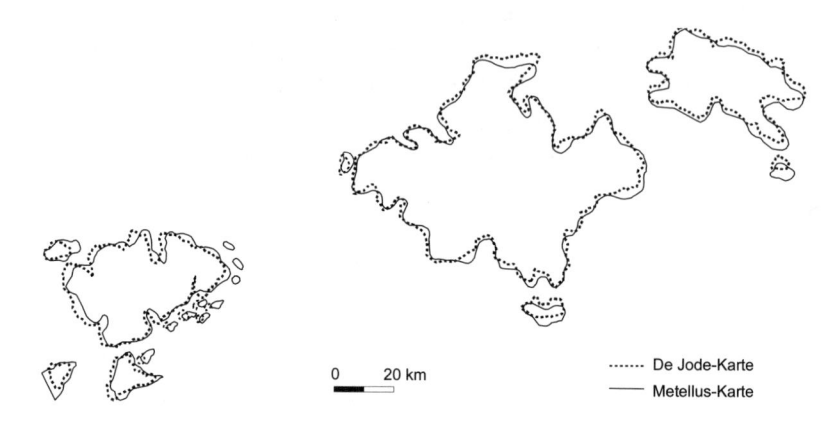

Abb. 11.4   Überlagerung der Küstenumrisse aus der W/E-gespiegelten Karte des I. Metellus mit der Darstellung des G. de Jode, beide nach erfolgter Nordausrichtung und im verkleinerten Maßstab von ca. 1:2,5 Mio.

Ein Vergleich durch Überlagerung des historischen Kartenbildes des Metellus mit der bereits mehrmals verwendeten winkeltreuen ONC 1:1 Mio. in genordeter wie zentrierter Position stellt die Formunterschiede einwandfrei heraus (Abb. 11.5). Auch wenn zum großen Teil erhebliche Lagedifferenzen zwischen den Küstenumrissen der historischen und der aktuellen Karte festzustellen sind, lässt sich grosso modo die Gestalt der Insel Mallorca doch erkennen. Bedingt durch die oben erwähnte, nicht korrekt eingehaltene Nordorientierung wirkt das Inselbild in WNW/ESE-Richtung überdimensioniert und senkrecht dazu relativ verkürzt. Dabei ist das Fehlen einer größeren Bucht an der SW-Küste besonders auffällig. Auch die Nachbarinseln Cabrera und Dragonera kommen überhalten groß zum Ausdruck.

Das Abweichen der Hauptküstenpartien zwischen dem historischen Bild des Metellus und der aktuellen Karte wird noch deutlicher in der Überlagerung der entsprechenden Schemavierecke. Wie Abb. 11.6 verdeutlicht, zeigen sowohl die Azimute als auch die Strecken der einzelnen Küstenabschnitte zum Teil erhebliche Differenzen zu den Sollwerten. Die NW-exponierte Küstenpartie zwischen der Punta Negra und dem *C. Formenter* (jetzt Cap de Formentor) weicht um 91° E

343

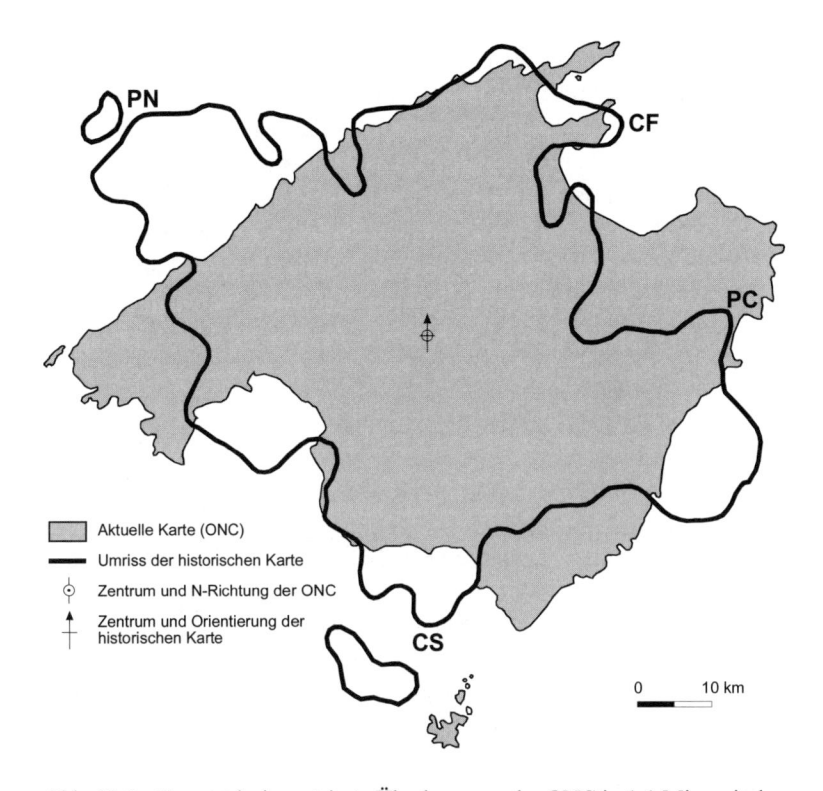

Abb. 11.5 Geometrisch zentrierte Überlagerung der ONC in 1:1 Mio. mit der durch Vergrößerung im Maßstab angepassten, nach Kartennord ausgerichteten und W/E-gespiegelten historischen Darstellung des I. Metellus.

statt um 60° E ab. Die in Natur fast parallel dazu laufende Gegenküste im SE zwischen dem *C. Palma* und *C. Lapera* (heute Cap de ses Salines bzw. Punta de Capdepera) weist am südlichsten Inselpunkt ein Azimut von 45° E anstelle von 35° E auf. Die erstgenannte Strecke ist um rd. 20 km nahezu ein Viertel kürzer als in der Realität (bei De Jode 68,7 km statt 65,1 km bei Metellus), die zweite dagegen nur 4,5 km (bei De Jode nur 3,9 km). An der *C. Lapera* genannten Punta de Capdepera liegt für die NE-Küstenpartie eine westliche Abweichung von 30° W (bei De Jode 24° W) statt 40° W vor, das dazugehörige Streckenmaß beträgt 28,2 km (bei De Jode 26,9 km) im Gegensatz zum 35,2 km betragenden Naturwert. Schließlich ist die SW-Strecke mit 77,1 km um rd. 7 km länger als in der Wirklichkeit ausgefallen, ihre Abweichung von Nord mit 30° W – am S-Punkt gemessen – hingegen um die Hälfte geringer.

Die Innenwinkel des einem gleichseitigen Trapez nahe kommenden Schemabildes zeigen sich an der Punta Negra im W mit 59° und an der Punta de Capdepera im E mit 105° äußerst realitätsnah. Am Cap de Formentor im N und am Cap de ses Salines im S sind deutliche Abweichungen zu erkennen, am ersten Punkt ist der entsprechende Winkel um 21° größer, am zweiten um 20° kleiner als in der Realität (vgl. Abb. 11.6). Die Darstellung des De Jode veranschaulicht mit 114° am nördlichen und mit 112° am östlichen Kap differierende Innenwinkelwerte, Werte, die analog den entsprechenden Azimuten bzw. Streckenlängen die Trapezfigur in ihrer Form beeinflussen.

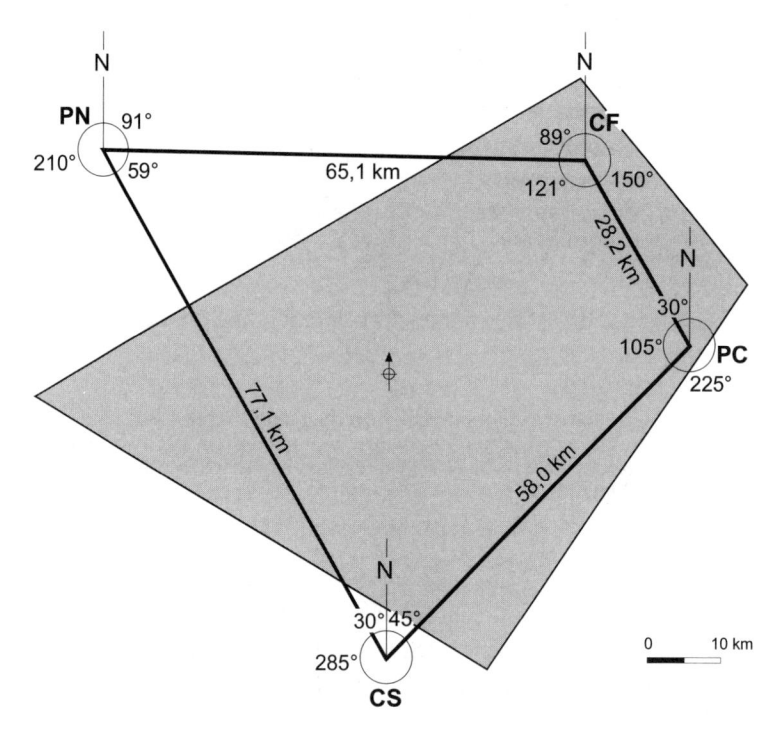

Abb. 11.6 Geometrisch zentrierte, genordete Überlagerung der Viereckschemata von W/E-gespiegeltem historischen Kartenbild des I. Metellus und ONC in 1:1 Mio. mit Angabe der Kapdistanzen, Streckenazimute und Innenwinkel der Figur.

Trotz ähnlich wirkender Vierecksfigur weisen auch die Diagonalen der historischen Darstellung erhebliche Unterschiede zum aktuellen Bild auf (Abb. 11.7).

Die Strecke vom Cap de Formentor zum Cap de ses Salines zeigt am S-Punkt ein Azimut von 22° E statt 10° E, die hier fast senkrecht darauf stehende zweite Diagonale sogar von 108° statt 81° E (bei De Jode 107° E bzw. 24° E). Die entsprechenden Strecken mit nahezu 71 km und etwas über 83 km liegen mit ca. 7 bzw. 15 km eindeutig unter dem Soll.

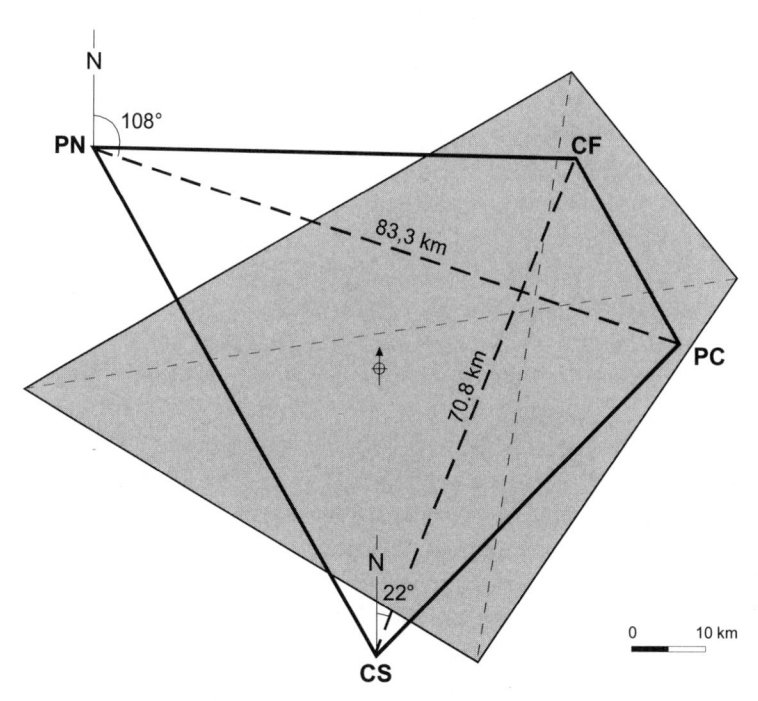

Abb. 11.7 Die Inseldiagonalen, ihre Entfernungen und Azimute in den geometrisch zentriert und genordet sich überlagernden Schemadarstellungen von W/E-gespiegeltem historischen Kartenbild des I. Metellus und ONC in 1:1 Mio.

Metellus weist in seinem Begleittext – ähnlich dem hier angenommenen Schemabild – auf eine annähernd gleichmäßige Vierecksfigur hin, wenn er von „Ex quatuor lateribus ferè aequalibus Maiorica constat, ..." spricht und gibt mit „... unumque caput ab alio 15. milliaribus distat" einen Hinweis auf die Länge einer der Inseldiagonalen, eine Entfernung, die zu kurz zu sein scheint. Auch die etwa in der Mitte der Insel gemessene Breite wird mit der Angabe „in medio non adeo lata est, distatque unum littus ab alio 5. aut 6. mill." zum Ausdruck gebracht. Im Satzteil „... ita ut in ambitu 60. plus minus milliaria complectatur ..." spricht Metellus den Inselumfang an, ein Wert, der dem oben erwähnten Naturumriss von 463 km Länge zumindest in etwa entsprechen müsste. Alle Größen hängen allerdings von dem zugrunde gelegten, hier nicht bekannten Meilenwert ab.

Nach Rotation der historischen Darstellung um ca. 27° entgegen dem Uhrzeigersinn und der geringen Versetzung um 3,5 mm des entsprechenden Zentrums in Richtung E lässt sich zur aktuellen Karte, wie Abb. 11.8 zeigt, eine optimale Bildüberdeckung erreichen, ein Ergebnis, das sowohl für die Metellus-Karte als auch für die Karte aus dem De Jode-Atlas gilt.

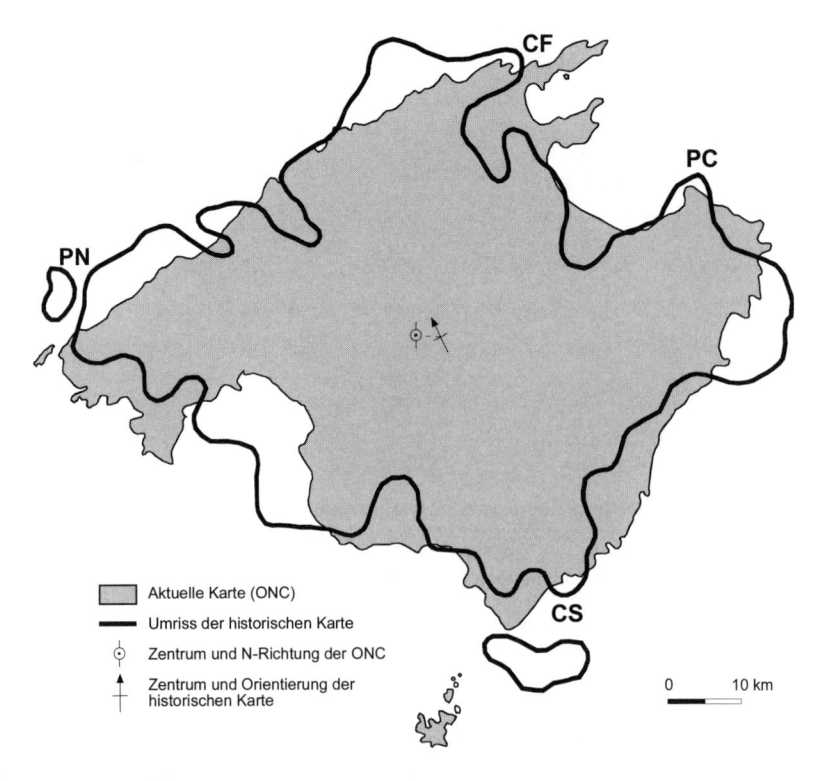

Abb. 11.8 Überlagerung der genordeten ONC in 1:1 Mio. mit dem maßstäbig angepassten, W/E-gespiegelten historischen Kartenbild des I. Metellus nach erfolgter Rotation um 27° W und einer Mittelpunktsversetzung um rd. 3,5 mm nach E.

In beiden hier in Frage kommenden historischen Karten, seien sie stark oder weniger stark generalisiert – und sieht man von den Details ab –, stimmen mehrere Küstenabschnitte mit denen der Realität grosso modo überein. Diese Übereinstimmung trifft besonders für die NE- und für die SE-Küstenpartien zu. Abweichend vom Naturbild sind vor allem, wie bereits angedeutet, die beiden anderen Küstenabschnitte an der NW- und SW-Flanke der Insel. Im ersten Falle zeigt sich vor allem ein in seiner Breite überbetonter Vorsprung im Bereich des Cap de Formentor. Ihm folgen in südwestliche Richtung zwei schmale, in ihrer Tiefe übertriebene Buchten, von denen die tiefere für die Bucht von Sóller steht. An der SW-Küste ist der große Küstenhof, an dem die Hauptstadt liegt, in seiner Weite unberücksichtigt geblieben, stattdessen ist nur eine relativ kleine Einbuchtung an einem eigentlich konvex verlaufenden Küstenteil zur Darstellung gekommen. An den Enden dieser SW-Flanke liegen die Nachbarinseln Dragonera und Cabrera und sind um ein Vielfaches ihrer Größe veranschaulicht. Die SE-Küste, die der heutigen – wenn auch geschwungener – mehr oder minder parallel läuft, zeigt in ihrem zentralen Bereich eine weite flache Ausbuchtung mit einem zu breiten Abschluss im E. Der sich im NE dem heutigen Bild in etwa anpassende Küstenverlauf weist wie in der Natur eine Doppelbucht auf, deren teilende Halbinsel am Cap des Pinar zu flach und zu breit dargestellt ist und deren nördliche Teileinbuchtung zu weit in südöstliche Richtung eingreift.

Zur Hervorhebung des Küstenverlaufes bzw. zur optischen Trennung von Land- und Meeresfläche ist der entsprechende Umriss mit einem horizontalen Strichschraffurband umgeben. Während die Metellus-Karte ein schmaleres, ungleichmäßiges, je nach Schattenwurf angepasstes Band zeigt, verwendet die Darstellung im De Jode-Werk eine etwa gleichabständige, bis ca. 3 mm breite Schraffur.

11.6 Gewässernetz

Weder in der Karte des Metellus noch in der des De Jode sind Gewässer im Bereich der Balearen dargestellt. Dies gilt sowohl für Fließgewässer wie für Seeflächen. Eigentümlicherweise sind in der Nebenkarte der erstgenannten Darstellung, die die Insel Elba veranschaulicht, mehrere Fließgewässer zum Ausdruck gebracht.

11.7 Relief

Auch auf die Wiedergabe des Reliefs wird in beiden Darstellungen verzichtet. Ausnahme bildet erneut das Nebenkärtchen des Metellus-Bildes, in dem das Gelände mittels kleiner, mehrfach auftretender Aufrissfiguren veranschaulicht ist. Ihre von Betrachterseite her angenommene Beleuchtung lässt sie dreidimensional wirken.

11.8 Bodenbewachsung/Bodennutzung

Auch die Bodenbewachsung und die Bodennutzung werden alleine schon maßstabsbedingt nicht im Kartenbild aufgenommen. Eine Ausnahme ist erneut die Elba-Nebenkarte bei Metellus, in der einige wenige Baumzeichen zur Darstellung kommen.

11.9 Siedlungsbild

Die Siedlungsdarstellung erfolgt in beiden Kartenbeispielen äußerst ähnlich. Sowohl die Karte aus dem Metellus-Insularium als auch diejenige aus dem De Jode-Atlas verwenden hierfür kleine, dem Maßstab angepasste, in etwa gleichgroße Aufrissbilder, deren Gestalt bei der Metellus-Karte weitgehend gleich ist, während sie bei De Jode von Ort zu Ort wechselt.

In der Metellus-Karte sind die Orte im Vergleich zur De Jode-Darstellung um einiges kleiner zum Ausdruck gebracht und weisen wegen ihrer vorwiegend einheitlichen Form Signaturencharakter auf. Sie bestehen ohne Ausnahme aus einem zentralen Turm mit Mast sowie drei seitlichen Nebenbauten, von denen einer anschattiert erscheint. Die Gebäudezeichen stehen auf einer horizontalen Basislinie, und die genaue Ortslage wird am Fuß der Silhouette mittels eines Kringels mit zentralem Punkt markiert.

Bei De Jode sind alle Ortsansichten weitgehend individuell gestaltet, weisen aber ähnliche Größen auf. Sie sind mit zwei oder drei unterschiedlich hohen, einseitig rechts anschattierten und in der Regel mit Mast versehenen Türmen sowie einigen flacheren Bauten ausgestattet. Eine Ausnahme bildet die breitere, mit niedrigeren Türmen sowie Fähnchen versehene Silhouette für die Stadt Alcúdia. Alle Bildchen stehen wie bei Metellus auf einer Horizontalen und weisen an ihrem Fuß einen zentralen Kringel zur Markierung der genauen Ortslage auf.

Auf beiden Karten kommen auf Mallorca jeweils nur acht Silhouetten zur Darstellung, auf Menorca je vier und auf Ibiza ebenfalls je vier. Ohne Ausnahme sind die Bildchen beider Karten entlang der Küste angeordnet, so dass man auf Hafenorte schließen kann. Darüber hinaus ist jedem Ortsbild eindeutig ein Schriftzug zugewiesen, so dass kaum Verwechselungen in der Namensgebung auftreten können. Die meisten Ortsansichten sind jeweils im südlichen Inselbereich zu finden. Bei *Alcudia* beginnend und dem Uhrzeigersinn folgend zählen im Falle der Metellus-Darstellung *Menator, Calalonga, Porto Spe, Calafirguer* und *Majorca* zu den beschrifteten Siedlungsplätzen dieses Raumes, Bezeichnungen, die für die jetzigen Orte Manacor, Cala Llonga, die vermutlichen Portopetro und Cala Figuera sowie für die Hauptstadt Palma de Mallorca stehen. An der nördlichen Küstenpartie sind nur *Polomera* und *Soller* anzutreffen, wobei *Polomera* für das wüstgefallene Palomera einzusetzen ist. In der De Jode-Karte kommen die gleichen Orte vor, ihre Schreibweise variiert nur bei *Maiorca* und *Calafiguer* (s. 11.12).

11.10 Meeresfläche

Die Wiedergabe der Meeresfläche ist in der Balearen-Karte des Metellus mittels einer linienförmigen Aneinanderreihung weitgehend horizontal angebrachter Punkte vorgenommen, mit Sicherheit das Ergebnis einer Roulettierung, der damals angewandten Verfahrenstechnik auf Kupferplatten. Keine Punktreihen weist die Elba-Nebenkarte auf, das entsprechende Areal ist freigelassen. Das Meeresgebiet der De Jode-Darstellung dagegen zeigt eine mit kurzen horizontalen Strichen mehr oder minder gleichmäßig angelegte Fläche. In beiden Karten sind alle in der Fläche liegenden Schriftzüge ausgespart. Figuren kommen in diesen Beispielen nicht zur Darstellung.

11.11 Schriftbild

Alle vier, gewissermaßen als Untertitel anzunehmenden Textzeilen „Maiorica et Minorica Sardoi maris Insulæ" und „Pythivsæ Insvlæ, maris Balearici" sind in einer feinen Antiqua-Kursiv angelegt, der vordere Teil, der jeweils die Inselbezeichnungen enthält, ausschließlich in Versalien, der hintere kleinere in gemischter Schrift. Einzige Ausnahme ist bei Metellus die Bezeichnung *Maiorica*, die senkrecht stehend angebracht ist. Wie den Karten bzw. den oben erfolgten Angaben zu entnehmen, sind diese Titelzeilen in Latein verfasst.

Die einzelnen Inselnamen, die im jeweiligen Inselschwerpunkt untergebracht vorkommen, sind verschieden ausgeführt. Während in beiden Karten abweichend von der titelmäßigen Angabe die Hauptinsel *Mallorca* genannt wird, behält bei der Nachbarinsel nur Metellus die Schreibweise *Minorica* bei, während De Jode bereits die Bezeichnung *Menorca* verwendet. Bei De Jode sind hierbei ähnlich dem sogenannten Untertitel sogar noch die Schriftlinien zu erkennen. Die Nachbarinsel Ibiza wird – als Teilbezeichnung minderwertig eingestuft – in einer kleinen, gemischten Kursiv beschriftet und weist für deren Bezeichnung in beiden Karten den Kurztext *Iuica Insula olim Ebißus* auf, womit ein Hinweis auf den historischen Namen Ebusus gegeben ist. Dieser doppelzeilig angelegte Text ist von der Meeresfläche ausgespart und zwischen Mallorca und Ibiza untergebracht.

Alle übrigen Bezeichnungen, seien es kleinere Inseln, Landvorsprünge oder Ortschaften werden ähnlich dem zuletzt Gesagten in einer kleinen Kursivschrift vorgenommen, an deren Ende bei De Jode kurioserweise jeweils ein Punkt angebracht ist. Die innerhalb des Meeresareals angelegten Namen sind vom Flächenraster freigestellt. Ihre Anordnung im Raum ist bei Metellus anders als bei De Jode. Analog der Inseldarstellung erfolgt auch die Eintragung der zugehörigen Schriftzüge seitengespiegelt, jedoch lesbar. Unmittelbar bei Mallorca befinden sich die kleineren Nachbarinseln *Cabraera* bzw. *Cabrara* und *Dragonera*, bei Menorca die Insel *Laira* und bei Ibiza *Couillera*, *Vechia* und *Dragomago*, Namen, die, wie vorne erwähnt, für die heutigen Cabrera, Dragonera, Illa de l'Aire, Sa Conillera, Es Vedrà und Tagomago eingesetzt sind.

Als Kapnamen auf Mallorca sind beiden Karten die Bezeichnungen *C. Formenter*, *C. Lapera* und *C. Palma* zu entnehmen; sie stehen, wie bereits ausgeführt, für Cap de Formentor, Punta de Capdepera und Cap de ses Salines. Im Norden von Menorca sind *C. Bacol*, fälschlich für Cap de Bajolí (s. 8.11, 9.5 u. 12.5), und südlich Ibiza bei Formentera *C. Mora*, vermutlich für Sa Mola, anzutreffen.

Die überwiegende Zahl der Siedlungsnamen ist auf beiden Karten identisch. Ausnahmen auf Mallorca bilden der Hauptstadtname *Majorca* bei Metellus in englischer und *Maiorica* bei De Jode in lateinischer Variante, ferner *Calafirguer* bzw. *Calafiguer*, wobei die vorletztgenannte Bezeichnung ein Schreibfehler darstellt.

Hinzu kommen die Namen *Alcudia, Calagonga, Polomera, Porto Spe* und *Soller*. Mit *Polomera* ist das nicht mehr existierende Palomera gemeint, bei *Porto Spe* scheint sicherlich eine Verballhornung des Namens Portopetro vorzuliegen. Die Anordnung der Siedlungsnamen im Raum bzw. zur Ortssilhouette ist je nach zur Verfügung stehendem Platz unterschiedlich. Während auf Mallorca die vier nördlicher gelegenen Orte mit horizontal angebrachten Namen versehen sind, erfolgt die Eintragung der übrigen vier an der SE-Küste in geneigter Stellung, bei Metellus sogar nur zwei. Auf Menorca sind die Bezeichnungen für die Orte *Citadella* und *Porto Fernello* für die heutigen Ciutadella bzw. Fornells sowie *Maon portus olim mago* für die Hauptstadt mit Namen Maó zu finden. Bei De Jode gibt es noch *Lamota* für das heutige La Mola, auf welches Metellus aus Platzgründen wegen des nahegelegenen Kartenrahmens wohl verzichtet. Im Bereich von Ibiza trifft man auf die Namen *Iuica, Vallasat, Porta manan* sowie *P. Inou* für die jetzigen Orte Eivissa, Port de Balansat und Sant Antoni de Portmany. Die Bezeichnung *P. Inou* in beiden Karten ist unklar, hängt aber eventuell mit Inés bzw. Agnès oder sogar Portinatx zusammen. Bei Metellus gibt es noch zusätzlich ohne Ortssilhouette die Bezeichnung *Manan* (Portmany?), die den Binnenort zu *Porta manan* bildet. Auf der Nebenkarte mit der Insel Elba sind neun Ansiedlungen verzeichnet.

Alle in den Karten des Metellus und des De Jode vorkommenden Toponyme werden zum Schluss aus Gründen einer besseren Übersicht tabellarisch zusammengestellt. In der Regel sind die Abweichungen untereinander nur auf geringfügige Schreibfehler zurückzuführen.

Aktuelle Toponyme	Toponyme in den historischen Karten	
	Metellus-Karte	De Jode-Karte
Inseln		
Mallorca	MALLORCA	MALLORCA
Cabrera	Cabraera	Cabrara
Dragonera	Dragonera	Dragonera
Menorca	MINORICA	MENORCA
Illa de l'Aire	Laira	Laira
Illes Pitiüses	PYTHIVSÆ INSVLÆ	PYTHIVSÆ INSVLÆ
Eivissa	Yuica Insula olim Ebißus	Yuica Insula olim Ebißus

Sa Conillera	Couillera	Couillera
Es Vedrà	Vechia	Vechia
Tagomago	Dragomago	Dragomago

Landvorsprünge

Cap de Formentor	C. Formenter	C. Formenter
Punta de Capdepera	C. Lapera	C. Lapera
Cap de ses Salines	C. Palma	C. Palma
Cap de Bajolí	C. Bacol	C. Bacol
Punta de sa Ruda (?)	C. Mora	C. Mora

Buchten

Badia de Portmany (?)	Porta manan	--------

Häfen

Portopetro	Porto Spe	Porto Spe
Maó	Maon portus olim mago	Maon portus olim mago
Port de Fornells	Porto Fernello	Porto Fernello
Portinatx (?)	P. Inou	P. Inou
Sant Antoni de Portmany (?)	Manan	--------
St. Miquel de Balansat (?)	Vallasat	Vallasat

Ortschaften

Palma de Mallorca	Majorca	Maiorca
Alcúdia	Alcudia	Alcudia
Sóller	Soller	Soller
Palomera	Polomera	Polomera
Manacor	Menator	Menator
Cala Llonga	Calalonga	Calalonga
Cala Figuera	Calafirguer	Calafiguer
Ciutadella	Citadella	Citadella
La Mola	--------	Lamota
Eivissa	Iuica	Iuica

12 Petrus Bertius

12.1 Autor und Werke

Zu Beginn des 17. Jhs. erscheinen in Amsterdam mehrere Ausgaben eines kleinen Atlas mit dem Haupttitel „P. Bertii Tabularum geographicarum contractarum", ein sogenannter Atlas minor, der, wie später erläutert, auf dem 1598 zusammengestellten, in Niederländisch verfassten Werk des Caert-Thesoor basiert. Hierbei handelt es sich um eine Sammlung in Kupfer gestochener Karten mit dazugehörigem, unterschiedlich umfangreich beschreibenden Text. Unter dem Titel „Descriptio Maioricæ et Minoricæ" kommt darin eine Karte der beiden östlichen Baleareninseln Mallorca und Menorca zur Darstellung.

Die einzelnen Ausgaben des Atlas stammen aus verschiedenen Jahren und setzen sich aus einer unterschiedlichen Zahl von Teilbüchern zusammen. Auch ihre Untertitel sind je nach Ausgabe verschieden. Jede hier besprochene Ausgabe enthält die oben genannte, hier in Frage kommende Mallorca- bzw. Balearen-Darstellung. Der besseren Übersicht wegen wird in zwei Tabellen eine Synopsis der in Deutschland (Tab. 12.1) sowie in ausländischen Einrichtungen (Tab. 12.2) aufbewahrten Atlasausgaben gegeben.

Im Jahre 1600 erscheint bei Cornelis Nicolai in Amsterdam eine erste lateinische Fassung des Petrus Bertius, die, wie die Fortsetzung des Titels mit „libri quatuor" erkennen lässt, aus vier Teilbüchern besteht. Darüber hinaus führt sie den Untertitel „Cum luculentis singularum Tabularum explicationibus". In dieser Ausgabe, die in Deutschland ausschließlich in zwei Bibliotheken (NSUB Göttingen, WLB Stuttgart) und im Ausland laut KOEMAN (1969b: 256ff.) auch nur in fünf weiteren Einrichtungen vorhanden zu sein scheint (vgl. Tab. 12.2), ist unter den insgesamt 169 Karten des Werkes die Balearenkarte auf Seite 94, der dazugehörende beschreibende Text auf den Seiten 93 und 95 bis 96 zu finden. Die hier als Abb. 12.1 vorgestellte Karte stammt aus der NSUB Göttingen [Sign.: 8° Geogr.153 Rara], für deren Veröffentlichungsgenehmigung an dieser Stelle gedankt sei.

Die Ausgaben von 1602 bzw. 1603 stellen eine 2. Auflage der ebenfalls bei Cornelis Nicolai herausgegebenen lateinischen Fassung mit gleichem Untertitel dar, die allerdings jeweils fünf Teilbücher („libri quinque") aufweisen. Die jetzt vorliegenden 175 Karten sind in ihrer Reihenfolge jedoch ausgetauscht, um sie dem Ptolemäischen System anzupassen. Die Karte der östlichen Balearen befindet sich

Abb. 12.1 Karte „Majorcæ et Minorcæ descrip" des P. Bertius aus dem „Tabularum geographicarum contractarum libri quatuor", Ausgabe 1600; Maßstab des Originals ca. 1:1 343 000. Verkleinert auf ca. 1:1,5 Mio. wiedergegeben mit Genehmigung der NSUB Göttingen [Sign.: 8° Geogr. 153 Rara].

nunmehr auf Seite 106, der entsprechende Text auf den anschließenden Seiten 107 und 108. Eine dritte Auflage dieser Fassung erscheint 1606; die Karte kommt darin wiederum auf Seite 106 vor, der Text auf den Seiten 105, 107 und 108. Ein koloriertes Exemplar davon gibt es in der UB München [Sign.: W 8 H. aux. 625]. Von den drei genannten Ausgaben haben sich insgesamt 27 Exemplare feststellen lassen, elf in Deutschland, 16 im Ausland, einschließlich der bei KOEMAN (1969b: 256ff.) aufgeführten Atlanten. Von der Gesamtzahl werden acht aus Deutschland begutachtet (vgl. Tab. 12.1).

In den Jahren 1616 bzw. 1618 werden bei Judocus Hondius, ebenfalls in Amsterdam, die um zwei Bücher erweiterten lateinischen Ausgaben („libri septem") veröffentlicht. Sie führen den neuen Untertitel „In quibus Tabulæ omnes gradibus distinctæ, descriptiones accuratæ, cætera supra priores editiones politiora, Auctioraque ad Christianissimum Galliæ & Navarræ Regem Lvdovicvm XIII". Es handelt sich um eine nach dem Tode von Cornelis Claesz erfolgte vollkommene Neubearbeitung des Bertius-Werkes. Alle 220 vorkommenden Karten sind in einem etwas größeren Format neu gestochen. Die Balearen-Karte ist auf Seite 196 wiedergegeben, die Beschreibung im Anschluss auf den Seiten 197 bis 199. Von diesen Ausgaben sind 14 in Deutschland und 13 im Ausland ermittelt (vgl. Tab. 12.1 u. 12.2). Vom erstgenannten Jahr werden hier vier ausgewertet. Abb. 12.2 zeigt die entsprechende Karte von der Ausgabe der HAB Wolfenbüttel aus dem Jahr 1616 [Sign.: 23 Geogr.], für deren Druckgenehmigung der Dank ausgesprochen wird. Zusätzlich ließen sich noch zwei Exemplare einer „Libri septem"-Ausgabe aus dem Jahr 1617 feststellen, von denen das ebenfalls zu Rate gezogene Exemplar der ÖNB Wien [Sign.: 47.L.16] handkoloriert ausgeführt ist.

Abb. 12.2 Karte „Majorcæ et Minorcæ descrip" des P. Bertius aus dem „Tabularum geographicarum contractarum libri septem", Ausgabe 1616; Maßstab des Originals ca. 1:1 337 000. Verkleinert auf ca. 1:1,6 Mio. wiedergegeben mit Genehmigung der HAB Wolfenbüttel [Sign.: 23 Geogr.].

Darüber hinaus werden anderssprachige Ausgaben veröffentlicht. In den Jahren 1612 und 1650 erscheinen zwei deutsche Ausgaben. Der Druck der ersten Ausgabe mit dem Titel „Petri Bertii geographischer eyn oder zusammengezogener Tabeln" und dem Untertitel „Fünff unterschiedliche Bücher. In deren I. die gantze Welt in gemein. II. Evropa. III. Africa. IV Asia. V. America vorgebildet und beschrieben wirdt" erfolgt in Franckfurt am Mayn bei Matthias Beckern, dem Nachfolger von Cornelis Claesz in Amsterdam, und wird von Heinrich Lorenzen verlegt. Die Arbeit ist eine von Peter Uffenbach aus dem lateinischen Originaltext der „Libri quinque"-Ausgabe des Petrus Bertius ins Deutsche vorgenommenen Übersetzung und enthält 168 Karten. Die hier zu erörternde Karte ist im II. Buch auf Seite 131, der beschreibende Text dazu auf den Seiten 130 sowie 132 bis 134 zu finden. Die Karte trägt die Überschrift „Von Maiorica und Minorica", der Text „Von den Inseln Maiorica und Minorica genandt". Der eigentliche Titel in der Kartusche ist lateinisch geblieben. Von der Ausgabe 1612 konnten in Deutschland vier Exemplare ausfindig gemacht und begutachtet werden (vgl. Tab. 12.1).

Ein weitgehend mit der „Libri quatuor"-Ausgabe des Petrus Bertius übereinstimmendes und bis auf das Titelblatt der oben genannten deutschen Ausgabe von 1612 entsprechendes Werk gab Joannes Janssonius 1650 in Amsterdam heraus. Der Titel lautet „Petri Bertii Beschreibung der gantzen Welt", der Untertitel „Abgebildet mit sehr schönen Cosmographischen Land=Tafeln verfassende erstlich die gantze Welt ins gemein, darnach die vier Theile derselben mit denen darinnen liegenden Landschaften ins besonder". Die Balearen-Karte und die dazugehörige Beschreibung tragen die gleichen Überschriften wie oben erwähnt, ihre Lage im Atlas ist ebenfalls die gleiche wie in der ersten deutschen Fassung. Diese hier mit erfasste Atlasausgabe konnte ausschließlich in der LC Washington [Sign.: LC 5942] ausgemacht werden.

Lateinische Versionen der „Libri septem"-Ausgabe von 1618 gibt es in Deutschland in der ULB Düsseldorf, der BSB und der UB München – vermutlich auch in der GSLB Laubach – sowie in sechs Einrichtungen des Auslandes (vgl. Tab. 12.1 u. 12.2).

Im gleichen Jahr erscheinen darüber hinaus zwei Ausgaben in französischer Sprache, die den gleichen Text wie die zeitlich entsprechenden lateinischen „Libri septem"-Versionen aufweisen.

Von diesen Ausgaben werden je ein Exemplar in der BSB München und in der

StB Trier aufbewahrt (vgl. Tab. 12.1). Im Ausland existieren fünf Exemplare (vgl. KOEMAN 1969b: 256ff. u. Tab. 12.2), von denen die Ausgaben der BUG Gent [Sign.: A 12592] und der HL San Marino/CA [Sign.: RB 106387] ebenfalls wie die zwei oben genannten begutachtet werden. Auf dem Titelblatt ist der folgende, ausschließlich Französisch verfasste Text zu lesen: „La Geographie racourcie de Pierre Bertius, Cosmographe du Roy Tres-Crestien. Comprise en sept livres. Avec des belles Cartes Geographiques de nouveau tirees et exactement taillez par Iudocus Hondius. Avec privilege". Die Lage der in Frage kommenden Karte und des Textes ist identisch zu den lateinischen Ausgaben von 1616 bzw. 1618. Karte und Text führen in diesen Beispielen die gleiche Überschrift „Description de Maiorqve et Minorqve".

Von den bisher erwähnten Ausgaben konnten insgesamt alleine 36 Exemplare in deutschen Bibliotheken (vgl. Tab. 12.1) festgestellt und davon 30 begutachtet werden. Außerdem befinden sich noch mehr als 50 weitere Exemplare in ausländischen Bibliotheken (vgl. Tab. 12.2), so zeigt es auch die Aufstellung von C. KOEMAN im Band II seines Werkes „Atlantes Neerlandici" (1969b: 256ff.). Jeweils mehrere Drucke bewahren vor allem die BL London, die BNF Paris, die LC Washington, die DKB Kopenhagen und die NLR St. Petersburg auf.

Vor der Atlasbearbeitung durch Petrus Bertius gibt es zwei Ausgaben, aus denen zeitgleich zu Bertius mehrere Versionen abgeleitet werden. 1598 entsteht der kleine Atlas in niederländischer Sprache mit der Bezeichnung „Caert-Thresoor, Inhoudende de tafelen des gantsche Werelts Landen / met beschryvingen verlicht / tot lust vanden Leser / nu alles van nieus met groote costen en arbeyt toegereet", der in Middelburgh, der Hauptstadt der Provinz Zeeland/NL, von Barent Langenes veröffentlicht wird (KOEMAN 1967: 60). An gleicher Zitatstelle erwähnt KOEMAN, dass 1599 dieser Atlas auch bei Cornelis Claesz in Amsterdam käuflich zu erwerben sei und dass die meisten Karten dieses Werkes von Petrus Kaerius graviert seien. Der Autor des Originaltextes scheint unbekannt zu sein (KOEMAN 1969b: 256). Erst 1600 schreibt Petrus Bertius den neuen Text in Latein. In beiden Ausgaben gibt es bereits die oben erwähnte Karte der östlichen Balearen mit der Überschrift „Mallorquen ende Minorquen" auf Seite 81 und dem dazugehörigen „Beschryvinghe van Mallorquen (bzw. Beschryvinge van Malorquen) ende Minorquen" betitelten Text auf den Seiten 80, 82 und 83. Die Karte in der Ausgabe von 1598 entspricht denjenigen aus dem Bertius-Werk bis 1612, sie entbehrt diesen gegenüber nur der seitlichen Minutenleisten mit ihrer jeweiligen Bezifferung. Die Karte der Ausgabe von 1599 ist mit den Darstellungen aus den

Bertius-Atlanten von 1600, 1602, 1603, 1606 und 1612 identisch. Von diesen Ausgaben lassen sich sieben im europäischen Ausland (vgl. Tab. 12.2) und nur eine in Deutschland (HAB Wolfenbüttel [Sign.: T 31 8° Helmst]) ermitteln. Nebst dem letztgenannten Beispiel werden für 1598 die Ausgaben der UB Amsterdam [Sign.: 1802 G6] und der DKB Kopenhagen [Sign.: Kortsamlingen 53-8°] sowie für 1599 diejenigen der gleichen UB Amsterdam [Sign.: 1802 G7] und der UB Utrecht [Sign.: P. oct. 397] zu Rate gezogen. Als Beispiel wird hier die 86 x 124 mm große Karte aus dem Exemplar von 1598 der DKB Kopenhagen gezeigt (Abb. 12.3), für dessen Druckgenehmigung der genannten Bibliothek gedankt sei.

Abb. 12.3 Karte „Majorcæ et Minorcæ descrip" aus dem „Caert-Thresoor", Ausgabe 1598; Maßstab des Originals ca. 1:1 348 000. Verkleinert auf ca. 1:1,5 Mio. wiedergegeben mit Genehmigung der DKB Kopenhagen [Sign.: Kortsamlingen 53-8° (1598)].

Gemäß KOEMAN (1967: 60) wird Petrus (auch Pierre) Bertius oder Pieter Bert bzw. Berts am 14. November 1565 in Beveren, Flandern, geboren. Gleiche Quelle zeigt auf, dass Bertius mütterlicherseits ein Halbbruder des bekannten, oben genannten Kartographen und Kartengraveurs Pieter van den Keere (Petrus Kaerius) ist. Dieser heiratet 1599 Anneke Bert, eine Schwester des Bertius. Durch Vermählung einer Schwester von Pieter van den Keere mit Jodocus Hondius sind demnach beide Schwäger von Petrus Bertius. Als Flüchtling lässt er sich in Amsterdam nieder und wird nach seinem Studium Professor der Mathematik und Bibliothekar der Universität Leiden. 1618 wird er zum Kosmographen und Historiographen Ludwigs XIII. von Frankreich ernannt, wie aus den Titelblättern der Ausgaben von 1616 und 1618 hervorgeht. Ludwig XIII. ist es auch, auf dessen Anordnung vermutlich die französische Ausgabe angefertigt wird. In Paris, der Stadt, in der Bertius lebt, stirbt er am 13. Oktober 1629.

Obgleich die hier zu erörternden Karten wegen ihres relativ kleinen Maßstabs nur mit den annähernd gleichmaßstäbigen, bisher besprochenen Darstellungen des Bordone, des Santa Cruz und des Honterus direkt vergleichbar sind und weniger den Kartenbildern des Lafreri-Typs und anderer größermaßstäbiger Darstellungen gegenübergestellt werden können, mögen sie vorrangig aus inhaltlichen Gründen, aber auch wegen ihrer starken Verbreitung und der damit verbundenen Bedeutung hier mit behandelt sein.

In der folgenden Tab. 12.1 sind sämtliche in Deutschland ausfindig gemachten Exemplare nach Erscheinungsjahr und Ausgabeart einschließlich Bibliotheksstandort und Bibliothekssignatur aufgeführt. Hierzu gehören sowohl die lateinischen und anderssprachigen Ausgaben der „Tabularum geographicarum" des Bertius als auch der Vorgängerarbeiten des „Caert-Thresoor" und dessen Folgepublikationen.

Tab. 12.1 Atlanten des Bertius-Typs bzw. des „Caert-Thresoor" in deutschen Bibliotheken – gegliedert nach Ausgaben und Bibliotheksorten.

Ausgabe, Jahr	Bibliothek [Signatur]
Tab. geogr., Libri IV 1600	NSUB Göttingen [8° Geogr.153 Rara]* WLB Stuttgart [Geogr. oct. 731]*
Tab. geogr., Libri V 1602	StB Mainz [IVa: 4°/13a ®]* WLB Stuttgart [HB 2495]*

Tab. geogr., Libri V 1603	NSUB Göttingen [8°Geogr.153^e Rara]* UB München [W 8 H. aux. 627]* StaB Regensburg [Hist. pol. 281]* HAAB Weimar [8° XVII, 8]*
Tab. geogr., Libri V 1606	SB Berlin [quer-8° Kart. B 196/27]* UStB Köln [GB XI/21a]* StB Mainz [IVa 9a ®] UB München [W 8 H. aux. 625]*, kol. ULB Münster [Rara / RD 896]*
Tab. geogr., Libri VII 1616	SLUB Dresden [Geogr. A.1011]* LLB Detmold [K 87]* HLB Fulda [quer 8° Geogr. B63] ULB Halle [πo 216]*, kol. UB Heidelberg [A-231-3 RES.]* StB Mainz [IVa 9 ®] UB Rostock [Qb-1009]* HLB Wiesbaden [Ra 834] (2 Ex.) HAB Wolfenbüttel [23 Geogr.]*
Tab. geogr., Libri VII 1618	ULB Düsseldorf [G. u. St. 34 Z Rara]* BSB München [8° Mapp. 3^b]* UB München [W 8 H. aux. 626]* GSLB Laubach [Fr. M. D 13, 22]
Tab. geogr., Libri IV 1612 (dt. Ausgabe)	LB Coburg [SchSch-Sche 2108]* NSUB Göttingen [8°Geogr.153^f Rara]* BSB München [12: Mapp.24]* WLB Stuttgart [HB 2496]*
Tab. geogr., Libri VII 1618 (frz. Ausgabe)	BSB München [8° Mapp.3 Geogr. univ.]* StB Trier [He 479 8°]*
Caert-Thresoor 1599	HAB Wolfenbüttel [T 31 8° Helmst]*
Thrésor de Chartes 1602	BSB München [Mapp. 24]*
Hand-boeck 1609	HAB Wolfenbüttel [24.1. Geogr.]*

* begutachtetes Exemplar
kol.: handkoloriertes Exemplar

Für die in außerdeutschen Einrichtungen vorhandenen Exemplare sei nochmals auf die umfangreiche Zusammenstellung von KOEMAN [1969b: 254-261) hingewiesen. Gemäß dieser Veröffentlichung sind sogar in mehreren Bibliotheken verschiedene Ausgaben der hier in Frage kommenden Atlanten zu finden, wozu vor allem die LC Washington, die BL London und die BNF Paris zählen. Von den zahlreich im Ausland vorhandenen Atlanten sind von jeder Ausgabe exemplarisch einige wenige Beispiele herangezogen. Eine genaue Auflistung der Bibliotheken mit Angabe des Veröffentlichungsjahres und der Ausgabeart vermittelt die anschließende Tab. 12.2, die sich an oben genannter Arbeit sowie zusätzlichen Nachforschungen orientiert. Auf eine Angabe der dazugehörigen Signaturen wird in dieser Tabelle verzichtet, da die meisten von ihnen sich der erwähnten Publikation von KOEMAN (1969b: 254-261) entnehmen lassen bzw. im laufenden Text Erwähnung finden.

Tab. 12.2 Atlanten des Bertius-Typs bzw. des „Caert-Thresoor" in ausländischen Bibliotheken – gegliedert nach der Zahl vorhandener Exemplare und nach Bibliotheksorten.

Bibliotheken mit mehreren Ausgaben

LC Washington (1603, 1606, 1616, 1612d, 1650*, 1618f, 1600TC, 1609n, 1609TC)
BL London (1600, 1606, 1616, 1649*, 1618f, 1598CT, 1599CT, 1609n)
BNF Paris (1600, 1606, 1616, 1618, 1618f[2 Ex.], 1618f)
UB Amsterdam (1606, 1616, 1598CT*, 1599CT*, 1600TC*, 1609n* kol.)
NSM Amsterdam (1602, 1618, 1598CT, 1600TC, 1609n)
DKB Kopenhagen (1600, 1606, 1616, 1598CT*, 1609n)
NLR St. Petersburg (1603, 1618, 1612d, 1602TC*)
MMPH Rotterdam (1606, 1618l/f, 1609TC*)
KB Den Haag (1602, 1616, 1618l/f)
BdA Paris (1603, 1617, 1609TC)
UB Utrecht (1618l/f, 1599CT*)
JCBL Providence (1618, 1609n)
ÖBU Basel (1600[2 Ex.]) [Verlust]

Bibliotheken mit je einer Ausgabe

PMM Antwerpen (1600)
YUL New Haven (1600)
BFBM Palma de Mallorca (1600)
BC Rom (1603)
BU Wrocław (1603)

NL Chicago (1606)
BPU Genf (1606)
BJ Kraków (1606)
BG Gdansk (1616)
BIG Warsawa (1616)
ÖNB Wien (1617* kol.)
BC Kraków (1618)
UB Torun (1618)
ZB Zürich (1612d)
LL Bloomington/USA (1618l/f)
BUG Gent (1618f*)
HL San Marino/USA (1618f*)
UB Leiden (1609n)
BU Poznan (1609TC)

Erläuterungen zu den Ausgabearten
d Ausgabe in Deutsch; f Ausgabe in Französisch; n Ausgabe in Niederländisch;
l/f Titelblatt latein./Text frz.; kein Zusatz: Ausgabe in Latein
CT Caert-Thresoor; TC Thrésor des Chartes
kol.: handkoloriertes Exemplar

Der Tabelle integriert sind die bei weiteren Nachforschungen ausfindig gemachten Ausgaben von 1606 der BPU Genf [Sign.: Se 328] und von 1612 der ZB Zürich [Sign. XVI 486] sowie ein koloriertes Exemplar von 1617* in der ÖNB Wien [Sign. 47.L.16]. Die zwei ebenfalls aufgeführten Exemplare der ÖBU Basel (beide 1600) [Sign.: E UU II 3i; E UU III 3i^a] werden seit 1995/96 vermisst.

12.2 Äußerer Kartenaufbau

Alle aufgeführten Darstellungen des Petrus Bertius, seiner Nachfolger sowie der Vorgängerwerke sind Schwarz/Weiß-Drucke. Unter den vielen festgestellten Exemplaren gibt es wie erwähnt auch einige handkolorierte Stücke, darunter in Deutschland je eines in der ULB Halle und in der UB München sowie im Ausland in der UB Amsterdam und in der ÖNB Wien.

Das Format der nach ihrer Gestaltungsform als Rahmenkarten anzusprechenden Darstellungen beträgt für die älteren Beispiele etwa 85 mm x 124 mm in Höhe mal Breite. Diese Werte, die nicht zuletzt auch durch Papierverzug vor allem in der Breite schwanken, wird u. a. durch das Exemplar der WLB Stuttgart bestätigt. Das hier als Beispiel vorgestellte Kartenbild ist geringfügig größer und weist die

Maße 86 mm x gemittelte 124,5 mm auf. Nur die Karten von 1616 und 1618 weisen durch Erweiterung des Kartenrahmenfeldes – Mittelfeld, Minutenleiste oben und unten sowie Zierleiste links wie rechts – ein größeres Maß von ca. 95 x 134 mm auf. Die Größe des Kartenspiegels beträgt bei den älteren Darstellungen ca. 82 (bzw. 83) x 121 mm, bei den jüngeren lassen sich ca. 84 x 123 mm entnehmen. Die Umrahmung als solche wird zum Kartenspiegel hin von einer dünnen und nach außen von einer breiteren Linie gebildet. Dies gilt für alle Ausgaben, nur die älteren Darstellungen weisen am westlichen und östlichen Rahmen an deren Stelle eine Minutenleiste auf. Die jüngeren Ausgaben von 1616 und 1618 fügen eine Minutenleiste und ein Mittelfeld mit Gradnetzeinteilung ein (vgl. Abb. 12.2 mit Abb. 12.1 u. auch Abb. 12.3). Die Ausgaben des Caert-Thresoor sind nur von einer doppellinigen Zierleiste umschlossen.

Oberhalb des Kartenrahmens ist eine Überschrift angebracht, die in der lateinischen Ausgabe „Descriptio Maioricæ et Minoricæ", in der französischen „Description de Maiorqve et Minorqve", in der niederländischen „Mallorquen ende Minorquen" und in der deutschen „Von Maiorica und Minorica" lautet. In einer der oberen Seitenecken ist jeweils die Seitenzahl zu lesen, die je nach Ausgabe variiert (s. 12.1).

Der eigentliche Kartentitel „Maioricæ et Minoricæ descrip." ist in allen Ausgaben der gleiche und erscheint auch in dieser abgekürzten Form in einem rechteckigen Kartuschenfeld. Bei den Ausgaben bis 1612 sowie deren späteren Neuauflagen lehnt sich die Kartusche an die untere rechte Kartenecke. Ihre Ausschmückung mit zum Teil schattierten Ornamenten erfolgt demzufolge nur zweiseitig – links und oben – zum Kartenspiegel hin. Die Ausgaben von 1616 und 1618 zeigen bereits eine verhältnismäßig große, allseitig ornamentierte, links wie rechts mit Türmchen versehene Kartusche, die weiter ins Bildinnere gerückt ist. Einer Beleuchtungsquelle von links oben angenommen erscheinen die rechten bzw. unteren Partien dieser Ornamentik in feiner Kreuzschraffur anschattiert und wirken raumplastisch. Die Innenfläche der jeweiligen Kartusche weist keine weiteren Angaben auf. Ein weiteres rechteckiges Feld in der oberen linken Ecke jeder Karte beherbergt die unter 12.4 erläuterte Maßstabsangabe. Während in den älteren Darstellungen dieses Feld nur von einer feinen Linie abgegrenzt wird, weisen die jüngeren Ausgaben nach außen zusätzlich eine kräftigere Linie auf, deren rechter senkrechter Abschluss zum Teil konkav gebogen erscheint.

Die Hauptinsel Mallorca – hier *Majorca* bezeichnet – nimmt etwa die Hälfte der westlichen Kartenfläche in Anspruch. Die kleinere Insel, das nordöstlich davon gelegene Menorca – hier *Minorca* – ist im Bereich der oberen rechten Kartenfeldecke zu finden. Am südlichen wie am westlichen Rahmen, beide etwas durchragend, sind noch die Nachbarinseln Cabrera bzw. Dragonera auszumachen. Im Gegensatz zu den älteren Ausgaben erscheinen in den Darstellungen von 1616/1618 annähernd nur Zweidrittel dieser Inseln im Kartenbild, da sie scheinbar von der jeweiligen Gradleiste abgedeckt sind. Insgesamt gesehen ist in diesen Exemplaren der Karteninhalt auch um einen geringen Betrag nach Osten versetzt.

12.3 Lage und Orientierung

Jede dieser Karten ist korrekt genordet. In den Ausgaben bis 1612 sind die Himmelsrichtungen „Septentrio" für Norden im oberen und „Meridies" für Süden im unteren Bereich des Kartenspiegels direkt unter- bzw. oberhalb des Kartenrahmens – die Meeresfläche aussparend – eingetragen. In den Ausgaben von 1616 und 1618 kommen die Angaben „Occidens" für West und „Oriens" für Ost noch hinzu; „Septe." und „Meri." für Septentrio bzw. Meridies stehen in dieser abgekürzten Form. Alle Richtungsangaben erfolgen mittig und bei den letztgenannten Ausgaben längs des betreffenden Mittelfeldbereiches (vgl. Abb. 12.1 - Abb. 12.3).

Darüber hinaus weisen die Darstellungen bis 1612 wie oben erwähnt am westlichen und am östlichen Kartenrahmen jeweils eine Minutenleiste für die Breitenangabe auf, die von ca. 38° 22' bis 39° 50' n. Br. reicht. Deren einzelne Abschnitte, die je vier hell/dunkel abgesetzte Minuten zu je 3,8 mm Länge umfassen, sind in 20'-Abständen beziffert. Unter Annahme eines Streckenmittelwertes von 111,2 km für 1° φ geographische Breite entsprechen einem Vier-Minuten-Abschnitt etwa 7,4 km bzw. einer deutschen Meile. Eine Leiste für die Längengradeinteilung gibt es hier nicht. Die älteste unter den genannten Atlasausgaben des „Caert-Thresoor" von 1598 verzichtet in der entsprechenden Karte sogar ganz auf eine Netzwiedergabe, nach der Breite wie nach der Länge.

Die Karten von 1616 und 1618 bringen hingegen an allen vier Randlinien des Kartenfeldes eine Minutenleiste, deren einzelne Vier-Minuten-Abschnitte nur durch feine Querstriche gekennzeichnet sind. Die Einteilung der geographischen Breite φ entspricht derjenigen der älteren Karten. Die Bezifferung erfolgt analog den älteren Darstellungen in 20'-Abständen, allerdings sowohl in der Breiten- als auch in der Längenerstreckung.

Die zusätzlich aufgenommene geographische Länge λ reicht im Kartenbild von ca. 23° 47' bis ca. 26° 33' ö. L. und scheint auf den Nullmeridian von São Miguel (Azoren) bezogen zu sein, dessen Unterschied zu Greenwich 21° 30' ($\pm$ 20') (STAMS 1986: 550) beträgt; zumindest trifft dies für den westlichsten Punkt der Insel, der Punta Negra zu. Es zeigt sich durch Vergleich, dass die älteren Darstellungen des Bertius sowie des „Caert-Thresoor" den gleichen Längenbezug aufweisen, obwohl hierfür keine Minutenleisten vorhanden sind. Die ca. 1 mm kürzeren Vier-Minuten-Abschnitte in der geographischen Länge λ (2,9 mm) entsprechen einer Strecke von dreiviertel Meile (0,77 Meile) des Kartenmaßstabes, was umgerechnet zu rd. 5,7 km führt. Gemäß ihrer geographischen Breite φ müssten in Wirklichkeit diesen Abschnitten an der oberen Minutenleiste ein Wert von rd. 5,7 km und an der unteren Begrenzung von rd. 5,8 km entsprechen; bei gleichlangen Vier-Minutenstrecken oben wie unten kann hierfür ein Mittelmaß von 5,75 km angenommen werden.

Insgesamt gesehen umspannt der Kartenspiegel der genannten Karten etwa ein Gebiet von Δφ 1° 28' in der geographischen Breite mal Δλ 2° 47' in der geographischen Länge, was ungefähr einer Fläche von 163 x 240 km bzw. rd. 39 120 km² entspricht.

Als Projektion scheint hier eine rechteckige Plattkarte vorzuliegen, bei der sich die Abweitungen zu den Längenkreisbögen wie 4 : 5 verhalten. Bezogen ist die Darstellung auf einen längentreu wiedergegebenen Breitenkreisbogen, entweder auf den südlichsten des Kartenausschnitts bei 38° 22' n. Br. mit etwa 87,5 km pro Grad oder sogar auf den schon früh in Karten verwendeten, durch Rhodos ziehenden 36° Breitenkreis.

Betrachtet man die Inseln im Kartenbild bezüglich ihrer Lage im geographischen Netz, so sind deutliche Differenzen gegenüber der Realität auszumachen. Insgesamt ist bei allen Inseln eine Streckung nach Süden sowie eine Verkürzung im östlichen Bereich festzustellen. In Bezug auf die geographische Breite φ liegt generell eine Verschiebung nach Süden vor, im N am Cap de Formentor von etwa 20', im S am Cap de ses Salines von 38', im W an der Punta Negra von 25' und im E an der Punta de Capdepera von 31'. Im Mittel ergibt sich eine Südverlagerung von annähernd 29' bzw. ca. 55 km. Auch die Nachbarinsel Menorca weicht im N um ca. 16', im S um ca. 29' in südlicher Richtung ab. Die stärkste Verlagerung nach Süden zeigt allerdings die N-Partie der Insel Cabrera mit 42'; der Inselfelsen Dragonera ist gegenüber der Realität um 27' verschoben. Die Entfernungen zwischen den Inseln Mallorca und Menorca bzw. Cabrera sind dagegen weitgehend korrekt veranschaulicht. Bezüglich der geographischen Länge λ ist die Lage der Insel ebenfalls nicht korrekt. Während der westlichste Punkt bezogen auf den angenommenen Nullmeridian dem aktuellen Wert entspricht und an der Südspitze der Insel eine geringe Versetzung nach E von nur 16' vorliegt, lässt sich im N und im E eine östliche Verlagerung von ca. 31' bzw. 34' feststellen. Menorca erscheint im Mittel um etwa 30' nach E verschoben, Cabrera um 15' in gleiche Richtung. Deutlich ist diese Verlagerung der Abb. 12.4 zu entnehmen, in der das historische Bild die aktuelle, in eine rechteckige Plattkartenprojektion überführte JNC im relativ kleinen, hier reduzierten Maßstab von 1:2,5 Mio. überlagert.

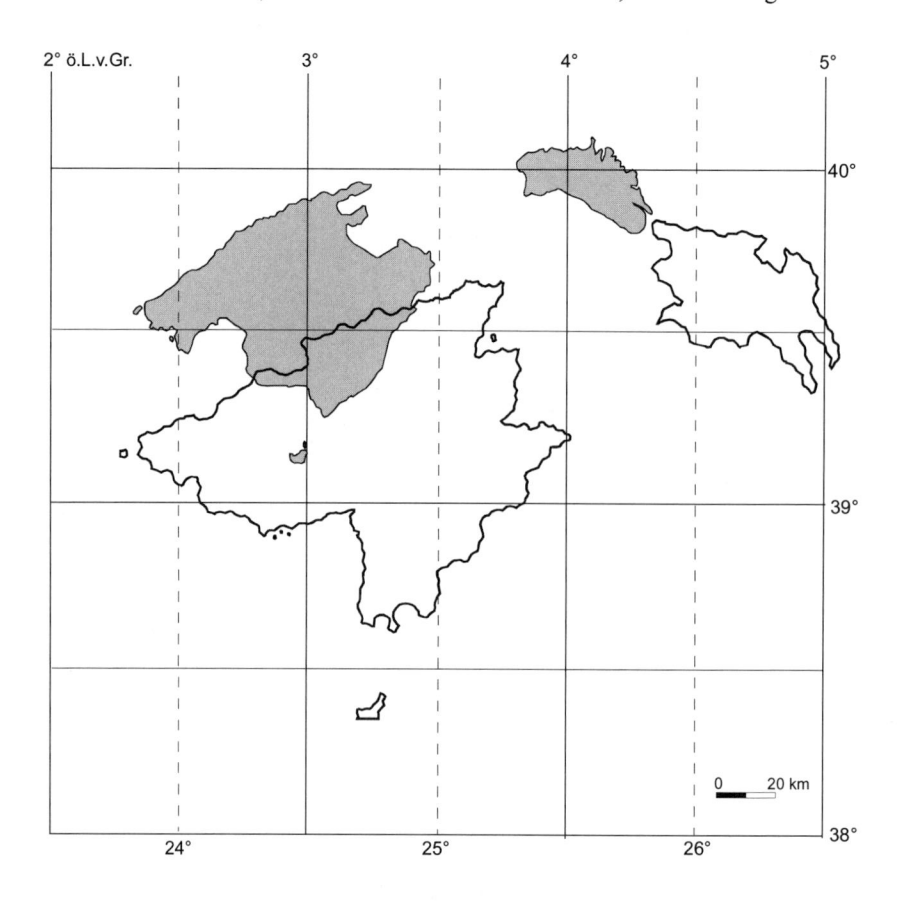

Abb. 12.4 Lage- und Größenvergleich der maßstäbig angepassten Bertius-Darstellung von 1616 mit der JNC, beide reduziert auf 1:2,5 Mio.

Vergleicht man die historische Karte mit einer aktuellen, so lässt sich feststellen, dass, wie es spätere Abbildungen, in denen beide Darstellungen überlagert sind, veranschaulichen, das erstgenannte Kartenbild nicht korrekt der Natur entsprechend orientiert ist. Bei Beachtung der Gesamtform der Insel zeigt sich, dass – und dies wird vor allem durch Abb. 12.10 bestätigt – die N-S-Achse der Insel um ca. 7° zu stark nach W gekippt erscheint.

12.4 Kartenmaßstab

Alle Darstellungen enthalten einen Kartenmaßstab in germanischen Meilen – „Mill. Germanica" bei den älteren bzw. „Milliaria Germani" bei den Ausgaben ab 1616 –, der in Form einer graphischen Leiste veranschaulicht wird, die, wie vorne erwähnt, in einem rechtwinkligen Rahmen zu finden ist. In den älteren Ausgaben umfasst die Leiste insgesamt fünf Meilen, deren einzelne Abschnitte auf eine Strecke von 19 mm verteilt sind. In den neueren Ausgaben sind sechs Meilen auf 22,5 mm Länge aufgegliedert. Umgerechnet ergeben sich 3,8 mm bzw. 3,75 mm pro Meile, was in beiden Fällen aus dem geographischen Breitenvergleich einer Strecke von rd. 7,4 km – der deutschen Meile – entspricht. Der daraus sich ergebende Maßstab liegt für die älteren Karten bei ca. 1:1 947 000, bei den jüngeren bei ca. 1:1 973 000.

Auch eine Berechnung des Maßstabs über die geographische Länge λ führt aufgrund des kürzeren Streckenwertes gegenüber der geographischen Breite φ zu ähnlichen Ergebnissen. Gemäß der Erstreckung des entsprechenden Breitenkreisbogens auf der geographischen Breite von φ 39° 50' und φ 38° 22' ergibt sich an der nördlichen Kartenfeldrandlinie ein Maßstab von rd. 1:1 967 000 und an der südlichen von rd. 1:2 008 000. Der Maßstabswert für die geographische Länge λ auf der mittleren Breite von φ 39° n. Br. liegt bei rd. 1:1 991 000. Gerundet kann demzufolge ein Maßstabsmittelwert von 1:2 000 000 angenommen werden, eine Angabe, die ausschließlich auf der angegebenen Maßstabsskala bzw. auf dem geographischen Netz basiert und weniger die Landmassen berücksichtigt.

Bei einem Vergleich der Landareale auf dem historischen Kartenbild mit denen einer aktuellen Darstellung bzw. der Natur stellt sich allerdings heraus, dass deren Abbildung gegenüber dem Netz außer einer Verschiebung in südöstliche Richtung eine deutlich vergrößerte Wiedergabe aufweist (vgl. Abb. 12.4). Demnach liegt hier entweder eine falsche Maßstabsleiste und Gradeinteilung vor, oder die Inselareale sind nicht korrekt eingetragen. Die mit Hilfe des dargestellten – auf der Basis von 7,4 km/Meile errechneten – Kartenmaßstabes ermittelte Landfläche ergibt für das Naturareal der Insel Mallorca einen mehr als doppelten km^2-Wert, dessen Maßstab ungeachtet des Gradnetzes aufgrund von Größen- und Formvergleichen mit aktuellen Karten sich auf etwa 1:1 400 000 festlegen lässt. Bei einer Gegenüberstellung dieses Wertes mit dem oben genannten geglätteten, kleineren Maßstab von 1:2 000 000 weist die deutliche Differenz von rd. 1:600 000 auf die viel zu große Abbildung der Landfläche auf der Karte hin.

Wird hingegen die jeweils digital ermittelte Fläche der Insel Mallorca zur Naturfläche von 3623 km^2 in Beziehung gesetzt, so ergeben sich gegenüber obigen Werten erhebliche Differenzen, im Vergleich zum geschätzten Wert von 1:1 400 000 allerdings nur unbedeutend größere Maßstäbe von ca. 1:1 364 000 für die älteren bzw. ca. 1:1 362 000 für die jüngeren Darstellungen. Nahe liegende Maßstabswerte zeigen sich bei Anwendung der Methode RUGE (1904: 42) und bei einem Vergleich der Inseldiagonalstrecken. Im ersten Fall stellen sich Maßstäbe von ca. 1:1 340 000 bzw. ca. 1:1 328 000, im zweiten von ca. 1:1 324 000 bzw. ca. 1:1 320 000 heraus. Im einzelnen handelt es sich um Maßstabswerte, deren Differenz untereinander maximal um 3 % liegt und somit aufgrund der Planimetrierungenauigkeit vernachlässigbar ist. Auf jeden Fall entsprechen die auf digitale Messungen beruhenden Wertepaare bei weitem mehr der Größe des vorliegenden Inselbildes als die über die Maßstabsskala bzw. über das Gradnetz festgestellten. Selbst bei einer Gegenüberstellung der Naturküstenlänge von 463 km zur entsprechenden, durch Digitalisierung ermittelten Kartenstrecke würden sich bei diesen Beispielen kaum davon abweichende Maßstabswerte von ca. 1:1 367 000 bzw. ca. 1:1 387 000 ergeben.

Um einen direkten Gestaltvergleich der Inselfiguren zwischen dem historischen und einem aktuellen Abbild anzustellen, müsste ein Maßstab angenommen werden, der für das erstgenannte Kartenbild eine größenmäßige Anpassung an das zweite bedeute, wodurch der Größenfehler, der durch falsche Eintragung der Insel ins Gradnetz erfolgt ist, allerdings ignoriert würde. Der hierfür zu bestimmende Maßstab ließe sich erneut als Mittelwert aus der Inselfläche, aus dem Vergleich der Extremstrecken nach der Methode RUGE (1904: 42) und aus der Gegenüberstellung der Inseldiagonalen ermitteln und ergäbe sich bei den Karten bis 1612 zu rd. 1:1 343 000, bei den jüngeren zu rd. 1:1 337 000. Als Vergleichsgrundlage für Entfernungsbestimmungen sei hier jedoch der oben aufgeführte Maßstab von

1:2 Mio. beibehalten, für die Winkelerfassung lässt sich erneut durchaus die ONC in 1: 1 Mio. zugrunde legen, wobei der Größenähnlichkeit beider Kartenausgaben wegen als historische Karte exemplarisch nur die Darstellung von 1616 aus der HAB Wolfenbüttel herangezogen wird.

12.5 Inselgestalt

Im Vergleich zu den bisher besprochenen kartographischen Darstellungen zeigen die Karten des Bertius und seiner Vorgänger eine deutliche Annäherung des Inselbildes an die Naturgestalt, wodurch ein weiterer Schritt in der Entwicklung der kartographischen Veranschaulichung der Insel Mallorca vollzogen wird (vgl. Taf. I, Teil I – IV). Beim flüchtigen Hinsehen scheinen sogar die Inselformen in den vorliegenden Karten – ungeachtet ihrer Größe und des Maßstabs – weitgehend korrekt zu sein und in ihrer Lage zueinander zu stimmen, bei näherer Betrachtung zeigt sich allerdings, dass in bestimmten Abschnitten ein zum Teil deutlich von der Realität abweichendes Bild zur Darstellung kommt. Gestaltdifferenzen hauptsächlich im Detail lassen sich aber auch unter den verschiedenen Ausgaben selbst – den älteren bis 1612 und den jüngeren ab 1616 – feststellen, so dokumentiert es Abb. 12.5, in der die Inselumrisse beider Ausgabearten im reduzierten Maßstab gegenübergestellt werden.

Behält man das in der historischen Karte nur mittels einer Minutenleiste veranschaulichte geographische Netz in seiner Größe bei, das, wie vorne ausgeführt, aufgrund von Berechnungen etwa im Maßstab von 1:2 Mio. vorliegt, so zeigt sich unzweideutig, dass das hierin aufgenommene Areal der Insel Mallorca im ungefähren Verhältnis von 2:1 übertrieben groß dargestellt ist und darüber hinaus, wie vorne erläutert und in Abb. 12.4 veranschaulicht, eine deutliche Versetzung in südöstliche Richtung aufweist, was letztlich auch für die übrigen erfassten Inseln des Archipels zutrifft.

Entsprechend der vergrößert wiedergegebenen Gesamtfläche der Insel Mallorca weisen zwangsläufig auch deren Küstenpartien erhebliche Streckungen auf. Die vier Hauptküstenabschnitte der Insel zeigen gegenüber der Realität eine deutliche Verlängerung um ca. ein Drittel, wobei relativ gesehen die SE-Küste weniger in der Länge verzerrt erscheint als die anderen, nach NW, NE und SW exponierten Abschnitte. Diese im Vergleich zum aktuellen Bild übertrieben lang dargestellten Strecken bzw. deren Werte – auch der Inseldiagonalen – lassen sich in Abb. 12.6,

370

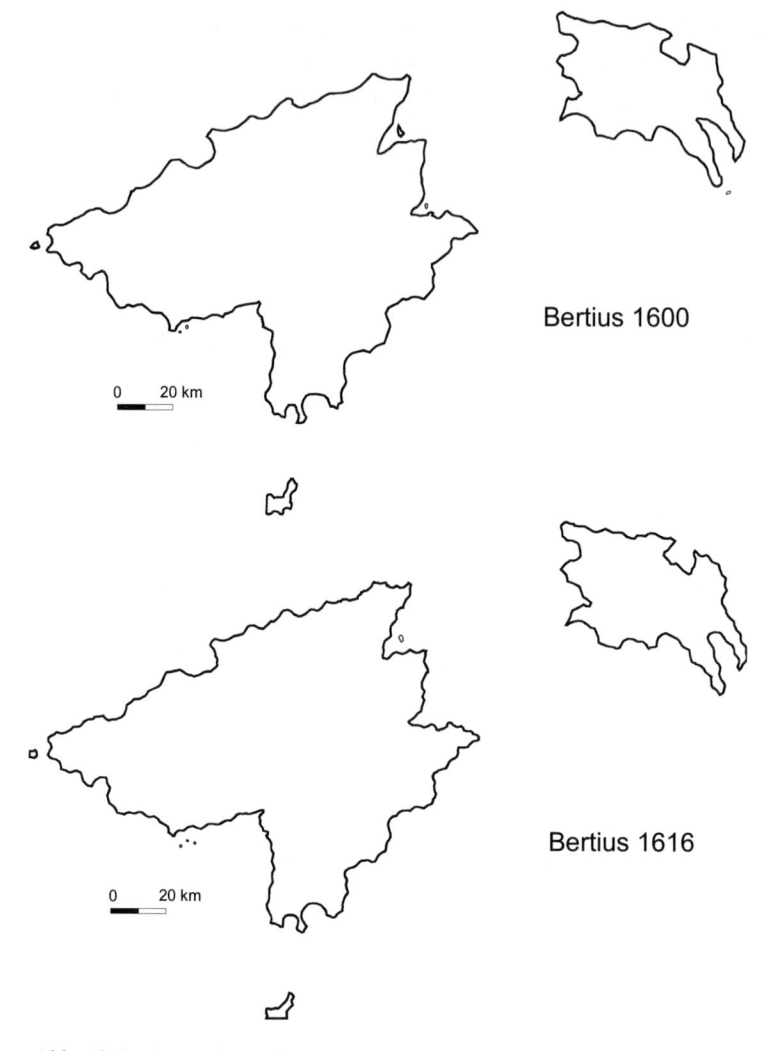

Bertius 1600

0 20 km

Bertius 1616

0 20 km

Abb. 12.5 Gegenüberstellung der Inselumrisse aus den Bertius-Karten von 1600 und 1616, beide reduziert auf 1:2,5 Mio.

in der sich die genordeten Viereckschemen beider Karten in 1:2 Mio. zentriert überlagern, nachvollziehen.

Für die genaue Betrachtung der Insel Mallorca, der hier themaentsprechend das besondere Augenmerk gilt, erscheint es aus Vergleichsgründen – analog den bisher behandelten Beispielen – angebracht, das historische und ein aktuelles Kartenbild in diesem Falle vergrößert darzustellen und nach erfolgter Maßstabsangleichung zu überlagern (Abb. 12.7). Hierfür wird die historische Karte unter Beachtung des errechneten Maßstabs dem aktuellen ONC-Bild in 1:1 Mio. größenmäßig angepasst. Auch für die Veranschaulichung der zu vergleichenden Schemafiguren dieses Kartenbeispiels sei der gleiche Maßstab zugrunde gelegt.

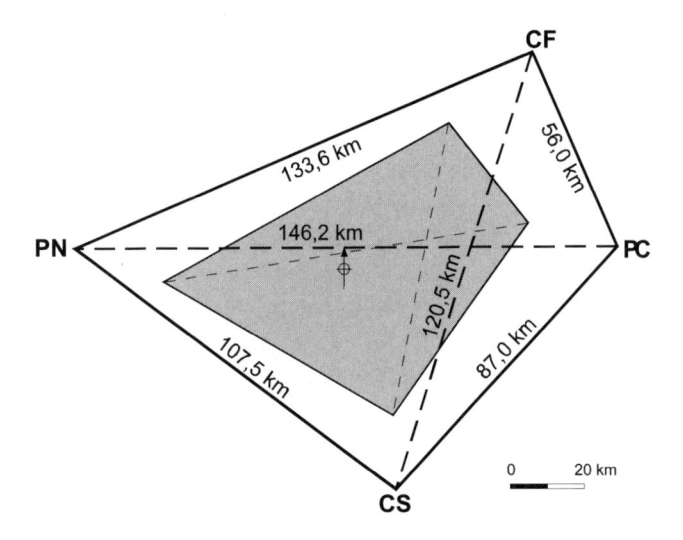

Abb. 12.6 Geometrisch zentrierte, genordete Überlagerung der Viereckschemata von JNC in 1:2 Mio. und dem gleichmaßstäbigen historischen Kartenbild mit Angabe der Kap- und Diagonaldistanzen.

Wegen der außerordentlichen Ähnlichkeit der Inselgestalten in den Balearen-Karten der Bertius- und der „Caert-Thresoor"-Ausgaben untereinander wird zu Vergleichszwecken nur eine der Darstellungen herangezogen und als Grundlage für die weiteren Abbildungen verwendet. Für die Abbildung ist die Karte der Ausgabe 1616 der HAB Wolfenbüttel ausgewählt.

Wird zunächst die Orientierung der Hauptküstenabschnitte betrachtet, so ist festzustellen, dass sie jeweils im Mittel gegenüber der Wirklichkeit und somit gegenüber Nord unterschiedliche Azimute aufweisen. Diese Festellung lässt sich den oben genannten Abb. 12.4, 12.6 und 12.7, vor allem aber der Abb. 12.8 entnehmen.

372

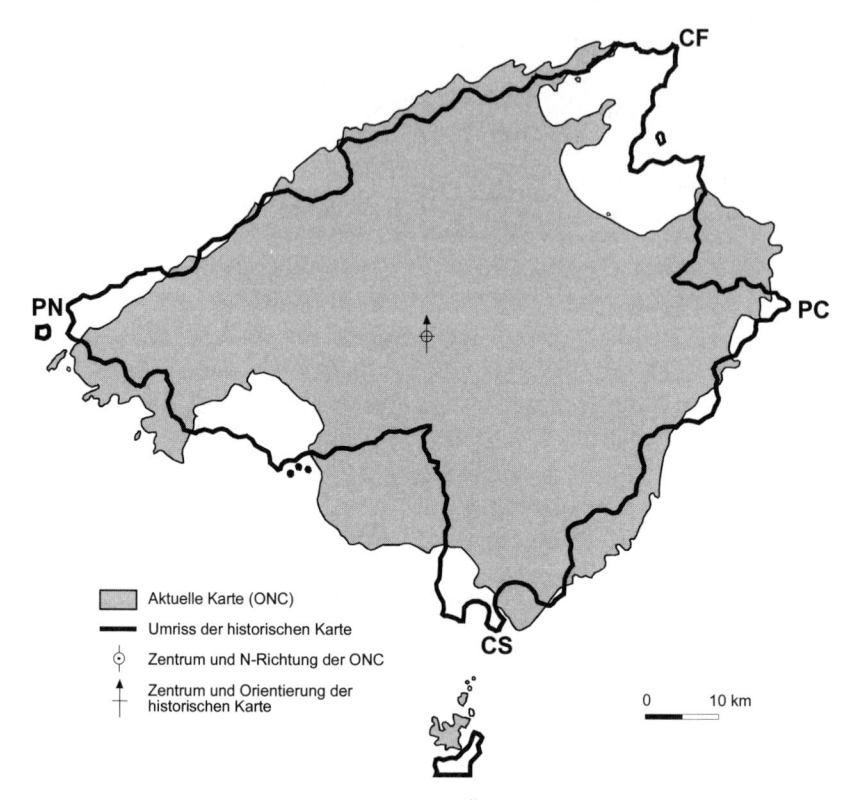

Abb. 12.7 Geometrisch zentrierte, genordete Überlagerung der ONC in 1:1 Mio. mit der durch Vergrößerung im Maßstab angepassten historischen Darstellung des P. Bertius von 1616.

Die NW-exponierte Küste zwischen der Punta Negra und dem Cap de Formentor differiert in den Bertius-Karten bzw. in den Vorgängerwerken im Mittel um ca. 67° E, das sind ca. 7° E mehr als in der Natur, wodurch sie flacher geneigt zum Ausdruck gebracht wird. Der gegenüberliegende Küstenabschnitt im SE vom Cap de ses Salines zur Punta de Capdepera zeigt im Vergleich zu Nord – am S-Punkt gemessen – eine Abweichung von 43° statt nur 35° E, so dass beide Streifen zueinander – wenn auch versetzt – eine ähnlich der Natur verlaufende Ausrichtung aufweisen. Für die Azimute der Küstenpartien im NE vom Cap de Formentor zur Punta de Capdepera sowie im SW vom Cap de ses Salines zur Punta Negra lassen sich gegenüber der Wirklichkeit an der Nordspitze eine stärkere östliche Abweichung von 16° bzw. am Südkap eine um 6° geringere westliche feststellen. Auch die Innenwinkel des Vierecks können dieser letztgenannten Abbildung entnommen werden. Sie entsprechen im W mit 59° und im S mit 97° in etwa denen der Natur, im N und im E ergeben sie sich zu 91° statt 100° bzw. 113° statt 105°, was sich folgerichtig – wenn auch nicht erheblich – auf die Gesamtgestalt des Vierecks auswirkt.

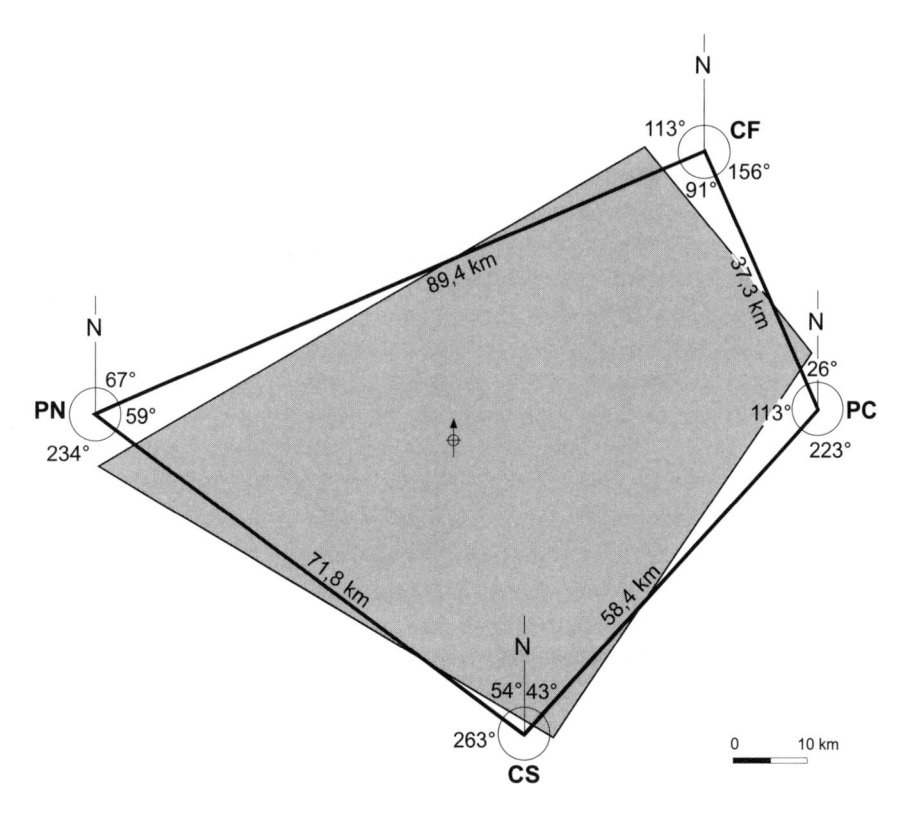

Abb. 12.8 Geometrisch zentrierte, genordete Überlagerung der Viereckschemata von historischem Kartenbild und ONC in 1:1 Mio. mit Angabe der Kapdistanzen, Streckenazimute und Innenwinkel der Figur.

Die in Abb. 12.9 eingetragenen Diagonalen des gedachten Inselvierecks zeigen im ungefähren SSW/NNE-Verlauf vergleichsweise eine östliche Winkelabweichung gegenüber N von 17° E statt 10° E und in der Querrichtung von 90° E statt nur 81° E. Die entsprechenden Strecken stellen sich im angepassten Maßstab mit 80,5 km und 97,7 km als nahezu längentreu dar, wird allerdings, wie in Abb. 12.6

gezeigt, die im Kartenoriginal veranschaulichte Inselgröße in 1:2 Mio. zugrunde gelegt, so würden sich mit rd. 117,5 km bzw. rd. 144 km erheblich zu lange Distanzen ergeben.

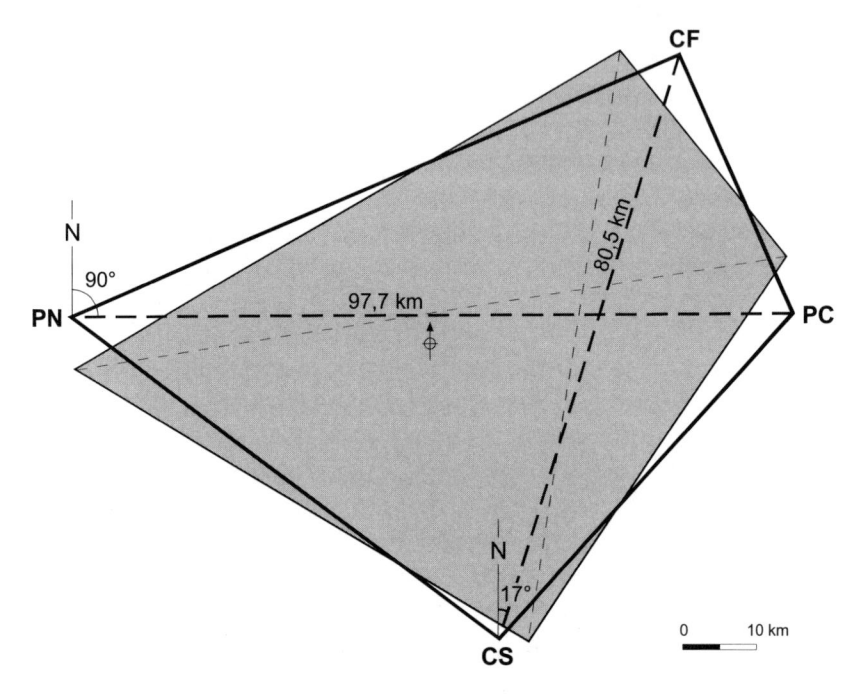

Abb. 12.9 Die Inseldiagonalen, ihre Entfernungen und Azimute in den sich überlagernden Schemadarstellungen von historischem Kartenbild des P. Bertius von 1616 und ONC in 1:1 Mio.

Betrachtet man nun die Details (vgl. Abb. 12.7), so zeigt sich, dass der Verlauf der Küste vor allem kleinräumig gesehen in mehreren Bereichen weder form- noch lagetreu zur Darstellung kommt. Manche Buchten sind zu klein, andere dafür zu groß wiedergegeben, einige Landvorsprünge erscheinen übertrieben, andere dagegen sind unterdrückt. Unabhängig von den Großformen lässt insbesondere der Küstenumriss als solcher streckenweise markante Abweichungen erkennen, wobei bei genauerem Hinsehen, wie vorne angedeutet und in Abb. 12.5 veranschaulicht, festzustellen ist, dass die älteren Karten den Inselumriss abgerundeter, glatter zur Darstellung bringen als die späteren Ausgaben, die ihn eher wellenförmig, also weniger geglättet wiedergeben.

Im Gegensatz zu den nach NW und SE exponierten Küsten weisen hauptsächlich die Küstenbereiche im SW und im NE relativ deutliche Differenzen zwischen historischer Karte und Natur auf. Im SW-Abschnitt bildet sich die nördlichere Strecke zwischen der Punta Negra und dem Cap de Cala Figuera um annähernd das Doppelte länger als in Wirklichkeit ab. Das Cap de Cala Figuera erscheint stark zurückgedrängt, während die Punta Negra im W nahe der Insel Dragonera weitgehend naturgetreu liegt. Auf diesem Streckenabschnitt kommt eine einzige, relativ flache Bucht zur Darstellung, die keine Bezeichnung führt, aber als Bucht von Santa Ponça anzunehmen ist. Der südlichere Teil des SW-Abschnitts ist dagegen im Bereich der Hauptstadtbucht und weiter nach S äußerst verformt. Die Bucht als solche erscheint in südliche Richtung verlagert und zeigt sich dreiecksförmig nach SW geöffnet. An ihrer landwärtigen Ecke ist die Hauptstadt eingetragen. Im Buchtbereich selbst sind sowohl die Bezeichnung *Majorca* für die Hauptstadt als auch *Porto Pin* für den nahe gelegenen Hafen Portopí angegeben. Die Partie vom Cap de Cala Figuera bis zum Buchtinneren, der drei kleine Inselfelsen vorgelagert sind, verläuft statt in einem mittleren Azimutwert von 40° E fast horizontal W-E, der weitere Teil bis zum Südkap zunächst nahezu N-S, um im letzten Stück etwa in östliche Richtung umzubiegen. Die Länge dieses südlichen Küstenabschnitts entspricht weitgehend dem der Naturstrecke. Die direkte Verbindungslinie zwischen dem Buchtinneren und dem Cap de ses Salines – hier *C. de Salines* – erscheint auf den Bertius-Darstellungen allerdings auf ca. 85% des Realwertes verkürzt.

An der gegenüberliegenden NE-Küste, deren Abstand zur SW-Flanke in den hier besprochenen Karten eine ähnliche Distanz wie in der Natur aufweist, sind zwei mittelgroße, nahezu dreiecksförmig abgebildete Buchten vorhanden, deren Formen und Größen nicht der Wirklichkeit entsprechen. Gemeint sind die in Natur ungleich großen Buchten von Pollença und Alcúdia. Die Weite der letzten, die hier mit *Golfo Dalcudia* bezeichnet ist, kommt nicht zur Geltung und erscheint nahezu gleichgroß wie die erstgenannte, hier eher trichterförmig ausgebildete Bucht. In den vorliegenden älteren Darstellungen ist im Innern dieser Buchten je eine kleine Insel zu finden. In den neueren Ausgaben ist nur noch eine Insel in der nördlichen Bucht auszumachen. Im letzten Falle könnte es sich um das unmittelbar südlich der Halbinsel Formentor gelegene Eiland gleichen Namens handeln. In der Bucht von Alcúdia könnte die kleine Illa d'Alcanada oder s'Illot d'es Porros dargestellt sein. Die zwischen beiden Buchten liegende Landzunge am Cap des Pinar weist eine übertriebene Breite auf und bildet sich etwa dreiecksförmig ab. Das Cap de Ferrutx nordwestlich der Punta de Capdepera kommt durch Verflachung des entsprechenden Küstenabschnitts nicht zum Ausdruck, die markante Spitze fehlt. Die in Natur langgestreckte Halbinsel Formentor im Nordbereich der Insel, deren Kap hier mit *Cabo Formentelli* benannt ist, wird trotz einer gewissen Zuspitzung zu stumpf und zu breit veranschaulicht.

Die hiervon südwestlich sich anschließende NW-exponierte Küste zeigt außer der typischen leichten meerwärtigen Ausbuchtung insgesamt ein ondulliertes Bild, in deren Verlauf die übertrieben tief dargestellte Bucht von Sóller – hier *Solari* bezeichnet – herausfällt. Ebenso westlich davon ist ein kleinerer, in Wirklichkeit in dieser Größenordnung nicht existierender Küstenhof mit der Bezeichnung der damals weiter im W vorhandenen Ortschaft *Palomera* wiedergegeben. Die auf den bisher besprochenen Karten an dieser Küste teilweise auftretende Kapbezeichnung „C. Baiol" oder „C. Baiolo" lautet hier *Cabo de Baiolis* und erscheint im Gegensatz zu manch genannter Vorgängerkarte korrekterweise dem nordwestlichen Vorsprung der Nachbarinsel Menorca zugeordnet (s. 8.11, 9.5 u. 11.11).

In diesem Zusammenhang sei auch herausgestellt, dass sowohl die um ein Drittel zu lang ausgefallene Entfernung zwischen der Bucht von Sóller an der NW-Küste und der südwestlich davon gelegenen Hauptstadtbucht einerseits als auch die um ein Viertel zu große Distanz vom NW-Küstenabschnitt zum gegenüberliegenden im SE andererseits sich deutlich verformend auf die Gesamtgestalt der Insel auswirken. Die Lage der Nachbarinseln *Dragonera* und *Cabrera* ist verhältnismäßig naturgetreu. Im Vergleich zur Realität liegen sie im historischen Bild geringfügig südlich von ihrer Sollposition.

Die Gegenküste im SE erscheint als Ganzes gesehen deutlich stärker gewellt, als sie sich in der Realität darstellt. Drei relativ breite und flache Buchten mit den darin von SW nach NE angebrachten Bezeichnungen *P. Pedro, P. Colombi* und *Calalonga* sowie eine schmale und tiefere mit dem Namen *Salines* – aufgrund des eingetragenen Siedlungstoponyms *Calafigur* vermutlich die heutige Cala Figuera – charakterisieren mitunter den Verlauf dieses Küstenabschnittes. Die Punta de Capdepera, hier mit der Bezeichnung *C. Lapedra* versehen, ist besonders herausgearbeitet und spitzer als in der Realität wiedergegeben, der Südkapbereich dagegen erscheint zu stark aufgegliedert und im Vergleich zur Wirklichkeit zu wenig abgerundet zum Ausdruck gebracht.

Um die Inselflächen in ihrer Gestalt hervorzuheben und eine optisch deutlichere Trennung von der Meeresfläche zu erreichen, wird die gesamte Küstenlinie –

auch der kleineren Inseln und Eilande – mit einem schmalen Band einer kurzen Horizontalschraffur versehen.

Wie vorne angedeutet, weicht die N-S-Achse der Insel vom Soll ab. Mit einer relativ geringen Rotation des historischen Bildes gegenüber der aktuellen ONC um nur 7° entgegen dem Uhrzeigersinn würde, wie es Abb. 12.10, in der beide Darstellungen zentriert, aber zueinander rotiert überlagert sind, bestätigt, nicht nur eine Übereinstimmung der Achsen, sondern auch eine günstigere Form- und Flächenüberlagerung erreicht. Durch diese Rotation erfahren vor allem die NW- und die SE-exponierten Küstenpartien eine weitgehende Annäherung. Trotz Drehung

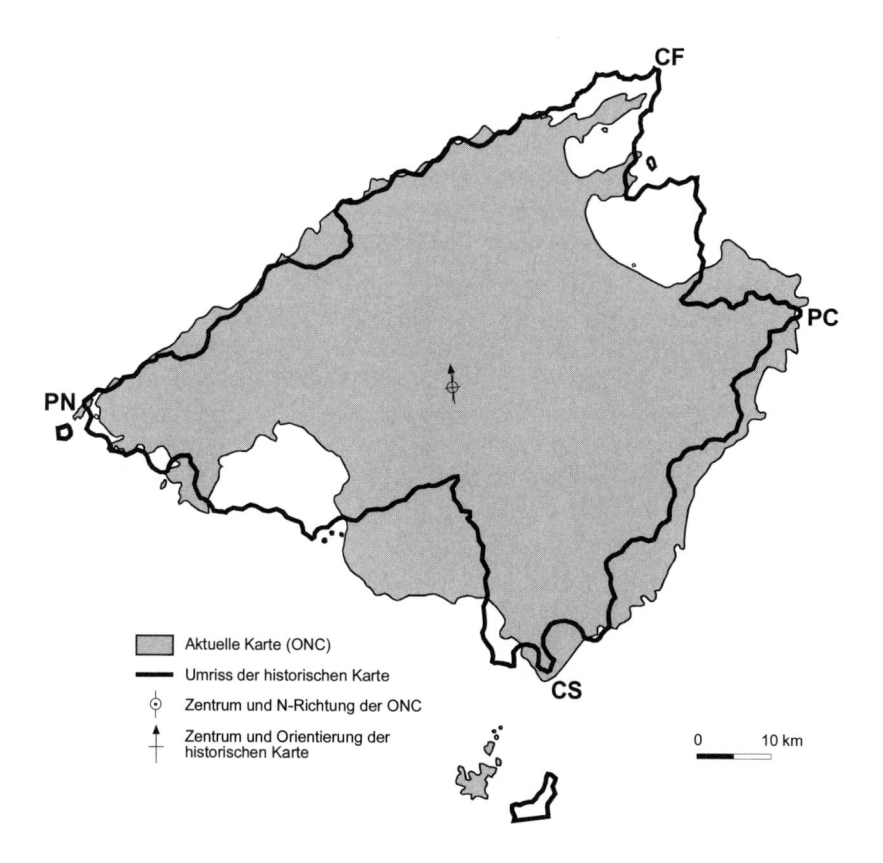

Abb. 12.10 Überlagerung der ONC in 1:1 Mio. mit der maßstäbig angepassten historischen Darstellung des P. Bertius von 1616 nach erfolgter Rotation um 7° W.

stellt sich doch heraus, dass die Buchtbereiche im SW und NE der Insel noch starke Gestaltdifferenzen aufweisen. Während im NE anstelle der in Natur vorhandenen großen Doppelbucht eher Landvorsprünge dominieren, bleibt im SW die Hauptstadtbucht erhalten, sie erscheint jedoch um etwa eine ganze Einheit nach SE verrückt. Die Nachbarinseln Dragonera und Cabrera sind jetzt zwangsläufig nach S bzw. ESE versetzt.

12.6 Gewässernetz

Sieht man von den bisher besprochenen, größermaßstäbigen Karten des Lafreri-Typs oder des Porcacchi da Castiglioni sowie des etwa gleichgroßen Bildes des Ferretti und einigen Ausnahmen des Pīrī Reʻīs ab, so werden mit den Darstellungen des Bertius, seiner Vorgänger sowie Nachfolger erstmalig Karten veröffentlicht, in denen Gewässer – wenn auch nur wenige – veranschaulicht sind. Bedingt durch die verhältnismäßig korrekte Inselform und deren weitgehend richtige Orientierung sind auch die Gewässer im Vergleich zu den oben genannten Arbeiten naturgetreuer wiedergegeben. In den hier in Frage kommenden Karten werden neben einiger weniger Seeflächen Fließgewässer veranschaulicht (Abb. 12.1 - 12.3), deren Verlauf vorrangig mittels feiner durchgezogener Doppellinien zur Darstellung gebracht ist.

Der längste Fluss bzw. Torrente der fünf eingetragenen führt in der zentralen Ebene von NE in südwestliche Richtung und mündet nördlich der Hauptstadt *Maiorca* bzw. *Majorca* in die große SW-Bucht. Es könnte sich um den Torrent de sa Riera handeln, dessen leicht wellig dargestellter Verlauf unter Beibehaltung seiner Hauptrichtung zu weit nach E verlagert erscheint. Denkbar ist aber durchaus, dass mit dieser Darstellung der Torrent Gros gemeint sei. Ein zweiter, kürzerer, mehr oder minder parallel zum ersten und südlich der zentralen Bergkette, ebenfalls leicht gewellt verlaufendes Gewässer zieht bis an die Hauptstadt und gelangt, da diese am Meer gelegen, in die gleiche Bucht. Sein Quellgebiet ist einer der beiden Seen, die in dieser Karte südwestlich des Ortes *Alcudia* und nahezu im Zentrum der Insel zu finden sind, eine Darstellung, die mit Sicherheit aus den Karten des Lafreri-Typs und den oben genannten ähnlichen Darstellungen übernommen scheint. Da dieses Gewässer südlich der Hauptstadt mündet, ist hiermit entweder der Torrent Gros, dessen Quellgebiet – zumindest topographisch gesehen – eigentlich in der nördlichen Gebirgskette liegen müsste, wiedergegeben, oder man denkt an ein in Natur südöstlich fließendes Gewässer, dem Torrent de Son Catlar. Eine quer zu diesen Torrente-Verläufen in Wirklichkeit vorhandene – wenn auch relativ niedrige – Wasserscheide ist dabei nicht beachtet. Die hier vorliegende falsche Torrente-Eintragung scheint auch eine Kopie aus den oben erwähnten älteren Darstellungen zu sein, deren Torrente-Verläufe gebietsweise recht phantasievoll vorgenommen worden sind, denn der hier letztgenannte fließt in der Natur weder südlich der zentralen Bergkette, noch entspringt er einem See. Der andere, geringfügig größere See – beide innen entlang des Ufers durch horizontaler Strichschraffur hervorgehoben – bildet das Quellgebiet eines kurzen, in den trichterartig dargestellten *Golfo Dalcudia* (jetzt Badia d'Alcúdia) mündenden Torrentes. Während der erstgenannte See in dieser eingetragenen Lage in der Realität nicht existiert, könnte dieser zweite, östlich davon gelegene auf das Lagunengebiet der Albufera schließen lassen. Mit dem hier entspringenden Torrente kann entweder der Torrent de na Borges oder derjenige von Muro gemeint sein. Ein weiterer, äußerst kurz dargestellter Torrente endet in der hier als Trichtermündung dargestellten Bucht nahe dem heutigen Pollença, ein zusätzlicher, geringfügig längerer mündet an der gegenüberliegenden SW-Küste und steht vermutlich für den Torrent des Saluet oder de Sta. Ponça.

12.7 Relief

Abgesehen von den Mallorca-Karten aus den Lafreri-Atlanten, des Comacio und des Porcacchi, in denen die Oberflächenformen mittels einzelner Silhouetten bzw. deren Aneinanderreihung zum Ausdruck gebracht werden, und den Darstellungen des Bordone oder Honterus – gelegentlich auch der jüngeren Nachfolgekarten des Pīrī Re'īs –, in denen einige wenige Bergfiguren die Gesamtheit der Berge vertreten, sowie den Darstellungen des Martellus, bei denen die Gebirge durch zusammenhängende „Bergbänder" veranschaulicht sind, ist hier zum ersten Mal auch in einer relativ kleinmaßstäbigen Darstellung das Relief durch eine Anhäufung von Einzelfiguren wiedergegeben (Abb. 12.1 bzw. Abb. 12.3 u. Abb. 12.2).

In den Beispielen der Bertius-Karten werden die Oberflächenformen der Insel durch weitgehend schematisierte, mehr oder minder aneinander gereihte Bergfiguren veranschaulicht, die im Gegensatz zu den Karten des Lafreri-Typs sowie anderer genannter Autoren zu größeren Einheiten zusammengefasst zur Darstellung kommen. Die einzelnen Kuppen sind verschieden groß und im Detail betrachtet auch unterschiedlich geformt, haben aber untereinander ein ähnliches Aussehen. Die älteren Karten des Bertius und seiner Vorgänger zeigen steilere, im Gipfelbereich höckrig gestaltete Figuren, in den jüngeren Ausgaben erscheinen sie flacher, breiter und auch abgerundeter. Diese, im Vergleich zu anderen Karten recht kleinen Figuren wirken perspektivisch und schräg von oben betrachtet. Ihre Beleuchtung erfolgt hauptsächlich von W/SW. Die Schatten sind mittels Falllinienschraffen – im Hauptschatten zum Teil in gekreuzter Manier – gekennzeichnet, im Übergangsbereich sind einige wenige horizontale Striche auszumachen. Ab 1616 wird ihre Schattierung mittels kurzer, gestuft angeordneter Falllinienschraffen vorrangig auf den jeweiligen Ostseiten vorgenommen (Abb. 12.11).

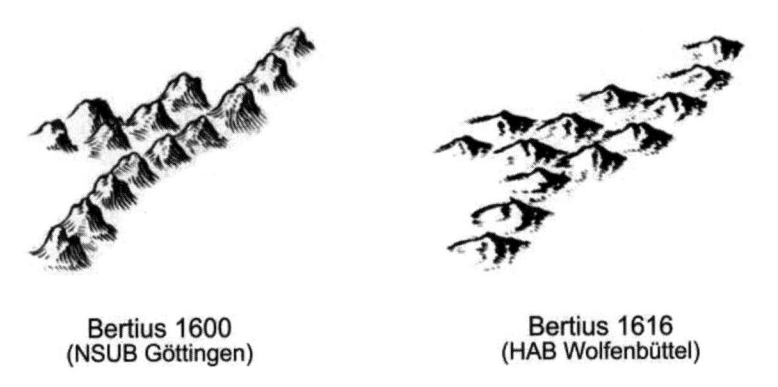

Bertius 1600
(NSUB Göttingen)

Bertius 1616
(HAB Wolfenbüttel)

Abb. 12.11 Gebirgsdarstellung in den älteren Karten des P. Bertius bzw. aus dem Caert-Thresoor im Vergleich zu den jüngeren Ausgaben. Vergrößert wiedergegeben mit Genehmigung der angegebenen Bibliotheken.

Die einzelnen Silhouetten sind zu mehr oder minder parallel verlaufenden Gruppen angeordnet, die hauptsächlich von SW nach NE aneinander gereiht sind; sie bilden räumlich nur sehr begrenzt eine zusammenhängende Gebirgsoberfläche. Die meisten dieser 24 Figuren in den älteren bzw. 22 in den jüngeren Ausgaben sind im NW-Bereich der Insel zur Charakterisierung des hier verlaufenden Hochgebirges anzutreffen. Ihre oben bereits erwähnte, weitgehend gleichgerichtete Anordnung in mehreren Reihen soll sicherlich besonders auf die hier in der Natur eng nebeneinander liegenden und gleichsinnig streichenden Gebirgsketten hinweisen. Das Kleinerwerden der Figuren zum südwestlichen und nordöstlichen Rand hin deutet auf den Abfall des Gebirgsmassivs an den jeweiligen Flanken.

Eine weitere Kuppenreihe mit weniger Figuren (neun bzw. sieben) ist küstenparallel im SE-Bereich der Insel zu finden. Obwohl in Wirklichkeit die hier vorhandenen Bergzüge niedrigere Höhen aufweisen, sind die eingesetzten Silhouetten – wohl vorrangig aus kartenperspektivischen Gründen – größer ausgefallen.

Im Zentrum der Insel, hauptsächlich zwischen den beiden längeren Torrentes/Flüssen sind aneinander gereiht einige wenige mittelgroße Kuppen auszumachen, deren Wiedergabe vermutlich auf das Vorhandensein vereinzelter Erhebungen in diesem Raume hindeuten soll. Darüber hinaus sind zwei vereinzelt auftretende Kuppen nördlich Alcúdia festzustellen.

12.8 Bodenbewachsung/Bodennutzung

Auch die Bodenbewachsung bzw. Bodennutzung wird, abgesehen von den größermaßstäbigen Karten des Lafreri-Typs und des Porcacchi da Castiglioni und dem nahezu gleichgroßen Bilde des Ferretti sowie der vereinzelt Vegetationszeichen aufweisenden Karte im Honterus-Werk, in den hier besprochenen Bertius-Darstellungen relativ kleinen Maßstabs – wenn auch im verhältnismäßig geringem Umfang – erstmalig flächenhaft zur Veranschaulichung gebracht.

Die Darstellung der Vegetation ist nur auf zwei Räume der Insel konzentriert und erfolgt gleichförmig. Sowohl im westlichen Bereich der SW/NE-verlaufenden Hauptgebirgsketten als auch im Ostteil der zentralen Ebene sind starke Gruppierungen hintereinander gestaffelter, meist auf Lücke stehender Baumfiguren anzutreffen, die untereinander sich in jeder Karte sehr ähnlich sehen. Die bildlichen Zeichen sind generell von W/SW beleuchtet und weisen auf den jeweiligen Leeseiten feine Schattenstriche auf. Die fast kreisrunde Form der Baumkronen in den älteren Darstellungen lässt auf Laubbäume schließen, eventuell auf Steineichen (vgl. Abb. 12.1 u. Abb. 12.3). In den jüngeren Karten ab 1616 deuten die sternartig wiedergegebenen Kronen eher auf Koniferen – möglicherweise auf Pinien – hin (Abb. 12.2). Die Staffelung der Baumzeichen, besonders die der dichter und zum Teil ausgespart zusammenstehenden in den älteren Karten, vermittelt für die Gruppen einen perspektivischen Eindruck. Vereinzelt kommen keine Baumzeichen vor.

Andere Arten der Bodenbewachsung oder Bodennutzung werden nicht veranschaulicht, selbst der Olivenanbau für das im beigegebenen Text erwähnte hervorragende Öl der Insel findet keine Darstellung, es sei denn, dass dieser durch die oben genannten Baumzeichen vertreten sein soll.

P. Bertius, 1600   P. Bertius, 1616
(NSUB Göttingen)   (HAB Wolfenbüttel)

Abb. 12.12 Darstellung der Bodenbewachsung in den älteren Karten des P. Bertius bzw. aus dem Caert-Thresoor im Vergleich zu den jüngeren Ausgaben. Vergrößert wiedergegeben mit Genehmigung der angegebenen Bibliotheken.

12.9 Siedlungsbild

Die Siedlungsplätze sind mittels kleiner symbolhafter Aufrisszeichen veranschaulicht (vgl. Abb. 12.1 - Abb. 12.3). Allen voran ist die an der SW-Bucht und an der Mündung des zweitlängsten Torrentes gelegene Hauptstadt der Insel, das heutige und, wie im beigegebenen Text erwähnt, das ehemalige Palma, zu nennen, deren Zeichen in den älteren Beispielen aus einem dreidimensional wirkenden Doppelturm mit Masten sowie eingelagertem, relativ großen Kreisring besteht, in den jüngeren Ausgaben ein dreiteiliges Gebäudesymbol mit kleinerem Kreis zur Darstellung kommt. Beide Kreisarten führen in den jeweiligen Ausgaben einen zentralen Punkt zur Kennzeichnung der Ortsposition, in den Beispielen vor 1616 deutlich kräftiger. Das Ortsbild für die Hauptstadt, die hier wie die Insel benannt erscheint, ist gegenüber deren reeller Lage allerdings zu weit nach Süden geraten. Der dazugehörige Schriftzug *Maiorca* ist in den älteren Ausgaben horizontal und nordöstlich über dem Zeichen angebracht, in den jüngeren Werken ist der verändert geschriebene Name *Majorca* schräg und südwestlich des Zeichens im Bereich der Meeresfläche zu finden. In all den Bertius-Darstellungen ist die Eintragung der Hauptstadt an der SW-Küste nahezu korrekt erfolgt, lässt man dabei die vorne erwähnte SE-Verlagerung der entsprechenden Bucht außer Acht. Umso erstaunlicher ist demzufolge die Angabe im Text, dass die Stadt Maiorica gegen Aufgang liegen solle.

Der unweit der Hauptstadt, auf der nördlichen Seite der Bucht gelegene Hafen ist hier mit einem stattlichen Turm mit Helm und Mast gekennzeichnet, der die bereits erwähnte, mit Sicherheit dazugehörige Bezeichnung *Porto Pin* (für das heutige Portopí) führt, auch wenn diese recht entfernt vom betreffenden Kartenzeichen untergebracht erscheint.

Ähnlich den jüngeren Darstellungen des Martellus sowie den Kartenbildern des Santa Cruz, des Honterus und denjenigen aus den Lafreri-Atlanten, des Camocio und des Porcacchi, aber im Gegensatz zur Bordone-Karte und den älteren Bildern des Pīrī Reʾīs, in denen nur zwei, teilweise drei Siedlungsplätze wiedergegeben sind, werden in den hier besprochenen Karten mehrere Ortschaften veranschaulicht. Alle größeren Orte auf der Insel sind mit einem Aufrisssymbol gekennzeichnet, das aus einem Basisbau mit aufgesetztem Turm sowie einem eingelagerten Ortsring mit Punkt im Zentrum zur genaueren Bestimmung der Ortslage besteht. Derartige Zeichen erhalten die Stadt *Alcudia* im Ostteil der Insel sowie die Orte *Calafigur* (heute Cala Figuera), *Calalonga* (heute Cala Llonga) und *Menacor* (heute Manacor) an der SE-Küste. Pollentia, das laut Begleittext fälschlicherweise gegen Mittag liegen soll, wird nicht dargestellt, müsste aber durch Alcúdia, in deren Bereich die Ruinen von Pollentia liegen, vertreten sein, es sei denn, man würde damit das heutige Pollença meinen. In der Regel sind die Ortsnamen horizontal angebracht, nur einige Ausnahmen – sicherlich aus Platzgründen – findet man in geneigter Stellung. Dazu zählen *Alcudia* und *Calafigur* in den älteren Ausgaben sowie *Majorca* und *Alcudia* in den jüngeren Arbeiten. Wollte man damit in den letztgenannten Ausgaben die Städte hervorheben oder spielen nur Platzgründe eine Rolle?

Darüber hinaus sind entlang der Küste mehrere kleine, in der Regel gleichgroße Aufrisszeichen in Form von Türmchen mit zentralem Mast eingetragen. Sie stellen die zur Verteidigung gegen die Piratenzüge errichteten Türme, die „Talaias" dar (s. 5.9 u. 14.9). In den Karten sind es jeweils 17 an der Zahl, von denen die meisten im S- und SW-Bereich der Insel anzutreffen sind. An der Westspitze der Insel und an der NW-Küste scheinen die Bezeichnungen *Premontor* sowie *Palomera* und *Solari* jeweils einem solchen Turm zugeordnet zu sein. Mit den beiden letzten sind aber sicherlich die Orte Palomera (wüstgefallen) und Sóller, oder zumindest die gleichnamigen Buchten gemeint.

12.10 Meeresfläche

Die Meeresfläche ist gleichmäßig mit einer horizontalen Strichschraffur in Zickzack-Manier angelegt (vgl. Abb. 12.1 u. Abb. 12.3), in den jüngeren Ausgaben (vgl. Abb. 12.2) mit einem wesentlich dichteren Muster als in den älteren.

Über die gleiche Fläche verteilt ist die Bezeichnung des hier wiedergegebenen Meeresabschnitts eingetragen, in den älteren Bertius-Darstellungen wenig Platz einnehmend, in den Darstellungen ab 1616 bedingt durch die gewählte Schriftart einen Großteil des Raumes vor allem im östlichen Bereich beanspruchend (vgl. Abb. 12.2 u. Abb. 12.14).

Darüber hinaus werden einige bildhafte Darstellungen zur Füllung des Meeresraumes eingesetzt (vgl. Abb. 12.13). Nord- und südwestlich der Insel Mallorca ist auf den Karten vor 1616 jeweils ein Seeungeheuer auszumachen, östlich davon bzw. südlich Menorca ist ein sich entfernendes, als Kogge interpretierbares Segelschiff abgebildet; auffallend ist ihr schwungvoll gespanntes Lateinsegel als auch der relativ hohe kastellartige Aufbau am Heck. In den jüngeren Karten kommt dagegen im südwestlichen Blatteckenbereich ein auf den Betrachter zufahrendes ähnliches Segelschiff zur Darstellung; je ein Ungeheuer ist hingegen nordwest- und nordöstlich der Hauptinsel zu finden.

Abb. 12.13 Figürliche Darstellungen im Meeresbereich in den älteren Karten des P. Bertius bzw. des Caert-Thresoor im Vergleich zu den jüngeren Ausgaben. Wiedergegeben in Originalgröße mit Genehmigung der angegebenen Bibliotheken.

12.11 Schriftbild

Die Überschriften oberhalb des Kartenbildes sind je nach Alter der Ausgabe und Sprache des Werkes verschieden. Die lateinischen Versionen setzen für die Überschriften nur senkrechte Versalien einer Renaissance-Antiqua ein, wobei für die älteren Karten etwas niedrigere Buchstaben verwendet werden. Die französischen Ausgaben zeigen die gleiche Schriftart und Größe wie die jüngeren lateinischen Arbeiten, während die niederländischen gemischte Buchstaben der gleichen Schriftart zum Einsatz bringen. In den deutschen Varianten liegt dagegen eine Kombination aus gemischter Fraktur und gemischter Antiqua vor. Die Ausgabe von 1600 weist halbfette Versalien auf, deren betonte Serifen sie schon im Stil einer Antiqua-Egyptienne rücken lassen.

Der eigentliche Kartentitel „Majorcæ et Minorcæ descrip." in den eingangs erläuterten Kartuschen ist jeweils zweizeilig in einer gemischten humanistischen Antiqua wiedergegeben, in den älteren Ausgaben nur geringfügig größer.

Dreiteilig sowie dreizeilig ist im Bereich der Meeresfläche die Bezeichnung *Maris Mediterranei Pars* vorgenommen. In den Darstellungen vor 1616 ist dieser Schriftzug in gleicher humanistischer Antiqua erfolgt, während in den späteren Ausgaben eine weit ausladende, geschwungene wie verschnörkelte, leicht vorwärtsliegende Abart einer Antiquaschrift (Abb. 12.14) benutzt wird, die einen großen Teil des hier wiedergegebenen Meeresraumes füllt.

Die einzelnen Inseln sind verschieden beschriftet. Um die Hauptinsel Mallorca – hier *Majorca* genannt – zu kennzeichnen, hat man sich für Versalien einer leicht vorwärtsliegenden, verschnörkelten Antiqua entschieden, deren Schriftzug von SW nach NE angebracht ist. Die Beschriftung der zweitgrößten Insel Menorca – hier *Minorca* – erfolgt in einer gemischten Antiqua in senkrechter Lage, die der kleinen Nachbarinseln *Cabrera* und *Dragonera* in gemischter, relativ kleiner Kursiv. Einzelne kleinere Eilande bleiben unbeschriftet. Orte, Häfen, Kaps und Buchten sind in allen Ausgaben in kursiver Lage bezeichnet, die Hauptstädte in geringfügig größerer Ausführung.

Die Zahlen des Gradnetzes sind in den Ausgaben von 1598 bis 1612 wenig geneigt, in den späteren Werken ist ihre Neigung stärker. Die Haupthimmelsrichtungen zeigen sich bei den älteren Karten in gemischter senkrechter Antiqua, bei den jüngeren Ausgaben in Kursivversalien.

Majorca Minorca

Maris Mediterranei Pars

Bertius 1600
(NSUB Göttingen)

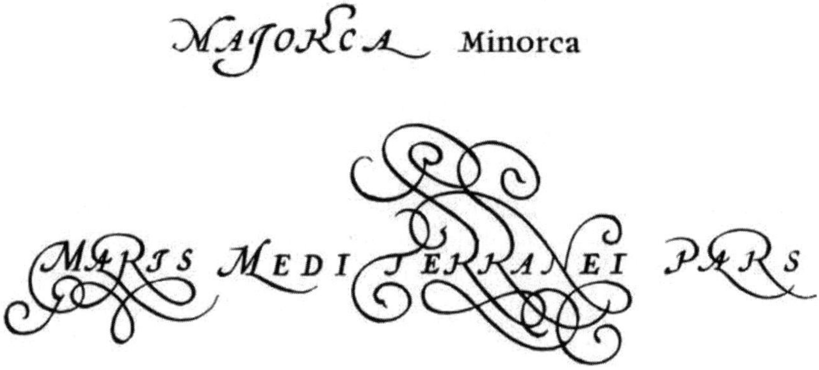

Majorca Minorca

Maris Mediterranei Pars

Bertius 1616
(HAB Wolfenbüttel)

Abb. 12.14 Unterschiedliche Beschriftungsweise der Insel Mallorca und Menorca sowie der Meeresfläche in den älteren Karten des P. Bertius bzw. des Caert-Thresoor im Vergleich zu den jüngeren Ausgaben. Wiedergegeben in Originalgröße mit Genehmigung der Bibliotheken.

Aus Übersichts- und Vergleichsgründen seien erneut alle Toponyme des Kartenbildes nachstehend aufgelistet. Hierbei sind auch die aufgenommen, die sich auf den Bereich der Nachbarinsel Menorca beziehen.

Aktuelle Toponyme	Toponyme in den historischen Karten	
Inseln		
Mallorca	Majorca	
Menorca	Minorca	
Cabrera	Cabrera	
Dragonera	Dragonera	
Illa de l'Aire	I. Laire	
Landvorsprünge		
Cap de Formentor	Cabo Formentelli	
Punta de Capdepera	C. Lapedra	
Cap de ses Salines	C. de Salines	
Cap de Bajolí	Cabo de Baiolis	(ab 1616 Cabo de Bajolis)
Punta Negra	Premontor	(ab 1616 Premõtor)
Buchten		
Badia d'Alcúdia	Golfo Dalcudia	
Cala Figuera	Salines	
Ortschaften		
Palma de Mallorca	Maiorica	(ab 1616 Majorca)
Alcúdia	Alcudia	
Cala Figuera	Calafigur	
Cala Llonga	Calalonga	
Manacor	Menacor	
Palomera (wüst)	Palomera	
Sóller	Solari	
Maó	Minorca	
Ciutadella	Citadella	
Toponym?	S. Catharina	
Häfen		
Portocolom	P. Colombi	
Portopetro	P. Pedro	
Portopí	Porto Pin	
Port de Maó	P. Maon	
Port d'Addaía	Daia	(ab 1616 Daja)
Port de Fornells	Porto Fornelle	
Port de Sanitje (wüst)	Zanega	
Meeresfläche		
Mar Mediterrània (Teil)	Maris Mediterranei Pars	

13 Vicente Mut (I)

13.1 Autor und Werk

Ganz im Gegensatz zu den bisher erörterten Beispielen steht die Karte „Isla de Mallorca" des Ingenieurs und Chronisten Vicente Mut, die als erste detaillierte Darstellung unter den größermaßstäbigen Kartenbildern Mallorcas dieser Zeitepoche anzusehen ist. Sie scheint aller Wahrscheinlichkeit nach auch die erste Karte der Insel zu sein, die von einem Einheimischen angefertigt ist. JUAN TOUS (1977: 21, 25) nennt Antonio Company als Graveur, eine Angabe, die auch einem Zahlvorgang aus dem „Llibre major del compte 1647 - 1650" (Rechnungsbuch) entnommen werden kann. Von Antonio Company stammt auch der älteste Stadtplan von Palma de Mallorca aus dem Jahr 1644. Zu finden ist die Karte im Vorspann des 566 Seiten umfassenden zweiten Bandes der „Historia del Reyno de Mallorca", der Geschichte des Königreichs Mallorca, die 1650 in der Ciudad de Mallorca – jetzt Palma de Mallorca – vom Druckhaus der Erben des Gabriel Guasp in 1. Auflage herausgegeben wird. Das Werk, das eine Fortsetzung der von Antonio Dameto begonnenen und dreibändig geplanten Geschichte der Insel darstellt, ist der damaligen Majestät, dem König Philipp IV. von Spanien, gewidmet. Band III soll Mut als Manuskript fertiggestellt haben, muss aber verlorengegangen sein. Das Original des oben genannten II. Bandes konnte in der BFBM in Palma de Mallorca [Sign.: B94-V2-26] eingesehen und studiert, die angesprochene Karte für den Druck reproduziert werden. Für die Druckerlaubnis sei dieser Einrichtung und speziell Herrn Fausto Roldán Sierra bestens gedankt. Es existieren noch weitere Exemplare dieser Buchausgabe auf Mallorca, beispielsweise in der BM Palma de Mallorca [Sign.: 9 (46.72) Mut] und in der privaten Bibliothek Vivot. Das jüngst in einer Ausstellung über Vicente Mut ausgelegte Exemplar gehört zur Privatsammlung von Jaume Fiol.

Der 1614 im heutigen Palma de Mallorca geborene Vicente Mut Armengol ist nach Joan Binimelis und Antonio Dameto der 3. Chronist im Königreich Mallorca, zu dem er 1641 ernannt wird und zu dem ihn seine zahlreichen Publikationen als Historiker befähigen. Entlohnt wird er wie seine Vorgänger von der Universität Mallorca. Wie Dameto gehört er zunächst dem Jesuitenorden an, den er allerdings bald verlässt. Außer der Geschichtsschreibung beschäftigt er sich mit physikalischer Mathematik und besonders mit Astronomie, was mehrere veröffentlichte Werke aus diesem Bereich beweisen. Er gehört zu den anerkannten Astronomen des 17. Jahrhunderts. Seit 1651 ist der Krater 117 in der SW-Region des

Mondes nach seinem latinisierten Namen Mutus benannt (CONTRERAS MAS 2002: 3). Er ist promovierter Jurist, studiert Militärwesen und erreicht den Grad eines „Sargento Mayor", des zweithöchsten Dienstgrades nach dem Vizekönig bzw. Gouverneur der Insel. Als Ingenieur speziallisiert er sich im Festungsbau, insbesondere mit der Errichtung von Bollwerkbauten, und publiziert eine Vielzahl von Arbeiten über die Baukunst militärischer Anlagen, derentwegen er zu den klassischen Europäern auf diesem Gebiet zählt. Während seiner nahezu 40-jährigen Tätigkeit als Ingenieur des Reiches lässt er vorrangig die landwärtigen Festungsanlagen der Stadt Palma verbessern und 1658 den äußeren Befestigungsring der Stadt Alcúdia errichten, zu deren Arbeiten er mehrere Karten und Pläne erstellt (ALOMAR ESTEVE 1979: 329; ESTABÉN RUIZ 1971: 628f.). Bekannt sind auch mehrere Veröffentlichungen über militärische Themen, die vorrangig der Verteidigung der Insel gelten. Vicente Mut stirbt 1687 in Palma de Mallorca.

Die Karte des Vicente Mut erscheint in ähnlicher Weise als skizzenartige braune Federzeichnung in der handschriftlichen Kopie von 1765 einer vom Mallorquinischen in Spanische übersetzten Ausgabe anonymen Autors der „Historia de Mallorca y Islas adjacentes" von Joan Benimelis aus dem Jahr 1595. Dieses Werk zählt heute zum Bestand der Bibliothek der SAL Palma de Mallorca, auf dessen Innentitelseite als vormaliger Besitzer handschriftlich A. Vich de Superna eingetragen ist.

13.2 Äußerer Kartenaufbau

Im Zentrum der in Kupfer gestochenen – die Originalplatte ist in der BFBM Palma de Mallorca vorhanden – und ausschließlich in Schwarz/Weiß wiedergegebenen Darstellung befindet sich das Kartenbild der Insel Mallorca; Nachbarinseln sind nicht erfasst (Abb. 13.1). Das hochformatig angeordnete Bild weist die Maße 251,5 x 172 mm in Höhe mal Breite auf. Der Titel der Karte „Isla de Mallorca" ist wenig auffallend im oberen Drittel des Bildes im Innern der großen Hauptstadtbucht im SW der Insel angebracht. Unterhalb des Inselbildes und unmittelbar vor der nordöstlichen Gegenküste, sind Name und militärischer Grad des Autors mit dem entsprechenden Vermerk „Escrita por el Sargento mayor Vicente MVT" zu lesen.

Eine Kartusche gibt es nicht. Das Blatt weist hingegen entlang des Randes eine Fülle dreidimensional wirkender Darstellungen auf, die das Inselbild völlig umge-

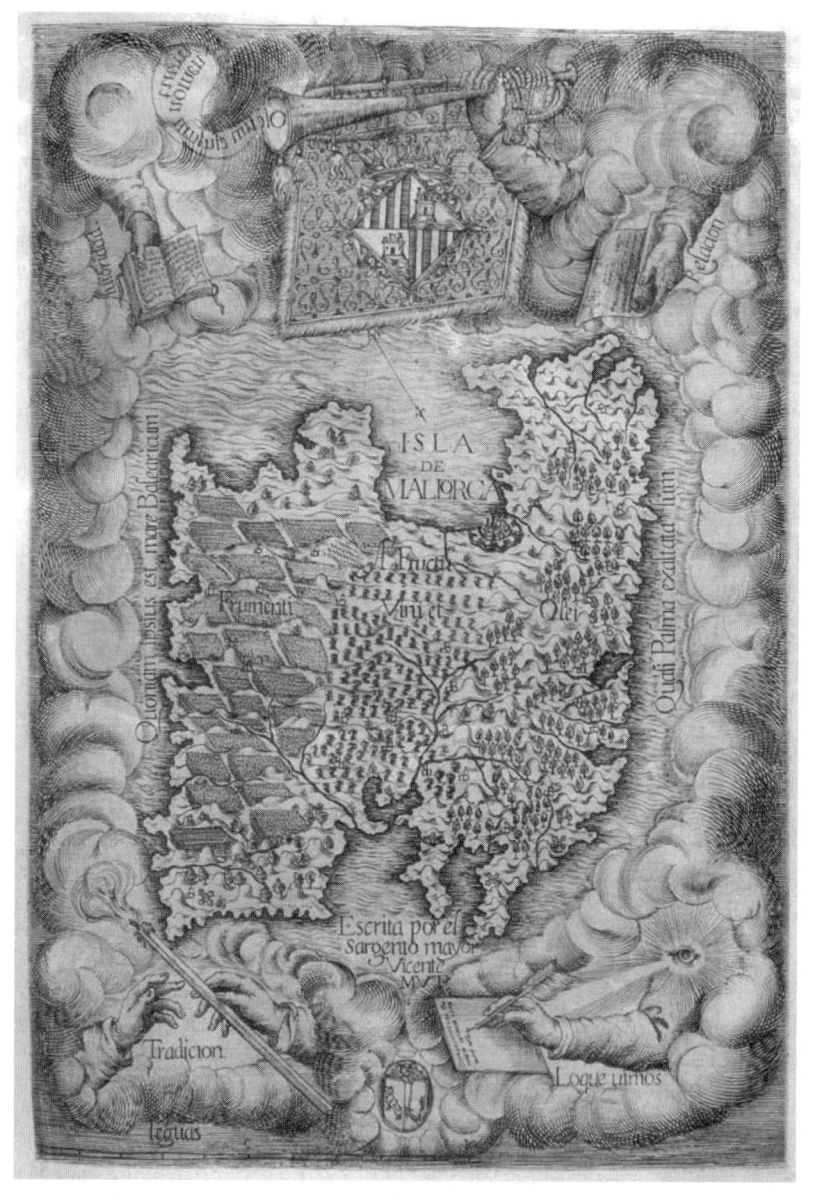

Abb. 13.1 Karte „Isla de Mallorca" des V. Mut aus der Historia del Reyno de Mallorca, 1560; Maßstab des Originals ca. 1:604 000. Verkleinert auf ca. 1:1 Mio. mit Genehmigung der BFBM Palma de Mallorca [Sign.: B94-V2-26].

ben. Im oberen Teil ist eine Posaune zu sehen, die von Menschenhand gehalten wird und von der ein mit Ornamenten und dem Wappen Mallorcas gesticktes Fahnentuch herabhängt. Aus dem Instrument selbst „ertönen" nach links in spiegelbildlicher Schrift die Worte „Oleum efusum nomen tuum". Links unterhalb dieses Schriftzuges hält eine andere Hand ein aufgeschlagenes Buch mit kleingeschriebenem Text und im rechten Bildabschnitt eine weitere Hand eine beschriebene Schriftrolle. Im unteren Bildteil auf der linken Seite umfassen Hände auf zarte Weise eine brennende Fackel. In der rechten Bildecke tritt unter einem strahlenden, wachenden Auge ein Arm hervor, an dessen Hand eine auf einem Bogen wenige Zeilen schreibende Tierfeder geführt wird. Zu diesen vier Darstellungen, die sowohl für das Werk im allgemeinen als auch für die Karte im engeren Sinne allegorische Bedeutung haben, gehören die Schriftzüge „Autoridad", „Relacion", „Tradicion" und „Lo que uimos" („was wir sahen"), aus denen sich die Machtbefugnis der gemäß der Tradition erfolgten Erfassung und Kartierung des Gesehenen und Festgestellten interpretieren lässt. In der unteren Bildmitte ist noch ein ovales, dreigeteiltes Adelswappen mit Frauenkopf im linken, Ritter mit erhobenem Degen im rechten und vermutlich liegende Tiere – Löwen? – im oberen, kleineren Feld auszumachen. All diese Figuren werden darüber hinaus in ausdrucksvolle plastische Wolkenhaufen eingehüllt, die ringsherum das eigentliche Kartenbild der Insel umgeben. Links unten vervollständigt eine Maßstabsleiste in Leguas das Gesamtbild.

Zu den äußeren Hauptmerkmalen der Darstellung zählt zweifellos auch das Fehlen jeglicher toponymischer Angaben, sowohl im Innern der Insel als auch entlang der Küste. Der einzige vorhandene, und damit eine Ausnahme bildende Schriftzug im Kartenbild betrifft die Landnutzungsarten auf der Insel.

13.3 Lage und Orientierung

Ein Gradnetz fehlt gänzlich, d. h., weder sind Linien für Längen- und Breitenkreise wiedergegeben, noch sind irgendwelche entsprechende Gradziffern eingetragen. Auch eine Windrose oder weitere Angaben zu Himmelsrichtungen sind in diesem Kartenbeispiel nicht vorhanden. Eine Lage der Insel im Großraum ist demzufolge nicht auszumachen.

Die Insel ist in dieser Darstellung mit ihrer SW-Flanke zum oberen Blattrand gerichtet, woraus man bei grobem Hinsehen auf eine gewestete Karte schließen könnte. Ein wenig auffallender, dünner Pfeil, der im Bereich der Hauptstadtbucht untergebracht ist und in die untere rechte Blattecke weist, zeigt das Kartennord an, so dass eine genaue Ausrichtung der Insel angenommen werden kann. Damit das Kartennord zur oberen Blattkante ausgerichtet erscheint, muss das historische Bild um 146° entgegen dem Uhrzeigersinn gedreht werden. Insgesamt gesehen weist die Insel eine angenährt korrekte Orientierung auf, d. h., die Nordrichtung dieser Karte und die einer aktuellen Darstellung stimmen bis auf eine westliche Abweichung von ca. 8° überein, so zeigt es auch die spätere Abb. 13.6. Die einzelnen Küstenabschnitte hingegen weichen – wie unter 13.5 besprochen wird – bis auf eine Ausnahme zum Teil erheblich von der Realität ab.

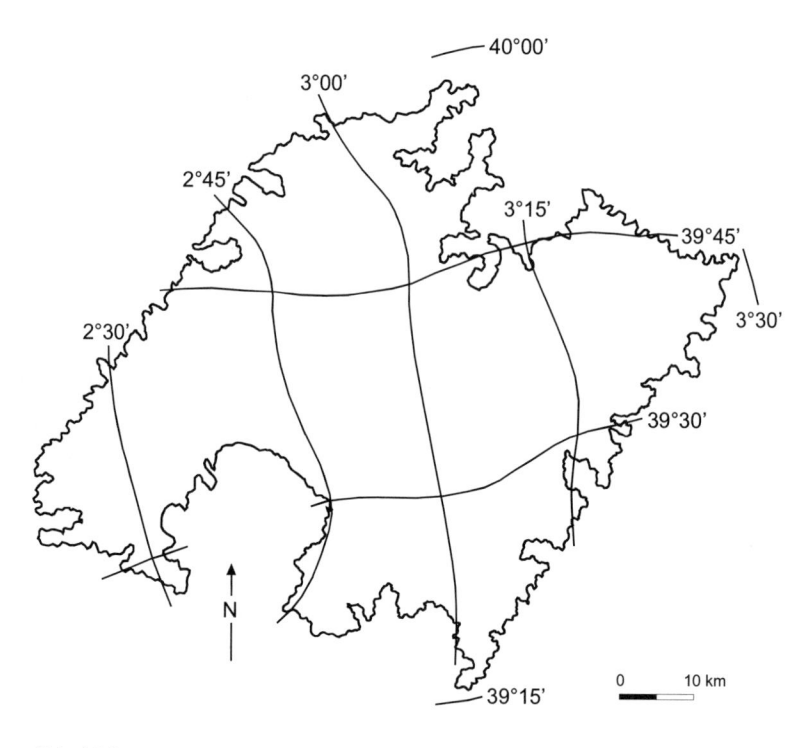

Abb. 13.2 Verzerrungsgitter in der Karte „Isla de Mallorca" des V. Mut.

Wird ein korrektes Gradnetz in die historische Karte hineinprojiziert, so ergibt sich – wie es Abb. 13.2 für 15'-Felder veranschaulicht – ein ungleichmäßig weites, mehr oder minder rechteckförmiges Gitter, dessen gewundene Isodeformatenverläufe deutlich die Abweichungen zu einem aktuellen Maschennetz erkennen lassen.

Nach dem Ergebnis zu urteilen, lässt sich, trotz der insbesonders im Bereich der Inselküste auftretenden Breitenkreis- oder Längenkreisverbiegungen, das Bild einer Plattkartenprojektion herauslesen, das der überwiegenden Felderzahl nach eher dem Netz einer rechteckigen als einer quadratischen Plattkarte näherkommt. Die Netzlinien in der Breitenkreisrichtung verlaufen leicht geschwungen, weitgehend parallel und stehen mehr oder minder senkrecht zu denen der Längenkreise. Das gesamte Netz weist gegenüber dem eingetragenen Kartennord in der Längenkreisrichtung im Mittel eine Kippung von ca. 10 - 15° entgegen dem Uhrzeigersinn auf, im westlichen Bereich der Insel stärker als im östlichen. Nach erfolgter östlicher Rotation des historischen Bildes gegenüber der aktuellen Darstellung, wie es Abb. 13.7 veranschaulicht, entsprechen die sich etwa vertikal einstellenden Netzlinien der Mut-Karte denen einer korrekten Längenkreisschar.

13.4 Kartenmaßstab

Unter den reinen Mallorca-Karten ist es die erste Darstellung, auf der eine Maßstabsangabe vorkommt. Wie unter 13.2 angedeutet, befindet sich links am unteren Bildrand eine rd. 9,8 cm lange Maßstabsleiste für zehn Leguas, deren fünfte und zehnte beziffert sind. Fraglich dabei ist nur, welche Legua, also spanische Meile, für diesen Maßstab zum Einsatz gekommen ist. Bei Verwendung von 5572,7 m für die aus 20 000 Fuß von Burgos sich zusammensetzenden Legua ergibt sich nach der oben genannten graphischen Leiste ein Maßstab von 1:568 642, aufgerundet ca. 1:570 000, bei der auf vier römische Meilen beruhenden Legua zu 5916 m ein Wert von 1:603 674, d. h. rd. 1:604 000. Demgegenüber stehen die Maßstabswerte, die sich über den Vergleich der Inselfläche auf der Karte und der Natur sowie der Diagonalen ermitteln lassen. Hieraus resultieren äußerst nahe liegende Maßstäbe von rd. 1:608 000 bzw. rd. 1:600 000, die im Mittel auch rd. 1:604 000 ergeben. Dieser zum oben genannten Maßstab identische und für einen optischen Größenvergleich zwischen der historischen und der aktuellen Karte weitgehend zutreffende Wert soll hier für weitere Betrachtungen Verwendung finden. Ein deutlich entfernterer und hier nicht einsetzbarer Maßstab mit rd. 1:420 000 würde sich dagegen herausstellen, wenn für dessen Berechnung die Länge der hier stark gegliederten Küste zugrunde gelegt wird.

13.5 Inselgestalt

Die Karte als solche zeichnet sich vor allem durch eine hohe Feingliedrigkeit aus, die nicht zuletzt in der Wiedergabe des Küstenverlaufs stark zum Ausdruck kommt. Aufgrund dieser Feingliedrigkeit erweckt sie auf den ersten Blick den Anschein einer genauen Darstellung. Bei näherer Betrachtung zeigt es sich jedoch, dass sie noch mit verschiedenen Mängeln behaftet ist. Im Vergleich zu den bisher besprochenen Beispielen lässt sich allerdings eine deutliche Steigerung des Genauigkeitsgrades feststellen und erstmalig in dieser Bildgröße eine der Realität deutlich näherkommende Inselform erkennen (vgl. Taf. I, Teil I – IV). Die in diesem Maßstab zur Darstellung gebrachte Fülle an Details, sei es die Gliederung der Küste oder auch im Inselinnern, trägt zumindest gebietsweise nicht gerade zur Übersichtlichkeit des Kartenbildes bei.

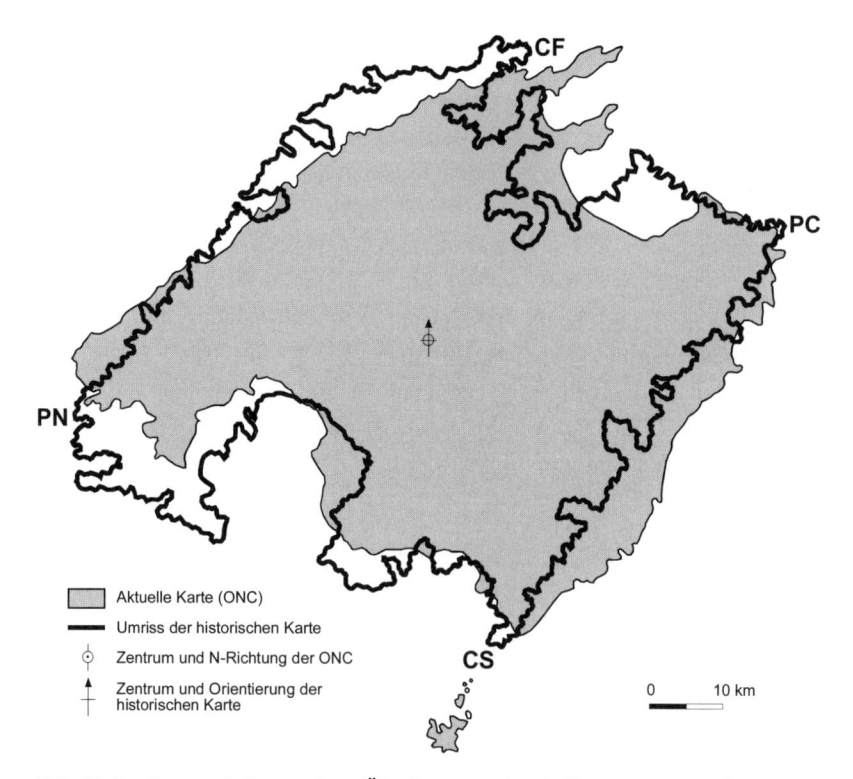

Abb. 13.3 Geometrisch zentrierte Überlagerung der ONC 1:1 Mio. mit der im Maßstab angepassten und nach Kartennord ausgerichteten historischen Darstellung des V. Mut.

Trotz dieser naturähnlicheren Gesamtform weist die Inseldarstellung an verschiedenen Partien ein beachtliches Abweichen von ihrer wahren Gestalt auf. Deutliche Differenzen treten sowohl in der Ausrichtung und Entfernung bestimmter Strecken als auch in der Form und Größe verschiedener Areale auf, Differenzen, die bei einer zentrierten, genordeten Überlagerung der historischen Karte mit der aktuellen winkeltreuen ONC-Darstellung in 1:1 Mio., wie es Abb. 13.3 veranschaulicht, zur Geltung kommen. Im N ist ein meerwärtiges Übergreifen des nördlichen Teils der NW-Küste festzustellen, wobei deren östlicher Abschnitt stärker als in der Natur nach E abgeknickt erscheint. Die westliche Partie zeigt dagegen ein landwärtiges Zurückweichen. Auch der südlichste Ausläufer dieser Zone ist erheblich in SW-Richtung verschoben. Davon mit beeinflusst ist die Hauptstadtbucht, die um ca. ein Drittel ihrer Breite nach Süden verlagert vorkommt. Demgegenüber zeigt sich die SE-Küste in ihrer gesamten Länge nach NW versetzt und deutlich geradliniger ausgebildet als in Wirklichkeit. Die NE-Küste erscheint in ihrem nördlichen Abschnitt stark nach SW eingebuchtet, die herausragenden Kaps, das Cap de Formentor und das Cap des Pinar, dadurch landeinwärts verlegt. Andererseits sorgt die übertriebene Länge des südlichen Abschnitts dieser Küstenpartie zwischen Cap de Ferrutx und der Punta de Capdepera von SE her für eine erhebliche Verengung der großen Alcúdia-Bucht.

Ein Vergleich des Küstenumrisses der Mut-Karte mit dem des eingangs erwähnten, mit Vorsicht dem Joan Binimelis zugeschriebenen Ölgemäldes „Mallorcha" aus dem MM Palma de Mallorca zeigt eine große Ähnlichkeit beider Bilder, die in Abb. 13.4 zum Ausdruck kommt. Es ist daher trotz erheblicher Darstellungsunterschiede im Inselinnern und einiger Differenzen im Detail des Küstenverlaufs durchaus vorstellbar, dass die Karte des Vicente Mut vom wesentlich größeren Ölgemälde abgeleitet sei. Weniger denkbar ist, dass dem letztgenannten Bilde die Mut-Karte als Vorlage gedient habe, besonders, wenn die Darstellung der Siedlungen und des Wegenetzes in Betracht gezogen wird. Zumindest kann aber eine mehr oder minder zeitgleiche Erstellung oder gegenseitige Kenntnis beider Darstellungen angenommen werden.

Denkt man sich, wie das Schemabild der Abb. 13.5 zum Ausdruck bringt, die wiederholt genannten markanten Extrempunkte der Insel direkt miteinander verbunden und vergleicht die Ausrichtung der gedachten Verbindungen mit derjenigen der entsprechenden Linien auf der aktuellen Karte, so stellen sich zum Teil beachtliche Differenzen bei den Azimuten heraus. Während die NW-Küste im

Mut (I)   Binimelis

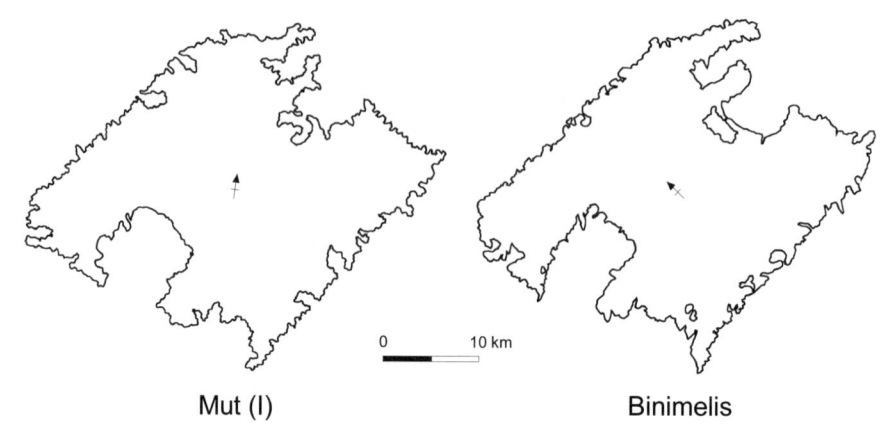

Abb. 13.4 Vergleich der Küstenumrisse aus der Karte des V. Mut und der ähnlichen Darstellung des stark reduzierten, J. Binimelis zugeschriebenen Ölgemäldes, beide in ca. 1:1 750 000.

Mittel gegenüber Nord um ca. 8° weniger nach E geneigt ist, die NE-Küste im Durchschnitt um ca. 124° anstelle von 140° E abweicht, haben der südöstliche und der südwestliche Küstenstreifen im Vergleich zur Natur eine fast dem Soll entsprechende Ausrichtung von rd. 36° E bzw. 63° W erfahren. Wie es Abb. 13.6 wiedergibt, weisen auch die Diagonalen zwischen den angenommenen Extrempunkten gegenüber der Realität Differenzen auf, am Südpunkt 4° E statt 10° E, am Westpunkt 75° E statt 81° E.

Ein Vergleich der Innenwinkel beider Schemabilder verdeutlicht die Gestaltverschiebung der historischen Karte gegenüber der aktuellen Darstellung (vgl. Abb. 13.5). Während die Winkel im N, S und W mit 108°, 99° und 65° anstelle von 100°, 95° und 60° nur mittelgroße Abweichungen aufweisen, ist mit 88° statt 105° im E ein um 17° erheblich kleinerer Wert als in Wirklichkeit festzustellen.

Auch in der Länge der Inseldiagonalen zeigen sich – wenn auch geringe – Unterschiede. Legt man den ermittelten Maßstab von 1:604 000 zugrunde, so ergeben sich für diese Strecken auf der Karte im Vergleich zur Realität unbedeutende Verkürzungen von nur einem Kilometer bzw. weniger. So gut wie gleichweit gestaltet sich der mittlere Abstand zwischen der NW- und der dazu in etwa parallel verlaufenden SE-Küste. Enger als in Wirklichkeit fällt dagegen in diesem Kartenbeispiel die Weite zwischen den Großbuchten im SW und NE der Insel aus.

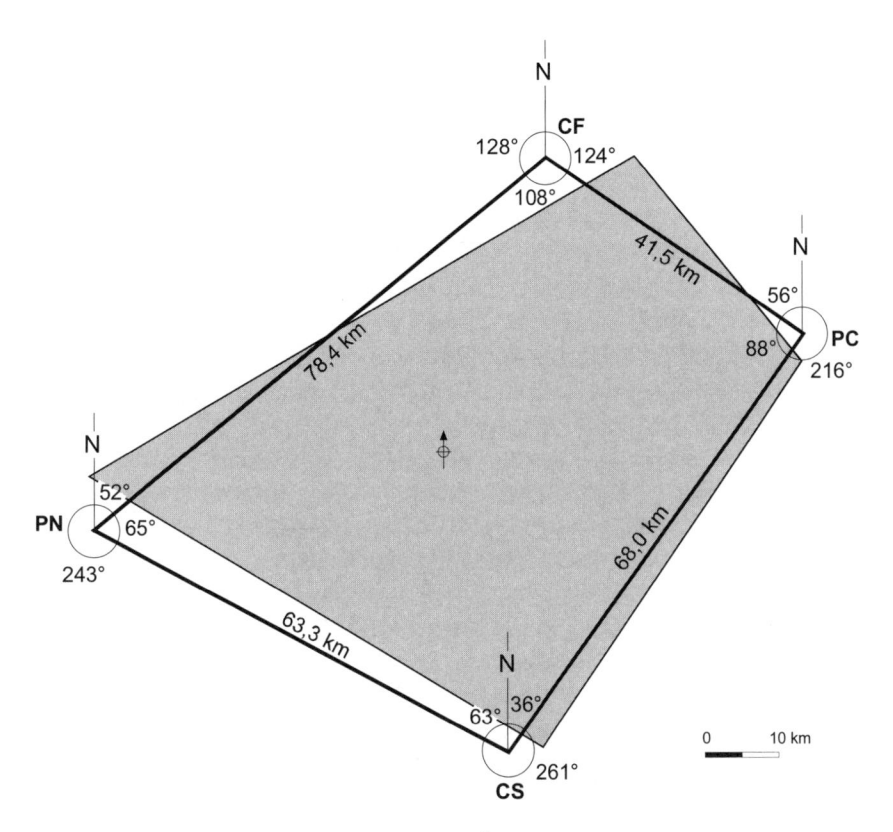

Abb. 13.5 Geometrisch zentrierte, genordete Überlagerung der Viereckschemata von historischem Kartenbild und ONC in 1:1 Mio. mit Angabe der Kapdistanzen, Streckenazimute und Innenwinkel der Figur.

Betrachtet man die Küstenstrecken schematisch (vgl. Abb. 13.5), so zeigt sich, dass sowohl die im NW als auch im SW gelegenen Abschnitte gegenüber den Naturentfernungen durchschnittlich um 7 km kürzer zur Darstellung kommen, statt 85,4 km sind es 78,4 km bzw. statt 70,0 km nur 63,3 km. Demgegenüber bilden sich die Strecken im NE und im SE um ca. 6 km länger im Vergleich zur Natur ab, 41,5 km anstelle von 35,2 km bzw. 68,0 km anstelle von 62,5 km.

Die Küste der Insel ist wie oben erwähnt äußerst fein differenziert. Sie weist eine Vielzahl kleiner Buchten und Landvorsprüngen auf, die den Eindruck eines schematischen Auf und Abs vermitteln und ihren Gesamtverlauf gegenüber der Natur im Maßstab von 1:604 000 von 463 km auf immerhin ca. 666 km verlängern.

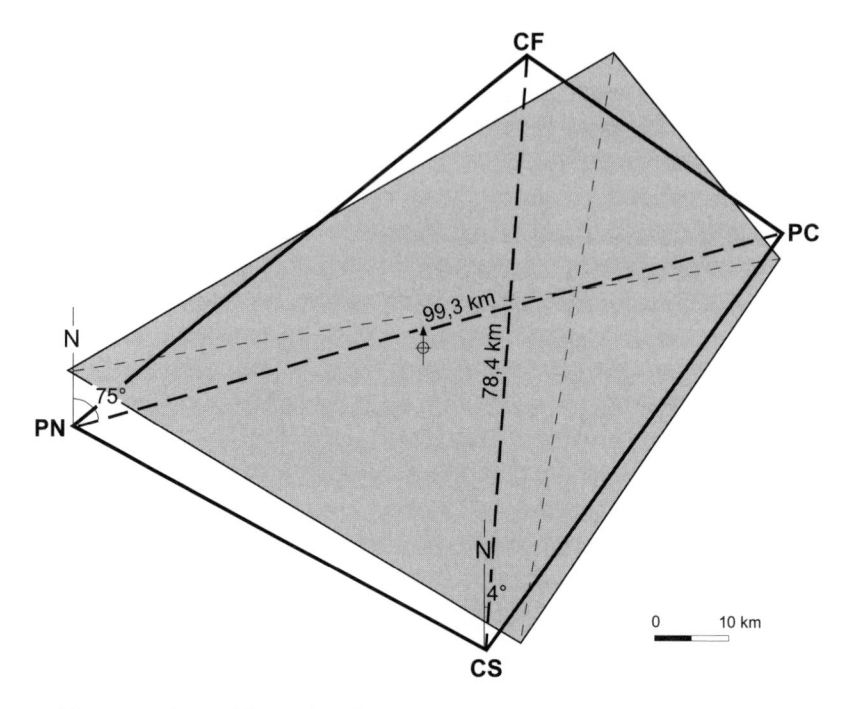

Abb. 13.6 Die Inseldiagonalen, ihre Entfernungen und Azimute in den geometrisch zentriert und genordet sich überlagernden Schemadarstellungen von historischem Kartenbild und ONC in 1:1 Mio.

Sieht man von den Mittel- und Kleinformen ab, so erscheinen, etwas schematisch betrachtet, der SE-Abschnitt und der mittlere Teil der NW-Küste fast geradlinig. Die NW-Küste biegt, wie oben angedeutet, östlich der Punta Beca um ca. 30° in südöstliche Richtung um. Dieses Umbiegen der in der Regel kürzer als in der Realität dargestellten Formentor-Halbinsel zählt zur charakteristischen Formgebung der Mallorca-Karten dieser Zeit.

Das Umbiegen dieses Vorsprungs engt zu stark die Doppelbucht von Pollença/ Alcúdia im NE der Insel ein. Für die Strecken Cap de Formentor bis Cap de Ferrutx bzw. Cap des Pinar bis Cap de Ferrutx lassen sich rd. 20 km und 15 km statt 22 km und 16,5 km messen. Beachtenswert ist die Darstellung der Küstenzone im Innern der Bucht von Alcúdia. Veranschaulicht werden zwei Nehrungsarme, die landeinwärts eine in zwei Teilstücken sich verzweigende schmale Bucht bzw. geöffnete Lagune umschließen, die den Küstenhof von Alcúdia tiefer wiedergeben. Dieser Küstenabschnitt wird zum ersten Mal kartographisch in dieser Weise zur Darstellung gebracht. Auffallend ist auch der in südöstlicher Richtung sich anschließende, zu lang und verhältnismäßig zu geradlinig abgebildete Küstenstreifen zwischen Cap de Ferrutx und der Punta de Capdepera mit rd. 23 km statt nur 14 km, was auf das zu weit nördliche Herausragen des erstgenannten bzw. auf das, nach erfolgter Korrektur der Nordrichtung, zu südöstliche Vorspringen des letztgenannten Kaps zurückzuführen ist (vgl. Abb. 13.3 bzw. 13.7).

An der Gegenküste im SW sind zwei relativ große Buchten wiedergegeben. Die nördlichere, an der die Hauptstadt liegt, ist zu rechteckig und zu breit ausgefallen, an ihrer W-Seite am Cap de Cala Figuera zu hakenförmig geschlossen und in ihrem S-Abschnitt zu stark ausgebuchtet, so dass sich am Cap Blanc förmlich eine markante Halbinsel abbildet. Der meerwärtige Eingang zur Hauptstadtbucht zwischen dem Cap de Cala Figuera und dem Cap Blanc beträgt dadurch in seiner Breite nur ca. 12 km, etwa die Hälfte des Naturwertes. Sowohl die Herausarbeitung einer Halbinsel am Cap Blanc als auch das hakenartige Umbiegen nach W des Cap de Ses Salines an der Südspitze der Insel sind der Grund für das Auftreten einer weiteren, relativ tiefen Bucht im SSW-Bereich anstelle eines in der Realität wenig ausgeprägten und halb so tiefen Küstenhofes. Ein weiteres Formcharakteristikum dieser SW-Küste ist in dieser Karte deren abgestumpftes nördliches Ende, an dem das Cap de sa Mola weiter als in Natur ins Meer hinausragt und damit bei Andratx eine mittelgroße Bucht hervortreten lässt. Die vergleichsweise breitere Bucht von Santa Ponça kommt dagegen kaum zur Geltung.

Außer der Vielzahl kleiner Buchten sind an der NW- und an der SE-Küste jeweils zwei mittlerer Größe veranschaulicht, deren Weite und Tiefe gegenüber der Natur übertrieben dargestellt sind. Im NW sind es die Buchten von Sóller und Sa Calobra, im SE diejenigen von Portopetro und Portocolom.

Eine Rotation des historischen Kartenbildes um nur 8° im Uhrzeigersinn und eine geringe Versetzung des Inselmittelpunktes um ca. 6 mm nach ENE bringen die einzelnen Küstenabschnitte mit denen des Naturabbildes – hier der ONC in 1:1 Mio. – weitgehend zur Deckung, so dokumentiert es Abb. 13.7. Der SW- und der SE-Ausläufer des nordwestlichen Inselbereichs weichen vor allem nur noch im Detail vom Naturbild ab, das Übergreifen bzw. Zurückweichen der Küste hält sich somit in Grenzen. Auch der Küstenverlauf an der nordöstlichen Doppelbucht zeigt eine bessere Anpassung an aktuelle Verhältnisse. Die Hauptstadtbucht im SW erscheint dagegen landwärts in östliche Richtung verschoben. Zu den besonderen Gestaltmerkmalen des historischen Kartenbildes gehört vor allem das deutliche östliche Ausladen der Inselostspitze, der Punta de Capdepera. Damit im Zusammenhang steht auch das meerwärtige Hinausragen des nordöstlichen Teils dieses SE-Abschnitts.

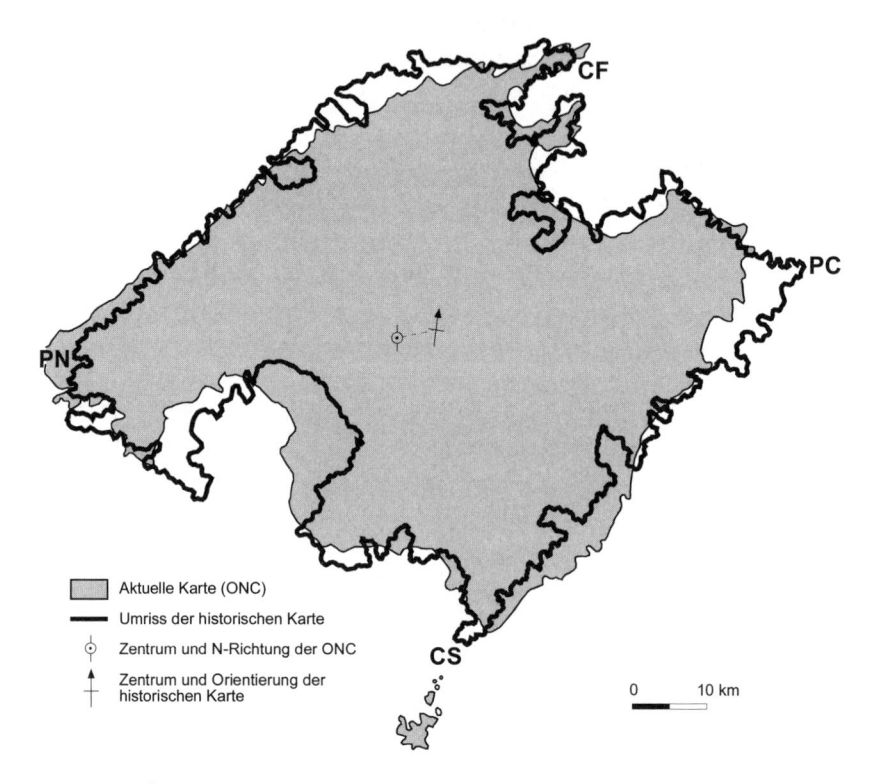

Abb. 13.7 Überlagerung der genordeten ONC in 1:1 Mio. mit dem maßstäbig angepassten historischen Kartenbild nach erfolgter Rotation um 8° E und einer Mittelpunktsversetzung um rd. 6 mm nach ENE.

13.6 Gewässernetz

Das Gewässernetz – hier das Fluss- bzw. Torrentenetz – ist im Vergleich zu den bisher besprochenen Kartenbeispielen detaillierter und abschnittsweise genauer dargestellt. Das Netz als solches zeigt sich stärker verzweigt, die einzelnen Einzugsgebiete wirken demzufolge erheblich erweitert. Lässt man die rudimentäre

Gewässerdarstellung der Mallorca-Karten aus den Lafreri-Atlanten, des Camocio Isolariums sowie der Werke des Porcacchi und Ferretti außer Acht und berücksichtigt auch nicht die vereinfachten Wiedergaben der Bertius-Kartengruppe, so handelt es sich hier um das erste verhältnismäßig naturgetreue Bild des Inselgewässernetzes. Alle Torrentes sind als durchgezogene Linien wiedergegeben und täuschen daher ein Netz ständig fließender Gewässer vor. Durch eine doppellinige Darstellung werden vermutlich vorrangig die Hauptsammeladern der Torrentesysteme hervorgehoben, aber auch andere Torrenteabschnitte sowie einige Einzelläufe sind in dieser Art wiedergegeben. Sämtliche Torrentes weisen keine Bezeichnungen auf.

Deutlich lassen sich zwei Hauptentwässerungsrichtungen feststellen, eine nach SW und eine weitere nach NE, der die meisten veranschaulichten Gewässer folgen. Eine untergeordnete Rolle spielen in dieser Hinsicht die Küsten im NW und im SE, wohin nur Torrentes mit kürzerem Lauf entwässern. Von Bedeutung ist, dass erstmalig in einer größermaßstäbigen Darstellung der Insel Mallorca mittelbar die Wasserscheiden Berücksichtigung finden, so dass die Torrente-Entwässerung ihrer natürlichen Abdachung nach folgen kann und die Mündung der Fließgewässer in der sie jeweils entsprechenden Küste liegt. Hierher gehören sowohl die in Natur im flachwelligen Zentralbereich NW/SE-verlaufende Wasserscheide, aber auch die Wasserscheiden im mehrfach gegliederten, SW/NE streichenden Hauptgebirgszug im NW-Bereich der Insel.

Von der Wasserscheide im Zentrum nach E/NE entwässert der längste Torrente der Insel, der Torrent de Muro – weiter bergauf auch Torrent de Vinagrella genannt –, der in den nördlichen Teil der Bucht von Alcúdia mündet, die hier landeinwärts durch eine Lagune erweitert ist. Diese Lagune, die heutige Albufera, ist durch zwei breite, sich nahezu treffende Nehrungsarme charakterisiert und demnach nicht ganz geschlossen. Mit seinen Nebengewässern, vorrangig dem Torrent de Sant Miquel, stellt dieses Torrentesystem auch das am weitesten verzweigte dar. Außer seinen zwei Quellbächen fließen dem Haupttorrente zwei Nebenarme von der nordwestlichen Gebirgskette zu; der längere der beiden wurde soeben erwähnt. Ein weiteres Nebengewässer kommt von Süden. Ebenfalls in der Bucht von Alcúdia endet der zweitlängste Torrente der Insel, der Torrent de na Borges oder de s'Avall, der, östlich/südöstlich des erstgenannten eingetragen, von einem von W her zufließenden Nebenbach und zwei im südöstlichen Bergland entspringenden Quellbächen gespeist wird. Wie oben angedeutet sind die einzelnen Läufe beider Torrente-Systeme nur streckenweise korrekt wiedergegeben. Die Länge der verschiedenen Abschnitte stimmt teilweise mit der entsprechenden der Natur überein, ihre Lage bis auf Ausnahmen dagegen in seltenen Fällen.

Um einen exakteren Vergleich der Torrenteverläufe zwischen historischer und aktueller Karte zu erreichen, wird nach Angleichung des historischen Bildes an die korrekte Nordrichtung eine Anpassung dieses ersten an die zweite Darstellung per Bildtransformation mittels Arc Map von Arc GIS 8.1 vorgenommen. Durch Überlagerung des transformierten mit dem aktuellen Kartenbild, einer ergänzten und stark generalisierten Wiedergabe der winkeltreuen IGN-Karte „Baleares – Mapa Provincial" 1:200 000 aus Madrid (Ausgabe 1995) im verkleinerten Maßstab 1:1 Mio., lassen sich die Lageabweichungen der einzelnen Torrentes deutlich feststellen. In Abb. 13.8 werden sie im verkleinerten Maßstab von 1:1 Mio. vergleichsweise veranschaulicht. Der Torrent de Muro samt seiner Nebenarme verläuft weiter nordwestlich als in der Natur, der ihm von NW her zufließende Torrent de Sant Miquel mündet zu weit landeinwärts und somit auch zu senkrecht in den Hauptfluss. Beim Torrent de na Borges zeigt sich der Unterlauf in westliche Richtung versetzt, wodurch der Hauptstrang einen nahezu S-N gerichteten Verlauf annimmt. Zwei seiner drei Quellbäche sind etwa korrekt eingetragen, nur der längere der beiden westlichen – vermutlich der Torrent de sa Penya – mündet zu nördlich in den Hauptfluss. Die Hauptadern dieser beiden Torrentesysteme sind doppellinig veranschaulicht und erreichen das Meer an der Bucht von Alcúdia. Im Vergleich zur Wirklichkeit sind sie erheblich verkürzt zur Darstellung gebracht, nicht zuletzt aufgrund der nicht naturgetreu gestalteten, sie aufnehmenden Bucht, die übertrieben tief landeinwärts greift und im Innern stark verzweigt in Erscheinung tritt. Auch die schmale Breite des Meeresbusens sorgt letztlich für eine Versetzung der Torrentemündungen, wie es besonders die westliche Verlegung des Torrent de na Borges aufzeigt.

Trotz ihres vergleichsweise wesentlich kürzeren Verlaufes, werden auch die in die SW-Bucht nördlich bzw. südlich der Inselhauptstadt mündenden Torrentes doppellinig dargestellt. Der Lage nach scheint es sich um den Torrent Gros und den Torrent sa Riera zu handeln, auch wenn die zu breit ausgefallene Hauptstadtbucht den Abstand zwischen beiden streckt und sie daher zu weit auseinander ins Meer münden lässt. Diese beiden sowie drei weitere, in den westlichen Bereich der Küste mündenden Torrentes, zu denen der Torrent de Santa Ponça und der Torrent des Saluet zählen, entspringen der mächtigen, SW/NE-streichenden Gebirgskette. Beim Torrent de Santa Ponça ist eine deutlich sichtbare Westverlagerung festzustellen.

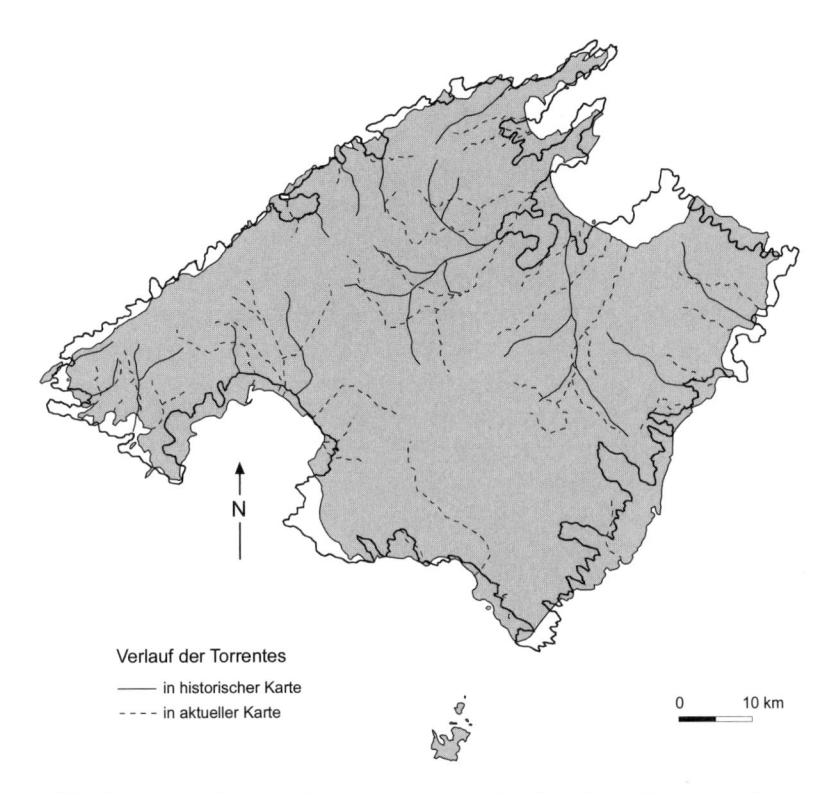

Verlauf der Torrentes
—— in historischer Karte
- - - - in aktueller Karte

0   10 km

Abb. 13.8 Vergleich der Gewässernetze aus aktueller Darstellung und historischem Kartenbild nach dessen Bildtransformation.

Vier andere, ebenfalls relativ kurze Torrentes – vermutlich Torrent Major oder de Sóller, Torrent de Pareis, Torrent des Gorg des Diners, Torrent des Jueus – haben ihr jeweiliges Quellgebiet in der gleichen Gebirgskette und fließen in die gegenüber der Realität erheblich zu groß wiedergegebenen Buchten von Sóller und Sa Calobra bzw. in die kleineren Cala Tuent und Cala Sant Vicenç an der Costa Brava bezeichneten NW-Küste Mallorcas. Als Oberlauf des Torrent de Pareis scheint hier der Lage nach der Gorg Blau genannte Zufluss eingetragen zu sein; der Torrent de Lluc kommt demnach nicht zur Darstellung. Schließlich sind im östlichen Bereich der Insel zwei zur SE-Küste entwässernde Torrentes zur Darstellung gebracht, bei denen es sich augenscheinlich um den Torrent de Canyamel und den Torrent de Ca n'Amer oder Es Riuet handelt. Beide Gewässerläufe sind eindeutig nach SW versetzt, fließen aber fast parallel zur Naturstrecke.

13.7 Relief

Die Darstellung des Reliefs erfolgt mittels aufrecht stehender, überwiegend stark abgerundeter Kuppen unterschiedlicher Größe und Form, die in der Regel an ihrem Fußende beidseitig eine schwungvolle Hangschleppe aufweisen (vgl. Abb. 13.1). Im einzelnen sind die Kuppengebilde anschattiert, einige auf der rechten, andere auf der linken Seite, manche sogar auf beiden. Selbst die Hangschleppe ist davon betroffen. Alle Gebilde sind derart angeordnet, dass es sie aus der NE-Richtung, d. h. von der Bildunterseite her zu betrachten gilt.

Ihre Verteilung geschieht mehr oder minder gleichmäßig auf den ganzen Inselraum. Die schmaleren und zugleich steileren und höheren Kuppen kommen vorrangig im mittleren Bereich der NW-Kette vor, niedrigere in deren Randgebieten und im E der Insel. Die flacheren und teilweise lang gestreckten Gebilde sind im südöstlichen Bergland und in der zentralen Verebnung anzutreffen. Besonders flache Geländeabschnitte, vor allem in der östlichen Umgebung der Hauptstadt, werden mittels sanftwelliger Formen zum Ausdruck gebracht. Der Einsatz dieser Vielfalt verschieden gestalteter, wenn auch zum Teil aneinander gereihter Geländeformen vermittelt auf keinen Fall den Eindruck zusammenhängender Gebirgspartien, seien sie hoch, niedrig, steil oder flach. Die Geländesilhouetten sind auch im Vergleich zu den anderen, sie umgebenden Kartenzeichen insbesondere für die Nutzungsarten zu zart dargestellt, so dass sie insgesamt gesehen wenig zur Geltung kommen, andererseits den übrigen Inhalt wenig beeinflussen.

13.8 Bodenbewachsung/Bodennutzung

Ein besonderes Charakteristikum der vorliegenden Karte ist die umfangreiche Wiedergabe der Bodenbewachsung und vor allem der Bodennutzung, die das Bild durchaus in die Nähe einer thematischen Darstellung rückt.

Die Veranschaulichung dieser Merkmale erfolgt mittels bildhafter Aufrisszeichen verschiedener Gestalt und verschiedener Größe (Abb. 13.9). Ähnlich den Bergsilhouetten sind die Zeichen für die Bewachsung und Nutzung des Bodens vom wahren NE her zu betrachten, der jeweilige Fußpunkt des Symbols zeigt in diese Richtung. Ihre Anordnung im Raum ist unterschiedlich, in manchen Bereichen treten sie deutlich dichter als in anderen auf. In den meisten Fällen ist ihre Anhäufung derart stark, dass sie, wie unter 13.7 angedeutet, die Bergdarstellung domi-

Abb. 13.9 In der Karte des V. Mut verwendete Bildzeichen zur Darstellung von Bodennutzung. In Originalgröße wiedergegeben mit Genehmigung der BFBM Palma de Mallorca.

niert, zum Teil sogar erschlägt. Dies trifft sowohl für den mittleren Abschnitt des NW-Gebirges und für Teile der zentralen Ebene als auch in übertriebener Weise für den südöstlichen Bereich besonders der Serres de Llevant zu.

Die nordwestliche Gebirgszone zeichnet sich durch das häufige Auftreten von Ölbäumen aus. Ein Ölbaum wird durch ein kleines, aufrecht stehendes Baumzeichen verkörpert, das eine überwiegend horizontal schraffierte Füllung aufweist. Die stärkste Anhäufung derartiger Bäume ist vor allem im östlichen Abschnitt der Gebirgskette zwischen den Buchten von Sóller und Pollença zu finden; hier verdrängen die Bäume förmlich die Gebirgsdarstellung. Bedeutend lockerer ist deren Dichte nach SW hin, der westliche Ausläufer ist sogar baumfrei.

In der Ebene und im flachwelligen Zentrum beherrscht der Weinbau das Gebiet. Feine Äskulapstäbe stehen Zeichen an Zeichen, teils auf Lücke, teils nicht, füllen unterschiedlich dicht den Raum und veranschaulichen auf diese Weise das Weinrebenland.

Der SE der Insel gehört dem Getreideanbau. Senkrecht stehende Stäbchen – Getreidehalme nachahmend – nebeneinander und auf Lücke gesetzt und zum Teil mit horizontalen Linien durchzogen sowie parallelogrammartig zu größeren, perspektivisch dargestellten Einheiten zusammengefasst, bedecken förmlich einen großen Teil des süd- und südöstlichen Inselraumes. Diese fast kastenförmig wirkenden Blöcke erdrücken, und verdrängen somit, bis auf wenige Ausnahmen jegliche Reliefwiedergabe dieses Bereiches. Nur die Ausläufer dieses Berglandes sind im SW und NE sowie entlang eines schmalen Streifens der SE-Küste nicht mit derartigen Zeichen besetzt.

Darüber hinaus sind in den genannten Räumen, vereinzelt im E-Teil der zentralen Ebene sowie um die Hauptstadt herum Zeichen für Pinien und Sträucher als ein typisches Merkmal mediterraner Vegetation auszumachen.

Von links nach rechts bzw. den Himmelsrichtungen folgend von SE nach NW, erstreckt sich über alle drei Nutzungsgebiete hinweg der sie alle betreffende einzige Schriftzug der Karte, der letztlich zur Erläuterung der verschiedenen Zeichen beiträgt: „A Fructu Frumenti Vini et Olei" (Von der Nutzung des Getreides, des Weines und des Öls). Diese Beschriftung, die sich analog der Zeichengebung von der Bildunterseite her lesen lässt, ist durch Sperrung der einzelnen Wörter offensichtlich derart angeordnet, dass die Worte „Frumenti", „Vini" und „Olei" in den Schwerpunkt der jeweiligen Fruchtverbreitung zu liegen kommen.

13.9 Siedlungsbild

Im vorliegenden Kartenbeispiel kommen mehrere Siedlungsplätze zur Darstellung, deren Identität in mehreren Fällen nicht einwandfrei zu ermitteln ist. Dieser Mangel wird zusätzlich durch das Fehlen jeglicher Ortsbeschriftung unterstützt, eine Darstellungsweise, die durchaus gewollt zu sein scheint, um nebst Gewässernetz vorrangig die Bodenbewachsung und Bodennutzung herauszuarbeiten.

Unter den veranschaulichten Siedlungen ragen zwei Orte als Ausnahmen heraus, die schon alleine ihrer Größe wegen, aber auch durch die Art ihrer Wiedergabe auffallen (vgl. Abb. 13.1). Im SW stellt sich die größte Stadt, die Hauptstadt der Insel, das heutige Palma de Mallorca dar, die zu jener Zeit häufig unter der Bezeichnung „Mallorca" anzutreffen ist. Bei der im NE eingetragenen Ortschaft handelt es sich um die an Bedeutung folgende Siedlung, die Stadt Alcúdia.

Die Darstellung der städtischen Metropole „Mallorca" erfolgt vom wahren NE her betrachtet in vogelsperspektivischer Sicht und schmiegt sich dem nördlichen Winkel der großen SW-Bucht an. Die Hauptstadt, als Halbrund dargestellt, weist einen von einer einfachen Stadtmauer umgebenden Siedlungskern mit einseitig schattierten Gebäuden und Kirchtürmen auf, von denen einer besonders herausragt, womit durchaus die Kathedrale der Stadt gemeint sein kann. Um diesen inneren Kern herum befindet sich eine weitere, ebenfalls zum Meer hin geöffnete, landeinwärts gerichtete, polygonisch geformte und mit mehreren Bastionen ausgestattete größere Stadtmauer, ein Zeichen auch für die unter König Philipp II. bereits erfolgte Fertigstellung des renaissancezeitlichen Befestigungswalles. Das Gesamtbild der Stadt erscheint in einer Flächengröße von etwa 63 mm², im Maßstab 1:604 000 rd. 23 km² entsprechend.

Die zweitgrößte Siedlung, Alcúdia, an der Nordseite der Bucht gleichen Namens bzw. am westlichen Ende der Halbinsel am Cap des Pinar gelegen, wird durch eine ebenfalls von NE her zu betrachtende, in flacher Schrägperspektive angelegte und im Vergleich zur Hauptstadt relativ kleine Darstellung einer ummauerten Ortschaft veranschaulicht. Mehrere elliptisch angeordnete Türme und Mauern vermitteln eher den Eindruck eines Kastells ovalen oder kreisförmigen Grundrisses.

Neben diesen beiden städtischen Siedlungen wird ein einheitliches, aufrecht stehendes symbolhaftes Zeichen zur Wiedergabe der übrigen Inselorte verwendet. Dieses Symbol besteht aus einem kleinen Turm überwiegend mit Kreuz auf dem Dach sowie einem mal rechts, mal links anliegenden Gebäude. Zur Festlegung des Standortes ist am Fußende des Turmes ein Ortsring eingelagert. Mit diesem Zeichen, das sowohl in den Gebirgszügen des Nordwestens und des Südostens als auch in der zentralen Ebene vorkommt, werden 30 Siedlungsplätze gekennzeichnet, von denen die meisten sich aufgrund ihrer Beziehung zum übrigen Situationsbild verhältnismäßig genau bestimmen lassen, auch wenn ihre Lage im Raum bzw. zueinander nur in etwa der Realität entspricht.

Im Bereich der nordwestlich gelegenen Hauptgebirgskette sind von SW nach NE mit größter Wahrscheinlichkeit die Orte Andratx, Galilea, Puigpunyent, Esporles, Valldemossa, Deià, Sóller, Fornalutx und Pollença erfasst, weniger sicher sind Bunyola und Escorca. Im Zentrum der Insel sind die Orte Llucmaior, Algaida, Binissalem, Inca, Sineu, Petra, Campanet, Sa Pobla, Muro und Santa Margalida auszumachen. Unsicher ist die Lage von Sencelles. Im süd/südöstlichen Inselraum kommen noch die Orte Campos, Porreres, Santanyí, Felanitx, Manacor, Sant Llorenç und Capdepera hinzu.

Über die Ortszeichen hinaus treten im Kartenbild mehrere Symbole auf, die als Grundrissbild Burganlagen zur Darstellung bringen (vgl. Abb. 13.1). Im Bereich der nordwestlichen Gebirgskette kommen vier derartige Zeichen vor. Westlich unweit der Hauptstadt steht ein Zeichen für die Burg Bellver, im mittleren Bereich nahe der Zentralebene ein zweites für die Burg Alaró und am nordöstlichen Ausläufer der Hauptgebirgskette je ein weiteres für das im N von Pollença gelegene Castell del Rei und für die Festung Sa Fortalesa am Südrand der Halbinsel Formentor nahe der Punta de l'Avançada. Im südöstlichen Inselbereich sind nur zwei dieser Zeichen auszumachen. Nahe der Inselostspitze ist eines für die Festung Capdepera und südlich Felanitx bzw. westlich der größten Bucht an der SE-Küste das Castell de Santueri eingetragen. Schließlich steht ein kleines offenes Rechteck für die 1612 begonnene, südwestlich der Hauptstadt vorhandene Festung Sant Carles bzw. San Carlos (span.).

Mit Hilfe der vorne erwähnten Bildtransformation der historischen Karte lässt sich die räumliche Versetzung einzelner Standorte, seien es Ortschaften – soweit bestimmbar –, Burg- oder Festungsanlagen, gegenüber einer aktuellen Darstellung ermitteln. Als aktuelle Grundlage für die Standorte dient erneut die IGN-Karte aus Madrid „Baleares – Mapa Provincial" in 1:200 000. Die in Abb. 13.10 im verkleinerten Maßstab von 1:1 Mio. wiedergegebenen Vektoren geben Richtung und Entfernung der Fehlverlagerung der verschiedenen Punkte an. Im gesamten Kartenbild ist keine einheitliche Versetzungsrichtung der einzelnen Standorte festzustellen. Während im Bereich der SW-NE-verlaufenden Hauptgebirgskette verschiedene Richtungen bei generell relativ kurzen Distanzen auszumachen sind, weist der verbleibende Inselraum gebietsweise unterschiedliche Fehlergrößen auf. Am einheitlichsten zeigt sich der NE der Insel, in dem eine vorwiegend südwestliche Ortsverlagerung mit Veränderungen bis zu ca. 6 km feststellbar ist. Ein eher südlicher Trend liegt im südwestlichen Zentralbereich vor. Hier lassen sich Maximalentfernungen von ca. 7,5 km ablesen. Die SE-Flanke der Insel sowie ein schmaler Streifen im Inselzentrum sind durch beachtliche Punktverschiebungen in nordwestliche Richtung gekennzeichnet. Unter all den Veränderungen fallen besonders die zum Teil erheblichen Positionsversetzungen der Festungen bzw. Burgen auf.

In das eingangs erwähnte, mittels Federzeichnung erstellte Kartenexemplar der SAL Palma de Mallorca von 1795 aus der spanischen Übersetzung der „Historia de Mallorca y Islas adjacentes" des Joan Binimelis, das der Darstellung des Vicente Mut stark ähnelt und vermutlich auf diese Arbeit zurückzuführen bzw. davon kopiert ist, sind die Standortbezeichnungen handschriftlich mehr oder minder grob erfolgt; die Zuordnung zu den Objekten ist nicht immer korrekt. Es ist anzunehmen, dass diese Eintragungen sogar im Nachhinein vorgenommen sind.

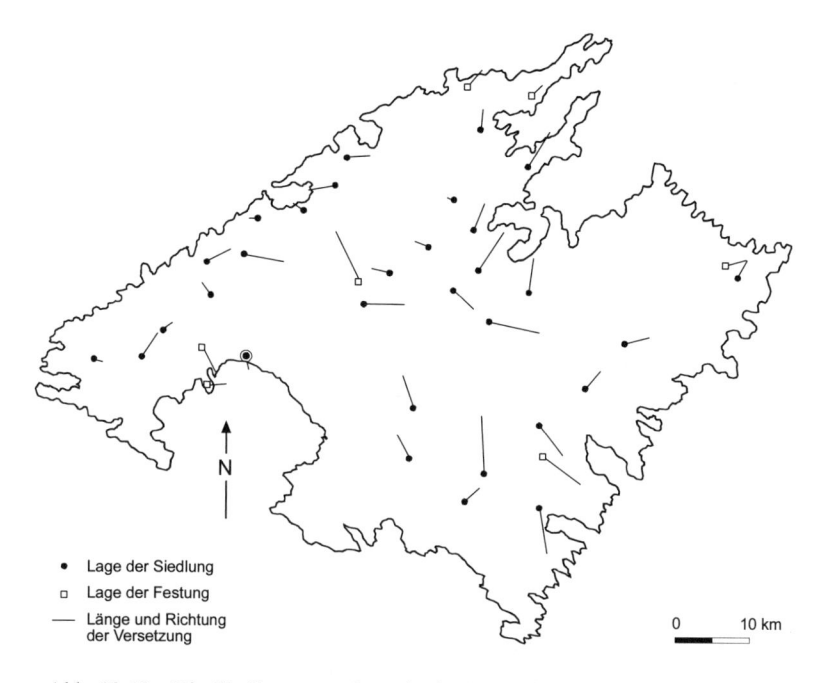

- Lage der Siedlung
- Lage der Festung
— Länge und Richtung der Versetzung

Abb. 13.10 Die Siedlungsstandorte in der Karte des V. Mut und die mittels Fehlervektoren veranschaulichte Abweichung von ihrer Soll-Lage.

13.10 Meeresfläche

Die Meeresfläche um die Insel wird mittels einer unregelmäßigen, teils geradlinigen, überwiegend aber welligen Strichschraffur veranschaulicht. In Küstennähe liegt fast ausschließlich eine relativ enge Horizontalschraffur vor, deren Weite unmittelbar vor der Küste noch an Dichte zunimmt, so dass das Innere kleiner und mittelgroßer Buchten vollständig schraffiert auftritt.

Die bis zur randlich schmückenden Wolkendarstellung ausdünnende Schraffur in der Meeresfläche weist unmittelbar neben und entlang der Küste im NW – am rechten Kartenrand – bemerkenswerterweise einen den Hauptort der Insel betreffenden lateinischen Schriftzug „Quasi Palma exaltata sum" auf. Mehr oder minder parallel dazu ist im SE – am linken Kartenrand – mit der gleichsprachigen Angabe „Quoniam ipsius est mare Balearicum" auf das umgebende Meer Bezug genommen.

13.11 Schriftbild

Sieht man von den zum Teil längeren Schriftzügen der Randbeschriftung ab, könnte man die hier vorliegende Darstellung zu den stummen Karten rechnen. Es sind weder entlang der Küste Kaps und Buchten, noch im Inselinnern Berge, Gewässer oder Siedlungsplätze bezeichnet. Einzig und alleine ist der unter 13.8 bereits aufgeführte, die Nutzung des Raumes betreffende Schriftzug „A Fructu Frumenti Vini et Olei" eingetragen. Außerhalb des Inselbereiches, aber noch innerhalb der Hauptstadtbucht ist zum Leser gerichtet in feinen stehenden Antiqua-Versalien der Inselname „Isla de Mallorca" untergebracht, der in diesem Falle als Kartentitel angesehen werden darf. Rechts und links des Inselbildes und in der Meeresfläche liegend geben die in einer gemischten Antiqua gestalteten Schriftzüge „Quasi Palma exaltata sum" und „Quoniam ipsius est mare Balearicum" – wie zuvor unter 13.10 schon erwähnt – einen Hinweis auf die Hauptstadt Palma und das sogenannte Balearische Meer. Der jeweilige Anfangsbuchstabe dieser einer humanistischen Antiqua gleichenden Schrift ist verziert.

Die ebenfalls in senkrecht stehenden Buchstaben einer gemischten Antiqua angelegten Randangaben „Escrita por el Sargento mayor Vicente MVT" oder „Leguas" betreffen den Autor bzw. die Einheit des graphischen Maßstabs. Die weiteren, in gleicher Antiquaart erfolgten Schriftzüge „Autoridad", „Oleum efusum nomen tuum", „Relacion", „Lo que uimos" und „Tradicion" gelten dem allegorischen Umfeld. Kleinere, in einem Buch oder auf einem Bogen vorkommende Schriften sind zu winzig, um sie zu erkennen; sie haben hier auch nur symbolischen Charakter.

14 Vicente Mut (II)

14.1 Autor und Werk

Rund 33 Jahre später erscheint 1683 eine wesentlich größermaßstäbige, ebenfalls von Vicente Mut angefertigte Karte von Mallorca mit dem Titel „Insvla Maioricæ", deren Inhalt vergleichsweise deutlich reicher und detaillierter ist und deren Form der Realität erheblich näherkommt. Bei dieser Karte handelt es sich um eine Einzeldarstellung, die gemäß ROSSELLÓ I VERGER (1975: 128f.) aller Wahrscheinlichkeit nach von Simó Roca in Kupfer gestochen ist. Gemäß J. BLAS (2003, schriftl. Mitt.) von der CN Madrid – eine von der Real Academia de Bellas Artes de San Fernando abhängige Institution – ist die Originalkupferplatte, Reg.-Nr. CN-3902, von der Diputación Nacional de Baleares 1965 dieser Einrichtung zur endgültigen Archivierung überlassen worden. Seit dieser Zeit sind von der Originalplatte mehrere kleine Auflagen erfolgt, die je nach Nachfrage in der Höhe variieren. Acht Musterexemplare dieser Kleinauflagen auf cremefarbigem Papier mit kleinen Druckdifferenzen sind archiviert. 300 Exemplare wurden 1965 in dieser Weise gedruckt und nach Palma de Mallorca gesandt. Als verantwortlicher Werkstattleiter zeichnet seinerzeit Luis Alegre. Es gibt aber auch ältere Nachdrucke. Laut obiger Quelle (ROSSELLÓ I VERGER 1975: 128) sind bereits Nachdrucke aus dem Jahr 1942 bekannt. Zu dieser Zeit hatte Adolfo Rupérez die Werkstattleitung inne. Darüber hinaus ist im Laufe der Zeit dieses Werk mehrfach faksimiliert und im 20. Jh. in verschiedenen Formaten herausgegeben worden, zum einen im Kleinformat unter dem Titel einer Reihe von Karten „Antigua Cartografia de Mallorca" anlässlich der Museumseröffnung 1968 der „Casa de Colón" in Felanitx (Mallorca), zum anderen 1971 im Rahmen einer fünfteiligen historischen Kartenserie der Druckerei Mossèn Alcover in Palma de Mallorca. Zuvor war es die SAL Palma de Mallorca, die 1886 in ihrem Boletín, II, n° 30 im Rahmen eines Kurzartikels von G. LLABRÈS QUINTANA als Tafel XXVI ein mittelgroßes Exemplar als veränderte Neugravur herausgibt. Wie LLABRÈS QUINTANA (1886: 8) erwähnt, ist die erstellte verkleinerte Lithographie, deren Darstellung von der größerformatigen Originalgravur abweicht, vom Künstler Juan Umbert P. ausgeführt (vgl. dazu auch Angabe am unteren Kartenrahmen: „R°. y L°. por J. U. P.").

Einige Jahrzehnte später, erst im 18. Jh., veröffentlicht Juan de Aguirre eine in ihrer Art äußerst ähnliche Darstellung der Insel Mallorca, die aller Wahrscheinlichkeit nach ebenfalls eine Nachzeichnung der Karte des Vicente Mut ist. Es ist anzunehmen, dass die Karte des Vicente Mut diesem Autor als unmittelbare Quelle gedient habe. Diese Darstellung führt den anders lautenden Titel „Plano que manifiesta la situación de la Ysla de Mallorca".

Für das Studium der Karte des Vicente Mut werden sowohl das Originalexemplar aus der BFBM Palma de Mallorca [Sign.: ESC] als auch das etwas beschädigte aus der BLA Palma de Mallorca [Sign.: Cartografía I, Mapas A, n° 36] zu Rate gezogen. Als weitere Hilfe dienen die digitale Aufnahme eines Originalabzuges der Karte aus der CN Madrid [Sign.: R. 3902] (Abb. 14.1) sowie ein Nachdruck der Faksimileausgabe der Imprenta Mossem Alcover von 1964 (Depósito Legal. P. M. 1238) (vgl. Abb. 14.8 - Abb. 14.11).

Wie der Kartusche zu entnehmen, wird die Karte des Vicente Mut dem Vizekönig sowie den sechs Ratsherren, den „Jurats", gewidmet: „Ill$^{mo.}$ D. D. Ēmanueli Sētmanat, et de Lanuza, Maiorice, Proregi; Insulam Magnifi. Iurati Regni Nicol. Russiñoll Zagranada, Ant. Custurer, Pet. Geo. Armĕgol, Jo. Ferragut; Ant. Busquets et Damia Caçá. Dicant O. C." Bei dem Vizekönig handelt es sich um den „Lloctinent" oder „Governador", den Statthalter bzw. Gouverneur, bei den Ratsherren um die Mitglieder des „Consell des Jurats", dem Exekutivorgan der Insel Mallorca.

Da es sich bei dem hier besprochenen Beispiel um eine Darstellung des gleichen Autors wie im vorausgegangenen Kapitel handelt, wird, um Wiederholungen zu vermeiden, auf eine Angabe der biographischen Daten verzichtet.

LLABRÈS QUINTANA (1886: 7) nimmt an, dass die Karte des Vicente Mut eine verkleinerte Kopie des Ende des 15. Jhs. bzw. Anfang des 16. Jhs. angefertigten Ölgemäldes ist, das sich zu jener Zeit (1886) im Rathaus der Stadt Palma de Mallorca befand. Sollte es sich bei diesem Gemälde tatsächlich um das eingangs genannte, dem Binimelis zugeschriebene Bild handeln, das jetzt zu den Schätzen des MM Palma de Mallorca gehört, so kann diese Ansicht nicht geteilt werden. Beide Darstellungen weichen deutlich voneinander ab. Die auf dem Gemälde wiedergegebene Inselgestalt ähnelt sich eher, wie Abb. 13.4 dokumentiert, der 1. Karte des Mut von 1650. Wenn sich der erwähnte Hinweis von LLABRÈS QUINTANA (1886: 7) auf das heute an genannter Stätte aufbewahrte stumme Kartengemälde, das MASCARÓ PASSARIUS (2000: 103) Honorat Massot zuordnet, beziehen sollte, lassen sich auch hier zur besprochenen Mut-Karte nur wenige Gemeinsamkeiten erkennen.

14.2 Äußerer Kartenaufbau

Die relativ große Schwarz/Weiß-Darstellung liegt als querformatiges Rechteck vor (Abb. 14.1), das von einem feinen einlinigen Rahmen begrenzt wird. Da die Rahmenlinien in der SE-Ecke nicht lotrecht aufeinander stehen, sind die Maße der einzelnen Seitenstrecken verschieden. Während in der Breite sich oben und unten die Rahmenlinien in ihrer Länge mit 574 und 575 mm in etwa gleichen, ist zwischen dem linken und dem rechten Abschluss mit 412 und 420 mm eine deutliche Maßdifferenz festzustellen.

Im Mittelpunkt der Darstellung steht die Insel Mallorca. Ihr westlich vorgelagert ist die erheblich kleinere und undifferenziert wiedergegebene Nachbarinsel Dragonera. Auf gleiche Weise zum Ausdruck gebracht schaut südlich Mallorca – hier unmittelbar am Kartenrahmen und oberhalb der Kartusche gelegen – der Nordabschnitt von Cabrera hervor. Des Weiteren kommen einige kleinere, Mallorca umgebende Eilande zur Darstellung.

In der oberen linken Ecke ist der bereits erwähnte Kartentitel „Insula Maioricæ" eingetragen, allerdings in einem einzigen, zusammenhängend wirkenden Namenszug. Der rechte Abschluss dieses Schriftzuges wird von einem Zierstrauch geschmückt. Darunter befindet sich eine die Lage der Hauptinsel im Gradnetz betreffende Angabe, auf die noch später unter 14.3 eingegangen wird. Unter der Titelzeile, und fast dem linken Kartenrahmen angelehnt, ist ein von voluten- und hornartigen Elementen umgebenes, schattenplastisch herausgearbeitetes Wappen untergebracht, dessen Form einer querliegenden Ellipse entspricht. Dieses Wappenbild der Stadt bzw. Insel Mallorca schließt auf der Oberseite mit einer Krone und darüber einer Fledermaus ab. Das Wappenfeld als solches ist geviertelt, wobei das erste und vierte Viertel die Streifen des Königreichs Aragonien, das zweite und dritte ein auf gewellter Meeresoberfläche befindliches, zinnengekröntes und mit einer Palme bzw. hier mit einer Fahne auf dem Dach versehenes Kastell aufweisen. Das Kastell steht für die damalige Feste und das heute königliche Palais „Almudaina", die Palme als Wahrzeichen bezieht sich auf das von den Römern gegründete Palma. Die beiden gestreiften Bereiche sind jeweils in vier dunkel und drei hell angelegte, senkrechte Bänder untergliedert, wobei mit den erstgenannten anzunehmenderweise die roten, mit den anderen die gelben Streifen gemeint sind. Die weitgehend auf Legende beruhende Anzahl der roten Streifen ist umstritten. Die im Wappen oberhalb der königlichen Krone angebrachte Fledermaus scheint eine seit Alters her erfolgte Verwechselung mit einem geflügel-

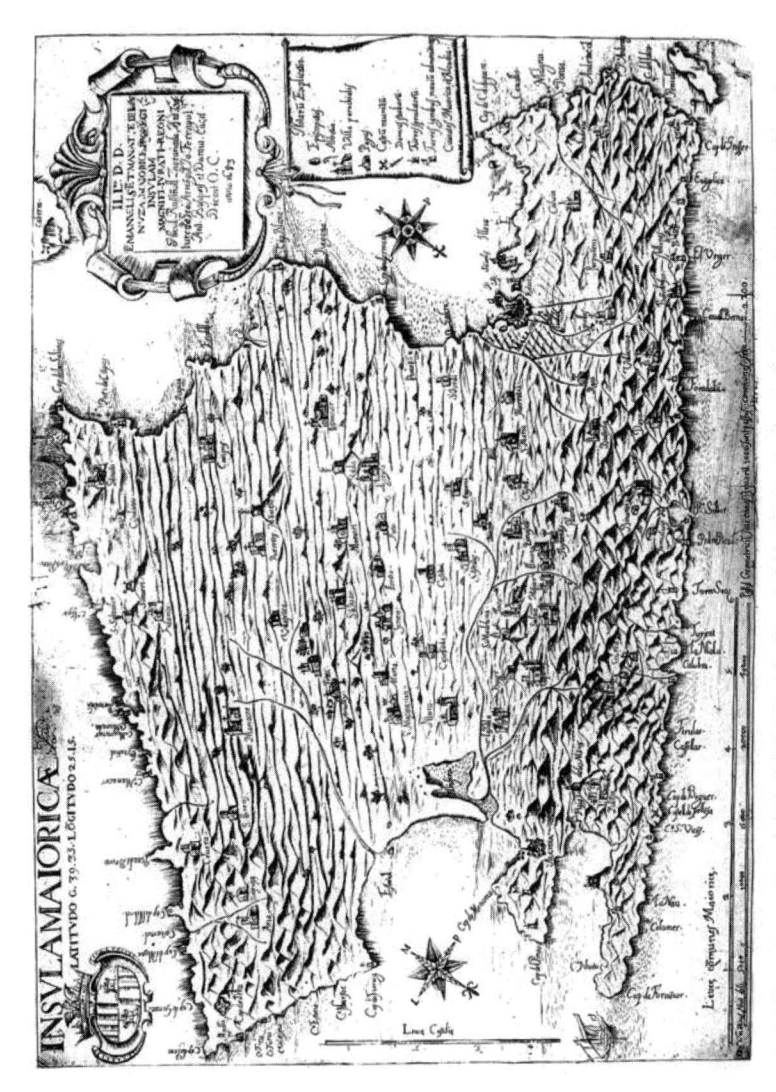

Abb. 14.1 Karte „Insula Maioric" des V. Mut, 1683; Maßstab des Originals ca. 1:173 000. Von einem Originalnachdruck auf ca. 1:1,7 Mio. verkleinert wiedergegeben mit Genehmigung der CN Madrid [Sign.: R. 3902].

ten Drachen zu sein, Letzterer ein auf König Peter III. von Aragonien zurückzuführendes Machtzeichen.

In der rechten oberen Ecke der Darstellung – unterhalb der angeschnittenen Nachbarinsel Cabrera – befindet sich eine verhältnismäßig große, ebenfalls mit räumlich wirkenden Ornamenten umrahmte Kartusche, in deren quadratisch abgegrenztem Innenfeld außer der Jahresangabe „anno 1683" die oben aufgeführte Widmung zu lesen ist. Die umfangreiche Ornamentik erinnert an einen Rokokospiegel, dessen Umfassung an den Seiten aus Voluten und Hörnern, oben aus einer Muschelschale und unten aus einer lilienartigen Brosche besteht. Ein Bänderstrang, das die einzelnen Glieder durchzieht, fasst die Seitenteile und die obere Partie zusammen (vgl. Abb. 14.1).

Unterhalb dieser Kartusche, und ebenfalls innerhalb des Kartenspiegels, ist erstmalig auf einer Mallorca-Karte dieser Zeit eine Legende zu finden. Auf einer dreidimensional dargestellten Dokumentenrolle, die von einem seitlich mit Knäufen abgeschlossenem und mit Bändern geschmücktem Stab leicht geschwungen herunterhängt, werden unter der Bezeichnung „Notarũ Explicatio" die meisten der im Kartenbild verwendeten Zeichen erläutert, ein Legendeninhalt, der wie weiter hinten zu sehen sein wird, ausschließlich auf die Siedlungsplätze Bezug nimmt.

Außer zwei Windrosen, die vorrangig der Orientierung, aber auch der Ausschmückung des Gesamtbildes dienen, kommen im unteren und linken Bereich des Kartenspiegels drei verschiedene Maßstabsleisten zur Darstellung, auf die noch einzugehen sein wird. Zwischen den beiden unteren Leisten ist in relativ kleiner Schrift der wichtige Hinweis auf den Kartenautor „Dõ Vicẽtius Mut deli." (Don Vicente Mut delineavit) gegeben. Der Name des Graveurs dagegen ist aufgrund der in der Karte vorliegenden Angaben nicht auszumachen; der vermeintliche Kupferstecher ist bereits vorne erwähnt (ROSSELLÓ I VERGER 1975: 128f.).

Das SE-Orientieren des Kartenbildes führt LLABRÉS QUINTANA (1886: 7) nur auf einen Fehler des Stechers zurück, der nach dem Gravieren der Küstenlinie wegen der spiegelbildlichen Darstellung versehentlich die Kupferplatte gedreht und somit den übrigen Karteninhalt N/S vertauscht zur Wiedergabe gebracht hat. Denkbar wäre aber auch, dass außer dem seinerzeit noch üblichen Süden von Darstellungen (vgl. z. B. die Coronelli-Karte; Kap. 15) auch Platzgründe für das

Unterbringen des Kartentitels, der Widmungskartusche und der Legende eine Rolle gespielt haben können.

14.3 Lage und Orientierung

Mallorca und die mit dargestellten Nachbarinseln stehen für den Betrachter in etwa auf dem Kopf; mit seiner Oberseite zeigt das Bild ungefähr in südöstliche Richtung. Der Orientierung dienen zwei achtstrahlige, verschieden gestaltete Windrosen, die auf beiden Seiten der Hauptinsel – jeweils in einer der großen Inselbuchten untergebracht – auszumachen sind und weitgehend korrekt nach Norden zeigen. Jede Windrose setzt sich aus zwei aufeinander liegenden Kreuzen zusammen, wobei das feinere der beiden das breiter dargestellte quasi überlagert. Die schmaleren Kreuze sind an ihrem jeweiligen spitzen Ende gekennzeichnet, für die Nordrichtung (Tramontana) ist eine kreuzartig ausgebildete Lilienblüte eingesetzt, die übrigen drei Himmelsrichtungen Levante, Mitjorn und Ponente für Ost, Süd bzw. West sind mit den Großbuchstaben L, M und P versehen. Während das aufliegende Kreuz der linken Windrose mit einem Fischkretenmuster gefüllt ist und das quasi darunter liegende aus einer einfachen Strich- und Kreuzschraffur besteht, zeigt das rechte Windrosenbild zwei gleichartig längs schraffierte Kreuze, die vermutlich zur Auflockerung und besseren Differenzierung voneinander mit einer geschmückten Zwischenscheibe versehen sind, und im Zentrum einen Kreis mit eingelagertem Doppelstern aufweisen. Obgleich mit Hilfe der Windrosen das Kartennord eindeutig gekennzeichnet sein sollte, ist dennoch gegenüber der wahren Nordrichtung eine Winkelabweichung von rd. 4° E festzustellen.

Ein Gradnetz ist wie bei den meisten bisher besprochenen Kartenbeispielen nicht vorhanden. Die Lage der Insel wird lediglich durch die eingangs erwähnte, unterhalb des Kartentitels angebrachte Angabe der geographischen Breite und Länge „Latitvdo G. 39.35., Lõgitvdo 25.15." dokumentiert, Werte, die die Hauptstadt zu betreffen scheinen und auf einen Ausgangsmeridian bezogen sind, der etwa 22° 35' westlich von Greenwich liegt und gegenüber Ferro eine Differenz von rd. 7°35' aufweist. Es handelt sich demzufolge um einen 0°-Meridian durch die Kap Verde-Inseln, vermutlich durch die Insel São Tiago (Santiago) oder Boavista. Der für die geographische Breite aufgeführte Wert ist korrekt.

Zur Feststellung von Lageungenauigkeiten ist dem historischen Kartenbild des Vicente Mut ein Verzerrungsgitter aufgetragen, eine Methode, die bereits WAG-

NER (1896) verwendet und, nachdem sie fast in Vergessenheit geraten war, von IMHOF (1939) wieder herangezogen wird.

Mit Hilfe eines von Kathrin Fendel im Rahmen ihrer Staatsexamenskarte im Geographischen Institut der Universität Frankfurt auf je 5' in Länge und Breite angelegten Desaformaten-Gitters lassen sich deutlich die Abweichungen, seien es Stauchungen oder Dehnungen des historischen Bildes gegenüber einem regelmäßigem Netz einer aktuellen Karte feststellen. Die 5'- und 10'-Isodeformaten sind gestrichelt, um das Ergebnis besser mit dem auf 15'-Wertlinien begrenzten Verzerrungsgitter der älteren Darstellung des Vicente Mut vergleichen können. Den Linienverläufen und der unterschiedlichen Weite sowie Form der Netzmaschen kann der vorliegende Verzerrungsgrad herausgelesen und somit der von Feld zu Feld variierende Maßstab erfasst werden. Die erwähnte Gitter-Darstellung darf dankenswerterweise in dieser Arbeit verwendet werden und wird in Abb. 14.2. im verkleinerten Maßstab von 1:1 Mio. in vereinfachter Weise wiedergegeben.

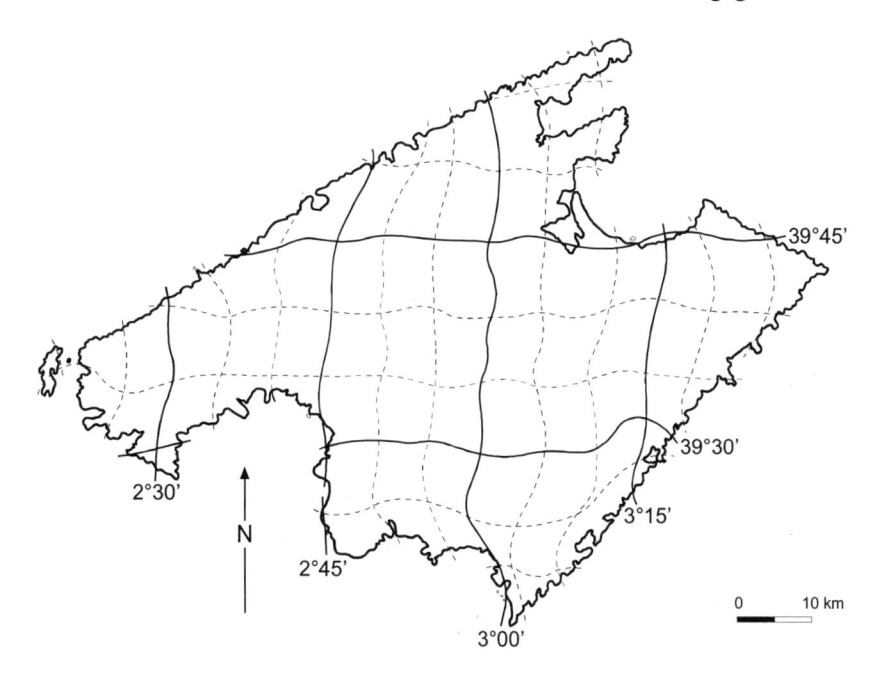

Abb. 14.2   Verzerrungsgitter in der Karte „Insula Maioricæ" des V. Mut.

Dabei zeigt sich, dass alle Längenkreise – trotz Verbiegungen – im Großen und

Ganzen parallel verlaufen und demnach nicht auf ein einheitliches Nord zusteuern. Auch die mehr oder minder senkrecht darauf stehenden Breitenkreise erscheinen ähnlich gleichgerichtet. Im Wesentlichen zeigen alle Längenkreise einen N-S-Verlauf, eine Ausnahme bildet jedoch der südliche Inselbereich, in dem ein fast einheitliches Umbiegen in eine eher NW-SE-Richtung auszumachen ist, was auf eine gewisse Ungenauigkeit in der Darstellung dieses Abschnitts hindeutet. Auch bei den Breitenkreislinien ist an beiden Ausläufern der nordwestlichen Küstenpartie ein Auseinanderdriften festzustellen. Die Größe und Gestalt der Netzmaschen betreffend zeigt sich, dass – trotz manch gebogenen Linienverlaufes – vorwiegend im mittleren Inselbereich eine weitgehende Gleichförmigkeit vorliegt und nur zu den Küsten hin sich die einzelnen Felder eher als gestreckte Rechteckfiguren abbilden. Aufgrund des sich ergebenden Gitterbildes ist man geneigt, als Projektion der historischen Karte diejenige einer quadratischen, bestenfalls einer rechteckigen Plattkarte anzunehmen.

14.4 Kartenmaßstab

Bei der Maßstabsfestlegung des hier vorliegenden historischen Kartenblattes stößt man auf manche Ungereimtheit. Die Angabe des Maßstabs erfolgt mittels drei graphischer Leisten, unklar dabei ist nur, welche Werteinheiten diesen Leisten zugrunde liegen, so dass nicht ohne weiteres eine einheitliche Maßstabszahl errechnet werden kann. Auf indirektem Wege über den Flächenvergleich und/ oder durch die Gegenüberstellung ausgewählter, möglichst naturgetreuer Strecken lassen sich Werte bestimmen, die im Mittel einen Maßstab in der Größenordnung von rd. 1:173 000 ergeben. Dieser Maßstabswert scheint weitgehend zuzutreffen, so dass er durchaus für weitere Betrachtungen beibehalten werden kann, zumal er zumindest durch zwei graphische Leisten bestätigt wird.

Wie vorne angedeutet sind alle drei graphischen Maßstäbe innerhalb des Kartenspiegels untergebracht und in unmittelbarer Nähe des Kartenrahmens zu finden. Senkrecht und entlang des linken Bildrahmens ist eine Maßstabsleiste für kastilische Meilen „Leuce Castilie" eingetragen, deren vier, hell/dunkel voneinander abgesetzt, auf einer Gesamtstrecke von 13,5 cm zur Darstellung kommen. Zweifelhaft ist nur, welche der mehrfach möglichen Leguas hierfür zugrunde gelegt ist. Am nächsten scheint eine Legua zu 19 auf ein Äquatorgrad mit rd. 5857,9 m zu kommen. Die Anwendung dieser Legua ergibt rd. 1:173 000, die gleiche Maßstabsgröße wie oben. Bei Einsatz der klassischen „Legua común" mit 5572,7 m (PALADINI CUADRADO 1994: 77ff.) würde sich vergleichsweise ein

(PALADINI CUADRADO 1994: 77ff.) würde sich vergleichsweise ein etwas größerer Maßstab von rd. 1:165 000, bei Verwendung von 6329,5 m für die „Legua de 17,5 al grado" (PALADINI CUADRADO 1994: 77ff.) dagegen ein deutlich zu kleiner Wert von rd. 1:187 000 herausstellen.

Unten links und in horizontaler Lage sind übereinander die beiden anderen Skalen angebracht. Die obere Leiste ist den „Leuce cõmunes Maiorice", den gewöhnlichen Mallorca-Leguas, gewidmet, die parallel darunter aufgeführte den „Passus Geometrici". Die erstgenannte Leiste beträgt in ihrer Länge 24,9 cm und umfasst sechs Leguas, der erste Abschnitt davon ist in vier Teile untergliedert. Aus dem Vergleich mit der oben behandelten Skala kastilischer Leguas sowie mit ausgewählten naturgetreuen Strecken lässt sich die genannte Legua zu ca. 7200 m errechnen, ein Wert, der wie aus anderen, vorrangig späteren Karten herauszulesen, sich vermutlich auf eineinhalb Wegstunden bezieht. Die hierfür von PALADINI CUADRADO (1998, schriftl. Mitt.) im Vergleich zur Legua von Valencia errechnete Größe von 5195,858 m, selbst wenn sie auf eine Zeitspanne von nur einer Stunde bezogen wird, scheint nicht ganz zuzutreffen. Die Werte 4937 m und 4955 m von GARCÍA FRANCO (1957) kommen dem Wert schon näher. Eine weitere, ebenfalls von GARCÍA FRANCO (1957) ermittelte Größe von 6834 m erweist sich als zu kurz. Der aus dem eben Erwähnten sich ergebende Maßstab läge hierbei mit ca. 1:174 000 wiederum ganz in der Nähe der bereits errechneten.

Parallel unter der soeben aufgeführten Skala befindet sich wie erwähnt eine zweite, auf „Passus Geometrici" (Doppelschritte) bezogene Maßstabsleiste. Ihre Länge beträgt insgesamt 23,6 cm und veranschaulicht – trotz zum Teil falsch angebrachter Bezifferungen – 30 000 Einheiten, wobei die ersten 5000 „Passus Geometrici" in 1000er Einheiten unterteilt sind. Mit dem textlichen Zusatz „Passus Geometrici [sive canas] quorũ 1000 sunt passus communes – fere 2200" wird die Relation zwischen Doppelschritten und gewöhnlichen Schritten erläutert. Ein „Passus Geometricus" umfasst 5 pies (Fuß) und entspricht laut Textzeile einer „Cana". Fraglich ist nur, welcher Meterwert hier zugrunde gelegt ist. Am nächsten käme die auf das Fußmaß von 0,2786 m bezogene Größe eines „Passus Geometricus" oder einer „Cana" von rd. 1,39 m, womit sich ein nur geringfügig kleinerer Maßstab von rd. 1:177 000 herausstellen würde. Auf der Basis des von PALADINI CUADRADO (1998, schriftl. Mitt.) für Mallorca angegebenen „Cana"-Wertes von 1,564 m oder des römischen Passus in Höhe von 1,479 m würden sich deutlich zu niedrigere, für die hier vorliegende Karte weniger zutreffende Maßstäbe im Bereich von 1:188 000 bis 1:199 000 ergeben.

14.5 Inselgestalt

Obwohl sich die Mallorca-Gestalt auf dieser Karte im Vergleich zu den bisherigen Beispielen naturgetreuer abbildet, weisen einige Abschnitte gegenüber der Realität immer noch beachtliche Abweichungen auf. Betrachtet man die Insel als Ganzes, so zeigt sich, dass die dargestellte Großform der Realität näherkommt und somit eine erhebliche Verbesserung gegenüber den bisher besprochenen Karten darstellt (vgl. Taf. I, Teil I – IV). Bei der Detailbetrachtung lässt sich feststellen, dass eine weitgehende Abkehr vom schematischen Verlauf stattgefunden hat und die verschiedenen Abschnitte durch ihre individuellere Gestaltung naturentsprechender veranschaulicht sind.

Die vorhandenen Differenzen lassen sich verständlicherweise am geeignetsten bei einem direkten Vergleich mit einer aktuellen, möglichst gleichmaßstäbigen Karte ausmachen. Zu diesem Zweck wird wie in den vorangegangenen Beispielen die historische Karte nach Maßstabsanpassung genordet und geometrisch zentriert dem ONC-Bild 1:1 Mio. aufgelegt (Abb. 14.3).

Bei flüchtiger Betrachtung scheint, wie oben gesagt, die Gesamtform der Insel weitgehend der Wirklichkeit zu entsprechen. Bei genauerem Hinsehen und mit Hilfe der nun vorliegenden Bildüberlagerung kommen aber auch Differenzen zum Vorschein, die vorwiegend durch die abweichende Nordorientierung der historischen Karte auftreten. Hierzu gehört vor allem eine generelle Verlagerung nach NW des gesamtes südwestlichen Küstenbereichs sowie eine gleichgerichtete, damit zusammenhängende Verschiebung von Teilen der NW- als auch der SE-Küstenpartien. Besonders auffallend ist dabei das durch Verlängerung der NE-Küste sich ergebende, in südöstliche Richtung übertriebene Hinausragen ihres östlichsten Punktes an der Punta de Capdepera. Ein deutliches Abweichen vom Sollbild zeigt auch die gesamte SE-Küste, die in der historischen Karte durch eine weitgehende Geradlinigkeit charakterisiert ist und sich nicht dem gewellten Verlauf des Naturbildes anpasst. Diese Geradlinigkeit trifft neben der südöstlichen auch für den Südteil der nordöstlichen Küste zu, eine Form der Darstellung, die aus den älteren Karten übernommen scheint und sich noch lange in Karten Mallorcas erhalten sollte. Eine ähnlich geradlinige Ausrichtung liegt auch bei der NW-exponierten Küste vor, ihr Verlauf differiert insgesamt gesehen jedoch weniger vom Naturbild. Geringe Abweichungen treten dagegen im Bereich des NE-Kaps und des südlich anschließenden Doppelbuchtbereiches auf. Ungeachtet der differierenden Nordorientierung muss auch die markante SW-Bucht

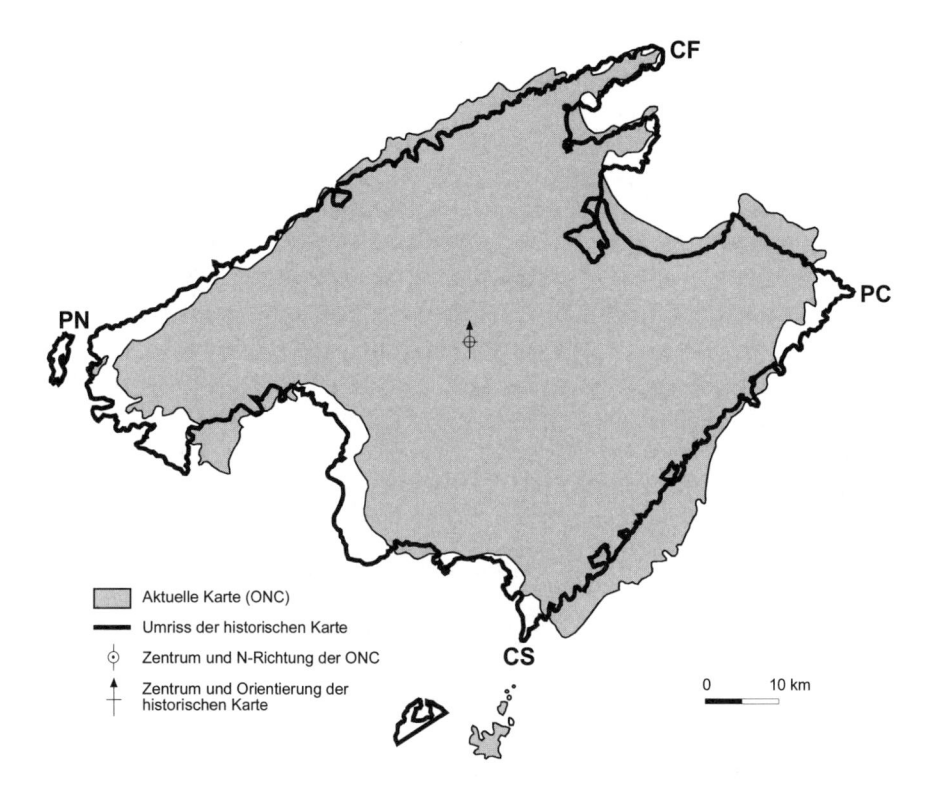

Abb. 14.3 Geometrisch zentrierte Überlagerung der ONC in 1:1 Mio. mit der durch Verkleinerung im Maßstab angepassten und nach Kartennord ausgerichteten historischen Darstellung des V. Mut.

noch zu den übereinstimmenden Inselpartien dieses Kartenbildes gezählt werden.

Mit Hilfe eines aus historischer und aktueller Darstellung erstellten, genordeten und zentriert überlagerten Schemavergleiches lassen sich deutlich auch die Größen- und Formunterschiede herausarbeiten (Abb. 14.4). Feststellbar sind dabei die Längen der vier Hauptküstenabschnitte und deren Azimute sowie die Differenzen zum Realitätsbild. Auch die Innenwinkel der Viereckfigur dieser Mut-Karte sind mit ihren Entsprechungen auf dem aktuellen Schemabild vergleichbar.

Eindeutig ist auszumachen, dass bis auf den NE-exponierten Inselabschnitt die an-

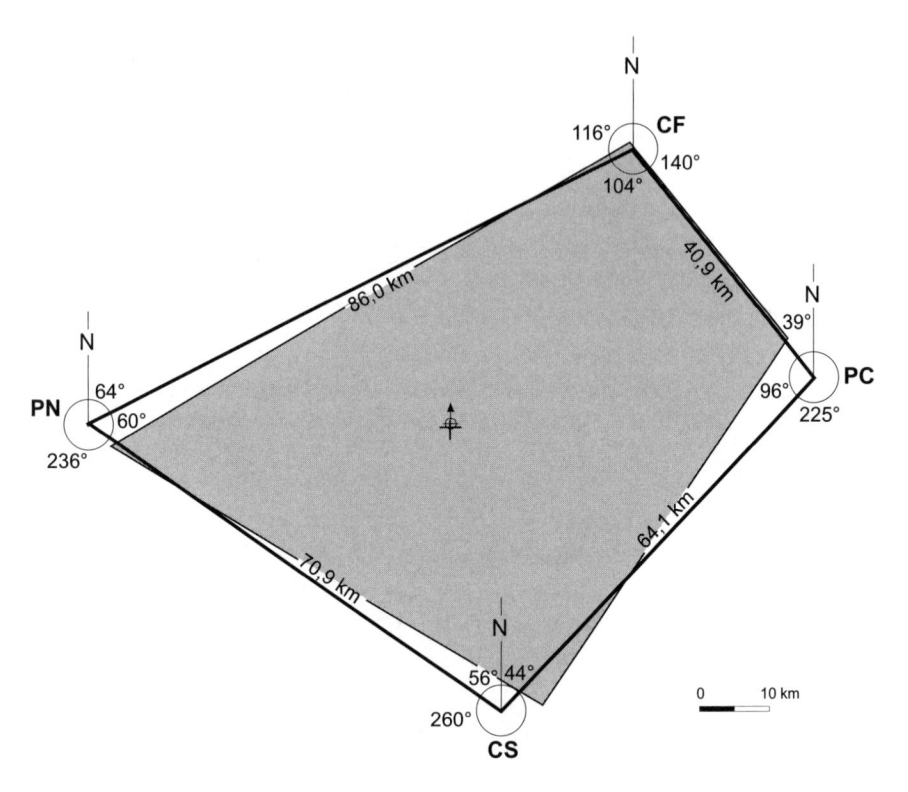

Abb. 14.4 Geometrisch zentrierte, genordete Überlagerung der Viereckschemata von historischem Kartenbild und ONC in 1:1 Mio. mit Angabe der Kapdistanzen, Streckenazimute und Innenwinkel der Figur.

deren drei Hauptküstenpartien eine abweichende Ausrichtung gegenüber dem Sollbild aufweisen. An der Punta Negra ist für die NW-Strecke eine Abweichung von 64° E statt 60° E gegenüber N, am Cap de ses Salines für die SE-Strecke von 44° E statt 35° E und an gleicher Stelle für die SW-Strecke von 56° statt 60° in westliche Richtung festzustellen. Die Längen der einzelnen Küstenstrecken differieren mit Ausnahme der nordöstlichen nur geringfügig von den Naturwerten. Während sich die NE-Partie auf der relativ kurzen Strecke mit knapp sechs km als erheblich zu lang erweist und die SE-Küste mit weniger als zwei km geringfügig länger als das Soll ist, halten sich die beiden anderen mit Weiten unter einem km Übermaß in etwa die Waage.

Die Innenwinkel der Viereckfigur zeigen bis auf eine Ausnahme keine oder kaum Differenzen, so dass zwischen den Schemata der historischen Karte und des Realbildes eine weitgehende Übereinstimmung besteht. Während der Winkel an der Punta Negra im W dem Naturbetrag genau entspricht, im N am Cap de Formentor und im S am Cap de ses Salines um 4° bzw. 5° größere Werte vorliegen, weist die Figur am Ostpunkt an der Punta de Capdepera einen deutlich kleineren Betrag von 96° anstelle von 105° und damit eine Zuspitzung auf.

Wie das Schema der Abb. 14.5 veranschaulicht, ist das Verhältnis der Inseldiagonalen des historischen Bildes zu den entsprechenden Strecken der realen Darstellung nicht identisch. Durch die Herausarbeitung des Kaps im Osten der Insel erweist sich die etwa W-E verlaufende Diagonale mit rd. 5 km Überlänge als zu gestreckt und somit nicht naturgetreu.

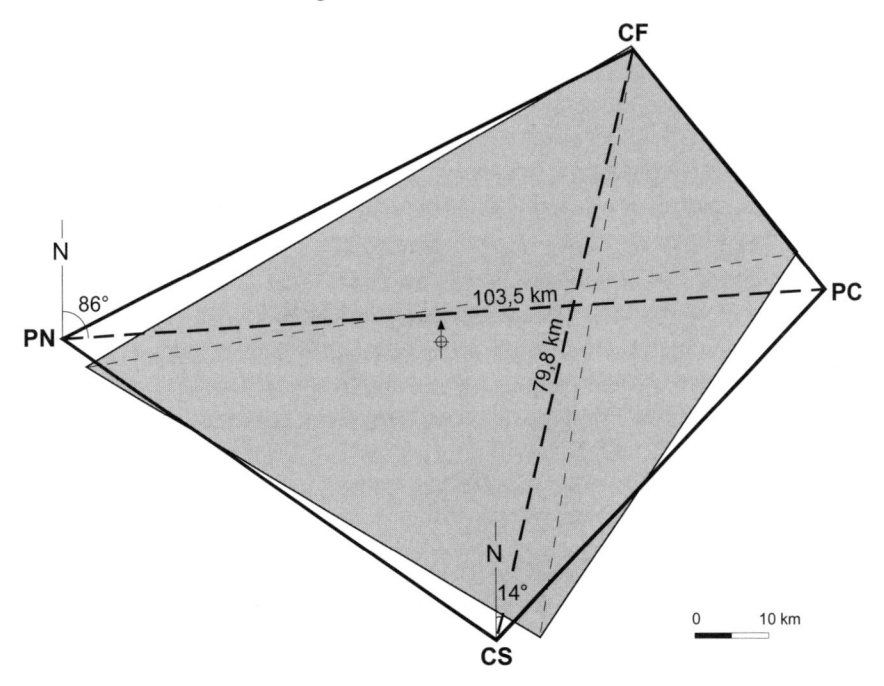

Abb. 14.5 Die Inseldiagonalen, ihre Entfernungen und Azimute in den geometrisch zentriert und genordet sich überlagernden Schemadarstellungen von historischem Kartenbild und ONC in 1:1 Mio.

Nach einer Rotation der Mut-Karte um 4° entgegen dem Uhrzeigersinn und einer geringfügigen Versetzung ihres Inselmittelpunktes in östliche Richtung ergibt sich eine weitgehende Überdeckung beider im Maßstab angepassten Inselbilder (Abb. 14.6). Mit Hilfe einer derartigen Überlagerung lassen sich die Küstenabschnitte zwischen dem historischen und dem reellen Kartenbild genauer zuordnen und erheblich leichter die Formunterschiede beider Darstellungen im Detail feststellen.

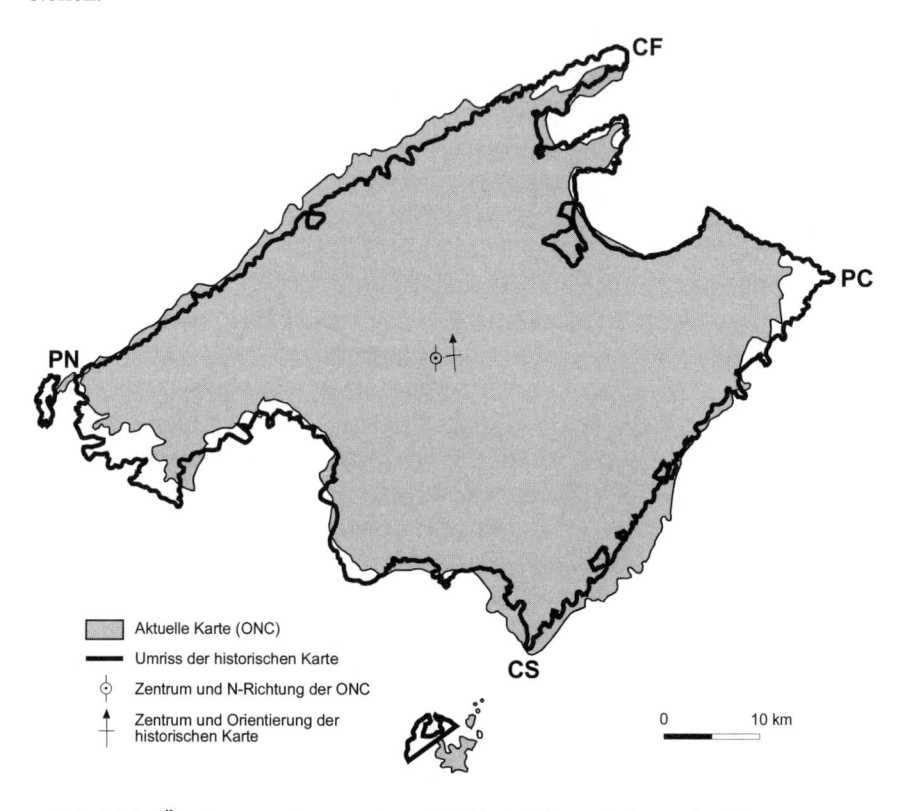

Abb. 14.6 Überlagerung der genordeten ONC in 1:1 Mio. mit dem maßstäbig angepassten Kartenbild des V. Mut nach erfolgter Rotation um 4° W.

Als Folge der Rotation ergibt sich für die NW-exponierte Küstenpartie besonders im Bereich des Cap de Formentor ein Abweichen vom Soll, das nicht zuletzt auf die oben angedeutete Geradlinigkeit dieses Abschnittes, die sich bis hierher bemerkbar macht, zurückzuführen ist. Die gesamte Halbinsel Formentor einschließlich der südlich davon vorhandenen Bucht von Pollença rücken dadurch von ihrer ursprünglich korrekten Position weg und zeigen sich gegenüber der Wirklichkeit nach NW, d. h. entgegen dem Uhrzeigersinn, versetzt. Selbst ein Teil der südlicher gelegenen, ohnehin zu breit dargestellten Halbinsel am Cap des Pinar ist davon geringfügig betroffen. Im Gegensatz dazu bildet sich die südöstlich davon gelegene Bucht von Alcudia nahezu deckungsgleich zur heutigen Gestalt ab. Deutlich aus dem Rahmen fällt hingegen die Punta de Capdepera, die, mit ihrem Hinterland dreiecksförmig ausgebildet, in östliche Richtung verlagert erscheint. Die SE-Küste weist die erwähnte, vorwiegend geradlinige Ausführung auf und differiert dadurch bis auf den mittleren Abschnitt verhältnismäßig deutlich vom Realbild ab; im östlichen Teil ragt sie zu weit hinaus, im südlichen tritt sie zurück. Die größeren Buchten dieses Bereiches zeigen dennoch eine eindeutige Zuordnung zu ihren realen Entsprechungen und sind demnach als solche weitgehend korrekt positioniert. Die SW-Küste weicht nach der Rotation weiterhin im Detail vom Soll ab. Die Form entspricht im Großen und Ganzen der Natur, die einzelnen Abschnitte weisen allerdings erhebliche Lagedifferenzen auf. Der relativ breite Ausläufer im W der Insel ist in südwestliche Richtung zu weit hinausgezogen, das Cap de Cala Figuera zu südwestlich verlagert. Auffallend ist dabei die Darstellung der unmittelbar diesem Küstenbereich vorgelagerten kleinen Nachbarinsel Dragonera, die im Vergleich zur Realität um das drei- bis vierfache vergrößert zum Ausdruck kommt. Die Hauptstadtbucht, deren Größe und Form weitgehend korrekt wiedergegeben sind, erscheint ähnlich geringfügig nach S versetzt wie der Bereich um den Vorsprung am Cap Blanc. Der südliche Inselabschnitt zwischen dem Cap Blanc und dem Cap de ses Salines zeigt sich richtigerweise untergliedert, ist aber zu stark eingebuchtet dargestellt, wodurch auch der Bereich um das Inselsüdkap zu spitz veranschaulicht erscheint. Dem Südkap vorgelagert und in Verlängerung der SE-Küste, jedoch um ein wenig zu weit in nordwestliche Richtung versetzt, ist das Cabrera-Areal anzutreffen, das, wie eingangs angeführt, durch den Abschluss an der Kartenoberseite etwa nur zur Hälfte zur Darstellung gekommen ist. Außer der Dragonera und den Teilen von Cabrera sind im Kartenbild noch 17 kleinere Inseln oder Inselfelsen auszumachen, von denen sechs mit Namen versehen sind.

Neben den erwähnten, relativ großen Küstenhöfen und Landvorsprüngen kommt eine Vielzahl von Formen kleineren oder mittleren Ausmaßes zur Darstellung. Darunter fallen wegen ihrer Größe und verhältnismäßig naturgetreuen Gestalt einige mittelgroße Buchten sowie mehrere weniger ausgeprägte Kaps auf, die – im Gegensatz zur anderen Mut-Karte – hier auch mit Namen versehen sind und deren Auflistung unter 14.11 zu finden ist.

Von den vielen Buchten sind alleine 28 beschriftet, sechs von diesen beherbergen Häfen, wie es die Bezeichnung Port(o) entnehmen lässt (s. 14.11). Von der Gesamtzahl sind neun relativ groß, von denen sich wiederum fünf im Bereich der nordwestlichen Gebirgskette, vier im südöstlichen Küstenabschnitt befinden. Dazu gehören beispielsweise die *Calobra* oder *P.º Soller* im NW bzw. *Cañamel* oder *Porto Petro* im SE. *Sª. Ponsa* im W/SW ist auch dazu zu rechnen.

Die meisten mittelgroßen und kleineren Buchten lassen sich eher im Abschnitt der Serres de Llevant ausmachen. Von den kleineren, die in Mallorca Calas bezeichnet werden, kommt eine Vielzahl zur Darstellung; alleine 18 sind mit ihren Namenszügen versehen, die allesamt am Ende des Kapitels, ebenfalls unter 14.11 aufgelistet erscheinen. Davon befinden sich zwei im NW-Küstenbereich, je sechs an der E- und SE- sowie vier an der SW-Küste. Als Beispiele seien *Cª. S. Vicēs*, *Cª. Figuera* oder *Portals* aufgeführt.

Eine ähnlich dichte Aneinanderreihung erfolgt auch bei den Kaps. Unter ihnen lassen sich alleine 26 mit Namen gekennzeichnete ausmachen, acht an der NW-, vier an der E-, fünf an der SE- und neun an der SW-Küste. Außer den eingangs genannten Inselextrempunkten können beispielhaft hier noch die herausragenden Vorsprünge *Cap del Pinar*, *Cap de Ferruig*, *Cap Blanc* oder *Cap de Calafiguera* genannt werden. Eine vollständige Aufstellung aller wiedergegebenen Kapnamen befindet sich unter 14.11.

14.6 Gewässernetz

In dieser jüngeren Karte des Vicente Mut ist ebenfalls das Gewässernetz zur Darstellung gebracht. Für den verhältnismäßig großen Maßstab und auch im Vergleich zur vorab besprochenen Karte des gleichen Autors ist es jedoch größtenteils stark vereinfacht wiedergegeben. Die Fließgewässer – hier Torrentes – weisen einen überwiegend geglätteten und aus graphischer Sicht durchaus einen zum Teil schwungvollen Verlauf auf. Trotz des erheblich größeren Maßstabes ist das Gewässernetz bis auf einen Ausnahmebereich nördlich der Hauptstadt ähnlich verzweigt dargestellt wie im Kartenbeispiel zuvor, in einigen Partien sogar ausgedünnter, so dass aufgrund der umfangreicheren Fläche im Endeffekt eine relativ geringere Dichte vorgetäuscht wird. Die Torrentes sind überwiegend doppellinig dargestellt, nur deren Oberläufe und einige wenige kürzere Gewässer werden einlinig veranschaulicht. Die mit Hilfe durchgezogener Linien wiedergegeben

Verläufe täuschen wie in der älteren Mut-Karte ein Netz ständig fließender Gewässer vor. Durch die annähernd korrekte Eintragung der einzelnen Strecken finden die in der Natur vorhandenen Wasserscheiden ähnlich dem vorangegangenen Beispiel indirekt Berücksichtigung.

Alle Torrentes weisen keine namentliche Bezeichnung auf, so dass sie sich nicht leicht genau identifizieren lassen und Verwechselungen leicht möglich sind. Um eine exaktere Bestimmung der Gewässer nach Lage und Länge zu erreichen, wird nach Maßstabsanpassung und Angleichung der Nordrichtung von historischer und aktueller Karte auch für dieses Beispiel eine Bildtransformation der erstgenannten Darstellung mittels Arc Map von GIS 8.1 vorgenommen und dem aktuellen Bild gegenübergestellt. Als Quelle für die aktuelle Darstellung wird wie im Falle der Abb. 13.8 die stark generalisierte und ergänzte, winkeltreue IGN-Karte „Baleares – Mapa Provincial" 1:200 000 aus Madrid (Ausgabe 1995) zugrunde gelegt. Das Ergebnis wird in Abb. 14.7 im verkleinerten Maßstab von 1:1 Mio. – analog der 1. Mut-Karte – vorgestellt.

Unter mehreren Torrentes auf der Insel kommen auch in dieser Karte des Mut die zwei längsten zur Darstellung: der Torrent de Muro bzw. landeinwärts Torrent de Vinagrella und der Torrent de na Borges oder de s'Avall. Beide weisen jeweils verschiedene Zuflüsse auf und münden in die Bucht von Alcúdia, der erstgenannte jedoch zunächst in den nördlichen Abschnitt der dort vorhandenen Lagune, die von einer durchbrochenen Nehrung abgegrenzt wird. Der längere dieser Torrentes, der Torrent de Muro, zeigt in seiner vollen Länge einen der Natur weitgehend angelehnten Verlauf. Nur sein Quellbereich weicht um einiges von der Realitätslage ab. Während das von NW her stammende Quellgewässer (T. de Solleric) länger als in der ersten Mut-Karte dargestellt ist, wird der von S kommende (T. de Pina) erheblich kürzer veranschaulicht. Der in der älteren Mut-Darstellung erfasste, dem Hauptgewässer von SE zufließende Torrente, wird in dieser Karte nicht wiedergegeben. Noch nicht korrekt gelöst ist der Verlauf seines wichtigsten, von N her einmündenden Nebenarms, dem Torrent de Sant Miquel. Wenn auch dessen Lage in etwa zutrifft, so sind doch sein Quellbereich zu südlich und die Einmündung in das Hauptgewässer immer noch zu steil und zu weit westlich eingetragen. Die Quelltorrentes des Sant Miquel erscheinen gegenüber der 1. Mut-Karte gestutzt. Das Mündungsgebiet des Haupttorrentes im Bereich der oben erwähnten geöffneten Lagune ist jedoch weitgehend realitätsnah zum Ausdruck gebracht. Der Verlauf des zweitlängsten Torrentes der Insel, des Torrent de na Borges, deckt sich in der Karte des Mut mit seinem Hauptstrang bis auf generalisierungs-

Verlauf der Torrentes
—— in historischer Karte
---- in aktueller Karte

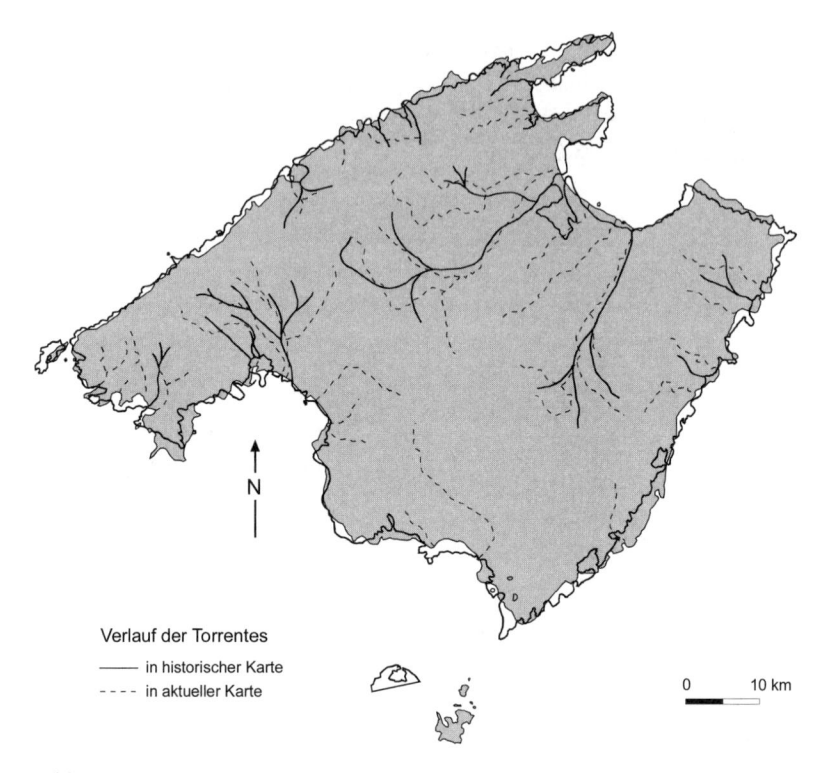

0   10 km

Abb. 14.7 Vergleich der Gewässernetze aus aktueller Darstellung und historischem Kartenbild nach dessen Bildtransformation.

bedingte Unterschiede nahezu vollständig mit dem der aktuellen Karte. Auch die zwei, von S zufließenden Quellgewässer (T. de Son Valls und T. de Son Caules) zeigen gegenüber der Natur nur geringfügige Lageabweichungen, ihre Länge trifft in etwa zu. Der von W kommende Quelltorrente (T. de sa Penya) ist hingegen relativ kurz wiedergegeben.

Zu den längeren Torrentes gehören auch der Torrent Gros, der südöstlich der Hauptstadt in die große SW-Bucht mündet und mit mehreren Zuflüssen im Oberlauf einen weiten Einzugsbereich aufweist, sowie der Torrent de Sta. Ponça, der am gleichnamigen Ort im W der Insel ins Meer gelangt. Beide sind relativ kurz dargestellt und erscheinen streckenweise nach W versetzt. NW der Hauptstadt und „durch diese hindurch" fließt der Torrent de sa Riera. Zwischen sa Riera und dem Torrent Gros führen zwei kurze Gewässer aus nordwestlicher Richtung in die Hauptstadt. Sie entspringen beide gefassten Quellen, die hier mit Hilfe kleiner Quadratzeichen veranschaulicht werden. Das eine Gewässer entstammt der „Font de Sa Vila" (Stadtquelle), auf die ihrer Bedeutung wegen der Autor mit Sicherheit hinweisen wollte.

Über die aufgeführten Torrentes hinaus lassen sich mehrere kurzläufige Gewässer ausmachen, eines im W bei Port Andratx (T. des Saluet) sowie weitere fünf im Bereich der NW-Kette, von denen der im Oberlauf verzweigte Torrent Major bzw. Torrent de Sóller in die Bucht des P° Soller und je ein anderer in die Buchten von Tuyent (heute Cala Tuent) und Calobra (heute Sa Calobra) münden. Auch wenn äußerst unscheinbar dargestellt, so handelt es sich bei dem in die Calobra mündenden immerhin um den Hauptstrang des streckenweise bis zu 400 m tiefen Cañon des Torrent de Pareis. Zwei weitere, der Torrent de Sant Jordi und der Torrent de Son Brull, fließen in nordöstliche Richtung und erreichen das Meer in der Bucht von Pollença. Der zweitgenannte ist zu weit südlich eingetragen, sein Mündungsbereich, die verhältnismäßig naturgetreu wiedergegebene kleine Lagune s'Albufereta, ist als kleiner Küstenhof dargestellt. Im nördlichen Bereich des südöstlichen Küstenstreifens sind zwei Torrentes verzeichnet, der Torrent de Ca n'Amer und der Torrent de Canyamel. Beide erscheinen geringfügig nach SW verlagert und sind gegenüber der Naturstrecke kürzer veranschaulicht. Auch im Vergleich zur älteren Mut-Karte sind sie weniger lang wiedergegeben.

Auffallend ist die bereits weitgehend korrekte Eintragung der Albufera, der Lagune im ENE-Bereich der Insel, dessen Hauptteil etwa trapezförmig abgebildet ist. Im Gegensatz zur ersten Mut-Karte ist nicht nur ihre Fläche, sondern auch die sie abschließende Nehrung unterschiedlich gestaltet. Während in der älteren Karte des Mut zwei Arme ausgebildet sind, ist in dieser Darstellung hauptsächlich ein relativ breiter und langer, in NNE-Richtung führender Nehrungsstrang veranschaulicht. Die Fläche der Lagune ist mit einer relativ weitständigen, gestrichelten Horizontalschraffur versehen. Erstmalig erfolgt mit *Albufera* auch die Namensbezeichnung dieses Areals.

Die Eintragung *Pouet* nordöstlich des Kaps Enderrogat im SE der Hauptstadt gehört offensichtlich zu einem Naturbrunnen, dessen hier eingetragenes, fast kreisrundes Zeichen in der Legende nicht aufgeführt ist und in Karten späteren Datums auch nicht mehr auftritt.

14.7 Relief

Das Relief der Insel wird in dieser Karte mittels individuell geformter Aufrisszeichen veranschaulicht, deren Einzelformen vielfach ineinander greifen und ein weitgehend zusammenhängendes Ganzes bilden. Die Beleuchtungsrichtung ist einheitlich von links, d. h. bei dieser etwa gesüdeten Karte von E/NE angenommen. Die grundsätzlich auf den jeweils rechten Figurenseiten vorhandenen Schatten sind mittels Falllinienschraffur und im Kernbereich sogar mittels schräger Kreuzschraffur angelegt (Abb. 14.8).

Abb. 14.8 Reliefdarstellung am Beispiel von Geländepartien der nordwestlichen Gebirgskette und des flachwelligen Inselinneren. Unverändert 1:1 wiedergegeben nach einem Originalnachdruck mit Genehmigung der CN Madrid.

Die verschieden geformten Gebilde richten ihre Höhe nach der jeweiligen Erhebung des Gebirges bzw. Gebirgsabschnitts. So ist verständlich, dass die höchsten Figuren im Bereich des nordwestlichen Gebirgsraumes – und zwar in seiner vollen Breite – anzutreffen sind, im Zentrum höher und zum Teil auch steiler als an den Randgebieten (vgl. Abb. 14.8). Im Ostdreieck der Insel – südlich der Bucht von Alcúdia – ist ebenfalls eine Zone hoher Gebirgsfiguren zu finden. Darüber hinaus weisen wenige hohe Gebilde im flachen Zentralbereich auf besondere, aus der Ebene vereinzelt herausragende Erhebungen hin, so die beschrifteten Höhen um *Rãda* (heute Randa) und *Mõtesio* (heute Monti-Sion) sowie die SW-Ausläufer der Serres de Llevant, speziell *S. Saluador* und *Sãtueri*. Dazu zählen auch die unbeschrifteten Höhen von Bonany (bei Petra) und S. Miquel (bei Motuiri). Der erwähnte, ausgedehnte und relativ ebene Bereich vorwiegend des Inselzentrums zeigt eine Vielfalt langgestreckter, gewellter, zum Teil ineinander greifender Formen, die das flachwellige Land weitgehend ausfüllen und somit charakterisieren (vgl. Abb. 14.8). Bergbezeichnungen gibt es nur in Zusammenhang mit herausragenden Bauten, wie Einsiedeleien oder anderen religiösen Einrichtungen.

Darüber hinaus sind einige wenige Torrente-Verläufe zur Andeutung ihrer rinnenartigen Vertiefung mit Schattenschraffen belegt. Ferner ist ein Großteil der NE- bis E-Küste, besonders in der Bucht von Alcúdia, um das Albufera-Ufer herum sowie zwischen dem *Cap de Ferruig* (heute Cap de Ferrutx) und dem *Cap de Pedra* (heute Punta de Capdepera), mit schräg laufenden kurzen Schattenstrichen versehen. Die größeren Nachbarinseln Dragonera und Cabrera weisen keinerlei Gebirgsdarstellung auf.

14.8 Bodenbewachsung/Bodennutzung

Die eingetragene Vegetation ist spärlich. Vereinzelt sind unterschiedlich hohe und breite Aufrisszeichnungen für Büsche bzw. Sträucher anzutreffen. Hinzu kommen bildhaft dargestellte, der Natur äußerst ähnlich wirkende Baumzeichen,

Abb. 14.9 Ausgewählte Beispiele von Baum- und Strauchvegetation vorrangig aus der zentralen Verebnung. Unverändert 1:1 wiedergegeben nach einem Originalnachdruck mit Genehmigung der CN Madrid.

deren Gestalt und Größe variieren und vorwiegend an Pinien(bäumen) o. ä. erinnern. Alle diese Zeichen sind ausschließlich im Bereich der zentralen Verebnung und am flachwelligen Gebirgsfuß der südöstlichen Serres de Llevant zu finden (Abb. 14.9). Sie sind von der NW-Seite der Karte her zu betrachten.

Des Weiteren kennzeichnen diagonal angelegte, d. h. Rautenstruktur aufweisende Gitterfelder – auch in ondulierter Form für leicht hügeliges Gebiet –, deren Linienelemente einseitig anschraffiert sind, das Anbauland. Anzutreffen sind sie besonders in der nördlichen Umrahmung der Hauptstadt.

14.9 Siedlungsbild

Ein Hauptcharakteristikum dieser Karte ist die erstmals in einer Darstellung Mallorcas vorgenommene detaillierte Wiedergabe des Siedlungsbildes. Die Veranschaulichung der einzelnen Siedlungsplätze erfolgt vorrangig mittels individuell gestalteter Bildzeichen, von denen in der oben erwähnten Legende unter „Notarũ Explicatio" die meisten ihre Erläuterung finden. Die dort aufgeführten Zeichen beziehen sich vor allem auf die Ortschaften, manche aber auch auf Einzelbauten. Einige Symbole dienen als Zusatzzeichen der Kenntlichmachung eklesiastischer Merkmale.

Die seinerzeit bedeutendsten Siedlungen auf der Insel, *Mallorca* (heute Palma de Mallorca) und *Alcvdia*, sind als befestigte Städte an der SW- bzw. der NE-Bucht zur Darstellung gebracht (Abb. 14.10). Beide Städte werden mit Hilfe zentralperspektivisch angelegter Ortsansichten veranschaulicht, deren jeweilig schräg liegende, mit Schraffur versehene Basisfläche landwärts einen Bastionenring aufweist. Nebst einer Vielzahl von Gebäuden und Türmen – bei *Alcvdia* auch ein stehendes Kreuz – weist jede der beiden Stadtansichten einen Ortsring mit Punkt zur Kennzeichnung des Zentrums auf. Beide Stadtbilder sind in der Karte weitestgehend lagetreu eingetragen und zusätzlich bezeichnet. In der Legende treten beide Städte bildlich nicht auf, werden jedoch unter „Ciuitates Maiorica et Alcudia" textlich aufgeführt. Am östlichen Ortsbildrand von Mallorca-Stadt ist als Zusatzzeichen eine Mitra eingetragen, die zur Charakterisierung der Metropole als Bischofssitz dient.

Unweit nördlich der Hauptstadt ist neben einem kleinen Gebäude ein stehender Bischofsstab auszumachen, der gemäß Legendenerläuterung diese *Lareal* (heute

La Real) genannte Stelle als „Abbatia" ausweist, eine Abtei, die 1239 gegründet, dem Zisterzienserorden gehörte.

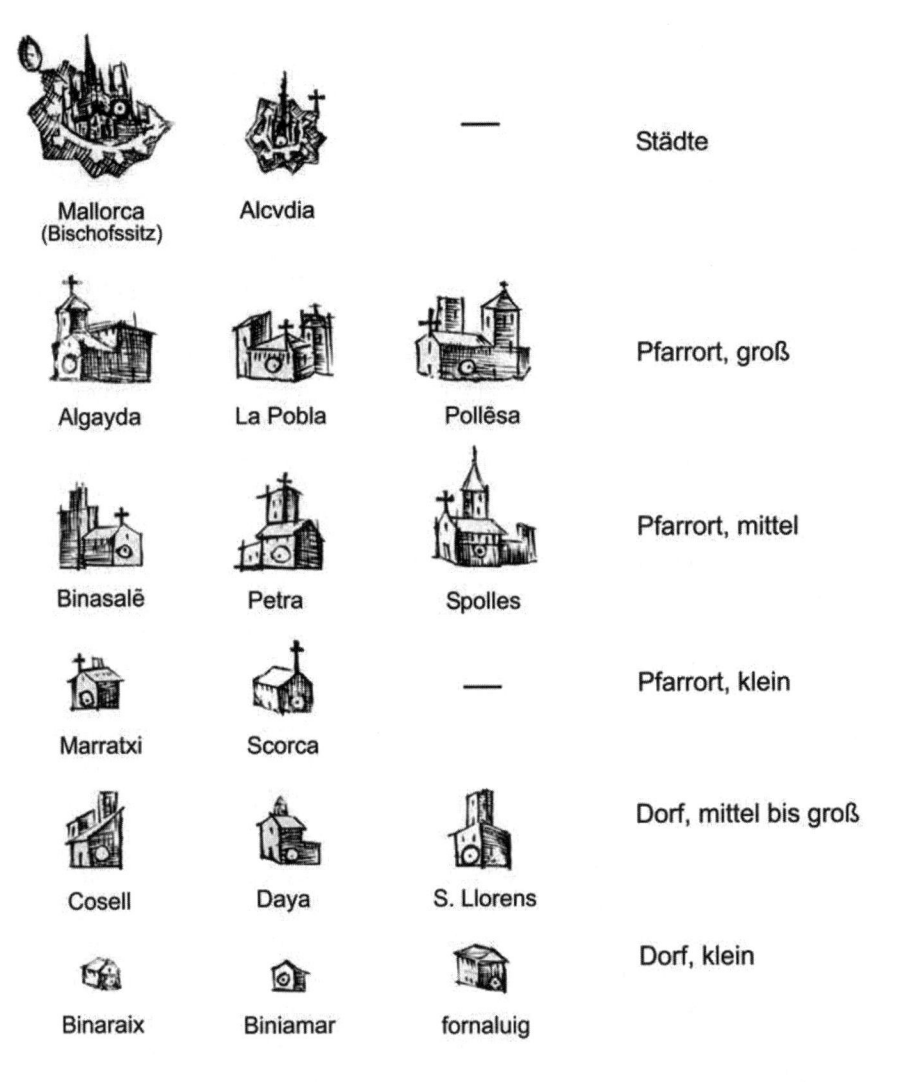

Mallorca (Bischofssitz)	Alcvdia	—	Städte
Algayda	La Pobla	Pollēsa	Pfarrort, groß
Binasalē	Petra	Spolles	Pfarrort, mittel
Marratxi	Scorca	—	Pfarrort, klein
Cosell	Daya	S. Llorens	Dorf, mittel bis groß
Binaraix	Biniamar	fornaluig	Dorf, klein

Abb. 14.10   Bildliche Gestaltung der Städte, ausgewählter Pfarrorte und Dörfer. Unverändert 1:1 wiedergegeben nach einem Originalnachdruck mit Genehmigung der CN Madrid.

Den beiden Städten an Bedeutung folgen die jeweils als „Villa parochialis" bezeichneten Pfarrorte (vgl. Abb. 14.10). 31 dreidimensional wirkende Ortssilhouetten sind im Kartenbild anzutreffen. Der genaue Platz der Siedlung wird durch einen in der Regel im Fußbereich der Figur angebrachten Ortsring gekennzeichnet. Die weitgehend unterschiedlich gestalteten Bildzeichen setzen sich aus verschieden hohen und verschieden geformten Gebäuden zusammen, unter denen die Kirchen bzw. kirchliche Bauten, die durch das Tragen eines Kreuzes erkennbar sind, hervorragen und damit den Siedlungsplatz als Pfarre kennzeichnen. Jeder dieser Orte besteht zumindest aus einem oder zwei Türmen mit Flach- oder Pyramidendach sowie einem weiteren Gebäude, das in den meisten Fällen vom erwähnten Kreuz gekrönt wird. Nur bei zwölf Bildzeichen befindet sich das Kreuz auf dem Dach eines Turmes. Die Größe des jeweiligen Bildzeichenkomplexes, d. h. die Anzahl der Bauten sowie deren Höhe und Aussehen, gibt Auskunft über die Bedeutung der Siedlung. Zu den stattlichsten Zeichen, und somit wohl zu den wichtigsten Orten, gehören die Pfarrsiedlungen, unter denen als Beispiele nur *Algayda, La Pobla, Llũmaior, Manacor, Muro, Pollẽsa, Sineu* und *Valldemosa* (vgl. Abb. 14.10) zu nennen sind. Als kleinere Pfarreien – zumindest nach ihrer Zeichengröße zu urteilen – erscheinen 21 weitere Orte, zu denen beispielsweise *Alaro, Motuiri* oder *Sãsellas* gezählt werden können. Noch kleinere Zeichen weisen *Marratxi* und *Scorca* auf. Die Verbreitung der Pfarren auf der Insel im Allgemeinen ist ungleichmäßig. Ihre stärkste Anhäufung ist im mittleren Bereich der NW-Kette, aber auch in einem SW/NE verlaufenden Streifen der zentralen Ebene auszumachen.

Geringfügig kleiner, allesamt wie die Pfarreien mit Ortsring und zentralem Punkt, jedoch ohne Kreuz, zeigen sich die Bildzeichen für die dörflichen Siedlungen; in der Legende unter „Pagus" erfasst (vgl. Abb. 14.10). Sie sind verschieden gestaltet, die meisten weisen einen Turm vorwiegend mit Flachdach auf. Die kleinsten der Dörfer, *Binaraix, Biniamar* und *Fornaluig*, werden durch ein einfaches kleines überdachtes Gebäude veranschaulicht. Insgesamt kommen auf dieser Karte 24 „Pagi" zur Darstellung. Ihre stärkste Verbreitung ist vor allem im zentralen, weitgehend ebenen Bereich der Insel festzustellen. Dem Bildzeichen nach – nicht gesondert in der Legende vertreten – sind hierzu auch die Einsiedeleien von *S. Saluador* bei *Falanix* (heute S. Salvador bei Felanitx) und der *Puig de les Mõias* bei *Pollẽsa* (heute Santuari des Puig de Maria) sowie die unbeschriftete, aber als Bonany (bei Petra) zu vermutende zu rechnen. Das Kloster *NSd Lluch* (Santuari Nostra Senyora de Lluc) gehört ebenfalls dazu.

Einfache kleine Bauten, seien es weltliche oder kirchliche, mit Ortsring zur Lagekennzeichnung und einem senkrecht oder schräg stehenden Äskulap-Zeichen auf dem Dach, dienen jeweils – der Legende folgend – der Wiedergabe eines „Domus studiorū", eines Studienhauses bzw. einer Schule (Abb. 14.11). Hierzu zählen *Mõtesio* (heute Monti-Sion), *Rãda* (Randa) und *S. Madelena* (Sta. Magdalena), die als Einzelobjekt jeweils auf der Höhe eines herausragenden Berges zur Darstellung kommen.

Mõtesio	Rãda	S. Madelena	Studienhaus
Ayamãs	Belpuig	Raxa	Herrengut
NSd Lluch	Puig de las Mõías	S. Saluador	Kloster, Einsiedelei
Belluer	(Sa Fortalesa)	Cap de Pedra	Kastell/Festung
(Burganlage)	(Beobachtungs-, Warnturm)	(Kapelle)	Burganlage, Talaia, Kapelle

Abb. 14.11 Bildliche Gestaltung profaner und religiöser Einzelbauten. Unverändert 1:1 wiedergegeben nach einem Originalnachdruck mit Genehmigung der CN Madrid.

Ein anderes, einfaches Gebäudezeichen, gekoppelt mit dem Zusatz einer Krone über dem Dach, steht für ein Herrengut. Im vorliegenden Kartenbild werden hiermit die Güter *Ayamãs, Belpuig, Raxa* und ein namenloses Gut bei *S. Margarita* gekennzeichnet (vgl. Abb. 14.11). Dieses spezielle Zusatzzeichen fand in der Legende eigentümlicherweise keine Berücksichtigung.

Die an einigen wenigen Stellen, vorrangig nahe der NW-Küste, alleinstehend auftretenden Ortsringe mit zentralem Punkt deuten eher auf eine unvollständige Zeicheneintragung, auf das Fehlen von Teilen hin, als dass sie das Vorhandensein äußerst kleiner Siedlungsplätze kennzeichnen sollen.

Ein kleiner giebelständiger Bau mit Kreuz auf dem First, ein Zeichen, welches ebenfalls nicht in der Legende erfasst ist, veranschaulicht an zwei küstennahen Stellen der NW-Kette bei *P° Soller* und nahe (Sa) *Foradada* die Lage je eines Oratoriums (vgl. Abb. 14.11). Ohne Kreuz gibt es noch ein weiteres im westlichen Teil bei *S. Telm* (heute Sant Elm); vielleicht eine Vorgängerkapelle des um 1800 gegründeten Trapenser-Klosters Sa Trapa.

Grundrisszeichen, die innen gerastert auftreten und aus einem zentralen Ortsring mit Punkt bestehen sowie von vier quadratischen Türmen umgeben sind, weisen an mehreren Stellen der Insel auf das Vorhandensein von Burganlagen hin; in der Legende werden sie als „Castrũ munitũ" geführt (vgl. Abb. 14.11). Ihr Vorkommen ist im Wesentlichen auf die Gebirgsräume im NW und SE beschränkt. In der nordwestlichen Hauptkette sind sechs solcher Anlagen auszumachen, darunter die bekannten Castell d'Alaró nahe der Siedlung *Alaro* und *Castell de Pollẽsa* (jetzt Castell del Rei) nordöstlich des heutigen Ortes Pollença. Weitere Burgzeichen befinden sich bei *P° Andraig, Soller* und in der Nähe von *Alcvdia*. Auch die *Pedra Picada* (heute Talaia Torre Picada) weist eine derartige Signatur auf. Im SE gibt es nur zwei solcher Zeichen, eines davon, *Sãtueri*, steht für das ebenfalls als Ruine heute noch existierende Castell de Santueri, das andere befindet sich als isoliertes Zeichen im NE-Teil der Nachbarinsel Cabrera für die gleichnamige Burg.

Gleichartig aussehende, allerdings auf der Spitze stehende Grundrisszeichen für Festungen mit einem gerasterten Außenfeld zur Andeutung eines Grabens bringen die zwei stattlichen und in der Karte wegen ihrer Bedeutung beschrifteten Anlagen von *Cap de Pedra* (heute Ort und Castell de Capdepera) im E der Insel (vgl. Abb. 14.11) und *S. Carlos* (mit Fahne) (jetzt Castell de Sant Carles) nahe der Stadt *Mallorca* am nördlichen Ufer der großen SW-Bucht zur Darstellung.

Die militärischen Anlagen von *Beluer* (heute Castell de Bellver) westlich der Hauptstadt und der sogenannten Sa Fortalesa auf der Südseite der Halbinsel Formentor nahe der Punta de l'Avançada werden mittels individuell bildhaft gestalteter, dreidimensional wirkender Aufriss-Kastellzeichen – jeweils mit wehender Fahne – veranschaulicht (vgl. Abb. 14.11). Von den beiden ist nur das erstgenannte näher bezeichnet. In der Legende sind diese Bildzeichen nicht aufgeführt. Zwischen der oben erwähnten Anlage von *S. Carlos* und der Burg *Beluer* befindet sich am Kopfende des Hafens von P^o. *Pi* ein für ein Signalturm in Karten dieser Zeit übliches Zeichen, das auf die Wichtigkeit dieser Stelle für die Seefahrt hindeutet (vgl. Abb. 14.1).

Zu all den genannten Silhouetten tritt eine Vielzahl bildhafter Aufrisszeichen für die auf der Insel „Talaias" bezeichneten Turmbauten auf, die vorrangig der Verteidigung dienten. Unter den insgesamt 37 dargestellten Türmen lassen sich zwei Arten unterscheiden: ohne Fahne auf dem Dach sind reine Beobachtungstürme („Turres speculatorũ"), mit Fahne Warntürme, die, wie ebenfalls in der Legende erläutert, durch Feuerzeichen vor Schiffe warnen („Turres ignibus nauiũ admonitores") (vgl. Abb. 14.11). Ihre Verbreitung beschränkt sich aus oben besagten Gründen auf den Küstensaum rund um die Insel. Innerhalb der großen Buchten im NE und SW sind aussschließlich an ihren höheren Rändern derartige Bauten festzustellen. Im gesamten Küstenbereich der Hauptgebirgskette im NW der Insel einschließlich der vorgelagerten Dragonera sind sieben Beobachtungstürme und 16 Warntürme wiedergegeben. Im flacheren südlichen Inselabschnitt sind hingegen nur zwei bzw. zwölf auszumachen. Einige wenige von ihnen sind in der Karte näher bezeichnet, ihre Namen am Ende dieses Kapitels aufgelistet.

Wie erwähnt sind bis auf Ausnahmen alle Siedlungsplatzzeichen durch kleine Kreise mit zentralem Punkt lagemäßig in der Karte festgehalten. Die Lage dieser Zeichen in der historischen Karte stimmt jedoch nur in wenigen Fällen mit der korrekten Objektposition überein, die meisten von ihnen weisen demnach eine Verschiebung gegenüber einem aktuellen Bilde auf.

Der relativ große Kartenmaßstab und die hohe Dichte gemeinsamer, identifizierbarer Punkte lassen es angebracht erscheinen, eine Untersuchung der Lagegenauigkeit von Siedlungsplätzen durchzuführen. Um beide Karten aneinander anzupassen, wurde mit Hilfe des Moduls Arc Map von Arc GIS 8.1 eine Bildtransformation der historischen Darstellung vorgenommen. Ein Lagevergleich zwischen den Siedlungspunkten der transformierten und der aktuellen Karte erlaubt die Feststellung der aufgetretenen Abweichungen.

Wie die auf der transformierten Darstellung basierenden Abb. 14.12 im Maßstab 1:1 Mio. veranschaulicht, ist die Lage der Standorte aus der Mut-Karte mit kleinen Punkten für Ortschaften und kleinen hohlen Quadraten für Burganlagen gekennzeichnet. Von diesen Zeichen aus führen feine Vektoren bis zu deren homologer Position auf der aktuellen Karte. Orientierung und Länge dieser sogenannten Fehlervektoren geben die Abweichung in Richtung und Entfernung zwischen den Ortslagen beider Karten an.

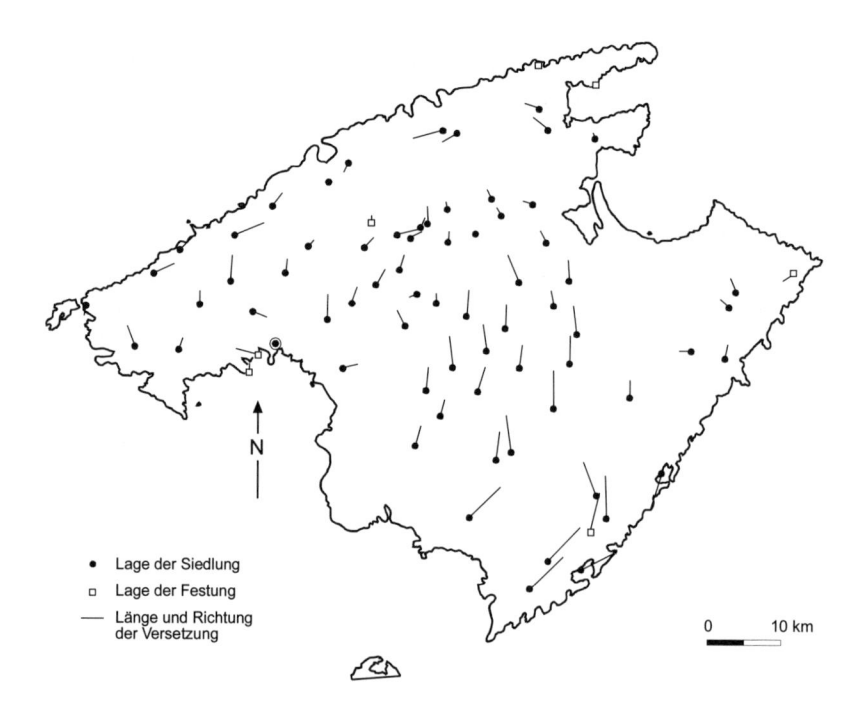

Abb. 14.12 Die Siedlungsstandorte in der Karte des V. Mut und die mittels Fehlervektoren veranschaulichte Abweichung von ihrer Soll-Lage.

Dabei zeigt sich, dass bis auf Ausnahmen eine Verschiebung der Standorte hauptsächlich in Richtung N bis NE vorliegt. Im zentralen Inselbereich ist eine generelle Verlagerung nach N um durchschnittlich 3 bis 4 km festzustellen, erst im südlichen Raum ist ein stärkeres Abweichen in NE-Richtung bis zu 6 km zu erkennen. In der nordwestlichen Hauptkette, und vor allem an deren Gebirgsfuß, ist bis auf verschiedene Ausreißer, ein deutlicher – wenn auch schwächerer – N-Trend auszumachen. Im Küstenstreifen dieser Gebirgskette tendieren die westlicher gelegenen Orte stärker nach E/NE, die östlicheren eher nach W/NW. Im Ostdreieck der Insel richten sich die Vektoren teils nach N, teils nach W.

Abb. 14.13 Siedlungsstandorte in der Karte des V. Mut und ihr Grad an Lageungenauigkeit (nach der Kreismethode von MEKENKAMP).

In Ergänzung des soeben erläuterten Bildes wird als Abb. 14.13 eine vereinfachte Wiedergabe der ebenfalls von K. Fendel im Geographischen Institut der Universität Frankfurt erarbeiteten Examenskarte aufgenommen. Diese auf den Maßstab von ca. 1:1 Mio. verkleinerte Abbildung veranschaulicht die Lagegenauigkeit ausgewählter Punkte nach der Methode von MEKENKAMP (1991). Als Basisbild liegt ihr die Originalinselgestalt der historischen Karte zugrunde. Die Erfassung der Daten, die für diese Veröffentlichung freundlicherweise zur Verfügung gestellt werden, erscheint für dieses 2. Beispiel des Vicente Mut – analog der

Abb. 14.12 – sinnvoll, zumal erstmalig in einer Mallorca-Karte eine Vielzahl von Punkten vorliegt, die mit Toponymen versehen sind und deren Lage sich mit derjenigen in einer aktuellen Karte vergleichen lässt. Nach der Methode MEKENKAMP (1991) visualisieren Kreise den relativen Lagegenauigkeitsgrad des jeweiligen Standorts. Die Kreisradien sind in diesem Falle den errechneten Werten proportional, so dass größere Kreise eine relativ stärkere und kleinere eine relativ geringere Punktverlagerung versinnbildlichen. Nicht zu ermitteln ist bei dieser Methode allerdings die Richtung der Verschiebung, die wiederum der Abb. 14.12 entnommen werden kann.

Zu den ausgewählten Standorten zählen hier außer zahlreichen Siedlungspunkten verschiedene markante Kaps sowie ein Nachbareiland im seinerzeit siedlungsleeren Buchtbereich im Osten der Insel. Als Ergebnis zeigt das Bild die starke Verlagerung der Standorte vor allem entlang der SE-Küste, zum Teil aber auch an der NE- und geringfügiger an der NW-Flanke. Wenig versetzt erweisen sich die Punkte um die Hauptstadt und von hier aus in einem breiten Streifen in nordöstliche Richtung, der annähernd dem zentralen Verebnungsraum entspricht. Mit zunehmender Entfernung von der Inselhauptstadt wächst die Lageungenauigkeit der Standorte. Die relativ geringste Verschiebung weist die Hauptstadt Mallorca, das heutige Palma de Mallorca, selbst auf.

14.10 Meeresfläche

Der Mallorca und die Nachbarinseln umgebende Meeresraum ist nicht flächendeckend dargestellt. Nur ein unterschiedlich breiter Saum aus verschiedenartigen Strichrastern charakterisiert die küstennahe Zone. Vor der NW-Kette wird eine enge, mehr oder minder ein Zentimeter breite, senkrechte Strichschraffur eingesetzt, die meerwärts in eine weitständigere kurzgestrichelte Horizontalschraffur übergeht. In unmittelbarer Küstennähe bilden beide Schraffuren abschnittsweise eine dichtere, feingekreuzte Strichstruktur. Die feine Senkrechtschraffur wiederholt sich im östlichen Abschnitt der SE-Küste, dem südlichen Teil der Buchten von Alcúdia und Pollença, im Bereich der W-Küste sowie im S der großen SW-Bucht. Im westlichen Abschnitt der SE-Küste erscheint ein Großteil der Schraffur senkrecht gestrichelt. Die übrigen flacheren Gebiete, zu denen vor allem die großen Buchtbereiche im SW und NE der Insel gehören, zeichnen sich durch in Küstennähe kurze und dichte, ausgezogene und meerwärts relativ breite, gestrichelte Horizontalschraffuren aus.

Als schmückendes Beiwerk im Bereich der Meeresfläche dient einzig und allein eine Galeere, die in der nordöstlichen Verlängerung der Halbinsel Formentor eingetragen ist und davonzuziehen sich anschickt, ein Hinweis auf die vorhandene Schifffahrt in diesem Raume und indirekt auch für deren Bedeutung.

14.11 Schriftbild

Erstmalig liegt in einer Mallorca-Karte eine umfangreiche Beschriftung vor. Auch eine Legende ist zum ersten Mal zur Darstellung gebracht. Sie listet die überwiegende Zahl der im Kartenbild vorkommenden Symbole und Bildzeichen auf und bringt noch zusätzlich textliche Erläuterungen.

Alle im Bereich der wiedergegebenen Inseln auftretenden Toponyme sind in einer senkrechten gemischten Schreibschrift veranschaulicht, die sich zur Renaissance-Antiqua zählen lässt. Die Anfangsversalien sind in der Regel verziert. Dazu gehören Kaps, Buchten bzw. Calas sowie alle Arten von Siedlungsplätzen ausschließlich der Städte Mallorca und Alcvdia, die in Versalien einer Antiqua angelegt sind. Die verwendete Schrift zeigt sich in Form und Größe einheitlich, verschieden ist nur ihre Ausrichtung sowie die Zuordnung zu den sie betreffenden Objekten, wodurch ein unruhiges Gesamtbild entstanden ist.

Bis auf wenige Ausnahmen sind die Namen aller Landvorsprünge und Buchten/Calas oder auch Häfen senkrecht zum entsprechenden Küstenverlauf angebracht; die Beschriftung der NW- und SE-Küstenabschnitte erfolgt dabei parallel zu den seitlichen, die der SW- und der NE-Küste parallel zum oberen bzw. unteren Kartenrahmen. Die Siedlungstoponyme sind in der Regel horizontal eingetragen und zeigen eine weitestgehend eindeutige Zuordnung. Uneinheitlich ist nur ihre Lage im Raum. Eine Beschriftung der Gewässer liegt in diesem Kartenbeispiel nicht vor, einzige Ausnahme ist die Lagune *Albufera* im NE der Insel. Mehrere Bezeichnungen vor allem entlang der Küste weisen am Ende des Toponyms bemerkenswerterweise wie bei De Jode (s. 11.11) einen Schlusspunkt auf.

Über die Toponyme hinaus wird das Kartenbild durch weitere, vorwiegend in Rahmennähe angebrachte Angaben vervollständigt. Dazu gehören die in Schriftart und Schriftgröße verschieden gestalteten Titelzeile „Insula Maioricæ" und die darunter aufgeführten Breiten- und Längenkreisdaten „Latitvdo G. 39.35. Lõgitvdo 25.15.", die in verschieden großen Versalien einer senkrecht stehenden Antiqua auftreten. Auch der eingangs erwähnte, in der Kartusche wiedergegebene Widmungsteil ist auf diese Weise veranschaulicht. Die ebenfalls in der Kartusche erfolgte Auflistung von Vizekönig und Ratsherren einschließlich des Jahresvermerks der Kartenherstellung sowie die Legendenbeschriftung und die Maßstabsangaben sind, ähnlich oben, in einer senkrechten gemischten, jedoch vergleichsweise kleineren Schreibschrift vorgenommen.

In der im Anschluss folgenden Auflistung wird eine Zusammenstellung sämtlicher in der Karte vorkommender Toponyme nach ihren Objektarten vorgenommen, entweder ab der Westspitze der Insel im Uhrzeigersinn geordnet oder in alphabetischer Reihenfolge. Vorangestellt sind zum besseren Verständnis und analog den bisher besprochenen Karten die heutigen Bezeichnungen. Einige, nicht genau ermittelbare bzw. nicht mit heutigen Namen gleichzusetzende Toponyme erhalten zusätzlich einen Fragezeichen. Für die an der NW-Küste nordöstlich von der Calobra eingetragenen Bezeichnungen Ferulas (bedeutet Gerten oder Ruten) und Cassellas, die sogar noch in Mallorca-Karten des Nicolas de Fer 1715 und Tomás López 1773 auftreten, lassen sich keine heutigen Entsprechungen ausmachen. Die in der Aufstellung belassenen lateinischen Begriffe für die Gruppenbezeichnungen entstammen der Legende der historischen Karte.

In der vorne erwähnten, zu einem späteren Zeitpunkt erschienenen Nachzeichnung im Boletín de la Sociedad Luliana von 1886 sind insgesamt 21 Namen in anderer Weise geschrieben, mehrere darunter sogar falsch übernommen; gegenüber dem Original fehlen drei Bezeichnungen.

Aktuelle Toponyme	Toponyme in der historischen Karte
Inseln (im Uhrzeigersinn)	
Dragronera	Dragonera
Es Colomer	Colomer
Cabrera	Cabrera
Galera	Galera
Ses Illetes	Illetas
Illa de sa Porrassa	Porrassa
Illa del Toro (?)	Caualló
Es Malgrat	Es Malgrat
Es Pantaleu	Pentaleu

Landvorsprünge (im Uhrzeigersinn)

Morro des Fabioler	Cap dĕ Grosser
Punta des Verger	El Verger
Es Cavall	Cauall Bernat
Sa Foradada	Foradada
Mola de Tuent/ Morro de sa Corda	La Mola
Musclo des Llorers/ Ses Fel·les (?)	Ferulas
Punta Beca	Cap de Beguer
Punta de la Nau	La Nau
Cap de Formentor	Cap de Formĕtor
Cap des Pinar	Cap del Pinar
Cap de Menorca	Cap de Menorca
Cap de Ferrutx	Cap de Ferruig
Punta de Capdepera	Cap de Pera
Punta des Carregador	Cap de Gerani
Cap Vermell	Cap dĕ Masot
Cap des Pinar	Cap del Llibrel
Punta de n'Amer	Pũta dĕ Brotat
Cap de Ses Salines	Cap de les Salinas
Punta de sa Torre des Pinar de s'Estalella/Punta Plana	Estalella
Cap Blanc	Cap Blanc
Cap de Regana	Regana
Cap Enderrocat	Cap Enderrogat
Cap de Cala Figuera	Cap de Calafiguera
Cap Andritxol	Andritxol
Punta Galinda	Cap del Falco

Buchten bzw. Calas (im Uhrzeigersinn)

Cala Tuent	Tuyent
Sa Calobra	Calobra
Racó de Mortitx (?)	Cassellas
Cala Sant Vicenç	Cᵃ. S. Vicĕs
Cala Murta	Cᵃ. Murta
S'Estanyol	Estañol
Cala Matzocs	Cᵃ. Marsoc
Cala Estreta	Cᵃ. Estreta
Cala Mitjana	Cᵃ. Mitjana
Cala Torta	Cᵃ. Torta
Cala Fumada (?)	Cᵃ. Freu
Cala Canyamel/ Platges de Canyamel	Cañamel
Cala Manacor/Port de Manacor/ Portocristo	Cᵃ. Manacor
Cala Estany	Estañol

Cala Magraner	Cª. Magraner
Cala Murada	Cª. Murada
Cala Llonga	Cª. Lõga
Cala Figuera	Cª. Figuera
Cala Santanyí	Cª. Sătañi
Cala s'Almonia	Cª. Salmonia
Cala Pí	Cª. Pi
Cala Portals Vells	Portals
Cala Santa Ponça	Sª. Ponsa

Häfen (im Uhrzeigersinn)

Port de Sóller	Pº. Soller
Portocolom	Porto Colõ
Portopetro	Porto Petro
Port de Campos	Port de Cãpos
Portopí	Pº. Pi
Port d'Andratx	Pº. Andraig

Städte

Palma de Mallorca (Bischofssitz)	MALLORCA (Episcopatus)
Alcúdia	ALCVDIA

Pfarrorte (Villa parochialis)
große Pfarrorte

Algaida	Algayda
Sa Pobla	la Pobla
Llucmajor	Llũmaior
Manacor	Manacor
Muro	Muro
Pollença	Pollẽsa
Sineu	Sineu
Valldemossa	Valldemosa

mittelgroße Pfarrorte

Alaró	Alaro
Andratx	Andraig
Artà	Arta
Binissalem	Binasalẽ
Bunyola	Buñola
Calvià	Caluia
Campanet	Cãpanet
Campos	Campos
Felanitx	Falanix
Inca	Inca
Montuïri	Motuiri

Petra	Petra
Porreres	Porreras
Sant Joan	Sã Juan
Santa Margalida	S. Margarita
Santa Maria del Camí	S. Maria
Sencelles	Sãsellas
Santanyí	Sãtañi
Selva	Selua
Sóller	Soller
Esporles	Spolles

Kleine Pfarrorte

Marratxí	Marratxi
Escorca	Scorca

Dörfer (Pagus)
Relativ große Dörfer

Ariany	Ariañy
Banyalbufar	Bañabufar
Biniali	Biniali
Búger	Buger
Llubí	Castelliubi
Son Servera	Ceruera
Consell	Cõsell
Alqueria Blanca (?)	Cõsolacio
Costitx	Costitx
Deià	Daya
Lloret de Vistalegre	Llorito
Lloseta	Lloseta
Mancor de la Val	Mãcor
Maria de la Salut	Maria
Pina	Pina
Puigpunyent	Purpuñent
Santa Eugènia	S. Eugeni
Sant Jordi	S. Jordi
Sant Llorenç des Cardassar	S. Llorens
Estellencs	Stellencs
Vilafranca de Bonany	Villafrãca

Kleine Dörfer

Biniaraix	Binaraix
Biniamar	Biniamar
Fornalutx	Fornaluig

Abtei (Abbatia)
La Real   Lareal

Klöster/Einsiedeleien
Santuari Nostra Senyora de Lluc   NSd Lluch
Santuari des Puig de Maria   Puig de les Mõias
Santuari de Sant Salvador   S. Saluador

Studienhäuser
(Domus studiorum)
Santuari de Monti-Sion   Mõtesio
Randa   Răda
Santuari de Sta. Magdalena   S. Madelena

Oratorium
Sant Elm/Sa Trapa   S. Telm

Herrengüter
Ayamans   Ayamãs
Belpuig   Belpuig
Raixa   Raxa

Festungen (Castrum munitum)
Castell de Capdepera   Cap de Pera
Castell del Rei   Castell de Pollĕsa
Torre Picada   Pedra Picada
Castell de Santueri   Sãtueri
Castell de Sant Carles   S. Carlos
Castell de Bellver   Beluer

Talaias (Turres speculatorum)
(Beobachtungstürme; hier ohne Fahne)
Penyal de s'Evangèlica   Euãgelica

Talaias (Turres ignibus navium admonitores)
(Warntürme; hier mit Fahne)
Na Pòpia   Popia
Sa Ràpita   Rapita
Talaia de Son Jaumell   Agulla
Torre de sa Seca   Torre Seca

Brunnen
Pouet   Pouet

(In Klammern fettgedruckte Bezeichnungen entstammen der Legende: „Notarũ Explicatio")

15 Vincenzo Coronelli

15.1 Autor und Werk

Ganz anders, eher im Stil einer seekartographischen Darstellung zeigt sich die Mallorca-Karte des Vincenzo Coronelli im 1. Teilband des „Isolario", der gleichzeitig Band II seines Atlante Veneto darstellt und 1696 gedruckt wird, offensichtlich aber erst 1697 – dem Jahr der Widmung – erscheint. ARMAO (1944: 117) vermutet sogar frühestens 1698 als Jahr der Herausgabe. Wie auszugsweise den farbig hervorgehobenen Teilen des Titelblatts zu entnehmen, handelt es sich bei diesem Isolario um die Beschreibung aller Inseln des Erdballs, der „Descrittione di tutte l'isole del globo terracqueo". Gewidmet ist das Werk der „Sacra Cesarea Maestà di Leopoldo I, imperatore de Romani". Als Verleger gilt der in Venedig ansässige Domenico Padoani. Das Werk enthält 327 Seiten und ist im Großformat von 500 x 370 mm angelegt.

Vincenzo Coronelli – auch Vincenzo Maria Coronelli oder Vincentius Coronellus – wird am 16. August 1650 in Venedig geboren. 1673 promoviert er in Rom zum Dr. theol. (WAWRIK 1982: 157). Um 1684 nach Venedig zurückgekehrt, gründete er unter dem Vorsitz des Dogen die Akademie der „Argonauten" (ARMAO 1944: 10; BAGROW 1961: 479; WAWRIK 1982: 157). Diese „Accademia cosmografica degli Argonauti", die 1. Geographische Gesellschaft der Welt, der angesehene Mitglieder angehören (ARMAO 1944: 29; WAWRIK 1982: 157), hat zum Ziel, kartographische Arbeiten zu fördern. 1685 erhält Coronelli den Titel Kosmograph der Republik Venedig und lehrt als Professor für Geographie an der Universität der gleichnamigen Stadt, was auch aus dem Titelblatt des Isolario hervorgeht. Zwischen 1701 und 1704 ist Coronelli General (Padre Maestro) des Minoritenordens, in dessen Kloster San Nicoletto er bereits mit fünfzehn Jahren eingetreten ist. 1717 nach Wien geholt, verleiht ihm Kaiser Karl VI. die Würde eines „Commissario Perpetuo del Danubio" für seine Vorschläge zu einer Regulierung der Donau (WAWRIK 1982: 158). Neben dem „Atlante Veneto" und dem „Corso geografico", in denen eine Vielzahl seiner Landkarten zusammengefasst sind, zählen die „Epitome cosmografico", eine Einführung in die Grundprinzipien der Astronomie und der mathematischen Geographie, sowie die „Biblioteca universale sacro-profana", ein auf 45 Bände geplantes Lexikon, von dem er nur sieben herausgibt, zu seinen bedeutendsten Veröffentlichungen (WAWRIK 1982: 157ff.). Besonders bekannt wird Coronelli jedoch durch die Erstellung einer Vielzahl von Erd- und Himmelsgloben, darunter ein Globenpaar für Ludwig XIV. mit einem jeweiligen Durchmesser von 3,90 m. Am 9. Dezember 1718 stirbt er in Venedig.

Der Atlante Veneto, dessen 1. Band bereits 1691 erscheint, ist nach den großen Werken des Ortelius, Mercator, Blaeu, Sanson und Janson der erste italienische Atlas, in dem die ganze Welt beschrieben und mit sogenannten geographischen Karten illustriert wird (ARMAO: 1944: 100). Wie dem Deckblatt des Isolario zu entnehmen, bezeichnet Coronelli selbst sein Werk als die Fortsetzung des „Atlas Major" des Holländers Blaeu, jene mehrbändige, 1663 - 1667 in Amsterdam erschienene „Cosmographia Blaviana". Die einzigen allerdings, die vor Coronelli ebenfalls ausschließlich die Inseln der Welt behandeln, sind – auch ARMAO (1944: 116) folgend – Benedetto Bordone (1528) und Thomaso Porcacchi (1572).

Als Arbeitsgrundlage werden hier die Karten aus den Isolarien der SB Berlin [Sign.: 2° Kart. B 460-2,1], der HAB Wolfenbüttel [Sign.: Cb gr 2° 18-2] und der BFBM Palma de Mallorca [Sign.: B105-C-12/13] herangezogen. Auf eine detaillierte Ermittlung anderer Standorte dieses verhältnismäßig weit verbreiteten Werkes wird hier verzichtet. Im Zuge der Bearbeitung haben sich jedoch noch nachstehend genannte Standorte ergeben. In Deutschland sind Exemplare des Isolario auch in der BSB München [Sign.: 2 Mapp. 56 m-2], in der SUB Göttingen [Sign.: Gr 2 Geogr. 704 Rara] sowie ein zweites in der SB Berlin [Sign.: 2° Kart. B 459-2,1] zu finden. Im europäischen Ausland lassen sich beispielsweise in der NLS in Edinburgh [Sign.: Bart. 8], in der BL London [Sign.: Maps. Maps 44.f.6.(2)], in der BNF Paris [Sign.: Ge. DD-1678-1679] und in der KB Stockholm [Sign.: Geogr. Atl. fol. 5: 1-2] feststellen.

15.2 Äußerer Kartenaufbau

Die hier dem Isolario entnommene, in Kupferstich angefertigte Mallorca-Karte ist im Querformat wiedergegeben und nimmt, ohne einen deutlichen Abschluss mittels Rahmen aufzuweisen, etwa die Maße 169,5 mm für die Höhe mal 244,0 mm für die Breite ein (Abb. 15.1). Wie es die genannten Originalvorlagen zeigen, ist die Karte im unteren Drittel der Quartseite 306 zwischen ausgespartem Text untergebracht. Oberhalb des Kartenausschnitts erscheint ein Text über die Balearen als Gesamtraum („Isole Balearidi"), unterhalb und auf der folgenden Seite werden die Inseln Mallorca, Menorca, Ibiza und Formentera im Speziellen erläutert, vorrangig geographisch, zum Teil auch geschichtlich. Der gesamte Text ist in italienischer Sprache verfasst.

Die Karte als solche trägt den Titel „Isola di Maiorica", ein Schriftzug, der in der oberen rechten Ecke der Abbildung in einer kleinen Kartusche zu finden ist. Das Kartuschefeld weist die Form eines horizontal verlaufenden gewellten Bandes auf, das zur Betonung der Raumwirkung mit Schattenstrichen versehen ist. Das Band erscheint nach hinten zusammengefasst und endet oberhalb desselben in einer hervorschauenden geschwungenen Zierschleife

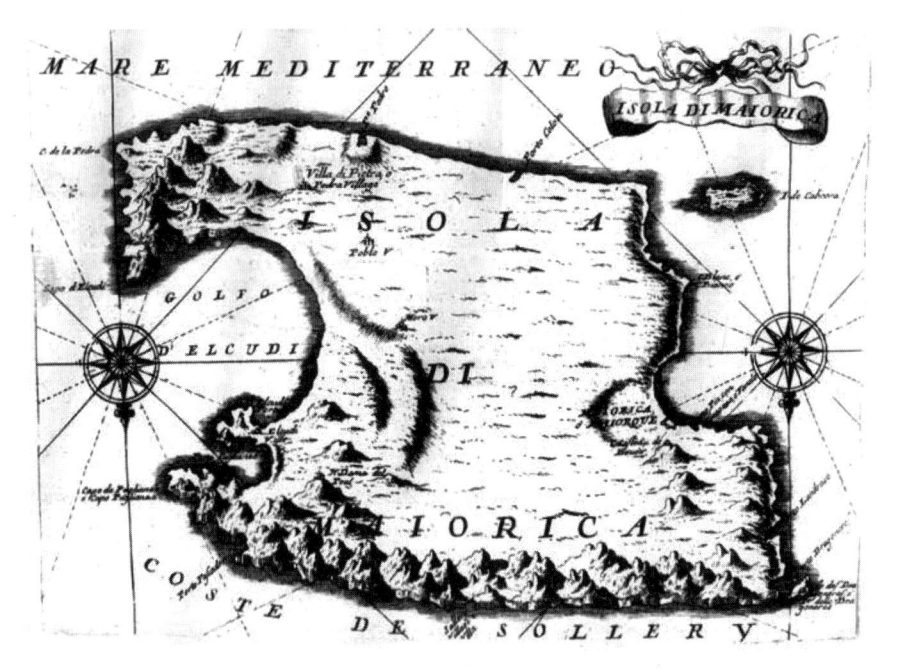

Abb. 15.1 Karte „Isola di Maiorica" aus dem Isolario des V. Coronelli; Maßstab des Originals ca. 1:484 000. Verkleinert auf ca. 1:800 000 wiedergegeben mit Genehmigung der SB Berlin [Sign.: 2° Kart. B 460-2,1].

Im Zentrum des Kartenausschnitts steht die Insel Mallorca. Die kleinen Nachbarinseln Cabrera und Dragonera sind ebenfalls in der Abbildung berücksichtigt und kommen in der oberen bzw. unteren rechten Ecke zur Darstellung. Über die Landfläche der Insel Mallorca ist dreizeilig angeordnet deren Bezeichnung eingetragen, die derjenigen in der Kartusche entspricht, allerdings von der im Begleittext (CORONELLI 1696: 306) erwähnten Schreibweise „Majorica" abweicht. Im Text wird auch darauf verwiesen, dass die von den Einheimischen „Malorque" und den Franzosen „Majorque" genannte Insel lateinisch auch „Columba" (= Taube) – vermutlich aufgrund ihrer Gestalt – bezeichnet wird. Die oben genannten kleineren Inseln sind mit den ihnen entsprechenden Namenszügen *I. de Cabrera* und *Isle des Dragoneres ó I. delle Bragoneres* (das „B" dürfte ein Schreibfehler sein!) versehen.

15.3 Lage und Orientierung

Da hier ein geographisches Netz nicht vorliegt, ist eine allgemeine Lage der Insel im Raum nicht auszumachen. Nur aus dem Begleittext (CORONELLI 1696: 306) lässt sich entnehmen, dass die Inseln „Majorca" und „Minorca" im spanischen oder balearischen Meer zu finden sind und 70 000 Doppelschritt (70 mille passi) östlich des spanischen Königreiches bzw. 25 Meilen von der Ebro-Mündung entfernt liegen. Zusätzlich wird darauf verwiesen, dass sich „Maiorica" zwischen den Inseln „Minorica" und „Ivica" befände und die größte Insel des Archipels sei.

Der Orientierung dienen ausschließlich zwei gleichgestaltete Windrosen, die links und rechts, auf beiden Seiten der Hauptinsel eingetragen sind. Jede Windrose besteht aus acht dreiecksförmigen Pfeilspitzen, die von einem schmalen Kreisring umgeben sind und deren Nordrichtung außerhalb des Ringes zusätzlich mittels einer dekorativen Spitze hervorgehoben erscheint. Ost ist durch die Positionierung eines griechischen Kreuzes an der Außenperipherie der beiden Windrosen gekennzeichnet. Die jeweiligen Nordpfeile weisen zum unteren Rand der Karte; Kartensüd ist demzufolge oben. Eine Nordausrichtung des Kartenbildes würde eine Drehung von 180° bedeuten. Wird eine solche Drehung vorgenommen, so zeigt sich, dass das Inselbild gegenüber der hier durch Pfeile angegebenen Nordrichtung zusätzlich eine östliche Abweichung von ca. 39° aufweist, eine Differenz, die umgerechnet insgesamt eine Drehung von 141° im Uhrzeigersinn bzw. 219° entgegengesetzt ausmacht (vgl. Abb. 15.1, Abb. 15.2 u. Abb. 15.5).

Vom Zentrum beider Windrosen bzw. von der Peripherie der genannten Kreisringe führen Linien bzw. Strahlen – Kompasslinien – in die acht Haupthimmelsrichtungen; nach N, E, S und W als durchgezogene Linien, die Zwischenrichtungen sind gestrichelt. Diese Linien oder Strahlen reichen von der Windrose aus zuerst bis an die nächstliegende Küste, sparen die Landfläche aus – nicht die Schrift – und werden jenseits davon bis an den Abbildungsrand weitergeführt. Der Verlauf beider N-S-Strahlen erfolgt bemerkenswerterweise nicht parallel. Das leichte Konvergieren der Kompasslinien nach Norden ist mit Sicherheit Verzeichnung, zumal die übrigen, von beiden Windrosen ausgehenden Strahlen die ihnen zugedachte Richtung weitgehend korrekt einhalten.

15.4 Kartenmaßstab

Ein Maßstab ist weder numerisch angegeben, noch graphisch veranschaulicht. Da wie erwähnt auch kein Gradnetz vorliegt, kann ein Maßstab wiederum nur indirekt über einen Flächen- oder einen Streckenvergleich ermittelt werden. Wird die Naturfläche der Insel Mallorca von ca. 3623 km² der festgestellten Kartenfläche von 167,8 cm² gleichgesetzt, so ergibt sich ein gerundeter Maßstab von 1:465 000. Dabei ist der dargestellte und später angesprochene küstenparallele Gebirgssockel außer Acht gelassen. Bei der Auswahl markanter Küstenstrecken und deren Vergleich mit den entsprechenden Entfernungen in der Natur zeigen sich untereinander deutliche Maßstabsunterschiede, die auf die nur zum Teil korrekte Wiedergabe der Inselgestalt zurückzuführen sind. Da diese Werte eine Spanne zwischen rd. 1:293 000 und rd. 1:586 000 umfassen, sind sie für eine Maßstabsbestimmung wenig geeignet. Unter all den markanten Strecken scheint der Abschnitt der ganzen, hier nach N – in Realität nach NW – exponierten Küste, die Entfernung zwischen der Punta Negra und dem Cap de Formentor, noch am weitestgehendsten der Natur zu entsprechen. Der hierbei aus dem Streckenvergleich sich ergebende Maßstab lautet ca. 1:464 000 und ist gegenüber dem über den Flächeninhalt ermittelten Wert praktisch identisch. Die aus einem Vergleich der Diagonalstrecken Cap de Formentor–Cap de ses Salines und Punta Negra–Punta de Capdepera mit den entsprechenden Naturwerten sich herausstellenden Maßstäbe von ca. 1:476 000 bzw. ca. 1:424 000 weichen hingegen deutlicher von oben genannter Zahl ab, im Mittel gleichen sie sich aber aus und kommen mit rd. 1:450 000 dem oben, über die Fläche ermittelten Wert recht nahe. Nach der Methode RUGE (1904: 42) ergibt sich in diesem Falle gemittelt ein wiederum kleinerer Maßstabswert von rd. 1:536 000. Trotz dieses letztgenannten, etwas abweichenden Wertes sei der bisherigen Vorgehensweise folgend auch hier ein Maßstab festgelegt, der das Mittel aus den über die Fläche, die Diagonalen und die Methode RUGE errechneten darstellt. Dieser Maßstab ergibt sich zu rd.

1:484 000 und wird für weitere Fragestellungen zugrunde gelegt. Vergleicht man andererseits die gesamte Küstenstrecke von 463 km – im Begleittext mit 200 Meilen angegeben (CORONELLI 1696: 306) – mit dem ihr auf der Karte entsprechenden digitalisierten Wert, so stellt sich ein Maßstab von ca. 1:529 000 heraus, der, nicht zuletzt auch aufgrund der relativ geradlinig ausgeführten Küstenabschnitte, nur geringfügig größer ist als der über die Methode RUGE bestimmte und somit bei diesem Beispiel im Bereich der oberen liegt.

15.5 Inselgestalt

Die Inselgestalt entspricht nur im Großen und Ganzen der Realität und bedeutet gegenüber anderen, bisher besprochenen Karten, wie es die Beispiele von Vicente Mut und auch von Peter Bertius zeigen, sogar einen Rückschritt in der Darstellungsentwicklung (vgl. Taf. I, Teil I – IV). Die bestehenden Differenzen betreffen sowohl die Länge und Ausrichtung der Küsten als auch die Form einiger ihrer markanten Abschnitte, insbesondere im südlichen bis südöstlichen Inselbereich. Streckenweise gesellen sich noch deutliche Abweichungen im Detail hinzu. Die hier vorliegende Inselgestalt entspricht schematisch gesehen nicht der für Mallorca angenommenen Figur eines unregelmäßiges Vierecks, sondern zeigt sich eher als ein Parallelogramm, d. h. eine Figur mit zwei gleichgerichteten, nicht senkrecht aufeinander stehenden Seitenpaaren. Die vermutlich aus dieser Form entwickelte Vorstellung einer wohl in südwestliche Richtung fliegenden Taube, wie die vorne erwähnte Verwendung des Namens „Columba" für Mallorca andeutet (CORONELLI 1696: 306), lässt sich durchaus nachvollziehen.

Die vorhandenen Differenzen lassen sich am besten durch eine Gegenüberstellung der historischen mit einer aktuellen Darstellung feststellen. Analog den bisher behandelten Beispielen wird für die aktuelle Darstellung die ONC in 1:1 Mio. eingesetzt und dem historischen Bild genordet sowie zentriert unterlegt. Dabei zeigen sich nicht nur die starken Abweichungen beider Nordrichtungen untereinander – der historischen als auch der aktuellen Karte –, sondern auch die oben angesprochenen Differenzen in der Großform der zwei Inselbilder (Abb. 15.2).

Genauer lassen sich die Unterschiede bei einem Vergleich der für beide Karten angenommenen Schemafiguren feststellen. Die einzelnen Küstenabschnitte weisen in ihrer Ausrichtung Azimutwerte auf, die zum Teil überdeutlich die Gestaltverschiebung der historischen Karte gegenüber dem Realbild dokumentieren

Aktuelle Karte (ONC)
Umriss der historischen Karte
Zentrum und N-Richtung der ONC
Zentrum und Orientierung der historischen Karte

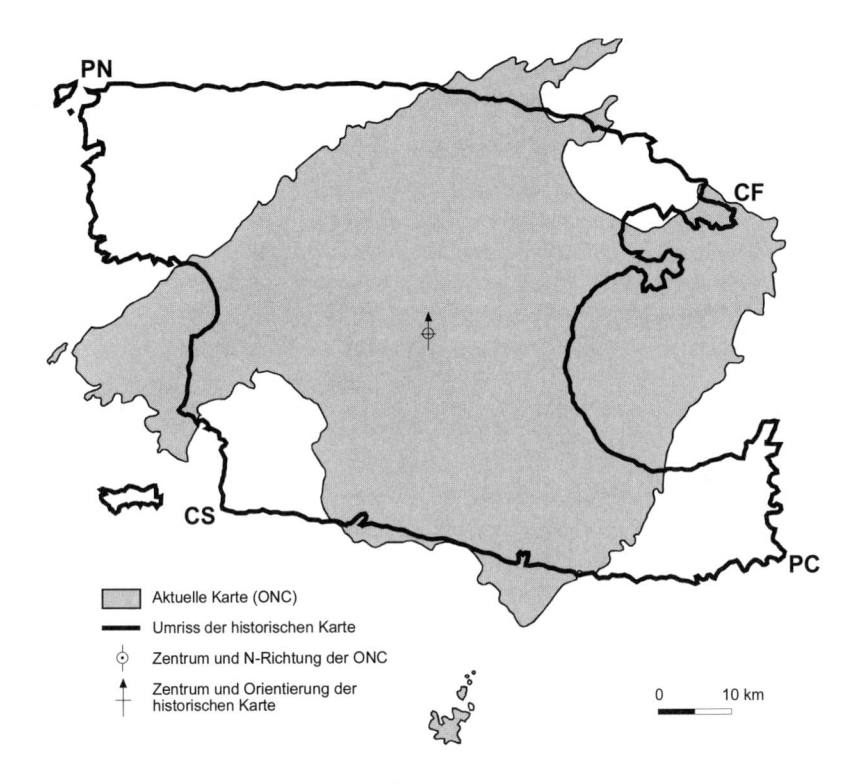

0   10 km

Abb. 15.2 Geometrisch zentrierte Überlagerung der ONC in 1:1 Mio. mit der durch Verkleinerung im Maßstab angepassten und nach Kartennord ausgerichteten historischen Darstellung des V. Coronelli.

(Abb. 15.3). So zeigen die im Kartenbild etwa N- und S-exponierten – in der Realität nach NW und SE weisenden – Küsten im jeweiligen Mittel eine Nordabweichung von 100° E gegenüber 60° E bzw. 95° E gegenüber 35° E in der Natur. Auch die in Wirklichkeit nach NE und SW orientierten Küstenabschnitte weisen Azimute von 172° E statt 140° E am Cap de Formentor bzw. von 18° W statt 60° W am Cap de ses Salines oder 162° E statt 120° E an der Punta Negra auf.

Auch die Innenwinkel des historischen Kartenschemas lassen sich in gleicher Abbildung erfassen und größenmäßig mit denen des aktuellen Bildes vergleichen. Auffallend sind dabei die erheblichen Abweichungen des um 28° kleineren Wertes in der SE-Ecke des Vierecks (77° statt 105°) als auch des um 18° größeren, hier im SW liegenden Winkels (113° statt 95°), wodurch sich die lang gestreckte

Form des Schemabildes erklärt. Der Winkel im NE beträgt 108° und ist mit 8° deutlich über dem Soll, derjenige an der NW-Ecke entspricht mit 62° nahezu der Realität.

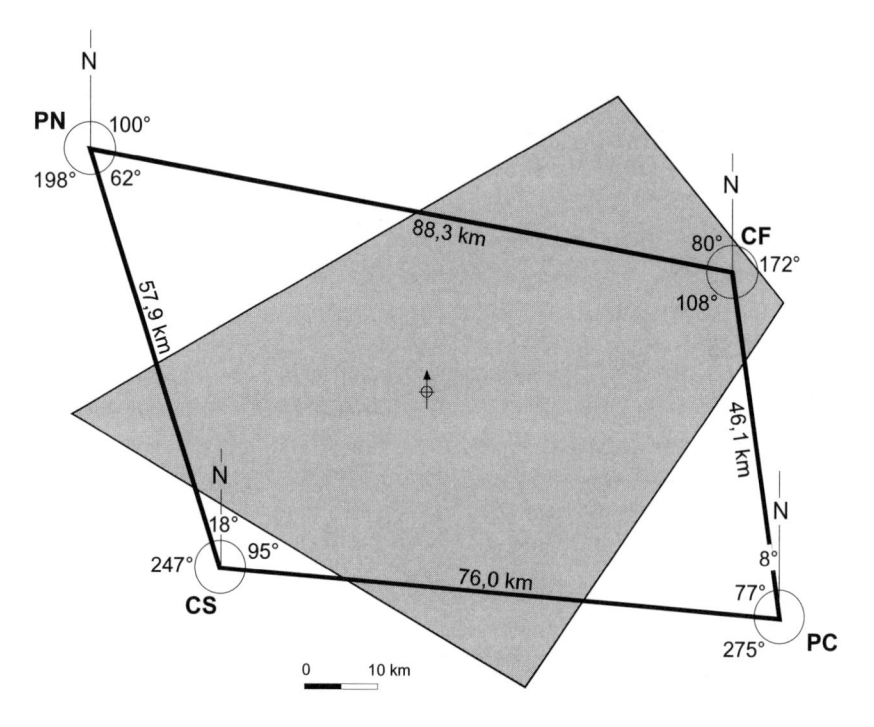

Abb. 15.3 Geometrisch zentrierte, genordete Überlagerung der Viereckschemata von historischem Kartenbild und ONC in 1:1 Mio. mit Angabe der Kapdistanzen, Streckenazimute und Innenwinkel der Figur.

Die Längen der Hauptküstenabschnitte zeigen ebenfalls markante Unterschiede zu den Naturwerten. Während die NW-exponierte Küste mit 88,3 km verhältnismäßig realitätstreu wiedergegeben ist, weichen die anderen Abschnitte deutlich vom Soll ab. Die Küstenstrecke im SW ist mit 57,9 km statt 70,0 km zu kurz, diejenigen im NE mit 46,1 km anstelle von 35,2 km und im SE mit 76,0 statt 62,5 km sind erheblich zu lang.

Bei einem Vergleich der Inseldiagonalen (Abb. 15.4) ist besonders die starke Streckung in W-E-Richtung auffallend. Während sich in dem der Wirklichkeit entsprechenden Schemabild die Diagonalen in der ungefähren N-S- zur W-E-Erstreckung wie 4:5 verhalten, klaffen beim Schema der Coronelli-Karte die Werte mit ca. 3,5:5 deutlich weiter auseinander. Für die etwa N-S verlaufende Diagonale liegt mit 79,2 km ein naturnaher Wert vor, in der etwa senkrecht dazu verlaufenden Richtung tritt hingegen mit 111,8 km eine starke Diskrepanz auf. Erhebliche Unterschiede erweisen sich auch in der Ausrichtung dieser Diagonalstrecken. Legt man bei der historischen Karte die Nordrichtung der Windrosen zugrunde, so zeigt sich, dass die Diagonale Cap de Formentor–Cap de ses Salines ein Azimutwert von 60° E statt nur 10° E aufweist und die Querrichtung um 123° E statt um 81° E von Nord abweicht.

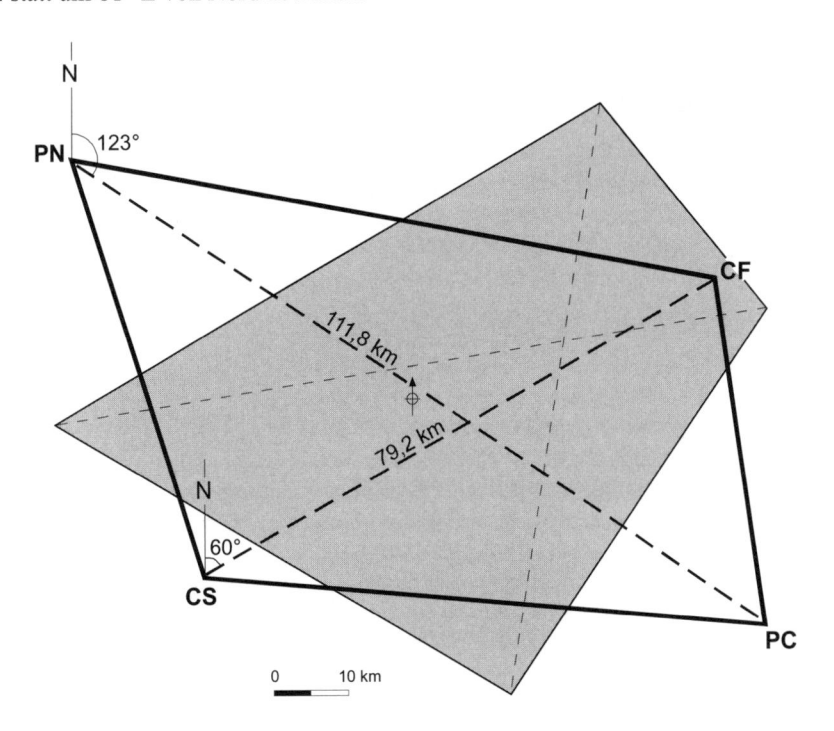

Abb. 15.4 Die Inseldiagonalen, ihrer Entfernungen und Azimute in den geometrisch zentriert und genordet sich überlagernden Schemadarstellungen von historischem Kartenbild und ONC in 1:1 Mio.

Wird die maßstäbig angepasste Coronelli-Darstellung gegenüber der aktuellen ONC um den oben bereits genannten Winkel von 39° entgegen dem Uhrzeigersinn rotiert, so lassen sich exakter die Abweichungen, aber auch die Ähnlichkeiten in Länge und Verlauf der einzelnen Hauptküstenabschnitte herausarbeiten (Abb. 15.5), auch wenn auf diese Weise nur für den nördlichen Inselbereich eine einigermaßen passende Flächenüberdeckung des historischen und des aktuellen Bildes erreicht wird.

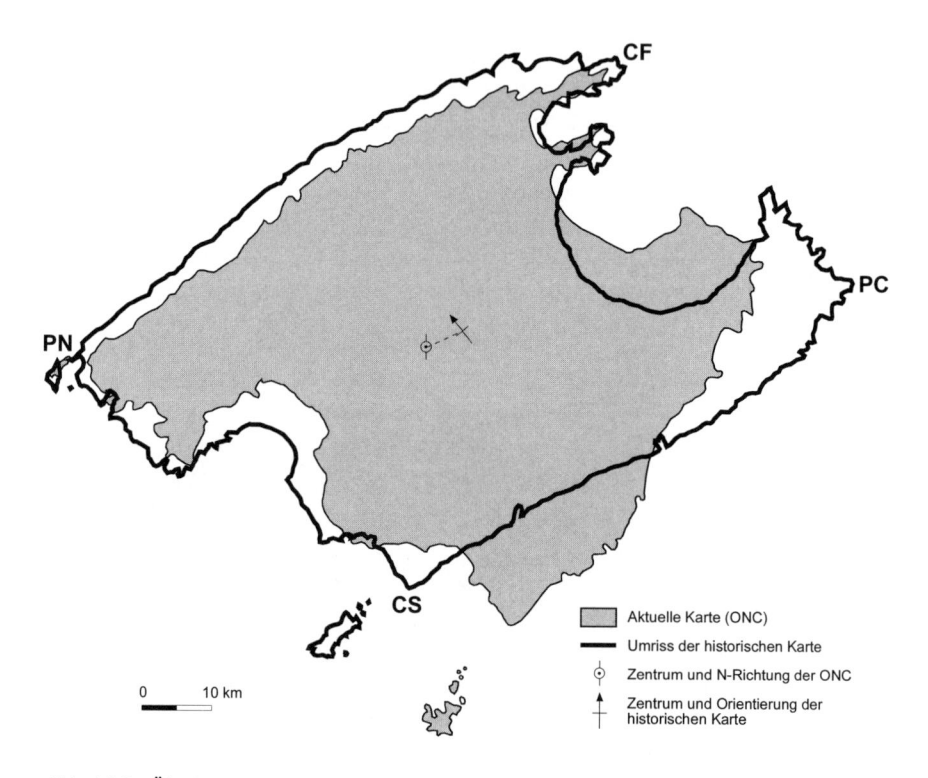

Abb. 15.5 Überlagerung der genordeten ONC in 1:1 Mio. mit dem maßstäbig angepassten Kartenbild des V. Coronelli nach erfolgter Rotation um 39° W und einer Mittelpunktsversetzung um rd. 4,5 mm nach ENE.

Besonders charakteristisch für das historische Kartenbild ist der Verlauf des hier südorientiert wiedergegebenen SE-Küstenstreifens, der erheblich zu lang und auch zu geradlinig veranschaulicht ist. Bis auf zwei kleine, tiefere Einschnitte, an denen zwei Häfen liegen, ist auf der gesamten Strecke mit Ausnahme des östlichen Endes im Gegensatz zur Natur keine markante Einbuchtung zu erkennen. Wie oben ausgeführt beträgt die Länge dieses Streifens beim angenommenen Maßstab ca. 13,5 km mehr als in der Realität. Der Abschluss dieses Ostteils erscheint zu weit ostwärts verlagert und zu rechteckförmig dargestellt. Zur Bucht von Alcúdia hin ist er übertrieben hakenförmig ausgebildet und relativ gesehen zu stark nordgerichtet. Im Vergleich dazu bildet sich wie erwähnt der NW-exponierte Küstenabschnitt geringfügig länger ab, nur seine östliche Partie zeigt sich etwas konvexer gewölbt. Diese weitgehende Lagetreue trifft auch für den Bereich der Halbinseln Formentor und am Cap des Pinar sowie der Bucht von Pollença zu. Im Gegensatz dazu erscheint die südlich davon gelegene Bucht von Alcúdia erheblich vergrößert und durch die hakenförmige Ausbildung am Cap de Ferrutx (hier *Capo d'Elcudi*) zu stark gerundet. Die eigentlich lang gestreckte Bucht von Alcúdia – in der Coronelli-Karte *Golfo d'Elcudi* genannt – ist zwischen dem Cap des Pinar und dem Cap de Ferrutx in westliche Richtung nahezu um das Doppelte zu tief abgebildet und zeigt sich daher etwa halbkreisförmig ausgebuchtet. Von der gedachten Verbindungslinie Cap de Formentor–Cap de Ferrutx in das Buchtinnere beträgt die Entfernung sogar ca. 26 km statt der knapp 16 km in der Natur. Die Inselsüdspitze am Cap de ses Salines ist um einiges zu weit nach N und W verlagert und lässt dadurch die gesamte Inselfläche in nordsüdlicher Richtung zusammmengedrängt erscheinen. Die sich anschließende SW-Küste ist stellenweise, vor allem in ihrem nördlichen Abschnitt, zu geradlinig ausgebildet. Die in diesem Teil vorhandene mittelgroße Bucht von Santa Ponça als auch der nach Süden hinausragende Vorsprung beim Cap de Cala Figuera sind – trotz ihrer eigentlichen Bedeutung schon für die damalige Schifffahrt – nicht herausgearbeitet. Nur die kleine Hafenbucht bei Andratx (hier *Porto Landraco*) ist berücksichtigt. Im Gegensatz zur großen Bucht an der Ostküste ist die Hauptstadtbucht deutlich zu klein veranschaulicht. Ihre Weite und Tiefe kommen nicht zum Ausdruck, statt der 16 km Tiefe weist sie nur ca. 12 km auf; der innere Bereich sogar nur 6 km statt 12 km. Im Gegensatz dazu ist aber der Abstand zwischen den großen Buchten an der SW- und an der NE-Küste korrekt wiedergegeben. Die von der Bucht an der Hauptstadt in südöstliche Richtung folgenden zwei Teilabschnitte der Küste sind fast gleichlang und jedes zu geradlinig ausgefallen; der südlichere Teil sogar zusätzlich mit deutlichem Verlaufsknick. Der kürzere, eher konvexe Bogen nördlich und der längere konkave Bogen südlich des Cap Blanc kommen hier nicht zum Tragen. Das eigentlich südlich des Cap de ses Salines vorgelagerte Cabrera-Archipel ist in der direkten westlichen Verlängerung des abgebildeten SE-Küstenstreifens zu finden und liegt mithin zu weit nördlich. Auch die kleine Nachbarinsel Dragonera erscheint, wenn auch geringfügig, nach Süden versetzt.

Außer den herausragenden Buchten von Pollença und Alcúdia im NE sowie derjenigen an der Hauptstadt im SW kommen nur einige kleinere Buchten zur Darstellung. Sieht man vom großen *Golfo d'Elcudi* (heute Badia d'Alcúdia) ab, so scheint es sich aufgrund ihrer Beschriftung hauptsächlich um Buchten zu handeln, die einen Naturhafen beherbergen, so drücken es zumindest ihre Bezeichnungen mit dem Kennwort „Porto" bzw. der entsprechenden Abkürzung „P°" aus. An der NW-exponierten Küste – hier nach dem Ort Sóller *Coste de Sollery* genannt – ist nur *Porto Pescador* aufgeführt, der Lage und Buchtform nach vermutlich die heutige Cala Sant Vicenç, eine Bezeichnung, die mit Sicherheit auf den Fischfang Bezug nimmt. An der Nordostflanke sind *Porto Puglianza* und *Elcudi Porto* für Port de Pollença bzw. Port d'Alcúdia eingetragen. Im Südostbereich sind *P° Pedro* (heute Portopetro) und *Porto Colom* (Portocolom) zu finden, deren Bezeichnungen offensichtlich vertauscht sind; der östlicher gelegene Eintrag der beiden ist zu weit nach E geraten. Am nördlichen Teil der SW-Küste lassen sich *Porto Pin* für das nahe der Hauptstadt gelegene Portopí sowie *Porto Landraco* für Port d'Andratx – unweit davon liegt heute der Ort s'Arracó – und *Porto Dragoneres* für das jetzige „Es Lladó", der Hauptanlegestelle der Nachbarinsel Dragonera, oder sogar für Sant Elm ausmachen.

Der Bedeutung als Karte für die Seefahrt entspricht auch die Hervorhebung einiger Kaps. Von den markanten Vorsprüngen sind allerdings nur wenige mit ihren Namen versehen. Während auf der NE-Flanke der Insel mit dem *Capo de Puglianza ó Capo Puglianza, Capo d'Elcudi* und *C. de la Pedra* für die heutigen Cap de Formentor, Cap de Ferrutx bzw. Punta de Capdepera gleich drei wichtige Kaps namentlich eingetragen sind, erfolgt an der SW-Küste, der Italien abgewandten Seite (!), mit *C. Blanc o C. Bianco* für das jetzige Cap Blanc nur das Hervorheben einer einzigen exponierten Stelle. Seltsam ist das Auslassen des Kapnamens an der Inselsüdspitze, dem Cap de ses Salines. Auch der markante Vorsprung am Cap de Cala Figuera, dem westlichen Eingang der Hauptstadtbucht, weist keine Bezeichnung auf.

Alle in diesem Kartenbeispiel wiedergegeben Inseln – Mallorca, Cabrera und Dragonera – sind in einer vogelperspektivischen Ansicht veranschaulicht, wozu besonders neben der Darstellung des Reliefs der oben erwähnte küstenbegleitende Gebirgssockel beiträgt. Betroffen sind hauptsächlich die hier nach Kompass-Nord zeigenden Küstenabschnitte, die auf ihrer ganzen Erstreckung einen die Perspektive betonenden Geländestreifen aufweisen, dessen Schattierung einer der Reliefdarstellung analogen Beleuchtung folgt.

15.6 Gewässernetz

Vermutlich mit Rücksicht auf den Zweck der Karte als Orientierungsmittel auf See oder von See aus und entsprechend dem oben über die Unterrepräsentierung des Binnenlandes Gesagten entbehrt diese Darstellung jeglicher Wiedergabe an Gewässern im Innern der Landfläche. Selbst der Lagunenbereich im NE der Insel ist im Gegensatz zu anderen Karten vollständig außer Acht gelassen.

15.7 Relief

Die Darstellung des Reliefs erfolgt mittels Bergfiguren, deren individuell gestaltete Formen besonders eindrucksvoll veranschaulicht sind. Die Beleuchtung der einzelnen Gebilde ist von links angenommen, d. h., sie kommt etwa aus der E- bis NE-Richtung. Die Schattierung der Figuren wird durch Falllinienschraffen zum Ausdruck gebracht, die zumindest zum Teil derartig angeordnet sind, dass sie den oben erwähnten perspektivischen Eindruck der Darstellung vermitteln (Abb. 15.6).

Abb. 15.6 Gebirgsdarstellung, veranschaulicht am Beispiel eines küstennahen Abschnitts der Serra de Tramuntana.

Schwerpunktmäßig sind die Figuren im Bereich der hier nach N und S weisenden Küsten zu finden, Gebiete, die in der Realität NW bzw. SE exponiert erscheinen. Beide Räume, die gesamte Hauptgebirgskette des Nordwestens, der Serra de Tramuntana, sowie der zum SE-Bergland, der Serres de Llevant, gehörende höhere Ostabschnitt, weisen eine Vielzahl einzelner, zum überwiegenden Teil ineinander greifender Silhouetten auf, deren Einzelformen bei grobem Hinsehen ähnlich wirken, bei näherer Betrachtung jedoch deutliche Unterschiede in Höhe und Breite zeigen. Jede Figur besteht in der Regel aus mehreren, häufig bis zu ca. 10 mm verschieden hohen bizarren Höckern.

Die Hauptkette im NW wird durch 36 solcher Silhouetten wiedergegeben, die in zwei bis drei Reihen hintereinander gestaffelt sind und unter denen keine der Erhebungen besonders herausragt. Aus Betrachtersicht wirkt diese Kette insgesamt wie eine aus Einzelerhebungen zusammengesetzte, aus dem Meer herausragende Gebirgsmauer, deren Darstellungsweise die perspektivische Ansicht der Karte betont und fast einer für die älteren Seekarten und Segelhandbücher typischen Vertoonung gleichkommt. Unterstützt wird dieser Eindruck durch den oben erwähnten Gebirgssockel, der vorrangig entlang des hier *Coste de Sollery* genannten Küstenstreifens die Steilwände veranschaulichen soll.

Eine ähnliche Wirkung zeigen auch die dargestellten Erhebungen im genannten Ostabschnitt des im SE der Insel gelegenen Berglandes mit seinen elf, vorwiegend mehrhöckrigen Figuren und den davorliegenden, ebenfalls nach Norden gerichteten Steilpartien. Selbst die weitständiger voneinander eingetragenen, niedrigeren bzw. flacheren Formen im südwestlichen Abschluss des Hauptkettenbereichs verstärken diesen perspektivischen Eindruck.

Vereinzelte, überwiegend niedrige Figuren sind im Gebiet westlich der Bucht von Pollença zu finden, unter denen der am Südrand der Hauptkette gelegene Puig de Pollença – hier gekrönt mit dem Monastir *N. Dama de Poul* – als isolierte Erhebung deutlich hervortritt. Bemerkenswert ist auch das Fehlen einer Darstellung des kompletten Mittel- und Westteils des südöstlichen Berglandes einschließlich des Puig de Sant Salvador mit seinen 510 m sowie aller zum zentralen Raum der Insel gehörenden Einzelerhebungen, wie dem Puig de Randa oder dem Puig de Bonany mit 543 bzw. 317 m. Dies entspricht zumindest zum Teil dem oben Angedeuteten, dass dem Küstenbereich aus Seefahrersicht mehr Bedeutung zugemessen und darum detaillierter zum Ausdruck gebracht ist, also nahe der Küste gelegene Objekte anderen gegenüber in der Darstellung den Vorrang haben, und das Landesinnere hingegen in dieser Hinsicht unterrepräsentiert erscheint.

Darüber hinaus werden in den Übergangsbereichen vom leicht flachwelligen Bereich zum flacheren Küstenhof Schraffen angeordnet, deren Streifen aller Wahrscheinlichkeit nach morphologische Stufen andeuten sollen. Diese raupenartigen Schraffenreihen sind vorrangig im weiteren Umland der heutigen Hauptstadt, um die Bucht von Pollença sowie geringfügiger um *P° Pedro* zu finden. An der SW-

Küste südlich der Hauptstadt bis zur Inselsüdspitze ist küstenparallel ein relativ breites Schraffenband angelegt, das mit Sicherheit auf den Steilabfall dieses Küstenstreifens hinweisen soll. Der Abschnitt zwischen der Insel Dragonera und dem Cap de Cala Figuera weist entlang der Küste ebenfalls eine Aneinandereihung von Schraffen auf, deren Darstellung den verhältnismäßig schroffen Felsbereich dieser Zone veranschaulicht. Weiter landeinwärts, etwas zurückgesetzt und nur teilweise küstenparallel gezogen, sind breitere Schraffenreihen vor allem im Raum der Bucht von Alcúdia eingetragen, die den Küstenhof vom inneren Höheren optisch trennen sollen. Das übrige, mehr oder minder ebene bis flachwellige Gelände vor allem im Zentrum der Insel wird mittels weitständig gesetzter Reihen kurzer, senkrechter wie schräg gestellter Schraffen charakterisiert.

15.8 Bodenbewachsung/Bodennutzung

Eine Darstellung von Bodenbewachsung oder Bodennutzung ist der Karte nicht zu entnehmen. Auch die Fauna ist nicht erfasst.

15.9 Siedlungsbild

Vermutlich den vorwiegenden Interessen der Nautik folgend sind – auch im Vergleich zu den meisten anderen besprochenen Karten – nur einige wenige Siedlungspunkte zur Darstellung gebracht. Die veranschaulichten Standorte liegen vorrangig im Küstenbereich. Dazu ist vor allem die lagetreu erfasste und mit *Maiorica ó Maiorque* zweisprachig bezeichnete Hauptstadt an der SW-Küste zu zählen. Als einzige Ortschaft der Insel ist sie durch ein kleines, fast unscheinbares Grundrissplänchen wiedergegeben, das landeinwärts von einem polygonisch verlaufenden Festungsgraben mit Bastionen begrenzt ist und dadurch den Hinweis auf das Vorhandensein einer befestigten Stadt gibt. Die zur Stadt gehörende Beschriftung ist östlich des Ortes im Bereich einer angedeuteten küstennahen Senke untergebracht.

Die überwiegende Zahl der anderen Inselorte wird durch ein Aufrisssymbol gekennzeichnet, das sich aus drei verschieden hohen, jeweils rechts schattierten kleinen Türmen zusammensetzt; der mittlere und höchste davon weisen in der Regel einen Mast auf. Ein derartiges Symbol steht für das im NE der Insel gelegene *Elcudi Ville* (heute Alcúdia) sowie für die weiter südlich, nicht lagerichtig eingetragenen Orte *Moro V* (Muro), *Poble V* (Sa Pobla) und *Villa di Pietra, ó Pedra Village* (Petra). *Elcudi Ville* ist im Kartenbild positionsgerecht verzeichnet. Dagegen liegt *Poble V*, in der Realität unweit südwestlich von Alcúdia gelegen, viel zu weit im Süden und zwischen den Orten Petra und Muro. Petra selbst erscheint nach Südosten verlagert. An der NW-Küste wird mit dem lagerichtig eingetragenen Schriftzug *Sollery Village ó Villa*, trotz Fehlens eines Siedlungssymbols, auf das Vorhandensein der Ortschaft Sóller hingewiesen.

Das beschriebene Aufrisssymbol dient darüber hinaus auch zur Kenntlichmachung kleinerer, in dieser Karte auf Anhöhen gelegener Siedlungspunkte. Dazu zählen das oben erwähnte, 1371 gegründete, hier *N. Dama del Poul* bezeichnete Kloster auf dem Puig de Pollença im NE der Insel (heute Santuari des Puig de Maria) sowie das nordwestlich, nahe der Hauptstadt strategisch wichtige, im 14. Jh. erbaute Castell de Bellver, das mit dem Namen *Chasteau de Bouoir* versehen ist. Ein kleines Turmsymbol am Cap de Ferrutx mit der Bezeichnung *Fanal* veranschaulicht schließlich den dort schon seinerzeit gelegenen Wach- bzw. Signalturm.

Alle Häfen weisen keinerlei Symbole auf, sie sind nur durch ihre Beschriftung gekennzeichnet, was das Nichtvorhandensein einer Ortschaft vermuten lässt. Einzige Ausnahme bildet der Hafen *Porto Pin* im W der Hauptstadt, dessen textlicher Zusatz „con Fortezza e Fanale" trotz fehlender Symbolik auf die nahegelegene, ab 1612 errichtete Festung Sant Carles (San Carlos) und den vorhandenen Signalturm hindeutet.

15.10 Meeresfläche

Die Meeresfläche als solche ist frei gelassen. Zur deutlicheren optischen Trennung von Land und Meer ist der Inselsaum mit einem entlang der Küste verlaufenden, aus horizontalen Strichen schraffierten schmalen Band versehen. Die Meeresfläche trägt nur die entsprechenden Schriftzüge *Coste de Sollery* vor der Hauptgebirgskette im NW und *Mare Mediterraneo* für den südöstlich der Insel vorhandenen Raum. Mit der Bezeichnung *Golfo d'Elcudi* ist die große Bucht im E der Insel versehen. Die übrige Fläche ist mit den erwähnten zwei Windrosen, den zugehörigen Strahlen sowie der Kartusche belegt.

15.11 Schriftbild

Die dreizeilig über die Inselfläche angebrachte Bezeichnung *Isola di Maiorica*, Insel Maiorica bzw. Mallorca, ist in weitständig gesperrten, vorwärtsliegenden Versalien einer ca. 5 mm hohen, halbfetten Antiquaschrift angelegt. Diese relativ groß ausgefallene Bezeichnung verdrängt optisch den gleichlautenden, deutlich kleineren und nicht gesperrten Schriftzug, der, wie bereits erwähnt, als Kartentitel in einer gewellten Kartusche zu finden ist. In identischer Schriftart und Schriftlage, aber kleiner, wie die flächenhaft angeordnete Inselbezeichnung erfolgt im oberen Kartenteil die ebenfalls italienische Angabe *Mare Mediterraneo* für Mittelmeer und im unteren Bereich in Altfranzösisch die *Coste de Sollery*, Küste von Sóller, für die heute Costa Brava genannte Steilküste im NW der Insel, ein Name, der von der hier gelegenen Ortschaft Sóller herrührt. In deutlich kleineren vorwärtsliegenden Versalien einer gesperrten Antiqua, und den in Frage kommenden Bereich ausfüllend, ist die Bucht von Alcúdia mit *Golfo d'Elcudi* bezeichnet. Geneigte Versalien der gleichen Schriftart werden auch für die lateinisch wie französisch angegebenen Hauptstadtnamen *Maiorica ó Maiorque* eingesetzt.

Alle übrigen, in der Karte italienisch und/oder französisch vorkommenden Bezeichnungen liegen in gemischter Kursivschrift niedriger Punktzahl vor, seien es Ortschaften oder andere Siedlungspunkte, Häfen, Buchten, Kaps oder kleinere Inseln. Die Zuordnung der Toponyme zu den einzelnen Objekten ist eindeutig und nicht verwechselbar, auch wenn letztere nicht immer lagetreu eingetragen sind. Eine generelle Freistellung der Schrift von anderen kartographischen Elementen erfolgt hierbei nicht.

Insgesamt kommen in der Karte Bezeichnungen für acht Siedlungsplätze vor. Davon tragen die sechs Ortschaften – wie oben ausgeführt – außer ihren Namen den französischen oder italienischen Zusatz „Ville, Villa, Village" oder sogar nur das Kürzel „V" für Stadt, für Kleinstadt bzw. für ein Dorf, um auf diese Weise von anderen Objekten unterschieden zu werden. Eigentümlich ist die Bezeichnung *N. Dama del Poul* für den westlich Alcúdia gelegenen Puig de Maria. Eindeutig hingegen ist das für das heutige Castell de Bellver in Altfranzösisch eingetragene *Chasteau de Bouoir*. Die Angabe *Fanal* für Leuchtfeuer nahe dem Cap de Ferrutx ist entweder spanisch oder unter Annahme eines vergessenen „Schluss-e" auch italienisch.

464

Außer den erwähnten Siedlungsplätzen liegen in gleicher Schriftart und Schriftgröße auch die vorne aufgeführten Toponyme für die beiden kleinen Nachbarinseln sowie für vier Kaps und acht Häfen vor, deren Schreibweise zum Teil zweisprachig vorgenommen ist.

Aus Übersichtsgründen seien im Anschluss alle im Bereich der historischen Karte vorkommenden Toponyme aufgelistet.

Aktuelle Toponyme	Toponyme in der historischen Karte
Inseln	
Mallorca	ISOLA DI MAIORICA
Cabrera	I. de Cabrera
Dragonera	Isle des Dragoneres ó delle Bragoneres
Landvorsprünge	
Cap de Formentor	Capo de Puglianza ó Capo Puglianza
Cap de Ferrutx	Capo d'Elcudi
Punta de Capdepera	C. de la Pedra
Cap Blanc	C. Blanc ó C. Bianco
Buchten	
Badia d'Alcúdia	GOLFO D'ELCUDI
Häfen	
Portopí (mit Festung u. Signalturm)	Porto Pin con Fortezza, ó Fanale
Port d'Andratx	Porto Landraco
Es Lladó	Porto Dragoneres
Cala Sant Vicenç (?)	Porto Pescador
Port de Pollença	Porto Puglianze
Port d'Alcúdia	Elcudi Porto
Portopetro	P.º Pedro
Portocolom	Porto Colom
Ortschaften	
Palma de Mallorca	MAIORICA ó MAIORQUE
Alcúdia	Elcudi Ville
Muro	Muro V.
Sa Pobla	Poble V
Petra	Villa di Pietra, o Pedra Village
Sóller	Sollery Village ó Villa

Festung/Burg
Castell de Bellver　　　　　　　　　Chasteau de Bouoir

Einsiedelei
Santuari des Puig de Maria　　　　　N. Dama del Poul

Küste
Coste de Tramuntana　　　　　　　COSTE DE SOLLERY

Meeresfläche
Mar Mediterrània　　　　　　　　　MARE MEDITERRANEO

16 Literaturverzeichnis

AFET, I. (1937): Un amiral, geographe turc du XVIe siècle Piri Reis, auteur de la plus ancienne carte de l'Amerique. – Türk Tarih Kurumu Belleten, **1**(2): 333-349; Ankara.

ALMAGIÀ, R. (1927): Intorno ad una raccolta di carte cinquecentesche – di proprietà del Lloyd Triestino. – In: L'Universo, **VIII** (3): 265-294; Firenze.

ALMAGIÀ, R. (1929): Monumenta Italiae Cartographica. – 94 p. + LXV tav.; Firenze.

ALMAGIÀ, R. (1937): Intorno alle carte e figurazioni annesse all' Isolario di Benedetto Bordone. – Maso Finiguerra, **II**: 170-186; Milano.

ALMAGIÀ, R. (1940): I Mappamondi di Enrico Martello e alcuni concetti geografici di Cristoforo Colombo. – In: La Bibliofilia, **XLII** (8-10): 288-311; Firenze.

ALMAGIÀ, R. (1944): Monumenta Cartographica Vaticana – Planisferi, carte nautiche e affini del secolo XIV al XVII esistenti nella Biblioteca Apostolica Vaticana. – **I**: 169 p. + LVI tav.; Città del Vaticano.

ALMAGIÀ, R. (1948): Monumenta Cartographica Vaticana – Carte geografiche a stampa di particolare pregio o rarità dei secoli XVI e XVII esistenti nella Biblioteca Apostolica Vaticana. – **II**: 139 p. + XL tav.; Città del Vaticano.

ALOMAR ESTEVE, G. (1979): Ensayos sobre Historia de la Islas Baleares hasta el año 1800. – 434 p.; Palma de Mallorca.

ARMAO, E. (1944): Vincenzo Coronelli. Cenni sull'uomo e la sua vita. Catalogo ragionato delle sue opere – lettere – fonti bibliografiche – indici. – In: Biblioteca di Bibliografia italiana, **XVII**: 326 p.; Firenze.

BABINGER, F. (1955): Seyyid Nûh and his Turkish Sailing Handbook. – Imago Mundi, **XII**: 180-182; Leiden.

BAGROW, L. (1928a): Benedetto Bordone. – In: A. Ortelli Catalogus Cartographorum, Erster Teil. – Petermanns Mitteilungen, Erg. H. **199**: 47-49; Gotha.

BAGROW, L. (1928b): Jacopo Gastaldo. – In: A. Ortelli Catalogus Cartographorum, Erster Teil. - Petermanns Mitteilungen, Erg. H. **199**: 74-96; Gotha.

BAGROW, L. (1928c): A. Ortelli Catalogus Cartographorum, Erster Teil (von A-L). – Petermanns Mitteilungen, Erg. H. **199**: 137 S.; Gotha.

BAGROW, L. (1930): A. Ortelli Catalogus Cartographorum, Zweiter Teil (von M-Z). – Petermanns Mitteilungen, Erg. H. **210**: 135 S.; Gotha.

BAGROW, L. (1948): A Page from the History of the Distribution of Maps. – Imago Mundi, **V**: 53-62; Stockholm.

BAGROW, L. & SKELTON, R. A. (1961): Meister der Kartographie. – 579 S.; Berlin.

BARCELÓ PONS, B. (1973): Aspectos geográficos de la isla de Mallorca. – In: MASCARÓ PASARIUS, J. [Ed.]: Historia de Mallorca, **I**: 97-203; Palma de Mallorca.

BARCELÓ PONS, B. (1992): Baleares. – In: BOSQUE MANUEL, J. & VILÀR VALENTI, J. [Hrsg.]: Geografía de España, **9**, 2: 453-589; Barcelona.

BEANS, G. H. (1947a): Reviews. Some 16th century watermarks. – Imago Mundi, **IV**: 82; Stockholm.

BEANS, G. H. (1947b): Some Notes from The Tall Tree Library. – Imago Mundi, **IV**: 31-33; Stockholm.

BEANS, G. H. (1947c): Some Sixteenth Century Watermarks found in Maps prevalent in the „IATO" Atlases. - Imago Mundi, **IV**: 82; Jenkintown/Pa.

BEANS, G. H. (1947d): The Tall Tree Library Collection of Maps. – Imago Mundi, **IV**: 24; Stockholm.

BEANS, G. H. (1949): Some Notes from The Tall Tree Library. – Imago Mundi, **VI**: 31-32; Stockholm.

BEANS, G. H. (1955): Some Notes from The Tall Tree Library. A test in watermark dating. – Imago Mundi, **XII**: 57-58; Stockholm.

BEHM, E. [Hrsg.] (1866): Geographisches Taschenbuch. – **I**, Spanien: XX-XXI; Gotha.

BERTIUS, P. (1600): P. Bertii tabvlarvm geographicarvm contractarvm libri qvatvor. – 669 p.; Amstelodami.

BINIMELIS, J. (1565): Nueva Historia de Mallorca y de otras Islas a ella adyacentes. – I: 360 p.; Palma de Mallorca. – [Übersetzung aus dem Mallorquinischen].

BINIMELIS, J. (1593): Nueva Historia de Mallorca y de otras Islas a ella adyacentes. – 5 vol. : 1137 p.; Palma de Mallorca. – [Reprint 1927; Palma de Mallorca].

BJÖRNBO, A. A. & PETERSEN, C. S. (1909): Der Däne Claudius Claussøn Swart (Claudius Clavus) – der älteste Kartograph des Nordens, der erste Ptolemäus-Epigon der Renaissance. – 266 S.; Innsbruck.

BILLANOVICH, M. (1970): Bordon (Bordone), Benedetto. – In: Instituto della Enciclopedia Italiana [Ed.]: Dizionario Biografico degli Italiani, 12: 511-513; Roma.

BLUMER, W. (1957): Bibliographie der Gesamtkarten der Schweiz von Anfang bis 1802. – Bibliographia Helvetica, Faszikel 2: 43-45; Bern.

BÖNINGER, L. (2002): Dunnus Nicolaus Germanus und Henricus Martellus – zwei oberdeutsche Kartographen des späten 15. Jahrhunderts. – Vortrag gehalten am 20.9.2002 anläßlich des 11. Kartographiehistorischen Colloquiums in Nürnberg, 9 S.; Florenz. – [Unveröff. Manuskript].

BONACKER, W. (1959): Ein unbekanntes deutsches Atlaswerk aus dem Ende des 16. Jahrhunderts. – Kartographische Nachrichten, 3: 81-86; Bielefeld.

BONACKER, W. (1962): Die Atlantes minores des 16. und des 17. Jahrhunderts. – Kartographische Nachrichten, 2: 59-61; Gütersloh.

BONACKER, W. (1966): Kartenmacher aller Länder und Zeiten. – 244 S.; Stuttgart.

BONI, F. DE [ed.] (1844): Biografia degli artisti. – Emporeo biografico metodico ovvero biografia universale, Classe X, vol. unico, 1109 p.; Venezia.

BORDONE, B. (1528): Libro di Benedetto Bordone nel qual si ragiona de tutte l'isole del mondo con li lor nomi antichi & moderni, historie, fauole, & modi del loro ui uere, & in qual parte del mare stanno, & in qual parallelo & clima giacciono. – LXXIII Bl.; Venice. – [Reprint 1966; Amsterdam].

BORDONE, B. (1534): Isolario di Benedetto Bordone nel qual si ragiona di tutte l'isole del mondo con li lor nomi antichi & moderni, historie, fauole, & modi del loro ui uere, & in qual parte del mare stanno, & in qual parallelo & clima giacciono. – LXXIIII Bl.; Venice.

BORRONI SALVADORI, F. (1980): Carte, Piante e Stampe storiche delle raccolte Lafreriane della Biblioteca nazionale di Firenze. – Indice e cataloghi, nuova serie, **11**: LXXXIV + 138 p.; Roma.

BRETTERBAUER, K. (1993): Zur Genauigkeitsbeurteilung alter Karten. – Cartographica Helvetica, **8**: 47-49; Murten.

BRICE, W. C. (1977): Early Muslim Sea-Charts. – In: Journal of the Royal Asiatic Society of Great Britain & Ireland, **1**: 53-61; London.

BRITISH LIBRARY BOARD [Ed.] (1989): Catalogue of Cartographic Materials in the British Library 1975-1988. – 3 vol.; London, Edinburgh, Munich, New York, Singapore, Sydney, Toronto, Wellington.

BROWN, L. A. (1950): The Story of Maps. – 397 p.; Boston.

BURGER, C. P. (1930): De Tabulae Contractae van Petrus Bertius. – Het Boek – Tweede Reeks van het Tijdschrift voor Boek-en Bibliotheekwezen, **19**. Jg.: 301-320; Den Haag.

BURSKI, H.-A. (1928): Kemâl Re'îs – Ein Beitrag zur Geschichte der türkischen Flotte. – 83 S.; Bonn.

CAMPBELL, T. (1987): The Earliest Printed Maps 1472-1500. – 244 p.; London.

CAPUTO, V. (1960): Gli antichi poeti italiani (fino al secolo XVIII) – Dizionario Biografico. – 412 p.; Milano.

CARACI, I. L. (1976): L'opera cartografica di Enrico Martello e la „prescoperto" dell'America. – Rivista geografica italiana, **LXXXIII**: 335-344; Firenze.

CARACI, I. L. (1986) Italien. – In: KRETSCHMER, I. & DÖRFLINGER, J. & WAWRIK, F. [Hrsg.]: Lexikon zur Geschichte der Kartographie, von den Anfängen bis zum ersten Weltkrieg. – Enzyklopädie der Kartographie, **C/1**: 341-346; Wien.

CARRINGTON, D. K. & STEPHENSON, R. W. [Eds.] (1978): Map Collections in the United States and Canada – A Directory. – 230 p.; New York.

CODAZZI, A. (1948): Monumenta Cartographica Vaticana. – Imago Mundi, **V**: 15-17; Stockholm.

COLOMER I PRESES, I. M. (1989): Cartografia de Catalunya i dels Paisos Catalans. – ICC (Institut Cartogràfic de Catalunya) [Ed.]: 208 p.; Barcelona.

COLOMER I PRESES, I. M. (1992): Cartografia peninsular (s. VIII-XIX). – ICC (Institut Cartogràfic de Catalunya) [Ed.]: 302 p.; Barcelona.

CONTRERAS MAS, A. (2002): Mutus. – Prospekt zur Ausstellung MUTUS – L'Astronomia a les Illes Balears. Passat, present i futur, 23.1.-22.3.2002, Ajuntament de Palma, Arxiu Municipal de Palma: 3; Palma de Mallorca.

CORONELLI, V. (1696): Isolario di tutte l'isole. – Atlante Veneto, **II**, I. parte: 336 p.; Venetia.

CRONE, G. R. (1978): Maps and their Makers – An Introduction to the History of Cartography. – 5th ed.: 152 p.; Folkestone, Hamden/Conn.

CUESTA DOMINGO, M. (1983): Alonso de Santa Cruz y su obra cosmográfica. – **I**, Colección Tierra nueva a Ciclo nuevo, **VIII**: 481 p.; Madrid.

CUESTA DOMINGO, M. (1984): Alonso de Santa Cruz y su obra cosmográfica. – **II**, Colección Tierra nueva a Ciclo nuevo, **XIII**: 400 p.; Madrid.

DAINVILLE, F. DE (1964): Le langage des géographes. – 385 p.; Paris.

DEISSMANN, D. A. (1933): Forschungen und Funde im Serai. Mit einem Verzeichnis der nichtislamischen Handschriften im Topkapu Serai zu Istanbul. – 144 S.; Berlin, Leipzig.

DESTOMBES, M. (1952a): Catalogue des Cartes gravées au XVe siècle. – Union Géografique Internationale. Rapport de la Commission pour la Bibliographie des Cartes Anciennes, Fasc. **II**: 95 p.; Mesnil/France.

DESTOMBES, M. [Ed.] (1952b): Contributions pour un Catalogue des Cartes Manuscrites 1200-1500. – Union Géografique Internationale. Rapport de la Commission pour la Bibliographie des Cartes Anciennes, Fasc. **I**: 21-33; Mesnil/France.

DESTOMBES, M. [Ed.] (1964): Mappemondes. A. D. 1200-1500. – Monumenta cartographica vetustioris aevi, **1**: Imago Mundi, Suppl. **4** : 322 p. + XXXVIII tab.; Amsterdam.

DESTOMBES, M. (1970): Les Cartes de Lafreri et assimilées (1532-1586) du Département des estampes de la Bibliothèque Nationale. – In: Nouvelles de l'Estampe, **5**: 234-274; Paris. – [Hektographiert].

DIÀFORA, S. A. [Ed.] (1979): Atlas de les Illes Balears – geogràfic, econòmic, històric. – 1. Aufl., 88 p.; Barcelona. – [Textteil].

DIEZ, H. F. (1811): Beschreibung eines türkischen See-Atlasses oder einer Sammlung von fünfzig, eigentlich hundert fünf und neunzig geschriebenen türkischen Seekarten mit Erklärungen in türkischer Sprache in gross Folio. – In: Denkwürdigkeiten von Asien in Künsten und Wissenschaften, Sitten, Gebräuchen und Alterthümern, Religion und Regierungsverfassung aus Handschriften und eigenen Erfahrungen gesammelt. – Erster Theil, **IV**: 33-71; Berlin.

D'URSO, T. (2000): Henricus Martellus, Insularium illustratum. – In: D'URSO, T. & MULAS, P. L. & STIRNEMANN, P. & TOSCANO, G. [Eds.]: Enluminures italiennes chefs-d'oeuvre du Musée Condé: 45-47; Paris, Chantilly.

EDWARDS, Francis (1933): Description of a recently discovered „Lafreri" Atlas, 1533-1580. – 16 p.; London.

EHRLE, F. [Ed.] (1908a): L'Indice delle stampe del Lafréry (1572). – In: Roma prima di Sixto V: 53-59; Roma.

EHRLE, F. [Ed.] (1908b): Reprinted Catalogue-List of Lafreri 1573. – In: Roma prima di Sisto V: 53-59; Rom.

EISENSTEIN, H. (1986): Islamische Kartographie. – In: KRETSCHMER, I. & DÖRFLINGER, J. & WAWRIK, F. [Hrsg.]: Lexikon zur Geschichte der Kartographie, von den Anfängen bis zum ersten Weltkrieg. – Enzyklopädie der Kartographie, **C/1**: 331-335; Wien.

ENGELMANN, Gerhard (1982): Johannes Honter als Geograph. – Studia Transylvanica, **7**: 196 S.; Köln, Wien.

ESTABÉN RUIZ, F. (1971): De lo bélico mallorquín. Fuerzas militares de Mallorca, arquitectura militar insular. – In: MASCARÓ PASARIUS, J. [Ed.]: Historia de Mallorca, **IV**: 521-667; Palma de Mallorca.

ETHÉ, H. (1930): Cataloque of the Parsian, Turkish, Hindûstânî and Pushtû Manuscripts in the Bodleian Library. – Part **II**: 1177-1179; Oxford.

FAJARNÉS, E. (1899): Mapa del Reino de Mallorca publicado por F. Garma (1765). – Boletín Sociedad Arqueológica Luliana, **XV**: 48-49; Palma de Mallorca.

FLÜGEL, G. (1865); Die arabischen, persischen und türkischen Handschriften der kaiserlich-königlichen Hofbibliothek zu Wien. – 3 Bde.: 723, 614 bzw. 653 S.; Wien.

FONCIN, M. & DESTOMBES, M. & RONCIÈRE, M. DE LA (1963): Catalogue des cartes nautiques sur vélin conservées au Département des Cartes et Plans. – 317 p.; Paris.

FORSTNER, G. & OEHRLI, M. (1998): Graphische Darstellungen der Untersuchungsergebnisse alter Karten und die Entwicklung der Verzerrungsgitter. – Cartographica Helvetica, **17**: 35-43; Murten.

FOY, K. (1908): Die Windrose bei Osmanen und Griechen mit Benutzung der Bahrijje des Admirals Pîr-i-Re'îs vom Jahre 1520f. – Mitteilungen des Seminars für Orientalische Sprachen an der Königlichen Friedrich-Wilhelms-Universität zu Berlin, 2. Abt. Westasiatische Studien, Jg. **XI**: 234-247; Berlin. – [Posthum hrsg. von F. GIESE].

FREIESLEBEN, H.-CHR. (1983): Die Entstehung der Portolankarten noch immer ungeklärt. – Kartenhistorisches Colloquium Bayreuth **1982**: 91-96; Berlin.

FÜSSLI, H. H. (1779): Allgemeines Künsterlexikon, oder: Kurze Nachricht von dem Leben und den Werken der Maler, Bildhauer, Baumeister, Kupferstecher, Kunstgießer, Stahlschneider u. u. – Erster Theil: 780 + LXXXVII; Zürich.

FÜSSLI, H. H. (1806ff.): Allgemeines Künsterlexikon, oder: Kurze Nachricht von dem Leben und den Werken der Maler, Bildhauer, Baumeister, Kupferstecher, Kunstgießer, Stahlschneider u. u. – Zweyter Theil: 6115; Zürich.

GALLO, R. (1950): Gioan Francesco Camocio and his Large Map of Europe. – In: Imago Mundi, **VII**: 93-102; Stockholm.

GALLO, R. (1954): Carte geografiche cinquecentesche a stampa della Biblioteca Marciana e della Biblioteca del Museo Correr di Venezia. – Instituto Veneto di Scienze Lettere ed Arti Venezia [Ed.]: 63 p.; Venezia.

GALLO, R. (1960): Some Maps in the Correr Museum in Venice. – Imago Mundi **XV**: 46-51; s'Gravenhage.

GALLOIS, L. (1910): Cartographie de l'Ile de Délos. – In: HOMOLLE, TH. & HOLLEAUX, M. [Eds.]: Exploration archéologique de Délos – Introduction. – 103 p.; Paris.

GANADO, A. (1986): Mittelmeer, europäisches. – In: KRETSCHMER, I. & DÖRFLINGER, J. & WAWRIK, F. [Hrsg.]: Lexikon zur Geschichte der Kartographie, von den Anfängen bis zum ersten Weltkrieg. – Enzyklopädie der Kartographie, **C/2**: 500-505; Wien.

GANADO, A. (1994): Description of a Splendid Collection of 950 Maps and Views of the Sixteenth and Seventeenth Centuries at the Malta National Library. – 230 p.; La Valetta. – [Reprint from: Proceedings of History Week 1992].

GARÀU ROSSELLÓ, M. (1991): Històri política d'es Réys de Mallòrca. – 226 p.; Palma de Mallorca.

GARCÍA FRANCO, S. (1957): La legua náutica en la edad media. – 231 p.; Madrid.

GEAR, C. E. LE [Ed.] (1958ff.): A List of Geographical Atlases in the Library of Congress. – **5** and **6**; Washington. – [A Continuation of Four Volumes by P. L. PHILLIPS].

GENTILE, S. (1992): Firenze e la scoperta dell'America – Umanesimo e geografia nel '400 Fiorentino. – Catalogo, 261 p.; Firenze.

GHILINI, GIROLAMO (1647): Theatro d'hvomini letterati. – 217-218; Venetia.

GOODRICH, T. D. (1985): Atlas-i Hümayun: A sisteenth-Century Ottoman Maritime Atlas discovered in 1984. – Archivum Ottomanicum, **X**: 83-101; Wiesbaden.

GOODRICH, T. D. (1986): The Earliest Ottoman Maritime Atlas – the Walters Deniz Atlasi. – Archivum Ottomanicum, **XI**: 25-50; Wiesbaden.

GOODRICH, T. D. (1994): Supplemental Maps in the Kitab-i Bahriye of Piri Reis. – Archivum Ottomanicum, **XIII**: 117-141; Wiesbaden.

GOODRICH, T. D. (1997): Eureka! A scholar shares an Ottoman cartographic high. – Mercator's World, **2** (3): 26-31; Eugene/Or.

GORI GANDELLINI, G. (1808): Lafrery (Antonio). – Notizie istoriche degli intagliatori, **II**: 147; Siena.

GORI GANDELLINI, G. (1809): Bertelli (Ferrando o Ferdinando). – Notizie istoriche degli intagliatori, **VI**: 257-258; Siena.

GORI GANDELLINI, G. (1813): Lafrery (Antonio). – Notizie istoriche degli intagliatori, **XI**: 287-288; Siena.

GROSJEAN, G. (1996): Geschichte der Kartographie. – Geographica Bernensia, **U 8**: 188 S.; Bern.

GÜNZEL, H. (1990): Mundus cartographicus – Karten und Atlanten in der Universitätsbibliothek Marburg. – Katalog der Ausstellung 23.5.-18.6.1990. **49**, Schriften der Universitätsbibliothek Marburg: 167 S.; Marburg.

HAAG, H. (1913): Die Geschichte des Nullmeridians. – Diss. Univ. Gießen: 111 S.; Leipzig.

HAASE, C.-P. (1997): An early version of Piri Reis' naval charts. – In: DÉROCHE, F. & RICHARD, F. [Eds.]: Scribes et manuscrits du Moyen-Orient. – 265-279; Paris.

HAPGOOD, C. H. (1979): Maps of the Ancient Sea Kings – Evidence of Advanced Civilization in the Ice Age. – 276 p.; London.

HARLEY, J. B. & WOODWARD, D. [Eds.] (1987): Cartography in Prehistoric, Ancient, and Medieval Europe and the Mediterranean. – The History of Cartography, **1**: 599 p.; Chicago, London.

HARLEY, J. B. & WOODWARD, D. [Eds.] (1992): Cartography in the Traditional Islamic and South Asian Societies. – The History of Cartography, **2.1**: 579 p.; Chicago, London.

HARRISSE, H. (1866a): Bibliotheca Americana Vetustissima – A Description of Works relating to America published between the Years 1492 and 1551. – **1**: 519 p.; New York. – [Reprint 1958; Madrid].

HARRISSE, H. (1866b): Bibliotheca Americana Vetustissima – A Description of Works relating to America published between the Years 1492 and 1551. Additions. – **2**: 199 p.; New York. – [Reprint 1958; Madrid].

HEAWOOD, E. (1924): The Use of Watermarks in dating old Maps and Documents. – The Geographical Journal, **LXIII**: 391-412; London.

HEAWOOD, E. (1929): An undescribed Lafreri Atlas and contemporary Venetian Collections. – In: The Geographical Journal, **LXXIII**: 359-369; London.

HEAWOOD, E. (1932): Another Lafreri Atlas. – In: The Geographical Journal, **LXXX**: 521-522; London.

HELLMANN, G. (1897): Die Anfänge der magnetischen Beobachtungen. – Zeitschrift der Gesellschaft für Erdkunde zu Berlin, **XXXII**: 112-136; Berlin.

HELLWIG, F. (1986a): Lafreri. – In: KRETSCHMER, I. & DÖRFLINGER, J. & WAWRIK, F. [Hrsg.]: Lexikon zur Geschichte der Kartographie, von den Anfängen bis zum ersten Weltkrieg. – Enzyklopädie der Kartographie, **C/1**: 431-432; Wien.

HELLWIG, F. (1986b): Tramezzino. – In: KRETSCHMER, I. & DÖRFLINGER, J. & WAWRIK, F. [Hrsg.]: Lexikon zur Geschichte der Kartographie, von den Anfängen bis zum ersten Weltkrieg. – Enzyklopädie der Kartographie, **C/2**: 817-818; Wien.

HERZOG, R. (1902): Ein türkisches Werk über das Ägäische Meer aus dem Jahre 1520. – Mitteilungen des kaiserlich deutschen Archaeologischen Instituts, Athenische Abt., **XXVII**: 417-430; Athen.

HESS, A. C. (1974): Piri Reis and the Ottoman Response to the Voyages of Discovery. – Terrae Incognitae, **VI**: 19-37; Amsterdam.

HOFE-PASCHA, K. VON (1899): Eine türkische Segelanweisung für das Mittelmeer vom Anfang des 16. Jahrhunderts (Kitab ül bachrijé). – Marine-Rundschau, **10** (4): 449-460; Bonn, Mönch.

Institut Cartogràfic de Catalunya (ICC) [Ed.] (1990): Introducció general a la història de la cartografia. – 1er curs: Circle de conferències sobre Història de la Cartografia, 31.1.-1.2.**1990**. – 137 p.; Barcelona.

Institut Cartogràfic de Catalunya (ICC) [Ed.] (1991): La Cartografia de la Península Ibèrica i la seva extensió al continent americà. – 2on curs: Circle de conferències sobre la Història de la Cartografia, 11.-14.2.**1991**. – 279 p.; Barcelona.

Institut Cartogràfic de Catalunya (ICC) [Ed.] (1993): La Cartografia italiana. – 3er curs: Circle de conferències sobre la Història de la Cartografia, 17.-21.2.**1992**. – 241 p.; Barcelona.

Institut Cartogràfic de Catalunya (ICC) [Ed.] (1994): La Cartografia dels Paisos Baixos – 4rt curs: Circle de conferències sobre la Història de la Cartografia, 15.-19.2.**1993**. – 267 p.; Barcelona.

Institut Cartogràfic de Catalunya (ICC) [Ed.] (1996): La Cartografia francesa. – 5è curs: Circle de conferències sobre la Història de la Cartografia, 21.-25.2.**1994**. – 171 p.; Barcelona.

Institut Cartogràfic de Catalunya (ICC) [Ed.] (1995): La Cartografia dels Paisos de Parla alemana – Alemanya, Àustria i Suissa. – 6è curs: Circle de conferències sobre la Història de la Cartografia, 20.-24.2.**1995**. – 278 p.; Barcelona.

Institut Cartogràfic de Catalunya (ICC) [Ed.] (1996): La Cartografia anglesa. – 7è curs: Circle de conferències sobre la Història de la Cartografia, 19.-23.2.**1996**. – 308 p.; Barcelona.

Instituto Geográfico Nacional (IGNE) (1991ff.): Atlas Nacional de España. – XII Secciones, 44 grupos; Madrid.

IMHOF, E. (1939): Die älteste gedruckte Karte der Schweiz. – Mitteilungen der Geographisch-Ethnographischen Gesellschaft Zürich 1938/39, **XXXIX**: 51-74; Zürich. – [Festschrift zur Feier ihres 50jährigen Bestehens].

IMHOF, E. (1964): Beiträge zur Geschichte der topographischen Kartographie. – Internationales Jahrbuch für Kartographie, **IV**: 129-153; Gütersloh.

JACOBS, E. (1903): Cristoforo Buondelmonti – Ein Beitrag zur Kenntnis seines Lebens und seiner Schriften. – In: Beiträge zur Bücherkunde und Philologie, August Wilmanns zum 25. März 1903 gewidmet: 313-340; Leipzig.
JODE, G. DE (1965): Speculum orbis terrarum. – In: Theatrum Orbis Terrarum – A Series of Atlases in Facsimile, Second Series – **II**: 277 p.; Amsterdam. – [Reprint des Originals von 1578].

JÖCHER, CHR. G. (1960/61): Allgemeines Gelehrten-Lexicon, Theile **1-4** + **1.-7.** Erg.-Bd.; Hildesheim. – [Unveränd. Nachdruck der Ausgaben Leipzig, Delmenhorst, Bremen 1750-1879].

JUAN TOUS, J. (1977): Grabadores mallorquines. – 187 p.; Palma de Mallorca.

JÜRGENS, H. P. (1988): Weltenzyklopädie der Schiffe. – **II**: Handels- und Passagierschiffe von den Anfängen bis heute: 180 S.; München.

KAHLE, P. (1926a): Piri Re'îs Bahrîje – Das türkische Segelhandbuch für das Mittelländische Meer vom Jahre 1521. – **I**. Text: 6 + IV + 137 Bl.; Berlin, Leipzig.

KAHLE, P. (1926b): Piri Re'îs Bahrije – Das türkische Segelhandbuch für das Mittelländische Meer vom Jahre 1521. – **II**. Übersetzung: XLVIII + 88 S.; Berlin, Leipzig.

KAHLE, P. (1929): Piri Re'îs und seine Bahrîje. – In: MZIK, H. [Hrsg.]: Beiträge zur historischen Geographie, Kulturgeographie, Ethnographie und Kartographie, vornehmlich des Orients: 60-76; Leipzig, Wien.

KAHLE, P. (1933): Die verschollene Colombus-Karte von 1498 in einer türkischen Weltkarte von 1513. – 52 S.; Berlin, Leipzig.

KAHLE, P. (1956): Pîrî Re'îs – the Turkish Sailor and Cartographer. – In: Journal of the Pakistan Historical Society, **IV**: 99-108; Karachi.

KARROW, R. W., JR. (1993a): Benedetto Bordone. – In: Mapmakers of the Sixteenth Century and their Maps – Bio-Bibliographies of the Cartographers of Abraham Ortelius, 1570: 89-93; Chicago.

KARROW, R. W., JR. (1993b): Johannes Honter. – In: Mapmakers of the Sixteenth Century and their Maps – Bio-Bibliographies of the Cartographers of Abraham Ortelius, 1570: 302-315; Chicago.

KARROW, R. W., JR. (1993c): Mapmakers of the Sixteenth Century and their Maps – Bio-Bibliographies of the Cartographers of Abraham Ortelius, 1570. – 846 p.; Chicago.

KEUNING, J. (1952): XVIth Century Cartography in The Netherlands. – Imago Mundi, **IX**: 35-63; Leiden.

KISSLING, H. J. [Hrsg.] (1966): Der Seeatlas des Sejjid Nûh - **1**. Teil: Einleitung und Karten, XVI u. 211 S.; München. – [= Beiträge zur Kenntnis Südosteuropas und des Nahen Orients, **1**].

KLEIN, K. K. (1935): Der Humanist und Reformator Johannes Honter. Untersuchungen zur siebenbürgischen Geistes- und Reformationsgeschichte. – Schriften der Deutschen Akademie in München, **22**: 292 S.; Hermannstadt, München.

KLEIN, K. K. (1960): Zur Basler Sachsenlandkarte des Johannes Honterus vom Jahre 1532. – 10 S.; München.

KLEIN, K. K. (1965): Der Name Honter(us). – In: Südostdeutsches Archiv, **VIII**: 57-63; München.

KLEINN, H. (1983): Maßstäbe und Maßstabsberechnungen alter Karten. – In: Kartenhistorisches Colloquium '**82** Bayreuth: 71-77; Berlin.

KOEMAN, C. (1961): Collections of Maps and Atlases in the Netherlands. Their History and Present State. – Imago Mundi, Suppl. **III**: 301 p.; Leiden.

KOEMAN, I. C. [Ed.] (1967): Bertius, P. – In: Atlantes Neerlandici. Bibliography of terrestrial, maritime and celestial atlases and pilot books, published in the Netherlands up to 1880. – **I**: 60-66; Amsterdam.

KOEMAN, I. C. [Ed.] (1969a): Gerard and Cornelis de Jode. – In: Atlantes Neerlandici. Bibliography of terrestrial, maritime and celestial atlases and pilot books, published in the Netherlands up to 1880. – **II**: 205-212; Amsterdam.

KOEMAN, I. C. [Ed.] (1969b): Langenes, Barent. – In: Atlantes Neerlandici. Bibliography of terrestrial, maritime and celestial atlases and pilot books, published in the Netherlands up to 1880. – **II**: 252-261; Amsterdam.

KOEMAN, I. C. [Ed.] (1969c): Metellus, Johannes. – In: Atlantes Neerlandici. Bibliography of terrestrial, maritime and celestial atlases and pilot books, published in the Netherlands up to 1880. – **III**: 2; Amsterdam.

KOEMAN, I. C. [Hrsg.] (1980): Land- und Seekarten im Mittelalter und in der frühen Neuzeit. – Wolfenbütteler Forschungen, **7**: 213 S.; München.

KOPP, M. (1990): Die Druckerei zu Ursel 1557–1623. Versuch eines Porträts. – 168 S.; Oberursel im Taunus.

KRAUS, H. P. [Ed.] (1963): Early, Mainly Italian, Cartography in Books from the Library of Georg H. Beans of Jenkintown, P. A. (The Tall Tree Library). – In: America, Catalogue **104**, Part III: 95-112 America; New York.

KRAUS, H. P. [Ed.] (1972a): Historic Maps and Views – Military Fortification Plans, Prints and Manuscripts, 16th–19th Century & Atlases – Mercator, Ortelius, Sanson, Lafreri and others. – Special Subject Bulletin, **2**: 41 p.; New York.

KRAUS, H. P. [Ed.] (1972b): Maps from an Italian Atlas of the 16th Century. – Catalogue **132**: 48 p.; New York.

KREISER, K. (1986a): Pîrî Re'îs. – In: KRETSCHMER, I. & DÖRFLINGER, J. & WAWRIK, F. [Hrsg.]: Lexikon zur Geschichte der Kartographie, von den Anfängen bis zum ersten Weltkrieg. – Enzyklopädie der Kartographie, **C/2**: 607-609; Wien.

KREISER, K. (1986b): Türkische Kartographie. – In: KRETSCHMER, I. & DÖRFLINGER, J. & WAWRIK, F. [Hrsg.]: Lexikon zur Geschichte der Kartographie, von den Anfängen bis zum ersten Weltkrieg. – Enzyklopädie der Kartographie, **C/2**: 828-830; Wien.

KRETSCHMER, K. (1911): Handschriftliche Karten der Pariser National-Bibliothek. – Zeitschrift Gesellschaft für Erdkunde, **1911**: 406-420, 453-479; Berlin.

KRETSCHMER, I. & DÖRFLINGER, J. & WAWRIK, F. [Hrsg.] (1986): Lexikon zur Geschichte der Kartographie, von den Anfängen bis zum ersten Weltkrieg. – Enzyklopädie der Kartographie, **C/1** u. **C/2**: 988 S.; Wien.

KREUER, W. [Hrsg.] (1999): Monumenta Cartographica – Tabulae Mundi. Kartographische Denkmäler, ein Triumph über die Zeit. Essener Bearbeitung von zwölf Tafeln der historischen Kartographie mit zwölf Vollfaksimilierungen. – Beiheft: 108 S.; Essen.

KROGT VAN DER, P. (1994): Commercial Cartography in the Netherlands, with particular Reference to Atlas Production (16th-18th Centuries). – In: La Cartografia dels Paisos Baixos – 4rt curs: Circle de conferències sobre la Història de la Cartografia, 15.-19.2.**1994**: 267 p.; Barcelona.

KROGT, P. C. J., VAN DER (1986a): Niederlande. – In: KRETSCHMER, I. & DÖRFLINGER, J. & WAWRIK, F. [Hrsg.]: Lexikon zur Geschichte der Kartographie, von den Anfängen bis zum ersten Weltkrieg. – Enzyklopädie der Kartographie, **C/2**: 523-526; Wien.

KROGT, P. C. J., VAN DER (1986b): Niederländische Kartographie. – In: KRETSCHMER, I. & DÖRFLINGER, J. & WAWRIK, F. [Hrsg.]: Lexikon zur Geschichte der Kartographie, von den Anfängen bis zum ersten Weltkrieg. – Enzyklopädie der Kartographie, **C/2**: 526-530; Wien.

KUPCÍK, I. (1980): Alte Landkarten – Von der Antike bis zum Ende des 19. Jahrhunderts. – 240 S.; Prag.

KURDOGLU, F. & ALPAGOT, H. [Eds.] (1935): Piri Reis Kitabi Bahriye. – Türk Tarihi Arastirma Kurumu Yayinlarindan (Veröffentlichungen der Gesellschaft für türkische Geschichtsforschung), **2**: 866 S.; Istanbul. – [Faksimile nach der Ausgabe Ayasofya 2612 aus der Süleymaniye Kütüphanesi, Istanbul].

LEGRAND, E. (1897): Description des îles de l'Archipel Grec par Christophe Buondelmonti, Florentin du XVe siècle. – In: École des langues orientales, publications, 4me série, **XIV**: XL + 259 p.; Paris. – [Reprint 1974 ; Amsterdam].

LEITNER, W. (1988): Die türkische Kartographie des XVI. Jhs. – aus europäischer Sicht. – In: Proceedings of the Second International Congress on the History of Turkish and Islamic Science and Technology, 28. April -2. Mai 1986, **I**: 285-305; Istanbul. – [Ms. des Dt. Museums München].

LITER MAYAYO, C. & SANCHIS BALLESTER, F. (2001): Santa Cruz, Alonso de. – In: LITER MAYAYO, C. & MARTÍN-MERÁS, M. L. & SANCHIS BALLESTER, F. [Eds.]: Tesoros de la Cartografía Española. XIX Congreso Internacional de Historia de la Cartografía (Catálogo): 89-91; Madrid.

LISTER, R. (1965): How to identify old maps and globes – with a list of cartographers, engravers, publishers, and printers concerned with printed maps and globes from c. 1500 to c. 1850. – 256 p.; London.

LLABRÈS QUINTANA, G. (1886): Nuestro grabado. – Boletín de la Real Sociedad Arqueológica Luliana, **I**: 7-8; Palma de Mallorca.

LOBIES, J. – P. [Ed.] (1975ff.): Index Bio-Bibliographicus notorum hominum, Pars C, Corpus alphabeticorum, **1-123**; Osnabrück.

LYNAM, E. (1945f.): Period Ornament, Writing and Symbols on Maps, 1250-1800. – The Geographical Magazine, **XVIII**, 8: 323-326; London.

MARTELLUS GERMANUS, H. (ca. 1490): Insularum illustratum Henrici Martelli Germani. – 78 fol.; Florenz (?).

MARTÍN MERÁS, L. (1986a): Katalanisch-Mallorcinische Kartographie. – In: KRETSCHMER, I. & DÖRFLINGER, J. & WAWRIK, F. [Hrsg.]: Lexikon zur Geschichte der Kartographie, von den Anfängen bis zum ersten Weltkrieg. – Enzyklopädie der Kartographie, **C/1**: 402; Wien.

MARTÍN MERÁS, L. (1986b): Santa Cruz. – In: KRETSCHMER, I. & DÖRFLINGER, J. & WAWRIK, F. [Hrsg.]: Lexikon zur Geschichte der Kartographie, von den Anfängen bis zum ersten Weltkrieg. – Enzyklopädie der Kartographie, **C/2**: 701-702; Wien.

MARTÍN MERÁS, L. (1986c): Spanien. – In: KRETSCHMER, I. & DÖRFLINGER, J. & WAWRIK, F. [Hrsg.]: Lexikon zur Geschichte der Kartographie, von den Anfängen bis zum ersten Weltkrieg. – Enzyklopädie der Kartographie, **C/2**: 754-758; Wien.

MARTÍN MERÁS, L. (1986d): Spanische Kartographie. – In: KRETSCHMER, I. & DÖRFLINGER, J. & WAWRIK, F. [Hrsg.]: Lexikon zur Geschichte der Kartographie, von den Anfängen bis zum ersten Weltkrieg. – Enzyklopädie der Kartographie, **C/2**: 758-761; Wien.

MARTÍN MERÁS, L. (1993): Cartografía marítima hispana – La imagen de América. – 252 p.; Madrid.

MASCARÓ PASARIUS, J. (1962-1967): Corpus de Toponímia de Mallorca. – 6 vol.: 3379 p.; Palma de Mallorca.

MASCARÓ PASARIUS [Ed.] (1970ff.): Historia de Mallorca. – **I-IX**: 3381 p.; Palma de Mallorca.

MASCARÒ PASSARIUS, J. (2000): La Toponímia i Cartografia antiques de les Illes Balears. – 182 p.; Palma de Mallorca.

MATALIUS METELLUS SEQUANUS, J. M. (1601): Insvlarivm Orbis aliqvot insvlarvm, tabvlis aeneis delineationem continens. – 160 p.; Coloniae Agrippinae (Köln).

MEKENKAMP, P. G. M. (1991): Die Entwicklung einer neuen Methode für die Bestimmung der Genauigkeit von alten Karten. – Kartographiehistorisches Colloquium Oldenburg **1990**, Vorträge und Berichte: 111-116; Berlin.

MEURER, P. H. (1983): Zum Vergleich geographischer Längen in alten Karten. – Internationales Jahrbuch für Kartographie, **XXIII**: 97-103; Bonn.

MEURER, P. H. (1986): Deutschland. – In: KRETSCHMER, I. & DÖRFLINGER, J. & WAWRIK, F. [Hrsg.]: Lexikon zur Geschichte der Kartographie, von den Anfängen bis zum ersten Weltkrieg. – Enzyklopädie der Kartographie, **C/1**: 167-173; Wien.

MEURER, P. H. (1988): Atlantes Colonienses – Die Kölner Schule der Atlaskartographie 1570-1610. – Fundamenta Cartographica Historica, **I**: 244 S.; Bad Neustadt a. d. Saale.

MEYER, K. A. DE (1973): Codices Vossiani Latini. – Pars **I**, Codices in Folio, XVI + 261 p.; Leiden.

MICHOW, H. (1907): Weitere Beiträge zur älteren Kartographie Rußlands – B. – Beiträge aus eigener Sammlung – 1. Die Mosovia des Darinel von 1555. – Mitteilungen Geographischen Gesellschaft Hamburg, **XII**: 125-172; Hamburg.

MORELAND, C. & BANNISTER, D. (1989): Antique Maps – Christie's Collectors Guides. – 3rd ed.: 326 p.; Oxford.

MUT, V. (1650): Historia del Reyno de Mallorca. – **II**: 566 p.; Ciudad de Mallorca.

NICERON, J. F. (1727-1745): Mémoires pour servir à l'histoire des hommes illustres dans la republique des lettres. Avec un cataloque raisonne de leurs Ouvrages. – **XXXIV**: 508-510; Paris.

NORDENSKIÖLD, A. E. (1889): Facsimile-Atlas to the early history of cartography. – 141 p. + LI pl.; Stockholm. – [Reprint 1973; New York].

NORDENSKIÖLD, A. E. (1897): Periplus – An Essay on the Early History of Charts and Sailing-Directions. – 208 p. + LX pl.; Stockholm. – [Translated from the Swedish Original by F. A. Bather] – [Reprint 1965; New York].

NUSSBÄCHER, Gernot (1973): Johannes Honterus – Sein Leben und Werk im Bild. – 88 S.; Bukarest.

ÖKTE, E. Z. [ed.] (1988): Pîrî Re'îs – Kitab-i Bahriye. – The Historical Research Foundation Istanbul Research Center (Ministry of Culture and Tourism of the Turkish Republic), 4 vol.: 1830 p.; Ankara. – [Faksimile nach der Ausgabe Ayasofya 2612 aus der Süleymaniye Kütüphanesi, Istanbul].

ÖZEN, M. E. (1998): Pîrî Re'îs and his Charts. – 72 p.; Istanbul.

PALADINI CUADRADO, A. (1994): Determinación de la escala de los mapas antiguos. – Servicio Geográfico del Ejército, Boletín de Información, **77**: 77-87; Madrid.

PALADINI CUADRADO, A. (1999): La formación de la carta moderna de España en el siglo XVI. – In: El Emperador Carlos y su tiempo. – Actas IX Jornadas Nacionales de Historia Militar: 633-655; Sevilla.

PAPP-VÁRY, Á. (1986): Honter. – In: KRETSCHMER, I. & DÖRFLINGER, J. & WAWRIK, F. [Hrsg.]: Lexikon zur Geschichte der Kartographie, von den Anfängen bis zum ersten Weltkrieg. – Enzyklopädie der Kartographie, **C/1**: 320-321; Wien.

PARRAMÓN VILASALÓ, J. M. (1985): Das Handbuch der Schriften. – 143 S.; Barcelona, Stuttgart.

PASCUAL, E. (1899): Un mapa de Mallorca. – Boletín de la Sociedad Arqueológica Luliana, **XV**: 79-81; Palma de Mallorca.

PELLETIER, M. (1986): Coronelli. – In: KRETSCHMER, I. & DÖRFLINGER, J. & WAWRIK, F. [Hrsg.]: Lexikon zur Geschichte der Kartographie, von den Anfängen bis zum ersten Weltkrieg. – Enzyklopädie der Kartographie, **C/1**: 146-147; Wien.

PHILLIPS, P. L. [Ed.] (1909ff.): A List of Geographical Atlases in the Library of Congress. – 4 vol.; Washington.

PHILLIPS, P. L. [Ed.] (1971a): A List of Geographical Atlases in the Library of Congress. – **III**: 81-92; Amsterdam.

PHILLIPS, P. L. [Ed.] (1971b): A List of Geographical Atlases in the Library of Congress. – **IV**: 599-602; Amsterdam.

PICORNELL, C. & SEGUI, J. M. & GINARD, A. & SANCHEZ-CUENCA, R. (1983): Typvs Orbis – Documents de Cartografia i Geografia (segles XV, XVI i XVII). – Ausstellungskatalog, 36 p.; Palma de Mallorca.

PICORNELL, C. & SEGUI, J. M. & GINARD, A. (1986): 700 Anys de Cartografia de les Illes Balears. – Ausstellungskatalog: 127 S; Palma de Mallorca.

PILONI, L. (1974): Le carte geografiche della Sardegna. – XVIII + 24 p.; Cagliari.

PORCACCHI DA CASTIGLIONE, T. (1576): L'isole più famose del mondo. – 202 p.; Venetia.

PORENA, F. (1888): La Geografia in Roma e il Mappamondo Vaticano. – In: Bollettino della Società Geografica Italiana, Ser. III, **I**: 221-238, 311-339, 427-453; Roma.

RAYNAUD-NGUYEN, I. (1986): Portolan (Portulan). – In: KRETSCHMER, I. & DÖRFLINGER, J. & WAWRIK, F. [Hrsg.]: Lexikon zur Geschichte der Kartographie, von den Anfängen bis zum ersten Weltkrieg. – Enzyklopädie der Kartographie, **C/2**: 617-623; Wien.

REHM, A. (1916): Griechische Windrosen. – Sitzungsberichte der Königlich Bayerischen Akademie der Wissenschaften – Philosophisch-philologische Klasse, Jg. **1916**, 3. Abh.: 104 S.; München.

REISS, M. & REISS, C. (1998): Atlanten – Globen – Weltkarten. – Auction 66/II, Katalog zur Versteigerung am 28.10.1998: 80 S.; Königstein i. T.

REY PASTOR, J. & GARCÍA CAMARERO, E. (1960): La Cartografía Mallorquina. – 208 p.; Madrid.

RIPOLL, L. (1978): Las islas Mallorca, Menorca, Ibiza, Formentera y Cabrera. – 281 p.; Barcelona.

RIQUER, M. DE (1968): L'arnès del cavaller. Armes i armadures catalanes. – 239 p.; Barcelona.

RÖGER, J. (1908): Die Geländedarstellung auf Karten – Eine entwicklungsgeschichtliche Studie. – 126 S.; München.

RÖGER, J. (1910): Die Bergzeichnung auf den älteren Karten – Ihr Verhältnis zur darstellenden Kunst. – 80 S.; München.

ROLAND, F. (1911): Un Franc-Comtois – Editeur et Marchand d'Estampes a Rome au XVIe Siècle Antoine Lafrery (1512-1577). – In: Mémoires de la Société d'Émulation du Doubs, 8e Sér., 1910, **5**: 320-453; Besançon.

ROSSELLÓ I VERGER, V. M. (1975): Els criteris toponimics al mapa de Mallorca del Cardenal Despuig (1785) – El Litoral. – In: Universidad de Valencia, Facultad de Filisofía y Letras [Ed.]: Homenaje al Dr. D. Juan Reglà Campistol, **II**: 119-131; Valencia.

ROSSELLÓ VERGER, V. M. (1995): Cartes i atlas portolans de les col·leccions espanyoles. – In: Institut Cartogràfic de Catalunya [Ed.]: Portolans procedents de col·leccions espanyoles – Segles XV-XVII: 9-59; Barcelona.

RUGE, R. (1904): Älteres kartographisches Material in deutschen Bibliotheken. 1. u. 2. Reisebericht. – Nachrichten der Königlichen Gesellschaft der Wissenschaften zu Göttingen, phil.-hist. Kl., **1**: 1-69; Göttingen.

RUGE, R. (1906): Älteres kartographisches Material in deutschen Bibliotheken. 3. Bericht über die Jahre 1904 und 1905. – Nachrichten der Königlichen Gesellschaft der Wissenschaften zu Göttingen, phil.-hist. Kl., **1**: 1-39; Göttingen.

RUGE, R. (1911): Älteres kartographisches Material in deutschen Bibliotheken. 4. Reisebericht. – Nachrichten der Königlichen Gesellschaft der Wissenschaften zu Göttingen, phil.-hist. Kl.: **1**: 36-166; Göttingen.

RUGE, W. (1916): Älteres kartographisches Material in deutschen Bibliotheken. Erster bis fünfter (Schluß-)Bericht über die Jahre 1902-13. – Nachrichten der Königlichen Gesellschaft der Wissenschaften zu Göttingen, phil.-hist. Kl., Beiheft **1**: 128 S.; Göttingen.

SALVÀ TOMÀS, P. A. (1995): Atles de les Illes Balears. – 176 p.; Palma de Mallorca. – [Ed.: Govern Balear, Conselleria de Cultura, Educació i Esports]. – [Textteil].

SANTA CRUZ, A. DE (1918ff.): Islario general de todas las islas del mundo. – 358 Bl.; Madrid. – [Microfilm].

SANTA CRUZ, A. DE (1921): Libro de las longitudines. – Biblioteca Colonial Americana, **V**: 160 p.; Sevilla.

SCHILDER, G. (1986): Jode, de. – In: KRETSCHMER, I. & DÖRFLINGER, J. & WAWRIK, F. [Hrsg.]: Lexikon zur Geschichte der Kartographie, von den Anfängen bis zum ersten Weltkrieg. – Enzyklopädie der Kartographie, **C/1**: 366-367; Wien.

SEGURA SALADO, J. (1980): El regne de Mallorca – La bandera i l'escut de les Balears. – 55 p.; Palma de Mallorca.

Servicio Geográfico del Ejército [Ed.] (1974): Cartoteca histórica – Indice de atlas universales y mapas y planos históricos de España. – 268 p.; Madrid.

SEVILLANO COLÓM, F. (1971): Mercaderes y navegantes mallorquines (siglos XIII-XV). – In: MASCARÓ PASARIUS, J. [Ed.]: Historia de Mallorca, **IV**: 431-520; Palma de Mallorca.

SEZGIN, F. [Ed.] (1987): The Contribution of the Arabic-Islamic Geographers to the Formation of the World Map. – Veröffentlichungen des Institutes für Geschichte der Arabisch-Islamischen Wissenschaften, Reihe D, Kartographie, **2**: 232 S.; Frankfurt am Main.

SEZGIN, F. [Ed.] (1992): Islamic Geography – Mathematical Geography and Cartography, **12**. – Publications of the Institute for the History of Arabic-Islamic Science, **22**: 440 p.; Frankfurt am Main. – [Reprint of Studies on the Ottoman Cartographers Pîrî Reîs (d. 1554) and Haggi Ahmad (d. about 1560)].

SEZGIN, F. (2000a): Geschichte des arabischen Schrifttums – Mathematische Geographie und Kartographie im Islam und ihr Fortleben im Abendland. – In: Veröffentlichungen des Institutes für Geschichte der Arabisch-Islamischen Wissenschaften. – **X**, Teil 1: 634 S.; Frankfurt am Main.

SEZGIN, F. (2000b): Geschichte des arabischen Schrifttums – Mathematische Geographie und Kartographie im Islam und ihr Fortleben im Abendland. – In: Veröffentlichungen des Institutes für Geschichte der Arabisch-Islamischen Wissenschaften. – **XI**, Teil 2: 716 S.; Frankfurt am Main.

SEZGIN, F. (2000c): Geschichte des arabischen Schrifttums − Mathematische Geographie und Kartographie im Islam und ihr Fortleben im Abendland. − In: Veröffentlichungen des Institutes für Geschichte der Arabisch-Islamischen Wissenschaften. − **XII**, Kartenband: 362 S.; Frankfurt am Main.

SHIRAS, W. (1935): The Yale „Lafréry Atlas". − The Yale University Library Gazette, **9**: 55-60; New Haven/Conn.

SKELTON, R. A. (1964): Bibliographical Note. − In: Abraham Ortelius Theatrum Orbis Terrarum, Antwerp 1570. − A Series of Atlases in Facsimile, First Series, **III**: V-XI; Amsterdam.

SKELTON, R. A. (1965): Bibliographical Note. An Introduction to the Facsimile Atlas G. de Jode's Speculum Orbis Terrarum, Antwerpen 1578, Second Series. − **II**: V-X; Amsterdam.

SKELTON, R. A. (1966a): Bibliographical Note. − In: BORDONE, B. (1528): Libro di Benedetto Bordone; Venice. − V-XII; Amsterdam. − [Reprint 1966; Amsterdam].

SKELTON, R. A. (1966b): Decorative printed Maps of the 15th to 18th Centuries. − 2nd ed.: 80 p. + 84 pl.; London.

SONETTI, B. DALLI (1485): Isolario. − 123 p.; Venice. − [Reprint 1972; Amsterdam].

Societat Arqueològica Lul·liana/Museu de Mallorca [Eds.] (1994): Joan Binimelis, historiador de Mallorca (1539-1616). − Monografies **4**: 98 p.; Palma de Mallorca.

SOUCEK, S. (1969): Der See-Atlas des Sejjid Nûh, 1. Teil: Einleitung und Karten, München 1966, XVI + 211 p. − In: Archivum Ottomanicum, **I**: 327-331; Mouton. − [Rezension].

SOUCEK, S. (1971): The „Ali Macar Reis Atlas" and the Deniz Kitabi: Their Place in the Genre of Portolan Charts and Atlases. − Imago Mundi, **25**: 17-27; Amsterdam.

SOUCEK, S. (1973): A propos du livre d'instructions nautiques de Pîrî Re'îs. − In: Revue des Etudes Islamiques, **XLI**: 241-255; Paris.

SOUCEK, S. (1992): Islamic Charting in the Mediterranean. – In: HARLEY, J. B. & WOODWARD, D. [Eds.]: The History of Cartography. – **2.1**: Cartography in the Traditional Islamic and South Asian Societies: 263-292; Chicago, London.

SOUCEK, S. (1996): Piri Reis & Turkish Mapmaking after Columbus – The Khalili Portolan Atlas. – Studies in the Khalili Collection, **II**: 192 p.; London.

SPENCE, R. S. (1978): A List of 16th, 17th & 18th Century Material in the Rucker Agee Map Collection. – Katalog der Birmingham Public Library: 100 p.; Birmingham/Al.

STAMS, W. (1986): Nullmeridian. – In: KRETSCHMER, I. & DÖRFLINGER, J. & WAWRIK, F. [Hrsg.]: Lexikon zur Geschichte der Kartographie, von den Anfängen bis zum ersten Weltkrieg. – Enzyklopädie der Kartographie, **C/2**: 549-551; Wien.

SUREDA BLANES, J. (1969): Ramon Llull i l'origen de la cartografia mallorquina. – 71 p. Barcelona.

TEUTSCH, Friedrich (1965): Kleine Geschichte der Siebenbürger Sachsen. – 380 S.; Darmstadt. – [Nachdruck der 2. Aufl. „Die Siebenbürger Sachsen in Vergangenheit und Gegenwart"; Hermannstadt 1924].

TINTO, A. (1966): Annali tipografici dei Tramezzino – Introduzione. – In: Civiltà veneziana annali della tipografia veneziana del cinquecento, **1**: VII-XXXVI p.; Venezia, Roma. – [Ristampa 1968 Venezia].

TOOLEY, R. V. (1939): Maps in Italian Atlases of the Sixteenth Century – a comparative list of the Italian maps issued by Lafreri, Forlani, Duchetti, Bertelli and others, found in atlases. – In: Imago Mundi, **III**: 12-47; London.

TOOLEY, R. V. (1968): Landmarks of mapmaking. – 276 p.; Amsterdam, Brussels, Lausanne, Paris.

TOOLEY, R. V. (1978): Maps and Map-Makers. – 6th ed.: 140 p.; London.

TOOLEY, R. V. [Ed.] (1979): Tooley's Dictionary of Mapmakers. – 684 p.; New York, Amsterdam, Tring, Herfordshire.

TOUS, J. [Ed.] (1929): Breve Reseña de la Historia de Mallorca. – 190 p.; Palma de Mallorca.

Trustees British Museum [Eds.] (1844ff.): Cataloque of the Manuscript Maps, Charts, and Plans and of the Topographical Drawings in the British Museum. – 3 vol.; London.

Trustees Walters Art Gallery [Eds.] (1952): The World Encompassed – an Exhibition of the History of Maps held at the Baltimore Museum of Art, October 7 to November 23, 1952. – 200 p.; Baltimore/MD.

UHDEN, R. (1935): Die antiken Grundlagen der mittelalterlichen Seekarten. – Imago Mundi, **I**: 1-19; Berlin.

UZIELLI, G. & AMAT DI S. FILIPPO, P. (1967): Mappamondi, Carte Nautiche, Portolani. – 327 p.; Amsterdam.

VALERIO, V. (1986): Italienische Kartographie. – In: KRETSCHMER, I. & DÖRFLINGER, J. & WAWRIK, F. [Hrsg.]: Lexikon zur Geschichte der Kartographie, von den Anfängen bis zum ersten Weltkrieg. – Enzyklopädie der Kartographie, **C/1**: 346-352; Wien.

VÖHRINGER, K. (1989): Druckschriften kennenlernen unterscheiden anwenden. – 183 S.; Stuttgart.

WAAL, E. H. VAN DE (1969): Manuscript maps in the Topkapi Saray Library, Istanbul. – Imago Mundi, **23**: 81-95; Amsterdam.

WAGNER, H. (1870): Hülfstabellen. – Geographisches Taschenbuch, **III**: XXXII; Gotha

WAGNER, H. (1896): Das Rätsel der Kompaßkarten im Lichte der Gesamtentwicklung der Seekarten. – Verhandlungen des elften Deutschen Geographentages zu Bremen am 17., 18. und 19. April **1895**: 65-87; Berlin.

WAGNER, H. (1899): Die Realität der Existenz der kleinen Mittelmeer-Meile auf den italienischen Seekarten des Mittelalters. – In: Verhandlungen des Siebenten Internationalen Geographen-Kongresses Berlin **1899**, 2. Teil, Gruppe V, Historische Geographie: 877-883; Berlin, London, Paris.

WAGNER, H. (1900): Der Ursprung der „kleinen Seemeile" auf den mittelalterlichen Seekarten der Italiener. – In: Nachrichten Königliche Gesellschaft der Wissenschaften zu Göttingen, phil.-hist. Kl., **3**: 271-285; Göttingen.

WAGNER, H. (1914): Der Kartenmaßstab. Historisch-kritische Betrachtungen. In: Zeitschrift Gesellschaft für Erdkunde zu Berlin, **1914**: 1-34, 81-117; Berlin.

WAWRIK, F. (1982): Berühmte Atlanten – Kartographische Kunst aus fünf Jahrhunderten. – Die bibliophilen Taschenbücher, **299**: 331 S.; Dortmund.

WAWRIK, F. (1986a): Atlas. – In: KRETSCHMER, I. & DÖRFLINGER, J. & WAWRIK, F. [Hrsg.]: Lexikon zur Geschichte der Kartographie, von den Anfängen bis zum ersten Weltkrieg. – Enzyklopädie der Kartographie, **C/1**: 35-41; Wien.

WAWRIK (1986b): Boundelmonti. – In: KRETSCHMER, I. & DÖRFLINGER, J. & WAWRIK, F. [Hrsg.]: Lexikon zur Geschichte der Kartographie, von den Anfängen bis zum ersten Weltkrieg. – Enzyklopädie der Kartographie, **C/1**: 123-124; Wien.

WAWRIK, F. (1986c): Isolario. – In: KRETSCHMER, I. & DÖRFLINGER, J. & WAWRIK, F. [Hrsg.]: Lexikon zur Geschichte der Kartographie, von den Anfängen bis zum ersten Weltkrieg. – Enzyklopädie der Kartographie, **C/1**: 337; Wien.

WAWRIK, F. (1986d): Martellus Germanus. – In: KRETSCHMER, I. & DÖRFLINGER, J. & WAWRIK, F. [Hrsg.]: Lexikon zur Geschichte der Kartographie, von den Anfängen bis zum ersten Weltkrieg. – Enzyklopädie der Kartographie, **C/2**: 467-468; Wien.

WEISS, R. (1972): Buondelmonti, Cristoforo. – In: Instituto della Enciclopedia Italiana [Ed.]: Dizionario Biografico degli Italiani, **15**: 198-200; Roma.

WIEDER, F. C. [Ed.] (1925ff.): Monumenta Cartographica. – Reproductions of unique and rare maps, plans and views in the actual size of the originals; accompained by cartographical monographs. – **I-V**; The Hague.

WIESER, F. R. VON (1899): A. E. v. Nordenskiölds Periplus. – In: Petermanns Mitteilungen, **45**: 188-194; Gotha.

WITT, W. (1979): Lexikon der Kartographie. – ARNBERGER, E. [Hrsg.]: Die Kartographie und ihre Randgebiete, Enzyklopädie, **B**: 707 S.; Wien.

WITTSTOCK, Oskar (1970): Johannes Honterus – Der Siebenbürger Humanist und Reformator. – In: Kirche im Osten: Studien zur osteuropäischen Kirchengeschichte und Kirchenkunde. Monographienreihe, **10**: 339 S.; Göttingen.

WOLKENHAUER, W. (1895): Leitfaden zur Geschichte der Kartographie in tabellarischer Darstellung. – 93 S.; Breslau.

WOLKENHAUER, W. (1904): Von der Wiedererweckung des Ptolemäus bis zu Mercator. – In: OPPEL, A. & WOLKENHAUER, W. [Hrsg.]: Deutsche Geographische Blätter, **XXVII** (2): 95-116; Bremen.

WOLKENHAUER, W. (1910): Das Reformzeitalter der Kartographie. – In: OPPEL, A. & WOLKENHAUER, W. [Hrsg.]: Deutsche Geographische Blätter, **XXXIII** (4): 239-264; Bremen.

WOLKENHAUER, W. (1913): Das Zeitalter des Übergangs, 1600 bis 1750. – In: OPPEL, A. & WOLKENHAUER, W. [Hrsg.]: Deutsche Geographische Blätter, **XXXVI** (3/4): 136-158; Bremen.

WOODWARD, D. (1980): The Study of the Italian Map Trade in the Sixteenth Century: Needs and Opportunities. – In: Wolfenbütteler Forschungen, **7**: 137.146; München.

XAMENA FIOL, P. (1978): Història de Mallorca. – 399 p.; Palma de Mallorca.

ZÖGNER, L. (1986): Deutsche Kartographie. – In: KRETSCHMER, I. & DÖRFLINGER, J. & WAWRIK, F. [Hrsg.]: Lexikon zur Geschichte der Kartographie, von den Anfängen bis zum ersten Weltkrieg. – Enzyklopädie der Kartographie, **C/1**: 162-167; Wien.

17 Verzeichnis der Karten und Atlanten

Amtliche Kartenwerke

DEFENSE MAPPING AGENCY AEROSPACE CENTER [Ed.] (1995): TACTICAL PILOTAGE CHART (TPC), 1:500 000. - Sheet G-1B, ed. 5; St. Louis/Mi.

DEFENSE MAPPING AGENCY AEROSPACE CENTER [Ed.] (1984): OPERATIONAL NAVIGATION CHART (ONC), 1:1 000 000. - Sheet G-1, ed. 12; St. Louis/Mi.

DEFENSE MAPPING AGENCY AEROSPACE CENTER [Ed.] (1989): OPERATIONAL NAVIGATION CHART (ONC), 1:1 000 000. - Sheet F-2, ed. 15; St. Louis/Mi.

DEFENSE MAPPING AGENCY AEROSPACE CENTER [Ed.] (1995): OPERATIONAL NAVIGATION CHART (ONC), 1:1 000 000. - Sheet G-2, ed. 12; St. Louis/Mi.

DEFENSE MAPPING AGENCY AEROSPACE CENTER [Ed.] (1984): JET NAVIGATION CHART (JNC), 1:2 000 000. - Sheet 21, ed. 4; St. Louis /Mi.

INSTITUTO GEOGRÁFICO Y CATASTRAL [Ed.] (1963): Baleares – Mapa Provincial, 1:200 000. – Madrid.

INSTITUTO GEOGRÁFICO Y CATASTRAL [Ed.] (1875-1965): Mapa Topográfico Nacional, 1:50 000. – Madrid. – [Edición antigua].

INSTITUTO GEOGRÁFICO NACIONAL [Ed.] (1986): Baleares – Mapa Provincial, 1:200 000. – 3. Aufl.; Madrid.

INSTITUTO GEOGRÁFICO NACIONAL [Ed.] (1995): Baleares – Mapa Provincial, 1:200 000. – 1. Aufl.; Madrid.

INSTITUTO GEOGRÁFICO NACIONAL [Ed.] (1985ff.): Mapa Topográfico Nacional, 1:25 000. – Madrid.

INSTITUTO GEOGRÁFICO NACIONAL [Ed.] (1968ff.): Mapa Topográfico Nacional, 1:50 000. – Madrid. – [Edición moderna].

INSTITUTO GEOGRÁFICO NACIONAL [Ed.] (1983): Mapa 1/500 000 (Tipo „World" inglés 1404) – Hoja 346 B Valencia. – Madrid.

SERVICIO GEOGRÁFICO DEL EJÉRCITO [Ed.] (1978ff.): Mapa Militar de España, 1:50 000. – Madrid.

SERVICIO GEOGRÁFICO DEL EJÉRCITO [Ed.] (1944): Mapa Militar Itinerario de España, 1:200 000, Hoja Mallorca. – Madrid.

SERVICIO GEOGRÁFICO DEL EJÉRCITO [Ed.] (1980): Mapa Militar de España, 1:200 000, Hoja 10-7 Palma de Mallorca. – Madrid.

SERVICIO GEOGRÁFICO DEL EJÉRCITO [Ed.] (1991): Cartografía Militar de España, Mapa General Serie 5L, 1:250 000, Hoja 10-4 Palma de Mallorca. - Madrid.

SERVICIO GEOGRÁFICO DEL EJÉRCITO [Ed.] (1980): Mapa Militar de España, 1:400 000, Hoja 5/6-4 Islas Baleares. – Madrid.

SERVICIO GEOGRÁFICO DEL EJÉRCITO [Ed.] (1983): Mapa Militar de España, 1:800 000, Hoja 3-2 Islas Baleares. – Madrid.

Karten privater Verlage

KARLAN, EDITORIAL CARTOGRÁFICA S. A. [Ed.] (1991): Mallorca – Touristenkarte, 1:175 000. – Bilbao.

KARTO + GRAFIK VERLAGSGESELLSCHAFT [Hrsg.] (1996): Mallorca, 1:125 000. – Frankfurt am Main.

KÜMMERLY + FREY [Hrsg.] (1991/92): Mallorca, 1:150 000. – Bern.

MAIRS GEOGRAPHISCHER VERLAG [Hrsg.] (1972/73) Generalkarte Mallorca – Ibiza, Menorca, Formentera, 1:175 000. – Stuttgart.

RV REISE- UND VERKEHRSVERLAG [Hrsg.] (1980/81): Mallorca – Ibiza, Menorca, Formentera, 1:150 000 (Große RV Tourenkarte). – 1. Aufl.; Berlin, Stuttgart.

RV REISE- UND VERKEHRSVERLAG [Hrsg.] (1992/93): Balears – Mallorca, Menorca, Eivissa, 1:150 000. - Euro-Mapa Regional, España, Bl. 11, 6. Aufl.; Berlin, Gütersloh, München, Stuttgart.

Atlanten

AGUILAR S. A. [Ed.] (1961): Nuevo Atlas de España. – 455 p.; Madrid.

DIÀFORA, S. A. [Ed.] (1979): Atlas de les Illes Balears – geogràfic, econòmic, històric. – 1. Aufl., 88 p.; Barcelona.

ECHEANDÍA, T. (1979): Atlas Gráfico de las Islas Baleares. – 59 p.; Madrid. – [Ed.: Aguilar S. A.].

INSTITUTO GEOGRÁFICO NACIONAL – IGNE (1991ff.): Atlas Nacional de España. – XII Secciones, 44 grupos; Madrid.

MASCARÓ PASARIUS, J. (1958): Mapa General de Mallorca - Escala 1:31.250. – 46 p.; Palma de Mallorca.

SALVÀ TOMÀS, P. A. (1995): Atles de les Illes Balears. – 176 p.; Palma de Mallorca. – [Ed.: Govern Balear, Conselleria de Cultura, Educació i Esports].

18 Verzeichnis benutzter bibliothekarischer Einrichtungen

18.1 Einrichtungen in Deutschland

Bayerische Staatsbibliothek, München
Bibliotheca Albertina, Leipzig
Commerzbibliothek der Handelskammer, Hamburg
Deutsches Museum, München
Deutsches Schiffahrtsmuseum, Bremerhaven
Forschungs- und Landesbibliothek, Gotha
Fürstlich zu Waldburg-Wolfegg Kunstsammlung, Wolfegg
Germanisches Nationalmuseum, Nürnberg
Gräflich Solms-Laubach'sche Bibliothek, Laubach
Herzog August Bibliothek, Wolfenbüttel
Herzogin Anna Amalia Bibliothek, Weimar
Hessische Landesbibliothek, Fulda
Hessische Landesbibliothek, Wiesbaden
Hessische Landes- und Hochschulbibliothek, Darmstadt
Ibero-Amerikanisches Institut, Preußischer Kulturbesitz, Berlin
Institut für Geschichte der Arabisch-Islamischen Wissenschaften, Frankfurt a. M.
Johannes a Lasco Bibliothek, Emden
Landesbibliothek, Coburg
Lippische Landesbibliothek, Detmold
Niedersächsische Staats- und Universitätsbibliothek, Göttingen
Ratsschulbibliothek, Zwickau
Reiss & Sohn, Buch- und Kunstantiquariat, Königstein i. Ts.
Sächsische Landesbibliothek – Staats- und Universitätsbibliothek, Dresden
Senckenbergische Bibliothek, Frankfurt a. M.
Staatliche Bibliothek, Passau
Staatliche Bibliothek, Regensburg
Staatsbibliothek, Bamberg
Staatsbibliothek, Preußischer Kulturbesitz, Berlin
Staats- und Stadtbibliothek, Augsburg
Staats- und Universitätsbibliothek, Bremen
Staats- und Universitätsbibliothek, Hamburg
Stadtarchiv Brandenburg, Brandenburg
Stadtbibliothek, Mainz
Stadtbibliothek, Nürnberg
Stadtbibliothek, Trier
Stadt- und Landesbibliothek, Potsdam
Stadt- und Universitätsbibliothek, Frankfurt a. M.

Studienbibliothek, Dillingen
Thüringer Universitäts- und Landesbibliothek, Jena
Universitätsbibliothek, Augsburg
Universitätsbibliothek, Bielefeld
Universitätsbibliothek, Bochum
Universitätsbibliothek, Erlangen/Nürnberg
Universitätsbibliothek, Freiburg i. Br.
Universitätsbibliothek, Greifswald
Universitätsbibliothek, Heidelberg
Universitätsbibliothek, Humboldt-Universität, Berlin
Universitätsbibliothek, Kiel
Universitätsbibliothek, Mannheim
Universitätsbibliothek, Marburg
Universitätsbibliothek, München
Universitätsbibliothek, Regensburg
Universitätsbibliothek, Rostock
Universitätsbibliothek, Tübingen
Universitätsbibliothek, Wuppertal
Universitätsbibliothek, Würzburg
Universitäts- und Landesbibliothek, Düsseldorf
Universitäts- und Landesbibliothek, Münster
Universitäts- und Landesbibliothek Sachsen-Anhalt, Halle (Saale)
Universitäts- und Stadtbibliothek, Köln
Württembergische Landesbibliothek, Stuttgart

18.2 Einrichtungen im Ausland

Arxiu del Reyne de Mallorca, Palma de Mallorca
Arxiu Municipal de Palma, Palma de Mallorca
Atatürk Kütüphanesi, Istanbul
Biblioteca Apostolica Vaticana, Città del Vaticano/Vatikanstadt
Biblioteca Casanatense, Roma/Rom
Biblioteca de Cultura Artesana, Palma de Mallorca
Biblioteca di Geografia dell'Universitá, Firenze/Florenz
Biblioteca Fundación Bartolomé March, Palma de Mallorca
Biblioteca Geral da Universidade de Coimbra, Coimbra
Biblioteca Lluís Alemany, Palma de Mallorca
Biblioteca Medicea Laurenziana, Firenze/Florenz
Biblioteca Municipal, Palma de Mallorca
Biblioteca Nacional, Lisboa/Lissabon
Biblioteca Nacional, Madrid

Biblioteca Nazionale Centrale, Firenze/Florenz
Biblioteca Nazionale Centrale Vittorio Emanuele II, Roma/Rom
Biblioteca Nazionale Marciana, Venezia/Venedig
Biblioteca Palatina, Parma
Biblioteca Publica de Mallorca, Palma de Mallorca
Biblioteca Universitaria, Bologna
Biblioteka Czartoryskich, Kraków/Krakau
Biblioteka Gdanska PAN, Gdansk/Danzig
Biblioteka Instytutu Geografii PAN, Warzawa /Warschau
Biblioteka Jagiellónska, Kraków/Krakau
Biblioteka Universytecka, Poznan/Posen
Biblioteka Universytecka, Wrocław/Breslau
Bibliotheek Universiteit te Gent, Gent
Bibliothèque de l'Arsenal, Paris
Bibliothèque Musée Condé, Château de Chantilly
Bibliothèque National de France, Paris
Bibliothèque publique et universitaire, Genève/Genf
Bibliothèque Royale Albert 1er, Brussels/Bruxelles/Brüssel
Bibljoteka Nazzjonali (National Library of Malta), La Valetta
Bilkent University Library, Ankara
Birmingham Public Library, Birmingham/AL
Bodleian Library, Oxford
Bogaziçi Üniversitesi Kütüphanesi, Istanbul
Brandeis University Library, Waltham/MA
Brigham Young University, Provo/UT
British Library, London
Calcografia Nacional, Madrid
Dār al-Āthār al-Islāmīyah, Kuwait
Deniz Müzesi, Istanbul
Denmark Statsbibliothek Århus, København/Kopenhagen
Det Kongelige Bibliotek, København/Kopenhagen
Ethnike Bibliotheke tes Hellados (National Library of Greece), Athenai/Athen
Folger – Shakespeare Library, Washington D.C.
Free Library of Philadelphia, Philadelphia/PA
Fundación Juan March, Madrid
Gilhofer Buch- und Kunstantiquariat K.G., Wien
Helsingin Yliopiston Kirjasto (National Library of Helsinki), Helsinki
Hispanic Society of America, New York
Huntington, Library, San Marino/CA
Institut Cartogràfic de Catalunya, Barcelona
Institut für Orientalistik der Universität, Wien
Instituto Geográfico Nacional, Madrid

John Carter Brown Library, Providence/RI
Koninklijke Bibliotheek, Den Haag
Köprülü Kütüphanesi, Istanbul
Kraus, H. P. – Rare Books and Manuscripts, New York
Kunglbiblioteket (National Library of Sweden), Stockholm
Lenox Hill Hospital, Health Sciences Library, New York
Library of Congress, Washington D.C.
Lilly Library, Bloomington/IL
Main Library, Glasgow
Main Library (University of British Columbia), Vancouver
Maritime Museum ‚Prins Hendrik', Rotterdam
Miejska Biblioteka Publiczna Oława, Wrocław/Breslau
Millet Genel Kütüphanesi, Istanbul
Museo Civico Correr, Venezia/Venedig
Museo Naval, Departamento de Cartografía, Madrid
Museu de Mallorca, Biblioteca, Palma de Mallorca
Narodni Knihovna v Praze (National Library of Czech Republic), Praha/Prag
Nasjonalbiblioteket (University), Oslo
Nasser D. Khalili Collection of Islamic Art, London
National Imagery & Mapping Agency (NIMA/PA), Bethesda
National Library of Russia, St. Petersburg
National Library of Scotland, Edinburgh
National Maritime Museum, London-Greenwich
Nederlands Scheepvaartmuseum, Amsterdam
Newberry Library, Chicago/IL
New York Public Library, New York
Nuruosmaniye Kütüphanesi, Istanbul
ODTU Library, Ankara
Öffentliche Bibliothek der Universität, Basel
Österreichische Nationalbibliothek, Wien
Orszàgos Széchényi Könyvtár (National Széchényi Library), Budapest
Plantin-Moretus Museum, Antwerpen
Pontes G. F., Antiquariat, Madrid
Real Biblioteca del Monasterio, San Lorenzo de El Escorial
Real Biblioteca, Palacio Real, Madrid
Royal Geographical Society, London
Servicio Geográfico del Ejército, Madrid
Societat Arqueológica Lul·liana, Palma de Mallorca
Stadtbibliothek, Wrocław/Breslau
Stadt- und Universitätsbibliothek, Bern
Süleymaniye Kütüphanesi, Istanbul
Tall Tree Library, Jenkintown/PA

Topkapī Sarayī Müzesi Kütüphanesi, Istanbul
Universidade de Coimbra, Coimbra
Universidade de Lisboa, Lisboa/Lissabon
Università de Parma, Biblioteca Universitaria, Parma
Universitätsbibliothek, Salzburg
Universitätsbibliothek, Torun/Thorn
Universiteitsbibliotheek, Amsterdam
Universiteitsbibliotheek, Leiden
Universiteitsbibliotheek, Utrecht
Üniversitesi Kütüphanesi, Istanbul
Walters Art Gallery, Baltimore/MD
William L. Clements Library, Ann Arbor/MI
Yale University Library – Beinicke Rare Book and Manuscript Library, New Haven/CON
Zentralbibliothek Zürich, Zürich

Geographisches Institut
der Universität Kiel

Genehmigungen

Im Folgenden genannte Bibliotheken haben ihre Genehmigung zur Veröffentlichung nachstehend aufgeführter Abbildungen und Tafeln erteilt. Originalgetreu veranschaulichte Darstellungen – als Ganzes oder nur Teile daraus – sind mit hochgestelltem Sternchen (*) versehen. Jede weitere Reproduktion dieser Darstellungen, auf welchem Träger auch immer, ist untersagt. Alle übrigen Nummern der Aufstellung beziehen sich auf Abbildungen, die auf der Grundlage originärer Kartenbestandteile erstellt sind. Allen bibliothekarischen Einrichtungen sei an dieser Stelle nochmals für ihr Entgegenkommen gedankt.

BFBM Palma de Mallorca: Abb. 4.2*, 4.3, 4.6, 9.1*, 9.2, 9.5, 9.6*, 9.7*, 9.8*, 13.1*, 13.2, 13.3, 13.4, 13.7, 13.8, 13.9, 13.10 sowie Taf. I (Teil I u. IV) und Umschlagseite*

BL London: Abb.: 5.5b, 5.10b, 5.26, 8.3*, 8.11, 8.12*, 8.13*, 8.14*, 8.15*, 8.16* sowie Taf. I (Teil II)

BMC Chantilly / Agence photographique de la Réunion des Musées Nationaux: Abb. 3.3*, 3.6 sowie Taf. I (Teil I) u. IV*

BML / Ministerio per i Beni e le Attività Culturali: Abb. 3.1*, 3.2*, 3.4, 3.5, 3.7, 3.13, 3.14, 3.15 sowie Taf. I (Teil I), II* u. III*

BN Madrid: Abb. 6.1, 6.2*, 6.3 sowie Taf. I (Teil III) u. IX*

BNC Florenz: Abb. 4.1*

BNF Paris: Abb. 5.18, 5.24, 5.30, 8.12*, 10.1*, 10.2, 10.3, 10.5 sowie Taf. I (Teil II u. IV)

BOL Oxford: Abb. 5.24, 5.26

BSB München: Abb. 11.2*, 11.4

BU Bologna: Abb. 5.5a, 5.10b, 5.23, 5.24, 5.28, 5.29, 5.30 sowie Taf. I (Teil I u. III)

CN Madrid: 14.1, 14.2, 14.6, 14.7, 14.8*, 14.9*, 14.10*, 14.11*, 14.12, 14.13

DKB Kopenhagen: Abb. 12.3*

FWWK Wolfegg: Abb. 8.5*, 8.11, 8.12*, 8.13*, 8.14*, 8.15*, 8.16*

HAB Wolfenbüttel: Abb. 12.2*, 12.4, 12.5, 12.7, 12.10, 12.11, 12.12, 12.13, 12.14 sowie Taf. I (Teil IV)

HYK Helsinki: Abb. 8.2*, 8.12, 8.13, 8.14, 8.15, 8.16*

MM Palma de Mallorca: Abb. 13.4 sowie Taf. I (Teil IV)

NIMA Bethesda: Abb. 2.1, 3.4, 3.5, 3.6, 3.7, 3.13, 3.14, 3.15, 4.3, 4.6, 5.6, 5.9, 5.11, 5.15, 5.19, 5.22, 6.4, 7.2, 7.5, 8.7, 8.8, 8.11, 9.2, 9.5, 10.3, 10.6, 11.3, 11.5, 11.8, 12.4, 12.7, 12.10, 13.3, 13.7, 14.3, 14.6, 15.2, 15.5

NKC London: Abb. 5.14a, 5.27, 5.31 sowie Taf. I (Teil III)

NL Chicago: Abb. 8.4*, 8.12*, 8.13*, 8.14*, 8.15*

ÖBU Basel: Abb. 8.6*

ÖNB Wien: Abb. 5.5a, 5.10b, 5.26 sowie Taf. I (Teil II)

SB Berlin: Abb. 5.4*, 5.5b, 5.10a, 5.19, 5.22, 5.23, 5.24, 5.25, 5.28, 5.29, 5.30, 15.1*, 15.2, 15.5, 15.6 sowie Taf. I (Teil II, III u. IV) u. VIII*

SK Istanbul: Abb. 5.2*, 5.3*, 5.5b, 5.10a, 5.11, 5.14a, 5.14b, 5.15, 5.24, 5.25, 5.27, 5.29, 5.30, 5.31 sowie Taf. I (Teil I u. II), VI* u. VII*

SLUB Dresden: Abb. 5.1*, 5.5b, 5.6, 5.9, 5.10a, 5.25 sowie Taf. I (Teil I) u. V*

StUB Frankfurt: Abb. 11.1*, 11.3, 11.4, 11.5, 11.8 sowie Taf. I (Teil IV)

NSUB Göttingen: Abb. 7.1*, 7.2, 7.5, 7.6,77.7, 12.1*, 12.5, 12.11, 12.12, 12.13, 12.14 sowie Taf. I (Teil III u. IV)

TSMK Istanbul: Abb. 5.5a, 5.10b, 5.14b, 5.18, 5.24, 5.26, 5.27, 5.29, 5.30, 5.31 sowie Taf. I (Teil II u. III)

UB Kiel: Abb. 5.5a, 5.10a sowie Taf. I (Teil II)

WAG Baltimore: Abb. 5.14b, 5.24*, 5.27*, 5.29*, 5.31* sowie Taf. I (Teil III)

WLB Stuttgart: Abb. 8.1*, 8.7, 8.8, 8.11, 8.12*, 8.13*, 8.14*, 8.15*, 8.16*, 10.2 sowie Taf. I (Teil III)

Tafeln

Übersicht

I Gestalt und Größe der Insel Mallorca als vergleichende Zusammenschau aller erfassten Karten (Teil I - IV).

II Karten „Maiorica Insvla" und „Minorica", Nr. 93 aus dem Isolario von Buondelmonti-Martello.

III Titellose „Maiorica"- und „Minorica"-Karte, Nr. 96 aus dem Isolario von Buondelmonti-Martello.

IV Karten „Balearis Insvle", Nr. 94 aus dem „Insularium illustratum" des H. Martellus.

V Mallorca-Karte aus dem Kitāb-i Baḥrīye, Ausgabe Ms. or. Dresd. Eb. 389 (fol. 93a).

VI Darstellung der östlichen Balearen aus dem Kitāb-i Baḥrīye, Ausgabe Ms. Hamidiye 971 (fol. 91a).

VII Mallorca-Karte aus dem Kitāb-i Baḥrīye, Ausgabe Ms. Ayasofya 2612 (fol. 270b).

VIII Mallorca-Karte aus dem Kitāb-i Baḥrīye, Ausgabe Ms. Diez A. Foliant 57 (fol. 17c).

IX Karte des Balearen-Archipels aus dem Islario des A. de Santa Cruz (fol. 96r).

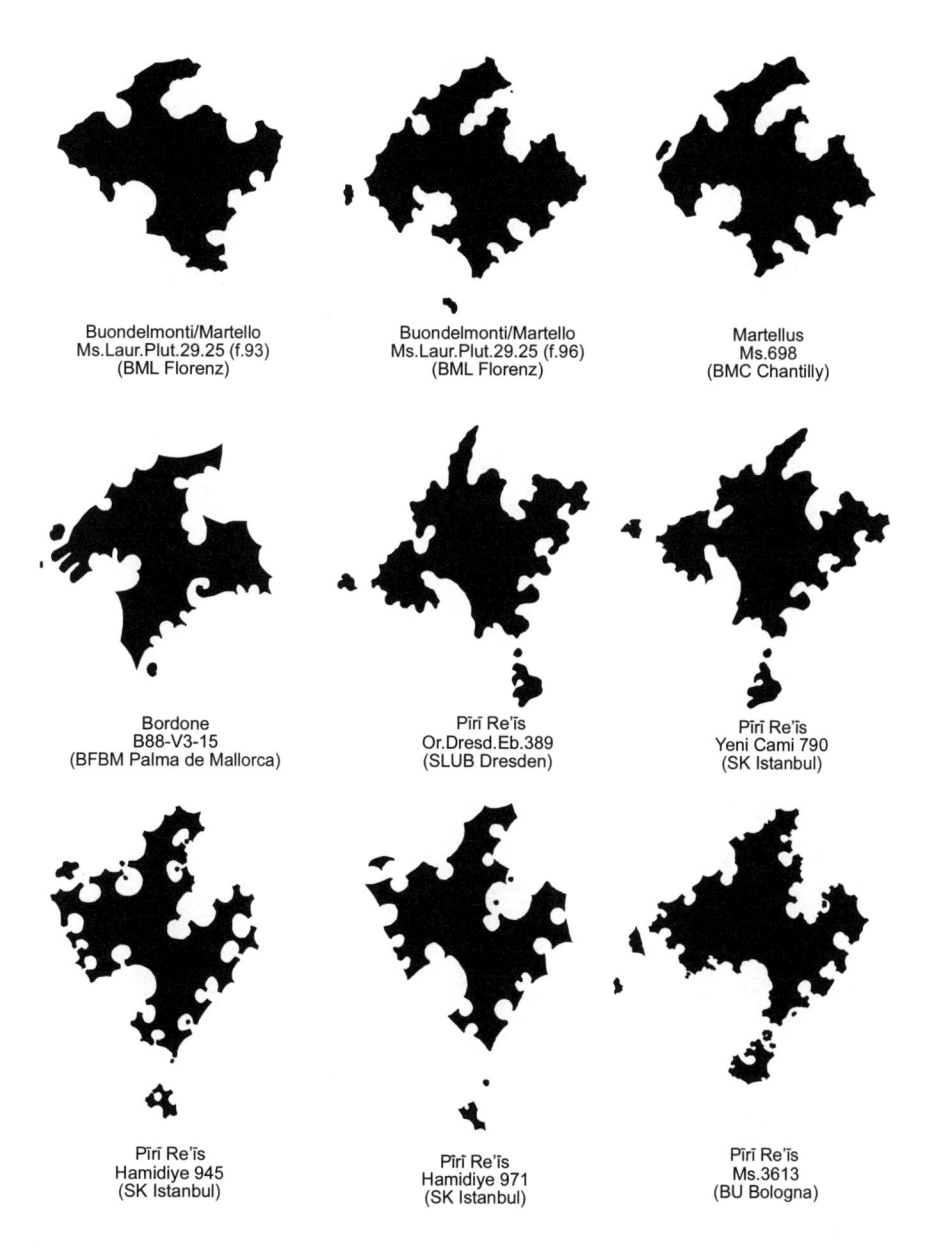

Buondelmonti/Martello
Ms.Laur.Plut.29.25 (f.93)
(BML Florenz)

Buondelmonti/Martello
Ms.Laur.Plut.29.25 (f.96)
(BML Florenz)

Martellus
Ms.698
(BMC Chantilly)

Bordone
B88-V3-15
(BFBM Palma de Mallorca)

Pīrī Re'īs
Or.Dresd.Eb.389
(SLUB Dresden)

Pīrī Re'īs
Yeni Cami 790
(SK Istanbul)

Pīrī Re'īs
Hamidiye 945
(SK Istanbul)

Pīrī Re'īs
Hamidiye 971
(SK Istanbul)

Pīrī Re'īs
Ms.3613
(BU Bologna)

Taf. I Gestalt und Größe der Insel Mallorca als vergleichende Zusammenschau aller erfassten Karten, ausgerichtet nach angegebenem Kartennord (Teil I).

Pīrī Re'īs
Hüsrev Paşa 272
(SK Istanbul)

Pīrī Re'īs
B. 337
(TSMK Istanbul)

Pīrī Re'īs
Ayasofya 2612
(SK Istanbul)

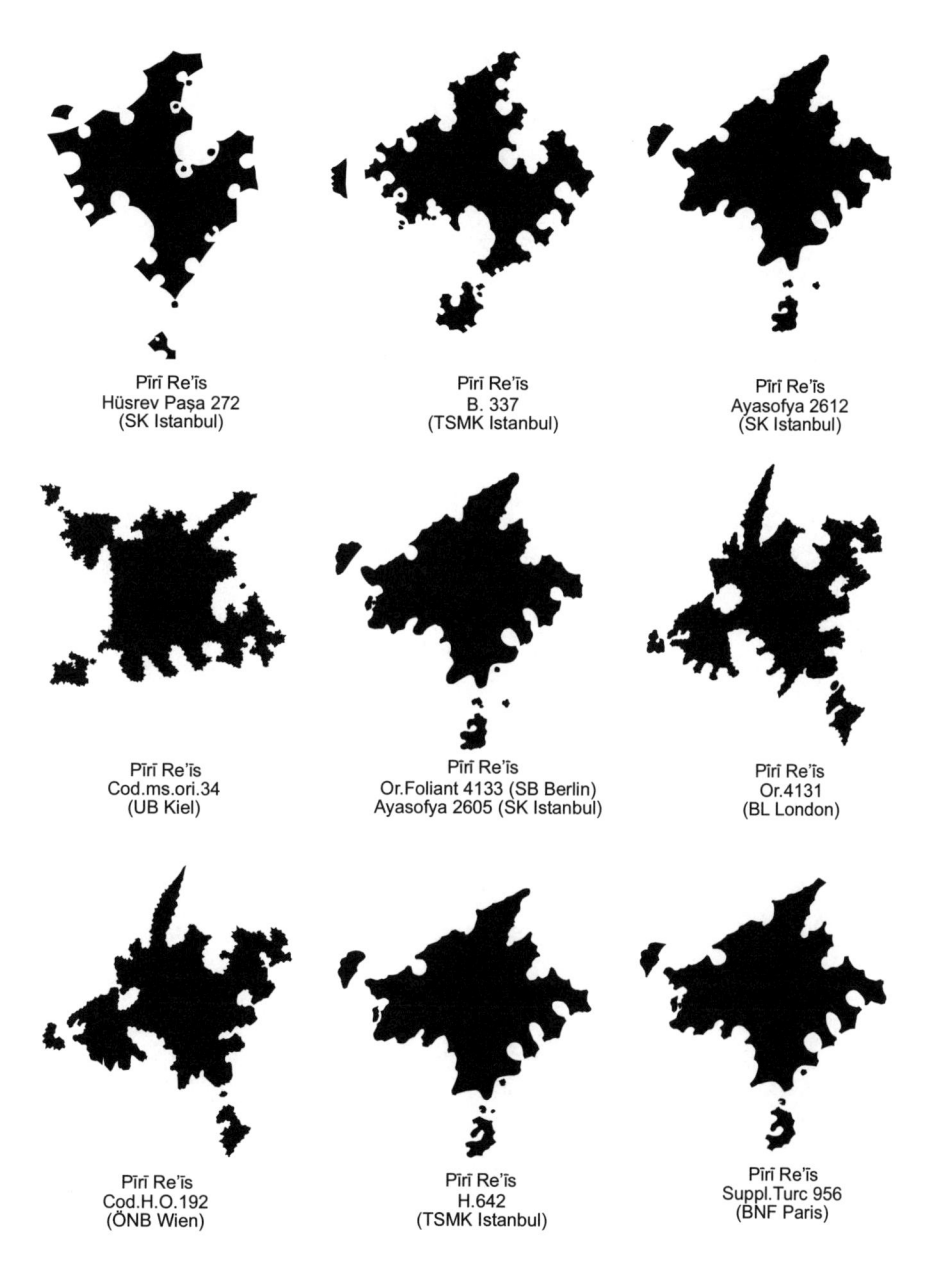

Pīrī Re'īs
Cod.ms.ori.34
(UB Kiel)

Pīrī Re'īs
Or.Foliant 4133 (SB Berlin)
Ayasofya 2605 (SK Istanbul)

Pīrī Re'īs
Or.4131
(BL London)

Pīrī Re'īs
Cod.H.O.192
(ÖNB Wien)

Pīrī Re'īs
H.642
(TSMK Istanbul)

Pīrī Re'īs
Suppl.Turc 956
(BNF Paris)

Taf. I Gestalt und Größe der Insel Mallorca als vergleichende Zusammenschau aller erfassten Karten, ausgerichtet nach angegebenem Kartennord (Teil II).

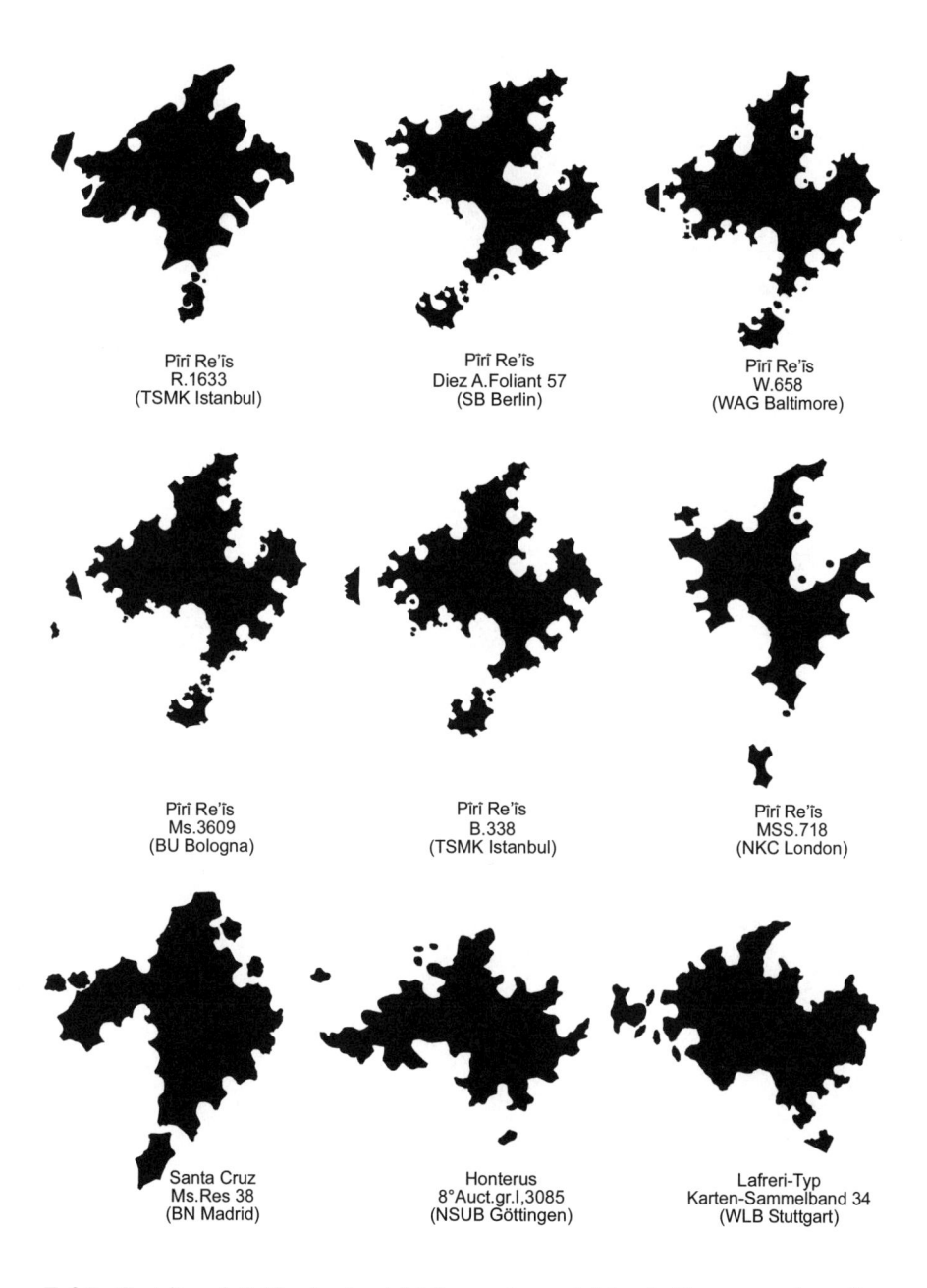

Pîrî Re'îs
R.1633
(TSMK Istanbul)

Pîrî Re'îs
Diez A.Foliant 57
(SB Berlin)

Pîrî Re'îs
W.658
(WAG Baltimore)

Pîrî Re'îs
Ms.3609
(BU Bologna)

Pîrî Re'îs
B.338
(TSMK Istanbul)

Pîrî Re'îs
MSS.718
(NKC London)

Santa Cruz
Ms.Res 38
(BN Madrid)

Honterus
8°Auct.gr.I,3085
(NSUB Göttingen)

Lafreri-Typ
Karten-Sammelband 34
(WLB Stuttgart)

Taf. I Gestalt und Größe der Insel Mallorca als vergleichende Zusammenschau aller erfassten Karten, ausgerichtet nach angegebenem Kartennord (Teil III).

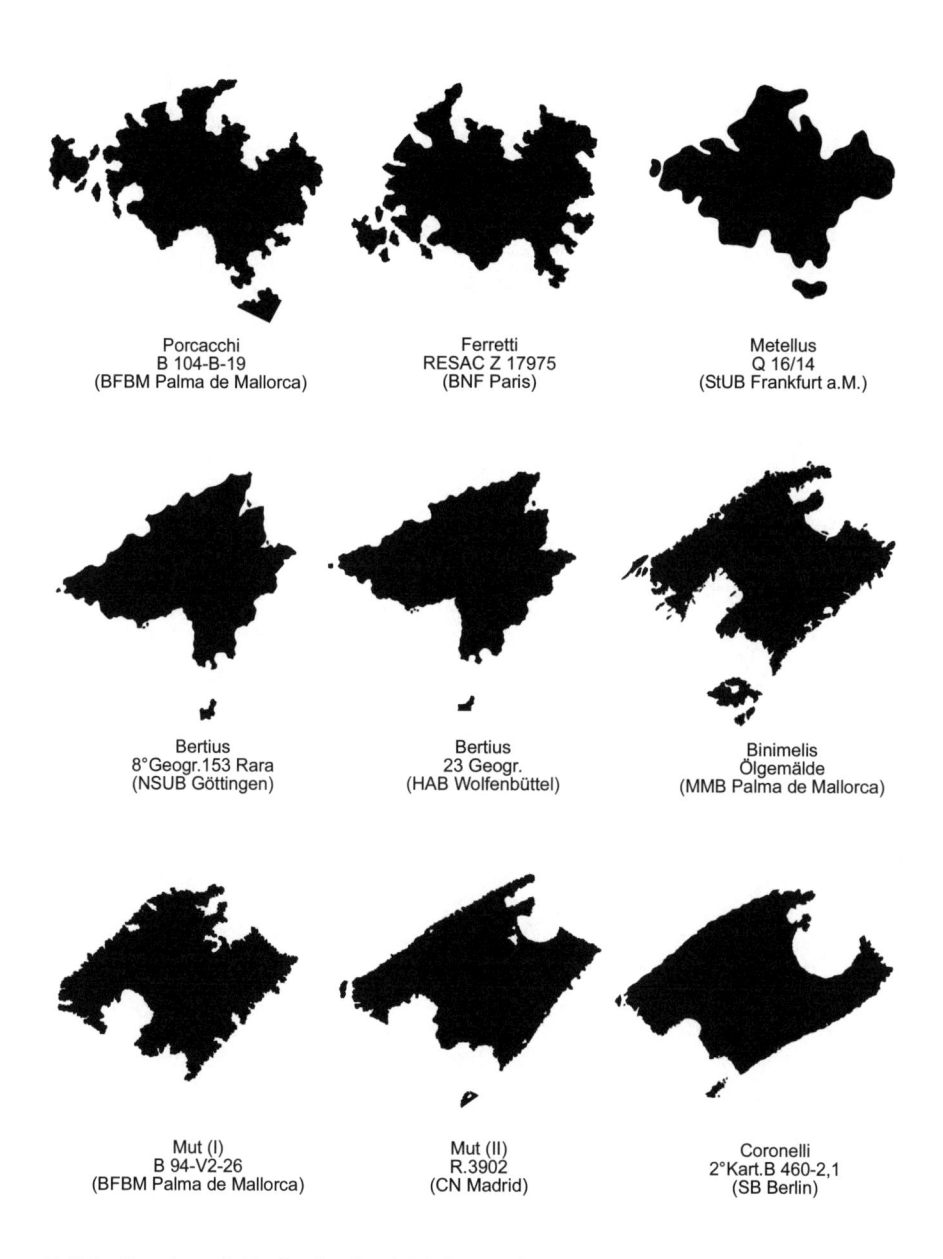

Porcacchi
B 104-B-19
(BFBM Palma de Mallorca)

Ferretti
RESAC Z 17975
(BNF Paris)

Metellus
Q 16/14
(StUB Frankfurt a.M.)

Bertius
8° Geogr.153 Rara
(NSUB Göttingen)

Bertius
23 Geogr.
(HAB Wolfenbüttel)

Binimelis
Ölgemälde
(MMB Palma de Mallorca)

Mut (I)
B 94-V2-26
(BFBM Palma de Mallorca)

Mut (II)
R.3902
(CN Madrid)

Coronelli
2°Kart.B 460-2,1
(SB Berlin)

Taf. I Gestalt und Größe der Insel Mallorca als vergleichende Zusammenschau aller erfassten Karten, ausgerichtet nach angegebenem Kartennord (Teil IV).

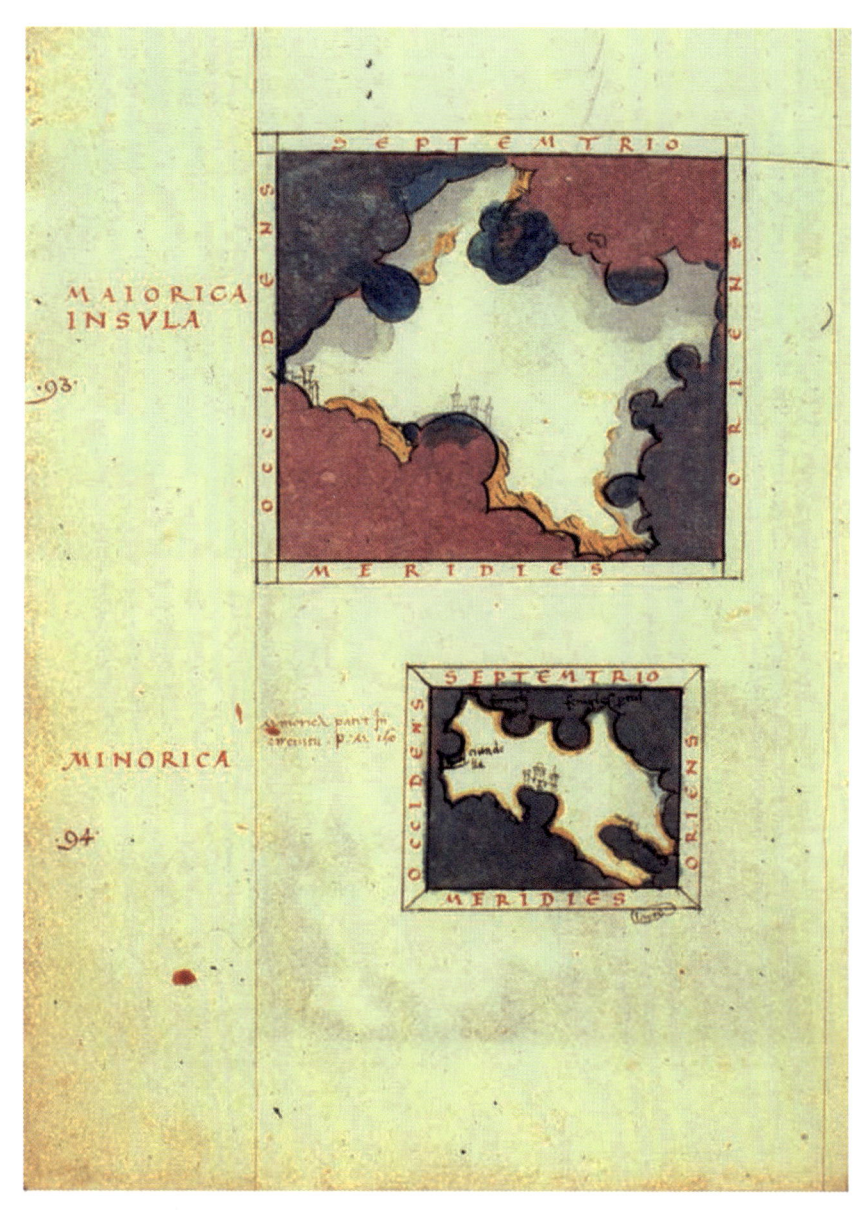

Taf. II Karten „Maiorica Insvla" und „Minorica", Nr. 93 aus dem Isolario von Buondelmonti-Martello; Maßstab des Originals ca. 1:915 000. Verkleinert in ca. 1:1,6 Mio. wiedergegeben mit Genehmigung des Ministerio per i Beni e le Attività Culturali – BML Florenz [Sign.: Ms. Plut. 29.25]; (vgl. Abb. 3.1).

Taf. III Titellose Karten „Maiorica" und „Minorica", Nr. 96 aus dem Isolario von Buondelmonti-Martello; Maßstab des Originals ca. 1:748 000. Verkleinert in ca. 1:1,6 Mio. wiedergegeben mit Genehmigung des Ministerio per i Beni e le Attività Culturali – BML Florenz [Sign.: Ms. Plut. 29.25]; (vgl. Abb. 3.2).

Taf. IV Karten „Balearis Insvle", Nr. 94 aus dem „Insularium illustratum" des H. Martellus; Maßstab des Originals ca. 1:792 000. Verkleinert auf ca. 1:2 Mio. wiedergegeben mit Genehmigung von R. G. Ojeda, RMN/Musée Condé, Chantilly) [Sign.: Ms. 698]; (vgl. Abb. 3.3).

Taf. V Mallorca-Karte aus dem Kitāb-i Baḥrīye, Ausgabe Ms. or. Dresd. Eb. 389 (fol. 93a); Maßstab des Originals ca. 1:686 000. Verkleinert auf ca. 1:1,1 Mio. wiedergegeben mit Genehmigung der SLUB Dresden; (vgl. Abb. 5.1).

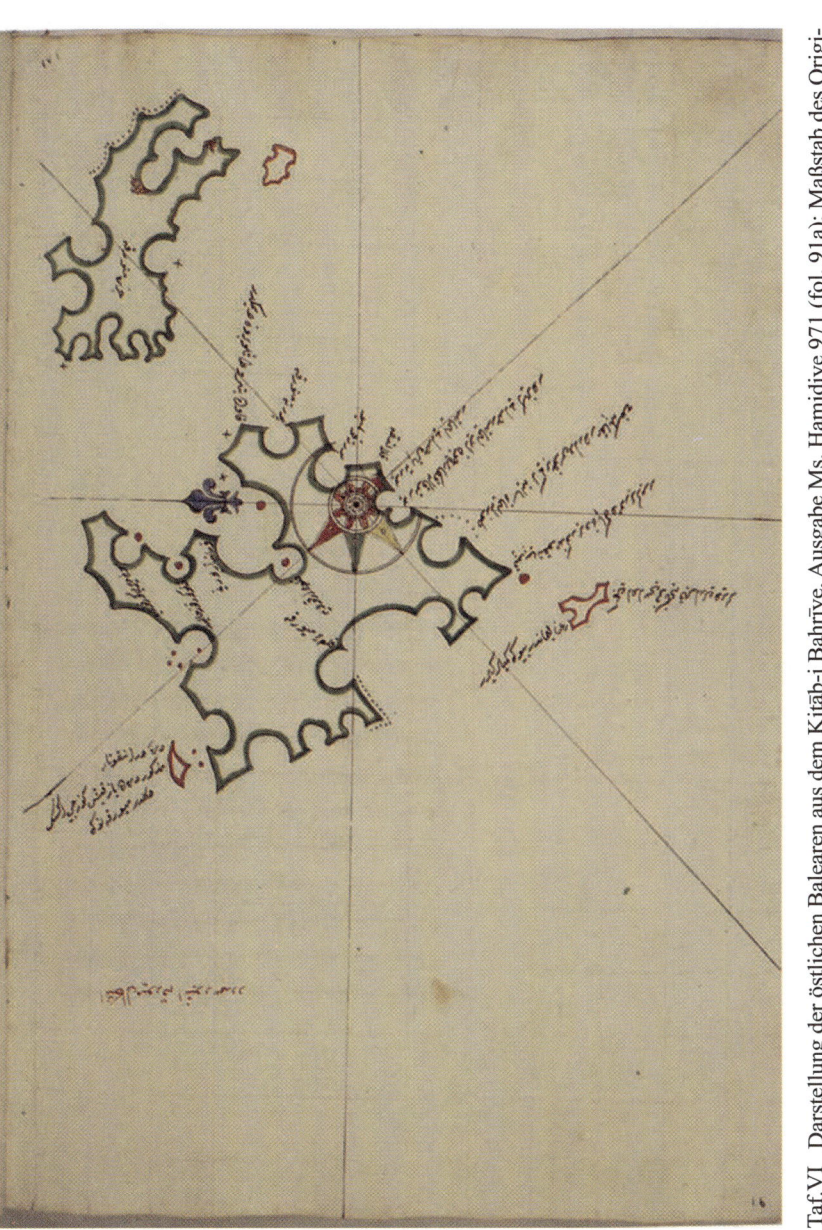

Taf. VI Darstellung der östlichen Balearen aus dem Kitāb-i Baḥrīye, Ausgabe Ms. Hamidiye 971 (fol. 91a); Maßstab des Originals ca. 1:662 000. Verkleinert auf ca. 1:1,2 Mio. wiedergegeben mit Genehmigung der SK Istanbul; (vgl. Abb. 5.2).

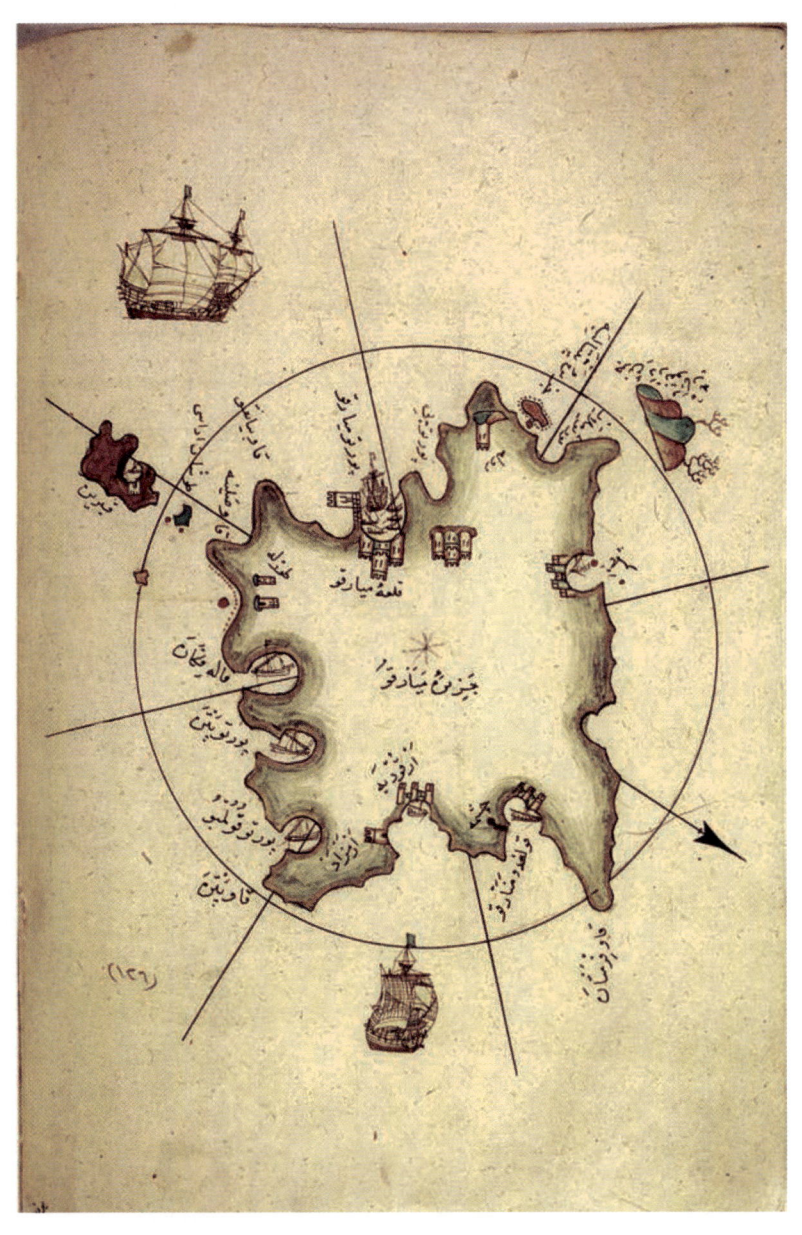

Taf. VII Mallorca-Karte aus dem Kitāb-i Baḥrīye, Ausgabe Ms. Ayasofya 2612 (fol. 270b); Maßstab des Originals ca. 1:604 000. Verkleinert auf ca. 1:1,1 Mio. wiedergegeben mit Genehmigung der SK Istanbul; (vgl. Abb. 5.3).

Taf. VIII Mallorca-Karte aus dem Kitāb-i Baḥrīye, Ausgabe Ms. Diez A. Foliant 57 (fol. 17c); Maßstab des Originals ca. 1:358 000. Verkleinert auf ca. 1:1 350 000 wiedergegeben mit Genehmigung der SB Berlin; (vgl. Abb. 5.4).

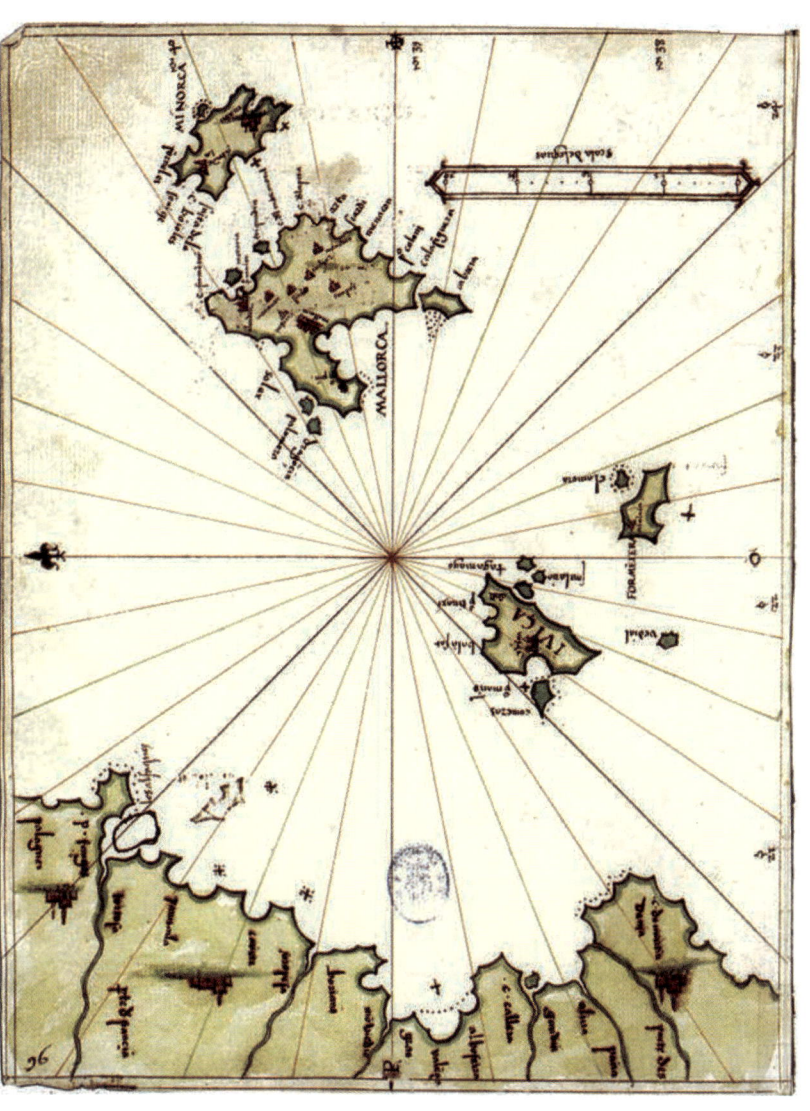

Taf. IX Karte des Balearen-Archipels aus dem Islario des A. de Santa Cruz (fol. 96r); Maßstab des Originals ca. 1:779 000. Verkleinert auf ca. 1:3,4 Mio. wiedergegeben mit Genehmigung der BN Madrid [Sign.: Ms. Res 38]; (vgl. Abb. 6.2).